交通运输系统职工岗位适任性培训教材
高等职业教育“十二五”规划教材

Jiaotong Yunshu Jichu Zhishi

交通运输基础知识

李亚杰　主编
夏连学　主审

人民交通出版社

内 容 提 要

本书是交通运输系统职工岗位适任性培训教材、高等职业教育“十二五”规划教材，由河南省交通运输厅《河南省交通系统岗位适任性培训大纲研究》课题调研小组组织编写。全书共分四篇，主要内容有公路概论、汽车概论、交通运输概论、交通运输法律法规选编。通过本书的学习，读者可全面掌握交通运输相关的基础知识和实践应用的基本技能。

本书是交通运输系统职工岗位适任性培训的基础教学用书，可作为交通运输系统各岗位人才培养培训教材，或供交通运输工程及管理从业人员学习参考。本书也是交通运输系统招考收费员、路政人员、运政人员、干部竞争上岗的主要用书，同时可作为高职高专院校路桥、汽车、交通运输相关专业的基础教材。

图书在版编目(CIP)数据

交通运输基础知识 / 李亚杰主编. —北京：人民交通出版社，2011.11

ISBN 978-7-114-09481-1

Ⅰ.①交… Ⅱ.①李… Ⅲ.①交通运输－技术培训－教材 Ⅳ.①U

中国版本图书馆 CIP 数据核字(2011)第 215594 号

书　　名：交通运输系统职工岗位适任性培训教材
高等职业教育“十二五”规划教材
交通运输基础知识

著 作 者：李亚杰
责任编辑：卢仲贤　黎小东
出版发行：人民交通出版社
地　　址：(100011)北京市朝阳区安定门外外馆斜街 3 号
网　　址：http://www.ccpress.com.cn
销售电话：(010)59757973
总 经 销：人民交通出版社发行部
经　　销：各地新华书店
印　　刷：北京盈盛恒通印刷有限公司
开　　本：787×1092　1/16
印　　张：24
字　　数：584 千
版　　次：2011 年 11 月　第 1 版
印　　次：2014 年 7 月　第 2 次印刷
书　　号：ISBN 978-7-114-09481-1
定　　价：48.00 元
(如有印刷、装订质量问题的图书由本社负责调换)

前　言

为把我国巨大的人口压力转变为人力资源优势，党的十七大报告明确提出了“优先发展教育，建设人力资源强国”的战略任务。河南省作为中国第一人口大省，尤其需要大力发展教育培训事业。通过各级各类教育培训的发展，才能将经济建设切实转到依靠科技进步和劳动者素质的轨道上来，才能切实提高全体人民的生活质量和水平。

交通运输系统从业人员队伍庞大，岗位众多，交通教育培训是交通运输事业发展的基础。大力开展交通教育培训工作，发挥交通运输行业人力资源支持保障体系的作用，是实现交通运输事业全面、协调和可持续发展的根本保证。

近十年来，随着交通运输业的发展，高速公路里程的延伸，交通运输行业每年都招收大量的工作人员，在考试招工的过程中，交通管理部门往往将公务员行政能力测试和交通运输基础知识作为考试范围，但事实上我国还没有一本全面涵盖交通运输基础知识的综合教材，及时地总结和概括交通运输的基础知识与管理理论，为交通建设和运输生产实践提供指导，这正是我们编写这本《交通运输基础知识》的初衷。本教材内容全面，编排科学合理，深入浅出，填补了交通运输基础知识方面的培训教材的空白。

国家大部制改革使交通运输行业的覆盖面越来越广。长期以来，我们习惯于将交通运输分割为公路、汽车、运输三大专业模块，后来又将物流从运输中分离出来。随着专业分工的细化，交通运输行业内的人员反而不能全面了解交通运输的基本知识，常常是懂公路的不懂汽车，懂汽车的不懂公路，人为地将交通运输理论体系拆分开来。《交通运输基础知识》则涵盖了公路、汽车、运输等所有模块，同时还将物流、运政管理、水运、城市交通等列入编撰范围，是一部较为全面的交通运输基础知识，适合于交通运输行业内各岗位人员学习培训之需，也可作为高职高专路桥、汽车、交通运输相关专业用教材。

本书由河南省交通运输厅2008年科技项目《交通系统职工岗位适任性培训大纲研究》课题组组织编写。全书由河南交通职业技术学院李亚杰任主编，河南交通职业技术学院夏连学教授任主审。具体分工为：李亚杰编写第一篇的第一章、第二篇的绪论和第一章、第三篇的第一章和第四篇第二章的第六至十节；张鹏编写第一篇的第二至六章；冷传广编写第二篇的第二至七章；李明丽编写第二篇第八至十四章；华志坚编写第三篇的第二章、第三章和第六章；张清芳编写第三篇的第四章和第五章；于卫雁编写第四篇的第一章和第二章的第一至五节。

本书在编写过程中得到河南省交通运输厅科技处、河南交通职业技术学院的大力支持，在此一并表示感谢。

随着交通基础设施建设和交通运输实践的不断深入，交通运输基础知识的内容也在不断深化和发展。由于水平有限，书中错误或不妥之处在所难免，恳请各位读者在使用中提出宝贵意见，以便我们共同提高。

编　者

二〇一一年九月

目　　录

第一篇　公路概论

第二篇　汽车概论

第三篇　交通运输概论

第四篇　交通运输法律法规选编

第一篇

公路概论

第一章　绪　　论

第一节　交通运输体系

我国幅员辽阔，物产丰富，人口众多。在加快国民经济发展，特别是中西部开发建设的战略要求下，为了切实提高我国人民群众的物质文化生活水平，增强国力和巩固国防，迫切需要建立四通八达完善的交通运输体系。

交通运输是社会生产和人类生活中不可缺少的组成部分。由于人们生产和生活的需要，必须克服空间上的障碍，实现人和物的移动，为具体实现这种移动提供服务所进行的经济活动称为运输。

交通运输是国民经济的命脉，是联系工业和农业、城市和乡村、生产和消费的纽带，是国民经济的"先行官"。交通运输是一个国家得以繁荣昌盛所必需的重要基础，是实现国民经济现代化的首要条件。

交通运输作为第四个物质生产部门，与其他物质生产部门相比除了具有其共同的生产性外，还有其自身的特点：交通运输具有其自身特有的生产过程；交通运输业的投资比较大；运输过程中的材料消耗，基本是所使用的运输工具和设施的消耗，而不是运输对象的消耗；交通运输是流动性的生产；各种交通运输方式之间有较强的替代性。

各类交通运输方式的特点如下：

现代交通运输是由铁路、公路、水运、航空和管道五种运输方式构成的大系统。它们共同承担客、货的集散与交流，在技术与经济上各具特点，根据不同自然地理条件和运输功能发挥各自优势，相互分工、联系和合作，取长补短协调发展，在我国经济建设中起到了重要的保障作用。

水运是以船舶在江、河、湖泊、人工水道及海洋运送客货的运输方式。其特点是：①载运量大，且适宜进行长途运输及特大件货物运输。②耗能少、成本低。③投资省，尤其在节约土地方面较铁路与公路运输经济效益明显。④劳动生产率高。⑤不足之处是会受到通航水道与航线的制约、气象因素的影响，航行速度较慢。

铁路运输是利用列车运送客货的运输方式。其特点是：①客货运量大，尤为适宜大宗的笨重货物长距离运输。②一般不受气候和季节影响，连续性强，高速、准时，可靠性强；③运输成本不高。

航空运输是以飞机为主的各类航空器实现的客货运送。其特点是：①运行速度快。②具有显著的灵活性、舒适性和相对安全性。③运载量小，营运成本高，故只适合于远距离的客运和急需物资、贵重物品、时间要求紧等情况的小批量货运。

管道运输是利用封闭管道，以重力或气压动力，连续运送特定货物的运输方式。其特点是：①运量大，连续不间断。一条输油管道的运量相当一条铁路全年的运量。②运距短，占地少。因埋设于地下，线形的灵活性较大。③耗能与费用低，接近于水运。④受气候和季节影响小。⑤沿程无噪声、污染，安全性好。⑥可远程控制，自动管理，维修量小，因而劳动生产率高。⑦运送货物类别单一。

公路运输是指货物和旅客借助汽车（或其他交通工具）在公路上有目的的移动过程。公路运输是交通运输的重要组成部分。由于公路运输的广泛性、机动性和灵活性，充分深入到社会生活、生产领域的各个方面，因此，从政治、经济、文化、教育、军事到人民群众的衣、食、住、行，都和公路运输有密切的关系。公路运输与其他运输方式比较，具有投资少、见效快、经济效益高，机动灵活、运送方便、适应性强、商品流通周期短、资金周转快，可实现"户到户"的直达运输，运输损耗少等特点。特别是高速公路的出现，运输速度显著提高，运量增大，公路运输将会起着愈来愈重要的作用。

第二节　公路项目基本建设程序

公路项目基本建设程序，是根据国民经济长远规划及布局所确定的公路路网规划，通过调查，进行可行性研究，编制项目建议书和可行性研究报告；批准后进行初测和初步设计；经批准后，在列入国家年度计划之后进行定测，编制施工图；组织施工；完工后，进行竣工验收；最后交付使用。一般来讲，这些程序必须循序渐进，不完成上一阶段的工作不得进入下一阶段。公路项目基本建设程序如图 1-1-1 所示。

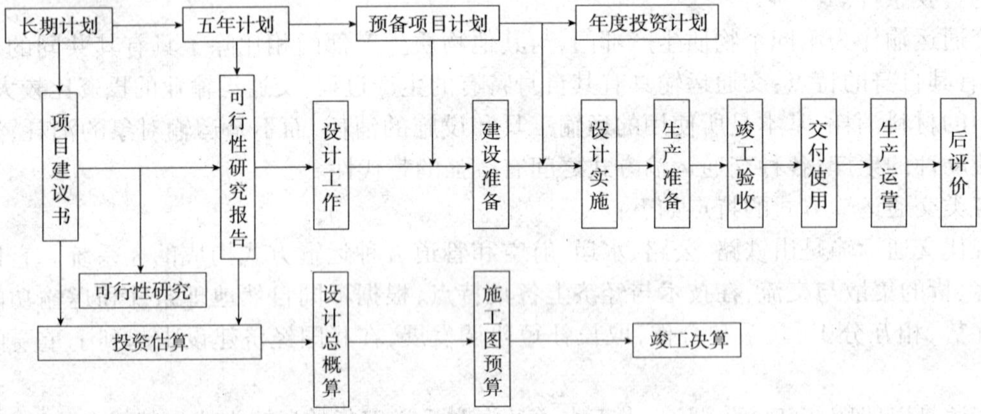

图 1-1-1　公路基本建设程序

1. 项目建议书

项目建议书是要求建设某一具体公路项目的建议文件，是基本建设中的第一个阶段，是投资决策前对拟建项目的轮廓设想。项目建议书的主要作用是为推荐一个拟进行建设的项目的初步说明，论述拟建项目的必要性、条件的可行性和获利的可能性，供有关部门选择并确定是否进行下一步工作。项目建议书不是项目的最终决策。

项目建议书的内容一般包括：项目建设的必要性和依据；拟建设规模、建设地点和建设方案的初步设想；资源情况、建设条件和协作关系等的初步分析；投资估算和资金筹措的设想；建设进度设想；经济效果和社会效益的初步估计。

2. 可行性研究报告

项目建议书批准后，即可进行可行性研究，对项目在技术上是否可行和经济上是否合理进行科学地分析和论证,以减少建设项目决策的盲目性。可行性研究应作为公路工程基本建设程序的首要环节,所有新建、扩建的大、中型项目都必须有可行性研究报告。

公路建设项目可行性研究报告的主要内容包括:

(1)建设项目依据、历史背景;

(2)建设地区综合运输现状和建设项目在交通运输网中的地位和作用,原有公路的技术状况和适应程度;

(3)论述建设项目所在地区的经济特征,研究建设项目与经济发展内在联系,预测交通量、运输量的发展水平;

(4)建设项目的地理位置、地形、地质、地震、气候、水文等自然特征;

(5)筑路材料来源及运输条件;

(6)论证不同建设方案的路线起讫点和主要控制点、建设规模、标准,提出推荐性意见;

(7)评价建设项目对环境的影响及可采取的环保措施及意见;

(8)测算主要工程数量、征地拆迁数量,估算投资,提出资金筹措方案,提出勘察、设计、施工计划安排;

(9)确定运输成本及相关经济参数,进行国民经济评价、敏感性分析、财务分析;

(10)对收费公路、桥梁、隧道还需财务分析,评价推荐方案,提出存在的问题及建议。

可行性研究报告是确定建设项目、编制设计文件的重要依据,要求必须有相当的深度和准确性。可行性研究报告批准后,一般不得随意修改和变更。

3. 项目设计

项目设计是对拟建工程的实施在技术上和经济上所进行的全面而详尽地安排,是基本建设计划的具体化,是组织施工的依据。

公路建设项目的勘测设计阶段可分为"一阶段设计"、"两阶段设计"和"三阶段设计"三种。通常情况下,勘测设计采用两阶段设计即初步设计和施工图设计。对技术简单、方案明确的小型建设项目,可采用一阶段设计,即一阶段施工图设计。对于技术上复杂而又缺乏经验的建设项目中的个别路段、特殊大桥、互通式立体交叉、隧道等构造物,必要时可采用三阶段设计,即初步设计、技术设计和施工图设计。

初步设计应根据批准的可行性研究报告的要求和初测的资料,拟订修建原则,制订设计方案,计算主要工程数量,提出施工方案的意见,编制设计概算,提供文字说明和图表资料。经批准的初步设计和概算文件是招投标的必备条件之一,是国家控制建设项目投资及编制施工图设计文件或技术设计文件的依据。

技术设计应根据批准的初步设计和补充初测(或定测)资料. 对重大、复杂的技术问题通过科学试验、专题研究、加深勘探调查及分析比较,解决初步设计中遗留问题,落实技术方案,计算工程数量,提出修正的施工方案,编制修正概算。

施工图设计应根据批准的初步设计(或技术设计)和定测资料,进一步对审定的修建原则、设计方案、技术措施加以具体和深化,最终确定工程数量,提出文字说明和适应施工需要的图表资料和施工组织计划,编制施工图预算。

项目设计工作必须由具有相应资质等级的勘察设计单位来完成。

4. 编制年度基本建设投资计划

建设项目的初步设计和概算文件完成并上报批准后,则能列入国家基本建设年度计划。

建设项目要根据批准的总概算和工期,合理地安排分年度投资。年度计划投资的安排要与长远规划的要求相适应,保证按期建成。年度计划安排的建设内容,要和当年分配的投资、材料、设备相适应。配套项目同时安排,相互衔接。

5. 项目准备

为保证施工顺利进行,项目在开工之前应切实做好各项建设准备工作。主要内容有:

(1)征地、拆迁和场地平整;

(2)完成施工用水、电、路等工程;

(3)组织设备、材料订货;

(4)准备必要的施工图纸;

(5)组织施工招标,择优选择施工单位;

(6)报批开工报告。

6. 项目施工

在具备开工条件并经批准后,项目即可开工建设。

施工单位必须按照设计图纸进行施工。如存在需要变更设计的问题,必须经设计单位签发设计变更单才能进行变更。施工活动是非常复杂的生产活动,应符合设计要求、合同约定、质量标准和施工验收规范的要求,在保证工程质量、工期、成本的前提下,达到工程验收标准。

7. 竣工验收

竣工验收是工程建设过程的最后一个环节,是全面考核建设成果、检验设计和工程质量的重要步骤,也是基本建设转入生产或使用的标志,是工程交付使用的一个法定手续。竣工验收包括对工程质量、数量、期限、生产能力、建设规模、使用条件等的审查,对建设单位和施工企业编报的固定资产移交清单、隐蔽工程说明和竣工决算等进行细致检查。

8. 项目后评价

建设项目后评价是工程项目竣工运营一段时间后,再对项目的立项决策、设计施工、竣工投产、生产运营等全过程进行系统评价的一种技术经济活动。是固定资产投资管理的重要内容。通过建设项目后评价以达到肯定成绩、总结经验、研究问题、吸取教训、提出建议、改进工作、不断提高决策水平和投资效果的目的。

第三节 公路等级与技术标准

一、公路分级与技术标准

公路是为汽车运输和其他交通物流服务的工程结构物。这种结构物质量的好坏和水平的高低,是由公路等级和技术标准来体现的。

(一)公路分级

我国现行《公路工程技术标准》(JTG B01—2003)(以下简称《标准》)将公路按功能和适应的交通量分为五个等级。

1. 高速公路

高速公路为专供汽车分向、分车道行驶并应全部控制出入的多车道公路。

四车道高速公路应能适应将各种汽车折合成小客车的远景设计年限年平均昼夜交通量25000～55000辆。

六车道高速公路应能适应将各种汽车折合成小客车的远景设计年限年平均昼夜交通量45000～80000辆。

八车道高速公路应能适应将各种汽车折合成小客车的远景设计年限年平均昼夜交通量60000～100000辆。

2. 一级公路

一级公路为供汽车分向、分车道行驶,并可根据需要控制出入的多车道公路。

四车道一级公路应能适应将各种汽车折合成小客车的远景设计年限年平均昼夜交通量15000～30000辆。

六车道一级公路应能适应将各种汽车折合成小客车的远景设计年限年平均昼夜交通量25000～55000辆。

3. 二级公路

二级公路为供汽车行驶的双车道公路。

双车道二级公路应能适应将各种车辆折合成小客车的远景设计年限年平均昼夜交通量5000～15000辆。

4. 三级公路

三级公路为主要供汽车行驶的双车道公路。

双车道三级公路应能适应将各种车辆折合成小客车的远景设计年限年平均昼夜交通量2000～6000辆。

5. 四级公路

四级公路为主要供汽车行驶的双车道或单车道公路。

四级公路应能适应将各种车辆折合成小客车的年平均日交通量:双车道2000辆以下;单车道400辆以下。

(二)公路技术标准

现行《标准》是法定的技术文件,反映了我国公路建设的技术方针,进行公路设计和施工时都应当遵守。在执行过程中,也应在符合国家建设方针、政策和不过分增加工程造价的前提下,根据技术经济原则,尽可能采用较高的技术指标,避免只求合法、不求合理地采用低限指标的错误观点。

各级公路的具体标准是由各项技术指标来体现的,见表1-1-1,它取决于下列因素:

(1)路线在公路网中的任务、性质;

(2)远景交通量及交通组成;

(3)地形和其他自然条件;

(4)设计速度。

设计速度是技术标准中最重要的指标,直接影响公路平、纵线形指标大小,关系到工程费用和运输效率。设计速度是由前三个因素根据技术政策确定的,路线在公路网中具有重要的经济、国防意义,交通量较大,地形平坦,则规定较高的设计速度;反之则规定较低的设计速度。这样,较高的设计速度虽然工程费用较高,但能较好地满足国民经济发展的需要或能从运输时间缩短上得到补偿。

各级公路主要技术指标汇总简表　　表 1-1-1

公路等级		高速公路、一级公路									
设计速度(km/h)		120			100			80		60
车道数		8	6	4	8	6	4	6	4	4
车道宽度(m)		3.75			3.75			3.75		3.50
路基宽度(m)	一般值	45.00	34.50	28.00	44.00	33.50	26.00	32.00	24.50	23.00
	最小值	42.00	—	26.00	41.00	—	24.50	—	21.50	20.00
极限最小半径(m)		650			400			250		125
停车视距(m)		210			160			110		75
最大纵坡(%)		3			4			5		6

公路等级		二级公路、三级公路、四级公路					
设计速度(km/h)		80	60	40	30	20	
车道数		2	2	2	2	2	1
车道宽度(m)		3.75	3.50	3.50	3.25	3.00	3.50
路基宽度(m)	一般值	12.00	10.00	8.50	7.50	6.50	4.50
	最小值	10.00	8.50	—	—		
极限最小半径(m)		250	125	60	30	15	
停车视距(m)		110	75	40	30	20	
最大纵坡(%)		5	6	7	8	9	

(三)地形分类

1. 平原、微丘地形

平原地形一般是指平原、山川盆地、高原(高平原)等平坦地形,无明显起伏,地面自然坡度一般在3°以内。微丘地形指起伏不大的丘陵,地面自然坡度在20°以下,相对高差在100m以下,设线一般不受地形限制;对于河湾顺适、地形开阔且有连续宽缓台地的河谷地形,河床坡度大部分在5°以下,地面坡度在20°以下,沿河设线一般不受限制。路线纵坡平缓或略有起伏,也属平原微丘地形。

2. 山岭、重丘地形

山岭地形指山脊、陡峻山坡、悬崖、峭壁、峡谷、深沟等变化复杂的地形,地面自然坡度在20°以上,路线平面、纵断面、横断面大部分受地形限制。

重丘地形指连续起伏的山丘,且有深谷和高分水岭,地面自然坡度一般在20°以上,路线平面、纵断面大部分受地形限制;高原地带的深侵蚀沟,以及有明显分水岭的绵延较长的高地,地面自然坡度多在20°以上,路线平、纵面大部分受地形限制。

(四)公路环境保护

在公路建设中,环境保护是一项十分重要的工作,对环境影响的评价是对公路项目评价的一个重要内容。国外很多发达国家在公路建设中,必须作出环境保护措施和环境评价,得到环保部门的许可,才能进行工程的实施,否则即使工程项目十分必要,也无法实施。我国现行《标准》对环境保护尚未作出具体的规定,仅作原则要求,但在公路建设中也已非常重视公路建设中的环境保护问题。

公路环境保护，主要是指公路周围的自然景观保护、生态平衡保护、文物古迹保护、环境卫生保护以及废气限制、噪声降低、振动消除等。同时，公路建设应注意绿化环境、美化环境，使公路使用者在无公害的优美舒适的环境中进行旅行。所以各级公路设计都必须重视环境保护。

二、公路等级的选用

公路等级的选用应根据公路功能、路网规划和远景交通量，并充分考虑项目所在地区的综合运输体系、远期发展等，经论证后确定。在选用公路等级时，应明确下述几个问题。

1. 远景设计年限

远景设计年限一般是指公路建成后使用的远景计划年限。各级公路的远景设计年限分别为：高速公路和具干线功能的一级公路为 20 年；具集散功能的一级公路以及二级、三级公路为 15 年；四级公路可根据实际情况确定。

公路远景设计年限的起算年为该设计项目可行性研究报告中所计划的公路建成通车之年份。

2. 设计车型

目前，我国公路上行驶的车辆型号比较多，车辆的几何尺寸各不相同，对公路交通的影响也不同。根据我国公路设计的车型标准，各级公路的交通量均以小客车为标准。

3. 交通量

交通量一般是指公路远景设计年限年平均昼夜交通量。该交通量仅能作为公路分级的依据。

4. 设计路段要求

一条公路在同一地形分区范围内分段采用不同的公路等级时，相邻设计路段的设计速度之差不宜超过 20km/h。

一条公路在通过不同公路等级或同一等级不同设计速度分段时，应结合地形变化，主要技术指标应随之逐渐过渡，避免出现突变。

按不同设计速度设计的各设计路段长度不宜过短，高速公路、一级公路一般不小于 20km，特殊情况下可减至 10km，其他等级公路及城市出入口一级公路一般不小于 10km，特殊情况可减至 5km。

不同设计路段相互衔接的地点，原则上应选在交通量发生较大变化处，或者驾驶者能明显判断前方需要改变设计速度处。

对现有不符合等级的公路，应根据发展规划，有计划地改善线形，逐步提高公路的使用质量和通行能力，达到等级公路的标准。

三、设 计 依 据

路线设计是按照国家有关法规、规范、标准和勘测设计程序，已批准的设计任务书等进行的。无论是新建公路还是改建公路，都应有充分的技术经济依据。其最基本的设计依据是设计车辆、设计速度和交通量。

（一）设计车辆

公路上行驶的车辆主要是汽车，对于二、三、四级公路还有一定数量的农用机械和非机动车。汽车外廓尺寸和力学特性以及在公路上行驶的各种车辆的组成，是公路几何设计具有重要意义的控制因素。

公路路幅组成、弯道加宽、交叉口设计、纵坡、视距等，都与设计车辆外形尺寸密切相关。选择有代表性的车辆作为设计的依据（即设计车辆）是非常重要的。因此，现行《标准》规定将设计车辆分为三类，即小客车、载货汽车和鞍式列车。《标准》中规定的设计车辆外廓尺寸见表1-1-2。

设计车辆外廓尺寸（m）　　表1-1-2

车辆类型	总长	总宽	总高	前悬	轴距	后悬
小客车	6	1.8	2	0.8	3.8	1.4
载货汽车	12	2.5	4	1.5	6.5	4
鞍式列车	16	2.5	4	1.2	4+8.8	2

（二）设计速度

设计速度是指气候和交通量正常，汽车运行只受公路自身条件（几何要素、路面状况、附属设施等）影响时，一般驾驶员能保持安全和舒适行驶的最大速度。

设计速度是决定公路几何线形的基本要素。它作为公路设计的基本依据，直接或间接地决定了汽车行驶的曲线半径、超高、路幅宽度、视距、纵坡、合成坡度和竖曲线设计等，所以它是体现公路等级的一项重要指标。

我国《标准》规定各级公路的设计速度详见表1-1-1。

（三）交通量

交通量是公路分级的主要依据。与公路设计密切相关的交通量，主要是指年平均昼夜交通量和远景设计年限末的年平均昼夜交通量。

1. 年平均昼夜交通量

年平均昼夜交通量是公路分级的主要依据，它指一年365天中，平均每昼夜通过公路上某一横断面的往返车辆折合成"标准车"的车辆总数。各级公路均以小客车为标准车进行交通量折算。各种车辆折合成小客车是为了有可比性，将公路上的各种车辆换算成统一尺度，才便于比较交通量的大小。各汽车代表车型与车辆折算系数见表1-1-3。

各汽车代表车型与车辆折算系数　　表1-1-3

汽车代表车型	车辆折算系数	说　明
小客车	1.0	≤19座的客车和载质量≤2t的货车
中型车	1.5	>19座的客车和2t<载质量≤7t的货车
大型车	2.0	7t<载质量≤14t的货车
拖挂车	3.0	载质量>14t的货车

2. 远景设计年限交通量

远景设计年限交通量是依据公路的使用性质及任务，根据历年交通观测资料推算求得。目前一般按年平均增长率累计计算确定：

$$N_d = N_0(1+\gamma)^{n-1} \tag{1-1-1}$$

式中：N_d——远景设计年平均昼夜交通量，辆/d；

N_0——起始年平均昼夜交通量，辆/d；

γ——年平均增长率，%；

n——远景设计年限。

因为在一年中的每月、每日、每小时交通量都会发生变化，在某些季节、某些时间段可能会高出年平均昼夜交通量数倍，所以，年平均昼夜交通量仅能用来确定公路的等级，以及论证公路的计划费用或各项结构设计，不能用它进行公路几何设计。

3. 设计小时交通量

设计小时交通量宜采用年第30位小时交通量，也可根据公路功能采用当地的年第20～40位之间最为经济合理时位的小时交通量。

第四节　公路的基本组成

公路是设置在大地上供各种车辆行驶的一种线形带状结构物，主要承受车轮荷载的反复作用并经受各种自然因素的长期影响和破坏。因此，公路不仅要有平顺的线形、合适的纵坡，而且还要有坚实稳定的路基，平整、防滑、耐磨的路面，牢固耐用的桥涵和其他人工构造物以及不可缺少的附属工程设施，以满足交通的要求。因此，公路是由线形和结构两部分组成。

一、路　　基

路基是公路线形结构的主体，是由土、石按照一定尺寸、结构要求建筑成的带状土工结构物。它与路面共同承受行车荷载的作用，同时抵御各种自然因素造成的危害。因此必须具有足够力学强度和稳定性，而且又要经济合理。为了保证路基的强度与稳定性，避免外界因素对路基的危害，在修筑路基的同时，根据需要还要修建路基排水及防护设施，如边沟、挡土墙等，如图1-1-2所示。

二、路　　面

路面是用各种路面材料按照一定的比例经混合拌制分层铺筑于路基顶面后形成的结构物，主要供车辆安全、迅速和舒适地行驶。因此路面必须具有足够的强度、稳定性、平整度、抗滑性等，如图1-1-3所示。

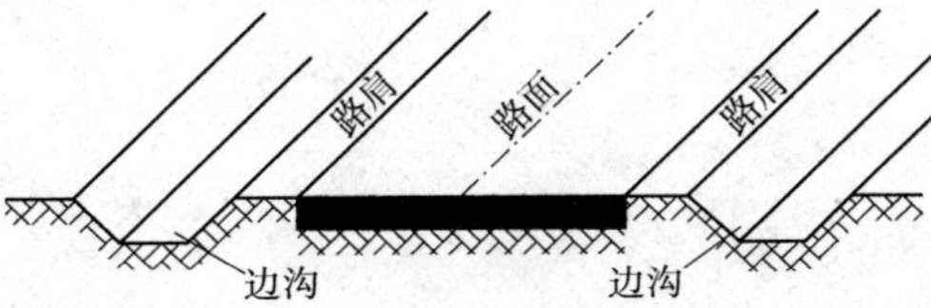

图1-1-2　公路路基示意图

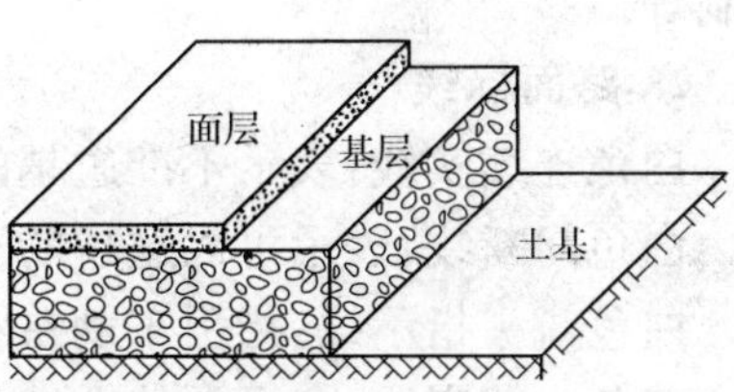

图1-1-3　路面结构示意图

三、桥梁、涵洞

公路跨越河流、沟谷以及其他线路时，为了保证公路的连续性，则需要修建桥梁或涵洞等结构物来跨越。当结构物的单孔跨径小于5m或多孔跨径之和小于8m时，称为涵洞；当大于上述值时则称为桥梁，如图1-1-4所示。

四、隧　　道

在山区修筑公路，经常有较高的山岭阻拦，如果选择绕的方式过山岭，有可能造成里程大大增加，纵坡陡峻，线形迂回较多，技术标准偏低。在这种情况下，可以考虑在一个适当的高程和地形处，打通一条山洞连接山岭两侧的公路，这样就可以避免上述路线的缺点而取得一条捷径。这类山洞就是公路隧道。还有一种情况，当公路需要穿越深水层或所跨越的江海湖泊不适宜修建桥梁时，也可以考虑隧道方案，如图 1-1-5 所示。

图 1-1-4　桥梁

图 1-1-5　隧道

五、沿 线 设 施

在公路上，除了上述各种基本结构物以外，为了保证行车的安全、迅速、舒适、美观，还需要设置交通安全设施、交通管理设施、服务设施及环境保护设施等。

（一）交通管理设施

为保证行车安全，使驾驶员预知前面路况和特点，公路上应设置交通标志和路面标线。

1. 公路交通标志

指示标志：指示驾驶员行驶方向、行驶里程及交通服务设施的位置、距离等。

警告标志：指示前方有行车障碍物或行车危险的地方，警告驾驶员集中注意力，确保行车安全。

禁令标志：指示各种必须遵守的交通限制的标志，如速度限制、载重限制、高度限制、停车限制等。

2. 路面标线

白色连续实线：表示不准逾越的车道分界。

白色间断线：表示可以逾越的车道分界。

白色箭头指示线：指引车辆左右转弯或直行。

黄色连续实线：表示严禁逾越的车道分界。

为适应夜间行车安全，高等级公路的标线边缘还设有不同颜色的反光标志。

（二）交通安全设施

为保证行车安全，在高速公路沿线以及其他各级公路必要的地方如急弯、陡坡、高路堤、地形险峻的路段，要设置护栏、护柱、护墙等。另外，因为高速公路是全封闭全立交的，在高速公路公路界的边缘，设置隔离栅，以隔断外界对高速公路行车的影响，增强高速公路行车的安全保障。

（三）服务性设施

服务性设施包括：高速公路的服务区及其他各级公路上为公路交通服务的汽车站、加油站、旅馆、停车场、修理站等。

(四)景观设施

绿化是环境保护、美化公路不可缺少的部分。常在路基边坡、中央分隔带、公路用地范围内的边角空地处绿化,但不应妨碍视距。在环形交叉口、互通立体交叉或大桥的桥头,还可以做一些景观造型和种植花草树木来美化环境。

六、特殊结构物

山区公路在翻山越岭时,往往要在横坡陡峻的山坡上修筑公路,为了保证路基稳定和减少工程数量,常需修筑挡土墙。在悬岩峭壁上修筑公路时,常需要修悬臂式路台。通过沙漠地带的公路可修筑防沙栏栅。

第二章　路　　线

第一节　概　　述

公路是一条带状的三维空间结构物，是由路基、路面、桥梁、涵洞、隧道和沿线设施所组成的线形构造物，它的中心线是一条空间曲线。路线的中心线在水平面上的投影（平面曲线）构成的平面，称为公路路线的平面。沿着中心线竖直剖切公路，再把这竖直曲面展开成直面，这就是公路路线的纵断面。中心线上任意一点处公路的法向剖面，称为公路路线在该点的横断面。

公路路线的平面、纵断面和横断面，是公路的几何组成部分。公路路线主要研究的对象，就是公路的平面、纵断面和横断面的设计原理与设计方法。

由于受地形、地物、地质等各种条件限制，所以一条公路在平面上不可能是一条直线，而是由许多直线段和曲线段（包括圆曲线与缓和曲线）组成。公路平面设计的任务，就是在满足行车安全、舒适的前提下，综合实际自然条件，正确、合理地确定公路的平面位置。同理，由于地形、地物、地质、水文等因素的影响，公路在纵断面上也不可能从起点到终点是一条水平线，而是由上坡、下坡和竖曲线组成的空间线形。纵断面上这条空间线形，要根据汽车动力性能、公路性质、公路等级、交通组成和当地气候、地形、地物、地质、水文、土质条件、排水要求、工程量等来研究确定，它直接影响到行车的安全和迅速、工程造价、运营费用和乘客的舒适程度。

公路路线设计的总原则，是满足行车安全、快速、经济、舒适和美观的要求，其基本的要求是：

（1）应根据公路的等级及其使用任务和功能，合理利用地形，正确应用技术标准，保证线形的均衡性。

（2）路线设计中，应对公路的平、纵、横三个面应进行综合设计，保证路线的整体协调，做到平面顺适、纵坡均衡、横断面合理。

（3）路线设计应注意保持线形的连续性，应考虑车辆行驶的安全舒适性以及驾驶人员的视线。

（4）线形设计应注意与当地环境和景观相协调。对高速公路、一级公路和风景区公路，一般应采用透视图法进行检验。

（5）路线设计应避免穿过地质不良地区。

（6）干线公路应避免穿过城镇，便民而不扰民。

（7）路线设计应贯彻保护耕地、节约用地的原则，少拆房屋，保护环境。

第二节　平面线形

一、平面线形的组成

当一条公路的起、终点确定后，选择路线的方向应尽可能地使两点之间距离最短，以缩短里程。两点之间距离最短的应该是直线，但实际设置时，往往受到地形、地质、水文条件以及现状地物的影响而需转折绕道通过；或因在起、终点间必须通过的大桥桥位、城镇等而必须转折，所以公路从起点至终点在平面上不可能是一条直线，而是由许多直线段和曲线段组合而成。因此，公路平面线形由直线和平曲线（缓和曲线、圆曲线）组成，如图 1-2-1 所示。

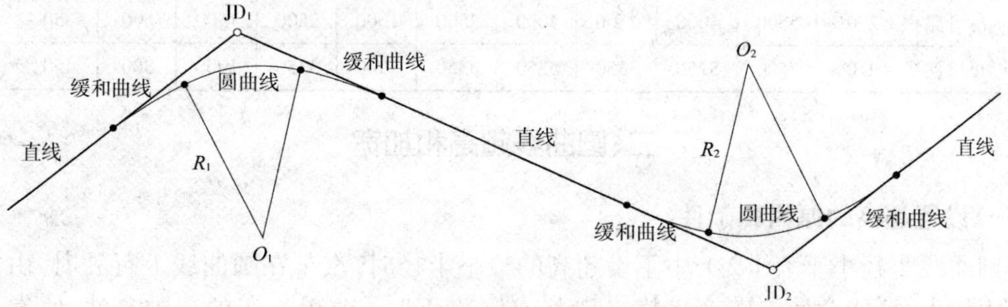

图 1-2-1　路线图

二、圆曲线最小半径

根据汽车在弯道上行驶时的受力状况及各种力的几何关系，推导出圆曲线半径的通用公式为：

$$R \geqslant \frac{V^2}{127(\mu \pm i)} \tag{1-2-1}$$

式中：R——圆曲线半径，m；

V——行车速度，km/h；

μ——横向力系数，极限值为路面与轮胎之间的横向摩阻系数；

i——路面的横向坡度。

汽车以一定的速度沿着半径为 R 的圆曲线行驶时，除了受重力外，还受到离心力的作用。离心力的产生，可能会使汽车有向外滑移或倾覆的危险。为了保证汽车在曲线上的行车安全、舒适，必须对离心力加以限制。途径之一便是降低车速，但是公路等级既定，设计速度为定值，不能改变；另一个途径则是对半径的限制，半径愈大，离心力就愈小，汽车就愈稳定。所以，从汽车行驶稳定的角度出发，圆曲线半径越大越好。但有时因受地形、地质、地物等因素的影响，圆曲线半径不可能很大，往往会采用小半径的圆曲线。这时如果半径选用得太小，就会使汽车行驶不稳定，甚至翻车。所以，必须综合考虑汽车安全、快速、舒适和经济，并兼顾路容美观，使确定的最小半径能满足汽车行驶的要求。这种最起码的半径值，就是圆曲线的最小半径的限制值。《标准》根据各级公路的不同要求，规定圆曲线的最小半径有三类：极限最小半径、一般最小半径和不设超高的最小半径。极限最小半径主要满足安全要求，适当考虑舒适性；一般最小半径主要考虑具有较好的安全性和舒适性；不设超高的最小半径是考虑即使不设超高也能保证其安全性和舒适性。

不同公路等级的最小半径值见表 1-2-1。在适应地形情况下，应选用较大的曲线半径，一般情况下采用极限最小平曲线半径的 4 ~ 8 倍为宜。

各级公路平曲线最小半径　　表 1-2-1

公路等级		高速公路			一级公路			二级公路		三级公路		四级公路
设计速度(km/h)		120	100	80	100	80	60	80	60	40	30	20
极限最小半径(m)		650	400	250	400	250	125	250	125	60	30	15
一般最小半径(m)		1000	700	400	700	400	200	400	200	100	65	30
不设超高的最小半径(m)	路拱≤2.0%	5500	4000	2500	4000	2500	1500	2500	1500	600	350	150
	路拱≤2.0%	7500	5250	3350	5250	3350	1900	3350	1900	800	450	200

三、圆曲线超高和加宽

(一)设置超高的原因和条件

当圆曲线半径小于表 1-2-1 中不设超高的最小半径时,汽车在圆曲线上行驶时,由于受到的离心力较大,可能会使汽车产生横向滑移或倾覆。为了改善汽车的行驶条件,使汽车能安全、稳定行驶,满足设计速度和经济、舒适地通过圆曲线,必须将圆曲线做成向内倾斜的单向超高横坡度。这样可使汽车在圆曲线上行驶时,能获得一个向圆曲线内侧的横向分力,用于克服离心力,减小横向力。由于从圆曲线起点到圆曲线终点的半径值是不变的,所以在一定的设计速度下,其离心力也是一个不变的定值,故超高横坡度从圆曲线的起点到圆曲线的终点也是一个不变的定值,如图 1-2-2 所示。

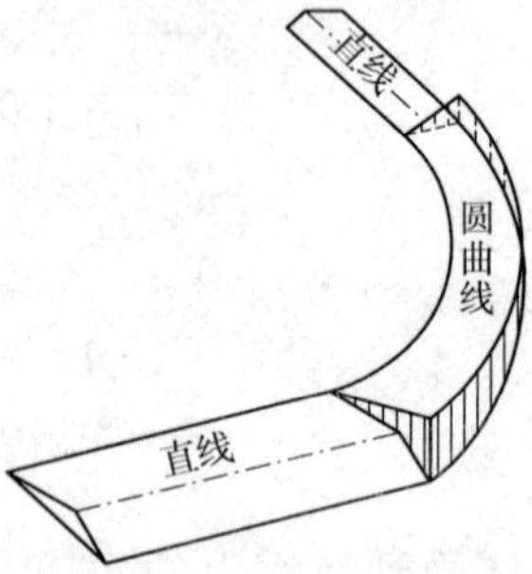

图 1-2-2　圆曲线上的超高

(二)设置加宽的原因和条件

1. 设置加宽的原因

(1)汽车在圆曲线上行驶时,各个车轮的轨迹半径是不相等的,后轴内侧车轮的行驶轨迹半径最小,前轴外侧车轮的行驶轨迹半径最大,因而在圆曲线半径较小时,车道内侧需要更宽一些的路面,以满足后轴外侧车轮的行驶轨迹要求,故应加宽曲线上的行车道宽度。

(2)汽车在圆曲线上行驶时,驾驶员操纵汽车所行驶的轨迹不可能与理论轨迹完全相符,而是有一定的摆幅(其摆幅值的大小与实际行车速度有关),并且在圆曲线上的摆幅比直线上要大。所以,应加宽曲线上的行车道宽度,以利于安全。

2. 圆曲线上设置加宽的条件

《标准》规定,当平曲线半径小于或等于 250m 时,应在平曲线内侧进行加宽。

四、缓 和 曲 线

(一)设置缓和曲线的条件

当圆曲线半径小于不设超高的最小半径,公路等级在三级及三级以上时,应在直线和圆曲线之间设置缓和曲线,以满足曲率半径逐渐过渡的要求。

(二)设置缓和曲线的目的

1. 有利于驾驶员操纵转向盘

汽车从直线驶入圆曲线,即从无限大的半径到一个定值的半径,或从大半径圆曲线驶入小半径圆曲线时,从汽车前轮转向角逐渐变化的必要性来看,其中间需要插入一个逐渐变化的缓和曲线，才能保持车速不变而使汽车前轮的转向角从 0 至 α 逐渐变化，从而有利于驾驶员操纵转向盘。

2. 消除离心力的突变，提高舒适性

当圆曲线半径较小时，汽车行驶时离心力很大。为了使汽车能安全、迅速、平稳、舒适地从没有离心力的直线，逐渐驶入离心力较大的圆曲线，或从离心力小的大半径圆曲线，逐渐驶入到离心力大的小半径圆曲线，消除离心力的突变，并使离心加速度的变化率控制在一定的数值内，必须在直线和圆曲线间，或大圆与小圆之间，设置曲率半径随弧长逐渐变化的缓和曲线。

3. 完成超高和加宽的过渡

当圆曲线需要设置超高和加宽时，其超高缓和段和加宽缓和段一般都小于缓和曲线。因而，一般应在缓和曲线长度内，完成超高或加宽的过渡。

4. 与圆曲线配合得当，增加线形美观

圆曲线与直线径相连接，而连接处曲率突变，在视觉上有不平顺的感觉。但在圆曲线与直线间设置缓和曲线后，可使线形连续圆滑，增加线形美观。

(三)缓和曲线最小长度

汽车要完成在曲率变化的缓和曲线上行驶，必须要求缓和曲线有足够的长度，以使驾驶员能从容地操纵方向盘，乘客感觉舒适，线形美观流畅，并且能顺利完成超高和加宽的过渡。因此，《公路路线设计规范》(JTG D20—2006)(以下简称《路线规范》)规定了缓和曲线的最小长度。

1. 控制离心加速度变化率求缓和曲线最小长度

汽车在缓和曲线上行驶时，曲线半径从无穷大过渡到一定值，所以离心加速度从零过渡到 $a_{max}=\frac{v^2}{R}$(或相反，从最大值均匀减小至零)，所以离心加速度的变化率(以 a_s 表示)为：

$$a_s = \frac{a_{max}}{t} = \frac{v^2}{Rt}$$

$$t = \frac{L_s}{v}$$

则

$$a_s = \frac{v^3}{RL_s}$$

故

$$L_s = \frac{v^3}{Ra_s} \quad \text{将 } v(\text{m/s}) \text{ 换为 } V(\text{km/h})$$

$$L_s \approx 0.0213\frac{V^3}{Ra_s} \tag{1-2-2a}$$

从乘客舒适性来看，离心加速度的变化率 a_s 以 0.5 ~ 0.75 为好，不能过大。我国公路设计中，采用 $a_s=0.6\text{m/s}^3$，则

$$L_s \approx 0.035\frac{V^3}{R} \tag{1-2-2b}$$

式中：L_s——缓和曲线最小长度，m；

V——设计速度，km/h；

R——圆曲线半径，m；

a_s——离心加速度的变化率，又称缓和系数，在 0.5 ~ 0.75 范围内取值，高速路取较小值，低速路取较大值；平原区取较小值，山岭区取较大值；交叉口取较大值。

2. 按驾驶员操作转向盘所需的时间求缓和曲线最小长度

汽车在缓和曲线上行驶时，驾驶员应有一定的时间来操作转向盘，以此保证汽车行驶安全与舒适来确定缓和曲线的最小长度：

$$L_s \geqslant vt = \frac{Vt}{3.6}$$

汽车在缓和曲线上行驶时间一般不小于3s，则

$$L_s = \frac{V}{1.2} \tag{1-2-3}$$

3. 以超高渐变率适中确定缓和曲线最小长度

由于在缓和曲线上要完成超高的过渡，如果缓和曲线太短使超高渐变太快，造成附加坡度过陡，会使汽车左右急剧摇摆，不但对行车不利，还影响舒适性及路容美观；如果缓和曲线太长，使超高渐变率太小，则对排水不利。因此，《路线规范》规定了适中的超高渐变率，根据式(1-2-4)来确定缓和曲线最小长度：

$$L_s = \frac{b'}{p}\Delta i \tag{1-2-4}$$

式中：L_s——缓和曲线最小长度，m；

b'——超高旋转轴至路面外侧边缘的距离，m；

Δi——超高旋转轴外侧的最大超高横坡度与原路面横坡度的代数差；

p——超高渐变率，m/m。

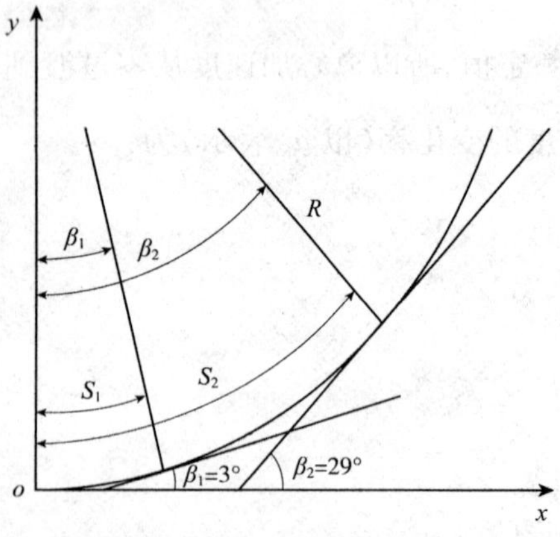

图 1-2-3　从视觉要求的回旋线长度

4. 以视觉上应有平顺感确定缓和曲线最小长度

从视觉上考虑，回旋线起点至终点形成的方向变位最好是3°～29°之间。由图1-2-3可知，方向变位角β为：

$$\beta = \frac{L_s}{2R}\cdot\frac{180°}{\pi} \tag{1-2-5}$$

其中　$3° \leqslant \beta \leqslant 29°$

$S_1 \leqslant L_s \leqslant S_2$

按上述四点要求，确定缓和曲线长度的计算公式与设计速度的关系最大，与半径关系则有差异。为此，《路线规范》规定根据设计速度，同时考虑了行车时间和超高渐变率适中（附加陡坡不过陡）的要求，来确定缓和曲线最小长度。《路线规范》规定的各级公路缓和曲线的最小长度见表1-2-2。

各级公路缓和曲线最小长度　　表1-2-2

公路等级	高速公路			一级公路			二级公路		三级公路		四级公路
设计速度(km/h)	120	100	80	100	80	60	80	60	40	30	20
缓和曲线最小长度(m)	100	85	70	85	70	50	70	50	35	25	20

注：四级公路为超高、加宽缓和段。

五、行 车 视 距

(一)视距的种类

为了保证行车安全，驾驶员驾驶汽车在公路上行驶时，任何位置都应看到汽车前方相当远

的距离,以便在发现路面障碍物或迎面来车时,能采取措施,以避免相撞,这一必要距离称为行车视距。

驾驶员发现路面障碍物或迎面来车时,根据其采取措施不同,行车视距可分为以下几种。

1. 停车视距

汽车行驶时,自驾驶员看到障碍物时起,到采取紧急制动措施在障碍物前安全停止,所需要的最短距离。

2. 会车视距

在同一车道上两对向行驶的汽车相遇,从互相发现起,到同时采取制动措施使两车安全停止,所需要的最短距离。

3. 错车视距

在没有明确划分车道线的双车道公路上,两对向行驶的汽车自相互发现后,立即采取减速避让措施到安全错车,所需要的最短距离。

4. 超车视距

在双车道公路上,后车超越前车时,从开始驶离原车道之处起,到在与对向来车相遇之前,完成超车安全回到自己的车道,所需要的最短距离。

在上述四种视距中,超车视距最长,需单独研究;错车视距最短容易保证;经研究分析,会车视距约等于停车视距的两倍,所以停车视距是最基本的视距。双车道公路也应保证有足够长度的超车视距的路段。

行车视距的长度,决定于汽车的制动性能、行驶速度和驾驶员遇障碍物时所采取的措施。

(二)停车视距

停车视距由反应距离、制动距离和安全距离三部分组成,如图1-2-4所示。计算停车视距时的前提条件是:驾驶员眼高为1.2m,物高为0.1m。

1. 反应距离 S_1

驾驶员从发现前方的障碍物,经过判断是否采取制动措施,到决定制动开始生效所需时间,称为反应时间。这一反应时间内汽车所行驶的距离,称为反应距离。反应距离 S_1 可用下式来计算:

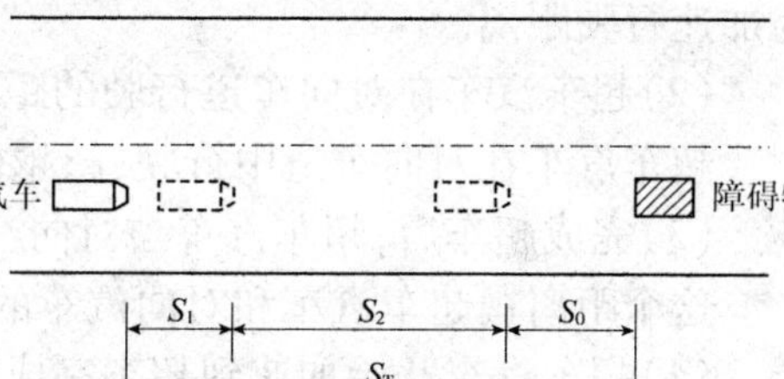

图1-2-4 停车视距示意图

$$S_1 = \frac{Vt}{3.6}$$

式中:S_1——反应距离,m;

V——设计速度,km/h;

t——反应时间,一般取1~2s。

2. 制动距离 S_2

制动距离是指汽车从制动生效到汽车完全停止,在这段时间内所行驶的距离。

$$S_2 = \frac{V^2}{254(\varphi + i)}$$

式中:S_2——制动距离,m;

V——设计速度,km/h;

φ——路面纵向摩阻系数,与路面种类和状况有关;

i——公路的纵坡度,上坡为"+",下坡为"-"。

3. 安全距离 S_0

安全距离是指汽车停住至障碍物前的距离 S_0 一般取 5 ~ 10m。

所以停车视距为：

$$S_T = \frac{Vt}{3.6} + \frac{V^2}{254(\varphi + i)} + S_0 \quad (1\text{-}2\text{-}6)$$

式中符号意义同前。

(三)超车视距

在一般双车道公路上行驶着各种不同速度的车辆，当快车追上慢车以后，需占用对向汽车行驶的车道进行超车。为了超车时安全，驾驶员必须能够看到前方足够长度的车流状况，以便在对向汽车驶来相遇之前完成超车。这种快车超越前面慢车后，再回到原来自己的车道。所需要的最短距离，称为超车视距。

超车视距的全程分为四个阶段，如图 1-2-5 所示。

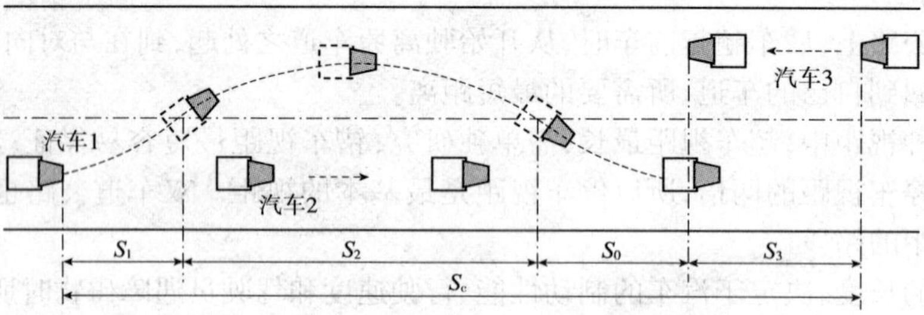

图 1-2-5　超车视距示意图

(1)加速行驶距离 S_1。

驾驶员判断认为有超车的可能，于是加速驶入对向车道，在驶入对向道之前所行驶的距离为加速行驶距离。

(2)超车汽车在对向车道行驶的距离 S_2。

超车汽车在对向车道中行驶，超越前方慢车后，回到原车道所行驶的距离。

(3)完成超车后，超车汽车与对向汽车之间的安全距离 S_0。

这个距离视超车汽车和对向汽车的行驶速度不同而采用不同的数值。

(4)超车汽车开始加速到超车完成时，对向汽车行驶的距离 S_3。

理想的全超车过程为：

$$S_c = S_1 + S_2 + S_3 + S_0 \quad (1\text{-}2\text{-}7)$$

《标准》中对停车视距、会车视距和超车视距的规定见表 1-2-3。

各级公路停车视距、会车视距和超车视距　　表 1-2-3

公路等级	高速公路			一级公路			二级公路		三级公路		四级公路
设计速度(km/h)	120	100	80	100	80	60	80	60	40	30	20
停车视距(m)	210	160	110	160	110	75	110	75	40	30	20
会车视距(m)							220	150	80	60	40
超车视距(m)							550	350	200	150	100

(四)平面视距保证措施

汽车在直线上行驶，一般停车视距和超车视距容易保证。但当汽车在平曲线地段行驶时，如果遇到内侧有障碍物、树木、路堑边坡等,均有可能阻挡视线,保证不了视距。这是就应该清除视野范围内的障碍物,以保证行车安全。如图 1-2-6 所示,假设 A 点为行驶的汽车,弧长 S 是停车视距,因为视线是直的,所以 AB 之间的直线(即弦长)与弧构成的区域内有障碍物的话,视线将会被阻挡,将不能保证视距,所以必须清除。同样的道理,汽车行驶在曲线段行驶到任何一点,均应保证视线与停车视距构成的区域内不能有障碍物。于是作出一条曲线与所有的视线相切,那么这条曲线就是汽车在弯道上行驶时,障碍物不能进入的界限。如果有,必须清除。

按照上述方法可以知道需要清除障碍物的范围。如果曲线段为挖方路段,内侧边坡如果阻挡了视线,那么按照所定出的界限,将在边界线内的边坡挖掉。即开挖视距台,开挖视距台时,设定驾驶员视线的高度为 1.2m,如图 1-2-7 所示。

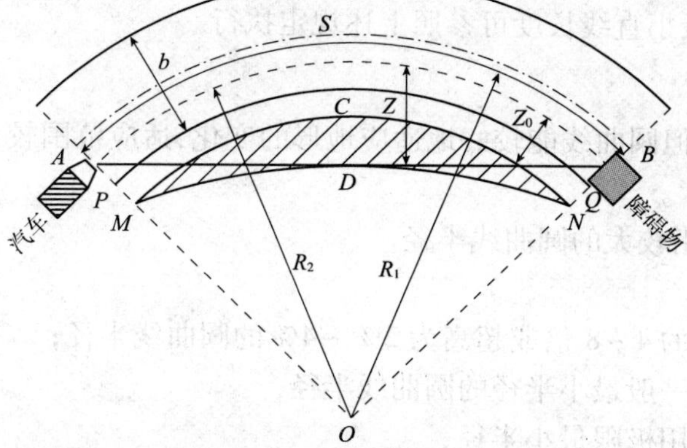

图 1-2-6　平曲线视距图

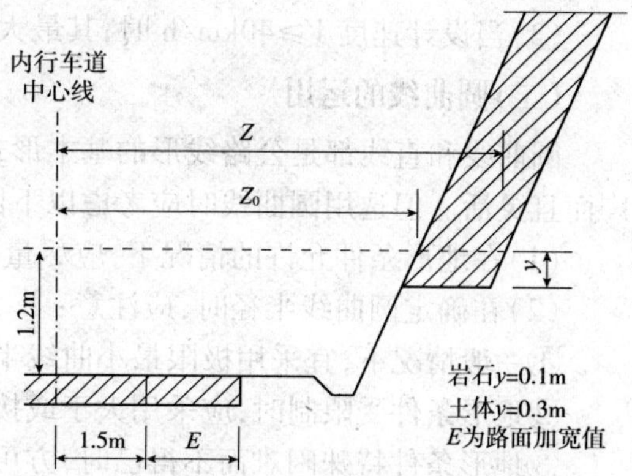

图 1-2-7　视距台

六、平面线形设计要点

(一)直线的应用

两点之间直线最短。一般来说,采用直线线形的路程最短,测设和施工简便,汽车运营费用最低。汽车在直线上行驶比在曲线上行驶要相对快捷舒适,视距容易保证,便于超车。

但直线线形的灵活性较差,难以与地形相适应,不易与地形、地物相协调。如果直线段太长,易使驾驶员感觉单调、精神疲倦、思想麻痹、反应迟钝,且易超速行驶、盲目超车,容易造成交通事故。所以,当采用直线线形时长度不宜太长。

1. 适宜采用直线的路段

(1)不受地形、地物限制的平坦地形和山间开阔谷地;

(2)市镇及其近郊或规划方正的农耕区等以直线为主体线形的地区;

(3)特大或大中桥梁、隧道等构造物路段;

(4)路线交叉口前后;

(5)双车道提供超车的路段。

2. 采用长直线线形时应注意的几个问题

(1)纵坡不宜过大;

(2)与大半径的凹形竖曲线相配合;

(3)当两侧环境过于单调空旷时,宜采取种植不同的树木或设置一定的建筑物进行改善;

(4)长直线特别是长直线下坡的尽头，为了保证行车安全，不能接小半径的平曲线；若由于地形限制，小半径曲线难以避免时，应在中间插入中等曲率的曲线过渡，并不能使纵坡过大；

(5)根据国外研究资料，对于设计速度 $V \geq 60$km/h 的公路，最大直线长度以该等级公路的设计速度行驶 70s 左右的行程距离为限。

3. 最短直线长度的限制

直线不能太长，也不能太短，特别是同向平曲线间不能设置短直线，以免产生视觉差。

(1)同向曲线间直线长度，当设计速度 $V \geq 60$km/h 时，其最小长度(以 m 计)以不小于设计速度(以 km/h 计)的 6 倍为宜；若不得已时，设计成单曲线或卵形曲线。

(2)当设计速度 $V \geq 60$km/h 时，反向曲线间最小长度(以 m 计)以不小于设计速度(以 km/h 计)的 2 倍为宜；若不得已时，应设计成 S 形曲线。

(3)当设计速度 $V \geq 40$km/h 时，其最大、最小直线长度可参照上述规定执行。

(二)圆曲线的运用

圆曲线和直线都是公路线形的基本形式，但圆曲线能较好地适应地形的变化，适应范围较广而且灵活。但选用圆曲线时应考虑以下因素。

(1)在地形条件允许的情况下，应尽量选用较大的圆曲线半径。

(2)在确定圆曲线半径时，应注意：

①一般情况下，宜采用极限最小曲线半径的 4 ~ 8 倍或超高为 2% ~4% 的圆曲线半径；

②地形条件受限制时，应采用大于或接近一般最小半径的圆曲线半径；

③地形条件特殊困难而不得已时，方可采用极限最小半径；

④圆曲线应同前后线形要素相协调，悬殊不要过大，使之构成连续、均衡的曲线线形；

⑤应与纵面线形相配合，必须避免小半径曲线与陡坡相重合。

(三)回旋线的运用

回旋线在平面线形设计中也是一种主要线形：凡圆曲线半径小于不设超高的最小半径的三级及以上公路，都会遇到回旋线的运用问题。

1. 回旋线的参数要求

(1)当圆曲线半径 R 较大或接近于 100m 时，应取回旋线参数 $A = R$；当 $R < 100$m 时，则取 $A \geq R$。

(2)当圆曲线半径 R 较大或接近于 3000m 时，应取回旋线参数 $A = R/3$；当 $R > 3000$m 时，则取 $A < R/3$。

2. 直线、圆曲线、回旋线相互组合

可根据具体情况选用下述几种线形组合形式。

(1)基本型

基本型是按直线—回旋线—圆曲线—回旋线—直线的顺序组合的，如图 1-2-8 所示。

基本型的两个回旋线参数应符合上述规定。可以根据地形条件，按两个回旋线的参数值设计成对称的或非对称的曲线。

回旋线—圆曲线—回旋线的长度之比宜为 1 : 1 : 1。

(2)S 形

两个反向圆曲线用回旋线连接起来的组合线形为 S 形，如图 1-2-9 所示。

S 形相邻两个回旋线参数 A_1 与 A_2 宜相等，设计成对称形。当采用不同的参数时，A_1 与 A_2 之比应小于 2.0，有条件时以小于 1.5 为宜。

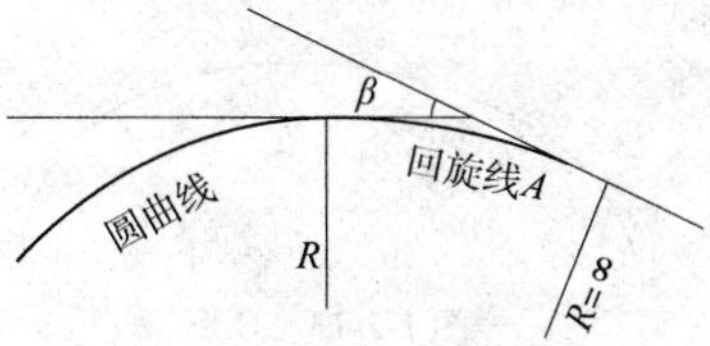

图 1-2-8　基本型

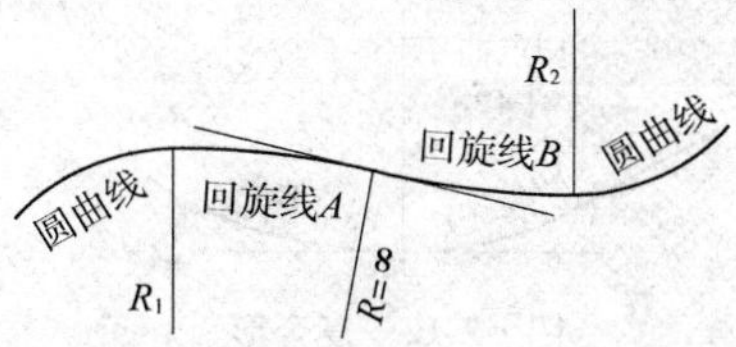

图 1-2-9　S 形

S 形的两个反向回旋线以径向光滑连接为宜，当地形等条件受限必须插入短直线或当两圆曲线间的两回旋线相互重合时，短直线或重合段的长度应符合以下规定：

$$L \leqslant (A_1 + A_2)/40$$

式中：L——反向回旋线间短直线或重合段的长度，m；

A_1、A_2——回旋线参数。

两圆曲线半径之比不宜过大，一般以 $R_2/R_1 = 1 \sim 1/3$ 为宜。R_2 为大圆曲线半径(m)，R_1 为小圆曲线半径(m)。

(3)卵形

用一个回旋线连接两个同向圆曲线的组合线形，称为卵形，如图 1-2-10 所示。

卵形组合的回旋线参数宜符合下式要求：

$$R_2/2 \leqslant A \leqslant R_2$$

式中：A——回旋线参数；

R_2——小圆曲线半径，m。

两圆曲线半径之比，以 $R_2/R_1 = 0.2 \sim 0.8$ 为宜。

两圆曲线的间距 D 与 R_2 之比以 0.003 ~ 0.03 为宜，以免曲率变化太大。D 为两圆曲线间的最小间距，单位为 m。

(4)凸形

两个同向回旋线间不设圆曲线而径相连接的线形称为凸形，如图 1-2-11 所示。

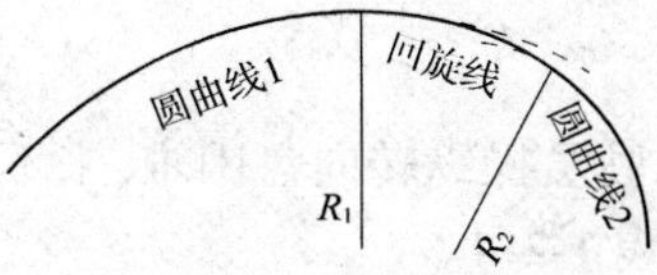

图 1-2-10　卵形

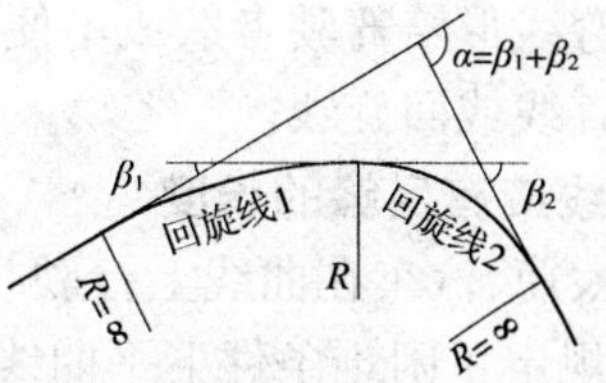

图 1-2-11　凸形

凸形的回旋线参数及其连接点的曲率半径，应分别符合容许最小回旋线参数和圆曲线一般最小半径的规定。要注意的是，只有在路线、地物严格限制时，才可采用凸形组合。

(5)复合型

两个以上同向回旋线间在曲率相等处相互连接的形式称为复合型，如图 1-2-12 所示。

复合型的两个回旋线参数之比以小于 1∶1.5 为宜。复合型的线形组合仅在地形或其他特殊原因限制时(互通式立体交叉除外)才使用。

(6)C 形

同向曲线的两个回旋线在曲率为零处径向连接(即连接处曲率为0,$R=\infty$)的形式称为C形,如图1-2-13所示。

图1-2-12 复合形

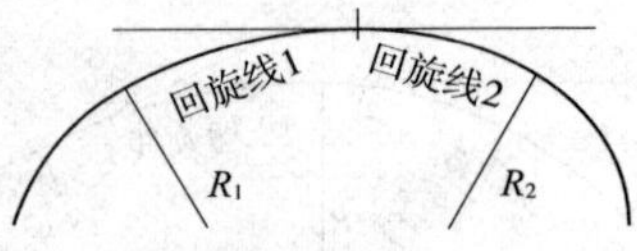

图1-2-13 C形

这种线形组合方式只有在特殊地形条件下方可采用。

(四)平面线形设计的一般原则

1. 平面线形应直捷、连续、顺适,并与地形、地物相适应,与周围环境相协调

在地形平坦开阔的平原微丘区,路线直捷顺适,在平面线形三要素中直线所占比例较大。而在地势有很大起伏的山岭重丘区,路线则多弯曲,曲线所占比例较大。路线要与地形相适应,这既是美学问题,也是经济问题和保护生态环境问题。直线、圆曲线、回旋线的选用与合理组合,取决于地形、地物等具体条件。片面强调路线要以直线为主或以曲线为主,或人为规定三者的比例都是错误的。

2. 高速公路应尽量满足视觉和心理上的要求

高速公路、一级公路以及设计速度≥60km/h的公路,应注重立体线形设计,尽量做到线形连续、指标平衡、视觉良好、景观协调、安全舒适。设计速度越高,线形设计所考虑的因素就越多。

设计速度≤40km/h的公路,首先应在保证行车安全的前提下,正确运用平面线形要素最小值。在条件许可和不过多增加工程量的情况下,力求做到各种线形要素合理组合,并尽量避免和减少不利的组合。

3. 保持平面线形的均衡与连贯

高、低标准之间要有过渡。结合地形变化,使路线的平面线形指标逐渐过渡,避免出现突变。不同标准路段相互衔接的地点,应选在交通量发生变化处。

4. 应避免连续急弯的线形

连续急弯线形给驾驶者造成不便,给乘客的舒适也带来不良影响,设计时,可在曲线间插入足够长的直线或回旋线。

5. 平曲线应有足够的长度

平曲线太短,汽车在曲线上行驶时间过短,会使驾驶员操纵转向盘困难,来不及调整,所以《路线规范》规定了困难条件下平曲线的最小长度,见表1-2-4。

各级公路平曲线最小长度 表1-2-4

公路等级	高速公路			一级公路			二级公路		三级公路		四级公路
设计速度(km/h)	120	100	80	100	80	60	80	60	40	30	20
平曲线最小长度(m)	200	170	140	170	140	100	140	100	70	50	40

公路弯道在一般情况下是由两段缓和曲线(或超高、加宽缓和段)和一段圆曲线组成。缓和曲线(一般采用回旋线)的长度不能小于规范规定的该等级公路最小缓和曲线长度;中间圆曲线的长度也应有不小于3s的行程。

路线转角的大小反映了路线的顺适程度,以相对小一些为好。但转角过小,即使设置了较大半径的平曲线,也容易把曲线长看成比实际的要短,造成急转弯的感觉。这种倾向表现为转角越小越显著,以致造成驾驶者枉作减速转弯的操作,还容易造成行车事故。

一般认为,转角≤7°属于小偏角。对于小偏角弯道应设置较长的平曲线,其长度应大于表1-2-5中规定的"一般值"。但受地形及其他特殊情况限制时,可减短至表中"低限值"。

公路转角小于或等于7°时的平曲线长度 表1-2-5

公路等级		高速公路			一级公路			二级公路		三级公路		四级公路
设计速度(km/h)		120	100	80	100	80	60	80	60	40	30	20
缓和曲线最小长度(m)	一般值	$1400/\theta$	$1200/\theta$	$1000/\theta$	$1200/\theta$	$1000/\theta$	$700/\theta$	$1000/\theta$	$700/\theta$	$500/\theta$	$350/\theta$	$280/\theta$
	低限值	200	170	140	170	140	100	140	100	70	50	40

注:表中的θ为路线转角值,其单位为°,当$\theta<2°$时,以$\theta=2°$计。

第三节 纵断面线形

由于地形、地物、地质、水文等因素的影响,公路路线在平面上一般由直线和曲线组成,在纵断面上也不可能从起点到终点是一条水平线,而是由上坡、下坡和竖曲线组成的空间线形。纵断面上这条空间线形,要根据汽车动力性能、公路性质、公路等级、交通组成和当地气候、地形、地物、地质、水文、土质条件、排水要求、工程量等来研究确定,它直接影响到行车的安全和迅速、工程造价、运营费用和乘客的舒适程度。

图1-2-14是公路路线的纵断面简图。在纵断面图上,有两条主要线条:一条是地面线,它是根据路中线上的各个桩点高程而点绘出来的一条不规则折线,基本上反映了路中线的地面高低变化概况;另一条是设计线,它是根据公路等级、汽车爬坡性能、地形条件、路基临界高度、运输与工程经济,以及视觉方面的要求等,通过技术、经济、美学上的多方面比较后确定下来的。

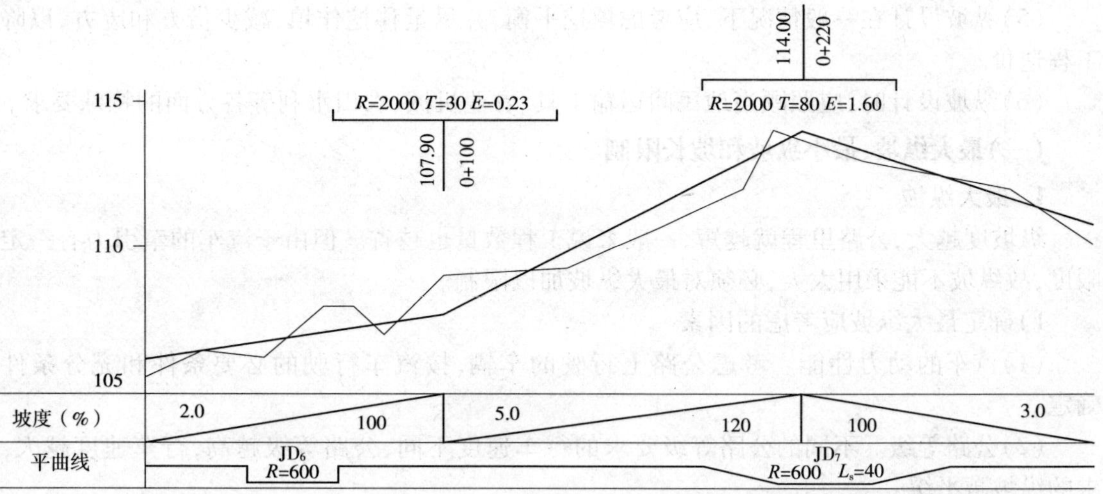

图1-2-14 纵断面简图(尺寸单位:m)

纵断面的设计线是由直线坡段(匀坡线)和竖曲线组成的;纵坡度i表征匀坡路段纵坡度的大小,它是以路线升降高度H与水平距离L之比的百分数来度量的,即$i=H/L(\%)$。纵坡度的大小和坡段的长短,对汽车行驶的速度、运输的经济和行车的安全影响很大。纵断面设计时,对于同一设计速度的路段,应使其具有同一的行驶状态。但汽车在有坡度的路段上行驶时,因纵坡度的大小不同和坡段的长度不同,使汽车产生不同的车速和不同的安全度。小客车在坡道上行驶时受纵坡的影响较小,但载货汽车随坡度的增大,行驶速度会有较明显的降低。而我国公路上行驶的车辆主要是载货汽车,在这种情况下,载货汽车的车速慢,就会妨碍高速车辆的正常行驶,从而降低了公路的通行能力。此外,快车与慢车的速度相差越大,超车现象就越多,交通事故也就增多,安全度降低。因此,理想的纵坡应当是均匀平缓的纵坡,各种车辆都能最大限度地以接近设计速度行驶。但这样的设计往往受到地形和投资的限制,而且先行与周围景观也难以协调,这些就是纵断面设计要解决的主要矛盾。

纵断面图上还有一条重要的线,是在纵断面图下方的图样中标明的路中线(平面线形示意图)。路中线对纵坡设计时考虑平纵面组合、转坡点位置的确定和纵坡的安排,都起到十分重要的作用。

一、纵坡设计的一般规定和要求

为使公路纵坡达到经济合理的目的,在设计之前,必须全面掌握勘测资料,并结合选(定)线时的纵坡考虑意图,经综合分析、比较后定出设计纵坡。纵坡设计应满足以下几点要求:

(1)纵坡设计必须满足《标准》中的各项规定。

(2)为保证汽车能以一定的车速安全舒适地行驶,纵坡度应具有一定的平顺度,起伏不宜过大及过于频繁。尽量避免采用极限纵坡值,缓和坡段应自然地配合地形设置,在连续采用极限长度的陡坡之间,不宜插入最短的缓和坡段,应争取较均匀的纵坡。垭口附近的纵坡应尽量放缓。连续上坡或下坡路段,应避免设置反坡。

(3)纵坡设计时,应对沿线的地形、地质、水文、气候等自然条件综合考虑,根据不同的自然条件和具体情况妥善处理,以保证公路的畅通和稳定。

(4)地下水位较高的平原微丘区和潮湿地带的路段,应满足最小填土高度的要求,以保证路基稳定。

(5)纵坡设计在一般情况下,应考虑填挖平衡,并尽量移挖作填,减少借方和废方,以降低工程造价。

(6)纵坡设计时,应照顾当地民间运输工具、农业机械、农田水利等各方面的特殊要求。

(一)最大纵坡、最小纵坡和坡长限制

1. 最大纵坡

纵坡度越大,公路里程就越短,一般来说工程数量也越省。但由于汽车的牵引力有一定的限度,故纵坡不能采用太大,必须对最大纵坡加以限制。

1)确定最大纵坡应考虑的因素

(1)汽车的动力性能。考虑公路上行驶的车辆,按汽车行驶的必要条件和充分条件来确定。

(2)公路等级。不同的公路等级要求的行车速度不同,公路等级越高,行车速度越大,要求的纵坡越平缓。

(3)自然因素。公路所经过的地形、海拔高度、气温、雨量、湿度和其他自然因素,均影响汽车的行驶条件和上坡能力。

2)最大纵坡的确定

最大纵坡是公路纵断面设计的重要控制指标,特别是在山岭区,纵坡的大小直接影响到路

线的长短、使用质量、运输成本和工程造价。

最大纵坡的决定主要根据汽车的动力性能、公路等级、自然因素，并要保证行车安全。从实际调查中知道，汽车在陡坡路段下坡时，由于汽车制动次数太多，易使制动器发热，致使制动器失效而造成事故。因此，最大纵坡的限制主要是考虑下坡，一般情况下，最大纵坡不宜超过8%；为使拖挂车行驶不困难，坡度也不宜大于8%。由于各级公路的要求不同，所以8%的最大纵坡限制值不能作为各级公路的统一指标，公路等级越高，最大纵坡限制值越小，否则将大大降低车速和增大危险程度。我国各级公路的最大纵坡规定如表1-2-6所示。

各级公路最大纵坡　　表1-2-6

公路等级	高速公路			一级公路			二级公路		三级公路		四级公路
设计速度(km/h)	120	100	80	100	80	60	80	60	40	30	20
最大纵坡(%)	3	4	5	4	5	6	5	6	7	8	9

高速公路受地形条件或其他特殊情况限制时，经技术经济论证合理，最大纵坡可增加1%。混合交通公路在非汽车交通比例较大的路段，可根据具体情况将纵坡适当放缓。

最大纵坡只是在线形受地形限制严重的路段才允许采用。例如，越岭路线为争取高度、缩短路线长度或避开困难工程，可采用最大纵坡。在一般情况下，应尽量采用较小的纵坡，以利将来提高公路等级。

3)纵坡折减

(1)高原纵坡

在海拔3000m以上的高原地区，因为空气稀薄而使汽车输出功率降低，相应降低了汽车的爬坡性能。此外，在高原地区行车，大气压强低，水箱易开锅。所以，各级公路的最大纵坡应按表1-2-7的规定折减，最大纵坡折减后，如果小于4%时，仍采用4%。

高原纵坡折减　　表1-2-7

海拔高度(m)	3000~4000	4000~5000	5000以上
折减值(%)	1	2	3

(2)桥梁隧道纵坡

大、中桥上的纵坡不宜大于4%，桥头引道纵坡不宜大于5%；位于市镇附近非汽车交通量较大的地段，桥上及桥头引道纵坡均不得大于3%；小桥涵纵坡随路线纵坡，不受上述限制。

隧道内的纵坡不应大于3%，并不得小于0.3%；独立的明洞和长度小于50m的隧道可不受上述限制。

(3)汽车交通量不大路段的纵坡

汽车交通量不大路段的纵坡，应根据具体情况将纵坡放缓，平原微丘区一般不大于2%~3%，山岭重丘区一般不大于4%~5%。

2. 最小纵坡

为使公路上行车快速、安全和畅通，希望公路纵坡设计得小一些，但是，在路堑、低填方以及其他横向排水不畅通的地段，为了保证纵向排水，路线纵坡不应小于最小排水纵坡0.3%。

3. 坡长限制

(1)最大坡长限制

公路纵坡的大小及坡长对汽车正常行驶影响很大。纵坡越陡，坡长越长，对行车的影响越大，《标准》对各级公路不同纵坡的最大坡长值进行了限制，具体数据见表1-2-8。

各级公路纵坡长度限制(m)　　表 1-2-8

公路等级		高速公路			一级公路			二级公路		三级公路		四级公路
设计速度(km/h)		120	100	80	100	80	60	80	60	40	30	20
纵坡坡度(%)	3	900	1000	1100	1000	1100	1200	1100	1200			
	4	700	800	900	800	900	1000	900	1000	1100	1100	1200
	5		600	700	600	700	800	700	800	900	900	1000
	6			500		500	600	500	600	700	700	800
	7									500	500	600
	8									300	300	400
	9										200	300
	10											200

(2)最小坡长限制

最短坡长的限制主要是从汽车行驶的平顺性要求考虑。如果坡长过短,使变坡点增多,汽车行驶在连续起伏地段产生增重与减重的频繁变化,导致感觉不舒适,车速越高感觉越突出。从路容美观、相邻两竖曲线的设置和纵断面视距等方面考虑,要求坡长不能太短。《标准》规定的各级公路最小坡长见表 1-2-9。

各级公路最小坡长　　表 1-2-9

公路等级	高速公路			一级公路			二级公路		三级公路		四级公路
设计速度(km/h)	120	100	80	100	80	60	80	60	40	30	20
最小坡长(m)	300	250	200	250	200	150	200	150	120	100	60

(二)缓和坡段

在纵断面设计中,当陡坡长度达到限制坡长时,应安排一段缓坡,用以恢复在陡坡上降低的速度。同时,从汽车下坡行驶安全考虑,设计一段缓坡也是非常必要的。缓和坡段的具体位置,应根据纵断面线形和地形情况并考虑路线的平面线形而定。《标准》规定,缓和坡段的纵坡应不大于 3%,其长度应不小于最小坡长要求。缓和坡段的最小坡长值见表 1-2-9。

(三)平均纵坡

平均纵坡是指一定长度的路段纵向所克服的高差与该路段长度的比。

如果汽车连续超载上坡或下坡,公路纵坡设计虽满足最大纵坡、坡长及缓和坡长的规定,但因长时间负荷过重,就要造成机件磨损或毁坏。因此,从行驶安全考虑,合理运用最大纵坡、坡长限制及缓和坡段的规定,还应控制平均纵坡。

平均纵坡与坡道长度有关,还与相对高差有关。《标准》规定,二、三、四级公路越岭路线的平均纵坡,一般以接近 5.5%(相对高差为 200~500m)和 5%(相对高差大于 500m)为宜,并注意相连 3km 路段的平均纵坡不宜大于 5.5%。

(四)合成坡度

公路在平曲线地段,若纵向有纵坡及横向有超高时,则最大坡度既不在纵坡上,也不在横向超高上,而是在纵坡和超高的合成方向上,这个最大的坡度称之为合成坡度,又称为流水线坡度，如图 1-2-15 所示。

合成坡度可按矢量关系或勾股定理关系导出：

$$i_{合} = \sqrt{i^2 + i_b^2} \quad (1\text{-}2\text{-}8)$$

式中：$i_{合}$——合成坡度，%；

i——公路平曲线处的纵坡度，%；

i_b——公路平曲线处的超高横坡度，%。

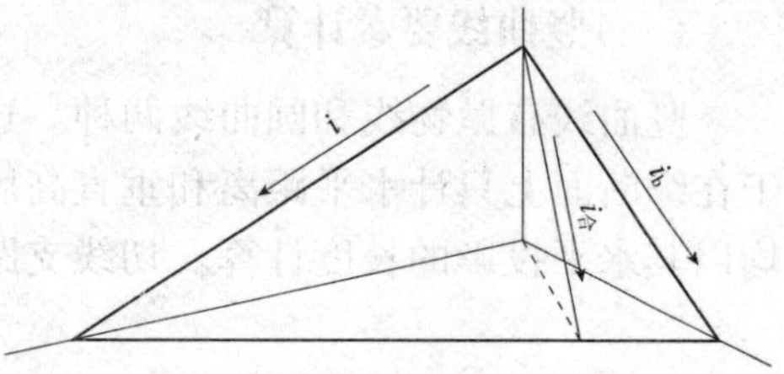

图 1-2-15　合成坡度

汽车在有合成坡度的地段行驶，若合成坡度过大，当车速过慢或汽车停在弯道上，汽车可能沿合成坡度的方向产生滑移；同时若遇急弯陡坡，汽车可能沿合成坡度方向冲出弯道之外而造成事故。此外，当合成坡度较大时，还会造成汽车倾斜、货物偏重，致使汽车倾倒。因此，《标准》规定了各级公路的最大合成坡度值，见表1-2-10。

各级公路最大合成坡度　　表 1-2-10

公路等级	高速公路			一级公路			二级公路		三级公路		四级公路
设计速度(km/h)	120	100	80	100	80	60	80	60	40	30	20
合成坡度值(%)	10.0	10.0	10.5	10.0	10.5	10.5	9.0	9.5	9.5	10.0	10.0

最大合成坡度是控制极限值，一般情况应留有一定的余地。

在纵断面设计时，纵坡的确定必须考虑满足合成坡度的要求。

当陡坡与小半径平曲线相重叠时，在条件许可的情况下，以采用较小的合成坡度为宜。特别是在下述情况下，合成坡度必须小于 8%：

(1)冬季路面有积雪、结冰地区；

(2)自然横坡较陡峻的傍山路段；

(3)非汽车交通量比例高的路段。

各级公路的最小合成坡度不宜小于 0.5%。在超高过渡的变化处，合成坡度不应设计成 0%；当合成坡度小于 0.5% 时，则应采取综合排水措施，以保证路面排水畅通。

二、竖 曲 线

当纵断面上有两条坡度不同的相邻纵坡线相交时，就出现了转坡点(变坡点)。汽车在转坡点上行驶不顺适，故在转坡点处都必须用曲线将前后两条相邻纵坡线顺适地连接起来，以适应行车的需要，这条连接两纵坡线的曲线(二次抛物线)称为竖曲线；竖曲线分凸形竖曲线和凹形竖曲线两种形式；所以纵断面设计线是由直线坡段和竖曲线所组成。

将相邻两坡段的坡度差用 ω 表示，前坡段纵坡为 i_1，后坡段纵坡为 i_2 则相邻两坡段的坡度差为 $\omega = |i_1 - i_2|$，其中 i_1 和 i_2 上坡时取正值，下坡时取负值。

如图 1-2-16 所示，当 $i_1 - i_2$ 为正时，为凸形竖曲线；反之为凹形竖曲线。

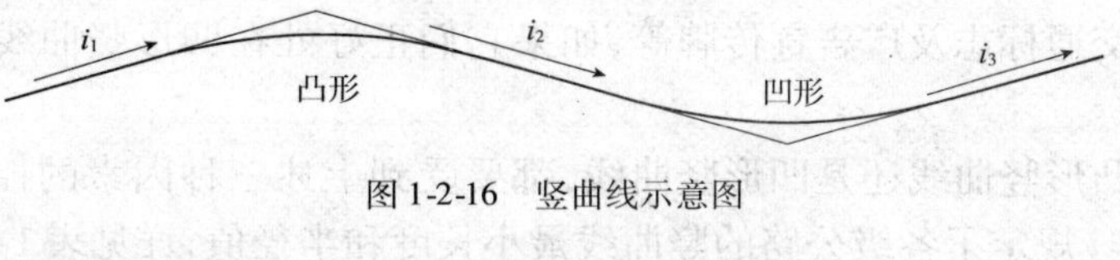

图 1-2-16　竖曲线示意图

《标准》规定各级公路在纵坡变化处，均应设置竖曲线。

(一)竖曲线要素计算

竖曲线有抛物线和圆曲线两种。这两种线形计算的结果在应用范围内是完全相同的。由于在纵断面上只计水平距离和垂直高度。斜线不计角度而计坡度,故竖曲线的切线长和弧长均以其水平投影的长度计算。切线支距是竖向的高程差,如图1-2-17所示。

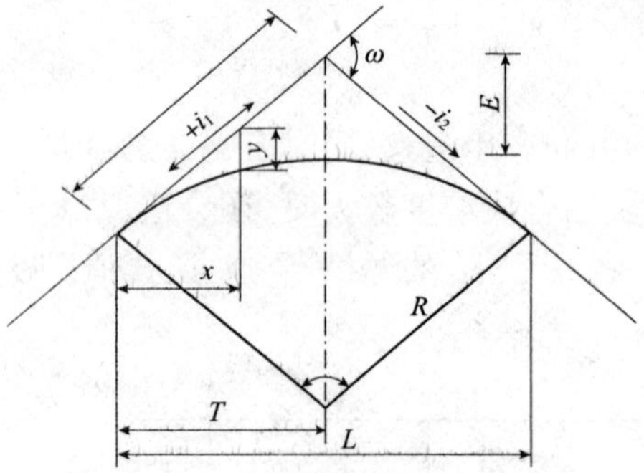

图1-2-17 竖曲线要素计算

竖曲线要素的计算见下列公式:

竖曲线长 $$L = R\omega \quad (1\text{-}2\text{-}9)$$

切线长 $$T = \frac{R\omega}{2} \quad (1\text{-}2\text{-}10)$$

外距 $$E = \frac{T^2}{2R} \quad (1\text{-}2\text{-}11)$$

式中:ω——相邻两坡段的坡度差,也称转坡角;

R——竖曲线半径,m;

T——切线长,m;

L——竖曲线长度,m;

E——外距,m。

(二)竖曲线半径的选择

竖曲线设计,首先要确定其半径。竖曲线半径的选定与平曲线半径选定一样,以满足行车要求出发,应力求选用较大半径;只有在地形困难地段才采用小半径。确定竖曲线最小半径应考虑如下因素。

1. 缓和冲击

汽车行驶在竖曲线上时,产生径向离心力,使汽车在凸形竖曲线上重力减小,在凹形竖曲线上行驶重力增大;半径越小,离心力越大;当重量变化程度达到一定量时,就会影响到旅客的舒适,同时也会影响到汽车的悬挂系统。所以,确定竖曲线半径时,对离心力要加以控制。

2. 经行时间不宜过短

当竖曲线两端直线坡段的坡度差很小时,即使竖曲线半径较大,竖曲线长度也有可能较短。此时,汽车在竖曲线段通过时,冲击增大,乘客不适;从视觉上考虑也会感到线形突然转折。因此,汽车在竖曲线上行驶的时间不能太短,通常控制汽车在竖曲线上行驶时间不小于3s。

3. 满足视距的要求

汽车行驶在凸形竖曲线上,如果竖曲线半径太小,会阻挡驾驶员的视线。为了行车安全,对凸形竖曲线的最小半径和最小长度应加以限制。

当汽车行驶在凹形竖曲线上时,也同样存在视距问题。对地形起伏较大地区的路段,在夜间行车时,若半径过小,前灯照射距离过短,影响行车安全和速度;在高速公路及城市公路上有许多跨线桥、门式交通标志及广告宣传牌等,如果它们正好处在凹形竖曲线上方,也会影响驾驶员的视线。

总之,无论是凸形竖曲线还是凹形竖曲线,都要受到上述三种因素的控制。因此,综合考虑上述因素,《标准》规定了各级公路的竖曲线最小长度和半径值,详见表1-2-11。通常应采用大于表中所列的一般最小值,它比极限最小值大1.5~2.0倍。

各级公路竖曲线最小半径和竖曲线最小长度　　表 1-2-11

公路等级		高速公路			一级公路			二级公路		三级公路		四级公路
设计速度(km/h)		120	100	80	100	80	60	80	60	40	30	20
凸形竖曲线半径(m)	极限最小值	11000	6500	3000	6500	3000	1400	3000	1400	150	250	100
	一般最小值	17000	10000	4500	10000	4500	2000	4500	2000	700	400	200
凹形竖曲线半径(m)	极限最小值	4000	3000	2000	3000	3000	1000	2000	1000	450	250	100
	一般最小值	6000	4500	3000	4500	2000	1500	3000	1500	700	400	200
竖曲线最小长度(m)		100	85	70	85	70	50	70	50	35	25	20

三、公路平面与纵断面的线型组合

(一)视觉分析与评价

公路设计除应考虑自然条件、汽车行驶力学的要求外,还要把驾驶员在心理和视觉上的反应作为重要因素考虑。汽车在公路上行驶时,驾驶员是通过视觉、运动感觉和时间的变化来判断线形。公路线形、周围景观、标志及其他有关信息,几乎都是通过驾驶员的视觉感受到的。从视觉心理出发,对公路的空间线形及其与周围自然景观和沿线建筑的协调,保持视觉的连续性,使行车具有足够的舒适感和安全感的综合设计,称为视觉分析。

驾驶员的视觉判断能力与车速密切相关,车速越高,其注意前方越远,而视角逐渐变小。驾驶员的注意力集中和心里紧张程度,随车速的增加而增加,注意力集中点和视野距离随车速提高而增大。当汽车高速行驶时,驾驶员对前景细节的视觉开始变得模糊不清,而视角随车速逐渐变窄。线形设计必须使驾驶员明白无误地了解线形,尽量避免由于判断错误而导致驾驶失误。

线形状况是指公路平面和纵断面线形所组成的立体形状,在汽车快速行驶中给驾驶员提供的连续不断的视觉印象。设计者通过公路透视图,评价线形组合是否顺适流畅,对易产生判断失误和茫然的地方,必须在设计阶段进行修改。

(二)平、纵面线形组合原则

平面与纵断面的线形组合,是指在满足汽车运动学和力学要求的前提下,研究如何满足视觉和心理方面的连续性、舒适感,研究与周围环境的协调和良好的排水条件,所以平面与纵断面组合的基本原则如下:

(1)应能在视觉上自然而然地诱导驾驶员的视线,并保持视觉的连续性;

(2)平面与纵断面线形的技术指标应大小均衡,不要悬殊太大,使线形在视觉上和心理上保持协调;

(3)选择组合得当的合成坡度,以利于路面排水和安全行车。

(三)组合方式

1. 平曲线和竖曲线组合

平曲线和竖曲线两者在一般情况下应相互重合,如图 1-2-18 所示,宜将竖曲线的起、终点放在平曲线的缓和段内。这种立体线形不仅能起到诱导视线的作用,而且可得到平顺和流畅的效果。

当平曲线和竖曲线的半径都很小时,平曲线和竖曲线两者不宜重叠,且必须增大平、竖曲线的半径。

凸形竖曲线的顶部或凹形竖曲线的底部不得插入小半径平曲线,也不得与反向平曲线拐点相重合,以免失去引导驾驶员视线的作用,使驾驶员操作失误,造成交通事故。

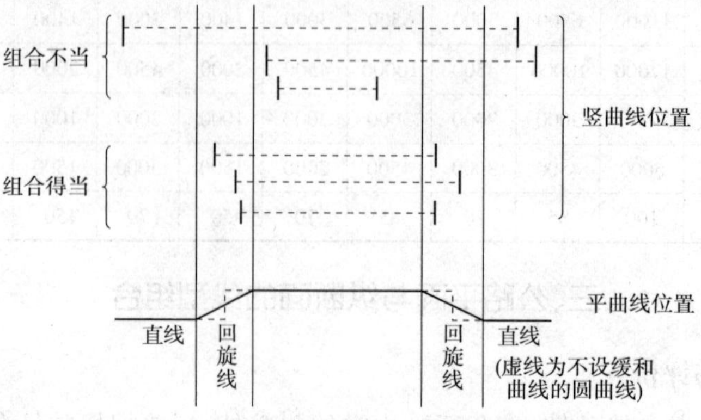

图 1-2-18　平曲线与竖曲线组

2. 直线与纵断面的组合

如图 1-2-19 所示,平面的长直线与纵面直坡段相配合,可为双车道公路提供超车方便,在平坦地区易与地形相适应,但行车单调,驾驶员易疲劳。从美学观点上看,平面直线与一个大半径的凸形竖曲线配合为好,与一个凹形竖曲线相配合次之。在直线中较短距离内,两次以上的变坡会形成反复凹凸的"驼峰"和"凹陷",使线形视觉效果既不美观也不连续。

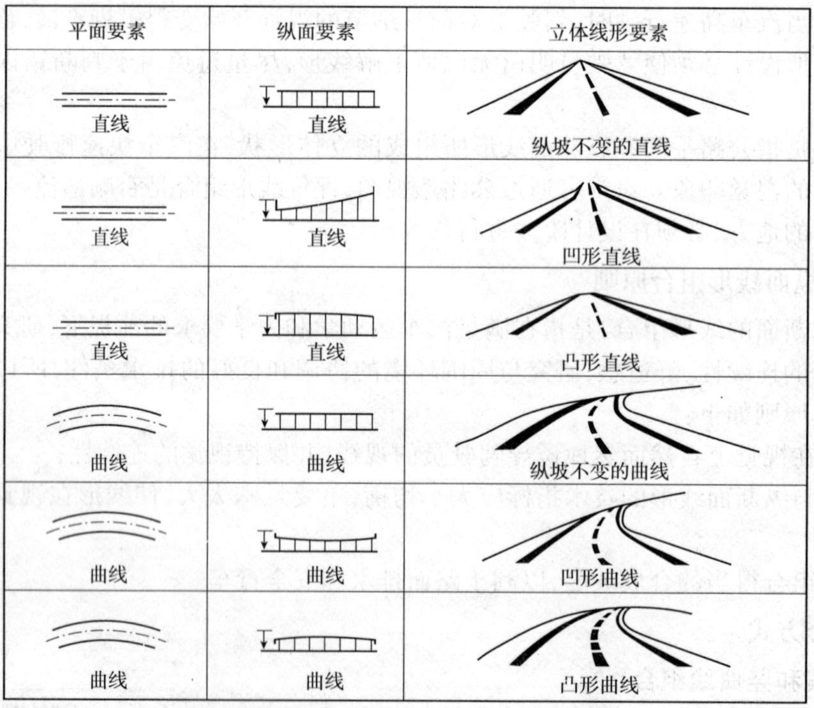

图 1-2-19　平纵要素组合的立体线形要素

3. 平、纵面线形组合与景观的协调

平、纵面线形组合,必须是在充分考虑与公路所经过地区的景观相配合的基础上进行。线形与景观的配合,应在公路的规划、选线、设计、施工全过程中,重视景观要求,尽量不破坏沿线自然景观,避免深挖高填。要提供视野的多样性,力求与周围自然景观相协调,只有在不得已时,可采用修整,种植草皮、树木等措施加以弥补。在条件允许的情况下,以适当放缓边坡或将其变坡点修整圆滑,以使边坡接近于自然地面形状,增进路容美观。

第四节　横　断　面

公路是具有一定宽度的带状构造物。如果沿路中心线的垂直方向做一个剖面,那么,这个剖面就称为横断面。它反映了公路的形状和尺寸。

一、横断面的组成与标准横断面图

横断面由行车道、路肩、分隔带、边沟、边坡及截水沟等部分组成。常用规定的横断面形式称为标准横断面图,如图 1-2-20 所示。

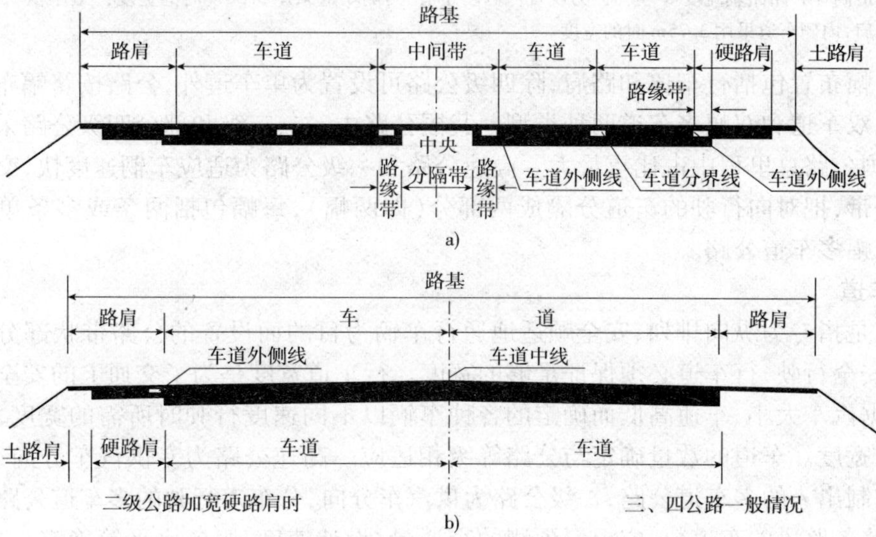

图 1-2-20　标准横断面图

a) 高速公路、一级公路路基标准横断面;b) 二、三、四级公路标准横断面

高速公路、一级公路的路基横断面分为整体式和分离式两类。整体式断面包括行车道、中间带(中央分隔带及左侧路缘带)、路肩(硬路肩及土路肩)以及紧急停车带、爬坡车道、加(减)速车道等组成部分;分离式断面包括行车道、路肩(硬路肩及土路肩)以及紧急停车带、爬坡车道、加(减)速车道等组成部分。二级公路的路基横断面包括行车道、路肩、爬坡车道等组成部分。二级公路位于中、小城市城乡结合部、混合交通量大的连接线路段,实行快、慢车道分开行驶时,可根据当地经验设置右侧硬路肩。三、四级公路的路基横断面包括行车道、路肩以及错车道等组成部分。

二、公路路幅

公路路幅是指公路路肩两侧外边缘之间的部分,路幅宽度即指路肩两侧外边缘之间的水平距离,即路基宽度。各级公路的路基宽度见表 1-2-12。

各级公路路基宽度 表 1-2-12

公路等级		高速公路、一级公路								
设计速度(km/h)		120			100			80		60
车道数		8	6	4	8	6	4	6	4	4
路基宽度	一般值	45.00	34.50	28.00	44.00	33.50	26.00	32.00	24.50	23.00
	最小值	42.00	—	26.00	41.00	—	24.50	—	21.50	20.00

公路等级		二级公路、三级公路、四级公路					
设计速度(km/h)		80	60	40	30	20	
车道数		2	2	2	2	2	1
路基宽度	一般值	12.00	10.00	8.50	7.50	6.50	4.50
	最小值	10.00	8.50	—	—	—	—

注:①“一般值”为正常情况下采用值;“最小值”为条件受限制时,经技术经济论证后可采用的值;

②八车道高速公路路基宽度“一般值”为设置左侧硬路肩、内侧车遭采用 3.50m 时的宽度;“最小值”为不设置左侧硬路肩,内侧车道采用 3.75m 时的宽度。

一般路幅布置包括行车道和路肩,除四级公路可设置为单车道外,公路按路幅布置形式主要分为单幅双车道和双幅多车道两种类型。我国公路中,二、三级和部分四级公路采用单幅双车道,在我国公路总里程中占比重最大。高速公路和一级公路为适应车辆速度快,交通量大需要设置中间带,把对向行驶的车道分隔成两部分(即两幅),每幅包括两条或多条单向行车的车道称为双幅多车道公路。

1. 行车道

行车道是指专为纵向排列、安全顺适地通行车辆为目的而设置的公路带状部分。为保证汽车高速、安全行驶,行车道必须保证足够的宽度。行车道宽度是为了交通上的安全和行车上的顺适,根据汽车大小、车速高低而确定的各种车辆以不同速度行驶时所需的宽度,包括车辆宽度和富余宽度。车道的数量确定与公路等级相适应。高速公路为专供汽车分向、分车道行驶并全部控制出入的多车道公路,一级公路为供汽车分向、分车道行驶的多车道公路。高速公路、一级公路各路段的车道数,应根据预测的交通量、设计速度、服务水平等确定。高速公路、一级公路的车道数最少为四条车道;当需要加多时,应按双数增加。

二级公路为供汽车行驶的双车道公路,三级公路为主要供汽车行驶的双车道公路,二、三级公路的车道数应为双车道。四级公路为主要供汽车行驶的双车道或单车道公路,一般情况下应采用双车道,交通量小的路段可采用单车道。

表 1-2-13 是《标准》中规定的各级公路的行车道宽度。高速公路和一级公路,当纵坡大于 4% 时,可设置爬坡车道,宽度一般为 3.5m。高速公路互通式立体交叉、服务区等处,应设置变速车道,宽度一般也为 3.5m。

公路行车道宽度 表 1-2-13

设计速度(km/h)	120	100	80	60	40	30	20
车道宽度(m)	3.75	3.75	3.75	3.50	3.50	3.25	3.00(单车道时为 3.50)

2. 路肩

路肩位于行车道两侧,是公路横断面不可缺少的组成部分。其主要作用是:

(1)保护车道等主要结构的稳定;

(2)供发生故障的车辆临时停车；

(3)提供侧向余宽，有利于安全，增加舒适感；

(4)兼供行人及非机动车行驶；

(5)为设置路上设施提供位置；

(6)作为养护操作的工作场地；

(7)精心养护的路肩可增加公路的美观。

路肩的宽度，是根据公路的等级、汽车、非机动车的交通量大小和行人稠密程度而定。路肩宽度见表 1-2-14。

公 路 路 肩 宽 度 表 1-2-14

设计速度（km/h）		高速公路、一级公路				二级公路、三级公路、四级公路				
		120	100	80	60	80	60	40	30	20
右侧硬路肩宽度（m）	一般值	3.50 3.00	3.00	2.50	2.50	1.50	0.75	—	—	—
	最小值	3.00	2.50	1.50	1.50	0.75	0.25			
土路肩宽度（m）	一般值	0.75	0.75	0.75	0.50	0.75	0.75	0.75	0.50	0.25 （双车道） 0.50 （单车道）
	最小值	0.75	0.75	0.75	0.50	0.50	0.50			

在高等级公路中还要铺筑硬路肩，当硬路肩宽度小于 2.5m 时，还应在路肩外侧设置紧急停车带。其间距不宜大于 500m，宽度包括硬路肩在内为 3.5m，有效长度不小于 30m，如图 1-2-21 所示。

3. 中间带

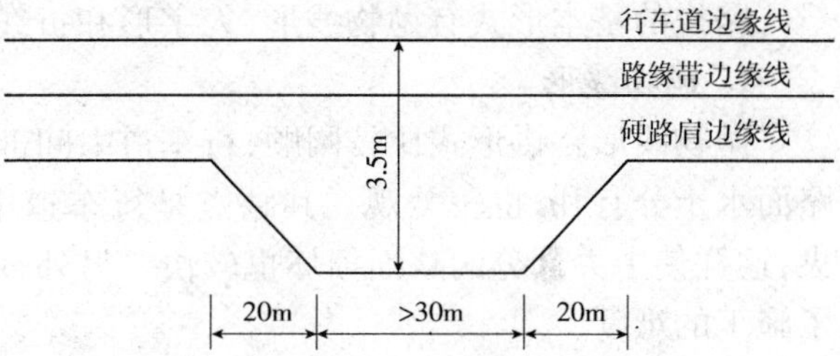

图 1-2-21 紧急停车带

中间带位于路幅中间，是由两条左侧路缘带及中央分隔带组成。其主要是为了保证对向车辆能够高速、安全行驶，减少事故，提高道路通行能力。在中央分隔带可以种植花草或合适的树木，起到绿化和保护环境的作用，而且树木又可为夜间行车时挡住对向车辆的灯光，避免眩目。路缘带的设置起到诱导视线的作用。在不妨碍公路建设限界的前提下，可作为设置公路标志牌及其他交通管理设施的场地。具有一定宽度的中间带，可以埋设管线等设施。常见的中间带是与两边的行车道在同一平面上，也可因地制宜地放在不同高程上，形成分离式行车道。这样，不仅使夜间行车不会有对向汽车车灯眩目，而且从工程经济上来看，可以减少一部分土石方数量。自然条件地面越陡，所减少的工程量也就越多。从景观开发上，分离式行车道比整体式更有利于融入自然景观。

具有四车道或有更多车道的高速公路、一级公路应设置中间带。一级公路当受特殊条件限制时，可不设置规定宽度的中央分隔带，但必须设置宽度不小于 0.60m 的墙式防撞分隔设施，并按规定设置左侧路缘带。

整体式断面的中间带宽度见表 1-2-15。

中间带宽度　　表1-2-15

设计速度(km/h)		120	100	80	60
中央分隔带宽度(m)	一般值	3.00	2.00	2.00	2.00
	最小值	2.00	2.00	1.00	1.00
左侧路缘带宽度(m)	一般值	0.75	0.75	0.50	0.50
	最小值	0.75	0.50	0.50	0.50
中间带宽度(m)	一般值	4.50	3.50	3.00	3.00
	最小值	3.50	3.00	2.00	2.00

分离式断面中间带宽度宜大于4.5m。一条路上在不降低公路线形标准的前提下,可以根据地形、地质等自然条件,不同的路段设置不同的中间带宽度,但不得频繁变更宽度。这对于减少工程造价、改善景观,都起到很好的作用。中间带减窄或增宽时,应设置过渡段。中间带的过渡段以设在回旋线范围内为宜,其长度应与回旋线相等。当中间带宽度大于4.5m时,过渡段设在半径较大的平曲线路段为宜,如图1-2-22所示。

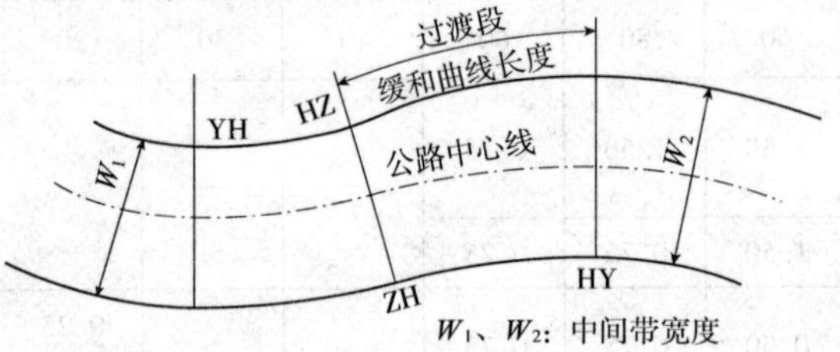

图1-2-22　中间带过渡方法

三、路　　拱

公路路面一般应设置成中间高、并向两侧倾斜的拱形,使其具有一定的坡度,这种形式被称为路拱,坡度称为路拱横坡度,用 i_1 表示。

路拱的基本形式有抛物线形、人字形和折线形三种。

1. 抛物线形

抛物线形路拱形式比较圆顺,行车道中间部分坡度较小,越靠近路的两边坡度越大,排除路面水十分有利,也较美观。其缺点是行车道中间部分横坡度过于平缓,使行车容易集中中央,这样使中央部分的路面损坏也较快。另外,由于行车道横断面上各部分的坡度不同,增加了施工的难度。

2. 人字形

路拱两侧是向下倾斜的直线,在行车道中心线附近加设竖曲线或缓和曲线。其优点是汽车轮胎和路面接触较为平顺,路面磨耗也较小;缺点是路面排水不及抛物线形。

3. 折线形

路拱两侧是用多段直线连接起来,各段直线的坡度不同,由小到大向外递增倾斜形成折线路拱。其优点是直线段要比人字形的直线段为短,施工容易,碾压平顺,也可以在行车最多的着力处作为转折点,即使行车后路面稍有变形,但路面水仍可排除;缺点是有多处凸出的转折,但可在施工时用压路机碾压平顺。

第三章　路基路面

第一节　路基的基本形式和一般要求

一、路基的特点和要求

路基是公路工程的重要组成部分，它是路面的基础，公路的主体。路基工程质量的好坏，直接影响到结构物的排水稳定、公路的使用品质、旅客的舒适和正常的行车交通。

路基的特点是线长，通过的地带类型多，技术条件复杂，受地形、地物、气候和水文地质条件影响很大。如公路可能通过平原、丘陵或山岭，还有河川、沼泽、岩石、冰雪（或永冻土），沙漠或盐渍土等，除一般的施工技术外，土基强度、边坡稳定、挡土墙和其他人工结构物数量很多。此外，路基的土石方数量大，人力和机械用量多，施工期长。

路基必须满足如下基本要求。

1. 具有足够的强度

路基和路面的自重以及由路面传下的行车荷载，会对路基产生压力，路基会产生一定变形。因此，路基要有一定的抵抗变形的能力，在荷载作用下不致发生超过允许的变形，即路基必须具有足够的强度。

2. 具有足够的水温稳定性

路基的水温稳定性，是指路基在水和温度的作用下保持其强度的能力。路基在地面水和地下水的作用下，其强度将会显著降低。特别是在季节性冰冻地区，由于水温状况的变化，路基将发生周期性冻融，形成冻胀和翻浆，使路基强度急剧下降。因此，对于路基不仅要求有足够的强度，而且保证在最不利的水温状况下，强度不致显著降低，这要求路基具有一定的水温稳定性。

3. 具有足够的整体稳定性

路基是直接在地面上填筑或挖去一部分地面建成的。路基施工改变了地面的天然平衡状态。在某些地形、地质条件下，挖方边坡可能坍塌，陡坡路堤可能沿地表整体下滑，软土路基可能整体滑坍等。为使路基具有抵抗自然因素侵蚀的能力，路基设计时必须采取技术措施，例如排水、边坡加固或设置挡土墙等，以确保路基的整体稳定性。

二、路基土的分类和性质

路基是由土石构成的，土是路基施工的主要材料。它主要包括以下几类。

1. 巨粒土

巨粒土包括漂石（块石）和卵石（块石）。巨粒土有很高的强度和稳定性，是填筑路基很好的材料。其用于砌筑边坡时，应正确选用坡率，以保证路基的稳定。

2. 砂土

砂土无塑性，透水性强，毛细上升高度很小，具有较大的内摩擦系数，强度和水稳定性均好。但砂土由于黏结性小，易于松散，压实困难，需要振动法才能压实。经充分压实的砂土路基，其压缩变形小。在有条件时，可掺加一些黏性土，以提高其稳定性，改善路基的使用质量。

3. 砂性土

砂性土含一定数量的粗颗粒，使路基具有足够的强度和水稳定性，又含有一定数量的细颗粒，使其具有一定的黏结性，不致过分松散。例如亚砂土，其粒径组成接近最佳级配，遇水干得快，不膨胀，潮湿时不黏着，雨天不泥泞，晴天不扬尘，在行车作用下，容易被压实形成平整坚实的表面，是修筑路基的良好材料。

4. 粉性土

粉性土含有较多的粉土颗粒，干时虽稍有黏性，但破碎后飞尘大，浸水时很快被湿透，易成流动状态。粉性土的毛细作用强烈，毛细上升高度大(可达1.5m)。在季节性冰冻地区，结冻期水分积聚现象严重，造成冬期冻胀，春融期极易翻浆。粉性土是修筑路基最差的材料，一般属于有害的路基用土。如必须用粉性土填筑路基，特别是在水文条件不良时，应采取一定措施(如掺配其他材料)改善其性质，并加强排水以及采取隔离水的措施。

5. 黏性土

黏性土中细颗粒含量多，土的内摩擦角小而黏聚力大，透水性小，吸水能力强，毛细现象显著，有较大可塑性。黏性土干燥时较坚硬，施工时不易破碎，浸湿后能长时间保持水分，难以干燥。浸湿后强度将大大降低。在季节性冰冻地区，当水文条件不良时，黏性土路基也容易产生冻胀和翻浆。黏性土如能在适当含水率时充分压实和采取良好排水措施，修筑的路基也能保持稳定。

如上所述，砂性土是修筑路基的最好材料，黏性土次之，粉性土是不良材料，最容易引起路基病害。此外，还有一些特殊的土类，如特殊结构的土(黄土)、含有机质的土(腐殖土)以及含易溶盐的土(盐渍土)等，用于填筑路基时，必须采取相应技术措施。

三、土基的干湿类型

(一)土基的干湿类型

土基的干湿类型可分为干燥、中湿、潮湿和过湿四种。这四种类型表示路基在工作时，路基土所处的含水状态。

路基的干湿类型影响路基的强度与稳定性。正确区分路基的干湿类型，是做好路基设计的基本前提。路基土所处的状态，是由土的含水率或相对含水率决定的，含水率取决于湿度的来源及作用的延续时间。导致路基土湿度变化的水源来自以下几个方面：

(1)大气降水　主要通过路面、路肩和边坡渗入路基；

(2)地面水　边沟及排水沟排水不良时，导致地表积水，以毛细水的形式渗入；

(3)地下水　靠近地面的地下水，借助毛细作用上升到路基内部；

(4)凝结水　在土颗粒空隙中流动的水蒸气，遇冷凝结为水。

(二)路基干湿类型的划分方法

路基干湿类型的划分根据以下两种方法。

1. 根据平均分界相对含水率划分

对原有公路,按不利季节路槽底面以下 80cm 深度内土的平均相对含水率来确定。

在有代表性的某一点路槽底面以下 80cm 内,每 10cm 取土样测定其天然含水率和液限含水率进行计算。第一步:每一层的天然含水率除以其液限含水率,得到的数据称为本层土的相对含水率;第二步:计算相对含水率的算术平均值,即平均相对含水率(ω);第三步:用平均相对含水率与分界相对含水率建议值比较,来确定路基的干湿类型。分界相对含水率建议值中有三个数据标准,分别为干燥与中湿分界相对含水率(ω_1)、中湿与潮湿分界相对含水率(ω_2)、潮湿与过湿分界相对含水率(ω_3)。当 $\omega<\omega_1$ 时,路基处于干燥状态;当 $\omega_1\leqslant\omega<\omega_2$ 时,路基处于中湿状态;当 $\omega_2\leqslant\omega<\omega_3$ 时,路基处于潮湿状态;当 $\omega\geqslant\omega_3$ 时,路基处于过湿状态。

2. 根据临界高度划分

对于新建公路,路基尚未建成,此时,可采用地下水或地表长期积水的水位至路槽底的距离与路基的临界高度进行比较,来确定路基的干湿类型。临界高度是指在不利季节当路基分别处于不同于湿类型时,路槽底面距地下水位或地表长期积水的最小高度,分为干燥状态临界高度(H_1)、中湿状态临界高度(H_2)、潮湿状态临界高度(H_3)。当 $H<H_1$ 时,路基处于干燥状态;当 $H_2<H\leqslant H_1$ 时,路基处于中湿状态;当 $H_3<H\leqslant H_2$ 时,路基处于潮湿状态;当 $H\leqslant H_3$ 时,路基处于过湿状态。

四、路基横断面形式

为满足行车要求,适应天然地面的起伏,有些路段的路基设计高程高于地面高程,则需要在地面上进行填筑,有些路段的路基设计高程低于地面高程,则需要进行挖掘。由于填挖情况的不同,路基横断面形式可分为路堤、路堑、半填半挖和不填不挖等四种形式。全部用土石填筑而成的路基称为路堤;全部在天然地面开挖而成的路基称为路堑;当原地面横坡较大,则需要在一侧开挖而在另一侧填筑时,路基称为半填半挖路基。

1. 路堤

路堤按高度可分为矮路堤、一般路堤和高路堤三种。矮路堤高度低于 0.8m,水稻田或长年积水地带,用细粒土填筑路基高度在 6m 以上,或其他地带填土或填石高度超过 20m 的,称为高路堤。介于两者之间的为一般路堤。根据其所处的条件和加固类型不同,还有软土路堤、沿河路堤、护脚路堤等。当地面横坡较陡时,须将原地面开挖成台阶形状,以防止路基下滑,如图 1-3-1 所示。

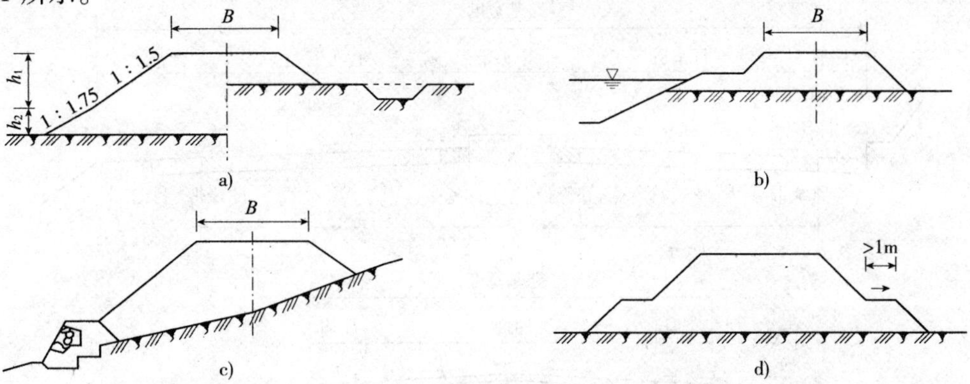

图 1-3-1 路堤

a)一般路堤;b)软土路堤;c)沿河路堤;d)护脚路堤

2. 路堑

路堑是开挖地面而形成的路基。两旁设排水边沟，如图 1-3-2 所示。在陡峻的山坡上，可挖成台口式路基。在整体坚硬的岩层上，为减少工程量有时，可采用半山洞路基。

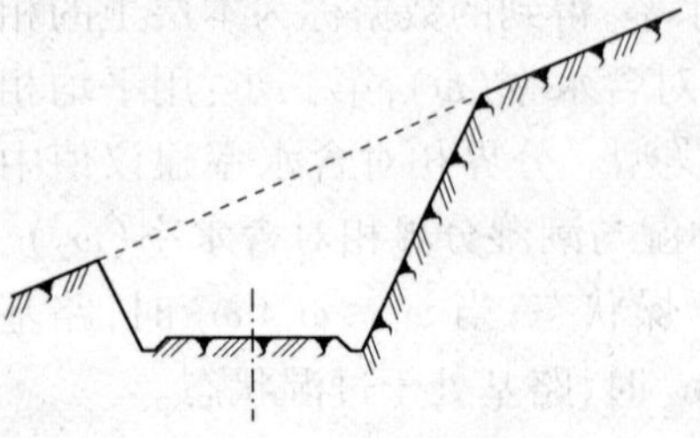

图 1-3-2　路堑

3. 半填半挖路基

在一个断面内，部分为路堤，部分为路堑。这种路基的形式如果处理得当，路基稳定可靠，而且比较经济。但是由于开挖部分路基为原状土，而填方部分为扰动土，往往这两部分密实程度不相同。另外，填方部分与山坡结合不够稳定，若处理不当，这类路基会在填挖交界处出现纵向裂缝、填方沿基底滑动等病害。因此，应加强填挖交界面结合处的压实，原地面横坡为 1：5～1：2.5 的填方部分，应采取开挖台阶等措施。必要时，在路堤部分设置挡土墙或石砌护脚，如图 1-3-3 所示。

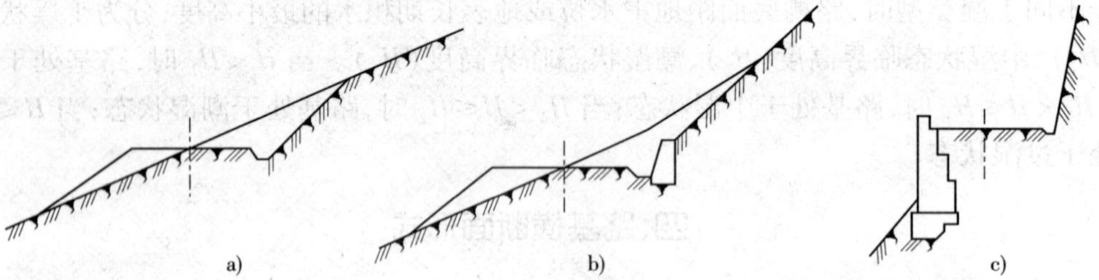

图 1-3-3　半填半挖路基

a）半填半挖；b）陡坡挖阶及砌筑挡土墙；c）挡土墙路基

4. 不填不挖路基

这种路基形式节省土方但不利于排水，常用于干旱的平原和丘陵区。

五、路基的技术规定

（一）路基宽度

为满足车辆及行人在公路上正常通行，路基需有一定的宽度。路基宽度，等于两侧路肩外侧边缘之间的水平距离，如图 1-3-4 所示。

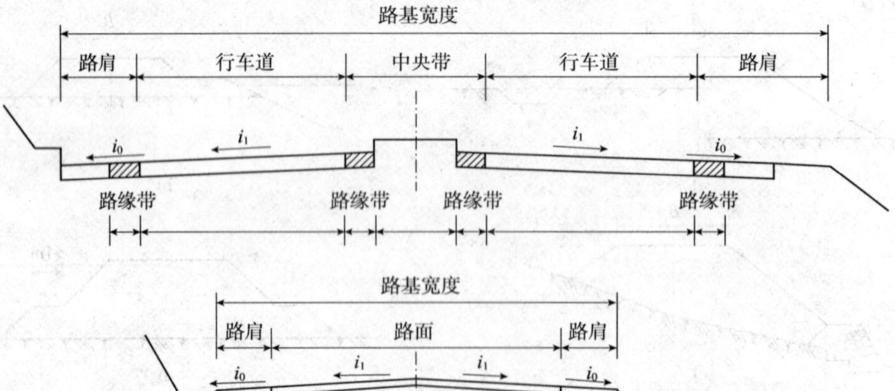

图 1-3-4　路基宽度图

《标准》中对路基宽度有明确的规定，参见表 1-1-1。

(二)路基高度

路基高度是保证路基稳定性的有效措施，也是保证路面强度、稳定性和降低造价的重要途径。路基高度包括路基设计高程和路基填挖高度两个内容。

路基设计高程由公路纵断面确定，对于无中央分隔带的公路，是指未设超高和加宽前路基边缘的高程；对于有中央分隔带的公路，是指中央分隔带外侧边缘的高度。沿河及受水浸淹路基设计高程应高出表 1-3-1 所规定的洪水频率的计算水位加壅水高、波浪侵袭高和 0.5m 的安全高度。

路基设计洪水频率　　表 1-3-1

公路分类	高速公路	一级公路	二级公路	三级公路	四级公路
设计洪水频率	1/100	1/100	1/50	1/25	按具体情况确定

路基填挖高度指路基中心自然地面高程与路基设计高程之差。它是综合考虑路线纵坡、路基稳定性和工程经济等因素，通过纵坡设计确定的。

(三)路基边坡

1. 边坡的表示方法

路基两侧的土(或石)坡叫边坡。为了使路基坚固稳定，边坡应该有一定的坡率。边坡越缓，稳定性越好，但工程数量增大，而且边坡过缓使坡面暴露面积太大，易受雨雪侵蚀。相反，边坡越陡，工程数量减少，但稳定性相对较差。边坡坡率的陡与缓，还要看构成边坡的土质、自然条件等因素。

边坡坡率以两点间的高差与其水平距离之比来表示。为方便起见，常将高差与水平距离之比换算为 1：m(m 为变数)，如图 1-3-5 所示。

图中路基边坡 A、B 两点之间的高差为 2m，水平距离为 3m，则边坡坡率为：

$$2:3=1:1.5$$

这一段路基边坡坡率为 1：5。

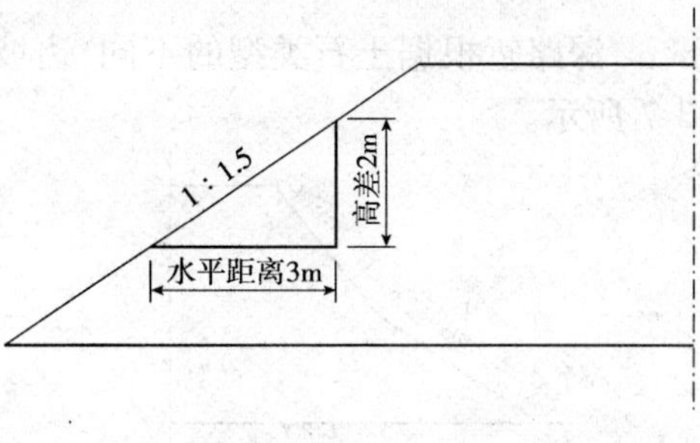

图 1-3-5　边坡计算示意图

2. 路堤边坡

路堤边坡坡率，应根据路基填料的力学性质、气候条件、密实程度和边坡高度及水文条件而定。一般可按表 1-3-2 所列数值选定。

路堤边坡坡率　　表 1-3-2

填料类别	边坡坡率	
	上部高度(H≤8m)	下部高度(H≤12m)
细粒土	1：1.5	1：1.75
粗粒土	1：1.5	1：1.75
巨粒土	1：1.3	1：1.5

有水淹没的地方，视填料情况，可采用 1：1.75 或 1：2 的边坡，必要时，还应根据具体情况予以防护和加固。一般情况下，当路堤填筑高度过大时，应取两个坡率，上部较陡，下部较缓，如图 1-3-6 所示。

3. 路堑边坡

路堑边坡坡率，应根据边坡高度、土石种类与性质(密实、风化程度等)、地面水、地下水情况及施工方法等因素确定，见表1-3-3。

路堑边坡坡率 表1-3-3

填料类别			边坡高度(m)	
			$H<15$	$15\leqslant H<30$
土	黏土、粉质黏土、塑性指数大于3的粉土		1∶1	
土	中密以上的中砂、粗砂、砂砾		1∶1.5	
土	卵石土、碎石土、圆砾土、角砾土	胶结和密实	1∶0.75	
土	卵石土、碎石土、圆砾土、角砾土	中密	1∶1	
石	Ⅰ类	未风化、微风化	1∶0.1～1∶0.3	1∶0.1～1∶0.3
石	Ⅰ类	弱风化	1∶0.1～1∶0.3	1∶0.3～1∶0.5
石	Ⅱ类	未风化、微风化	1∶0.1～1∶0.3	1∶0.3～1∶0.5
石	Ⅱ类	弱风化	1∶0.3～1∶0.5	1∶0.5～1∶0.75
石	Ⅲ类	未风化、微风化	1∶0.3～1∶0.5	
石	Ⅲ类	弱风化	1∶0.5～1∶0.75	
石	Ⅳ类	弱风化	1∶0.5～1∶1	
石	Ⅳ类	强风化	1∶0.75～1∶1	

注：土质路堑边坡高度为不大于20m。

深路堑根据土石类型的不同，边坡可根据土层分布及深度采用折线和台阶等形式，如图1-3-7所示。

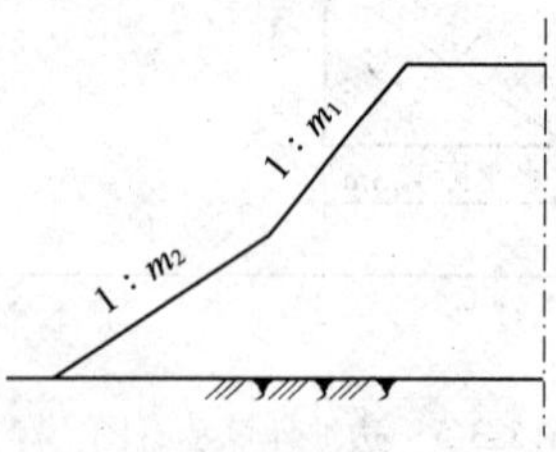

图1-3-6 复式边坡

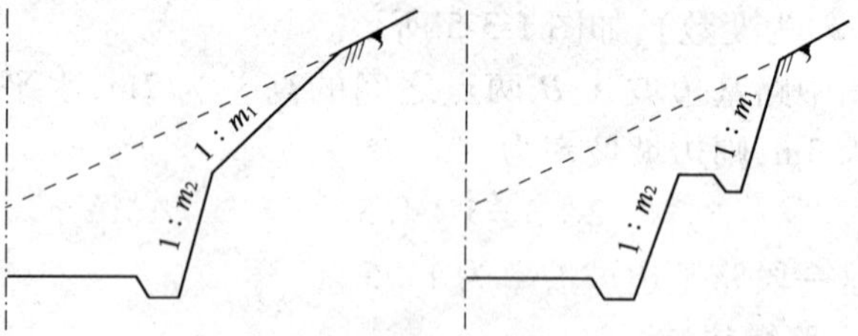

图1-3-7 路堑边坡的形式

六、公路用地

公路及沿线设施用地，根据公路建设的需要保证必需的用地，并应考虑农业生产等尽可能节约用地。

1. 公路路基用地

(1)新建公路路堤两侧排水沟外缘(无排水沟时为路堤坡脚)以外，或路堑坡顶截水沟外缘(无截水沟时为坡顶)以外不少于1m的土地，为公路用地范围。在有条件的地方，高速公路、一级公路不少于3m，二级公路不少于2m。

(2)高路堤或深路堑路段，为保证路基的稳定，可根据计算确定用地范围。

(3)在风沙、雪害及特殊地质地带，应根据需要确定设置防护林、种植固沙植物，安装防沙或防雪栅栏等所需的用地范围。

2. 公路其他用地

公路沿线的工程养护和管理用房、料场、苗圃等生产用地及养路职工必要的生活用地，应尽量利用坡荒地，并根据需要确定用地范围。

3. 公路用地范围内的建筑物规定

公路用地范围内，不得修建非路用建筑物，不得埋设管道、电缆等，也不得开挖沟渠等非公路附属建筑物。

七、路基的其他组成

为了确保路基稳定和行车安全，一般路基的其他组成主要有取土坑、弃土堆、护坡道、碎落台、堆料坪、错车道等。它们路基设计的组成部分，对保证路基稳定和交通顺畅具有重要作用。

1. 取土坑

路基填方时，如果挖方挖出的填料不足以供应填方或不适于填方，根据需要可从路外取土，取土后的地方形成坑状，称为取土坑。如需从取土坑借方时，应对取土坑作出规划设计。取土坑应尽量设在荒坡、高地上，少占农田耕地，并与农业、水利和环保部门紧密联系，协调发展。

取土坑底纵坡不小于 0.2%，横坡度 2% ~3%，并向外侧倾斜。取土坑边坡一般不宜陡于 1 : 1，靠路基一侧不宜陡于 1 : 1.5。路侧取土坑边缘与路基边缘间应设置护坡道，一般公路为 1 ~2m，高速公路和一级公路为 3m，如图 1-3-8 所示。

2. 弃土堆

路基挖方过剩，不能完全利用，则需弃土。路基弃土应做规划设计，与当地农田建设和自然环境相结合，利用弃土改地造田。山坡弃土应注意避免破坏或掩埋下侧林木农田，沿河弃土应防止河床堵塞或引起水流冲毁农田房屋等。弃土堆一般就近设在低地，或弃于地面下坡一侧。弃土堆宜堆成梯形横断面，边坡不陡于 1 : 1.5，弃土堆坡脚与路堑坡顶之间的距离一般为 3 ~5m，路堑边坡较高，土质较差时应大于 5m，如图 1-3-9 所示。

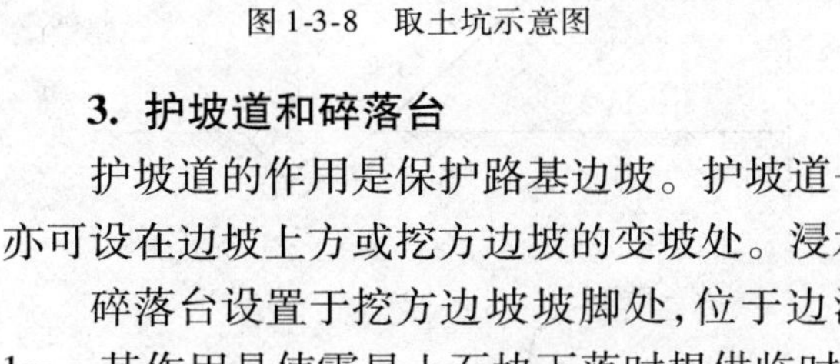

图 1-3-8　取土坑示意图

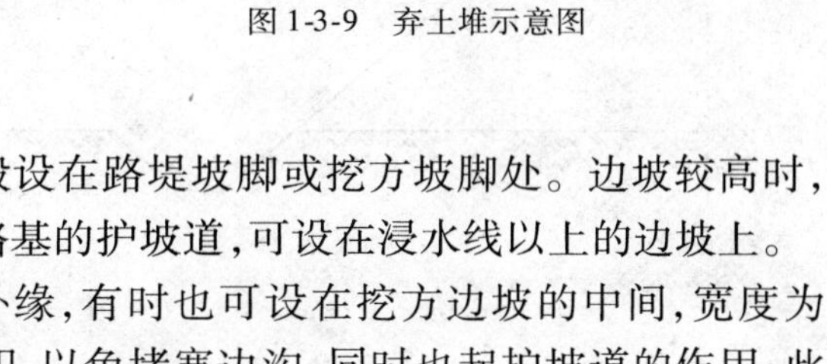

图 1-3-9　弃土堆示意图

3. 护坡道和碎落台

护坡道的作用是保护路基边坡。护坡道一般设在路堤坡脚或挖方坡脚处。边坡较高时，亦可设在边坡上方或挖方边坡的变坡处。浸水路基的护坡道，可设在浸水线以上的边坡上。

碎落台设置于挖方边坡坡脚处，位于边沟外缘，有时也可设在挖方边坡的中间，宽度为 1m。其作用是使零星土石块下落时提供临时堆积，以免堵塞边沟，同时也起护坡道的作用；此外，在弯道上也起到增大视距的作用，如图 1-3-10 所示。

4. 堆料坪和错车道

砂石路面需要经常性养护。养护用的砂石料可堆放在路堤边缘外的堆料坪上。错车道是为了单车道公路上会车和避让的需要而设置的。错车道不大于 300m，错车道处的路基宽度大于6.5m，有效长度大于20m，如图1-3-11所示。

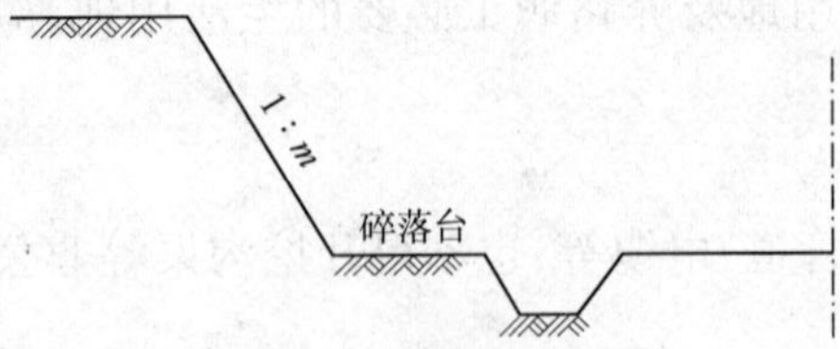

图1-3-10　碎落台示意图

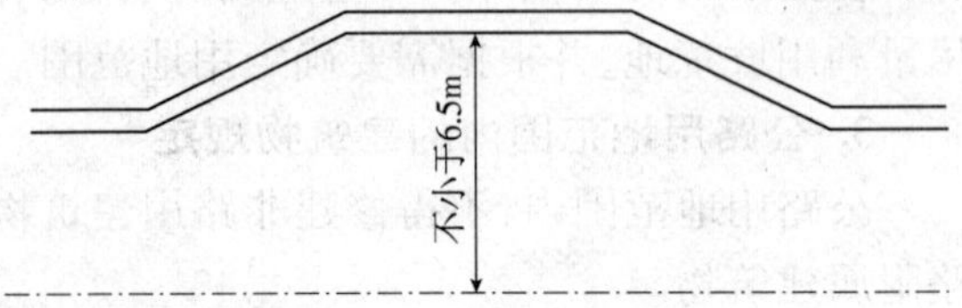

图1-3-11　错车道示意图

第二节　路基排水设施

路基变形和破坏的主要原因之一是受水的影响。因此，必须十分重视路基的排水设计。

路基水的来源有地面水和地下水。地面水有雨、雪和江河湖水。地下水有泉水、毛细水和间隙水等。它们都会使路基湿软，降低承载力，造成滑坡塌方或冻害翻浆等。

路基排水的目的是减小路基的湿度，保证路基常年处于干燥或中湿状态，确保路基路面的结构稳定。

考虑排水的原则首先要查清水源，结合农田水利进行全面规划，排除隐患。水沟宜短不宜长，及时疏散，就近分流。要充分利用地形，不宜挖深沟，以减少水土流失。设计要注意就地取材，结构应经济实用，并作出优化选择。

一、地面排水设施

地面排水设施常见的类型包括：边沟、截水沟、排水沟、跌水、急流槽、蒸发池等，分别设于路基的不同部位。

1. 边沟

边沟主要用来汇积和排除路基范围及流向路基的少量地面水，通常设置在路堑、矮路堤、零填路基及陡坡路堤外侧或坡角外侧。按照岩土性质和施工方式的不同，边沟横断面可筑成三角形、矩形、梯形和流线型，如图1-3-12所示。边沟深浅和横断面大小，随地面降水量大小而定。高速公路、一级公路边沟的底宽、深度不应小于0.6m，其他等级公路的边沟深度和底宽一般

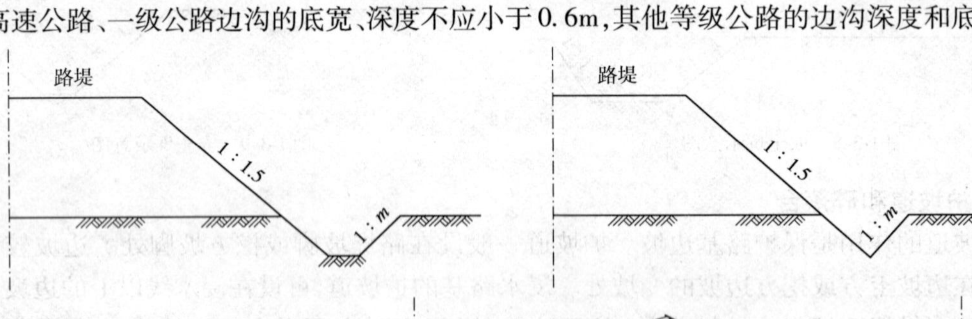

图1-3-12　边沟示意图

不小于0.4m，干旱地区的深度可小到0.2m。梯形边沟内侧边坡一般为1：1～1：1.5；岩石边沟边坡为1：0～1：0.5；浆砌边沟内侧边坡可直立；三角形边沟内侧边坡一般为1：2～1：3。外侧坡度可参照挖方路基。边沟应该有一定的纵坡，一般情况下与路线一致，并不宜小于0.3%。

2. 截水沟

截水沟位于路堑坡顶或斜坡路堤以外适当的自然坡面上，为了拦截自然坡面的径流，使其不致沿着边坡流入路基之内，以减轻边沟的水流负担。故此截水沟必须设置大致与地面水流方向垂直，以提高截水效能和缩短沟的长度，如图1-3-13所示。

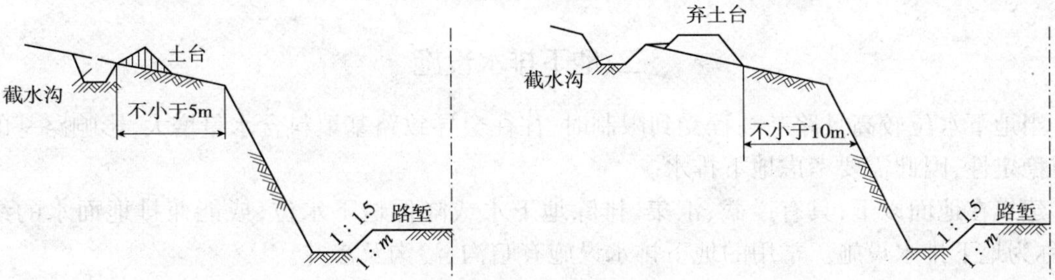

图1-3-13　截水沟示意图

路堑坡顶至截水沟内侧边缘的距离一般不小于5m，山坡填方路段若需设置截水沟，应保证截水沟与坡脚之间有2m的距离。截水沟沟身的横断面形式，一般为梯形，底宽和沟深不宜小于0.5m，边坡坡率一般为1：1～1：1.5，沟底纵坡不宜小于0.3%。

3. 排水沟

排水沟是一种人工沟渠，用来汇集路基边沟和截水沟中的流水，一般引至桥涵或路基范围以外的天然河沟或低洼地。也可用排水沟连通取土坑或路基附近低洼处的积水，引至桥涵等处水道中排泄。排水沟的横断面大小，视汇集和排泄的水量经水文计算而定，通常都大于边沟横断面。排水沟的横断面形式，应随地质情况选定，土质地段多为梯形，石质地段多为矩形。沟底纵坡不宜小于0.3%。

4. 跌水和急流槽

两者均为人工排水沟渠的特殊形式，一般设在水流通过坡度大于10%、水头高差大于1.0m陡坡地段。在陡坡或深沟地段设置的沟底为阶梯，水流呈瀑布跌落式通过的沟槽称为跌水。其作用是在较短的距离内，降低水流速度，削减水流能量。在陡坡或深沟地段设置的坡度较陡，水流不离开槽底的沟槽称为急流槽。其作用是将上下游水位差较大的水流引至桥涵进口或路基下方。跌水和急流槽纵坡大，水流急，冲刷严重，因此两者均需用浆砌块石或水泥混凝土砌筑，且基础应埋设牢固，如图1-3-14、图1-3-15所示。

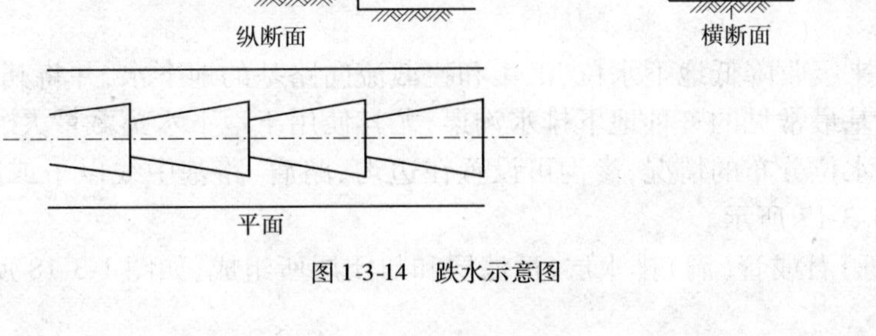

图1-3-14　跌水示意图

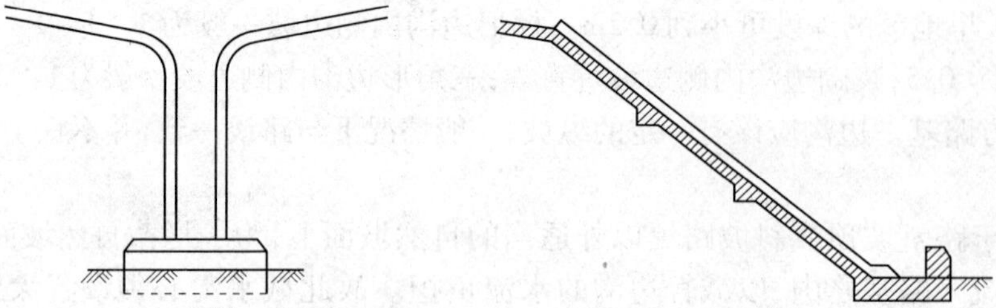

图 1-3-15　急流槽示意图

二、地下排水设施

当地下水位较高且路基高程受到限制时，往往会导致路基填料含水量增大，影响路基的强度与稳定性，因此需要考虑地下排水。

建筑在地面以下，具有拦截、汇集、排除地下水或降低地下水位，或能兼排地面水的结构物，称为地下排水设施。常用的地下排水设施有暗沟、渗沟及渗井。

（一）暗沟

暗沟是设在地面以下引导水流的沟渠，其本身不起渗水、汇水作用。因此暗沟的主要作用是把路基范围内的泉水或地下集中水流排到路基范围之外。暗沟沟底纵坡不宜小于1%，条件困难时不应小于0.5%，出水口处应加大纵坡，并应高于地表排水沟常水位0.2m以上。高速公路、一级公路中央分隔带有雨水浸入时，通过雨水口将路面的水引入地下暗沟，排到路基范围之外，如图1-3-16所示。

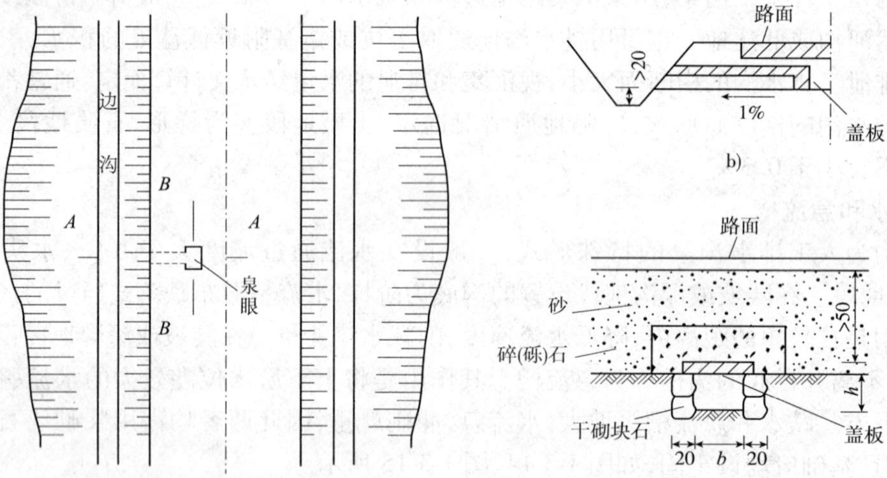

图 1-3-16　暗沟构造图（尺寸单位：cm）

（二）渗沟

渗沟主要用来吸收降低地下水位，汇集和拦截流向路基的地下水，并将其排出路基范围之外。它是公路路基最常见的一种地下排水沟渠，尤其使用于地下水蕴藏量大、面积分布广泛的路段。根据地下水位分布的情况，渗沟可设置在边沟、路肩、路基中线以下或路基上侧山坡适当的位置，如图1-3-17所示。

渗沟由碎（砾）石或管（洞）排水层、反滤层和封闭层所组成，如图1-3-18所示。

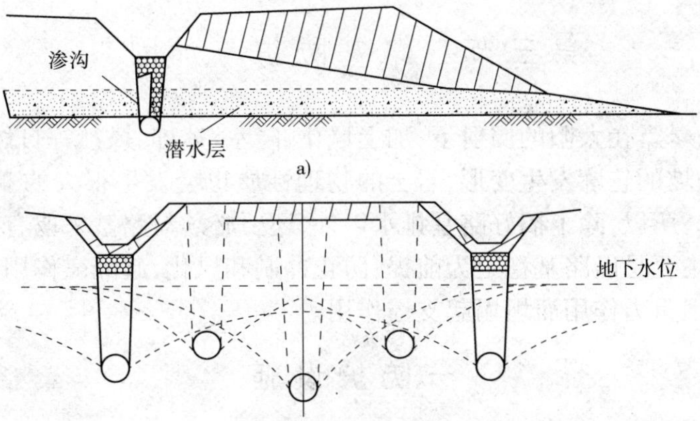

图 1-3-17　渗沟示意图

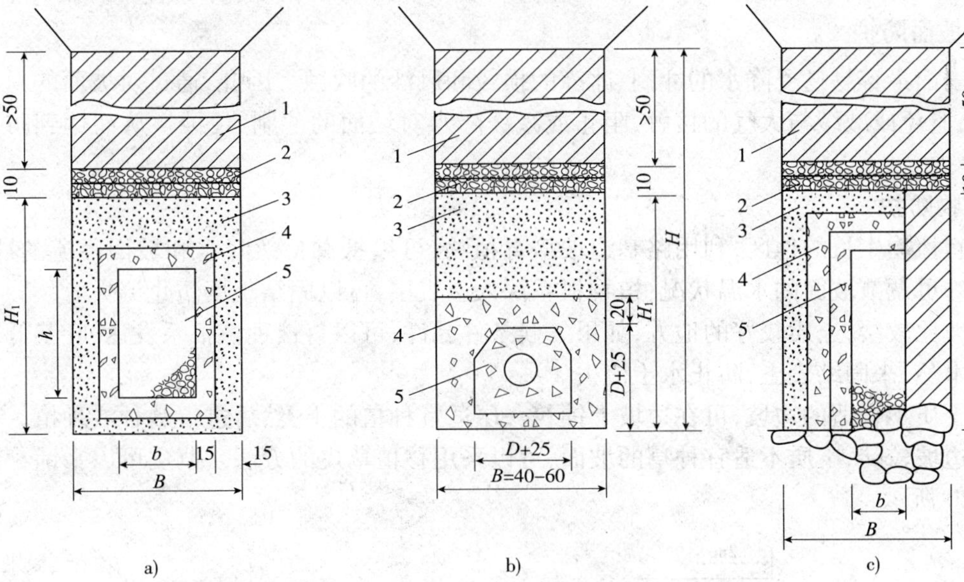

图 1-3-18　渗沟构造示意图（尺寸单位：cm）

1-夯实黏土；2-双层反铺草皮；3-粗砂；4-石屑；5-浆砌片石沟洞

（三）渗井

渗井是一种立式的地下排水设施，在多层含水的地基上，向地下穿过不透水层，将上层的含水层的水引入下层渗水层，以利于地下水扩散排除，如图 1-3-19 所示。

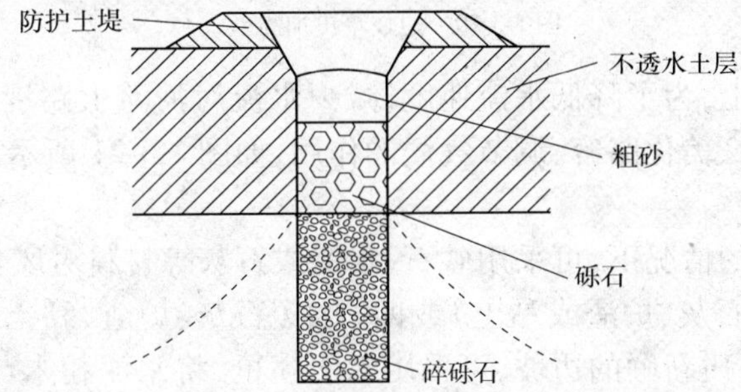

图 1-3-19　渗井结构示意图

第三节　路基防护与加固

路基建成之后，暴露在太阳的照射下，加上风化、降水、冰冻、风沙等自然因素的侵蚀，随着时间的推移，路基边坡的轮廓发生变形，岩土的物理性质也会发生很大的变化，使路基的强度和稳定性受到影响。所以，除了搞好路基排水以外，还要必须对路基采取有效的防护和加固措施。路基防护设施主要是以路基稳定为前提，防止冲刷和风化，起隔离作用。路基加固设施主要防止路基或山体因重力作用而坍塌起支撑作用。

一、防护设施

路基防护工程设施，按作用不同可分为边坡坡面防护、冲刷防护、支挡建筑物及湿软地基加固。

(一)坡面防护

土坡表面最容易遭受降水的冲刷、冰冻的损毁和风沙的吹蚀。因此，通过对坡面的封闭隔绝或隔离，避免或减缓与大气的接触，阻止或减缓降水对坡面的冲刷、侵蚀。从而达到防护的目的。

1. 植物防护

在适宜植物生长的地区，利用路基边坡培育植物，可以抵御自然降水和坡面径流的冲刷；植物的茎叶可调节坡面的水温状况；植物根系深入土表层，可以固结土壤防止流失。

在边坡比较缓、土质较好的地方，如果气候条件允许，可以直接种植根系发达、叶茎低矮的花草或灌木丛，来固结表土，防止水土流失。

对于土质不合适的边坡，可在边坡上铺筑一层适宜种植的土，然后进行栽种或种植。

对于边坡较陡、土质不适宜种草的坡面，可以采用移植草皮的方法。草皮可以平铺、叠铺，如图 1-3-20 所示。

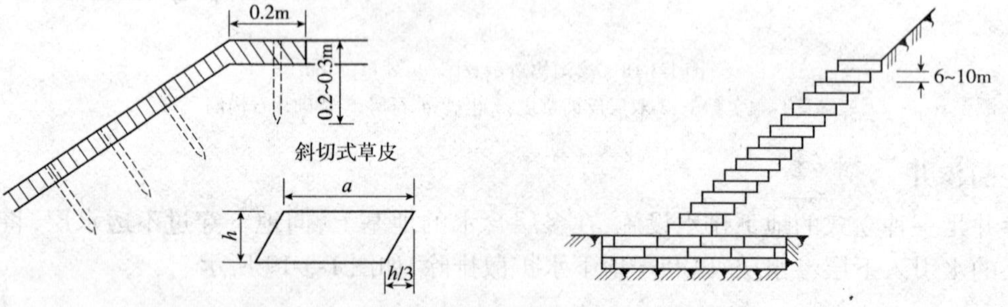

图 1-3-20　边坡草皮加固形式

在漫水河滩或海滩上，为了降低水流速度，减少水流对河滩上路堤的冲刷，可以在滩上植树，这样还能起到防风沙、美化路容、调节气候的作用，如图 1-3-21 所示。

2. 矿料防护

在不适宜植物防护的情况下，可采用砂石、水泥或石灰等材料对风化的软质岩石进行抹面防护，一般采用三合土(石灰、炉渣或黏土)或四合土(石灰、炉渣、黏土和砂)。对于整体性较好，表面平整和施工面石质新鲜的边坡，可采用水泥喷枪，将水泥粉末与少量像雾一样的水珠混合，借高压喷涂到岩层表面上，形成一层水泥薄壳罩在岩石面上。对于易风化而坡面不平的岩石边坡,可采用喷浆防护,喷浆为水泥、石灰、砂和水的混合料。对于岩石坚硬而不易风化的边坡,如果岩层间缝隙较宽或岩层间夹有很薄的软层,为防止水分浸入裂隙导致岩石抗风化能力减弱,可用水泥、砂浆灌缝和勾缝。

图 1-3-21　植树的形式

3. 砌石防护

对于易发生严重剥落或溜方的路基边坡,可采用砌石防护。砌石防护可分为干砌和浆砌。干砌靠石料之间的摩阻力和嵌挤力而不使用水泥砂浆;浆砌则用水泥砂浆,通过水泥砂浆将石料黏结在一起。

(1)护面墙

为覆盖各种软质岩层和较破碎岩石的挖方边坡免受大气因素影响而修建的墙,称为护面墙。护面墙除自重外,不承受其他载重,也不承受墙后土压力,所以,护面墙所防护的边坡应该是稳定的,如图 1-3-22 所示。

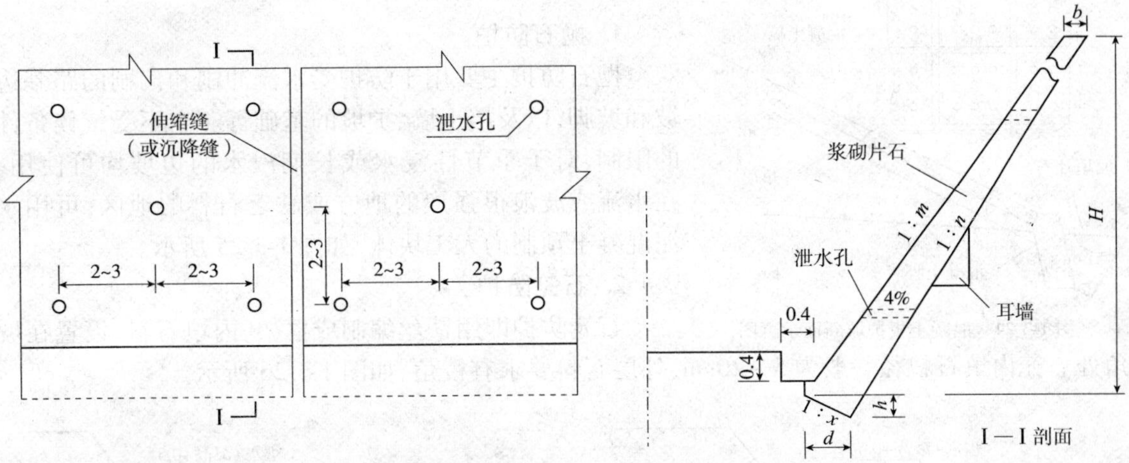

图 1-3-22　护面墙(尺寸单位:m)

(2)护坡

沿河路基边坡因长期受水冲刷或严重剥落的软质岩层边坡,可采用护坡。干砌片石护坡一般可分为单层铺砌和双层铺砌两种。当水流流速较大,波浪作用强,有漂浮物等冲击时,可采用浆砌片石护坡。无论是干砌还是浆砌,均应在片石下设置碎(砾)石或砂砾混合物垫层,以起到平整作用,并可防止水流将片石下面的边坡细土粒带走,如图 1-3-23 所示。

4. 混凝土预制块防护

在缺乏石料的地区,可采用混凝土预制块防护路基,它比浆砌片石护坡能较强地抵抗较大的流速水流和波浪的冲击,但造价较高,如图 1-3-24 所示。

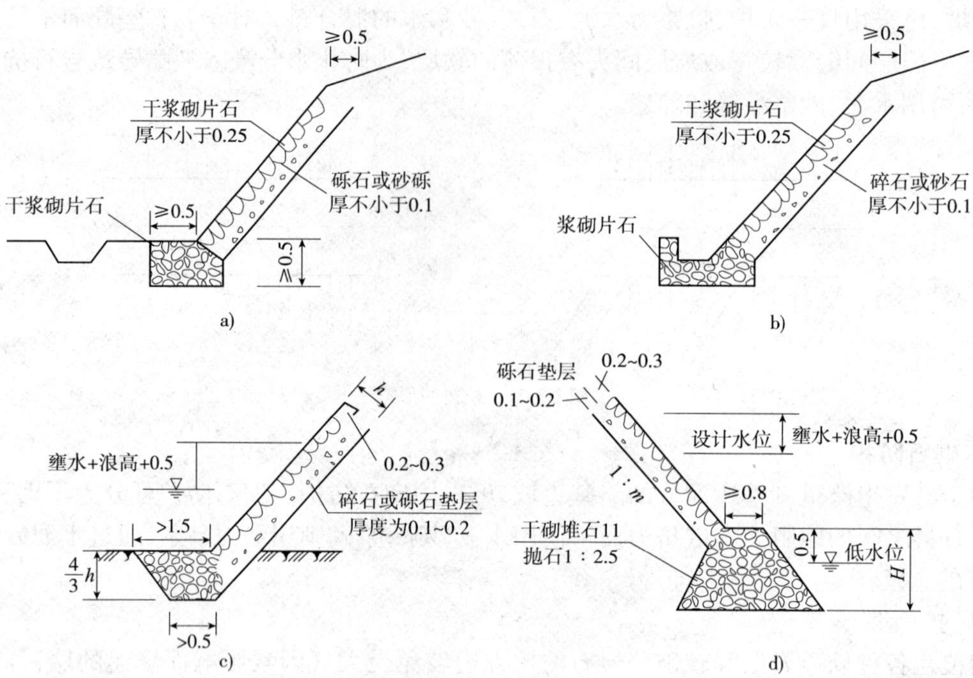

图 1-3-23　石砌护坡(尺寸单位:m)

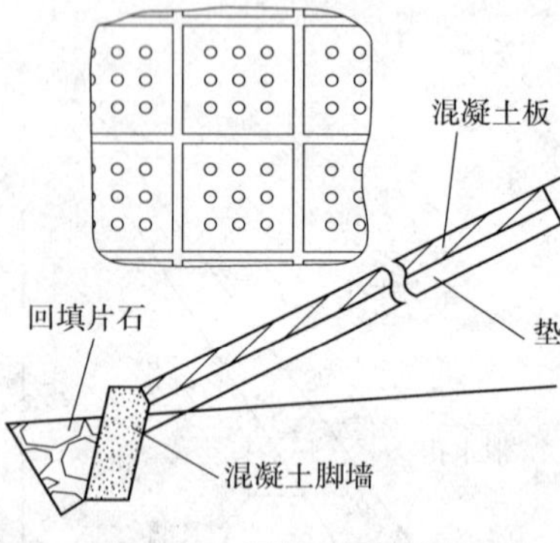

图 1-3-24　混凝土板护坡断面示意图

(二)冲刷防护

1. 抛石防护

抛石防护主要用于防护受水流冲刷和淘刷的路基边坡和坡脚,以及挡土墙、护坡的基础等。它不受气候条件的限制,对于季节性浸水或长期浸水的边坡均可使用。在水流或波浪很强烈的地方或缺乏石料的地区,可用水泥混凝土预制的人工块体,如图 1-3-25 所示。

2. 石笼防护

石笼防护即用铁丝编制成框架,内填石料,设置在坡角处。笼内填石粒径一般为 5 ~ 20cm,外层石料要求有棱角,如图 1-3-26 所示。

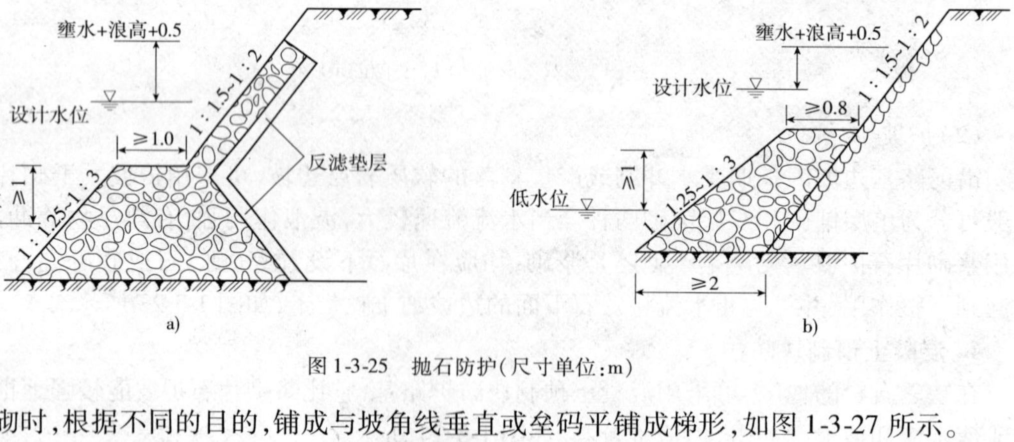

图 1-3-25　抛石防护(尺寸单位:m)

铺砌时,根据不同的目的,铺成与坡角线垂直或垒码平铺成梯形,如图 1-3-27 所示。

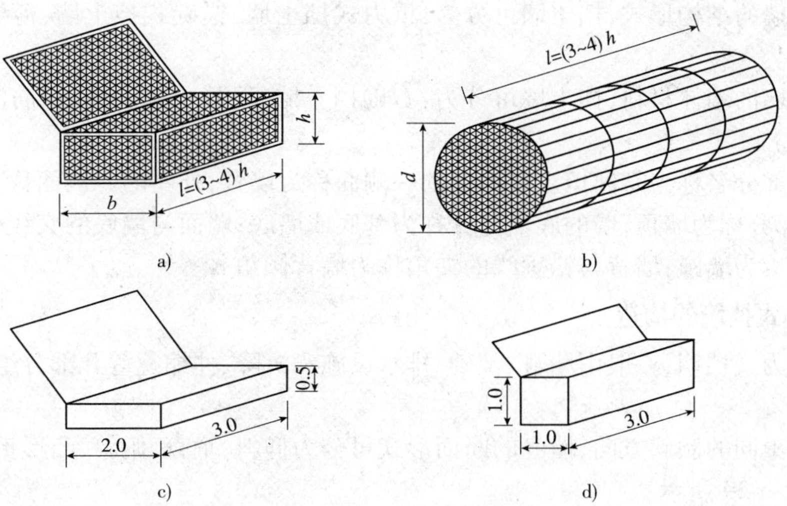

图 1-3-26　石笼的形式(尺寸单位:m)

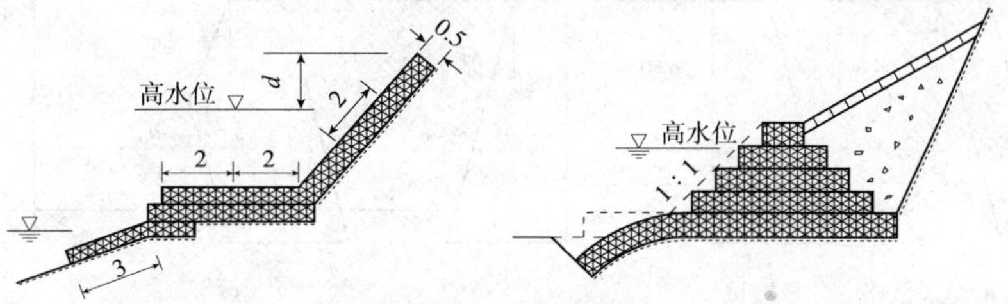

图 1-3-27　石笼防护(尺寸单位:m)

二、路基加固

挡土墙是路基加固的主要设施,为防止路基填土或山坡土体坍塌而修筑的承受土体侧压力的墙式结构物。路基挡土墙,既可用于抵御挖方边坡岩土的滑坍,也可抵御路堤填料下滑,起到稳定边坡的作用。另外,还可以起到防止冲刷,收缩坡脚,节约土石方数量及用地的作用。挡土墙必须设置在稳定性好和承载力高的地基上,承受来自土体的侧压力以及路基填土传来的车辆荷载的作用。

(一)挡土墙的形式

按照挡土墙的墙体设置的位置,挡土墙可分为:路堑墙、路堤墙、路肩墙和山坡墙等类型,如图 1-3-28 所示。

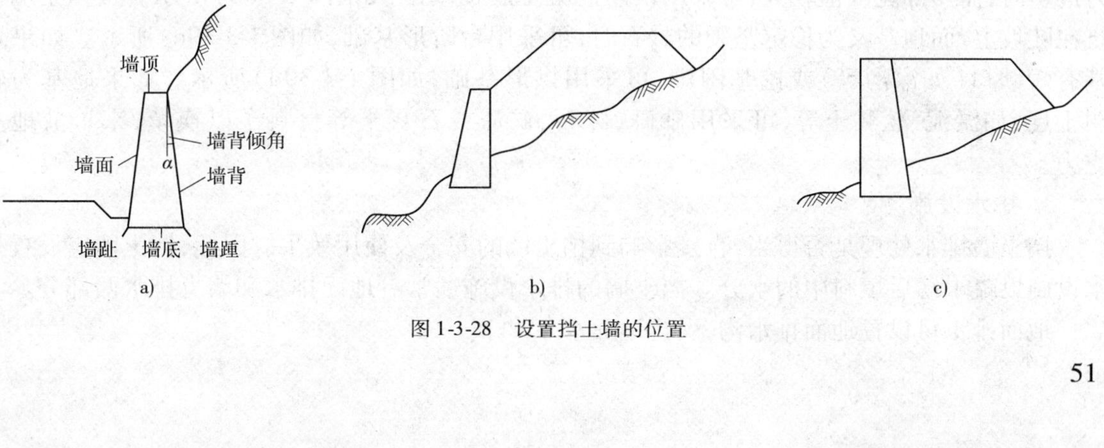

图 1-3-28　设置挡土墙的位置

按照挡土墙的结构形式，挡土墙可分为：重力式挡土墙、锚碇式挡土墙、薄壁式挡土墙、加筋式挡土墙等。

按照挡土墙的墙体材料，挡土墙可分为：石砌挡土墙、混凝土挡土墙、钢筋混凝土挡土墙、钢板挡土墙等。

挡土墙各部分名称为靠回填土或山体的一侧面称为墙背；外露的一侧面称为墙面，也称墙胸；墙的顶面部分称为墙顶；墙的底面部分称为基底或墙底；墙面与墙底的交线称为墙趾；墙背与墙底的交线称为墙踵；墙背与铅垂线的夹角称为墙背倾角 α。

（二）重力式挡墙的构造

常用的重力式挡墙，一般由墙身、基础、排水设施和沉降、伸缩缝等几部分组成。

1. 墙身

根据墙背不同的倾斜方向，墙身的断面形式可分为仰斜、垂直、俯斜、凸形折线式和衡重式等几种，如图 1-3-29 所示。

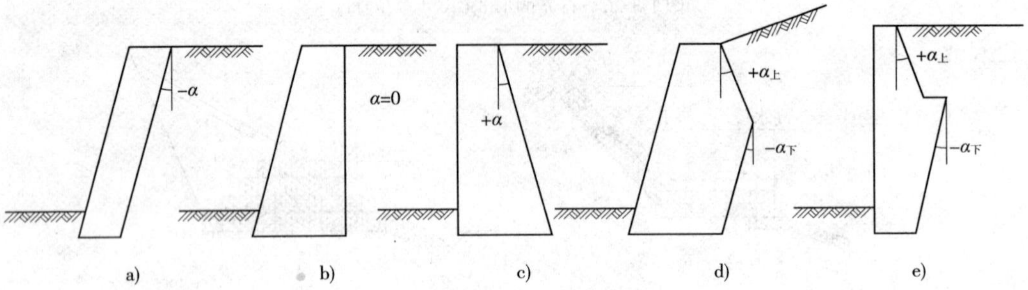

图 1-3-29 重力式挡墙的不同形式

挡土墙的墙面一般为平面，墙面坡度除应与墙背的坡度相协调外，还应考虑当墙趾处地面的横坡度。

墙顶最小宽度，浆砌片石时不应小于 50cm，干砌片石不应小于 60cm。为了增加驾驶员在心理上的安全感，保证行车安全，在险峻地段的路肩墙或墙顶高出地面 6m 以上且连续长度大于 20m 的路肩墙或弯道处的路肩墙的墙顶，应设置护栏等防护设施，护栏内侧边缘距路面边缘的距离，应满足路肩最小宽度的要求。

2. 基础

地基不良或基底处理不当时，往往引起挡土墙的破坏，所以应重视基础的设计与施工。挡土墙大多数都是直接砌筑在天然地基上，当地基承载力不足且墙趾处地形平坦时，为减小地基应力和增加抗倾覆稳定性，常采用扩大基础，如图 1-3-30a）所示。当地基压应力超过地基承载力过多时，需要加宽的值较大，可采用钢筋混凝土底板基础，如图 1-3-30b）所示。当挡土墙修筑在陡坡上，而地基又为稳定坚硬的岩石时，可采用台阶形基础，如图 1-3-30c）所示。如果地基有短缺口（如深沟等）或挖基困难，可采用拱形基础，如图 1-3-30d）所示。如果地基为软弱土层，如淤泥、软黏土等，可采用砂砾、碎石、矿渣或石灰土等材料予以换填，来扩散地基应力。

3. 排水设施

挡土墙排水处理是否得当，直接影响到挡土墙的安全及使用效果。因此，挡土墙应设置排水设施以疏干墙后填料中的水分。挡土墙的排水设施通常有地面排水和墙身排水两部分。

地面排水可设置地面排水沟，引排地面水。

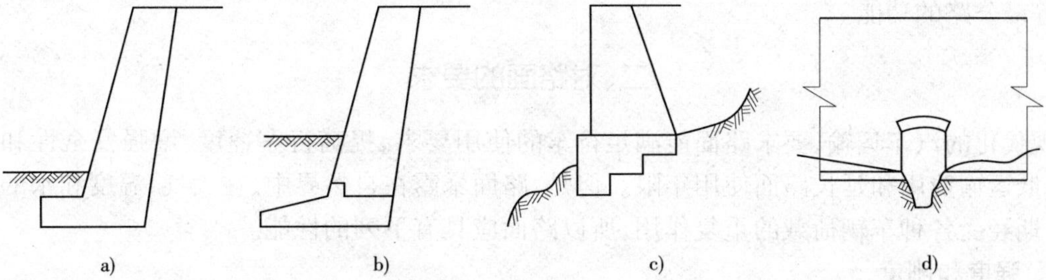

图 1-3-30　挡土墙基础形式

墙身排水主要是为了迅速排出墙后积水。浆砌挡土墙应根据渗水量，在墙身适当的高度处布置泄水孔，如图 1-3-31 所示。泄水孔尺寸可视泄水量大小分别采用 5cm × 10cm、10cm × 10cm、15cm × 20cm 的方孔或直径为 5 ~ 10cm 的圆孔。泄水孔间距一般为 2 ~ 3m，上下交错布置。为防止水分渗入地基，在最下一排泄水孔的底部应设置 30cm 厚的黏土防水层，在墙背设置粗粒料反滤层，以避免堵塞泄水孔。

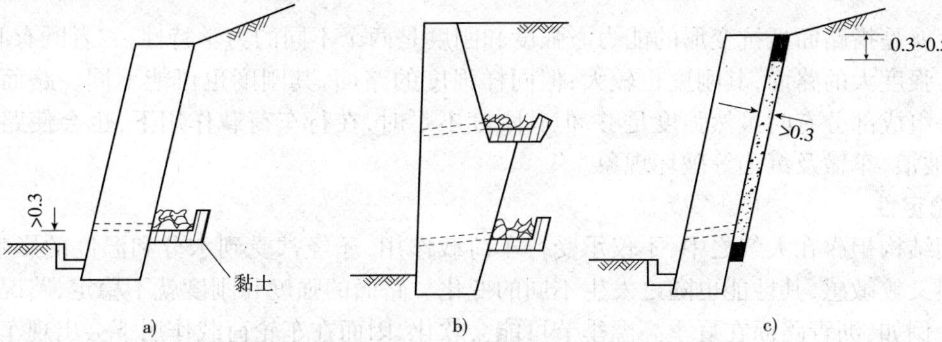

图 1-3-31　泄水孔及滤水层(尺寸单位：m)

4. 沉降缝和伸缩缝

为防止地基不均匀沉陷而引起的墙身开裂，可根据地基的地质条件和墙高、墙身断面的变化情况，设置沉降缝；为防止砌体因砂浆硬化收缩和温度变化而产生裂缝，须设置伸缩缝。通常把沉降缝和伸缩缝合并在一起。缝宽一般为 2 ~ 3cm，用胶泥填塞。缝间距一般为 10 ~ 15m。

第四节　路　　面

一、路面及其功能

路面是用各种材料铺筑在路基上供车辆行驶的层状构造物。未铺筑路面的路基虽然也能行驶车辆，但它抵御自然因素和车辆荷载的能力很差。天晴时尘土飞扬，雨天时泥泞不堪，行车时会使其表面崎岖不平，造成车辆颠簸、打滑，行车速度低，甚至无法通行，而且油料和机件耗损严重。铺筑路面后，改善了道路条件，就能使车辆全天候通行，而且汽车能以一定的速度、安全、舒适而经济地在道路上行驶。

路面是公路主要组成部分，它的好坏会直接影响行车速度、安全和运输成本。高等级公路修筑良好的路面，能够保证车辆高速、安全而且舒适地行驶，还可较多地节约运输费用，充分发挥高等级公路的功能。

二、对路面的要求

现代化的汽车运输，要求路面能满足行车的使用要求，提高行车速度，增强安全性和舒适性，降低运输费用和延长路面使用年限。但是，路面暴露在自然界中，在大气、温度和水的影响下，长期经受各种车辆荷载的重复作用，所以路面应具有下列的性能。

1. 强度和刚度

汽车在路面上行驶时，车辆通过车轮把垂直力和水平力传给路面，水平力又分纵向和横向两种。此外路面还受到车辆的振动力和冲击力作用，在汽车身后还有真空吸力的作用。在上述外力的综合作用下，路面结构内就产生不同的压应力、拉应力和剪应力，如果路面结构整体或某一部分的强度不足，不能抵抗这些应力的作用，路面就会出现断裂、沉陷（伴随两侧隆起）、碎裂、波浪和磨损等破坏现象，从而影响正常行车，给汽车运输造成严重影响。因而，要求路面结构及其各组成部分必须具备足够的强度，以抵抗行车作用下所产生的各种应力，避免路面破坏。

刚度就是指路面抵抗变形的能力。强度和刚度是两个不同的力学特性，二者既有联系，又有不同。强度大的路面，其刚度也较大；但同样强度的路面，其刚度也可能不同。路面结构整体或其一组成部分有时虽然强度足够，但其刚度不足时，在行车荷载作用下，也会使路面产生变形，如波浪、车辙及沉陷等破坏现象。

2. 稳定性

路面结构袒露在大气之中，不仅承受行车荷载作用，还经常受到水分和温度的影响，有的路面材料又较敏感，其性能也随之发生不同的变化。路面的强度和刚度就不稳定，路况也就时好时坏。例如，沥青路面在夏季高温季节可能会软化，因而在车轮荷载作用下会出现车辙和推挤；而在冬季低温时又可能出现收缩、变脆而开裂。水泥混凝土路面在高温时，可能发生拱胀开裂，低温时可能出现收缩裂缝，温度急骤变化时也可能出现翘曲而破坏。特别是砂石路面，当含泥量较多时，在雨季，雨水渗入路面使路面结构含水量增大，强度随之下降，在行车荷载作用下，很容易出现沉陷、裂缝及泥泞现象。土基受到水分下渗的影响，也会降低强度而使路面结构强度受到影响。

3. 表面平整度

路面平整度对行车影响很大。路面平整度差时行车阻力增大，行车因振动作用而使车辆颠簸，影响行车速度及行车的安全性和舒适性。同时车辆振动对路面施加冲击力而使路面破坏加快，汽车的机件和轮胎的损坏也快，还要增加油耗。因而路面要有一定的平整度。

4. 表面抗滑性

光滑的路面使车轮与路面之间缺乏足够的附着力和摩擦阻力。在雨天高速行车、转弯和紧急制动时容易打滑，爬坡和突然启动时容易空转，致使行车速度降低，也容易发生交通事故，特别是在雨雪天。因此，路面表面应具备有足够的抗滑性能，以保证行车安全和运输的经济效益。

5. 耐久性

路面结构要长期承受行车荷载和冷热、干湿等气候因素的多次重复作用，因而会逐渐出现疲劳破坏和塑性变形累积，路面材料也可能会由于老化衰变而导致破坏。因而，到一定使用年限后，路面就会出现各种病害，进而影响路面的使用性能。如果路面的耐久性不足，就会缩短使用时间，增加养护工作量和费用，而且会干扰正常的交通运输。

6. 环保性

砂石路面在汽车行驶时引起的灰尘以及行车时汽车在各类路面上产生的噪声，对旅客、沿线居民、农作物以及对汽车本身，会带来不利的影响。因此，要求路面在行车过程中尽量减少扬尘和噪声。

三、路面结构及层次划分

行车荷载和自然因素对路面的影响，是随着深度而逐渐减弱的。因此，对路面材料的强度、刚度和稳定性的要求，也随着深度而降低。所以，通常路面结构根据使用要求、受力状况，可在路基上采用不同规格和要求的材料分成多层来填筑。这样可以充分发挥各种路面材料的功能，还可以节约工程造价。铺筑在一般路基上的路面，至少应具有基层和面层，有时还要铺设垫层，如图 1-3-32 所示。

1. 面层

面层是路面结构层最上面的一个层次，直接承受车辆荷载及自然因素的影响，并将荷载传递到下面。因此，要求面层强度和刚度很大，而且表面还必须要平整、抗滑、抗磨耗。自然因素的影响使面层还要有充分的抵抗力，稳定性好，不透水。根据自然条件、荷载、材料等因素，面层可分为表面层、中面层、底面层。

面层的主要材料是水泥混凝土、沥青混凝土、沥青碎石、半整齐的石块以及粒料加固土等。

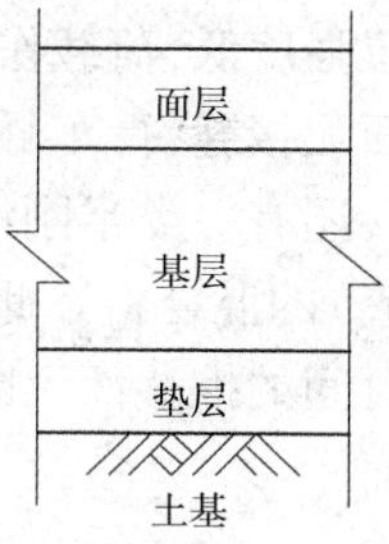

图 1-3-32　路面结构层次划分示意图

2. 基层

基层位于面层以下，主要承受由面层传递来的车辆荷载垂直力，并将其分布到垫层或路基上。因此，它也应具有足够的强度、刚度和耐久性，并具有良好的应力扩散性能。由于基层和车轮不直接接触，故对基层的耐磨性不予严格要求。但是基层应有相对平整的表面，以保证面层厚度均匀。另外，基层还可能受到地表水或地下水的侵入，因此还应有足够的水稳性。基层也可以分为两层或三层，称为基层（或上基层）、底基层。

基层的主要材料是水泥稳定碎石、石灰粉煤灰碎石、级配碎（砾）石、水泥稳定土、石灰稳定土、石灰工业废渣等。

3. 垫层

垫层位于基层与土基之间，主要作用是加强土基，改善基层的工作条件，为隔水、排水、防冻而设置，所以通常在路基处于潮湿或过湿以及有冰冻翻浆的路段设置。在地下水位较高的地区铺设，能起到隔水作用，故也称隔离层；在冰冻较深地区铺设能起到防冻的作用，也称防冻层。此外，垫层还能扩散由基层传下来的应力，以减小土基的变形，而且也能阻止路基土挤入基层中，以保证基层的结构性能。

修建垫层所用的材料强度不一定很高，但水稳性或隔热性应该较好。一般采用砂砾、碎石等水稳性好的材料及石灰土或炉渣石灰土等保温性材料。

面层、基层、垫层是路面的基本层次，为了保证车轮荷载的向下扩散和传递，基层宽度每侧比面层宽出 0.25m，底基层每侧比基层宽出 0.15m。高速公路、一级、二级公路的排水垫层应铺至路基同宽；三、四级公路的垫层可比底基层每侧至少宽出 0.25m。

实际上，路面的结构层不一定像上述那样完备，有时一个层次可以起到两个层次的作用。

例如,碎石路面铺筑在土基上,则这层碎石既是面层也是基层。旧的碎石路面上铺筑沥青路面,则原来的碎石路面由面层变为新路面的基层。

四、路面的类型与分级

(一)路面类型

从力学性能出发,一般把路面分为刚性路面和柔性路面两大类。

刚性路面是指水泥混凝土作面层或基层的路面结构。它的强度高,特别是抗弯拉强度比其他路面高得多,抗变形能力强,板体性好,荷载通过水泥混凝土路面板体的扩散分布作用,传递到基层上的应力较小。

柔性路面主要是指刚度较小,抗弯拉强度较低,主要靠抗压、抗剪强度来承受车辆荷载作用的路面,各类沥青路面、碎(砾)石路面和块石面层所组成的路面结构。因为其刚度较小,抗弯拉强度低,荷载作用下变形较大,所以对基层和路基的强度要求较高。但此类路面弹性好,弯拉强度低,荷载作用下变形较大,所以对基层和路基的强度要求较高。但此类路面弹性好,路面无接缝,行车舒适。

还有一类半刚性路面,主要为水泥、石灰等水硬性材料与土、砂砾及工业废渣(如粉煤灰、矿渣)的混合料。此类材料在前期具有柔性路面的力学特性,当环境适宜时,其强度和刚度随着时间的推移而不断增长,但最终其强度和刚度还是远较刚性路面低。此类路面称为半刚性路面。

(二)路面等级

路面技术等级与公路技术等级相对应,路面技术等级由高到低,与行车道上的设计交通量成正比例。路面等级与公路技术等级和设计交通量三者相互联系在一起,主导因素是设计交通量。

按技术条件划分,路面等级可分为高级路面、次高级路面、中级路面和低级路面。

1. 高级路面

高级路面包括沥青混凝土路面、水泥混凝土路面、整齐块石或条石等面层所组成的路面。一般适用于交通量大、行车速度高的公路。这类路面的特点是:结构强度高、稳定性好、使用寿命长、平整、少尘,能保证高速行车,而且养护费用少,运输成本低,但一次性投人大,工艺要求高,材料质量要求高。

2. 次高级路面

次高级路面包括沥青贯入式、沥青碎(砾)石等面层所组成的路面。一般适用于交通量较大、行车速度较高的公路。与高级路面相比,使用品质稍差,使用年限稍短,造价也较低,但养护费用较高。

3. 中级路面

中级路面包括由水结碎石、泥结碎石、级配碎(砾)石、半整齐块石或条石等作面层所组成的路面结构。其强度低、使用期限短、平整度差、只能适应于较小交通量,行车速度低,并且养护工作量大,运输成本较高。

4. 低级路面

低级路面由包括各种粒料或当地材料改善土所筑成的路面,如炉渣土、砂砾土等。它的强度低、水稳性和平整度均较差,在雨天不能行车,能适应的交通量很小,养护工作量大,运输成本高，当然造价也很低。

路面等级与公路的技术等级和交通量的关系见表1-3-4所示。

路面分级　　表1-3-4

公路等级	路面等级	面层类型	设计年限内累计标准轴次（万次/车道）
高速公路 一级公路	高级路面	沥青混凝土 水泥混凝土	>400
二级公路	高级路面	沥青混凝土、水泥混凝土	>200
	次高级路面	热拌沥青碎石混合料沥青贯入式	100～200
三级公路	次高级路面	乳化沥青碎石混合料沥青表面处置	10～100
四级公路	中级路面	水结碎石泥结碎石级配碎（砾）石	<10
	低级路面	粒料改善土	

注：以上表中所列路面类型适应情况只是相应公路等级和交通量下的面层类型最低要求。

五、路面结构的厚度

路面结构层总厚度是各结构层厚度之和。各结构层厚度的选择，是根据车轮荷载、土基强度和路面材料的强度等因素。在同一路面结构层中，各层次的材料强度和厚度都是相互关联、相互补充和相互依存的。例如：路面面层材料相对强度高、价格也高，在荷载及土基已定的情况下，从经济角度考虑，往往选用面层厚度较小，就得选择较强或较厚的基层或增加层次。如果面层厚度增加，相应的基层厚度可减小或减少层次。在实际中，不论结构层的数量，还是结构层的厚度，一是从经济角度考虑，二是从技术角度考虑，都不宜采用过多或过少的结构层数以及过厚或过薄的层厚，如表1-3-5所示。

路面各结构层最小厚度　　表1-3-5

结构层类型		施工最小厚度（cm）	结构层适宜厚度（cm）
沥青混凝土、沥青碎石	粗粒式	5.0	5～8
	中粒式	4.0	4～6
	细粒式	2.5	2.5～4
沥青贯入式		4.0	4～8
沥青表面处治		1.0	1～3
水泥稳定类		15.0	16～20
石灰稳定类		15.0	16～20
石灰工业废渣类		15.0	16～20
级配碎（砾）石		8.0	10～15
填隙碎石		10.0	10～12

六、自然因素对路面的影响

路面工作在自然环境中，除直接承受车轮荷载作用外，还直接受水、温度、阳光、空气等自然因素的影响。它们既有促进路面成型、稳定等有利方面，也有促使路面软化、破坏和影响施工的不利方面。因此必须十分重视这些影响因素。

1. 湿度变化对路面影响

湿度状况的变化是影响路面结构强度、刚度和稳定性的重要因素之一。路面中水的影响与道路所在地区的自然条件、季节、降雨量、蒸发条件和道路本身的排水能力等因素有关。路面结构中的水主要有三个来源:一是土基中的毛细水,二是边沟渗水,三是路面渗水。土基中的毛细水源于地下水,边沟和路面渗水来自于降雨和地面径流。

路面结构中,基层、垫层材料在最佳含水率下压实可得到最大密实度,并具有较高的力学强度。含水率过大时,材料过分潮湿,其强度大大降低,变形也增大。但如果含水率过小,材料颗粒之间由于缺乏水膜黏结作用,会发生松散;由于缺乏润滑作用,压实度不高,同样也不会有较高的力学强度。由于沥青路面在水的作用下,沥青与石料的黏附力降低,导致石料与沥青剥离,从而使路面发生松散、坑槽等病害。

根据路面材料对水的敏感性不同,可区分为水稳性材料和非水稳性材料。水稳性材料在水的影响下,力学强度不显著降低;非水稳性材料则在水的影响下,力学强度显著降低。

2. 气温变化对路面的影响

温度同样是影响路面结构强度的重要因素。同一路面,在炎热的夏季和寒冷的冬季,可能有不同的使用品质,即使在一天内,路面的工作状态也会有所差异,因此,必须考虑气温对路面的影响。

气温的变化,将直接影响路面强度或内部应力变化。沥青类路面材料的强度,随温度变化而变化,这种性质被称为温度稳定性。温度稳定性差的材料,在温度变化时,强度显著降低。由于沥青本身对温度非常敏感,因此,沥青类路面对温度也非常敏感。温度升高后,沥青的稠度降低,在颗粒间起到润滑作用,从而使黏结力降低;温度过低时,沥青的变形能力降低,容易发生脆裂。

水泥混凝土路面受温差的影响,体积将发生变化。在一年四季中,温差引起的体积变化如果受到约束,将会产生很大的温度应力,有时甚至超过荷载应力,使混凝土发生断裂。所以必须把混凝土板划分成一定尺寸的板块来克服。

气温对无机结合料加固的路面结构的初期成型,也有很大的影响。石灰土、工业废渣基层,在成型期间,如果在温度高、正常含水率和压实度情况下,可以获得较高的强度。反之,如果成型期间温度过低,即使含水率和压实度正常,也不会有较高的强度,致使成型期较长。

3. 其他因素的影响

阳光、温度、大气中的氧共同作用,可以改变沥青的组成成分,使之老化,相应缩短了沥青路面的寿命。

温度与水共同作用,导致路面的冻胀与翻浆。

在干燥地区或季节,因空气干燥而促使路面结构层中的水分蒸发,对一些用黏土作结合料的中、低级路面有很大影响,使之因失水而丧失稳定性,导致结构层发生松散。

七、路拱横坡度设置

路拱的形式已经在前面讲述过,路拱横坡度的选择将在本部分内容中介绍。确定路拱横坡度要考虑既有利于行车平稳,又有利于路面排水,所以可根据自然条件和路面的类型选择路拱横坡度。高级路面透水性小,平整度和水稳性好,可采用较小值;低级路面采用较高值,干旱和积雪地区也应采用较小值，潮湿多雨地区选用较大值，如表1-3-6所示。为有利于路面水及时排出，路肩的横坡度一般比路拱横坡度大1%～2%。

路拱坡度　　表1-3-6

路面类型	沥青混凝土、水泥混凝土	其他沥青路面	半整齐石块	碎、砾石路面	低级路面
路拱坡度（%）	1～2	1.5～2.5	2～3	2.5～3.5	3～4

第四章　桥涵、隧道的一般要求

第一节　桥梁的基本组成和分类

一、桥梁的基本组成和尺寸

(一)基本组成

图1-4-1和图1-4-2分别为公路上所用的梁桥及拱桥的结构图式。从图中可见,桥梁一般由上部结构和下部结构组成。

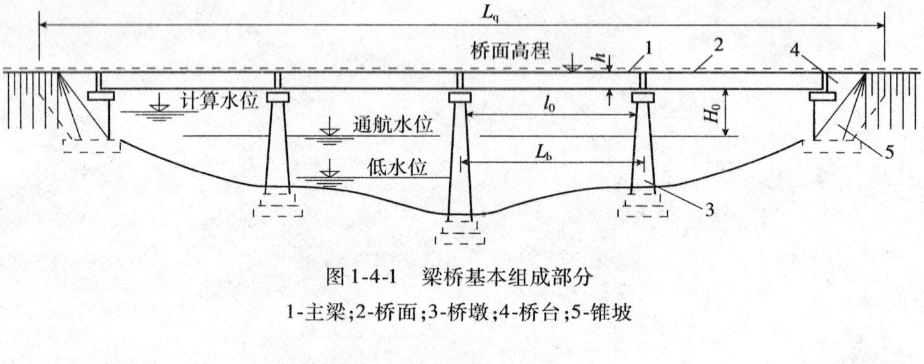

图1-4-1　梁桥基本组成部分

1-主梁;2-桥面;3-桥墩;4-桥台;5-锥坡

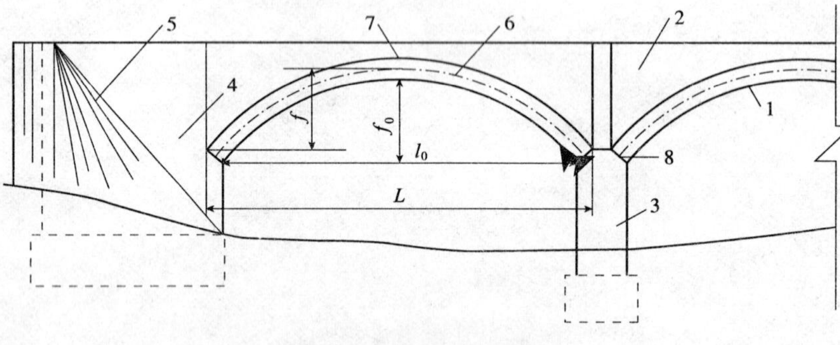

图1-4-2　拱桥基本组成部分

1-拱圈;2-拱上结构;3-桥墩;4-桥台;5-锥形护坡;6-拱轴线;7-拱顶;8-拱脚

1. 上部结构(或称桥跨结构)

上部结构包括承重结构和桥面系,是路线遇到障碍(如河流、山谷等)而中断时跨越障碍的建筑物。其作用是承受车辆荷载,并通过支座传递给墩台。

2. 下部结构

下部结构包括桥墩和桥台,是支承上部结构的建筑物。其作用是支承上部结构并将结构重力和车辆荷载传给地基。桥台还与路堤相衔接，以抵御路堤土压力，防止路堤填土的滑坡和坍落。桥墩和桥台中使全部荷载传至地基的底部奠基部分，通常称为基础。它是确保桥梁能安全使用的关键。由于基础往往深埋于土层之中，并且需在水下施工，故也是桥梁建筑中比较困难的一个部分。

一座桥梁中在桥跨结构与桥墩或桥台的支承处所设置的传力装置，称为支座，它不仅要传递很大的荷载，并且要保证桥跨结构能产生一定的变位。

3. 附属结构

附属结构包括桥头路堤锥形护坡、护岸、导流结构等。锥形护坡的作用是防止路堤填土向中间坍塌，并抵御水流的冲刷。它一般是用石头砌筑。

河流中的水位是变动的，在枯水季节的最低水位称为低水位；洪峰季节河流中的最高水位称为高水位。桥梁设计中按规定的设计洪水频率计算所得的高水位，称为设计洪水位。

（二）基本尺寸

桥梁的基本尺寸主要是指长度和高度两个方向的尺寸，如图 1-4-1 和图 1-4-2 所示。

1. 长度尺寸

（1）净跨径：对于梁式桥，是指设计洪水位上相邻两个桥墩（或桥台）之间的净距，用 l_0 表示；对于拱式桥，是指每孔拱跨两个拱脚截面最低点之间的水平距离。

（2）总跨径：是多孔桥梁中各孔标准跨径的总和，也称桥梁孔径（L），它反映了桥下宣泄洪水的能力，用以反映建设规模。

（3）计算跨径：对于有支座的桥梁，是指桥跨结构相邻两个支座中心之间的距离，用 l 表示。对于拱式桥，是指拱跨两拱脚截面重心点之间的水平距离；不设支座的，为上、下部结构相交面中心间的水平距离。桥跨结构的力学计算是以 l 为基准的。

（4）标准跨径：梁式桥、板式桥以两桥墩中线间距离或桥墩中线与台背前缘间距为准；拱式桥和涵洞以净跨径为准，用 L_b 表示。

（5）桥梁全长：有桥台的桥梁是两岸桥台侧墙或八字墙尾端间的距离；无桥台的桥梁应为桥面系长度用 L_q 表示。

2. 高度尺寸

（1）桥梁高度：简称桥高，是指桥面与低水位之间的高差或为桥面与桥下线路路面之间的距离，用 H 表示。桥高在某种程度上反映了桥梁施工的难易性。

（2）桥下净空高度：是指设计洪水位或计算通航水位至桥跨结构最下缘之间的距离，用 H_0 表示。它应保证能安全排洪，并不得小于对该河流通航所规定的净空高度。

（3）建筑高度：是指桥上行车道顶面至桥跨结构最下缘之间的距离，用 h 表示。它不仅与桥跨结构的体系和跨径大小有关，而且还随行车部分在桥上布置的高度位置而异。公路定线中所确定的桥面高程，对通航净空顶部高程之差，又称为容许建筑高度。显然，桥梁的建筑高度不得大于其容许建筑高度，否则就不能保证桥下的通航要求。

（4）净矢高：是指拱桥从拱顶截面下缘至相邻两拱脚截面下缘最低点之连线的垂直距离，用 f_0 表示。

（5）计算矢高：是指从拱顶截面形心至相邻两拱脚截面形心之连线的垂直距离，用 f 表示。

（6）矢跨比：是指拱桥中拱圈（或拱肋）的计算矢高 f 与计算跨径 l 之比（f/l），也称拱矢度，它是反映拱桥受力特性的一个重要指标。

此外,《标准》规定,新建桥涵跨径小于或等于50m时,宜采用标准跨径。桥涵标准化跨径规定如下:

0.75m、1.0m、1.25m、1.5m、2.0m、2.5m、3.0m、4.0m、5.0m、6.0m、8.0m、10m、13m、16m、20m、25m、30m、35m、40m、45m、50m。

3. 宽度尺寸

桥面净宽是指两侧人行道内缘间的宽度。它包括桥面行车道宽度、中间带宽度和慢行道宽度。

二、桥梁的分类

(一)按桥梁主要承重构件的受力情况分类

1. 梁式桥

梁式桥的主要承重构件是梁(板),在受竖向荷载作用下无水平反力,桥跨结构主要承受弯矩的作用,桥墩和基础受竖向力。根据桥梁跨径的大小、地质情况、材料情况等因素,一般可分为简支梁桥、连续梁桥、悬臂梁桥,如图1-4-3所示。

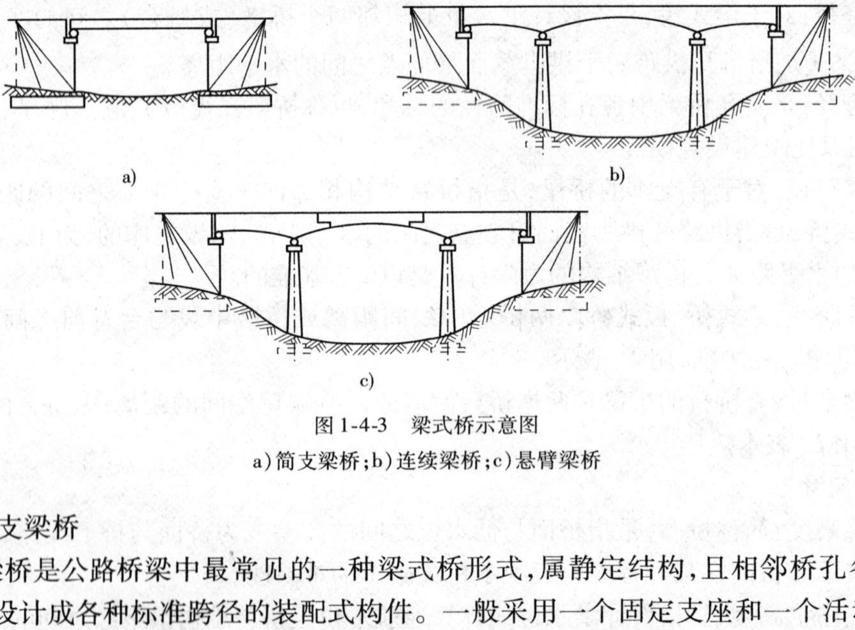

图1-4-3　梁式桥示意图

a)简支梁桥;b)连续梁桥;c)悬臂梁桥

(1)简支梁桥

简支梁桥是公路桥梁中最常见的一种梁式桥形式,属静定结构,且相邻桥孔各自单独受力,故最宜设计成各种标准跨径的装配式构件。一般采用一个固定支座和一个活动支座将梁支撑在墩台上,梁身承受正弯矩(使梁身下部受拉,上部受压的弯矩)。每一片梁与桥墩或桥台组成一个桥跨,相邻桥跨之间没有关系。鉴于多孔简支梁桥各跨的构造和尺寸化一,从而就能简化施工管理工作,并降低施工费用,如图1-4-3a)所示。

(2)连续梁桥

连续梁桥是由几跨梁连接成一个整体,即几跨连成一联,每联由一个固定支座和几个活动支座将梁支撑在墩台上。梁身中部受正弯矩,每个支座处受负弯矩(使梁身下部受压,上部受拉的弯矩),由于荷载作用下支点截面产生负弯矩,从而显著减小了跨中的正弯矩,这样不但可减小跨中的建筑高度,而且能节省钢筋混凝土数量,跨径增大时,这种节省就愈益显著。但由于连续梁属超静定结构,故对地基要求较高;否则,在墩台基础发生不均匀沉陷时,其结构内会产生附加内力,如图1-4-3b)所示。

(3)悬臂梁桥

悬臂梁桥特点是梁有悬臂的部分,两个悬臂之间的部分称为挂梁。一端悬出的称为单悬臂梁桥,两端悬出的称为双悬臂梁桥,在受力上,悬臂处产生负弯矩,根部产生正弯矩,与连续梁相仿,可节省材料用量。悬臂梁桥属于静定结构,墩台基础发生不均匀沉陷时,桥跨结构内不会产生附加内力,如图 1-4-3c)所示。

2. 拱桥

拱桥的桥跨结构是拱,即两端支撑在墩台上的曲梁,如图 1-4-4 所示。这种结构在竖向荷载作用下,桥墩或桥台还要承受水平推力,所以下部结构和地基必须能经受住很大的水平推力,见图 1-4-4b)。拱桥截面形式有圆弧形、抛物线形、悬链线形等几种。拱桥的跨越能力很大,外形也比较美观,但施工相对较困难。根据承重结构的不同位置,车辆在主要承重结构之上行驶的拱桥,称为上承式拱桥,如图 1-4-4a)所示,车辆在主要承重结构之下行驶的拱桥,称为下承式拱桥,如图 1-4-4d)所示。图 1-4-4c)、图 1-4-4e)为中承式拱桥。

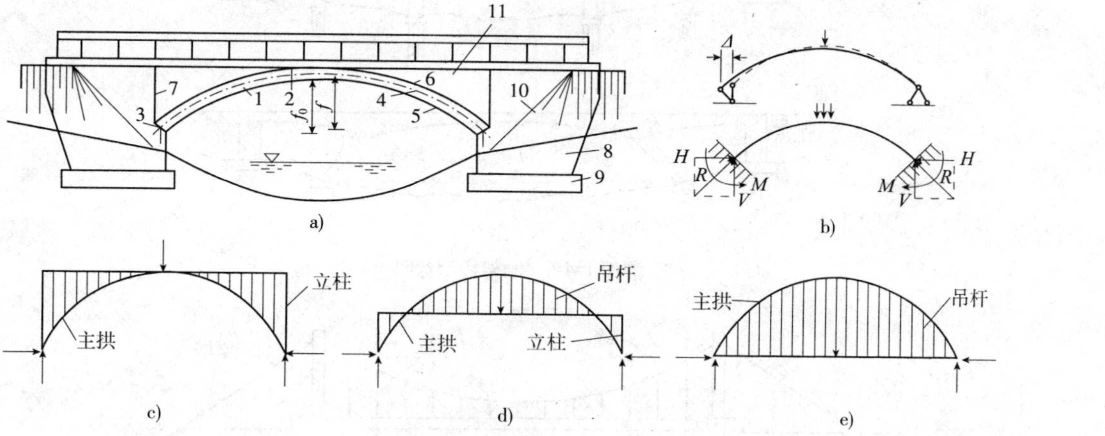

图 1-4-4 拱桥示意图

3. 刚架桥

刚架桥是上部结构与桥墩固结在一起,具有很大的刚性的桥梁形式。在立面上呈 T 形。在竖向荷载作用下,梁部主要受正弯矩,上部结构与桥墩固结处为负弯矩,桥墩不但受竖向力作用,还要受到弯矩的作用。其受力状态介于梁桥与拱桥之间,如图 1-4-5 所示。

4. 吊桥

吊桥(也称悬索桥)主要由桥塔、锚碇、主缆、吊索、加劲梁及鞍座等部分组成(图 1-4-6)。加劲梁在吊索的悬吊下,相当于多个弹性支承上的连续梁,弯矩显著减小;吊索将主梁的重力传递给主缆,承受拉力;桥塔将主缆支起,主缆承受拉力,并被两侧的锚碇锚固;桥塔承受主缆的传力,主要受轴向压力,并将力传递给基础。

吊桥结构受力性能好,其轻盈悦目的抛物线形,强大的跨越能力,深受桥梁建设人员的欢迎。

5. 组合体系桥梁

(1)斜拉桥

斜拉桥是由斜索、塔柱和主梁组成,用高强钢材制成的斜索将主梁多点吊起,并将主梁的荷载传至塔柱,再通过塔柱传至基础及地基。常用的斜拉桥是三跨双塔式、独塔式等结构形式,如图 1-4-7 所示。

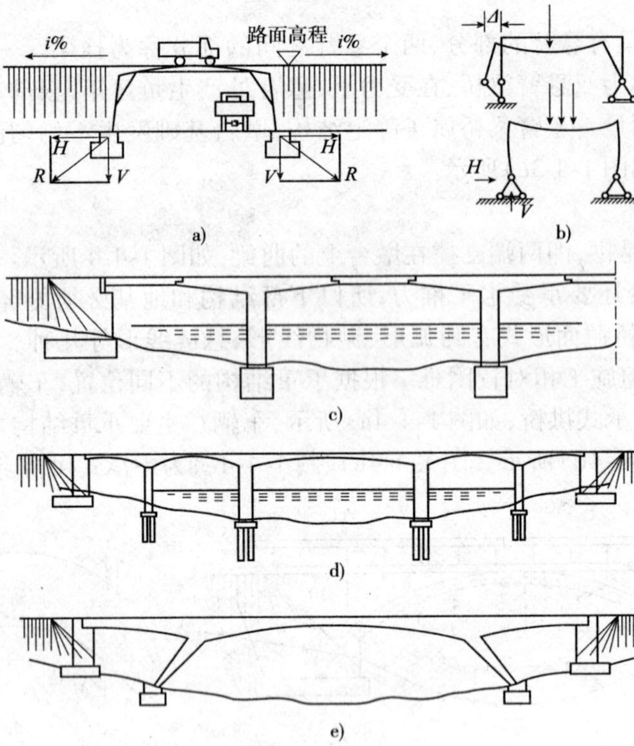

图 1-4-5　刚架桥示意图

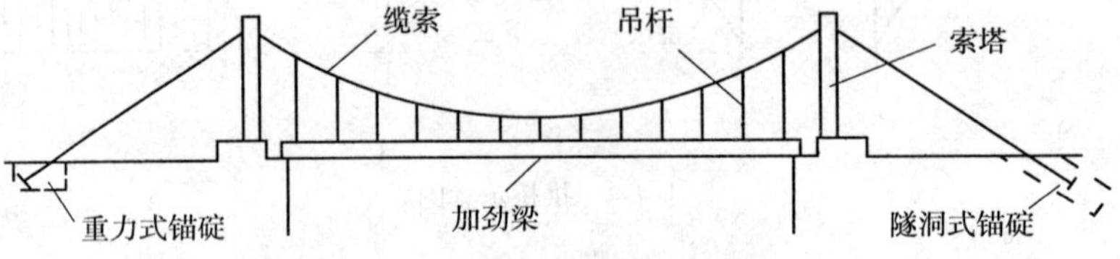

图 1-4-6　吊桥示意图

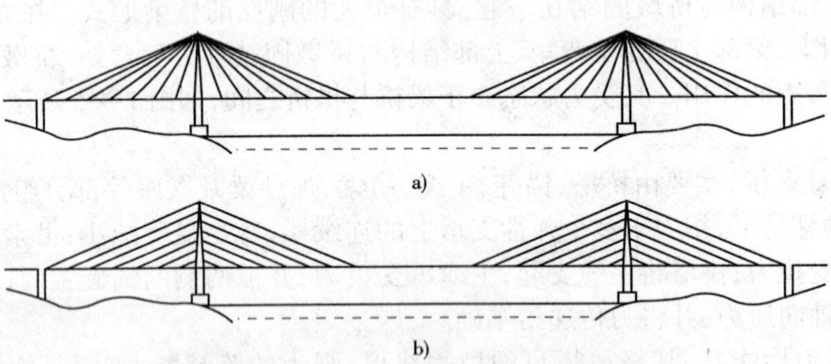

图 1-4-7　斜拉桥示意图

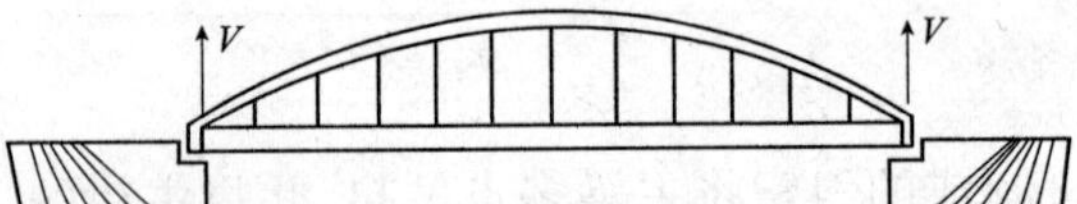

图 1-4-8　系杆拱桥简图

(2)梁、拱组合体系

这种体系有系杆拱、木桁架拱、多跨拱梁结构等，它们是利用梁的受弯与拱的承压特点组成联合结构。其中梁和拱都是主要承重物，两者相互配合共同受力，如图 1-4-8 所示。

(二)其他分类方法

(1)按桥梁全长和跨径的不同,分为特大桥、大桥、中桥、小桥。《标准》规定的划分标准见表1-4-1。

(2)按承重结构物材料,划分为圬工桥(包括砖、石、混凝土)、钢筋混凝土桥、预应力混凝土桥、钢桥和木桥等。目前常用的是钢筋混凝土桥、预应力混凝土桥以及石拱桥。

桥涵分类 表1-4-1

桥涵分类	多孔跨径总长 L(m)	单孔跨径 L_k(m)
特大桥	$L>1000$	$L_k>150$
大桥	$100\leqslant L<1000$	$40\leqslant L_k\leqslant 150$
中桥	$30<L<100$	$20\leqslant L_k<40$
小桥	$8\leqslant L\leqslant 30$	$5\leqslant L_k<20$
涵洞	—	$L_k<5$

注:①梁式桥、板式桥涵的多孔跨径总长为多孔标准跨径的总长;拱式桥涵为两岸桥台内起拱线间的距离;其他形式桥梁为桥面系车道长度。

②单孔跨径系指标准跨径。

③管涵及箱涵不论管径或跨径大小、孔数多少,均称为涵洞。

第二节 桥梁总体设计

一、基本要求和设计资料

(一)桥梁设计的基本要求

我国桥梁设计必须遵循"安全、适用、经济、美观和有利环保"的基本原则。

1. 使用要求

桥梁设计必须满足车辆畅通无阻、安全和舒适的要求;同时要根据桥梁所在地区的国民经济发展情况,既要满足当前交通量的需求,又照顾到将来交通量增长的要求;既要满足运输的要求,又要满足农田排灌的要求;在通航的河道上,应满足航运的要求;还要考虑养护和维修方面的要求。

2. 设计要求

桥梁设计应积极采用新结构、新技术、新材料、新工艺,认真学习国外的先进技术,充分利用国际最新科学技术成就,结合我国具体情况不断创新,提高建桥水平。

3. 施工要求

桥梁的结构应便于制造,在运输和安装过程中,应具有足够的强度、刚度、稳定性和耐久性。

4. 经济要求

桥梁的设计方案必须进行技术经济比较,一般来说,应使桥梁的造价最低,材料消耗最少。然而,绝不能只按建筑造价作为全面衡量桥梁经济性的指标,还要考虑到桥梁的使用年限、养护和维修费用等因素,综合进行评价。

5. 美观要求

在满足上述要求的前提下,尽可能使桥梁具有优美的建筑外形,并与周围的景物相协调。合理的轮廓是美观的重要因素,不应把美观片面地理解为仅仅是豪华的细部装饰。

6. 环保要求

在国家经济实力不断增强的时期,应该提倡公路工程设计的环保要求,保持公路的可持续发展。

(二)设计资料的调查

1. 调查桥梁的使用要求

桥上的交通种类、车辆荷载等级、交通量及其增长率和行人情况,据此确定设计荷载标准、车道数目、行车道宽度及人行道宽度。

2. 选择桥位

一般原则上,大、中桥桥位应服从路线的总方向,路桥综合考虑。一是从整个路线或路网要求看,在降低桥梁建养费用的同时,也要避免或减少因车辆绕行而增加的费用;二是从桥梁本身的经济性和稳定性出发,要求桥位要选在河道顺直、水流稳定、河面较窄、地质良好。冲刷较小的河段上以降低建养费用,同时避免因冲刷过大造成桥梁倒塌。在条件许可的条件下,尽量使桥梁与河流正交,以免增加桥梁长度而提高造价。

对小桥来说,原则上,桥梁位置要服从路线走向。当遇到不利的地形、地质和水文条件时,应采取适当的技术措施,尽可能不改变路线走向。

大、中桥一般应选择 2 ~ 5 个桥位,进行综合比较,选择出最合理的桥位。

3. 测量桥位附近的地形图和河床断面

包括测量桥位处的地形、地物,并绘成平面地形图;测量河床断面上地形变化点处的桩号、高程,绘制河床断面图,供设计和施工使用。

4. 调查地质资料

按《公路工程水文勘测设计规范》(JTG C30—2002)的规定和要求,采用适当的方法获得所需的地质资料,如:可根据桥梁分孔情况确定钻孔数量和位置,并将钻孔资料绘成地质剖面图,作为基础设计的依据。

5. 调查和收集水文资料

水文资料用以确定桥面高程、跨径和基础埋深,包括以下内容。

(1)河道性质,包括:河床及两岸的冲刷和淤积,河道的自然变迁及人工规划判断是否为季节性河流。

(2)测量桥位处河床断面、河床比降,调查河槽各部分的形态、高程和粗糙率,计算流速、流量等,通过计算确定设计水位处的平均流速和流量,结合河道性质可以确定桥梁所需要的最小总跨径,选择通航孔的位置和墩台基础形式及埋置深度。

(3)调查了解洪水位的多年历史资料,通过分析推算设计洪水位。

(4)向航运管理部门了解和协商确定设计通航水位和净空等,根据通航要求与设计洪水位,确定桥梁的分孔跨径与桥跨底缘设计高程。

(5)调查桥位附近的气象和地震情况,如:风向、风速及有记载的地震资料。

(6)其他资料:劳动力资源,建材供应情况,电力供应情况,当地运输条件,施工场地等。

根据调查、勘测所得的资料,可以拟出几个不同的桥梁比较方案。方案应包括:不同的桥位、不同的结构形式、不同的材料、不同的分孔和跨径等。通过综合比较,从中选出最合理的方案。

二、桥梁的立面设计和横断面设计

1. 桥梁的立面设计

桥梁立面设计包括：确定桥梁的总跨径、桥梁的分孔、桥梁的高度、基础埋置深度、桥面高程和桥头引道的纵坡等。

桥梁的总跨径和桥梁的高度，应能满足桥下洪水的安全宣泄。

桥梁的分孔与许多因素有关，最经济的跨径就是使上部结构和下部结构的总造价最低。因此，当桥墩较高或地质不良，基础工程较复杂而造价较高时，桥梁跨径就选得大些；反之，当桥墩较矮或地质较好时，跨径就可选小些。在实际设计中，应对不同的跨径布置进行方案比较，选择最经济的跨径和孔数。在通航的河流上，首先应以考虑桥下通航的要求，来确定孔径。

桥梁高度的确定，应结合桥型、跨径大小等综合考虑，同时还应考虑以下几个因素：

(1)桥梁的最小高度，应保证桥下有足够的流水净空高度。

(2)在通航河流上，必须设置一孔或几孔能保证桥下有足够通航净空的通航孔。通航孔的最小净高，应根据不同航道等级所规定的桥下净空尺寸确定。

(3)设计跨越路线(铁路或公路)的立体交叉桥时，应保证桥下通行车辆的净空高度。

2. 桥梁横断面设计

桥梁横断面设计，主要是确定桥面净宽和与此相适应的桥跨结构横断面的布置。

为了保证车辆和行人安全通过，应在桥面以上垂直于行车方向保留一定界限的空间，这个空间称为桥面净空。它包括净宽和净高，其尺寸应符合公路建筑界限的规定，如图 1-4-9 所示。

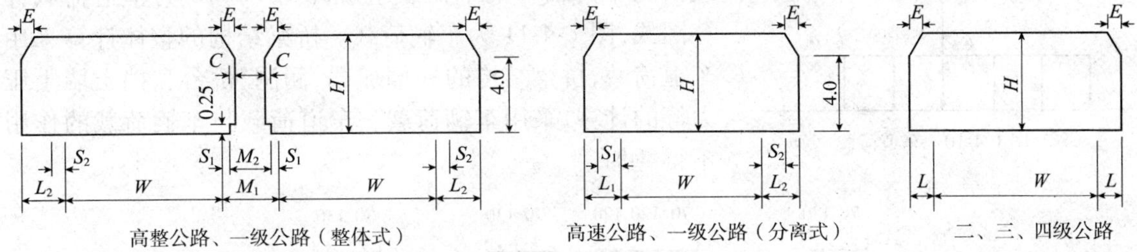

图 1-4-9　建筑界限(尺寸单位:m)

图中字母分别代表意义：

W——行车道宽度；

C——当设计速度大于 100km/h 时为 0.5m，小于或等于 100km/h 为 0.25m；

S_1——行车道左侧路缘带宽度，见《标准》中第 3.0.4 条规定；

S_2——行车道右侧路缘带宽度，见《标准》中第 3.0.5 条规定；

M_1、M_2——中间带及中央分隔带宽度，见《标准》中第 3.0.4 条规定；

E——建筑限界顶角宽度，当 $L \leq 1$m 时，$E = L$；当 $L > 1$m 时，$E = 1$m；

H——净高，一条公路应采用一个净高，高速公路和一级、二级公路为 5.0m，三级、四级公路为 4.5m；.

L_1——左侧路肩宽度，见《标准》中第 3.0.5 条规定；

L_2——右侧路肩宽度，见《标准》中第3.0.5条及第3.0.6条规定。

桥面净宽包括行车道宽度和侧向宽度。行车道宽度决定于桥梁所在公路的等级和性质。

侧向宽度为应急停车带宽度或人行道宽度和自行车道宽度。桥上人行道和自行车道的设置，应根据需要而定，并与路线前后布置配合。必要时自行车道和行车道宜设置适当的分隔设施，人行道的宽度为0.5m或1.0m，大于1.0m时按0.5m的倍数增加，不设自行车道和人行道时，可根据具体情况，设置栏杆和安全带，安全带宽度通常每侧设0.25m。人行道和安全带应高出行车道面0.25~0.35m，以保证行人和行车本身的安全。与路基同宽的小桥和涵洞可仅设缘石和栏杆。漫水桥不设人行道，但应设栏杆。

为了桥面上排水的需要，桥面应根据不同类型的桥面铺装，设置从桥面中央倾向两侧的1.5%~3.0%的横坡；人行道设置向行车道倾斜1%的横坡。

三、公路桥涵上的作用

公路桥涵所采用的作用分为永久作用（恒载）、可变作用和偶然作用三类。

（一）永久作用

永久作用是指在结构使用期间，其量值不随时间变化，或其变化值与平均值比较可忽略不计的作用。永久作用包括：结构物的重力、作用于结构上的土重力及土的侧压力、基础变位产生的作用、混凝土收缩和徐变的作用、预加力等。

（二）可变作用

1. 汽车荷载

汽车荷载由车道荷载和车辆荷载组成，分为公路—Ⅰ级和公路—Ⅱ级两个等级。车道荷载由均布荷载和集中荷载组成。图1-4-10为车道荷载计算图式，图1-4-11为车辆荷载。桥梁结构的整体计算采用车道荷载，桥梁结构的局部加载、涵洞、桥台和挡土墙土压力等的计算，采用车辆荷载。车道荷载与车辆荷载的作用不得叠加。

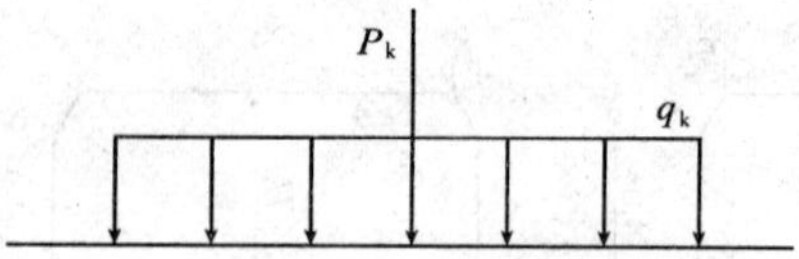

图1-4-10　车道荷载

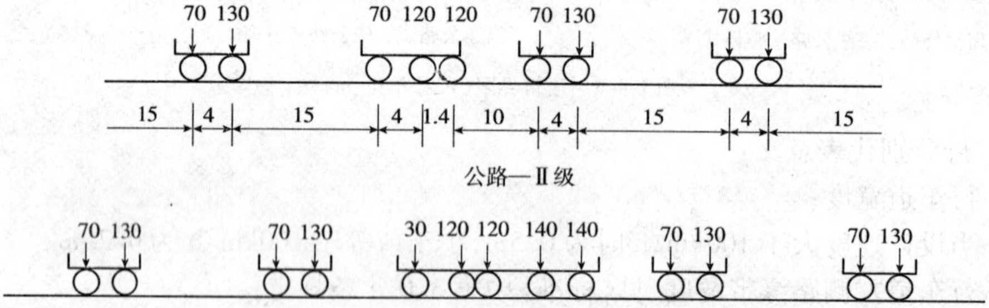

图1-4-11　车辆荷载

2. 汽车荷载等级要求

各级公路桥涵设计的汽车荷载等级应符合表1-4-2规定。

汽 车 荷 载 等 级 表 1-4-2

公路等级	高速公路	一级公路	二级公路	三级公路	四级公路
汽车荷载等级	公路—Ⅰ级	公路—Ⅰ级	公路—Ⅱ级	公路—Ⅱ级	公路—Ⅱ级

注:①二级公路作为干线公路且重型车辆多时,其桥涵设计可采用公路—Ⅰ级汽车荷载。

②四级公路重型车辆少时,其桥涵设计可采用公路—Ⅱ级车道荷载效应的0.8倍,车辆荷载效应可采用0.7倍。

3. 公路—Ⅰ级车道荷载的计算图式(图1-4-10)

(1)公路—Ⅰ级车道荷载的均布荷载标准值为 $q_k = 10.5\text{kN/m}$;集中荷载标准值 P_K 按以下规定选取:

桥涵计算跨径小于或等于5m时,$P_K = 180\text{kN}$;

桥涵计算跨径等于或大于50m时,$P_K = 360\text{kN}$;

桥涵计算跨径大于5m、小于50m时,P_K 值采用直线内插求得。计算剪力效应时,上述荷载标准值应乘以1.2的系数。

公路—Ⅱ级车道荷载的均布荷载标准值 q_K 和集中荷载标准值 P_K 应取公路—Ⅰ级车道荷载的0.75倍;公路—Ⅱ级汽车荷载的车辆荷载标准值应与公路—Ⅰ级汽车荷载的车辆道荷载标准值相同。公路—Ⅰ级汽车荷载的车辆荷载以一辆标准车表示。其主要技术指标如图1-4-11和表1-4-3所示。

车辆荷载主要技术指标 表 1-4-3

项目	单位	技术指标	项目	单位	技术指标
车辆重力标准值	kN	550	轮距	m	1.8
前轴重力标准值	kN	30	前轮着地宽度及长度	m	0.3×0.2
中轴重力标准值	kN	2×120	中后轮着地宽度及长度	m	0.6×0.2
后轴重力标准值	kN	2×140	车辆外形尺寸(长×宽)	m	15×2.5
轴距	m	3+1.4+7+1.4			

(2)车辆荷载在每条设计车道上布置一辆单车。车辆荷载的布置如图1-4-12所示。

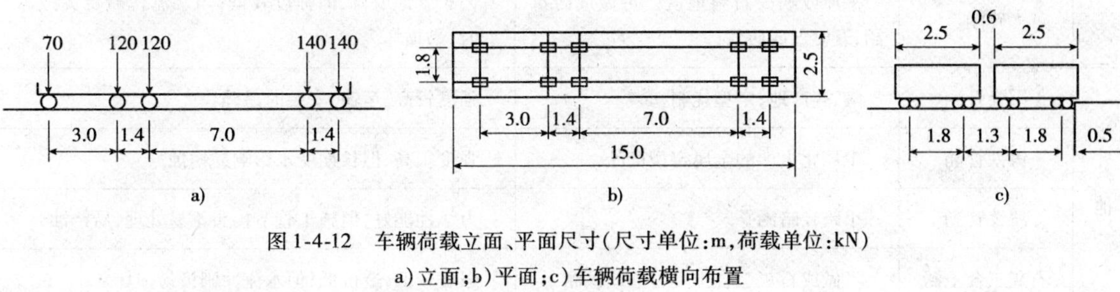

图1-4-12 车辆荷载立面、平面尺寸(尺寸单位:m,荷载单位:kN)

a)立面;b)平面;c)车辆荷载横向布置

(3)多车道桥梁上的汽车荷载应考虑多车道折减,折减后的效应不得小于两设计车道的荷载效应。

4. 人群荷载

公路桥梁设有人行道的桥梁,应同时计入人群荷载:

(1)桥梁计算跨径小于或等于 50m 时，人群荷载标准值为 3.0kN/m^2；

桥梁计算跨径等于或大于 150m 时，人群荷载标准值为 2.5kN/m^2；

桥梁计算跨径在 50～150m 之间时，可由线性内插得到人群荷载标准值。对跨径不等的连续结构，采用最大跨径的人群荷载标准值。

(2)城镇郊区行人密集地区的公路桥梁，人群荷载标准为上述标准值的 1.15 倍。

(3)专用人行桥梁，人群荷载标准值为 3.5kN/m^2。

(三)偶然作用

偶然作用在结构使用期间出现的概率很小，一旦出现，其值很大且持续时间很短。偶然作用包括地震作用、汽车撞击作用、船舶或漂流物的撞击作用等。

第三节　涵洞的类型

涵洞主要是为宣泄地面水流(包括小河沟)而设置的横穿路基的小型排水构造物。一般规定：单孔标准跨径 $L_b<5$m 和多孔跨径总长 $L<8$m(圆管涵及箱涵不论管径或跨径大小、孔数多少)均称为涵洞。涵洞常见的分类方法有如下几种。

一、按建筑材料分

涵洞按建筑材料分，常用的有石涵、混凝土涵、钢筋混凝土涵、砖涵，有时也可用陶瓷管涵、铸铁管涵、波纹管涵、石灰三合土涵等，各自的适用性和优缺点见表 1-4-4。

不同材料涵洞的适用性和优缺点　　表 1-4-4

种类		适用性	优缺点
常用	石涵	产石地区。可做成石盖板涵、石拱涵	节省钢筋、水泥，经久耐用，造价、养护费用低
	混凝土涵	可现场浇筑或预制成拱涵、圆管涵和小跨径盖板涵	节省钢筋，便于预制，但损坏后修理和养护较困难
	钢筋混凝土涵	用于管涵、盖板涵、拱涵；软土地基上可用箱涵	涵身坚固，经久耐用，养护费用少。管涵、盖板涵安装运输便利，但耗钢量较多，预制工序多，造价较高
	砖涵	平原或缺少石料地区。可做成砖拱涵，有时做成砖管	便于就地取材，但强度较低；当水流含碱量大或冰冻时，易损坏
其他	陶瓷管涵	陶、瓷产地，定型烧制	强度较高、运输、安装时易碎
	铸铁管涵	工厂化生产的金属定型产品	强度很高、但长期受水影响易锈蚀
	波纹管涵	小跨径暗涵	力学性能好，但施工管节接头不易处理，易锈蚀
	石灰三合土涵	可做成石灰三合土篦管涵或拱涵	强度较低，造价低；但水流冲刷极易损坏

二、按构造形式分

涵洞按构造形式，可分为管涵(通常称圆管涵)、板涵、拱涵、箱涵，其各自的适用性和优缺点见表 1-4-5。

各种构造形式涵洞的实用性和优缺点　　表 1-4-5

构造形式	适 用 性	优 缺 点
管涵	有足够填土高度的小跨径暗涵	对基础的适应性及受力性能较好，不需墩台，圬工数量少，造价低
盖板涵	要求过水面积较大时，低路堤上的明涵或一般路堤的暗涵	构造较简单，维修容易。跨径较小时用石盖板；跨径较大时用钢筋混凝土盖板
拱涵	跨越深沟或高路堤时设置。山区石料资源丰富，可用石拱涵	跨径较大，承载能力较大。但自重引起的恒载也较大，施工工序较烦琐
箱涵	软土地基时设置	整体性强，但用钢量多，造价高，施工较困难

三、按洞顶填土情况和孔数分

涵洞按洞顶填土情况，可分为明涵和暗涵两类。明涵是指洞顶填土高度小于 50cm 的涵洞，适用于低路堤、浅沟渠；暗涵是指洞顶填土大于 50cm 的涵洞，适用于高路堤、深沟渠。

涵洞按孔数分为单孔、双孔和多孔等。

四、按水力性质分

此种分类方法是根据水流通过涵洞的可能状态，进行必要的判断，定出涵洞水力计算图式。涵洞水力计算图式可分为无压力式、半压力式和压力式三种。另外，当路基顶面高程低于横穿沟渠的水面高程时，也可设置倒虹吸管涵洞。无压力式、半压力式、压力式涵洞和倒虹吸管涵洞水流的外观描述和适用性，见表 1-4-6。

不同水力性质涵洞的分类　　表 1-4-6

水力性质	外观描述	适 用 性
无压力式	进口水流深度小于洞口高度，水流受侧向束挟，进口后不远处形成收缩断面。下游水面不影响水流出口，水流流经全涵保持自由水面	要求涵顶高出水面，涵前不允许壅水或壅水不高时
半压力式	水流充满进口，呈有压状态，但进口不远的收缩断面及以后的其余部分均为自由水面，呈无压状态	全涵净高相等，涵前允许一定的壅高，且略高于涵进口净高
压力式	涵前壅水较高，全涵内充满水流，无自由水面。一般出口被下游水面淹没，但升高式进水口（流线型），且涵底纵坡小于摩阻坡度时，出口不被下游水面淹没	深沟高路堤，不危害下游农田、房屋的前提下，涵前允许较高壅水
倒虹吸管	进出水口设置竖井，水流充满全部涵身	横穿路线的沟渠水面高程基本同于或略高于路基高程

第四节　公路隧道的一般要求

一、隧道分类

公路隧道按其长度，可分为特长隧道、长隧道、中隧道、短隧道四类，如表 1-4-7 所示。

隧道分类 表1-4-7

隧道分类	特长隧道	长隧道	中隧道	短隧道
隧道长度L(m)	$L>3000$	$3000\geqslant L>1000$	$1000\geqslant L>500$	$L\leqslant 500$

注:隧道长度系指两端洞门墙墙面与路面的交线同路线中线交点间的距离。

二、隧道设计的基本要求

(一)隧道设计的基本要求

隧道设计,应贯彻国家有关技术经济政策,积极慎重地采用新技术、新材料、新设备、新工艺;符合国家有关国土管理、环境保护、水土保持等法规的要求;应注意节约用地,保护农田及水力设施,尽管保护原有植被,妥善处理弃渣和污水。

1. 一般规定

隧道设计应满足公路交通规划的要求,其建筑限界、断面净空、隧道主体结构以及营运通风、照明等设施,应按《标准》规定的预测交通量设计;当近期交通量不大时,可采取一次设计,分期修建。

2. 遵循原则

在地形、地貌、地质、气象、社会人文和环境等调查的基础上,综合比较隧道各轴线方案的走向、平纵线形、洞口位置等,提出推荐方案。

地质条件很差时,特长隧道的位置应控制路线走向,以避开不良地质地段;长隧道的位置亦应尽可能避开不良地质地段,并与路线走向综合考虑;中短隧道可服从路线走向。

根据公路等级和设计速度确定车道数和建筑界限。在满足隧道功能和结构受力良好的前提下,确定经济合理的断面内轮廓。

隧道内外平、纵线形应协调,以满足行车的安全、舒适要求。

根据隧道长度、交通量及其构成、交通方向以及环保要求等,选择合理的通风方式,确定通风、照明、交通监控等机电设施的设置规模。必要时特长隧道应做防灾专项设计。

应综合公路等级、隧道长度、施工方法、工期和运营要求,对隧道内外防排水系统、消防给水系统、辅助通道、弃渣处理、管理设施、交通工程设施、环境保护等综合考虑。

当隧道与相邻建筑物互有影响时,应在设计与施工中采取必要的措施。

(二)隧道位置选择

(1)隧道位置应选择在稳定的地层中,应尽量避免穿越工程地质和水文地质极为复杂以及严重不良地质地段;当必须经过时,应有切实可靠的工程措施。

(2)穿越分水岭的长、特长隧道,应在较大面积地质测绘和综合地质勘探的基础上,确定路线走向和平面位置。对可能穿越的垭口,应拟定不同的越岭高程及其相应的展线方案,结合路线线形及施工、营运条件等因素,进行全面技术经济比较后确定。

(3)路线沿河傍山地段,当以隧道通过时,其位置宜向山侧内移,避免隧道一侧洞壁过薄、河流冲刷和不良地质对隧道稳定的不利影响;应对长隧道方案与短隧道群或桥隧群方案进行技术经济比较。

(4)隧道洞口不宜设置在滑坡、崩坍、岩堆、危岩落石、泥石流等不良地质,以及排水困难的沟谷低洼处或不稳定的悬崖陡壁下,应遵循“早进晚出”的原则,合理选定洞口位置,避免在洞口形成高边坡和高仰坡。

(5)濒临水库地区的隧道，其洞口路肩设计高程应高出水库计算洪水位(含浪高和壅水高)不小于0.5m，同时应注意由于水的长期浸泡，造成库壁坍塌对隧道稳定的不利影响，并采取相应的工程措施。

(6)隧道的线形设计应根据地质、地形、路线走向、通风等因素，确定隧道的平曲线线形。当设为曲线时，不宜采用设超高的平曲线，并不应采用设加宽的平曲线。高速公路、一级公路的隧道，应设计为上、下行分离的独立双洞。隧道内纵面线形，应考虑行车安全性、营运通风规模、施工作业效率和排水要求。隧道纵坡不应小于0.3%，一般情况不应大于3%；受地形等条件限制时，高速公路、一级公路的中、短隧道可适当加大，但不宜大于4%。短于100m的隧道纵坡可与该公路隧道外路线的指标相同。

三、公路隧道净空

公路隧道净空应符合《标准》第2.0.7条公路建筑界限的规定(参见图1-4-9)，且横断面各组成部分宽度应符合以下要求。

(1)隧道内的最小侧向宽度应符合表1-4-8的规定。

隧道最小侧向宽度　　表1-4-8

设计速度(km/h)	高速公路、一级公路				二级公路、三级公路、四级公路				
	120	100	80	60	80	60	40	30	20
左侧侧向宽度(m)	0.75	0.50	0.50	0.50	0.75	0.50	0.25	0.25	0.50
右侧侧向宽度(m)	1.25	1.00	0.75	0.75	0.75	0.50	0.25	0.25	0.50

(2)高速公路、一级公路的隧道，应在两侧设置检修道，其宽度应等于或大于0.75m。二、三级公路的隧道，易在两侧设置人行道(兼检修道)，其宽度应等于或大于0.75m。四级公路可不设人行道，但应保留0.25m的富裕宽度。

(3)特长、长隧道内右侧侧向宽度小于2.50m时，应设置紧急停车带。紧急停车带宽度应为3.50m，长度不应小于30m，间距不宜大于750m。

(4)单车道四级公路的隧道，应按双车道四级公路标准修建。

四、隧道及其洞口两端路线的技术指标

隧道及其洞口两端路线的平、纵、横技术指标应符合以下规定：

(1)隧道洞口内侧不小于3s设计速度行程长度与洞口外侧不小于3s设计速度行程长度范围内的平、纵线形应一致。

(2)洞口外与之相连接的路段应设置距洞口不小于3s设计速度行程长度，且不小于50m的过渡段，以保持横断面过渡的顺适。

(3)隧道内的纵坡应小于3%，但短于100m的隧道不受此限。

第五章　路线交叉

公路与公路或公路与铁路相交部位称为公路交叉口。它是公路系统的重要组成部分，是公路交通的咽喉。相交公路的各种车辆和行人都要在交叉口汇集、通过，故稍有不慎，最易发生交通事故；由于人、车，特别是非机动车的相互干扰，阻滞了交通的流畅，降低了公路的通行能力。因此，对于公路交叉口，如何设法减少以至消灭交通事故，提高交叉口的通行能力，是公路设计的一项重要任务。

根据相交公路交会点的竖向高程设置安排不同，可分为平面交叉口和立体交叉口两种类型；前者是公路在同一平面上相交，后者是公路在不同平面上相交。

第一节　平面交叉口的交通分析

两条或两条以上的公路在同一个平面相交称为平面交叉。在平面交叉口上，不同方向的车流和行人互相影响和干扰，不但会降低车速、阻滞交通、降低通过能力，而且容易发生交通事故。平面交叉口是公路的重要组成部分，是公路交通的咽喉部位，它直接影响到公路的使用质量，所以交叉口的设计在整条公路设计中的地位非常重要。

各向车流驶入交叉口后，以直行、右转弯或左转弯的方式，汇入欲行驶方向的车流后再驶离交叉口。这样，由于行驶方向的不同，车辆的交错就有所不同。当行车方向互相交叉时（此时一般行车路线的交角大于45°），由于来向和去向都不同，两车可能发生相撞，这些地点称冲突点；当来向不同而汇驶同一方向时（此时一般行车路线的交角小于45°），两车可能发生挤撞，这些地点称合流点（汇合点）；同一行驶方向的车辆向不同方向分开的地点称为分流点，合流点和分流点统称为交织点。其中，冲突点的影响和危害程度比交织点大得多。因此，设计交叉口时，应尽量消除、减少冲突点，或采用渠化交通等方法，把冲突点限制在较小的范围内。公路与公路平面交叉时冲突点和交织点的分布如图1-5-1所示。

（一）交叉口危险点

交叉口危险点的多少，视交叉口相交路线的数量和布置形式而异，且随相交路线的增加而显著增加。图1-5-1a）为三路相交的交叉口，有3个冲突点、3个交织点；图1-5-1b）为四路十字形交叉口，有16个冲突点、8个交织点；图1-5-1c）为五路交叉口，有50个冲突点、15个交织点。

$$\text{分流点}=\text{合流点}=n(n-2) \qquad \text{冲突点}=n^2(n-1)(n-2)/6$$

式中：n——交叉口相交公路的条数。

因此，在设计交叉口时，除特殊情况外，交汇的岔路不宜多于4条，并采用合理的交叉口布置形式，以简化交通，减少危险点。

(二)产生冲突点最多的是左转弯车辆

如图 1-5-1b)所示,如果没有左转弯车辆,则冲突点就由 16 个减少为 4 个;同样是四路十字形交叉口,如果采用信号灯或交通警察等交通管制后,冲突点即减少为 2 个,交织点减少为 4 个。因此,在交叉设计中,如何处理和组织左转弯车辆,采取必要的交通管制措施,是保证交叉口交通安全和畅通的关键之一。

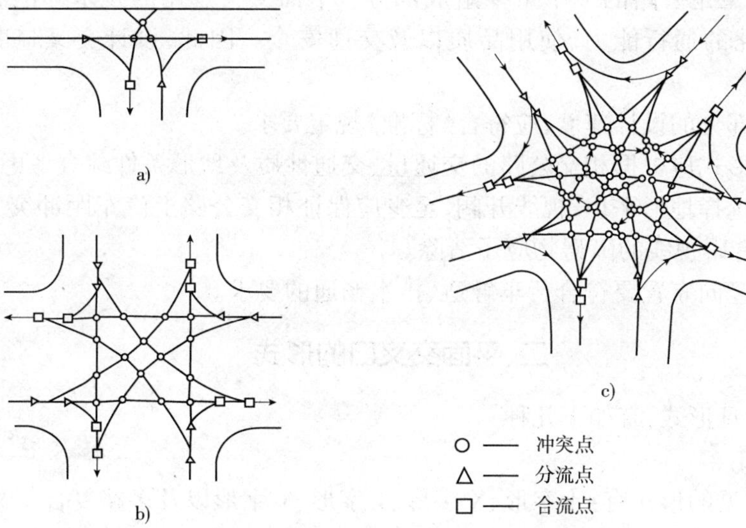

图 1-5-1　平面交叉口危险点

a)三路交叉口;b)四路十字形交叉口;c)五路交叉口

(三)减少或消灭交叉口冲突点的措施

1. 建立交通管制

设置交通信号灯或由交通警察指挥交通,使直行车和左转弯车的通行时间错开。

2. 采用渠化交通

在行车道上画线,或用绿化带或交通岛来分隔车流,使各种不同类型和速度的车辆能像渠道内的水流那样,沿着规定的方向互不干扰的行驶。如在交叉口中心设置中心岛,采用环形交叉(俗称转盘),使进入交叉口后的车辆一律按逆时针方向环绕中心岛单向行驶,至所要去的路口驶出,均以同一方向循序前进,将交叉口的冲突点转化为合流点和分流点。

3. 采用立体交叉

将不同行驶方向的车流在空间上错开,即相互冲突的车流分别设在不同高程的车道上,各行其道,互不干扰,这是彻底解决交叉口交通问题的办法。但立体交叉占地面积大,造价高。高速公路、一级公路应考虑采用立体交叉的形式。

为了交通安全,不仅应根据公路的性质和任务、地形条件、交通组成等因素,选择适当的交叉口形式和交通组织、管理措施外,还应在交叉口前设置交叉的标志牌,使驾驶员有精神准备;同时,交叉口处应具有足够视距,使驾驶员能看到各方向来车情况,以便及时采取措施。

为确保交叉口过往行人的安全和减少行人对交通的影响和干扰,除加强交通法规的宣传教育外,必要时应在交叉口处设置人行横道和其他交通安全设施。当行人交通量较大时,可考虑在适当的位置设置人行天桥或地下人行通道。

第二节　公路平面交叉

一、平面交叉的一般要求

公路的平面交叉是公路的一个重要组成部分。平面交叉选用的技术标准和形式是否合理,会直接影响公路的通行能力、使用品质以及交通安全。因此,设计交叉口时应符合如下要求:

(1)路线交叉部分的设计速度,应符合《标准》规定要求。

(2)交叉口的形式应根据相交公路的交通量、交通性质及地形条件综合考虑后再确定。

(3)交叉口应选择地形平坦、视线开阔,至少应保证相交公路上汽车距冲突点前后的停车视距范围内通视,有碍视线的障碍物应予清除。

(4)交叉口的竖向布置要符合行车舒适、排水畅通的要求。

二、平面交叉口的形式

平面交叉口常见形式,有如下几种。

1. 简单交叉口

简单交叉口常见的形式有:十字形、X 字形、T 字形、Y 字形以及多路复合交叉等,如图 1-5-2 所示。

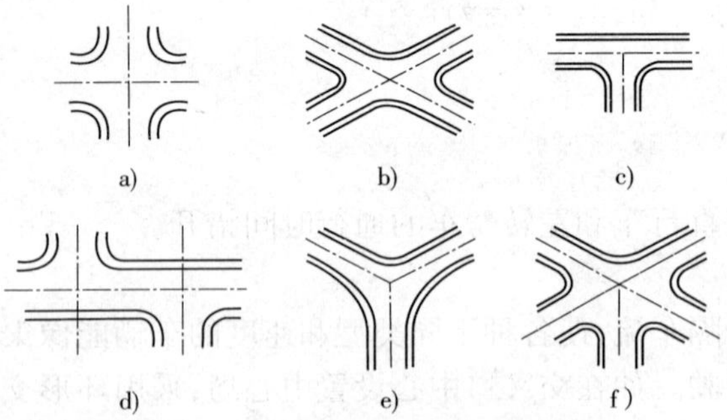

图 1-5-2　简单交叉口形式

采用最多的是十字形交叉口,如图 1-5-2a)所示。它形式简单,交通组织方便,街角建筑容易处理,适用范围广,可用于相同等级或不同等级的公路交叉,在任何一种形式的公路网规划中,它都是最基本的交叉口形式。

X 字形交叉口是两条公路以锐角或钝角斜交,如图 1-5-2b)所示。当相交的锐角较小的情况下,将形成狭长的交叉口,对转弯车辆行驶极为不利,锐角街口的建筑物也难处理。因此,应尽量使相交公路的锐角大些。

T 字形交叉口,如图 1-5-2c)所示,是一条尽头公路与另一条直行公路近于直角相交的交叉口,适用于不同等级公路或相同等级公路相交。

Y 字形交叉口,如图 1-5-2e)所示,是一条尽头公路与另一条公路以锐角或钝角(<75°或>105°)相交的交叉口,适用于主要公路与次要公路相交,主要公路应设在交叉口的顺直方向。

复合交叉口,如图 1-5-2f)所示,是多条公路交汇的地方,容易起到突出中心的效果,但用地较大,并给交通组织带来很大困难,采用时,必须全面慎重考虑。

2. 拓宽路口式交叉口

当交通量较大,转弯车辆较多,而交叉口的通行能力不能满足交通量的需要时,可在简单交叉口基础上,增设候驶车道和变速车道,以适应车辆临时停候和变速行驶之用。

加宽路口的增辟车道,一般在车道右侧加宽 3～3.5m,其长度主要根据候车的车辆数决定。减速车道长为 50～80m,加速车道长为 20～50m。

3. 环形交叉口

为了减少车辆阻滞,在交叉口中心设置一个圆形交通岛,使各类车辆按逆时针方向绕岛作单向行驶,这种平面交叉称为环形交叉,如图 1-5-3 所示。其优点是把冲突点变为交织点,从而消除车辆碰撞危险,对安全行车有利。车辆到达交叉口可以连续行驶,不需要专人指挥交通。利用交通岛绿化或布设雕塑,可以美化环境,但占地面积大,直行车须绕岛通过,增加行驶距离;左转弯车辆则绕行距离更长;非机动车较多时,对环形交通的行驶速度,通行能力影响较大,甚至容易引起阻塞。因此,选用环形交叉口时要慎重。

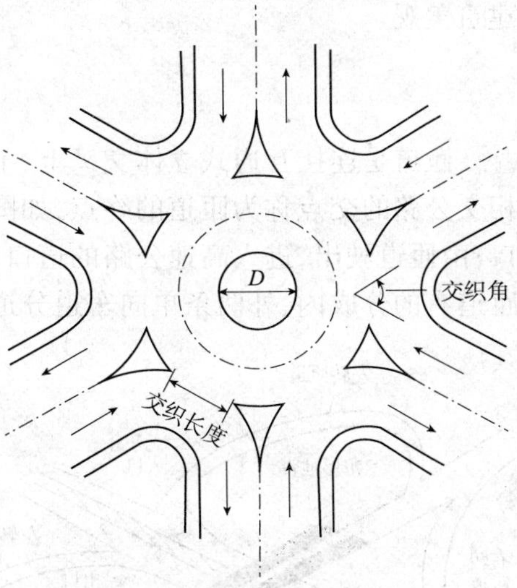

图 1-5-3　环形交叉口

环形交叉口的基本要素有:中心岛、交织角、交织长度、环道宽度、进出口转弯半径等组成,如图 1-5-3 所示。其几何要素,可根据公路等级、条数、设计车速,乘客的舒适程度,以及交叉口地形、工程造价等论证选定。亦可参考表 1-5-1 数据选用。进口半径应与中心岛半径相同,出口半径则应稍大于进口半径。

环形交叉中心岛与最小交织长度　　表 1-5-1

环形交叉适应的交叉口性质	1. 与一级公路相交,公路交通量很少 2. 二级公路与其他公路相交 3. 二、三级公路与城镇道路相交			1. 一级公路与其他各级公路相交 2. 三级公路与三级公路相交 3. 三级公路与城镇道路相交		
环道设计速度(km/h)	40	35	30	30	25	20
中心岛半径(m)	55 ~ 60	40 ~ 50	30 ~ 35	30 ~ 35	20 ~ 25	10 ~ 15
环道宽度(m)	12	12	12	12	9	9
最小交织长度(m)	45	40	35	35	30	25

第三节　公路立体交叉

立体交叉是两条公路在不同高程上交叉,两条公路上的车流能够互不干扰,各自保持原有车速通过交叉口。因此,立体交叉是一种保证行车安全和提高交叉口通行能力的最有效办法。但立体交叉与平面交叉相比较,立体交叉技术复杂,占地面积大,造价高。因此,只有在下列情况才采用立体交叉:①高速公路或一级公路与其他各级公路相交;②其他各级公路通过交叉口的交通量超过 1000 辆/h;③当地形与环境适当时,如各级公路在 3m 以上挖方地段与其他公路相交,或较高的桥头引道与滨河路相交等。

立体交叉的交通组织方式不同,其组成部分也有不同,互通式立体交叉的主要组成,如图 1-5-4 所示。

一、跨线桥

它是立体交叉的主要结构物。跨线桥下应保证公路通行的足够净空尺寸,并应适当考虑建筑美观。

二、匝　道

匝道是连接互通式立体交叉上、下道路，供左右转弯车辆行驶的道路。匝道与高速公路或相交公路的交点称为匝道的终点，如图 1-5-5 所示。由高速公路驶出，进入匝道的道口称为出口；由匝道驶出，进入高速公路的道口称为入口。“出”和“入”都是针对高速公路本身而言的。匝道有的分成内、外两条单向车道分道行驶。

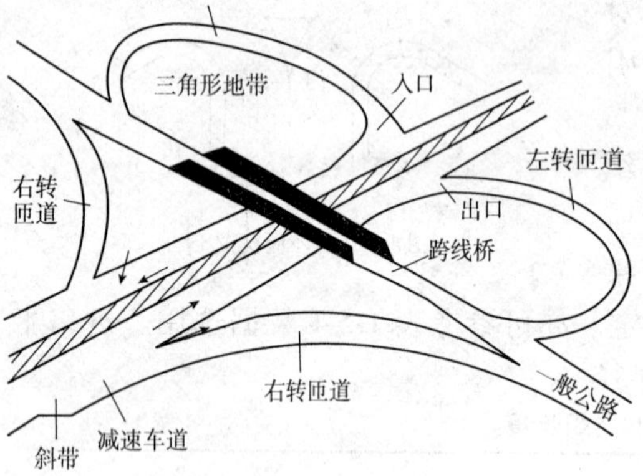

图 1-5-4　互通式立体交叉形式

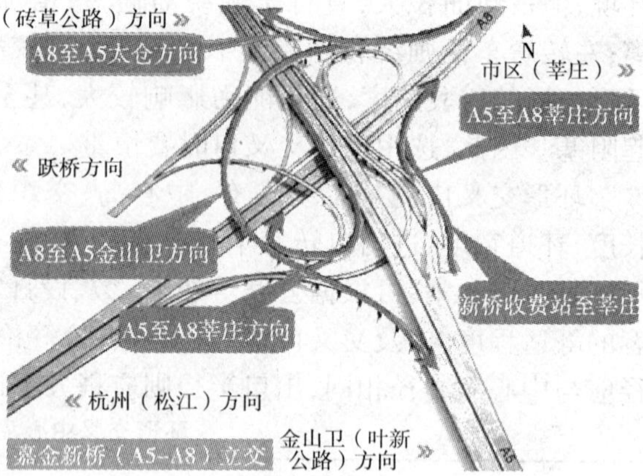

图 1-5-5　匝道

由于匝道行车条件较差，且受地形限制，平曲线半径较小，故其设计速度只能取相交公路设计速度的 50% ~70% 。其最小半径则可参考表 1-5-2 所列数值。

匝道最小平曲线、竖曲线半径　　表 1-5-2

匝道设计速度(km/h)		20	25	30	35	40	50	55	60	70	80
最小平曲线半径(m)		15	20	25	40	50	80	100	125	180	250
最小竖曲线半径(m)	凸形	500	500	500	750	1000	1500	2000	2500	3000	4000
	凹形	500	500	500	500	500	500	750	750	750	1000

三、变速车道

减速车道和加速车道统称变速车道。当由高速公路进入匝道或由匝道进入高速公路时，均须设置变速车道。

变速车道有定向式和平行式两种，如图 1-5-6 所示。当高速公路与匝道的车速相差较大时，需设置平行式车道；当两计算车速相差不大时，宜采用缓和曲线连接或设置定向式变速车道。

平行式变速车道的起点明显，比较容易识别，但变速车辆须沿反向曲线行驶，对行车不利。定向式变速车道线形平顺，比较符合实际的行车轨迹，变速车道可以得到充分利用；但定向式变速车道的起点不易识别，因此，采用时最好用不同颜色的路面或在路面上画线，以便识别。

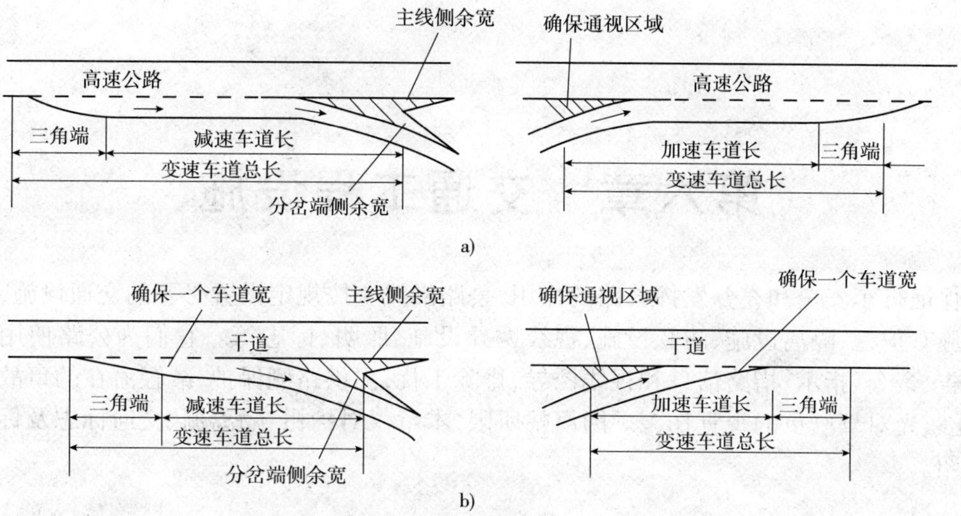
主线侧余宽
高速公路
三角端
减速车道长
变速车道总长
分岔端侧余宽
确保通视区域
高速公路
加速车道长
三角端
变速车道总长
a)
确保一个车道宽
主线侧余宽
干道
三角端
减速车道长
变速车道总长
分岔端侧余宽
确保通视区域
确保一个车道宽
干道
加速车道长
三角端
变速车道总长
b)

图 1-5-6　变速车道

第六章　交通工程设施

为保证行车安全和充分发挥公路的作用，公路沿线应按规定设置必要的交通设施，常见的交通设施有护栏、隔离设施、防眩设施、视线诱导设施、照明、标志等。它们为公路使用者提供各种警告、禁令、指示、指路信息和视线诱导，排除干扰，提供路侧保护，减轻潜在的事故严重程度，防止眩光对驾驶员的视觉伤害。因篇幅所限，本章仅对护栏、隔离栅、交通标志及标线进行简单介绍。

第一节　护栏和隔离栅

护栏是公路安全设施的重要组成部分，且对防止行车事故起着极其重要的作用。防撞护栏按其设置位置可分为路侧护栏、中央分隔带护栏、路桥过渡段护栏和活动护栏。护栏的形式按刚度的不同可分为柔性护栏、半刚性护栏和刚性护栏。

一、护栏形式

1. 柔性护栏

柔性护栏一般指的是缆索护栏。这是一种以数根施加了初拉力的缆索固定于立柱上的结构，它完全依靠缆索的拉应力来抵抗车辆的碰撞。缆索在弹性范围内工作，几乎不需更换。这种护栏形式美观，车辆行驶时没有压迫感，但视觉诱导效果差。

2. 半刚性护栏

半刚性护栏一般是指梁式护栏，它用固定的梁式结构，依靠护栏的弯曲变形和张拉力来抵抗车辆的碰撞。梁式护栏按结构可分为 W 波形梁护栏、管梁护栏、箱梁护栏等几种。它们均具有一定的刚度和韧性，通过横梁的变形吸收冲撞能量，损坏部件容易更换，具有一定的视线诱导作用，外形美观，应用较为广泛。

3. 刚性护栏

刚性护栏一般是指水泥混凝土墙式护栏。这是一种具有一定断面形状的水泥混凝土墙式结构，依靠汽车爬高、变形和摩擦来吸收碰撞能量。刚性护栏在碰撞时不变形，几乎不会损坏，维修费用低，但对车辆行驶有压迫感，车辆与护栏相撞时，对车辆和人员的伤害大。

二、护栏设置

1. 设置依据

一般情况下，路侧护栏设置原则，是根据人们对公路等级、交通量、车辆组成和路侧特征等因素的主观判断以及参照标准、规范的要求而确定的。

2. 护栏形式的选择

一旦确定需要设置护栏以后，就要选择采用哪种护栏。虽然护栏形式选择受到很多因素的制约，目前还没有客观的选择标准，但最理想的护栏系统应是满足保护障碍物的目的而且成本最低。选择护栏形式考虑的主要因素有：足够的防撞性能要求、变形、现场条件、兼容性、成本、维修、养护、美观、实际使用情况等。各种护栏的适用地点如表 1-6-1 所示。

各种护栏适应的地点 表 1-6-1

设置地点	小半径弯道	需要视线诱导的地方	要求美观的地方	冬天积雪处	窄中央分隔带	估计有不均匀沉降的路段	需要耐腐蚀的地方	长直线路段
波形梁护栏	○	○	□	□	□		□	□
管梁护栏	□		□	□			□	□
箱梁护栏			□	□	○		□	□
缆索护栏			○	○		○	□	○
混凝土护栏		□					○	□

注：○为最好的护栏形式；□为一般的护栏形式。

三、隔离栅设置

隔离栅是高速公路实施封闭的专用设施，隔离栅能有效地防止牲畜、行人、非机动车等闯入或横穿高速公路，排除横向干扰，避免由此产生的交通事故，并能够防止非法侵占公路用地。

高速公路两侧原则上应连续设置隔离栅，但在认为人、畜不能进入的路段，可考虑不设置。一般情况下，在公路用地界限以内 20 ~ 50cm 处设置。当沿隔离栅中心线地形起伏较大时，可做成阶梯式。如果遇到桥梁、通道时，应朝桥头锥坡（或端墙）方向围死，不应留有让人、畜可以钻入的空隙。

第二节　交通标志

交通标志是以图形符号或文字的形式传递特定的信息，对公路上驾车的驾驶员给予指示、指路、警告、禁令，用以管理交通的安全设施。

交通标志按其功能，可分为主标志和辅助标志两大类。

（一）主标志

1. 指示标志

指示标志通常为圆形、矩形，蓝色底白色图案，是指示车辆和行人按规定方向、地点行进的标志，如直行、左转、右转、单向行驶等，如图 1-6-1 所示。

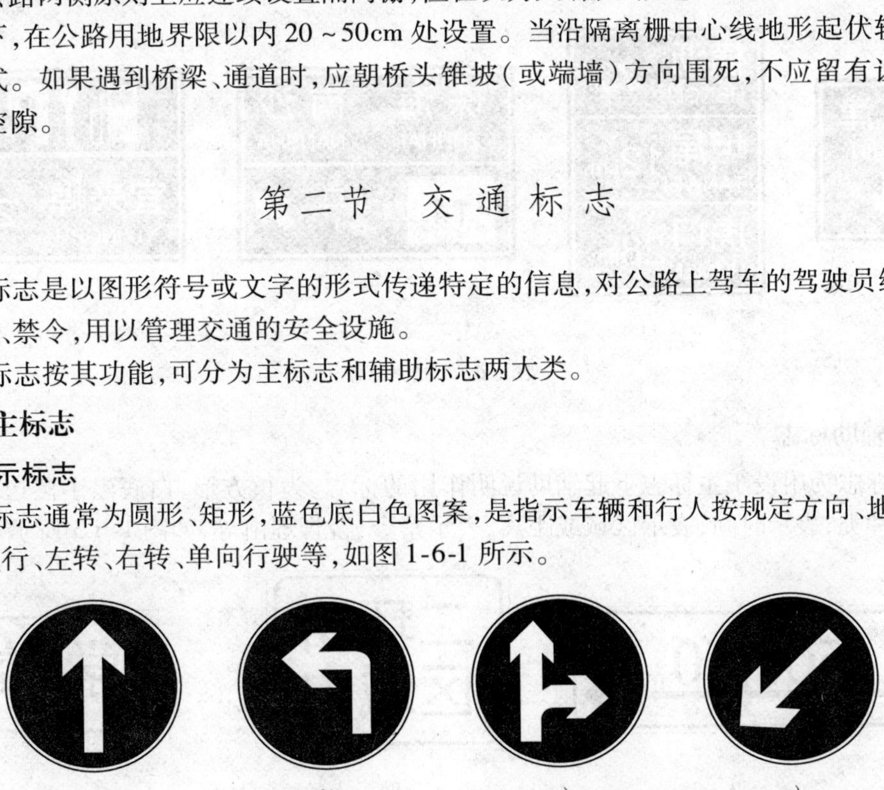

a)　b)　c)　c)

图 1-6-1　指示标志

2. 警告标志

警告标志通常为等边三角形(或菱形),黄色底黑边黑图案(或白色底红边黑)或深蓝色图案。其用于警告驾驶人员注意前方路段存在的危险及应采取的措施,如交叉口、急弯、傍山险路等,如图 1-6-2 所示。

a)　b)　c)

图 1-6-2　警告标志

3. 禁令标志

禁令标志通常为圆形,白色底红边红斜杠黑色图案。根据道路和交通量情况,为保证交通安全而对车辆行为加以禁止或限制的标志,如禁止通行、禁止停车、速度限制等,如图 1-6-3 所示。

图 1-6-3　禁令标志

4. 指路标志

指路标志通常为矩形,一般道路为蓝色底白色字符,高速公路为绿色底白色字符(旅游区标志为棕色底白色图案)。其用来指示目的地方向、距离、高速公路出入口、服务区等,如图 1-6-4 所示。

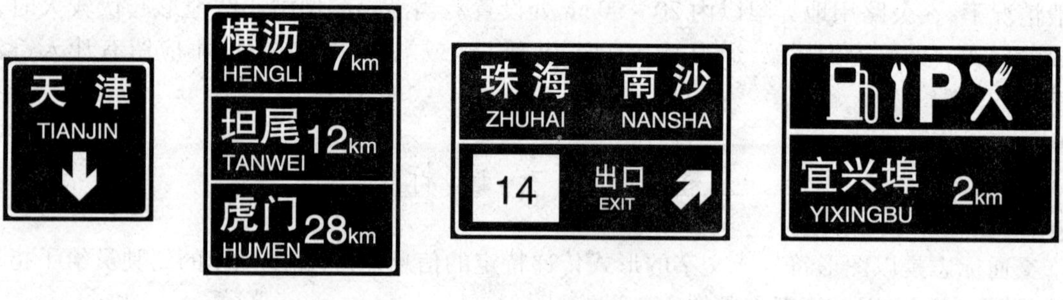

a)　b)　c)　d)

图 1-6-4　指路标志

(二)辅助标志

辅助标志为附设于主标志下起辅助说明作用的标志,为长方形,白底黑字黑边框,可分为表示车辆种类,表示时间,表示区域或距离,表示禁令、警告理由等,如图 1-6-5 所示。

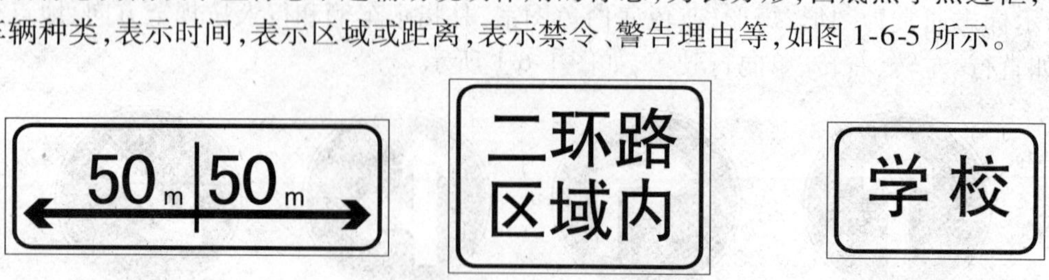

a)　b)　c)

图 1-6-5　指路标志

第三节 道路交通标线

道路交通标线是交通设施的重要组成部分，它是引导驾驶员视线、管制驾驶员驾车行为的重要设施。车辆在行驶时，无论是白天或黑夜，都能由于光泽的色彩的反衬而清晰识别和辨认路面标线。它由各种标线、箭头、文字、立面标志及突起路标和路边轮廓标等构成。

一、道路交通标线按设置方式分类

(1)纵向标线：沿道路行车方向设置的标线。

(2)横向标线：与行车道路方向成角度设置的标线。

(3)其他标线：字符标记或其他形式标线。

二、道路交通标线按其功能分类

(1)指示标线：指示行车道、行车方向、路面边缘、人行道等设施的标线。

(2)禁止标线：告示道路交通的遵行、禁止、限制等特殊规定，车辆驾驶人员及行人需严格遵守的标线。

(3)警告标线：促使车辆驾驶人员及行人了解道路上的特殊情况，提高警觉，准备防范应变措施的标线。

三、道路交通标线按其形态可分为四类

(1)线条：标画于路面、缘石或立面上的实线或虚线。

(2)字符标记：标画于路面上的文字、数字及各种图形符号。

(3)突起路标：安装于路面上用于标示车道分界、边缘、分合流弯道、危险路段、路宽变化、路面障碍物位置的反光或不反光体。

(4)路边线轮廓标：安装于道路两侧，用以指示道路的方向、行车道边界轮廓的反光柱(或片)。

四、道路交通标线的标画区分

(1)白色虚线：标画于路段中时，用以分隔同向行驶的交通流或作为行车安全距离识别线，在保证安全的情况下，允许车辆越线变换车道行驶；标画于路口时，用以引导车辆行进。

(2)白色实线：标画于路段中时，用以分隔同向行驶的机动车和非机动车，或指示行车道的边缘；标画于路口时，可用作导向车道线或停止线。

(3)黄色虚线：标画于路段中时，用以分隔对向行驶的交通流，在保证安全的情况下，允许车辆越线超车或向左转弯；标画于路侧或缘石上时，用以禁止车辆长时间在路边停放。

(4)黄色实线：表示不准车辆跨线超车或压线行驶；标画于路侧或缘石上时，用以禁止车辆长时间或临时在路边停放。通常标画于上下行方向各只有一条或两条车道(一条机动车道和一条非机动车道)的道路，双向通行的三车道道路，在视距受限制的竖曲线、平曲线路段及有其他危险需要禁止超车的路段。

(5)双白虚线：标画于路口时，作为减速让行线；标画于路段中时，作为行车方向随时间改变之可变车道线。

(6)双黄实线:用以划分工下行方向各有两条或两条以上机动车道而没有设置中央分隔带的道路,表示严禁车辆跨线超车或压线行驶。

(7)黄色虚实线:黄色实线一侧禁止车辆超车、跨越或回转,黄色虚线一侧在保证安全的情况下准许车辆超越、回转或跨越,用以划分双向通行的三条机动车道道路以及需要实行单侧禁止超越的其他道路。

(8)双白实线:标画于路口时,作为停车让行线。

第二篇

汽 车 概 论

绪　论

一、汽车的总体构造

现代汽车种类虽然很多,但对以内燃机为动力装置的汽车而言,其基本构造是发动机、底盘、车身和电气设备四大部分。

1. 发动机

发动机是汽车的动力装置,其作用是将燃料燃烧所产生的热能转变为机械能,并通过底盘驱动汽车行驶。现代汽车主要选用往复活塞式内燃机作为动力装置,所用燃料以汽油和柴油为主。

2. 底盘

底盘是汽车装配与行驶的主体,其作用是支承、安装发动机、车身等其他总成与部件,形成汽车的整体造型,并接受发动机输出的动力,使汽车产生运动且保证汽车正常行驶。底盘由以下四部分组成:

(1)传动系。传动系的作用是将发动机的动力传递给驱动车轮。传动系包括离合器、变速器、传动轴、驱动轿等总成件。

(2)行驶系。行驶系的作用是将汽车各总成及部件连成一个整体并对全车起支承作用。行驶系包括车架、车桥、车轮、悬架等部件。

(3)转向系。转向系的作用是保证汽车按驾驶员选择的方向行驶。转向系由转向盘、转向器和转向传动机构等组成。

(4)制动系。制动系的作用是控制汽车,实现减速、停车以及可靠停驻。制动系包括制动传动机构、车轮制动器、驻车制动器等部件。

3. 车身

车身安装在底盘的车架上,供驾驶员、乘客乘坐或装载货物。轿车和客车车身一般为整体结构,货车车身通常由驾驶室和货箱两部分组成。

4. 电气设备

随着电子技术的不断发展,以及汽车工业中机电一体化趋势的加快,汽车电气设备越来越先进,越来越复杂。它大体上可划分为:电源、用电设备(主要包括发动机的点火系、起动系以及照明、信号、辅助电器等)、电子控制装置、仪表与报警装置四大部分。

二、汽车的结构特征和技术参数

为了便于使用维护与管理车辆,通常用以下主要结构特征和技术参数来反映汽车的结构与使用性能。

1. 质量参数(kg)

(1)整车整备质量。车辆装备齐全,加足燃油、润滑油和冷却液,并带随车工具、备胎及其他规定应带的备品，符合正常行驶要求时的质量。

（2）最大装载质量：设计允许时的最大装载货物质量。

（3）最大总质量：汽车满载时的总质量。

最大总质量 = 整车装备质量 + 最大装载质量

（4）最大轴载质量：汽车满载时各轴所承载的质量。

2. 主要尺寸参数（mm）

（1）总长：车体纵向的最大尺寸（前后最外端间的距离）。

（2）总宽：车体横向的最大尺寸。

（3）总高：车体最高点到地面间的距离。

（4）轴距：相邻两轴中心线之间的距离。

（5）轮距：同一车桥左右轮胎面中心线（沿地面）间的距离。双胎结构则为双胎中心线间的距离。

（6）前悬：汽车最前端至前轴中心线间的距离。

（7）后悬：汽车最后端至后轴中心线间的距离。

（8）最小离地间隙：满载状态下，底盘下部（车轮除外）最低点到地面间的距离。

（9）接近角：车体前部突出点向前轮引的切线与地面间的夹角。

（10）离去角：车体后端突出点向后轮引的切线与地面间的夹角。

3. 性能参数

（1）最高车速：汽车在平直良好的道路上行驶，所能达到的最大车速（km/h）。

（2）最大爬坡度过：车辆满载时的最大爬坡能力（%）。

（3）最小转弯半径：转向盘转至极限位置时，外侧转向轮中心平面在地平面上移到的轨迹圆半径（m）。

（4）平均燃油消耗量：汽车在公路上行驶每百公里消耗的燃油量（L/100km）。

（5）驱动方式：用“车轮总数 × 驱动轮数”来表示。

第一章　概　　述

第一节　现代汽车概况

根据《汽车和挂车类型的术语和定义》(GB/T 3730.1－2001),汽车是指由动力驱动,具有四个或四个以上车轮的非轨道承载的车辆,主要用于载运人员或货物;牵引载运人员或货物的车辆以及其他特殊用途。

一、现代汽车类型

2002 年 3 月 1 日,我国正式实施《汽车和挂车类型的术语和定义》(GB/T 3730.1—2001)。新的车型统计分类把汽车分为乘用车和商用车两大类。

1. 乘用车

在其设计和技术特性上主要用于载运乘客及其随身行李或临时物品的汽车,包括驾驶员座位在内,最多不超过 9 个座位。乘用车包括普通乘用车、活顶乘用车、高级乘用车、小型乘用车、敞篷车、仓背乘用车、旅行车、多用途乘用车、短头乘用车、越野乘用车和专用乘用车。

2. 商用车

商用车辆是在设计和技术特性上用于运送人员和货物的汽车,并且可以牵引挂车,乘用车不包括在内。商用车包括:

(1)客车:在设计和技术特性上用于载运乘客及其随身行李的商用车辆,包括驾驶员座位在内座位数超过 9 座。

(2)半挂牵引车:装备由特殊装置用于牵引半挂车的商用车辆。

(3)货车:一种主要为载运货物而设计和装备的商用车辆。

二、汽车的编号

汽车的产品型号由企业名称代号、车辆类别代号、主参数代号、产品序号组成,必要时附加企业自定代号。对于专用汽车及专用半挂车还应增加专用汽车分类代号,如图 2-1-1 所示。

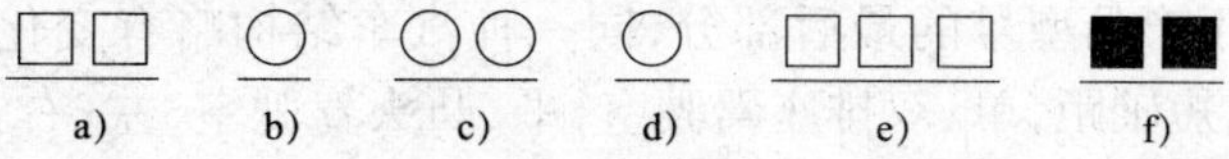

图 2-1-1　汽车编号

a)企业名称代号;b)车辆类别代号;c)主参数代号;d)产品序号;e)专用汽车分类代号;f)企业自定代号

□-用汉语拼音字母表示;○-用阿拉伯数字表示;■-用汉语拼音字母或阿拉伯数字均可

1. 企业名称代号

企业名称代号位于产品型号第一部分,用代表企业名称的两个汉语拼音字母表示,如图 2-

1-1a)所示。

2. 车辆类别代号

车辆类别代号位于产品型号的第二部分,用一位阿拉伯数字表示,见表2-1-1。

车辆类别代号 表2-1-1

车辆类别代号	车辆种类	车辆类别代号	车辆种类	车辆类别代号	车辆种类
1	载货汽车	4	牵引汽车	7	轿车
2	越野汽车	5	专用汽车	8	—
3	自卸汽车	6	客车	9	半挂车及专用半挂车

3. 主参数代号

主参数代号位于产品型号的第三部分,用两位阿拉伯数字表示。

(1)载货汽车、越野汽车、自卸汽车、牵引汽车、专用汽车与半挂车的主参数代号为车辆的总质量(t_0),牵引汽车的总质量包括牵引座上的最大质量。当总质量在100t以上时,允许用三位数字表示。

(2)客车及半挂车的主参数代号为车辆长度(m)。当车辆长度小于10m时,应精确到小数点后一位,并以长度(m)值的10倍数值表示。

(3)轿车的主参数代号为发动机排量(L)应精确到小数点后一位,并以其值的10倍数值表示。

(4)专用汽车及专用半挂车的主参数代号,当适用定型汽车底盘或定型半挂车底盘改装时,若其主参数与定型底盘原车的主参数之差不大于原车的10%,则应沿用原车的主参数代号。

(5)主参数的数字修约按《数字修约规则》的规定。

(6)主参数不足规定位数时,在参数前以"0"占位。

4. 产品序号

产品序号位于产品型号的第四部分,用阿拉伯数字表示,数字由0、1、2……依次使用。当车辆主参数有变化,但不大于原定型设计主参数的10%时,其主参数代号不变,大于10%时,应改变主参数代号,若因为数字修约而主参数代号不变时,则应改变其产品序号。

5. 专用汽车分类代号

专用汽车分类代号位于产品型号的第五部分,用反映车辆结构和用途特征的三个汉语拼音表示,结构特征代号按表2-1-2规定:

结构特征代号 表2-1-2

厢式汽车	罐式汽车	专用自卸汽车	特种结构汽车	起重举升汽车	仓栅式汽车
X	G	Z	T	J	C

6. 企业自定代号

企业自定代号位于产品型号的最后部分,同一种汽车结构略有变化而需要区别时(例如汽油、柴油发动机,长、短轴距,单、双排座驾驶室,平、凸头驾驶室,左、右置转向盘等),可用汉语拼音字母和阿拉伯数字表示,位数也由企业自定。供用户选装的零部件(如暖风装置、收音机、绞盘等)不属结构特征变化,应不给予企业自定代号。

第二节　发动机概论

汽车发动机是汽车的心脏,由多个机构和系统组成,是用来驱动汽车行驶的动力装置,同时带动汽车其他辅助设备(如电气设备、空调等)和专用汽车上的工作(如起重机械、冷藏设备等)的动力装置。

一、发动机的类型

内燃机的分类方法很多,按照不同的分类方法可以把内燃机分成不同的类型。

1. 按使用燃料分类

内燃机按照所使用燃料的不同可以分为汽油机和柴油机。以汽油为燃料的内燃机称为汽油机;以柴油为燃料的内燃机称为柴油机。汽油机与柴油机比较各有特点:汽油机转速高,质量小,噪声小,起动容易,制造成本低;柴油机压缩比大,热效率高,经济性能和排放性能都比汽油机好。

2. 按实现循环的冲程数分类

内燃机按照完成一个工作循环所需的冲程数可分为四冲程内燃机和二冲程内燃机。把曲轴转两圈(720°),活塞在汽缸内上下往复运动四个冲程,完成一个工作循环的内燃机称为四冲程内燃机;而把曲轴转一圈(360°),活塞在汽缸内上下往复运动两个冲程,完成一个工作循环的内燃机称为二冲程内燃机。汽车发动机广泛使用四冲程内燃机。

3. 按冷却方式分类

按照冷却方式不同,内燃机可以分为水冷发动机和风冷发动机。水冷发动机是利用在汽缸体和汽缸盖冷却水套中进行循环的冷却液作为冷却介质进行冷却的;而风冷发动机是利用流动于汽缸体与汽缸盖外表面散热片之间的空气作为冷却介质进行冷却的。水冷发动机冷却均匀,工作可靠,冷却效果好,被广泛地应用于现代车用发动机。

4. 按点火方式分类

(1)压燃式发动机:利用汽缸内空气被压缩后产生的高温,使燃油自燃,如柴油机。

(2)点燃式发动机:利用火花塞发出的电火花强制点燃燃料,使燃料强行着火燃烧,如汽油机。

5. 按照汽缸排列方式分类

内燃机按照汽缸排列方式不同可以分为单列式和双列式。单列式发动机的各个汽缸排成一列,一般是垂直布置的,但为了降低高度,有时也把汽缸布置成倾斜的甚至水平的;双列式发动机把汽缸排成两列,两列之间的夹角小于180°(一般为90°)称为V型发动机,若两列之间的夹角等于180°称为对置式发动机。

6. 按可燃混合气形成的方法分类

(1)外部形成混合气的发动机:燃料和空气在外先混合然后进入汽缸。

(2)内部形成混合气的内燃机:燃料在临近压缩终了时才喷入汽缸,在汽缸内与空气混合。

7. 按进气方式分类

内燃机按照进气系统是否采用增压方式可以分为自然吸气(非增压)式发动机和强制进气(增压式)发动机。汽油机常采用自然吸气式;柴油机为了提高功率有采用增压式的。

二、发动机的编号

为了便于内燃机的生产管理和使用,国家标准《内燃机产品名称和型号编制规则》(GB/T 725—2008)中对内燃机的名称和型号作了统一规定。

1. 内燃机的名称和型号

(1)内燃机名称均按所使用的主要燃料命名,例如汽油机、柴油机、天然气机等。

(2)内燃机型号由阿拉伯数字、汉语拼音字母或国际通用的英文缩略字母组成。

2. 内燃机型号组成

内燃机型号由以下四部分组成,如图 2-1-2 所示:

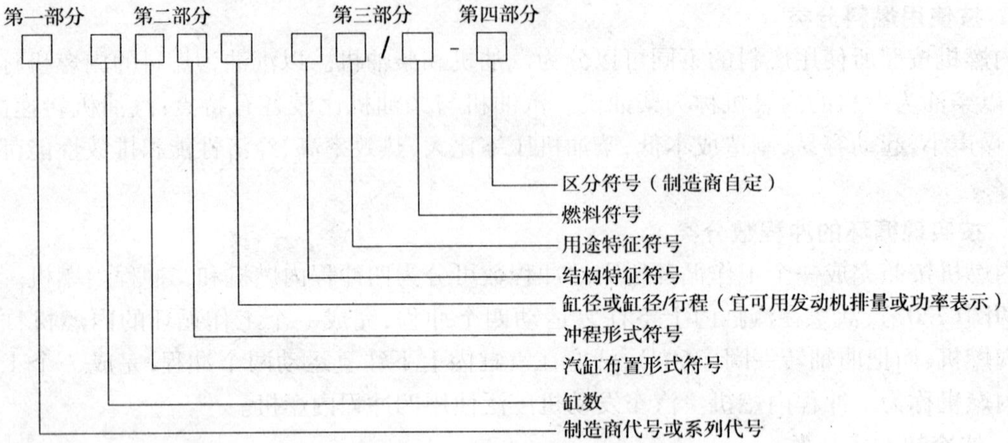

图 2-1-2 型号表示方法

(1)第一部分:由制造商代号或系列符号组成。本部分代号由制造商根据需要选择相应1~3位字母表示。

(2)第二部分:由汽缸数、汽缸布置形式符号、冲程形式符号、缸径符号组成。

①汽缸数用 1~2 位数字表示;

②汽缸布置形式符号按表 2-1-3 规定;

③冲程形式为四冲程时符号省略,二冲程用 E 表示;

④缸径符号一般用缸径或缸径/冲程数字表示,宜可用发动机排量或功率数表示,其单位由制造商自定。

汽缸布置形式符号 表 2-1-3

符号	含义	符号	含义
无符号	多缸直列及单缸	H	H 型
V	V 型	X	X 型
P	卧式	—	—

注:其他布置形式符号见 GB1883.1

(3)第三部分:由结构特征符号、用途特征符号组成。其符号分别按表 2-1-4、表 2-1-5 的规定。

结构特征符号 表 2-1-4

符号	结构特征	符号	结构特征
无符号	冷却液冷却	Z	增压
F	风冷	ZL	增压中冷
N	凝汽冷却	DZ	可倒转
S	十字头式		

用途特征符号 表 2-1-5

符号	用途	符号	用途
无符号	通用型及固定动力（或制造商自定）	D	发电机组
T	拖拉机	C	船用主机、右机基本型
M	摩托车	CZ	船用主机、左机基本型
G	工程机械	Y	农用三轮车（或其他农用车）
Q	汽车	L	林业机械
J	铁路机车		

注：内燃机左机和右机的定义按 GB/T 726 的规定。

(4)第四部分：区分符号。同系列产品需要区分时，允许制造商选用适当符号表示。第三部分与第四部分可用"－"分隔。

第二章　发动机工作原理

发动机是汽车的心脏，为汽车提供动力。汽车需要驱动车轮的转矩来克服各种阻力才能行驶，而这个转矩正是发动机提供的。发动机使其汽缸内部的工质（可燃混合气）燃烧，燃烧后，混合气体积膨胀，推动活塞运动，最终驱动曲轴旋转来得到这个转矩。

从能量的角度来看，发动机就是将燃料燃烧产生的热能，转变为驱动曲轴旋转的机械能的机器，发动机通过工作循环，不断地完成这样的能量转变，从而使汽车得到连续的动力而驱动汽车行驶。

第一节　发动机的总体构造

汽车发动机种类繁多，结构复杂，一台发动机，由上万个零件组成。但是，从总体上来看，汽油机都是由两大机构（曲柄连杆机构和配气机构）、五大系统（燃料供给系统、润滑系统、冷却系统、点火系统和起动系统）组成的，如图 2-2-1、图 2-2-2 所示。柴油机则由两大机构和四大系统组成（由于柴油机采用压缩自燃，故没有点火系统）。

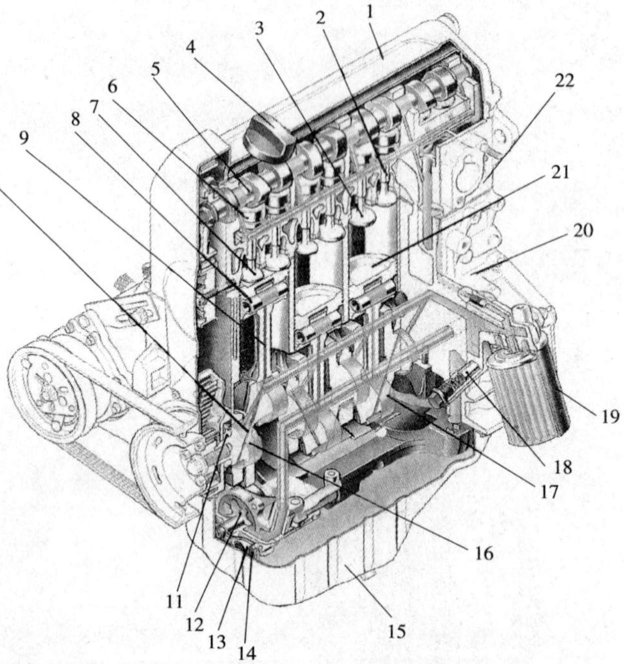

图 2-2-1　桑塔纳 2000 发动机示意图

1-气门室罩；2-气门导管；3-排气门；4-机油加注口；5-凸轮轴；6-挺柱；7-进气门；8-活塞销；9-连杆；10-曲轴油道；11-曲轴链轮；12-机油泵；13-机油泵链轮；14-链条；15-油底壳；16-曲轴主轴颈；17-曲轴连杆轴颈；18-机油限压阀；19-机油滤清器；20-汽缸体；21-活塞；22-汽缸盖

曲柄连杆机构是发动机的骨架,支撑着发动机全部的零部件,也是实现热功转换的主要装置。曲柄连杆机构由机体组、活塞连杆组、曲轴飞轮组三部分组成。机体组是发动机各个零件的装配基体。活塞连杆组由活塞、连杆、活塞销、活塞环组成,气体燃烧产生的功作用在活塞顶部,通过活塞连杆组将热能转变为活塞往复运动的动能,再通过连杆将活塞的往复运动变成曲轴的旋转运动。曲轴飞轮组是由曲轴、飞轮组成,其承受连杆传来的力,驱动曲轴旋转,再通过飞轮将转矩输出。

图 2-2-2　汽车发动机(柴油机)总体构造

1-曲轴正时齿轮;2-喷油泵正时齿轮;3-喷油泵油量调节拉杆;4-喷油泵;5-机油加注口;6-高压油管;7-喷油器;8-气门弹簧;9-气门室罩;10-汽缸盖;11-汽缸体;12-起动机;13-飞轮;14-油底壳

配气机构由进气门、排气门、气门弹簧、气门导管、气门弹簧座、凸轮、挺柱、摇臂、凸轮轴正时齿轮等组成,其功用是按发动机的工作顺序,使可燃混合气及时充入汽缸并及时从汽缸排出废气。气门的开启和关闭受凸轮轴控制,而凸轮轴由曲轴驱动。

燃料供给系是向发动机提供燃料和空气。不同的发动机燃油供给装置有很大的不同,汽油机的燃油供给装置由汽油箱、电动汽油泵、汽油滤清器、燃油压力调节器、燃油分配管、喷油器、回油管等组成,汽油泵将汽油从油箱中抽出,经滤清器过滤后送入燃油分配管,由 ECU 控制喷油器,将燃油喷入进气管或者汽缸内,与空气形成可燃混合气。进气装置为发动机提供清洁的空气,发动机工作时,空气经空气滤清器滤清后经过进气道再进入汽缸。在汽油发动机中,为控制进入汽缸的空气量,在进气通道中装有节气门,驾驶员可通过驾驶室内的加速踏板控制节气门的开度。排气装置主要是将发动机汽缸内的燃烧废气排入大气,在排气管中装有排气消音器以降低排气噪声。为了降低排气污染,汽油机在排气管上还装有三元催化转换器。柴油机的燃油供给装置主要由柴油箱、柴油滤清器、输油泵、喷油泵、高压油管、喷油器、回油管等组成。喷油器装在柴油发动机的汽缸顶部,发动机工作时,输油泵将油箱内的柴油经滤清后首先泵送到高压油泵(喷油泵)进行加压,然后再经喷油器将柴油直接喷入汽缸,柴油在汽缸内部与空气混合。安装机械式喷油泵柴油机的没有节气门,加速踏板控制的是喷油泵的供油拉杆。

润滑系由机油加注口、机油泵、集滤器、限压阀、机油滤清器、润滑油道、机油冷却器等组成。它的功用是将润滑油输送到相对运动的零件表面，以减少摩擦，减少机件的磨损，并冷却摩擦零件，清洗零件表面。发动机工作时，机油泵由曲轴驱动，不断地将润滑油经润滑油道泵送到工作表面，循环后的润滑油最后再落回到储存润滑油的油底壳。

冷却系由水泵、散热器、风扇、节温器、硅油风扇离合器、水套等组成。其功用是将燃烧产生的热量排到大气中，保证发动机的正常工作温度，以保证发动机正常工作。水套是设在汽缸内和汽缸盖中的水流通道，水泵使冷却水在水套与散热器之间循环，在水套内吸收热量的冷却水经散热器时，由风扇使其冷却降温。

点火系由供给低压电流的蓄电池、交流发电机、断电器和点火线圈、火花塞等组成，其功用是保证按规定时刻及时点燃汽缸中的混合气。发动机工作时，点火系将蓄电池或发电机提供的低压电转变成高压电，并按一定的顺序利用火花塞点燃各缸的混合气。

起动系由电源、起动机及其附属装置组成，其功用是使静止的发动机起动并转入自行运转。

第二节　发动机基本名词术语

(1)上止点：活塞顶部离曲轴中心最远处，即活塞最高位置，如图2-2-3所示。

(2)下止点：活塞顶部离曲轴中心最近处，即活塞最低位置。

(3)活塞冲程 S：上、下止点间的距离。

(4)曲柄半径 R：曲轴与连杆大头连接中心至曲轴中心的距离。

(5)汽缸工作容积 V_s：活塞从上止点到下止点所扫过的容积称为汽缸工作容积或汽缸排量用符号 V_s 表示。多缸发动机各汽缸工作容积的总和，称为发动机工作容积或发动机排量，用符号 $V_L(L)$ 表示：

$$V_L = \frac{\pi D^2}{4 \times 10^6} Si \tag{2-2-1}$$

式中：D——汽缸直径(mm)；

S——活塞冲程(mm)；

i——汽缸数。

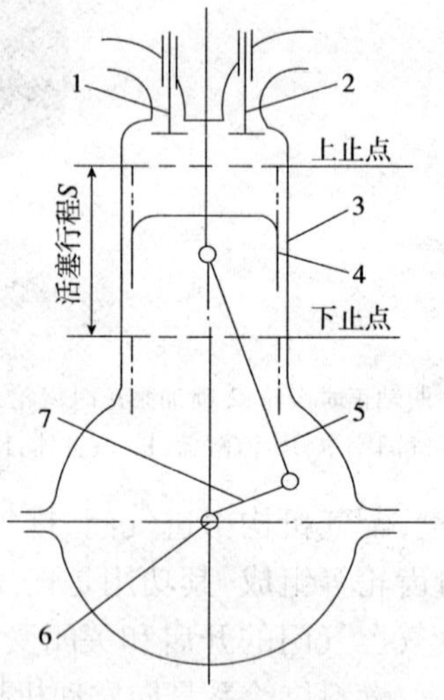

图2-2-3　发动机示意图

1-进气门；2-排气门；3-汽缸；4-活塞；5-连杆；6-曲轴中心；7-曲柄

(6)燃烧室容积 V_c：活塞在上止点时，活塞顶上面的空间为燃烧室，它的容积叫燃烧室容积(单位为L)。

(7)汽缸总容积 V_a：活塞在下止点时，活塞顶上面整个空间的容积(L)。它等于汽缸工作容积与燃烧室容积之和，即

$$V_a = V_s + V_c \tag{2-2-2}$$

(8)压缩比 ε：汽缸总容积与燃烧室容积的比值，即

$$\varepsilon = \frac{V_a}{V_c} = \frac{V_s + V_c}{V_a} = 1 + \frac{V_s}{V_c} \tag{2-2-3}$$

它表示活塞由下止点移动到上止点时，汽缸内气体被压缩的程度。压缩比越大，则压缩终了时汽缸内的压力和温度就越高，燃烧速度越快，发动机功率增大，热效率高，经济性好；但压缩比过大，汽油机会产生爆燃和表面点火等不正常燃烧现象。

目前，一般车用汽油机的压缩比约为6~11，柴油机的压缩比约为16~22。

第三节　四冲程发动机工作原理

一、四冲程汽油机工作原理

为了使发动机产生动力，必须先将燃料和空气供入汽缸，经压缩后使之燃烧产生热能，并通过推动活塞和连杆使曲轴旋转，从而使热能转变为机械能，最后再将燃烧后的废气排出汽缸。发动机完成一次热功转换必须经过进气、压缩、作功、排气四个过程，此循环周而复始的进行，发动机便产生连续的动力。在汽缸内进行的每一次将燃料燃烧产生的热能转化为机械能的一系列过程（进气、压缩、作功和排气），称为发动机工作循环。

活塞在汽缸内往复四个冲程完成一个工作循环的发动机称为四冲程发动机，其工作原理如图 2-2-4 所示。四冲程汽油机是将汽油和空气混合成可燃混合气，然后进入汽缸用火花塞点燃。

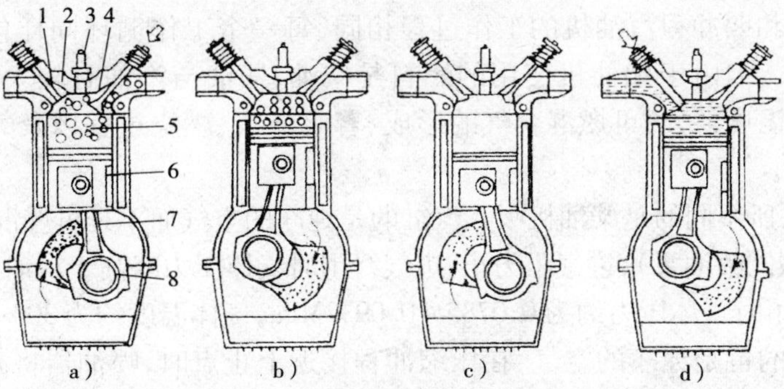

图 2-2-4　四冲程汽油机工作原理示意图

a）进气冲程；b）压缩冲程；c）作功冲程；d）排气冲程

1-排气门；2-汽缸盖；3-火花塞；4-进气门；5-汽缸；6-活塞；7-连杆；8-曲轴

（1）进气冲程。如图 2-2-4a）所示，由于曲轴带动活塞从上止点向下止点运动，这时排气门关闭，进气门打开。进气过程开始时，活塞位于上止点，随着活塞下移，汽缸内容积增大，在汽缸内产生真空度，可燃混合气通过进气门被吸入汽缸，直至活塞向下运动到下止点。在进气过程中，受空气滤清器、节气门、进气管道、进气门等产生的阻力的影响，进气终了时，汽缸内气体压力略低于大气压，约为 0.075 ~ 0.09MPa，同时受到残余废气和高温机件加热的影响，温度达到 370 ~ 400K。实际上，汽油机的进气门是在活塞到达上止点之前打开，并且延迟到下止点之后关闭，以便吸入更多的可燃混合气。

（2）压缩冲程。如图 2-2-4b）所示，曲轴继续旋转，带动活塞从下止点向上止点运动，这时进气门和排气门都关闭，汽缸内成为封闭空间，可燃混合气受到压缩，温度升高，当活塞到达上止点时压缩冲程结束。此时可燃混合气压力可达 0.6 ~ 1.2MPa，温度可达 600 ~ 700K，为燃烧创造了良好的条件。

（3）作功冲程。如图 2-2-4c）所示，作功冲程也称作燃烧和膨胀冲程。在这一冲程中，进气门和排气门仍然保持关闭。当活塞位于压缩冲程接近上止点（即点火提前角）位置时，火花塞产生电火花点燃可燃混合气，可燃混合气燃烧后放出大量的热使汽缸内气体温度和压力急剧升高，最高压力可达 3 ~ 5MPa，最高温度可达 2200 ~ 2800K。高温高压气体膨胀，推动活塞从上止点向下止点运动，通过连杆使曲轴旋转并输出机械功。随着活塞向下运动，汽缸内容积增加，气体压力和温度降低。当活塞运动到下止点时，作功冲程结束，气体压力降低到 0.3 ~

0.5MPa，气体温度降低到1300～1600K。

（4）排气冲程。如图2-2-4d）所示，可燃混合气在汽缸内燃烧后成了废气，必须从汽缸中排出去以便进行下一个进气冲程。当作功接近终了时，排气门开启，进气门仍然关闭，靠废气的压力先进行自由排气，活塞到达下止点再向上止点运动时，继续把废气强制排出到大气中去。活塞越过上止点后，排气门关闭，排气冲程结束。实际上，汽油机的排气冲程也是排气门提前打开，延迟关闭，以便排出更多的废气。排气终了时，气体压力仍高于大气压力，约为0.105～0.115MPa，温度约为900～1200K。

曲轴继续旋转，活塞从上止点向下止点运动，又开始了下一个工作循环。可见四冲程汽油机经过进气、压缩、作功、排气四个冲程完成了一个工作循环，这期间活塞在上、下止点间往复运动了四个冲程，相应的曲轴旋转了两周。

二、四冲程柴油机的工作原理

四冲程柴油机和四冲程汽油机的工作过程相同，每一个工作循环同样包括进气、压缩、作功和排气四个冲程。但由于柴油机使用的燃料是柴油，柴油与汽油有较大的差别：柴油黏度大，不易蒸发，自燃温度低，故可燃混合气的形成、着火方式、燃烧过程以及气体温度压力的变化都和汽油机不同。

在进气冲程中，所不同的是柴油机吸入汽缸的是纯净的空气而不是可燃混合气，在进气通道中没有节气门（机械式喷油泵），进气阻力小，进气终了时气体压力略高于汽油机而气体温度略低于汽油机。进气终了时气体压力约为0.0785～0.0932MPa，气体温度约为300～370K。

压缩冲程压缩的也是纯净的空气，在压缩冲程接近上止点时，喷油器将高压柴油以雾状喷入燃烧室，柴油和空气在汽缸内形成可燃混合气并着火燃烧。柴油机的压缩比比汽油机的压缩比大很多（一般为16～22），压缩终了时气体压力和温度都比汽油机高，压力约为3.5～4.5MPa，温度约为750～1000K，大大超过了柴油的自燃温度，因此柴油机的可燃混合气压缩后是自燃着火的，不需要点火，故柴油机又称为压燃机。

柴油喷入汽缸后，在很短的时间内与空气混合后便立即着火燃烧。柴油机的可燃混合气是在汽缸内部形成的，而不像汽油机那样是在汽缸外部形成的。柴油机燃烧过程中汽缸内出现的最高压力要比汽油机高得多，可高达6～9MPa，最高温度可高达2000～2500K。作功冲程终了时，气体压力约为0.2～0.4MPa，气体温度约为1200～1500K。

柴油机的排气冲程和汽油机一样，废气同样经排气管排入到大气中去。排气终了时，汽缸内气体压力约为0.105～0.125MPa，气体温度约为800～1500K。

四冲程汽油机与四冲程柴油机的共同点是：

（1）每个工作循环都包含进气、压缩、作功和排气等四个活塞冲程，每个冲程各占180°曲轴转角，即曲轴每旋转两周完成一个工作循环。

（2）四个活塞冲程中，只有一个作功冲程，其余三个是耗功冲程。显然，在作功冲程曲轴旋转的角速度要比其他三个冲程时大得多，即在一个工作循环内曲轴的角速度是不均匀的。为了改善曲轴旋转的不均匀性，可在曲轴上安装转动惯量较大的飞轮或采用多缸内燃机并使其按一定的工作顺序依次进行工作。

两者不同之处是：

（1）汽油机的可燃混合气在汽缸外部开始形成并延续到进气和压缩冲程终了，时间较长。柴油机的可燃混合气在汽缸内部形成，从压缩冲程接近终了时开始，并占小部分作功冲程，时间很短。

（2）汽油机的可燃混合气用电火花点燃，柴油机则是自燃，所以又称汽油机为点燃式内燃机，称柴油机为压燃式内燃机。

从性能上看，柴油机的压缩比高，热效率高，燃油消耗率低，同时柴油价格较低，因此柴油机的燃料经济性能好，而且柴油机的排气污染少，排放性能较好。它的主要缺点是转速低、质量大、噪声大、振动大、制造和维修费用高。

除四冲程发动机外，还有二冲程发动机。它的工作循环也是由进气、压缩、作功、排气四个冲程组成，但它是在曲轴旋转一圈（360°），活塞上下往复运动两个冲程内完成的。因此，二冲程发动机与四冲程发动机工作原理不同，结构也不一样。现代汽车上很少使用二冲程发动机，这里就不再介绍了。

第三章　曲柄连杆机构

第一节　概　　述

曲柄连杆机构是将往复活塞式内燃机燃料燃烧产生的热能,转换为机械能的主要机构,并且通过曲柄连杆机构,将活塞的往复直线运动,经过连杆的摆动转变为曲轴的旋转运动,向外输出转矩。它由机体组、活塞连杆组和曲轴飞轮组三个部分组成。

曲柄连杆机构中的曲轴是作旋转运动的。在四冲程发动机的一个工作循环的四个冲程中,只有一个冲程,即作功冲程(膨胀冲程)是作功的,而其余三个冲程仅是作功的准备冲程,这样,在其余三个冲程中,活塞就要靠与曲轴尾端相连接的飞轮的惯性运动来驱动。显然,在作功冲程中曲轴转速要比其余三个冲程时曲轴的转速高,所以,曲轴转速是不均匀的。当发动机的汽缸数较多时,由于各汽缸轮流交替作功,曲轴转速从宏观上看就会变得均匀,缸数越多,越均匀。此外,也可借助与曲轴后端连接一个尺寸较大的飞轮来贮存足够的能量,以足够大的转动惯量使曲轴转速均匀。

曲柄连杆机构中的连杆,其功能之一就是把活塞的往复运动转换为曲轴的旋转运动,而它本身则是在活塞与曲轴间作复杂的平面摇摆运动。

第二节　机　体　组

机体组由气门室罩、汽缸盖、汽缸垫、汽缸体、汽缸套、主轴承盖、油底壳组成,如图2-3-1所示。

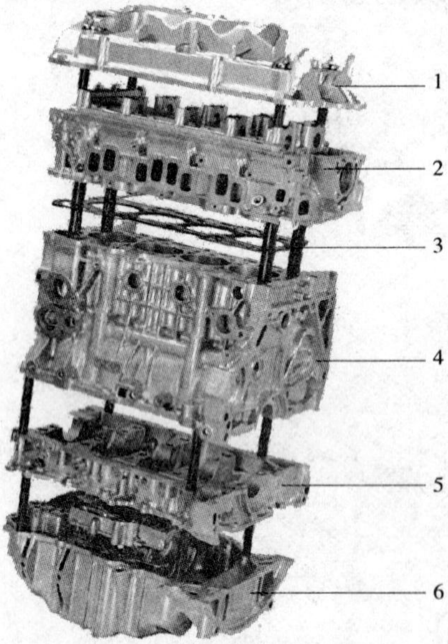

图2-3-1　本田机体组示意图

1-气门室罩;2-汽缸盖;3-汽缸垫;4-汽缸体;5-曲轴主轴承盖(整体式);6-油底壳

一、气门室罩

气门室罩放置在汽缸盖上,其功用是保护气门及其传动机构,防止润滑油外泄。气门室罩通常采用铝合金、镁合金或塑料制成,上有机油加注口和曲轴箱通风管。

二、汽　缸　盖

汽缸盖用来密封汽缸的上部,与活塞、汽缸等共同构成燃烧室。

汽缸盖的燃烧室壁面同汽缸一样承受燃气所造成的热负荷及机械负荷,由于它接触高温燃气时间较汽缸体时间长,因而汽缸盖承受的热负荷更甚于汽缸体。

图2-3-2为顶置气门式汽缸盖,其上设有冷却水套、

燃烧室、热水出水口、凸轮轴轴承孔、进气道、排气道及气门导管孔和进排气门座等，汽油机汽缸盖还设有火花塞座孔，柴油机的汽缸盖设有安装喷油器的座孔。

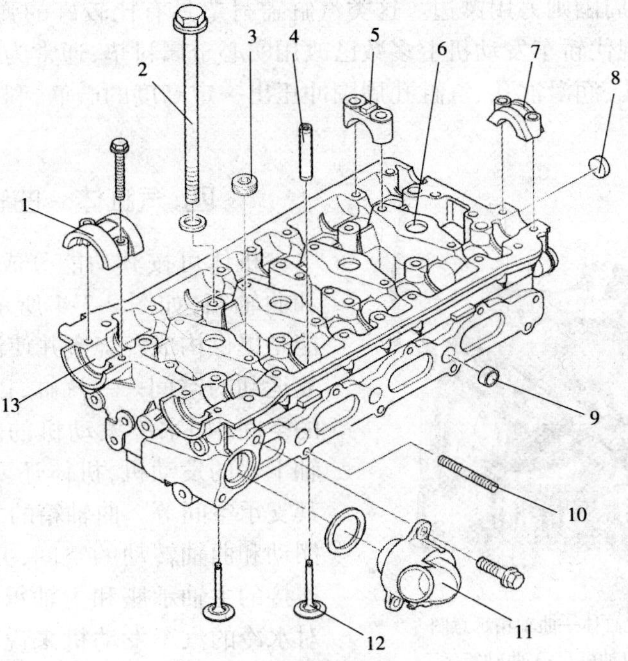

图 2-3-2　别克汽缸盖示意图

1-前凸轮轴盖；2-汽缸盖螺栓；3-孔塞；4-气门导管；5-凸轮轴轴承盖；6-火花塞座孔；7-后凸轮轴轴承盖；8-防冻塞；9-机油油道盖；10-排气管安装螺栓；11-节温器；12-气门；13-凸轮轴座孔

为了制造和维修方便，减小变形对密封的影响，缸径较大的发动机多采用分开式汽缸盖，即一缸一盖、二缸一盖或三缸一盖。缸径较小的发动机多采用整体式缸盖，这种汽缸盖形式整体刚度好、散热能力强，缺点是损坏时需要整体更换。

制造汽缸盖的材料应当导热性好，机械强度和热强度高，铸造性能好。汽车发动机汽缸盖的材料有铝合金、灰铸铁或合金铸铁等。铝合金汽缸盖的主要优点是质量小、导热性好，在轿车发动机中用得比较普遍。

三、汽　缸　垫

汽缸盖与汽缸体之间置有汽缸垫，如图 2-3-3 所示，以保证在汽缸盖螺栓拧紧后汽缸的密封，即防止燃气、冷却液及润滑油发生窜漏。为此，需要汽缸盖衬垫在高温、高压燃气作用下有足够的强度，不会烧损、腐蚀和变质，具有良好的对冷却液和润滑油的耐受性，在高温高压下仍能保持足够的弹性，以弥补结合面的不平度，并能重复多次使用。

图 2-3-3　汽缸垫示意图

以往汽车发动机的汽缸盖衬垫用得较多的是金属—石棉衬垫，这种衬垫是在耐热性很强的石棉中间夹金属丝或金属屑（增加导热能力），外覆钢片或钢皮（抗烧损和腐蚀），冷却液孔、汽缸孔和润滑油孔等周围则另用镶边。这类汽缸盖衬垫具有比较好的弹性，但是由于石棉制品是致癌物品，所以现代轿车发动机上多数已改用实心金属衬垫，通常为整块光整冷轧低碳钢板或铝板，在冷却液孔、润滑油孔、汽缸孔周围冲压出一定高度的凸筋，利用凸筋的弹性变形实现密封。

四、汽缸体－曲轴箱（机体）

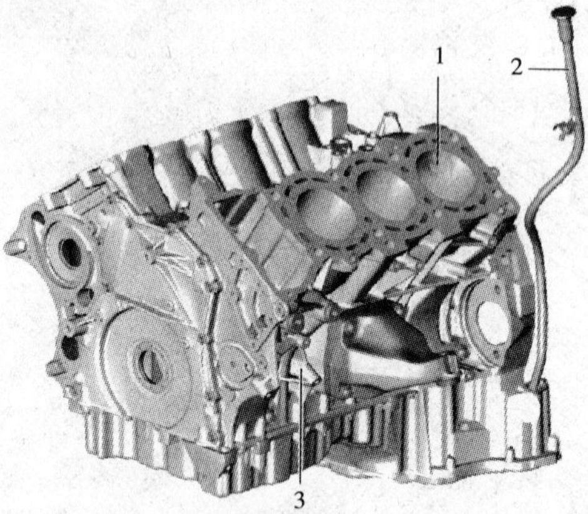

图 2-3-4　奔驰汽缸体—曲轴箱示意图
1-汽缸体；2-机油标尺；3-曲轴箱

机体可按其功能分成两个部分，即汽缸体和曲轴箱，如图 2-3-4 所示。汽缸体的主要功能是提供构成燃烧室并使活塞组能在其中作往复运动的空间——汽缸，以及为汽缸进行冷却的空间（如水冷发动机的水套）。对配气凸轮轴下置的发动机，机体还要提供安排凸轮轴及其支承空间等。曲轴箱的主要功能是提供连杆摆动和曲轴转动的空间，并通过由主轴承螺栓连接的主轴承座和主轴承盖为曲轴提供支承。对水冷的汽车发动机来说，绝大多数汽缸体和曲轴箱是整体铸造的，通称为汽缸体。

由于机体是一个结构和形状都比较复杂的箱体零件，所以通常采用铸件。铸铁具有成本低、铸造工艺性好、耐磨、耐蚀和吸振性好等优点，所以优质灰铸铁在轿车发动机机体上得到了广泛的应用。有一些轿车发动机采用铝合金机体，亦称全铝机体，它可使发动机轻量化、高速化。

1. 汽缸体

汽车发动机汽缸排列形式一般有：直列式、V 型、对置式，如图 2-3-5 所示。

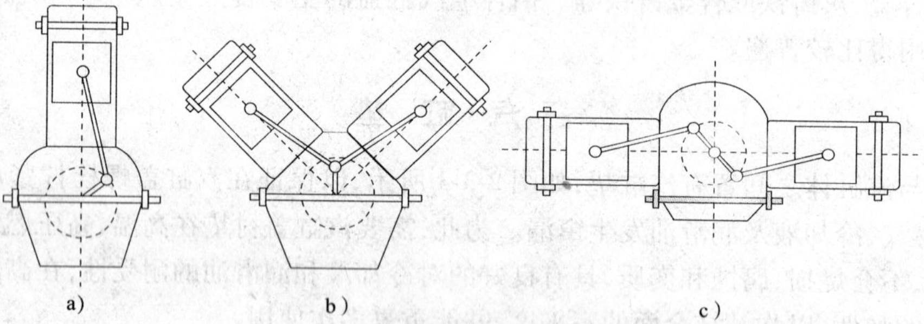

图 2-3-5　多缸发动机汽缸体排列形式
a）直列式；b）V 型；c）对置式

直列式汽缸体多用于六缸及六缸以下的发动机，这种排列形式的汽缸体结构简单，加工容易，但长度和高度较大。对置汽缸式发动机，高度比其他形式的小，使得汽车（特别是轿车和大型客车）的总布置更为方便，汽缸对置对于风冷发动机也是有利的，“V”型将汽缸体排成两列，其汽缸中心夹角小于 180°，多用于六缸、八缸以上的发动机，这种结构形式刚度大，缩短了发动机的长度和高度，质量也有所减轻。

2. 曲轴箱

如图 2-3-6 所示，汽车发动机的曲轴箱一般有三种形式：平分式、龙门式、隧道式。平分式曲轴箱，其主轴承座孔中心线位于曲轴箱分界面上，特点是制造方便，但刚度较差，且前后端呈半圆形，与油底壳接合面的密封较困难，多用于中小型发动机。龙门式曲轴箱，其主轴承座孔中心线高于曲轴轴线分界面，其特点是结构刚度较好，且油底壳前后端为一平面，其密封简单可靠，被大中型发动机广泛采用。隧道式曲轴箱其主轴承座孔不分开，特点是刚度最好，主轴承同轴度易保证，但拆装较困难。安装的曲轴多为组合式曲轴，其主轴承采用滚动轴承。

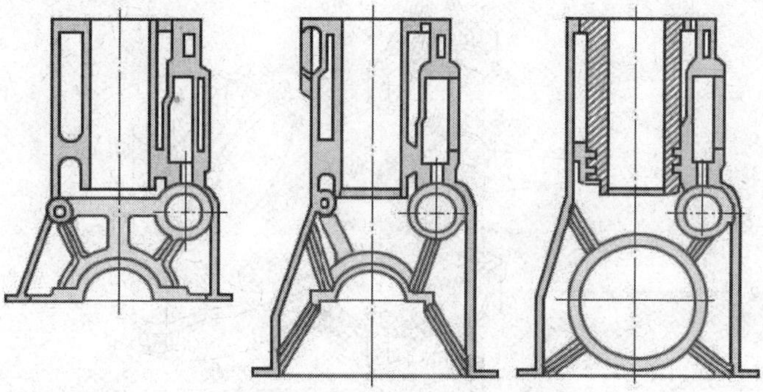

图 2-3-6　曲轴箱的排列形式示意图

a）平分式；b）龙门式；c）隧道式

3. 主轴承盖

主轴承盖与机体主轴承座通过主轴承螺栓连接起来，构成主轴承，用于安装曲轴。

主轴承盖内安装有曲轴主轴承（也称为主轴瓦），上主轴承内有一个油孔和一条油槽，向主轴承和主轴颈供油和润滑，还有一个定位凸唇防止轴承转动。中间主轴承处装有止推片，用以防止曲轴发生轴向窜动。

五、油 底 壳

油底壳用来封闭机体的下部和储存润滑油。汽车发动机的油底壳大部分是用薄钢板冲压而成的，通过螺栓紧固在曲轴箱底面上，其间有密封垫片或涂密封胶以防止漏油。在铸造油底壳的外面铸有散热筋，用来冷却油底壳中的润滑油。油底壳的形状与容量取决于储油量的需要和发动机总体布置的需要，并保证汽车在可能碰到的各种道路条件下，使润滑油泵可以从油底壳内吸到润滑油。

第三节　活塞连杆组

如图 2-3-7 所示，汽车发动机的活塞组通常由活塞、活塞销、活塞环（气环和油环）、连杆等主要零件组成。活塞环装在活塞头部的环槽中，活塞销装在活塞的销孔中，用于连接连杆小头，为了防止活塞销滑出销孔刮伤汽缸，用活塞销挡圈卡在销孔的槽内。连杆大头内装有连杆轴瓦用于减少摩擦，连杆大头盖与连杆大头用螺栓固装在曲轴连杆轴颈处。

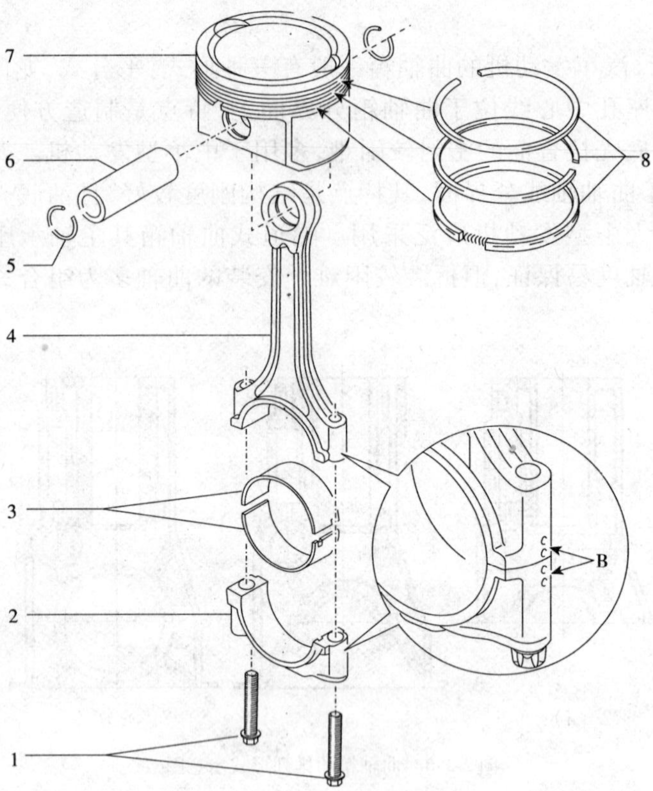

图 2-3-7　活塞连杆组

1-连杆大头螺栓;2-连杆大头盖;3-连杆轴瓦;4-连杆;5-活塞销挡圈;6-活塞销;7-活塞;8-活塞环;B-连杆缸序标记

一、活　塞

活塞如图 2-3-8 所示,其功用是与汽缸盖、汽缸壁等共同组成燃烧室,承受气体压力,并将此力通过活塞销传给连杆,以推动曲轴旋转。

图 2-3-8　活塞示意图

(一)活塞工作条件

活塞是在高温、高压、高速及润滑和散热均困难的条件下工作的,其工作条件如下:气体压力大、工作温度高,活塞顶部在作功冲程时,承受着带有高压气体的冲击力。对于汽油机活塞,瞬时的压力值可达 5MPa,高压导致活塞的侧压力大,加速活塞外表面的磨损,也容易引起活塞的变形。

由于活塞顶部直接与高温气体接触,燃气的最高温度可达 2500K 以上,而活塞的散热条件极差,因此,活塞的温度很高。高温一方面使活塞材料的机械强度显著下降,另一方面会使活塞的热膨胀量增大,容易破坏与其相关零件的配合。活塞在汽缸内做高速运动,一般车用汽油机转速为 4000 ~6000r/min。

(二)活塞结构

如图 2-3-9 所示,活塞的基本结构可分为顶部、头部、裙部三个部分。

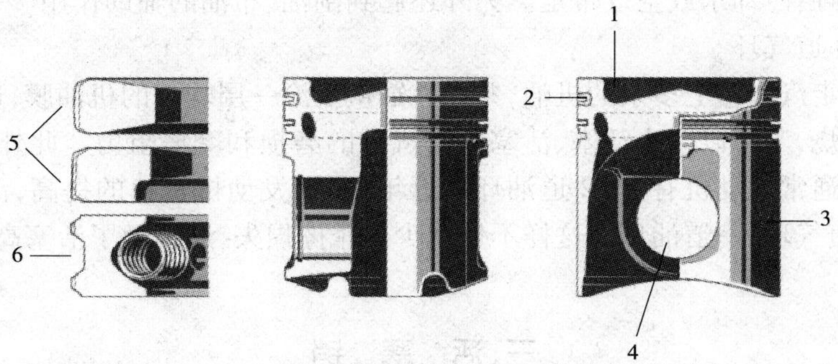

图 2-3-9 活塞结构示意图

1-活塞顶部;2-活塞头部;3-活塞裙部;4-活塞销座;5-气环;6-油环

1. 活塞顶部

活塞的顶部是燃烧室的组成部分,用来承受气体压力。为了提高刚度和强度,并加强散热能力,其背面多有加强筋,根据不同的目的和要求,活塞顶部制成各种不同的形状。平顶活塞结构简单,且受热面积小,温度低,在汽油机上被广泛采用;凸顶活塞顶部刚度最大,制造时可减轻顶部的厚度,因而质量轻但顶部温度较高,主要适用于二冲程发动机;凹顶活塞主要是高压缩比发动机为了防止碰气门,也可用凹坑的深度来调整压缩比。

2. 活塞头部

活塞头部是活塞环槽以上的部分,其主要作用是:承受气体的压力并传给连杆;与活塞环一起实现对汽缸的密封;将活塞顶所吸收的热量通过活塞环传给汽缸壁。

活塞头部切有若干道用于安装活塞环的环槽。汽油机活塞一般有 3 ~4 道环,上面 2 ~3 道用于安装气环,下面一道用以安装油环。在油环槽底面上钻有许多径向小孔,使得被油环从汽缸壁上刮下的多余的机油经过这些小孔流回油底壳。

有的发动机活塞在第一道环槽上面,切出一道较环槽窄得隔热槽,其作用是隔断从活塞顶部流下来的部分通路,迫使热流方向折转,把原来应由第一道环散走的热量,分散给第二、第三道环,以消除第一环过热后产生积炭和卡死在环槽上的可能性。

3. 活塞裙部

自油环下端面到活塞底面的部分称为活塞裙部。活塞的裙部是用来为活塞导向和承受侧压力的,因而裙部要有一定的长度,以保证可靠的导向;又要有足够的面积,以防止活塞对汽缸壁的单位面积压力过大,破坏润滑油膜、加大磨损。

活塞销座是活塞通过活塞销与连杆的连接部分,销座孔有很高的加工精度,位于活塞裙部的上部,为厚壁圆筒结构,用以安装活塞销。活塞所承受的气体压力、惯性力,都是通过销座传给活塞销的,并且分组与活塞销选配,以达到高精度的配合,

为了保证活塞的正常工作,活塞各部与汽缸壁之间必须保持一定的间隙,其中起导向作用的裙部与汽缸之间的间隙尤为重要,若间隙过小,活塞膨胀,易出现拉缸、卡死等故障;若间隙过大,又将出现敲缸、窜气、上机油等故障。

二、活 塞 环

活塞环按其主要功用可分为气环和油环两类。

气环用来密封活塞与汽缸壁的间隙,防止汽缸内的气体窜入油底壳,以及将活塞头部的热

量传给汽缸壁，再由冷却水或空气带走。另外还起到刮油、布油的辅助作用。一般发动机的每个活塞装有2～3道气环。

油环用来刮走汽缸壁上多余的机油，并在汽缸壁上涂一层均匀的机油膜，这样可以防止机油窜入燃烧室燃烧，又可以减小活塞、活塞环与汽缸的磨损和摩擦阻力。此外，油环也起到密封的辅助作用。通常发动机有1～2道油环。近年来，随发动机转速的提高，活塞环的数目日趋减少，多为两道气环、一道油环。这样不仅减少了摩擦损失，还缩短了活塞高度，进而降低了发动机高度。

三、活　塞　销

活塞销用来连接活塞和连杆，并把活塞所受的力传给连杆。

活塞销是在承受大小和方向都不断交化的冲击性荷载下工作的。同时，由于活塞销做低速摆转运动，不易建立油膜，故润滑条件较差，因此要求有足够的刚度和强度，表面耐磨性、质量尽可能小。为此，活塞销通常制成空心圆柱体。

四、连　　杆

如图2-3-10所示，连杆组由连杆体、连杆盖、连杆螺栓和连杆轴瓦等零件组成，习惯上常把整个连杆组（或除去连杆轴瓦）称作连杆。连杆的功用是将活塞承受的力传给曲轴，把活塞的往复运动变为曲轴的旋转运动。

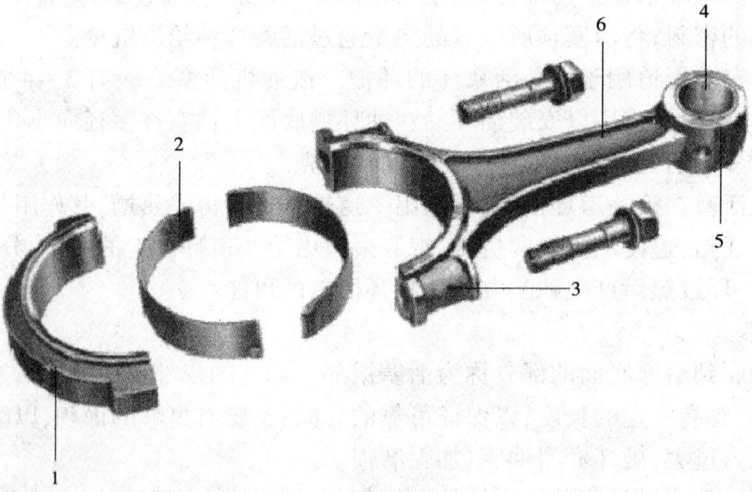

图2-3-10　连杆结构

1-连杆大头盖；2-连杆轴承（轴瓦）；3-连杆大头；4-连杆小头衬套；5-连杆小头；6-杆身

连杆小头用来安装活塞销，以连接活塞。活塞销为全浮式的连杆小头孔内，压有青铜衬套或铁基粉末冶金衬套。为了润滑活塞销和衬套，在小头和衬套上设有集袖孔或铣出集油槽用来收集发动机运转时飞溅上来的机油，以便润滑。有的发动机连杆小头采用压力润滑，在连杆杆身内钻有纵向的压力油道。

杆身通常做成“工”字形断面，以求在强度和刚度足够的前提下减小质量。

连杆大头是与曲轴的连杆轴颈相连的。为了便于安装，大头一般做成分开式的，一半为连杆体大头，一半为连杆盖，两者一般用螺栓装配。连杆盖与连杆大头是组合后镗孔，为防止装配错误，在同侧刻有记号。

第四节　曲轴飞轮组

曲轴飞轮组主要由曲轴、飞轮、驱动配气机构的正时齿形皮带轮（或链轮、齿轮），驱动机油泵的链轮，驱动风扇、水泵等部件的皮带轮等组成。有的曲轴飞轮组还装有曲轴扭转减振器和转速传感器信号轮。

一、曲　　轴

曲轴是发动机的主要部件，它的功用是承受连杆传来的力，转变为转矩向外输出，并带动发动机其他附件工作。

如图 2-3-11 所示，曲轴主要由曲轴前端的正时齿形皮带轮（链轮、齿轮）、驱动链轮（皮带轮）、曲轴主轴颈、连杆轴颈（曲柄销）、曲柄、平衡重、曲轴后端凸缘等组成，有些电控发动机的转速曲轴位置传感器的信号轮安装在曲轴上。曲轴的连杆轴颈和它左右两端的曲柄及主轴颈组成一个曲拐，曲拐数取决于汽缸的数目和排列方式。

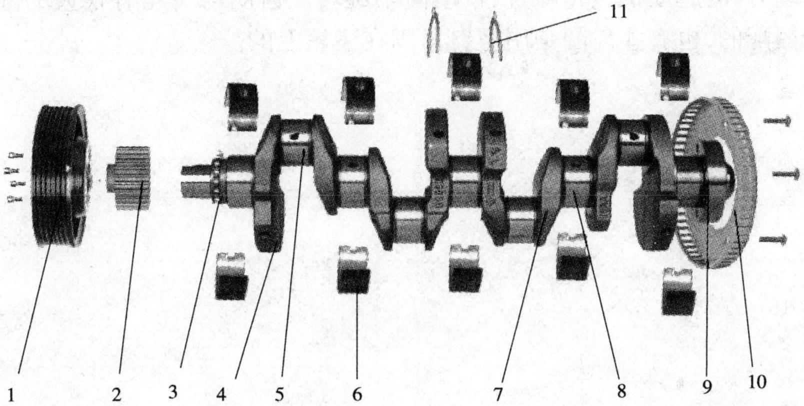

图 2-3-11　曲轴结构示意图

1-皮带轮；2-正时齿形皮带轮；3-驱动链轮；4-平衡重；5-连杆轴颈；6-主轴瓦；7-曲柄；8-主轴颈；9-凸缘；10-转速传感器信号轮；11-止推片

主轴颈通过主轴承座孔和轴承盖支承于发动机曲轴箱体上，主轴颈与连杆轴颈之间有油道相通。连杆轴颈用来安装连杆大头，直列式发动机的连杆轴颈与汽缸数相等，有些 V 型发动机由于两个连杆共同装在一个连杆轴颈上，故连杆轴颈数为汽缸数的一半。

曲柄用来连接主轴颈和连杆轴颈，曲柄上还加有平衡重，用来平衡曲轴的离心力和离心力矩，还可以平衡一部分往复惯性力。

曲轴前端通常有正时齿轮、皮带轮、链轮、扭转减振器等，为了防止润滑油沿曲轴前轴颈外漏，曲轴前端主轴颈周围还嵌有自紧式油封，有的发动机在正时齿轮前端装有一个甩油盘。

曲轴后端轴颈有安装飞轮的凸缘、轴颈油封，有些发动机还车有回油螺纹。

二、飞　　轮

图 2-3-12 为飞轮示意图，其主要功用是贮存作功冲程的能量，用以在其他冲程中克服阻

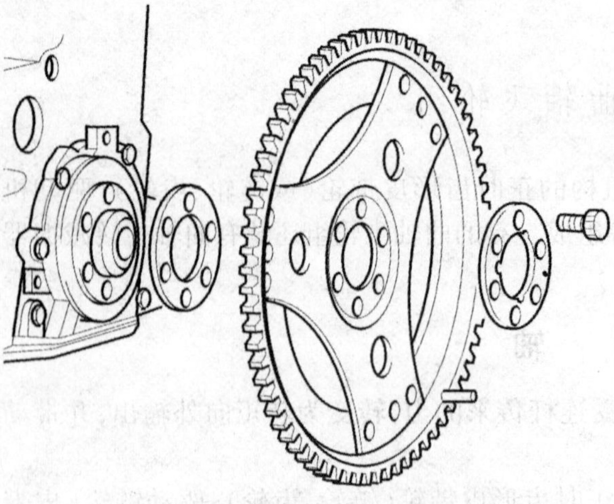
图 2-3-12　飞轮示意图

力，完成发动机的工作循环，使曲轴的旋转角速度和输出转矩尽可能均匀，并改善发动机克服短暂超负荷的能力。与此同时，又将发动机的动力传给离合器。

发动机的工作循环只有作功冲程产生动力，其他冲程消耗动力。即使是多缸发动机间隔作功，给曲轴的也是周期变化的扭转外力，造成曲轴运转忽快忽慢，缸数越少这种现象越明显。由于固定在曲轴后端的飞轮惯性很大，力图保持等速运转，曲轴增速时它吸收部分能量阻碍其增速，减速时它释放出能量而增加曲轴的转速，于是提高了曲轴运转的均匀性，增加了发动机克服短暂超负荷的能力。

飞轮是一铸铁圆盘，多用灰铸铁制造，用螺栓固定于曲轴后端凸缘或后端面（无凸缘者）上。为了在同样质量下增大转动惯量，某些飞轮边沿部分做得较厚。飞轮外缘一边镶有齿圈，以便发动机起动时，与起动机齿轮啮合，带动曲轴旋转。齿圈与飞轮有很大的配合过盈，是将齿圈加热进行镶配的，也有些齿圈是用螺钉紧固在飞轮上的。

第四章　配 气 机 构

第一节　概　　述

一、功用与组成

配气机构的功用是按照发动机各缸的作功顺序和每一缸工作循环的要求，定时地将各缸进气门与排气门打开、关闭，以使新鲜混合气进入汽缸，将燃烧废气排出汽缸。

发动机的配气机构由气门组和气门传动组组成。气门组的功用是封闭进、排气道。气门传动组的作用是使进、排气门按规定的时刻开闭，且保证有足够的开度，满足发动机的工况要求。

图 2-4-1 为凸轮轴下置顶置气门式配气机构的示意图。气门组主要包括气门 7、气门导管 6、气门弹簧 5、气门弹簧座和气门锁片等。气门传动组主要包括凸轮轴正时齿轮、凸轮轴 1、挺柱 2、推杆 3、摇臂 4 和摇臂轴等。气门穿过气门导管，在其尾端通过气门锁片固定在气门弹簧座上。气门弹簧套于气门杆外围，并有一定的预紧力。气门弹簧的上端抵于弹簧座，下端抵于缸盖。当气门关闭时，在气门弹簧预紧力的作用下，气门头部密封锥面压紧在气门座上，将气道封闭。摇臂轴通过支架固定在缸盖上平面，摇臂套在摇臂轴上，可绕摇臂轴摆动。摇臂长臂端与气门杆尾部接触，短臂端装有调整气门间隙的调整螺钉。凸轮轴安装在缸体的一侧，挺柱呈杯状，位于挺柱导向体内，下端与凸轮轴接触。推杆为一细长杆件，上端与摇臂调整螺钉接触，下端穿过缸盖与挺柱接触。气门的开启是通过气门传动组的作用来完成的，而气门的关闭则是由气门弹簧来完成的。气门的开闭时刻与规律完全取决于凸轮的轮廓曲线形状。

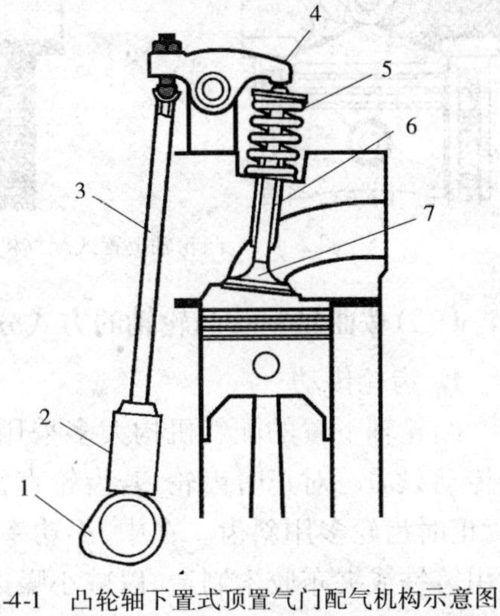

图 2-4-1　凸轮轴下置式顶置气门配气机构示意图
1-凸轮轴；2-挺柱；3-推杆；4-摇臂；5-气门弹簧；6-气门导管；7-气门

二、配气机构的分类

配气机构按气门的布置位置不同可分为顶置式气门和侧置式气门两类。侧置式配气机构现已被淘汰。顶置式配气机构的优点很多，如进气阻力小，燃烧室结构紧凑等，故被广泛采用。

（一）按凸轮轴的位置分类

1. 凸轮轴下置式

大多数载货汽车和大、中型客车发动机都采用凸轮轴下置式。这种布置方式一般用于发动机负荷较大的车型,因为气门弹簧的预紧力较大,故需要更加可靠的传动,这种布置形式如图 2-4-1 所示。凸轮轴平行布置在曲轴的一侧,由于曲轴和凸轮轴位置靠近,只用一对正时齿轮传动,使得传动系比较简单可靠。

2. 凸轮轴上置式

凸轮轴上置式配气机构的凸轮轴直接布置在缸盖上,如图 2-4-2 所示,此种布置方式传力零件少,发动机损失功相对较少。凸轮轴直接通过摇臂来驱动气门或直接通过挺柱驱动气门,省去了推杆,使往复运动质量大大减小,因此它适合于高速发动机。由于凸轮轴离曲轴中心较远,因而都采用链条传动或同步齿形带传动,使得正时传动机构较为复杂,目前被大多数轿车采用。

3. 凸轮轴中置式

为减小气门传动组零件的往复运动惯性力,某些速度较高的发动机将下置式凸轮轴的位置抬高到缸体的上部,缩短了传动零件的长度,称之为凸轮轴中置式配气机构,如图 2-4-3 所示。

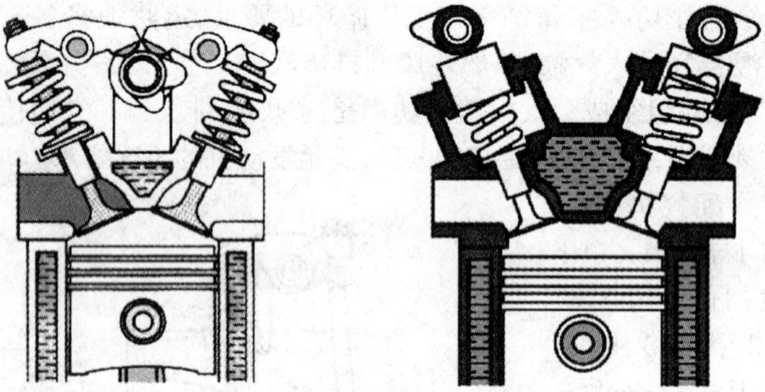

图 2-4-2　凸轮轴上置式配气机构示意图

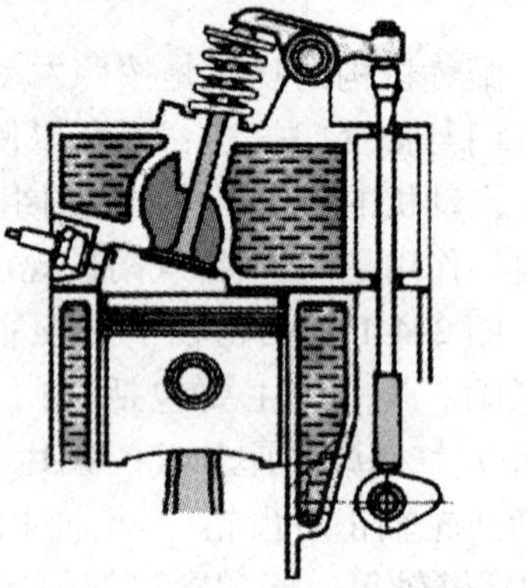

图 2-4-3　凸轮轴中置式配气机构示意图

(二)按曲轴驱动凸轮轴的方式分类

1. 齿轮传动

凸轮轴下置的配气机构大多采用正时齿轮传动,如图 2-4-4 所示。一般从曲轴到凸轮轴的传动只需一对正时齿轮,若齿轮直径过大,可在中间加装一个惰轮。为了啮合平稳,减小噪声,正时齿轮多用斜齿。在中、小功率发动机上,曲轴正时齿轮用钢来制造,而凸轮轴正时齿轮则用铸铁或夹布胶木制造,以减小噪声。齿轮传动比较平稳,配气正时控制精度高,又不需要张紧装置,摩擦损失小,在使用中也不需要调整和维护。但传力零件比较多,工作的平稳性较差,发动机损失功多,振动和噪声较大。

a)　　b)　　c)

图 2-4-4　凸轮轴传动方式

a)齿轮传动;b)链传动;c)齿形皮带传动

2. 链传动

链条与链轮的传动特别适用于凸轮轴上置、中置的配气机构。如图 2-4-5 所示，为使在工作时链条有一定的张力而不至脱链，通常装有导链板、张紧装置等。链条与链轮传动的主要问题是其工作可靠性和耐久性不如齿轮传动，其传动性能在很大程度上取决于链条的制造质量。

3. 齿形带传动

近年来，在高速发动机上还广泛采用齿形带来代替传动链，它不需要润滑，工作噪声低，结构质量轻，制造成本低。这种齿形带用氯丁橡胶制成，中间夹有玻璃纤维和尼龙织物，以增加强度。如图 2-4-6 所示，为确保齿形传动的可靠性，齿形带传动也需要张紧装置，如齿形带过松，发动机工作过程中可能产生跳齿现象，使配气相位失准，影响发动机正常工作。

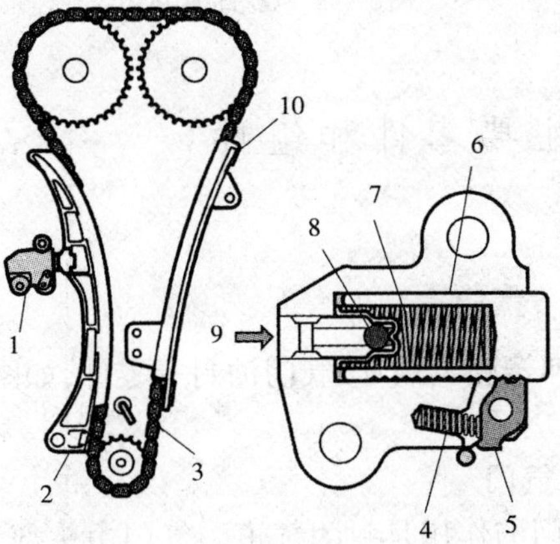

图 2-4-5　链条张紧装置（自动张紧）

1-正时链条自动张紧器；2-链条拉紧器滑块；3-正时链条；4-弹簧；5-凸轮；6-活塞；7-弹簧；8-止回球；9-机油；10-链条减振器

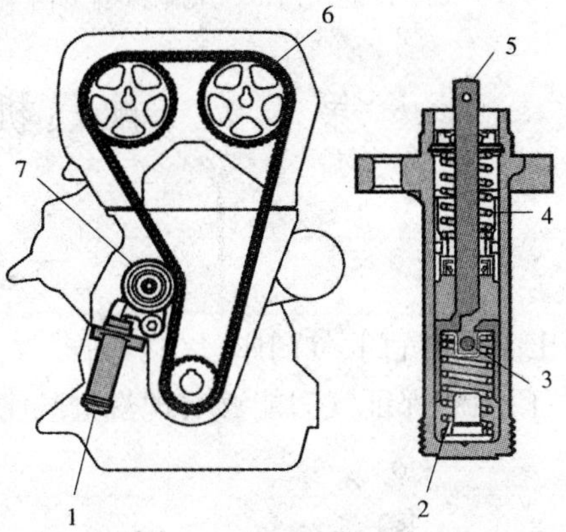

图 2-4-6　皮带张紧装置（自动张紧）

1-正时皮带自动张紧器；2-弹簧；3-止回球；4-弹簧；5-活塞杆；6-正时皮带；7-张紧轮

（三）按每缸气门的数量分类

一般发动机较多采用一个进气门和一个排气门。其特点是结构简单，能适应各种燃烧室。但其汽缸换气受到进气通道的限制，故都用于低速发动机。

如图 2-4-7 所示，在很多新型汽车发动机上多采用每缸四气门的结构，即两个进气门和两个排气门，采用这种形式后，进气门总的通过断面较大，充气效率较高，排气门的直径可适当减小，使其工作温度相应降低，提高了工作可靠性。此外，采用四气门后还可适当减小气门升程，改善配气机构的性能。四气门的汽油机还有利于改善排放性能。

当每缸用两气门时，为使结构简化，大多数采用所有气门沿机体纵向轴线排成一列的方式。这样，相邻两缸的同名气门就有可能合用一个气道，以使气道简化并得到较大的气道通过截面；另一种是将进、排气门交替布置，每缸单独用一个气道，这样有助于汽缸盖冷却均匀。

当每缸采用多气门时，气门排列的方案通常是同名气门排成一列，分别用进气凸轮轴和排气凸轮轴驱动。两凸轮轴均有曲轴正时齿轮通过正时带或正时链驱动，其结构如图 2-4-8 所示。

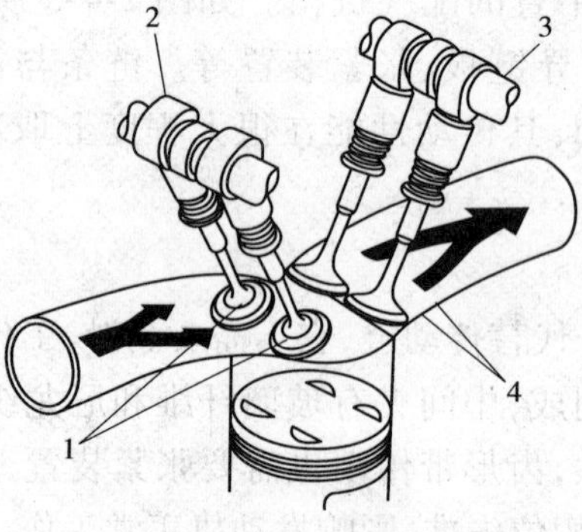

图 2-4-7　四气门机构

1-燃烧室;2-进气门;3-火花塞;4-排气门

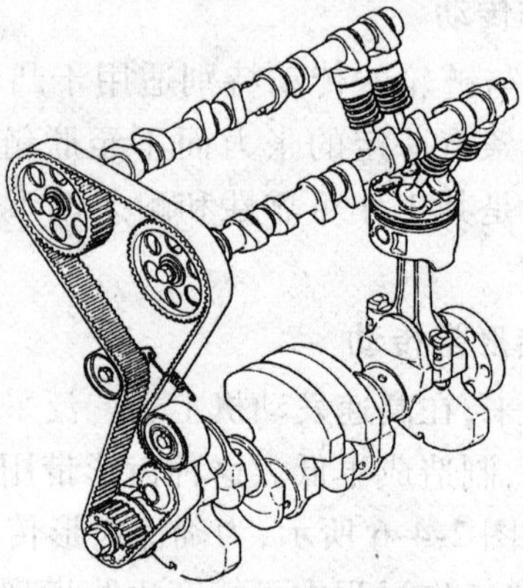
图 2-4-8　双凸轮轴机构

第二节　配气机构的主要零件和组件

一、气　门　组

气门组包括气门、气门座、气门导管、气门弹簧、弹簧座及锁片、气门油封等零件，如图 2-4-9 所示。气门组应保证气门能够实现汽缸的密封。

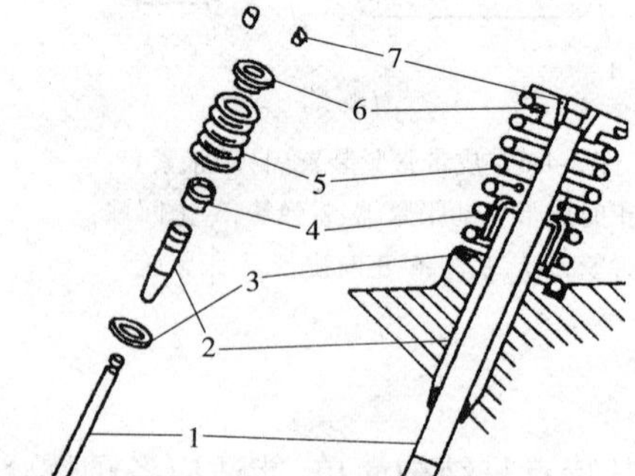

图 2-4-9　气门组结构图

1-气门;2-气门导管;3-气门弹簧下座;4-气门油封;5-气门弹簧;6-气门弹簧下座;7-气门锁片

1. 气门

气门的作用是封闭气道。气门由头部和杆身两部分组成。头部用来封闭进排气道，杆身在气门开闭过程中起导向作用。

气门分成进气门和排气门两种。气门包括头部和杆身两部分，两者圆弧连接。气门头部由气门顶部和密封锥面组成，而气门杆身尾端的结构主要取决于气门弹簧座的固定方式。

2. 气门座

进、排气道口与气门密封锥面直接贴合的部位称为气门座。

气门座与气门头部一起对汽缸起密封作用，同时接受气门头部传来的热量，起到对气门散热的作用。

3. 气门导管

气门导管的功用是给气门的运动作导向，保证气门的往复直线运动和气门关闭时能正确地与气门座贴合，并为气门杆散热。图 2-4-12 所示为气门导管，气门导管通常单独制成零件，再压入缸盖的承孔中。由于润滑较困难，气门导管一般用含石墨较多的铸铁或粉末冶金制成，以提高自润滑性能。

4. 气门弹簧

气门弹簧是圆柱形的螺旋弹簧，位于缸盖与气门尾端弹簧座之间。其作用是使气门自动复位关闭，并保证气门与气门座的贴合压力；还用于吸收气门在关闭过程中各传动零件所产生的惯性力，以防各个传动件彼此分离而破坏配气机构正常工作。为保证气门弹簧上述作用的发挥，其刚度一般都很大，而且在安装时进行了预紧压缩，因此预紧力很大。

二、气门传动组

气门传动组的主要作用是使进、排气门按照配气相位规定的时间开启与关闭。气门传动组由凸轮轴和凸轮轴正时齿轮、挺柱、挺柱导管、推杆和摇臂总成等组成。由于气门驱动形式和凸轮轴位置的不同，气门传动组的零件组成差别很大。

1. 凸轮轴

凸轮轴是由发动机曲轴驱动的，用来驱动和控制各缸气门的开启和关闭，使其符合发动机的工作顺序、配气相位及气门开度的变化规律等要求。

凸轮轴下置式配气机构凸轮轴主要由凸轮、轴颈、偏心轮和螺旋齿轮等组成，如图 2-4-10 所示。凸轮轴上置式配气机构凸轮轴主要由凸轮、轴颈、轴向定位凸肩、凸轮轴位置传感器信号轮等组成，如图 2-4-11 所示。

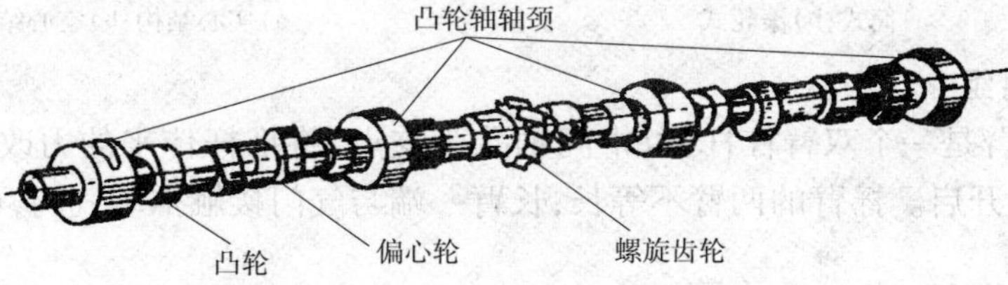

图 2-4-10　凸轮轴下置式配气机构凸轮轴

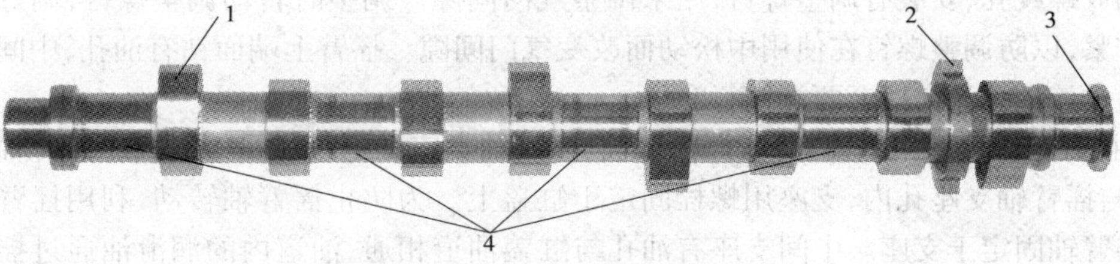

图 2-4-11　凸轮轴上置式配气机构凸轮轴

1-凸轮；2-凸轮轴位置传感器信号轮；3-凸轮轴定位凸肩；4-凸轮轴轴颈

2. 挺柱

挺柱在气门传动组中起传力的作用，将凸轮的推力传给推杆或者气门。挺柱的材料用碳钢、合金钢、合金铸铁等。如图 2-4-12 所示，挺柱常见的形式有筒式和滚轮式两种，大多数发动机采用筒式挺柱，有些柴油机采用滚轮式挺柱，可以显著减少摩擦力和侧向力，但结构复杂，质量较大。

为了防止受热膨胀后气门关闭不严，大多数发动机预留了气门间隙。如不留气门间隙或气门间隙留得太小，会使发动机气门关闭不严，影响发动机的动力性、经济性；如气门间隙留得太大，会使气门升程减小，气门开启面积减小，同样影响动力性和经济性，而且使发动机有异响。

3. 推杆

采用下置、中置凸轮轴式的配气机构，利用推杆将挺柱传来的力传给摇臂。推杆下端与挺柱接触，上端与摇臂调整螺钉接触。由于摇臂绕摇臂轴转动，推杆在做上下往复直线运动的同时，上端随摇臂一起做微量的摆动。为防止发生运动干涉，推杆下端做成球形，与挺柱的凹球面配合。推杆上端做成凹球形，与摇臂调整螺钉球形头部配合。这样还可以在接触面间贮存一定的润滑油,减轻磨损。推杆的结构如图 2-4-13 所示。

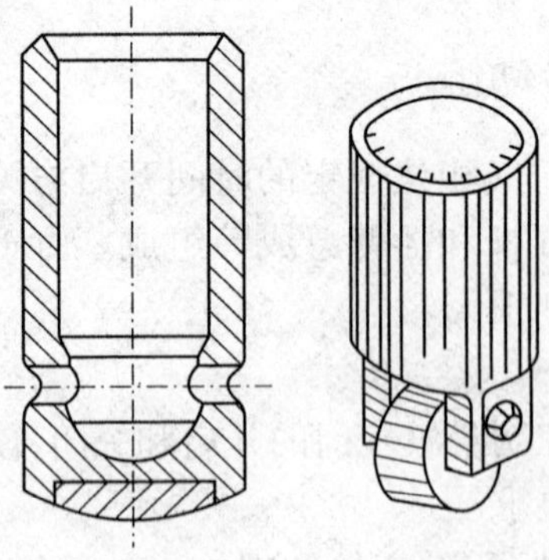

a)　　b)

图 2-4-12　挺柱形式

a)筒式;b)滚轮式

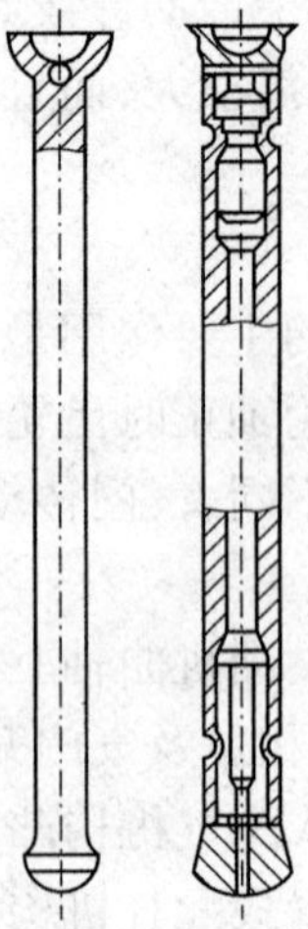

a)　　b)

图 2-4-13　推杆

a)实心结构;b)空心结构

4. 摇臂与摇臂组

(1)摇臂。摇臂是一个双臂杠杆,以中间轴孔为支点,将推杆传来的力改变方向和大小,传给气门并使气门开启。摇臂的两臂不等长,长臂一端与气门接触推动气门,可使气门的升程大于凸轮的升程。

摇臂中间轴孔内镶有摇臂轴套和摇臂轴配套。长臂端制成圆弧状,与气门杆尾端接触。短臂端制成螺纹孔,安装有调整螺钉,用来调整气门间隙。调整时转动调整螺钉,调好后将调节螺母拧紧,以防调整螺钉在使用中松动而改变气门间隙。摇臂上端面钻有油孔,中间轴孔的润滑油通过该油孔流向摇臂两端进行润滑。

(2)摇臂组。摇臂组主要有摇臂、摇臂轴、摇臂轴支座和定位弹簧等组成。摇臂轴为空心轴,支撑与摇臂轴支座孔内,支座用螺栓固定于缸盖上。为防止摇臂轴转动,利用摇臂轴紧固螺钉将摇臂轴固定于支座。中间支座有油孔与缸盖油道相通,油道内的润滑油通过摇臂轴上的油孔进入摇臂轴内腔。

第五章　冷　却　系

发动机工作时，由于燃料的燃烧，汽缸内气体温度高达 2073～2527K，使发动机零部件温度升高，特别是直接与高温气体接触的汽缸体、缸盖、活塞和气门等，在高温的作用下会因热膨胀而破坏正常间隙，导致运动件受阻或卡死，机件的机械强度降低，润滑油因高温而失效，难以保证发动机的正常工作，因此必须在发动机上设置冷却系。

第一节　概　　述

一、冷却系作用

冷却系的作用就是对发动机进行冷却，保持发动机在最适宜的温度范围内工作。冷却系的冷却必须适度，过度冷却或冷却不足都会给发动机带来危害。

根据所用冷却介质不同，冷却系可分为风冷式和水冷式。图 2-5-1 所示为水冷式冷却系，它以水为冷却介质，热量先由机件传给水，再将水送入散热器，散热后的水再重新流回到发动机内部。水冷系冷却可靠，冷却强度调节方便，在发动机正常工作时，可使缸盖内的冷却系温度维持在 80～100℃，这是大部分汽车所采用的冷却方式。

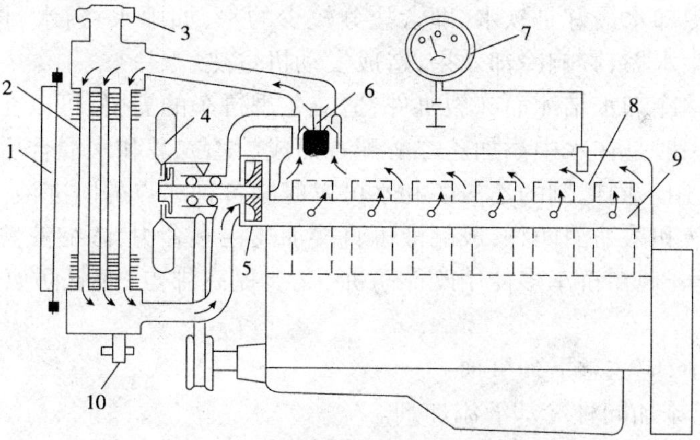

图 2-5-1　发动机强制循环式水冷系

1-百叶窗；2-散热器；3-散热器盖；4-风扇；5-水泵；6-节温器；7-水温表；8-水管；9-分水管；10-放水阀

风冷式是以空气作为冷却介质，直接对缸体和缸盖进行冷却。与水冷系相比，其冷却作用不可靠，冷却强度不易调节，只在一些小型汽油机上应用。

二、冷却系的组成

汽车发动机上采用强制循环式水冷却系。它由风扇（有的装风扇离合器或风扇电机）、水套、散热器、百叶窗、节温器、水管、水温表和传感器等组成。

强制循环式水冷却系是用水泵把该系统的冷却液体加压，使之在水套中流动，冷却水从汽缸壁吸收热量，温度升高，热水向上流入汽缸盖，继而从缸盖流出并进入散热器。由于风扇的强力抽吸，空气从前向后高速流过散热器，不断地将流经散热器的水的热量带走。冷却了的水由水泵从散热器底部重新泵入水套。水在冷却系中不断循环。为了控制冷却水温度，冷却系中设有冷却强度调节装置，如百叶窗、节温器和风扇。

水套是汽缸与缸体外壁之间和缸盖上下之间的夹层空间，是在缸体和缸盖加工时直接铸造而成的。缸体上平面和缸体下平面有对应的通水孔，使缸体水套和缸盖水套相通。发动机工作时，水套中充满冷却水，直接冷却汽缸壁和燃烧室。水泵固定在发动机前端面，由曲轴通过V形皮带驱动，水泵的出水口与水套相通。散热器一般安装在发动机前面的支架上，通过橡胶水管和发动机缸盖上的水套出水口及水泵进水口相连。风扇位于散热器后面，可产生强大的抽吸力，增大通过散热器的空气流量和流速，加大散热器的散热效果。为了调节冷却强度，风扇通常装在风扇离合器或风扇电机上。节温器位于缸盖出水口处，可以根据发动机的工作温度，自动控制冷却水的循环路线，实现冷却强度的调节。百叶窗安装在散热器前面，由驾驶员操纵开度来控制通过散热器的空气量，也可实现冷却强度的调节。

大多数汽车装有暖风系统。在装有暖风的水冷系中，热的冷却液从汽缸盖或机体水套经暖风机进水软管流入暖风机芯，然后经暖风出水软管流回水泵。吹过暖风机芯的空气被冷却液加热后，一部分送到风窗玻璃除霜器，一部分送入驾驶室或车厢。

通常，冷却水在冷却系内的循环流动的路线有两条，一条是小循环，另一条为大循环。水温较高时走大循环，水经过散热器散热，水温较低时走小循环路线，冷却水不经过散热器。大小循环路线时由节温器来控制的。

三、冷却水简介

水冷系使用的冷却水最好是软水，即含盐分较少的水，如雨水、雪水、自来水等，否则在水套和散热器中易产生水垢，影响冷却效果，造成发动机过热。

为了防止在冬季冷却水结冰而冻裂机件，适应冬季行车的需要，可以在冷却水中添加适量的防冻液。防冻液一般是在水中添加乙二醇配置而成。乙二醇和水混合后，冰点会显著降低，最低能达到 -68℃，用不同比例的乙二醇和水可以配制各种冰点的防冻液。

防冻液有成品液和浓缩液两种，成品液可直接加注在水套中，浓缩液需根据当地历年最低气温，加蒸馏水调配。现在轿车多使用既能防冻，又能提高沸点，而且防腐蚀、防氧化、防结垢的冷却液。

冷却液在使用中，应注意下列事项：

(1)防冻液中应添加同种冷却液添加剂。

(2)发动机热态时，冷却系内仍处于高温高压状态，此时切勿打开水箱盖以防烫伤。

(3)冷却液的使用浓度为40%~60%，否则，影响防冻能力。

(4)更换缸盖、缸垫、散热器等，就必须更换冷却液。

(5)放出的冷却液不宜再使用。冷却液及其添加剂均为有毒物质，应妥善处理。

(6)发现冷却液大量损耗时，则必须待发动机冷态时添加冷却液，以防损坏发动机。

(7)不同颜色的防冻液不可混加。

(8)防冻液体积减少时，只须添加适量的水即可。因为乙二醇比水的沸点高，使用中蒸发掉的主要是水。

第二节　水冷系的主要部件

一、水冷系的主要部件

水冷系由水套、水泵、风扇、散热器、水温表、节温器、百叶窗、硅油风扇离合器等组成。

1. 散热器

散热器的作用是将水套出来的热水自上而下或横向的分成许多小股并将其热量散给周围的空气。为了集中风向，提高冷却效果，散热器后面还装有风扇和导风圈。

散热器上(左)水室装有散热器的入水管，通过橡胶管与汽缸盖出水管连接；上水室上部有加水口和散热器盖，加水口一般装有溢流管。当冷却水沸腾时，水蒸气可以从此管排出。加装防冻液的冷却系，此管接补偿水箱。下(右)水室有出水管，用软管与水泵进水口连接，两水室之间焊接散热器芯管。芯管的结构形式很多，常用的为管片式，其芯管多为扁圆形直管(防冻裂性好)，周围制有散热片，芯管可竖置或横置，这种散热器芯强度和刚度较好，耐高压，单制造工艺较复杂，成本高。还有的为管带式，散热器芯采用冷却管和散热带沿纵向间隔排列，散热带上的缝孔是为了破坏空气流在散热带上形成的附面层，使散热能力提高。这种散热器芯散热能力强，制造工艺简单，成本低，但其刚度不如管片式，一般多为轿车发动机所采用。

强制循环水冷系的散热器盖安装在加水口上，是由空气阀(真空阀)和蒸汽阀(压力阀)组合而成的自动阀门，散热器盖的结构和工作原理如图 2-5-2 所示。发动机正常温度时两个阀门均关闭，冷却系和外界大气不相通，当冷却系内的蒸气因温度升高使其压力大于蒸气阀的弹簧弹力时，蒸汽阀打开，一部分冷却液由溢流管流回补偿水箱，冷却系内的压力下降，以防将散热器胀裂。当冷却系内部压力小于空气阀弹簧弹力时，空气阀开启，补偿水箱中的冷却水进入散热器，避免散热器被大气压力压坏。

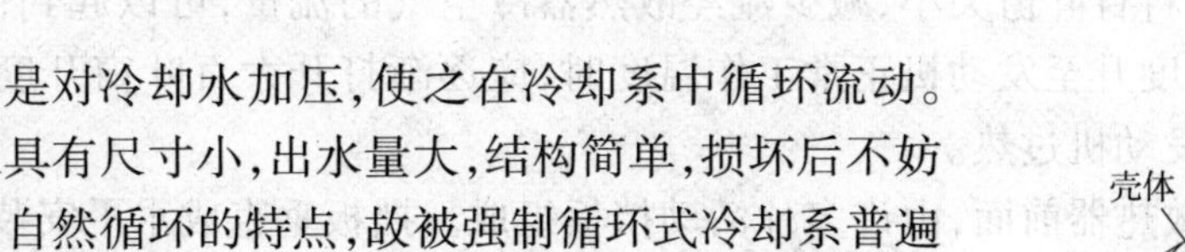

图 2-5-2　散热器盖

1-蒸气排出口；2-蒸汽阀；3-空气阀；4-散热器盖

2. 水泵

水泵的作用是对冷却水加压，使之在冷却系中循环流动。由于离心式水泵具有尺寸小，出水量大，结构简单，损坏后不妨碍水在冷却系中自然循环的特点，故被强制循环式冷却系普遍采用。常见的水泵在机体外安装与风扇同轴驱动，也有装在机体内(内藏式)单独驱动的。

离心式水泵的工作原理如图 2-5-3 所示。当叶轮旋转时，水泵中的水被叶轮带动一起旋转。由于离心力的作用，水被甩向叶轮边缘，在蜗形壳体内将动能转变为压能，经外壳上与叶轮成切线方向的出水管被压送到发动机水套内。与此同时，叶轮中心处压力降低，散热器中的水便经进水管被吸进叶轮中心

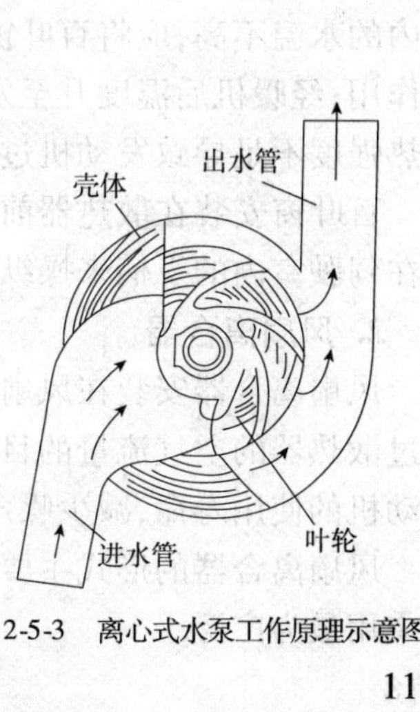

图 2-5-3　离心式水泵工作原理示意图

部分。水泵连续运转,冷却水在水路中不断循环。

3. 风扇

风扇的作用是提高流经散热器的空气流速和流量,以增强散热器的散热能力并冷却发动机附件。风扇多装在发动机与散热器之间,与水泵间轴驱动,电动风扇装在散热器风扇支架上,由电机驱动。当风扇旋转时,对前方空气形成吸力,高速空气流由前向后通过散热器芯,带走散热器芯表面地热量,加速冷却水地冷却。风扇的扇风量主要与风扇的直径、转速、叶片形状、叶片安装角和叶片数目有关。

机械风扇常安装在硅油风扇离合器上,通过皮带由曲轴驱动,风扇皮带必须松紧适宜,皮带过松会造成打滑,使风扇风量减少,发动机过热。皮带过紧将增加曲轴的径向力,加速轴承的磨损。

目前大多数轿车采用电动风扇,风扇通常不与水泵同轴,而是安装在散热器上,由电动机驱动,受冷却水温度控制的温控开关控制风扇的转动,不受发动机转速的影响;并且有高低速两个挡位,低速挡在沸点内使用,高速挡在沸点外使用,需要冷却时自动起作用。当冷却水温度为92℃时,热敏开关接通风扇电动机的1挡,风扇以低速1挡转动;当冷却液温度高到98℃时,热敏开关接通风扇电动机2挡,风扇以较高转速转动;若冷却水温度降到92～98℃时,风扇电动机恢复1挡转速;当冷却液温度降到84℃时,热敏开关切断电源,风扇停止转动。这样,既能保证发动机在汽车低速时的冷却,又可减少消耗发动机的功率。

二、冷却强度的调节装置

强制式水冷却系统的冷却强度,一般受汽车的行驶速度、曲轴、水泵和风扇的转速及外界气温的影响。当使用条件变化时,如外界气温高,发动机在低速大负荷情况下工作,要求冷却强度要强,否则发动机易于过热。而当外界气温低,发动机负荷又不大时,其冷却强度应弱些,不然就会使发动机过冷。因此,要保证发动机在最佳的温度下工作,不出现过热、过冷现象,就必须能根据使用条件的变化自动调节发动机冷却强度。冷却强度的调整方法有两种:一是改变流经散热器的空气流量和流速;二是改变冷却波的流量和循环路线。

1. 百叶窗

百叶窗的作用是在冷却水温度较低时改变吹过散热器的空气流量,从而控制冷却强度。在严寒的冬季,水温过低时,由于节温器的作用使水只进行小循环或部分进行循环,此时散热器内的水温不高,应将百叶窗关小,减少流经散热器冷空气的流量,可以起到快速暖机和保温的作用;经暖机后温度升至发动机正常工作温度时,应逐渐打开大百叶窗开度,防止因散热器散热强度不足导致发动机过热。

百叶窗安装在散热器前面,由许多片活动挡板组成。挡板垂直成水平安装,由驾驶员通过装在驾驶室内的手柄来操纵调节挡板的开度。

2. 风扇离合器

风扇离合器安装在风扇和水泵之间,根据发动机的温度自动控制风扇的转速,以达到改变通过散热器的空气流量的目的。这不仅能够减少发动机的功率损失,节省燃油,而且能够提高发动机的使用寿命,减少噪声。

风扇离合器的形式主要有硅油式、电磁式、机械式三种类型。其中硅油风扇离合器在汽车上应用最为广泛。

3. 节温器

节温器用来控制通过散热器冷却水的流量。节温器装在冷却水循环的通路中，一般装在汽缸盖出水口处。目前，大多数汽车发动机采用蜡式节温器。

图2-5-4所示为蜡式节温器的工作过程：当冷却水温度低于85℃时，节温器体内的石蜡体积膨胀量尚小，故主阀门受大弹簧作用紧压在阀座上，来自散热器的水道被关闭，而副阀门则离开来自发动机的旁通水道，所以冷却液便不经过散热器，只在水泵与发动机水套之间作小循环流动。因此，冷发动机开始工作时，冷却液快速升温，能很快暖机，在短时间内达到发动机正常工作温度。当冷却水温度高于85℃时，石蜡体积膨胀，使橡胶管受挤压变形，对中心杆锥形端部产生向上的轴向推力。但由于中心杆是固定不动的，于是杆对橡胶管、感温器产生向下的轴向反推力，迫使感温器体压缩大弹簧，使主阀门逐渐开启，副阀门逐渐关闭，因而部分来自散热器的冷却水作大循环流动。

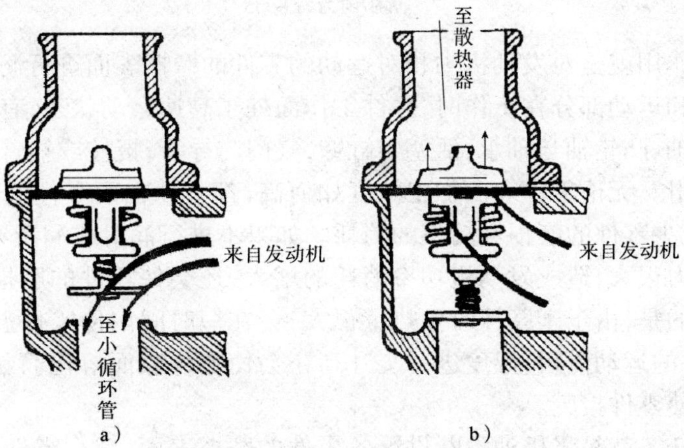

图2-5-4　蜡式节温器工作原理

第六章　润　滑　系

第一节　概　述

一、润滑系作用

润滑系的主要作用就是对发动机中相对运动的零件的摩擦表面进行润滑。

发动机运动件和运动部分在工作时,零件工作面处于高速运动状态,有的零件还在很大的荷载下工作,如:曲轴、凸轮轴与轴承,活塞与缸壁,气门与导管,挺柱或摇臂与凸轮等。因此工作表面必须进行润滑。无论零件表面加工精度如何高,都必须在两零件的摩擦表面之间保持一层润滑油膜,以减少零件的磨损和功率的消耗。如果不进行润滑或润滑不良,就会造成干摩擦。干摩擦不但阻力很大,造成发动机功率消耗的增大,还会使零件的磨损速度加快,使用寿命缩短。更为严重的是,由于干摩擦时发热量很大,会在短时间内使零件温度迅速升高,破坏配合间隙,使运动件的运动受阻,温度进一步升高还会使零件表面溶化而黏着,造成发动机严重的机械事故甚至使零件报废。

润滑系的基本任务就是将机油不断供给各零件的摩擦表面,减小零件的摩擦和磨损。同时,润滑油流经各零件表面时,会带走零件摩擦表面的热量;清除零件表面的金属磨屑,以及空气带入的尘土及燃烧产生的炭粒等杂质;在零件表面形成的油膜,还会保护零件免受水、空气和燃气的直接作用,防止零件受到化学腐蚀;润滑油有一定的黏度,还可以填补缸壁与活塞环之间的间隙,减少气体的泄漏,起到密封作用。因此说润滑系除了润滑作用外,还具有散热、清洗、保护和密封等作用。

二、润滑方式

发动机各零件的润滑强度取决于该零件的环境,相对运动速度和承受机械负荷、热负荷的大小。根据润滑强度的不同,发动机润滑系采用下面几种润滑方式:

1. 压力润滑

压力润滑是利用机油泵,将具有一定压力的润滑油源源不断地送到零件的摩擦面间,形成具有一定厚度并能承受一定机械负荷的油膜,尽量将两摩擦零件完全隔开,实现可靠的润滑。

发动机上一些相对速度高、机械负荷大的零件,都采用这种润滑方式,如曲轴各轴颈与轴承之间、凸轮轴颈与轴承之间、摇臂轴与摇臂之间等部位。采用压力润滑,必须在缸体或者缸盖上设有专门的油道来向这些部位输送润滑油。

2. 飞溅润滑

飞溅润滑是利用发动机工作时某些运动零件(主要是曲轴和凸轮轴)旋转时飞溅起的或从连杆大头上专设的油孔喷出的油滴和油雾,对摩擦表面进行润滑的一种方式。飞溅润滑适合于:暴露的零件表面,如缸壁、凸轮等;相对运动速度较低的零件,如活塞销等;机械负荷较小的零件,如挺柱等。汽缸壁采用飞溅润滑,还可防止由于润滑油压力过高、油量过大而窜入燃烧室,导致发动机工作条件的恶化。

3. 定期润滑

对一些不太重要、分散的部位,如发动机水泵轴承、发电机、起动机和分电器等总成的润滑,采用定期加注润滑脂的方式进行润滑。

一般的汽车发动机的润滑采用复合润滑,既有压力润滑,也有飞溅润滑和定期润滑。

三、润滑系的组成

一般发动机的润滑系组成大体相同,包括以下几个部分:

(1)机油泵、油管、油道、限压阀和油底壳等。其作用是贮存润滑油,并使其具有一定压力,以在发动机中循环流动。

(2)机油滤清装置。用来过滤掉润滑油中的杂质、磨屑、油泥和水分等杂物,使送到各润滑部位的都是干净、清洁的润滑油。由于过滤能力与流动阻力成正比,润滑系的滤清器按过滤能力分成机油集滤器、机油粗滤器和机油细滤器三种,设于润滑系的不同部位。

机油集滤器多为滤网式,能滤掉机油中粒度大的杂质,其流动阻力小,串联安装于机油泵进油口之前。机油粗滤器用来滤掉机油中粒度较大的杂质,其流动阻力小,串联安装于机油泵出口与主油道之间。机油细滤器能滤掉机油中的细小杂质,但流动阻力较大,故多与主油道并联,只有少量的机油通过细滤器过滤。

(3)润滑油冷却装置,如机油散热器。用来冷却润滑油,保持油温在70~90℃范围内。有些发动机没有润滑油冷却装置,靠空气流过油底壳使润滑油冷却。

(4)润滑油油温表、油压表,用来检测发动机润滑系的工作情况。

四、润滑系的油路

东风EQ6100-1型发动机的润滑系如图2-6-1所示。在该润滑系中,曲轴的主轴颈、连杆轴颈、凸轮轴轴颈、凸轮轴推力凸缘、摇臂轴正时齿轮和分电器传动轴等都用压力润滑,其余部分用飞溅润滑。

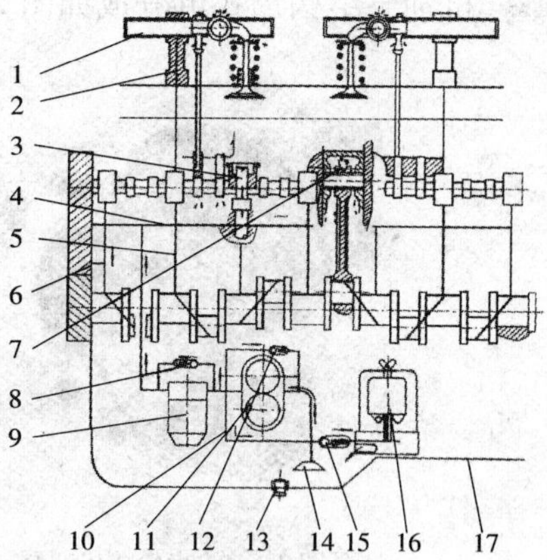

图2-6-1　东风发动机的润滑系示意图

1-摇臂轴;2-上油道;3-机油泵传动轴;4-主油道;5-横向油道;6-喷油嘴;7-连杆小头油道;8-机油粗滤器旁通阀;9-机油粗滤器;10-油管;11-机油泵;12-限压阀;13-磁性放油阀;14-固定式集滤器;15-机油滤清器进油限压阀;16-机油细滤器;17-油底壳

发动机在工作时,机油泵11经固定式集滤器14从油底壳中吸取机油,被机油泵加压后的机油分成两路:大部分的机油经机油粗滤器9滤去较大的机械杂质,流入纵向的主油道4用于润滑;只有一小部分机油(约10%~15%),经限压阀15流入机油细滤器16内,滤去较细的机械杂质和胶质后流回油底壳。一般汽车每行驶50km左右,全部机油就能通过细滤器,滤清一次。如果机油泵出油压力低于一定值,则机油细滤器进油限压阀15不开启,以保证压力油全部进入主油道。这种机油细滤器与主油道并联,流过细滤器的机油直接返回油底壳的滤清方式称分流式滤清。

机油进入主油道4后,通过上曲轴箱中的七条横向油道5分别润滑主轴颈和凸轮轴轴颈。

机油还通过曲轴中的斜向油道从主轴颈处流向连杆轴颈,同时也从凸轮轴的第二、第四轴颈处,经两个上油道2通向摇臂支座,润滑摇臂轴、推杆球头和气门端部。第三条横向油道还通向机油泵传动轴3,这些摩擦表面都能得到压力润滑。另外,还有一部分机油,由第一条横向油道通过喷油嘴6喷射出来,以润滑正时齿轮副。此外,在第一、第二横向油道之间还有油管从主油道接出,通到空气压缩机曲轴中心的油道。

润滑空压机的连杆轴颈后,经回油道流回到油底壳中。主油道中设有机油压力传感器和油压过低探测器,并通过导线分别与驾驶室中的机油压力表和机油压力过低警报灯相连,以检测油压,并显示润滑系的工作状态。

当连杆大头上对着凸轮轴一侧的小孔与曲轴的连杆轴颈上的油道孔口相通时,机油即由此小孔喷向凸轮表面、汽缸壁及活塞等处,润滑推杆球头和气门端的机油顺推杆表面流下到杯形挺柱内,再由挺柱下部的油孔流出与飞溅的机油共同来润滑凸轮的工作表面。飞溅到活塞内部的机油,溅落在连杆小头的切槽内,以润滑活塞销。

若机油粗滤器被杂质严重淤塞,当粗滤器进油和出油道中的压力差达到0.15~0.18MPa时,机油泵与主油道之间与粗滤器并联设置的旁通阀8被推开,则机油不经过粗滤器滤清而直接进入主油道,确保对发动机各部分的正常润滑。

第二节 润滑系的主要部件

一、机 油 泵

机油泵的功用是保证机油在润滑系内循环流动,并在发动机任何转速下都能以足够高的压力向润滑部位输送足够数量的机油。

机油泵结构形式可分成如图2-6-2所示的齿轮式和如图2-6-3所示的转子式。

图2-6-2 齿轮式机油泵

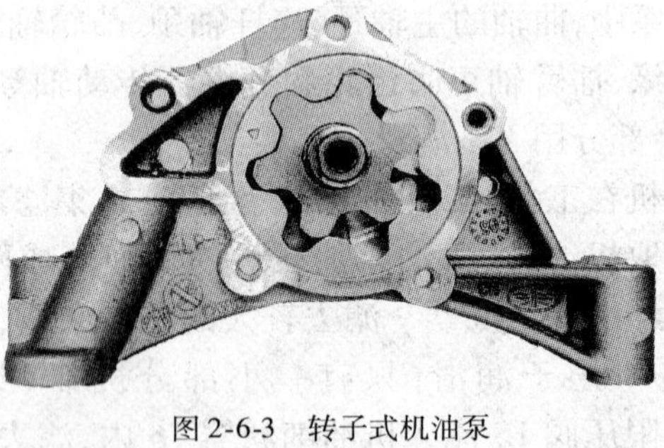

图2-6-3 转子式机油泵

1. 齿轮式机油泵

齿轮式机油泵通常由凸轮轴上的斜齿轮或曲轴前端链轮驱动,机油泵的安装位置一般在曲轴箱内。如图2-6-4所示,齿轮式机油泵壳体上加工有进油口和出油口,在油泵壳体内装有一个主动齿轮和一个从动齿轮。齿轮与壳体内壁之间留有很小的间隙。发动机工作时,主动齿轮顺时针旋转,进油腔的容积由于轮齿脱离啮合而增大,使腔内产生一定的真空度,机油便经进油口被吸入。齿轮旋转时把齿间所存的机油带到出油腔内。由于出油腔一侧轮齿由于进入啮合,使出油腔容积减小、油压升高,机油便经出油口被送到发动机油道中。只要发动机在工作,机油泵就不间断工作,保证机油在发动机润滑油路中不断地循环输送。

2. 转子式机油泵

转子式机油泵通常安装在曲轴箱前端,由曲轴带轮或链轮驱动。

转子式机油泵结构与工作原理如图2-6-5所示。转子式机油泵主要由内转子、外转子和油泵壳体组成。内转子有外齿,通过键固定于主动轴上。外转子有内齿,外圆柱面与壳体配合。内外转子有一定的偏心距,外转子在内转子的带动下转动。壳体上设有进油口和出油口。

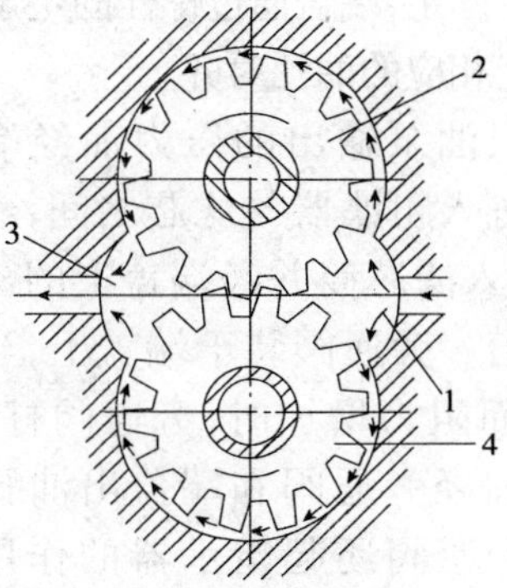

图2-6-4　齿轮式机油泵

1-进油口;2-主动齿轮;3-出油口;4-从动齿轮

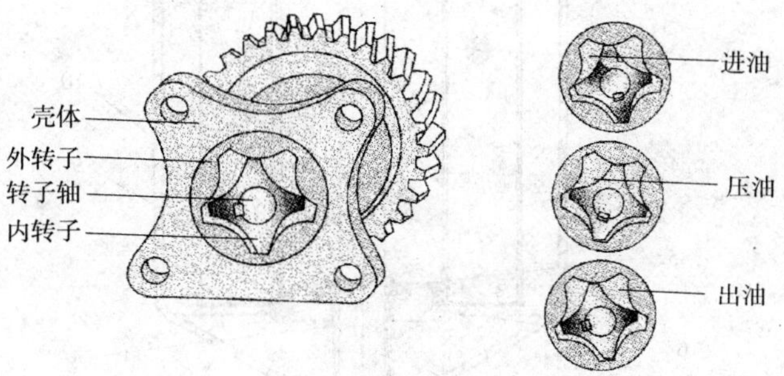

图2-6-5　转子式机油泵

在内外转子的转动过程中,转子每个齿的齿形齿廓线上总能互相成点接触。因此,内外转子之间形成了四个互相封闭的工作腔。由于外转子总是慢于内转子,这四个工作腔在旋转过程中不但位置改变,容积大小也在改变。每个工作腔总是在最小时与壳体上的进油孔接通,随后容积逐渐变大,形成真空,把机油吸进工作腔。当该容积旋转到与泵体上的出油孔接通且与进油孔断开时,容积逐渐变小,工作腔内压力升高,将腔内机油从出油孔压出,直至容积变为最小,重新与进油孔接通开始进油为止。与此同时,其他工作腔也在进行着同样的工作过程。

转子式机油泵结构紧凑,吸油真空度大,泵油量大,供油均匀度好,安装在曲轴箱外位置较高处时,也能很好地供油。

二、机油滤清器

机油滤清器的功用是滤除机油中的金属磨屑、机械杂质和机油氧化物。如果这些杂质随同机油进入润滑系,将加剧发动机零件的磨损,还能堵塞油管和油道。

机油滤清器按过滤能力分成集滤器、粗滤器和细滤器三种。

1. 集滤器

如图2-6-6所示,集滤器多采用滤网式结构,安装于油底壳内机油泵进油管上。大多数汽车都采用固定式集滤器,位于油面下面吸油,可防止吸入泡沫。同时,固定式集滤器结构简单,由一层滤网通过卡簧固定在机油收集器上。

图2-6-6　集滤器示意图

2. 粗滤器

粗滤器属于全流式滤清器,串联安装于机油泵出油孔与主油道之间,可滤掉机油中粒度较大(直径为0.05~0.1mm以上)的杂质。粗滤器和细滤器都安装于缸体外面,以方便维护。

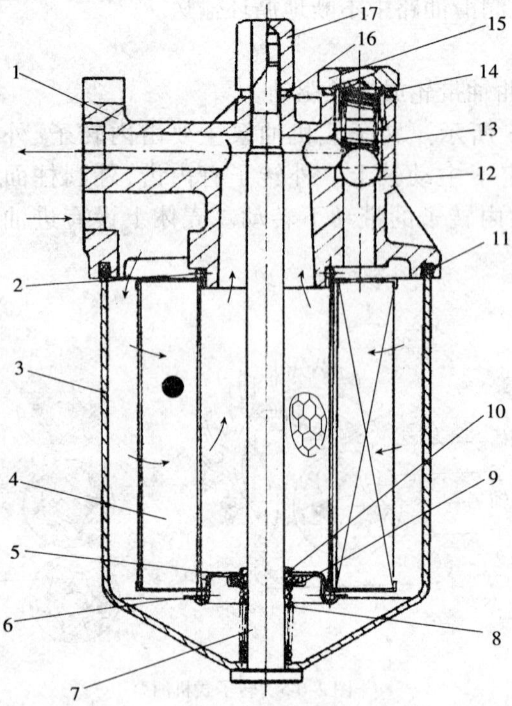

图 2-6-7　机油粗滤器

1-上盖；2-滤芯密封圈；3-外壳；4-纸质滤芯；5-托板；6-滤芯密封圈；7-拉杆；8-滤芯压紧弹簧；9-压紧弹簧垫圈；10-拉杆密封圈；11-外壳密封圈；12-球阀；13-旁通阀弹簧；14-密封垫圈；15-阀座；16-密封垫圈；17-螺母

图 2-6-7 为一般货车用粗滤器，主要由外壳、端盖和滤芯等组成。滤芯采用新型酚醛树脂材料为黏结剂的锯末滤芯，滤芯筒由薄铁皮制成，上面加工出许多小孔。滤芯安装于外壳滤芯底座和端盖下端面之间，并用弹簧压紧。密封圈用来防止外壳内的机油不经过滤直接进入滤芯筒内。端盖与外壳之间用密封圈固定，端盖通过螺栓固定于缸体，并和缸体上相应的油孔对齐。

从机油泵输出的压力油经端盖上的进油孔进入粗滤器与滤芯之间，经滤芯过滤后，进入滤芯筒并经端盖上的出油孔进入主油道。旁通阀装于端盖上，当滤芯发生堵塞而阻力增加时，旁通阀打开，外壳内的机油经旁通阀和端盖出油孔进入主油道。旁通阀还起指示器的作用。当滤芯阻力增大到油压达 0.1MPa 时，指示器将驾驶室仪表上的指示灯接通，指示灯闪亮，表明需要更换滤芯或者对粗滤器进行维护。发动机冷起动时，由于机油黏度大，使滤芯阻力增加，指示灯也闪亮，但当发动机温度升高机油变热时，该灯熄灭。

目前，越来越多的发动机为维护方便，采用旋转式滤芯结构。滤芯为纸质折叠式结构，封闭式外壳，定期更换，直接旋装于滤清器盖上，如图 2-6-8 所示。

3. 细滤器

细滤器为分流式滤清器，过滤能力强，但流动阻力也大，与主油道并联安装。细滤器按过滤方式分成过滤式和离心式两种结构。过滤式细滤器与粗滤器结构基本相同，只是滤芯能过滤掉更细小颗粒杂质。

离心式滤清器滤清能力强，并且不需要滤芯，但它对胶质的滤清效果差。转子上的喷嘴又是机油的限量孔，它保证了通过细滤器的油量为油泵出油量的 10% ~15%。

4. 复合式滤清器

桑塔纳 2000 型轿车发动机为了简化结构，方便更换，采用细滤芯与粗滤芯串联，而且设置在同一外壳内的复合式滤清器。

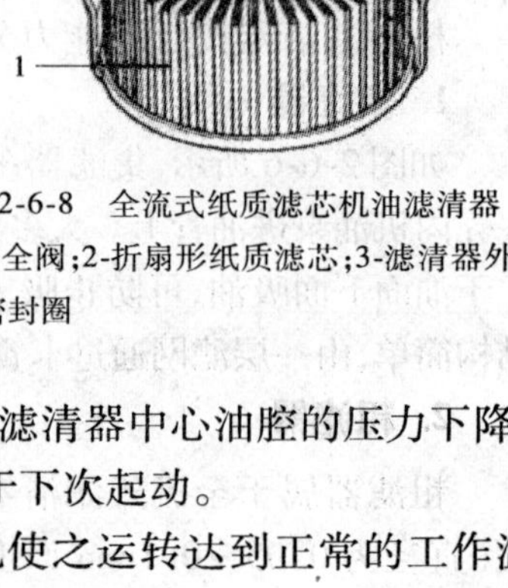

图 2-6-8　全流式纸质滤芯机油滤清器

1-安全阀；2-折扇形纸质滤芯；3-滤清器外壳密封圈

为了安全起见，滤清器有一个旁通阀，如果滤芯被堵塞，这时压力增大，使旁通阀打开，机油绕过滤芯直达中心油腔，可防止发动机缺油。当发动机停止工作时，机油泵也停止工作。滤清器中心油腔的压力下降，止回阀在弹簧的作用下关闭，以维持发动机内有足够的机油，利于下次起动。

更换机油时需要更换机油滤清器。换机油时，应起动发动机使之运转达到正常的工作温度(80℃以上),然后将发动机熄火,在热车状态下放出机油盘和滤清器内的旧机油。起动发动机,在怠速的情况下,观察滤清器有无泄漏。如有泄漏,应拆检油封胶圈,排除漏油现象。倒入新油后,观察机油标尺的油位,如图 2-6-9 所示。

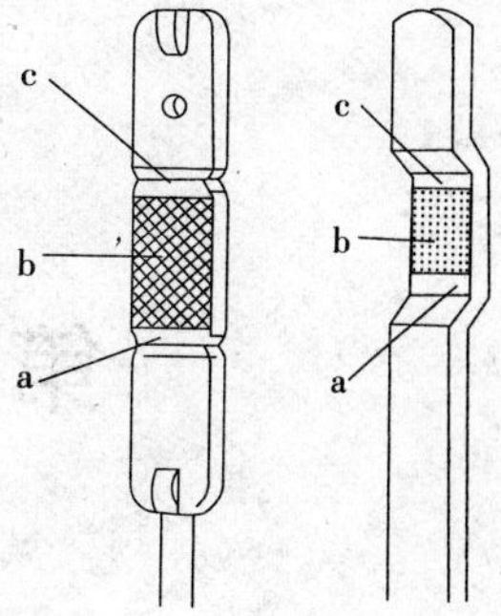

图 2-6-9　机油标尺示意图

检查机油油位的前提条件是发动机机油温度至少 60℃,车辆必须水平放置,在发动机停转后等待几分钟,让机油能回流到油底壳内。拔出机油标尺,用一块干净的布擦干净,然后再把标尺重新插入,直至极限位置。之后再拔出标尺,读出机油油位。油位至 a 标记为不允许再加机油,b 标记为可以再加机油,加油后机油油位可以到达 a 区,c 标记为必须加注机油,机油油位到达 b 区(即网格区)即可。

第七章　汽油机燃料供给系

第一节　概　　述

汽油机燃料供给系的功用是根据发动机各种不同工况的要求，准确计量空气燃油混合比，将一定数量和浓度的混合气供入汽缸，并在压缩上止点附近靠火花塞点燃，完成作功后，将汽缸内的废气排出。同时，燃料供给系统还需要存储相当数量的汽油，以保证汽车有相当长的续驶里程。

一、汽油喷射式燃油供给系

汽油喷射式燃油供给系是用喷油器将一定数量和压力的汽油直接喷射到进气歧管中，与进入的空气混合而形成可燃混合气。

二、电控汽油喷射系统的组成和工作原理

(一)汽油机电控系统的组成

电控汽油喷射系统虽然种类繁多，但其组成和工作原理基本相同。如图 2-7-1 所示，其组成一般由空气供给系统、燃油供给系统、电子控制系统、点火系统等组成。

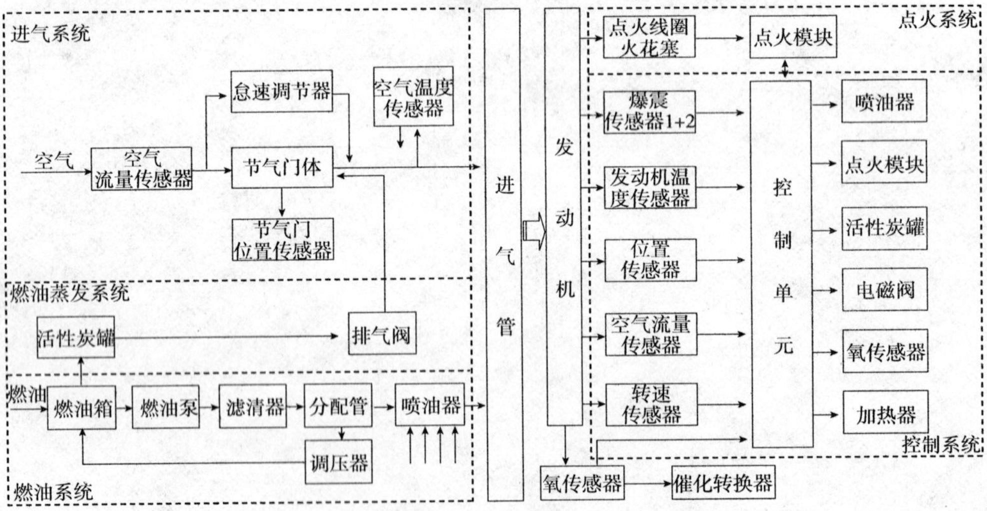

图 2-7-1　发动机电控燃油喷射系统组成框图

1. 空气供给系统

空气供给系统简称供气系统，其任务是按发动机各工况的需要，适时提供足够的空气，并测量进入汽缸的空气量，主要包括空气滤清器、空气流量计、节气门控制单元、温压箱及进气管下体等。

空气流量计为热膜式,安装在空气滤清器和进气软管之间;节气门控制单元也称节气门体,采用整体结构,主要由怠速开关、怠速节气门位置传感器以及怠速电机组成。

2. 燃油供给系统

燃油供给系统简称供油系统,其作用是向汽缸内供给燃油并调节燃烧过程中所需要的燃油量,主要由燃油箱、电动燃油泵、燃油滤清器、油压调节器、喷油器等组成。

发动机工作时,电动汽油泵将汽油从汽油箱里泵出,先经汽油滤清器过滤,再经油压调节器调压,使油路中的油压高于进气歧管压力300kPa左右,最后经燃油分配管分配到各缸喷油器。当喷油器接收电控单元发出的喷油指令时,再将汽油喷射在进气门附近,并与供气系统提供的空气混合形成雾化良好的可燃混合气。当节气门打开时,混合气被吸入汽缸燃烧作功。

3. 电子控制系统

电子控制系统的功能是收集发动机的工况信号并确定最佳喷油量和最佳点火时刻,主要由传感器、电控单元(ECU)和执行元件组成。

(1)发动机转速传感器G28。发动机转速传感器是一磁感应传感器。它采集曲轴转角位置和发动机转速信号。在曲轴上有一个靶轮,靶轮上有60个齿,其中有一处缺两个齿。传感器扫描到该处,1缸活塞处于上止点前72°,它是作为控制单元识别曲轴转角位置的基准标记。

(2)霍尔传感器G40。霍尔传感器安装在缸盖右侧,进气凸轮轴后端。霍尔传感器隔板上有一个霍尔窗口,凸轮轴每转一周(曲轴转两周),产生一个信号,该信号出现在1缸压缩冲程上止点前72°。控制单元根据此信号可识别1缸压缩冲程上止点位置,用于顺序喷油和爆震选择控制。如果霍尔传感器信号中断,它没有替代功能,发动机控制单元不能区分1缸和4缸。

(3)进气温度传感器G72。进气温度传感器是一负热敏电阻,安装在进气管上体。进气温度传感器将进气温度转变成电信号,送给ECU,用于各种控制功能的修正。如果该信号中断,控制单元将启用一个替代值,但不能准确感知进气温度,会导致起动困难、排放升高等故障。

(4)水温传感器G62。水温传感器也是一负热敏电阻,与水温表传感器装在一个壳体里,直接与发动机冷却水接触。该信号是一个较重要的修正信号。如果该信号中断,控制单元将启用一个替代值,但不能准确感知冷却水温度,将会导致发动机冷起动困难、油耗增加、怠速自适应差、排放升高等故障。

(5)氧传感器G39。安装在排气管谐振腔内,用于检测发动机燃烧状况,向控制单元提供修正喷油量的电信号,从而实现燃油喷射的闭环控制。

(6)爆震传感器G61、G62。采用两个爆震传感器,分别安装在缸体进气侧1缸和2缸、3缸和4缸之间。当发动机发生爆震时,汽缸中产生的爆震信号传递到爆震传感器的压电陶瓷,在其上产生一个电压信号,控制电压根据该信号识别出爆震缸,并推迟该缸的点火。

(7)发动机控制单元J122。发动机控制单元是一种具有80个插脚的电子综合控制装置,负责对发动机控制系统进行管理。它不仅控制燃油喷射整体,同时还具有点火控制、怠速控制、油箱通风控制、自诊断和备用控制等功能。发动机控制单元能在较短时间内处理很多信号,能够进行高精度的发动机控制。

4. 点火系统

捷达轿车采用无分电器点火系统。它主要由点火能量终端输出极、点火线圈、高压导线、火花塞以及各种传感器组成。点火由发动机控制单元实施集中控制。点火时两缸同时串联点火,点火顺序为1-3-4-2。一个汽缸在排气冲程末,另一个汽缸在压缩冲程末,在排气冲程的汽缸压力很低,火花塞击穿电压较低,点火能量消耗较少,对处在压缩冲程的另一汽缸的点火影响不大。

该点火系统中主要部件是点火线圈及终端能量输出极。点火线圈及终端能量输出极装在一个壳体里，固定在汽缸上。在点火线圈的壳体上有各缸排序标识 A、B、C、D，分别对应的汽缸为 1、2、3、4。1、4 缸共用一个点火线圈，2、3 缸共用一个点火线圈。终端能量输出极根据控制单元指令控制点火线圈初级绕组的通电和断电，从而在点火线圈次级产生点火高压。

(二) 汽油机电控系统的工作

电控汽油喷射系统之所以具有良好的性能，主要是因为它们使用了微机进行系统控制，使用电控单元是整个系统的关键。

电控单元首先读取进气歧管真空度(进气流量)、发动机转速、冷却水温度、进气温度、节气门位置等传感器输入的信息，然后将这些信息与存储在 ROM 存储器中的预置好的信息进行比较，进而确定在该状态下发动机所需要的油量和点火提前时间。预先存储在存储器内的信息是由发动机优化数据实验获得。一般来讲，进气歧管真空度(或进气流量)和发动机转速是主参数，由它们可以确定在此工况下的基本燃油供给量和基本的点火正时时刻。其他几个参数对基本量起修正作用，如冷却水温度修正、进气温度修正、蓄电池电压修正、节气门加减速修正、排气含氧量修正及暖机修正等。

第二节　空气供给系统

根据检测进气量的方式不同，空气流量传感器分 D 型(压力型)和 L 型(流量型)两种类型。字母 D 来源于德文 Druck(压力)的第一个字母；字母 L 来源于德文 Luftmengen(空气流量)的第一个字母。空气供给系统主要由空气滤清器、进气歧管、空气计量、节气门体等组成。

一、空气滤清器

空气滤清器是用来滤清空气中所含的尘土，以减少汽缸、活塞、活塞环等有关零件的磨损，延长发动机的使用寿命。

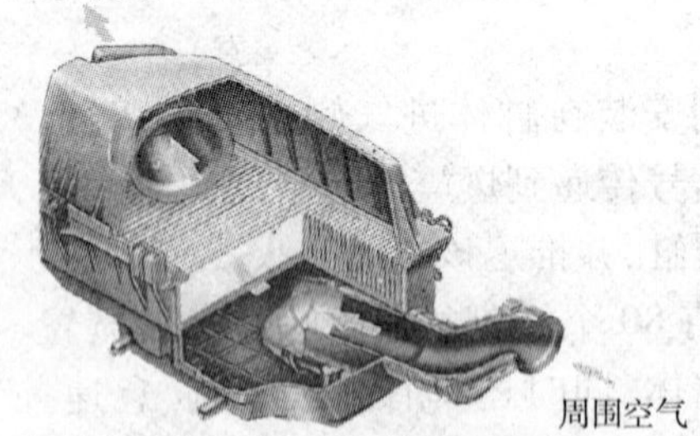

图 2-7-2　空气滤清器结构图

目前，汽车发动机广泛采用纸质干式空气滤清器，其结构如图 2-7-2 所示。滤芯由树脂处理的微孔滤纸制成，滤芯成波折状，具有较大的过滤面积。发动机工作时，空气由进气导流管进入，经金属网和滤芯滤清后，进入进气管。

纸质滤芯的寿命取决于纸面大小(通常成波折状以提高过滤面积)及空气本身的清洁程度，一般可连续使用 10000 ~ 50000km。纸质滤芯不能清洁，可用压缩空气去积灰，严重污损时必须更换。该滤清器重量轻、结构简单、安装及维护容易、滤清效率高；但对油类的污染十分敏感。

二、空气计量

空气流量传感器又称空气流量计 AFM，是进气歧管空气流量传感器的简称，其功能是检测发动机进气量的大小，并将空气流量信号转换成电信号输入电控单元 ECU，以供 ECU 计算确定喷油量和点火时间。

三、节气门体

节气门体的主要功用是通过改变节气门开度的大小，来改变进气通道截面积，控制发动机运转工况，并通过节气门位置传感器检测发动机负荷。节气门体安装在进气总管，主要类型有机械式节气门和电子节气门。

节气门在整个调整范围内都是由一个电机控制。驾驶员根据需要踏下加速踏板，传感器记录下加速踏板的位置并将该信号传递给发动机控制单元，ECU 将对应于驾驶员输入的信号传递给节气门定位器，定位器将节气门转动到相应的角度。

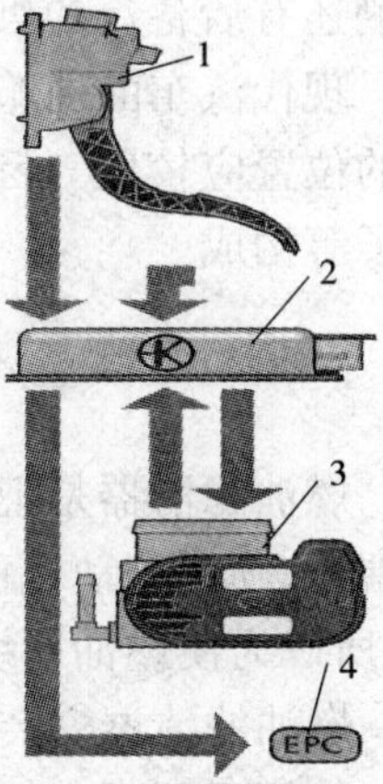

图 2-7-3　电子节气门组成图
1-加速踏板模块；2-发动机控制单元；3-节气门控制单元；4-故障指示灯

1. 基本组成

电子节气门结构如图 2-7-3 所示，主要由加速踏板模块、发动机控制单元、节气门控制单元和故障指示灯等组成。

2. 工作过程

(1)怠速时。如图 2-7-4 所示，发动机控制单元从加速踏板位置传感器的信号上识别出加速踏板没有被踏下，怠速控制过程现在开始。发动机 ECU 激活节气门驱动装置并通过一个电机来定位节气门。节气门根据实际怠速值与规定怠速值的偏差来开启或关闭节气门。节气门驱动装置的两个角度传感器将当前节气门位置信号传递给发动机 ECU。

(2)踏下加速踏板时。如图 2-7-5 所示，发动机控制单元从加速踏板位置传感器的信号上识别出加速踏板被踏下的程度。使用该信息，发动机控制单元计算出驾驶员的输入并通过一个电动机激活节气门驱动装置，将节气门定位。节气门驱动装置的两个角度传感器确定节气门位置并传递相应的信号到发动机控制单元，发动机控制单元在计算必要的节气门位置时允许附加的发动机扭矩需要因素。

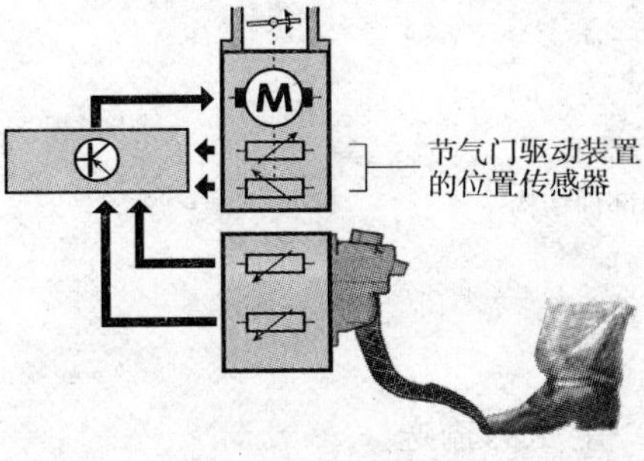

图 2-7-4　怠速状态

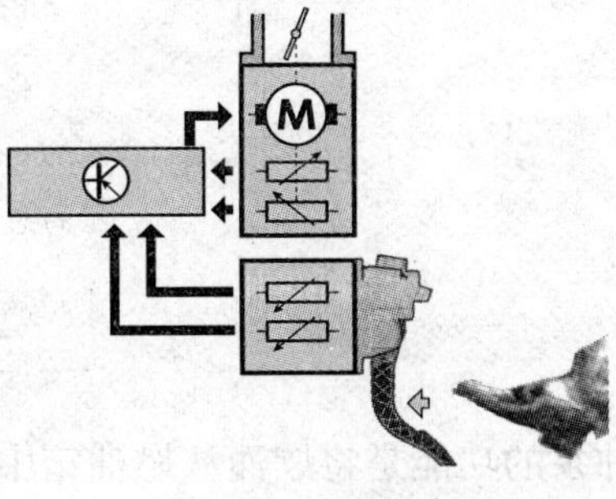

图 2-7-5　加速状态

第三节　燃油输送系统

燃油输送系统是供给发动机燃烧过程所需的燃油，根据发动机各种不同工况的要求，配制出一定数量和浓度的可燃混合气，供入汽缸，使之在临近压缩终了时点火燃烧而膨胀作功。

燃油输送系统主要由燃油箱、燃油滤清器、燃油泵、喷油器、燃油压力调节器、燃油分配管等组成。

一、燃 油 箱

燃油箱用以储存燃油，通常是密闭的，这样可防止汽油因激烈振荡而溅出及箱内汽油蒸气的逸出。为防止密闭的汽油箱内真空度或压力过大，油箱盖上常带有空气—蒸气阀。燃油箱容量视车辆大小和发动机排量而定。对一般汽车而言，装满一箱油，应至少行驶320km。有些车辆还有后备汽油供应装置，并装有油量不足警告灯。

现代汽车的油箱通常远离发动机，以减少火灾的危险。为改善汽车行驶的稳定性，油箱安装的位置应较低。目前，燃油箱通常由耐油硬塑料制成，一般由油箱体、加油管、油量传感器、浮子等构成。

二、燃油滤清器

燃油滤清器是把燃油中的氧化铁、粉尘等固体杂质物质除去，防止燃油系统堵塞，减少机械磨损，确保发动机稳定运转，提供可靠性，由于燃油系统发生故障，会严重影响车辆的行驶性能，所以为使燃油系统部件保持正常状态，燃油滤清器起着重要作用。

燃油滤清器安装在电动燃油泵的出口一侧，滤清器内部经常受到200～300kPa的燃油压力。一侧耐压强度要求在500kPa以上。油管也应使用旋入式金属管。滤芯元件一般采用菊花形和盘黄形两种结构，如图2-7-6所示。

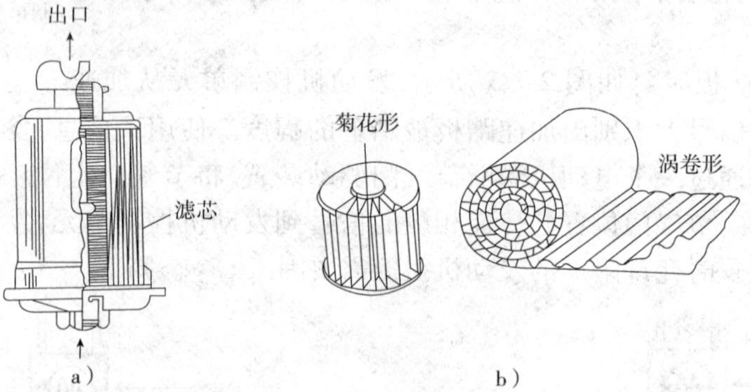

图2-7-6 燃油滤清器

a）总体结构；b）滤芯部件结构

三、燃 油 泵

燃油泵的功能是将燃油从燃油箱中吸出，并以一定压力输送。

电子控制燃油喷射系统均采用电动燃油泵，其功能是向喷油器提供油压高于进气歧管压力250～300kPa的燃油。因为燃油是从油箱内泵出，经压缩或动量转换将油压提高后，经输油管送到喷油器，所以油泵的最高油压需要450～600kPa，其供油量比发动机最大耗油量大得多，多余的燃油将从回油管返回油箱。

燃油泵设计供油量大于发动机耗油量的目的有两个：一是防止发动机供油不足；二是燃油流动量增大可以散发给供油系统的热量，从而防止油路产生气阻。

电动燃油泵按结构不同可分为：滚柱式、叶片式、齿轮式、涡轮式和侧槽式五种。目前常用的有滚柱式、叶片式、齿轮式三种。

目前,大多数汽车都采用内装式燃油泵,安装在油箱内,使用噪声小,与外装燃油泵相比,还具有不易产生气阻和燃油泄漏的特点。另外,内装式电动燃油泵在工作中,燃油流经燃油泵内腔,对燃油泵电动机起冷却和润滑作用。

四、喷 油 器

喷油器是电控燃油喷射系统的一个重要的执行元件,它的功能是根据发动机 ECU 提供的电信号,将一定量的燃油适时、准确地喷入进气管内。喷油器的喷油量取决于三因素:喷油孔截面的大小、喷油压力和喷油持续时间。对于一定型的喷油器而言,其喷油孔截面是固定不变的,喷油压力则由燃油压力调节器调节为恒定值,因此喷油量仅取决于喷油持续时间,而喷油器的持续时间则决定于电磁线圈通电脉冲的宽度,其脉冲宽度的大小由发动机 ECU 根据传感器输入的信号,通过分析、对比、计算后确定。

EFI 系统中使用的喷油器是电磁式的,喷油器通过绝缘垫圈安装在进气歧管或进气通道附近的缸盖上,并用输油管将其位置固定,根据 ECU 提供的喷射信号进行燃油喷射。在把电信号转换成燃油流量信号的同时,使燃油雾化、喷射。

五、燃油压力调节器

发动机 ECU 对喷油量的控制是通过控制喷油器电磁线圈通电时间的长短来实现的。当燃油系统的绝对压力和喷油器喷口处的进气歧管的空气压力差不为定值时,喷油器电磁线圈的通电时间尽管相同,但其喷油量却不相同。因此,燃油压力调节器的功能是使发动机在任何工况下,燃油系统的绝对油压和进气歧管的空气压力之间的差值恒定不变,保证发动机 ECU 对喷油量的精确控制。燃油压力调节器的调节结果是使燃油系统的绝对油压,随进气歧管空气压力的上升(负荷增加)而升高,随进气歧管空气压力的下降(负荷减少)而降低,但二者之间的差值始终恒定不变,约为 250kPa。

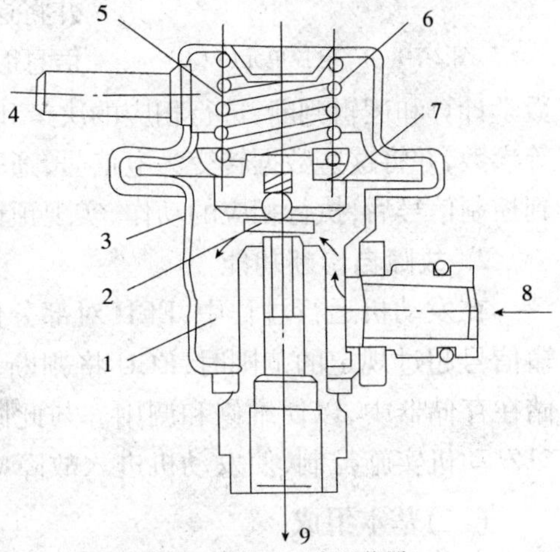

图 2-7-7　燃油压力调节器

1-燃油室;2-回油阀;3-壳体;4-真空接口;5-弹簧室;6-弹簧;7-膜片;8-进油口;9-出油口

燃油压力调节器通常安装在燃油总管上,其结构如图 2-7-7 所示,金属外壳的内部被膜片分割为弹簧室和燃油室。其中,弹簧室通过一根软管与发动机进气歧管相通,而燃油室直接与燃油总管相同。因此,膜片下方燃油室一侧承受总管油压,即相同油压,而另一侧则受进气歧管负压与弹簧有利的合力作用。

六、燃油分配管

燃油分配管的功用是将燃油均匀的、等压的分配给各个喷油器;另外,还有贮油蓄压和防止燃油压力波动的作用。

燃油由燃油泵泵出,经脉冲缓冲器(现代发动机一般不使用脉冲缓冲器),流入燃油分配管。油压调节器保持正常的系统压力,多余的燃油从油压调节器出油口流回油管返回燃油箱。

若燃油分配管堵塞,会使发动机性能下降和发动机过热。

第四节　电子控制系统

电子控制系统是根据发动机运转状况和车辆运行状况确定汽油最佳喷油量。该系统由传感器、电子控制单元(ECU)、执行器三部分组成。

控制系统的核心是ECU,ECU根据发动机中各个传感器送来的信号控制喷油时间、点火定时等。传感器监测发动机的实际工况,计量各种信号并输送给ECU。ECU输出的各种控制指令由执行装置执行。

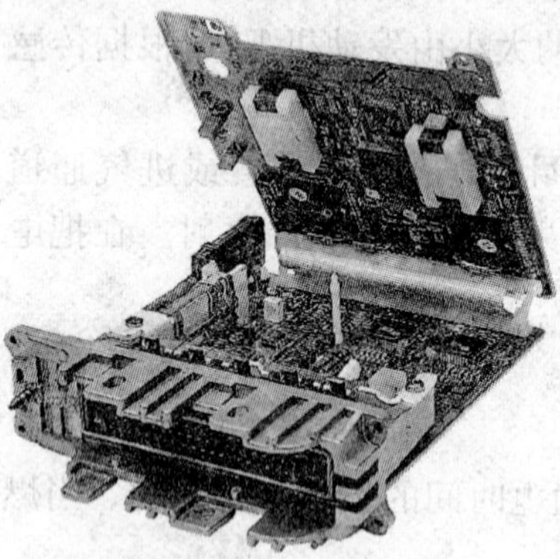
图2-7-8　电控单元(ECU)

一、电控单元(ECU)

汽车电脑作为控制系统的核心,一般被称为电控单元,常用ECU(Electronic Control Unit)表示,也称电脑或微型计算机(微机),如图2-7-8所示。

(一)基本功能

1. 控制功能

汽车在运行时,各传感器不断检测汽车运行的工况信息,并将这些信息实时地通过输入接口传送到ECU。ECU接收到信息时,根据内部预先存储的数据和编写好的控制程序,通过数学计算和逻辑判断,进行相应的决策和处理,确定出适应发动机工况的点火提前角、喷油时间等参数,并将这些数据转变为电信号,通过输出接口输出控制信号给相应的执行器,执行器接收到控制信号后,执行相应的动作,实现预订的功能。

2. 故障自诊断功能

在发动机运行过程中,ECU对部分传感器的信号进行监测与鉴别。当发动机某传感器传输信号超过规定的范围时,ECU将判断该传感器或相关线路产生故障,并将故障信息代码存储在存储器中,以便维修和调用。与此同时还以一个设定的数据或用其他传感器提供的信号,对发动机实施控制,使发动机进入故障应急运行状态。

(二)基本组成

电控单元主要由输入接口、计算机(微机)和输出接口组成,如图2-7-9所示。

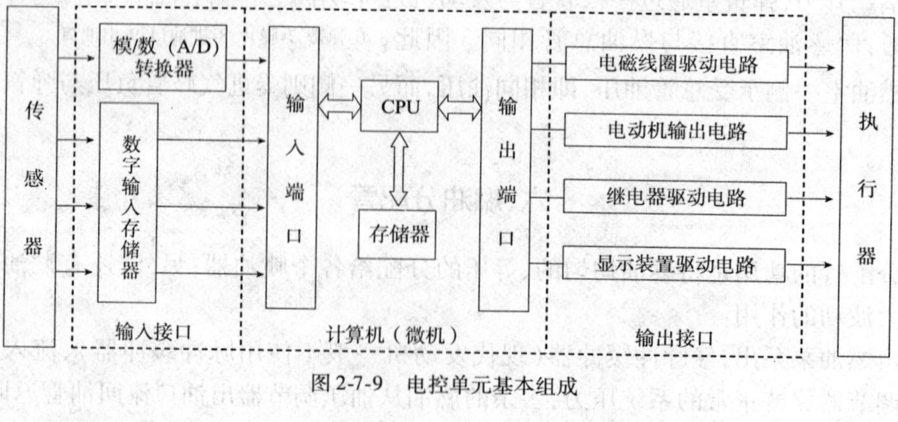

图2-7-9　电控单元基本组成

二、传　感　器

现代汽车电子控制中，传感器广泛应用在发动机、底盘和车身各个系统中。传感器在这些系统中担负着信息的采集和传输，由电脑对信息进行处理后向执行器发出指令，实行电子控制。传感器在电子控制和自我诊断系统中是非常重要的装置，它能及时识别外界的变化和系统本身的变化，再根据变化的信息去控制本身系统的工作。各个系统正是依靠传感器进行信息反馈，实现自动控制工作。

电子控制单元不断检测各个传感器的信号，一旦检测到某个信号不正常，就可将错误的信号存入存储器内，需要时可以通过专用诊断仪器或采取人工方法读取故障信息，再根据故障码信息内容，进行维修。

传感器按能量关系分为主动型和被动型两大类。汽车上使用的传感器大多是被动型的，该被动型传感器需要外加电源才能产生电信号。

三、执　行　器

发动机微机控制系统的各种控制功能的实现，都是借助于各执行器来实现的。因此，根据发动机微机控制系统具备的控制功能强弱不同，各种车型上控制发动机的执行器亦有多有少。一般来讲主要有：电动燃油泵、电磁喷油器、继电器等。

1. 电动燃油泵

电动燃油泵的控制包括开关控制和油泵转速控制。在 EFI 系统中，只有发动机运转时，油泵才工作，即使点火开关接通，发动机没有转动，电动油泵也不工作。D 型和 L 型 EFI 系统油泵控制开关有所不同，D 型 EFI 系统是由 ECU 根据发动机的转速信号控制油泵开关；L 型 EFI 系统，油泵是由装在空气流量计中的油泵开关控制，当发动机转动时，空气经空气流量计吸入，空气流量计的叶片转动，使油泵开关接通。

2. 喷油器

各种类型汽车执行元件喷油器控制电路大同小异。

3. 继电器

主继电器的作用是使包括 ECU 在内的电控燃油喷射系统的各个部件不受电源干扰和电压脉冲影响。主继电器一般多采用滑阀型，主要由线圈、可动铁芯、调整块等组成。

第八章 汽车传动系

第一节 概 述

一、传动系的类型及组成

汽车传动系是指从发动机到驱动车轮之间所有动力传递装置的总称。

根据汽车传动系中传动介质的不同，传动系可分为：机械式、液力机械式、静液式、电力式等。机械式传动系和液力机械式传动系广泛应用于普通双轴汽车，并与活塞式发动机配用。

1. 机械式传动系

机械式传动系的组成如图 2-8-1 所示，主要由离合器、变速器、万向传动装置和驱动桥组成。其中，万向传动装置由万向节和传动轴组成，驱动桥由主减速器和差速器组成。

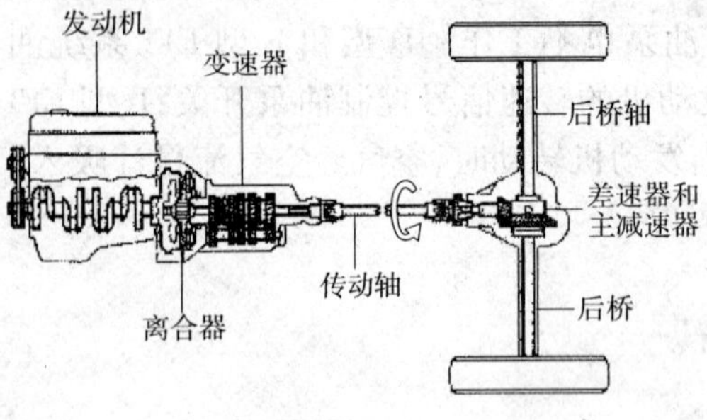

图 2-8-1 机械传动系的组成

发动机发出的动力经离合器、变速器、万向传动装置传到驱动桥，动力又经主减速器、差速器和半轴等传递到驱动车轮。

驱动轮得到的转矩给地面一个向后的作用力，地面对驱动轮产生一个向前的反作用力，我们把这个反作用力称为驱动力或牵引力，当驱动力克服汽车行驶助力，并满足附着条件时，汽车就会起步和行驶。

2. 液力机械式传动系

液力机械式传动系的特点是将液力传动与机械传动有机地组合起来，以液体为传动介质，利用其在主动元件和从动元件之间循环流动过程中动能的变化来传递动力。液力机械式传动系用自动变速器取代机械传动系的摩擦式离合器和普通齿轮变速机构，其他组成部件与传统机械传动系相差不大。

二、传动系的功用

传动系统的功用是将发动机发出的动力按需要传递给驱动车轮，使汽车在各种不同的工况下均能正常行驶，并具有良好的动力性和经济性。

三、汽车的总体布置形式

汽车按发动机的布置位置及汽车的驱动方式的不同，有如下分类。

1. 发动机前置后轮驱动(FR)

传动路线较长，发动机只能采用纵向布置，但是后轮得到的驱动力较大，如图 2-8-2 所示。大多数货车、部分轿车和部分客车采用这种形式。

2. 发动机前置前轮驱动(FF)

传动线路结构简单,路线短,车身可以降低,有助于提高高速时的行驶稳定性。发动机可以横置也可以纵置,若采用横置可以使主减速器的结构简单,如图 2-8-3 所示。大多数轿车采用这种布置形式,其爬坡能力差,故豪华轿车一般不采用这种形式。

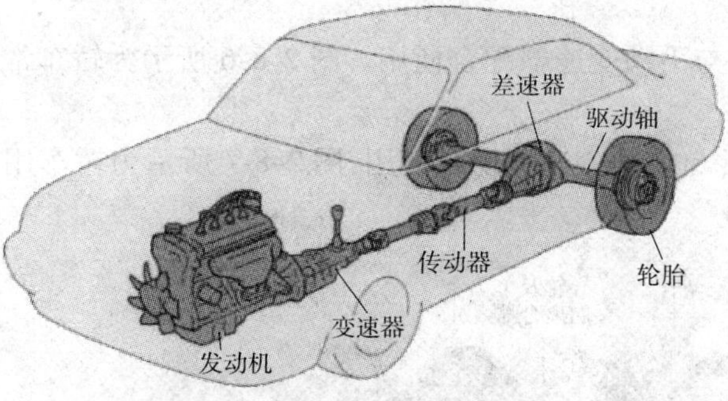

图 2-8-2　发动机前置后轮驱动(FR)

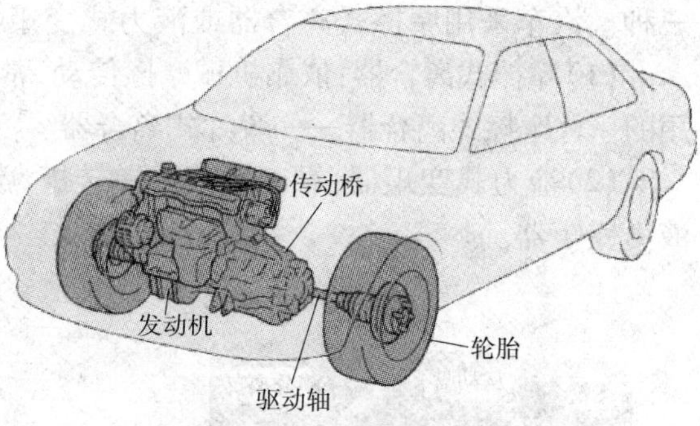

图 2-8-3　发动机前置前轮驱动(FF)

3. 发动机后置后轮驱动(RR)

传动系统结构紧凑,便于车身内部布置,减小室内发动机的噪声,如图 2-8-4 所示。其一般用于大、中型客车和少数高档轿车。

4. 发动机前置全轮驱动(4WD)

所有车轮都是驱动车轮,4WD 有多个驱动桥,在变速器后加了一个分动器,其作用是把变速器输出的动力经几套万向传动装置分别传给所有的驱动桥,并可以进一步降速增扭,如图 2-8-5 所示。4WD 常用于高档轿车和越野车。

图 2-8-4　发动机后置后轮驱动(RR)

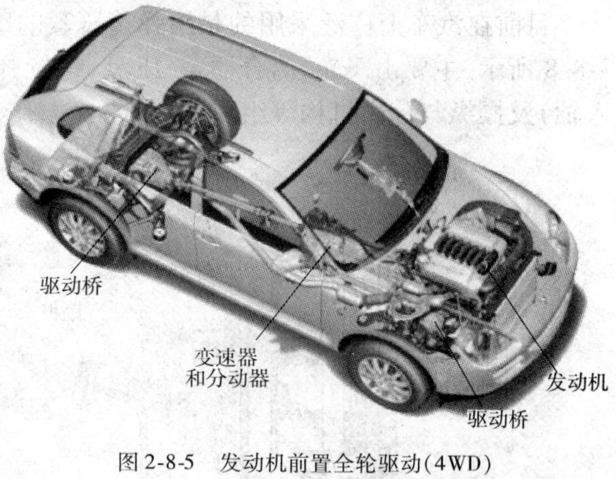

图 2-8-5　发动机前置全轮驱动(4WD)

第二节　离　合　器

一、离合器的功用和类型

1. 离合器功用

离合器安装在发动机与变速器之间,通过接合、分离工况实现以下功能。

(1)使发动机与传动系逐渐结合,保证汽车平稳起步。

(2)暂时切断发动机与传动系的联系,便于发动机的起动和变速器的换挡。

(3)限制所传递的转矩,防止传动系过载。

2. 离合器的类型

按照离合器传递动力的方式不同可分为摩擦式离合器、液力式变矩器和电磁式离合器等三种。汽车采用摩擦式离合器或液力式变矩器。

(1)摩擦式离合器:依靠机械摩擦传动,常与手动变速器配合使用。图 2-8-6 所示为轿车常用的一种摩擦式离合器——膜片式离合器。

(2)液力式变矩器:靠工作液传递转矩,常与自动变速器配合使用,图 2-8-7 所示为轿车用液力变矩器。

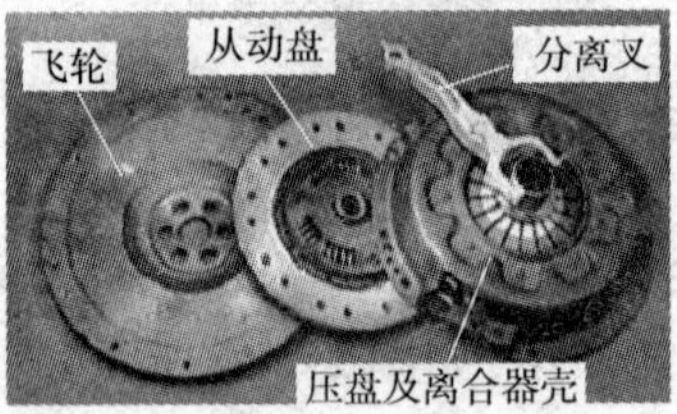

图 2-8-6　膜片式离合器

图 2-8-7　液力变矩器

二、摩擦式离合器的基本组成与工作原理

目前在汽车上广泛采用的是用弹簧压紧的摩擦式离合器,摩擦式离合器的基本组成如图 2-8-8 所示,主要由飞轮、离合器盖、压盘、螺旋弹簧或膜片弹簧、从动盘、从动轴(即变速器输入轴)及操纵与分离机构等组成。

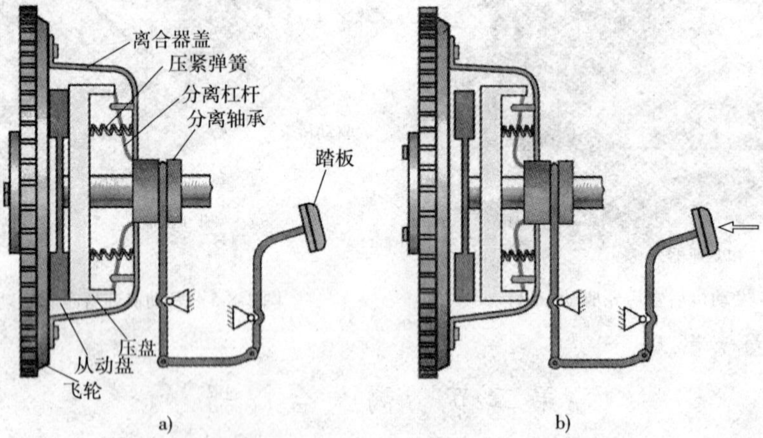

图 2-8-8　摩擦式离合器的工作原理

下面介绍摩擦式离合器的工作原理。

1. 接合状态

压紧弹簧将压盘、飞轮及从动盘互相压紧,发动机的转矩经飞轮及压盘通过摩擦面的摩擦作用传至从动盘,再经从动轴输入变速器。

2. 分离过程

踩下离合器踏板→分离叉推动分离轴承前移，并压向分离杠杆内端→分离杠杆内端向前移，外端向后移→拉动压盘克服压紧弹簧弹力向后移动→解除飞轮、从动盘、压盘三者之间的压紧状态→中断动力传递。

3. 接合过程

缓慢抬起离合器踏板→分离叉带动分离轴承逐渐后移→分离轴承减小对分离杠杆内端面的压力→压盘在压紧弹簧作用下逐渐前移→飞轮、从动盘、压盘三者之间逐渐压紧→接通动力传递。

三、离合器踏板自由冲程

离合器使用久后，摩擦片会磨损变薄导致压盘进一步向前，造成膜片弹簧顶在分离轴承上，无法保证离合器正常接合并造成离合器打滑。为解决这一问题，分离杠杆内端与分离轴承之间要留有间隙，反映到离合器踏板上的位移，称为离合器踏板自由冲程，如图 2-8-9 所示。

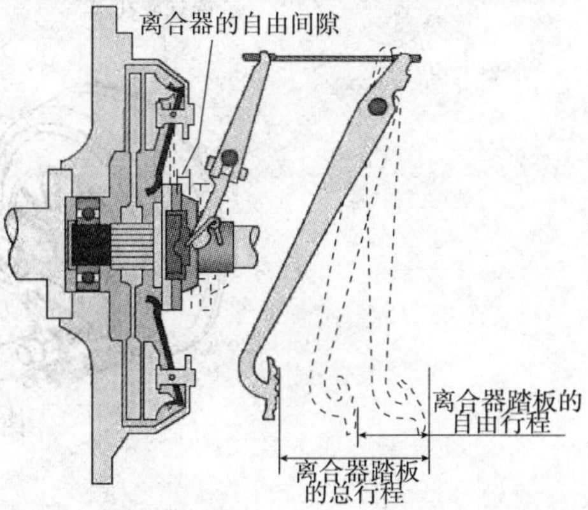

图 2-8-9　离合器踏板自由冲程

离合器踏板自由冲程调整的部位和方法依具体车型而定，自由间隙过大，会造成离合器的分离反应迟缓、动作不迅速、分离不彻底；自由间隙过小会造成离合器分离时驾驶员的操纵紧张，接合时易造成离合器打滑。在离合器维护或维修都要检查调整离合器踏板自由冲程。

四、离合器的操纵机构

离合器操纵机构是为驾驶员用来使离合器分离与柔和结合的机构，主要由分离机构和离合器踏板及传动机构、助力机构组成。

离合器的操纵机构可分为以下两类：

(1)机械式操纵机构：离合器踏板和分离轴承之间通过机械杆件和绳索相连，以人力控制。如图 2-8-10 所示，机械式操纵机构有杆式 a)和拉索式 b)两种。杆式操纵机构最简单，主要部件包括：踏板、拉杆、调节叉、分离叉及复位弹簧，通过调节叉来调节拉杆的长度，并实现踏板自由冲程的调节。

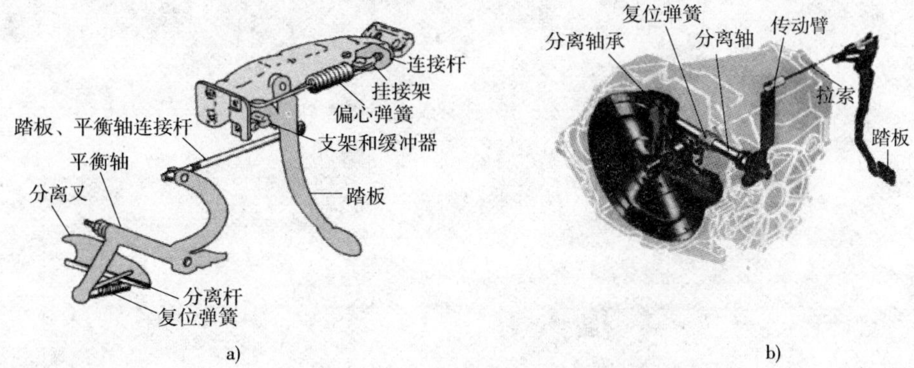

图 2-8-10　机械式操纵机构

a)杆式；b)拉索式

(2)液压式操纵机构：离合器踏板和分离轴承之间通过主缸、工作缸及液压管路相连，离合器依靠人力产生的液压力控制。

液压式操纵机构主要由主缸、工作缸及管路组成，如图2-8-11所示。它具有阻力小、质量小、接合柔和等优点，且大部分带液压操纵机构的车系无需调整离合器踏板自由冲程。

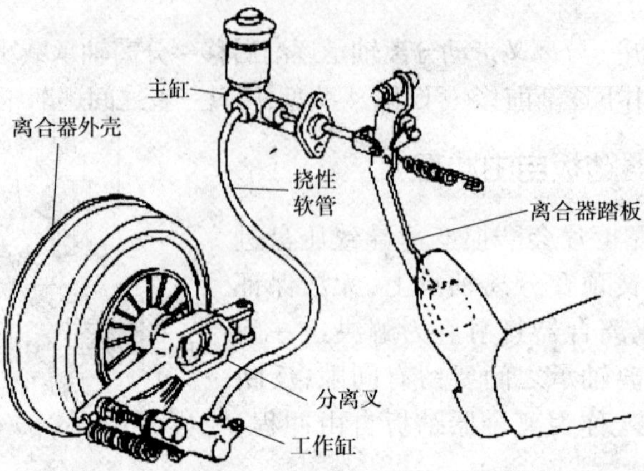

图 2-8-11　液压式操纵机构

第九章　变　速　器

第一节　概　　述

一、变速器的功用

在汽车传动系中安装变速器能够给汽车提供空挡、前进挡以及倒挡。汽车起步或加速时，要求有高的传动比，可以将发动机输出的转矩提高；汽车高速行驶（如巡航车速）时，要求有低的传动比，以保证发动机转速较低，节省燃油和降低噪声。同时还应有一些中间传动比，在最高、最低传动比之间过渡。为此，变速器应具有以下功用：

(1)改变传动比，扩大驱动轮扭矩和转速的变化范围，以适应汽车经常变化的行驶条件，同时使发动机在有利（功率较高而耗油率较低）的工况下工作。

(2)在发动机旋转方向不变的条件下，使汽车能够倒向行驶。

(3)利用空挡中断动力传递，以使汽车能够起动、怠速运转，并满足汽车暂时停车和滑行的需要。

(4)利用变速器作为动力输出装置驱动其他机构。

二、变速器的类型

变速器可按以下方法分类：

(1)按传动比变化方式的不同可分为有级式、无级式、综合式。

①有级式变速器：采用齿轮传动，具有若干个定值传动比。轿车和轻、中型货车多采用3～5个前进挡和一个倒挡。重型汽车变速器挡位较多，有的重型汽车还装有副变速器。变速器的挡数是指其前进挡的挡位数。有级式变速器又分为有级式手动变速器和有级式自动变速器两种。

②无级式变速器：传动比在一定的数值范围内可以连续变化，常见的有电力式和液力式（动液式）两种。

③综合式变速器：一般指由液力变矩器和齿轮式有级变速器组成的液力机械式变速器，其传动比可在最大值与最小值之间的几个间断的范围内作无级变化。

(2)按操纵方式的不同可分为强制操纵式、自动操纵式、半自动操纵式。

①强制操纵式变速器：即手动式变速器，通过驾驶员直接操纵变速杆换挡。齿轮式有级变速器大多数采用该方式。

②自动操纵式变速器：通常简称为自动变速器，其传动比的选择和换挡是自动进行的。即由控制系统根据发动机的负荷和车速的变化情况自动地选定挡位，并进行挡位变换。驾驶员只需操纵加速踏板以控制车速。

③半自动操纵式变速器：有两种形式，一种是常用的几个挡位自动操纵，其余挡位由驾驶员操纵；另一种是预选式，即驾驶员预先用按钮选定挡位，在踩下离合器踏板或松开加速踏板时，接通一个电磁装置或液压装置来进行换挡。

在多轴驱动的汽车上，变速器之后还要装有分动器，以便把扭矩分别输送给各驱动桥。

第二节　手动变速器的基本组成及工作原理

一、手动变速器的基本组成

手动变速器主要由变速传动机构和操纵机构组成。

变速传动机构主要由变速器轴、变速齿轮、同步器等组成。依靠不同挡位的齿轮啮合，提供不同的传动比以及改变旋转方向。

变速器操纵机构主要由变速器操纵杆、拨块、拨叉、拨叉轴以及安全装置等组成。根据汽车行驶条件的需要，驾驶员通过变速器操纵机构控制变速器的挡位。

二、手动变速传动机构的分类

手动变速器的变速传动机构是变速器的主体，按照工作轴（不包括倒挡轴）的数量可分为两轴式变速器和三轴式变速器。下面介绍两轴式变速器。

两轴式变速器主要应用于发动机前置前轮驱动或发动机后置后轮驱动的汽车上，其相应车桥常称为变速驱动桥。其中，前置发动机又有纵向布置和横向布置两种，相应地与其配用的两轴式变速器也有两种不同的结构形式。

1. 发动机纵向布置的两轴式变速器

以大众捷达及桑塔纳系列轿车五挡手动变速器为例讲述。

图2-9-1所示为该手动变速器的结构图。当驾驶员挂上某一挡位时，动力由输入轴传入变速器，并通过相啮合的齿轮副将动力由输出轴传至主减速器，从而在变速器中实现了变速、变扭的作用。变速器设置有超速挡（传动比小于1），主要用于在良好路面或空车行驶时，提高汽车的燃料经济性。

其内部齿轮机构主要包括输入轴和输出轴，另外还有一根倒挡惰轮轴。

1）结构

（1）输入轴总成

输入轴上安装有四挡、三挡、五挡主动齿轮及各齿轮的滚针轴承，二挡、倒挡、一挡主动齿轮直接加工在输入轴上。除倒挡主动齿轮为直齿轮外，其余均为斜齿轮。三、四挡主动齿轮之间安装有三、四挡同步器，五挡主动齿轮外侧装有五挡同步器。

（2）输出轴总成

输出轴上安装有各挡从动齿轮及各齿轮的滚针轴承，倒挡从动齿轮直接加工在一、二挡同步器的接合套上。除倒挡从动齿轮为直齿轮外，其余均为斜齿轮。一、二挡从动齿轮之间安装有一、二挡同步器。输出轴输出端加工有锥形齿轮，为主减速器的主动齿轮。

此外，倒挡惰轮安装在倒挡惰轮轴上，为直齿轮。倒挡惰轮通过倒挡拨叉控制轴向移动，能够同时与倒挡主、从动齿轮啮合，实现倒挡传动。

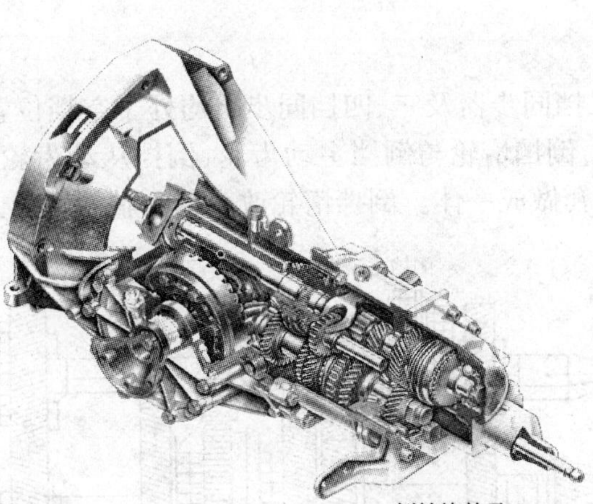

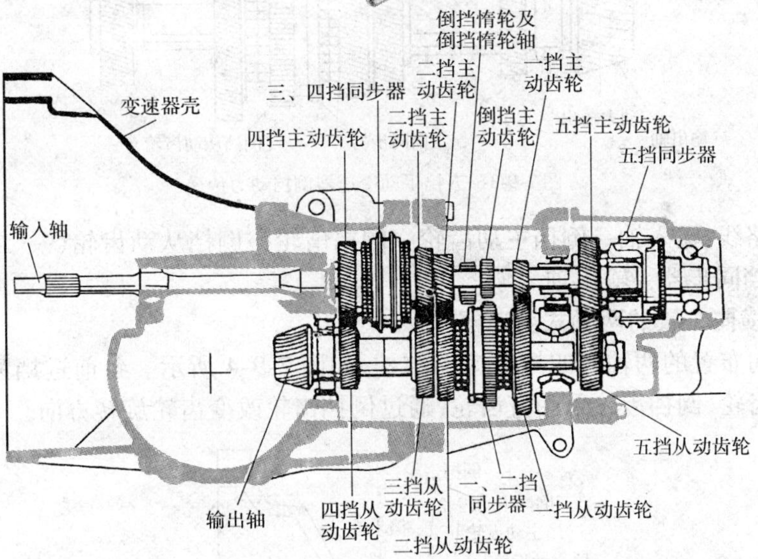

图 2-9-1　五挡手动变速器的结构图

2）动力传递路线

（1）一挡

如图 2-9-2 所示，一、二挡同步器向右挂入一挡，使输出轴上的一挡从动齿轮与输出轴接合。

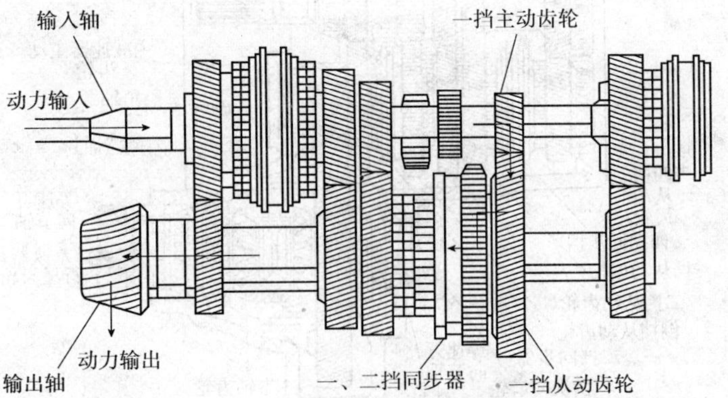

图 2-9-2　五挡手动变速器一挡动力传递路线

动力传递路线：输入轴→一挡主动齿轮→一挡从动齿轮→一、二挡同步器→输出轴。

(2)倒挡

如图 2-9-3 所示,一、二挡同步器及三、四挡同步器均处于空挡位置,变速器操纵杆挂入倒挡,拨动倒挡惰轮向右移动,倒挡惰轮与倒挡主动齿轮、倒挡从动齿轮同时啮合。倒挡从动齿轮与一、二挡同步器的接合套做成一体。倒挡惰轮改变输出轴的转动方向,实现倒车。

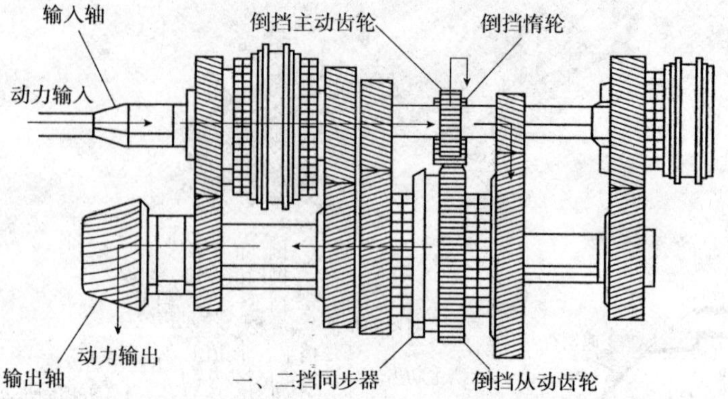

图 2-9-3 五挡手动变速器倒挡动力传递

动力传递路线:输入轴→倒挡主动齿轮→倒挡惰轮→倒挡从动齿轮(一、二挡同步器的接合套)→一、二挡同步器→输出轴。

2. 发动机横向布置的两轴式变速器

发动机横向布置的两轴式四挡变速器结构,如图 2-9-4 所示。各前进挡齿轮均采用同步器和常啮合斜齿轮,倒挡齿轮采用直齿轮,通过倒挡惰轮改变齿轮旋转方向。

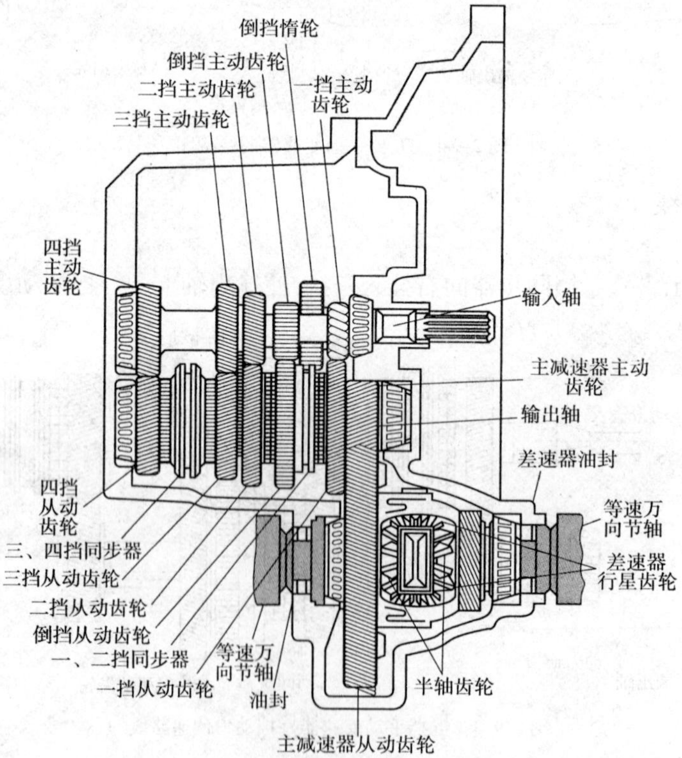

图 2-9-4 发动机横向布置的两轴式四挡变速器结构

三、变速器的操纵机构

1. 功用与要求

变速器操纵机构的功用是根据汽车使用条件,驾驶员可随时将变速器换上或摘下某个挡位。

为了保证在任何情况下变速器都能准确、安全、可靠地工作,对变速器操纵机构提出以下要求:

(1)设自锁装置,防止变速器自动脱挡,并保证齿轮以全齿宽啮合。

(2)设互锁装置,防止变速器同时挂入两个挡位,以免造成发动机熄火或损坏零部件。

(3)设倒挡锁,防止误挂倒挡,否则会发生安全事故。

2. 类型

根据操纵杆与变速器的相互位置,变速器操纵机构可分为远距离操纵式和直接操纵式两大类,如图 2-9-5 所示。

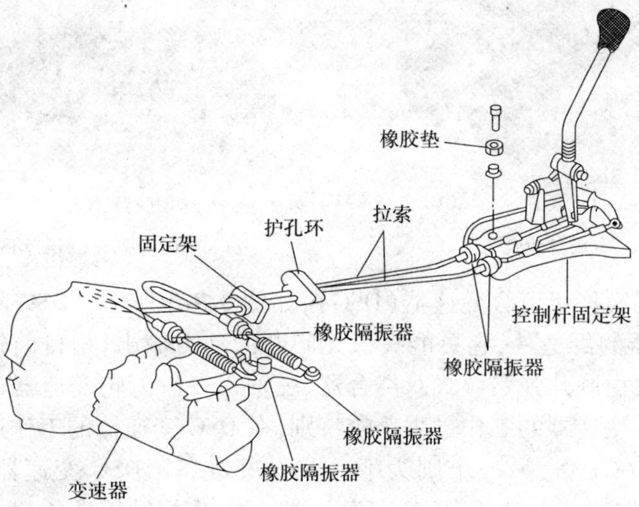

图 2-9-5　变速操纵杆

第三节　自动变速器

自动变速器是指液力自动变速器,由液力变矩器和齿轮式自动变速系统组合而成。轿车所装用的大多为电子控制的液力自动变速器,简称电控自动变速器。电控自动变速器根据发动机负荷和车速等工况的变化,自动变换传动系统的传动比,使汽车获得良好的动力性和燃油经济性,同时有效减少发动机排放污染,显著提高车辆行驶的安全性、乘坐舒适性和操纵轻便性。

一、自动变速器的分类

1. 按变速形式分类

自动变速器按变速形式的不同,分为有级自动变速器、无级自动变速器和直接换挡变速器三种。

有级变速器(AMT)是指具有几个定值传动比的变速器,有级变速器是具有有限几个定值传动比的变速器,一般有 3 ~ 6 个前进挡和 1 个倒挡。有级变速器由液力变矩器和行星齿轮式自动变速系统组合而成，如图 2-9-6 所示，在乘用车上应用较为广泛。

发动机的扭矩传递不是间歇的，而是连续的，因此，变化的变速比总是理想的发动机功率利用方式。无级变速器(CTV)是能使传动比在一定范围内连续变化的变速器，操作简便，换挡迅速，但是动力能力传递有限，现在只能用在中、小功率的车型上，不能装配在大功率、大扭矩的车型上。无级变速器目前只在部分高档乘用车上应用。无级变速器取消了有级自动变速器里的液力变矩器，变速器由两个带锥面的盘组—主链轮装置(链轮装置 1)和副链轮装置(链轮装置 2)以及工作于两个锥形链轮组之间 V 型槽内的专用传动链组成，即为传动链式动力传递装置。同时，一组单排行星齿轮机构用于实现前进挡和倒挡，如图 2-9-7 所示。

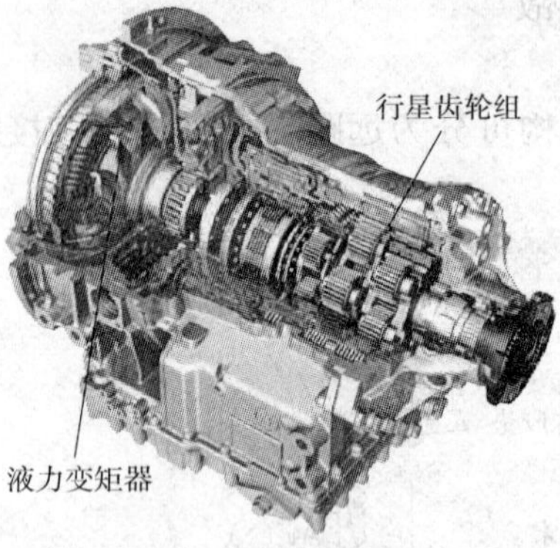

图 2-9-6　有级自动变速器

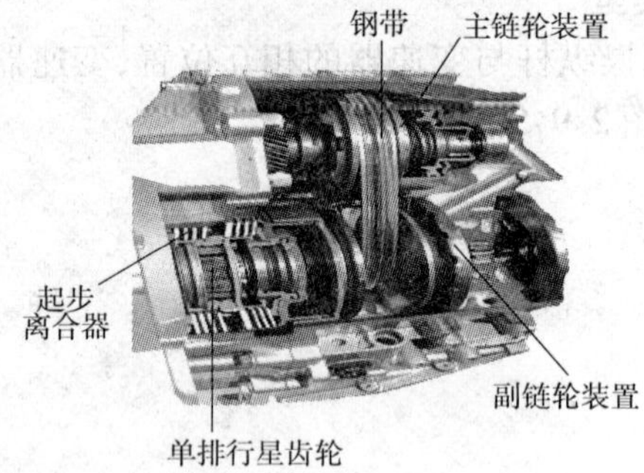

图 2-9-7　无级自动变速器

直接换挡变速器又称双离合变速器(DSG)，如图 2-9-8 所示。DSG 除了拥有手动变速器的灵活及自动变速器的舒适外，它更能提供无间断的动力输出，是目前较为理想的自动变速器。DSG 变速器主要由膜片弹簧湿式双离合器、三轴式直齿齿轮变速器、自动换挡机构、电控液压系统组成。DSG 变速器的工作过程比较特别，在 DSG 变速器的工作过程中总是有两个挡位是结合的，一个正在工作，另一个则为下一步做好准备。DSG 变速器的升挡或降挡是由 ECU 进行判断的，踩加速踏板时，ECU 判定为升挡过程，作好升挡准备；踩制动踏板时，ECU 判定为降挡过程，作好降挡准备。

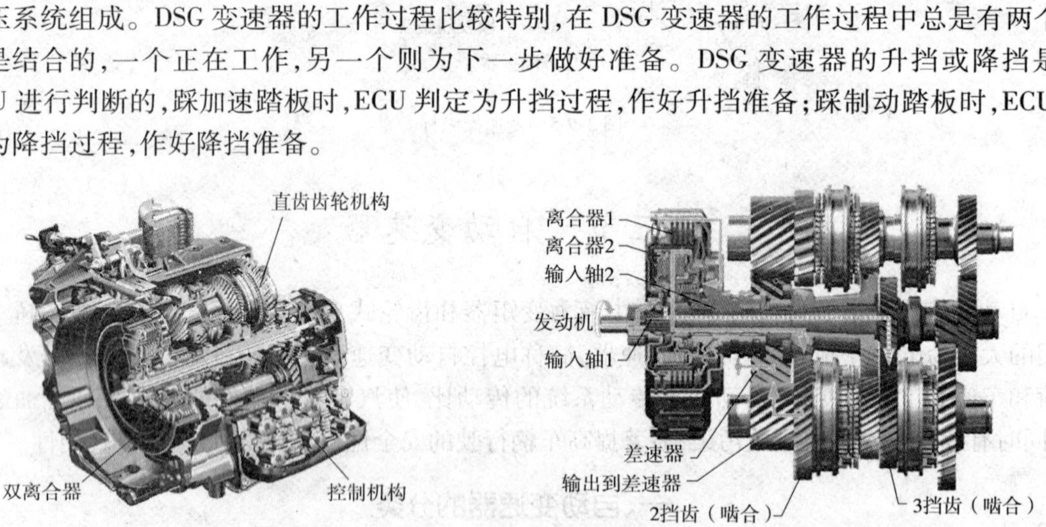

图 2-9-8　直接换挡变速器

2. 按齿轮变速器的类型分类

自动变速器按齿轮变速器的类型不同，可分为普通齿轮式和行星齿轮式两种。

大部分车系采用行星齿轮变速机构，只有少部分车系采用平行轴式齿轮变速机构。国内只有本田车系采用平行轴式齿轮变速机构。平行轴式齿轮变速机构在相互平行的轴上安装几组齿数不同的齿轮组，通过齿数不同的齿轮组的啮合，实现不同的传动比即不同挡位，与手动变速器相同。

二、自动变速器的组成和功用

自动变速器的厂牌型号很多，但自动变速器的组成基本相同，如图 2-9-9 所示，通常由液力变矩器、行星齿轮机构、换挡执行机构、液压操纵系统、电子控制系统、壳体等六部分组成。

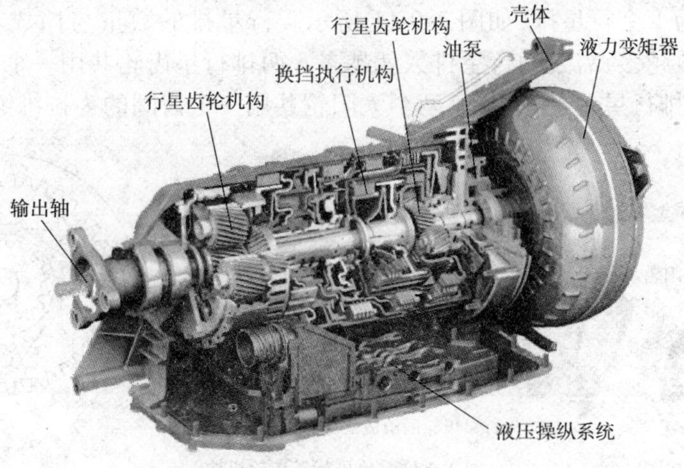

图 2-9-9　电控自动变速器的组成

为防止自动变速器液压油油温高造成传动效率降低，有些自动变速器压油设有液压油冷却装置，由冷却器和回油管组成，冷却器与发动机的散热器安装在一起。车辆行驶时利用冷却器将液压油温度保持在 80°～90°。

（一）液力变矩器

液力变矩器安装在发动机的飞轮上，位于自动变速器的最前端。液力变矩器利用油液循环流动过程中动能的变化将发动机的动力传递给自动变速器的输入轴，并能根据汽车行驶阻力的变化，在一定范围内自动地、无级地改变传动比和扭矩比，具有一定的减速增扭功能。

常用液力变矩器的结构如图 2-9-10 所示，主要由可旋转的泵轮和涡轮、固定不动的导轮及安装在涡轮前端的锁止离合器组成。

图 2-9-10　液力变矩器的结构

(二)行星齿轮机构

行星齿轮机构主要由太阳轮(也称中心轮)、内齿圈、行星架和行星齿轮等元件组成。行星齿轮机构是实现变速的机构,速比的改变是通过以不同的元件作主动件和限制不同元件的运动而实现的。在速比改变的过程中,整个行星齿轮组还存在运动,动力传递没有中断,因而实现了动力换挡。

1. 行星齿轮机构的结构

一般的行星齿轮机构是由1个太阳轮、1个齿圈、1个行星架和支承在行星架上的几个行星齿轮组成的,称为1个行星排,如图2-9-11所示。行星排的数量与挡数及行星齿轮机构的类型有关,通常挡数越多,需要的行星排数就越多。两排行星齿轮共用一个太阳轮的为辛普森机构。一长一短两排行星轮,一大一小两个太阳轮共用一个齿圈的为拉维纳机构。

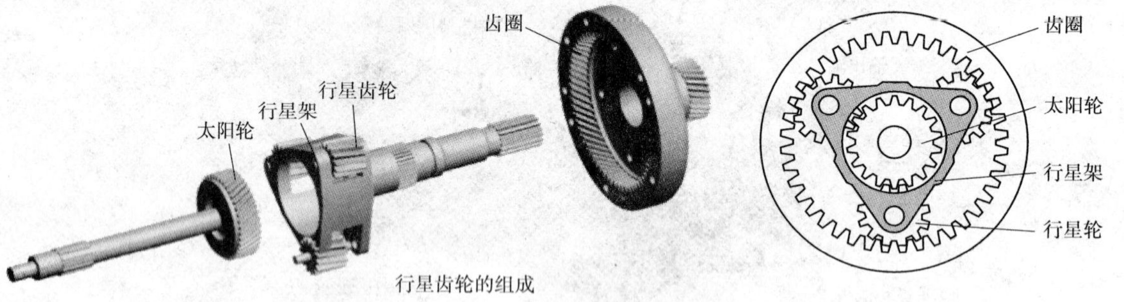

图2-9-11　单排行星齿轮机构

2. 单排行星齿轮机构的工作原理

行星齿轮机构中的太阳轮、齿圈及行星架有一个共同的固定轴线,行星齿轮支承在固定于行星架的行星齿轮轴上,并同时与太阳轮和齿圈啮合。当行星齿轮机构运转时,空套在行星架上的行星齿轮轴上的几个行星齿轮一方面可以绕着自己的轴线旋转(自转),另一方面又可以随着行星架一起绕着太阳轮回转(公转),就像天上行星的运动那样,兼有自转和公转两种运动状态,在行星排中,具有固定轴线的太阳轮、齿圈和行星架称为行星排的3个基本元件。通过不同的固定形式,实现不同的传动比。

3. 换挡执行机构

行星齿轮机构的所有齿轮都处于常啮合状态,通过不同方式对行星齿轮机构的基本元件进行约束,即固定或连接某些基本元件,使行星齿轮机构具有不同的传动比,实现不同的挡位变换。

换挡执行机构各执行元件按一定规律对行星齿轮机构的某些基本元件进行连接、固定或锁止,让行星齿轮机构获得不同的传动比,从而实现挡位变换。换挡执行机构由离合器、制动器和单向离合器三种不同的执行元件组成。

1)离合器

离合器为湿式多片结构,如图2-9-12所示,离合器的主要功用是将行星齿轮机构的输入轴和行星排的某个基本元件连接,或将行星排的某两个基本元件连接在一起。

2)制动器

制动器的作用是将行星排中太阳轮、齿圈和行星架中三个元件固定,使之不能旋转,产生不同的转向或速比,或制动单向离合器的外座圈。多片式制动器较常使用,带式制动器逐渐淘汰。

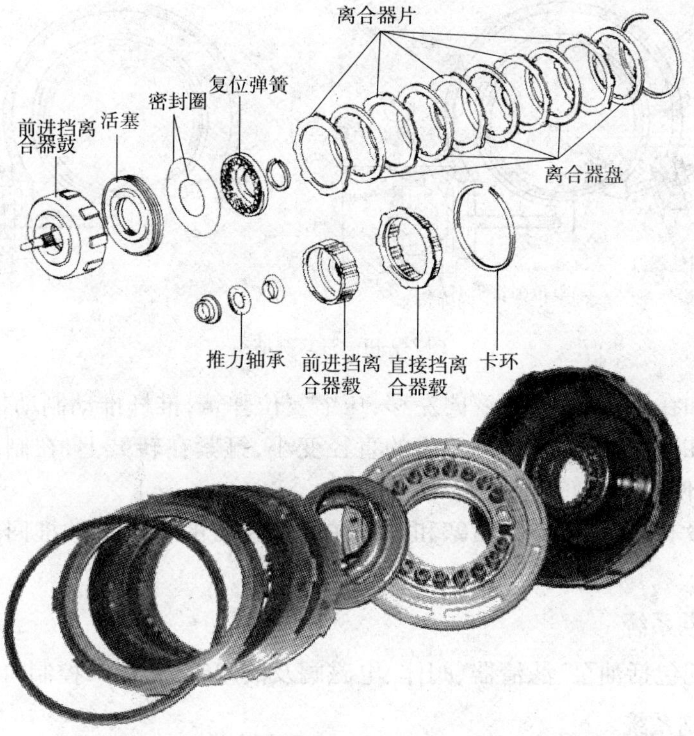

图 2-9-12　离合器

(1)多片式制动器。多片式制动器其结构与工作原理基本上与片式离合器相同,如图 2-9-13 所示,不同之处是制动器鼓与自动变速器壳体固定在一起,并且制动盘与鼓接合后,将不能转动。制动器盘的外凸缘与自动变速器壳体内的凹槽配合,制动片的内凸缘与毂的外径凹槽配合,而毂是齿轮传动的一部分或单项离合器的外座圈。

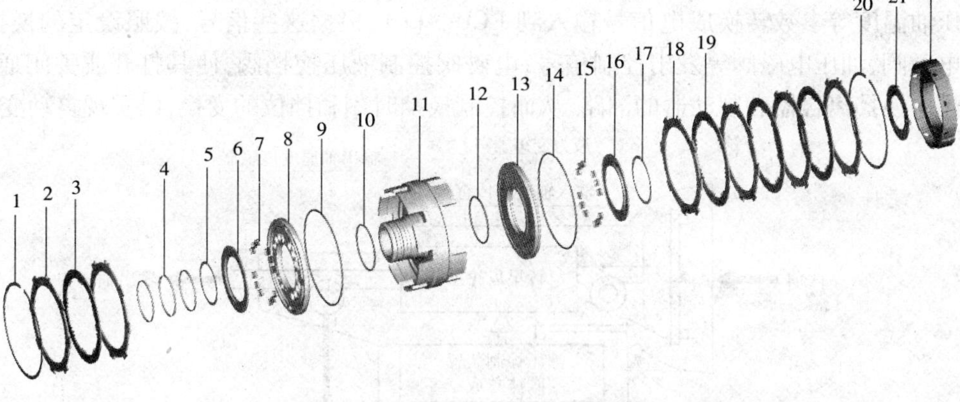

图 2-9-13　丰田 A340E 片式制动器

1、5、17、20-卡环;2-钢片;3-摩擦片;4-密封环;6、16-弹簧座;7、15-弹簧;8-B1 活塞;9-活塞外密封圈;10-活塞内密封圈;11-壳体(制动鼓);12-活塞内密封圈;13-B2 活塞;14-活塞外密封圈;18-钢片;19-摩擦片;21-垫片;22-制动器毂

(2)带式制动器。带式制动器如图 2-9-14 所示,主要由制动带、制动鼓、油缸、活塞和调整件等组成,将内侧粘有摩擦材料的制动带卷绕在制动鼓上,一端与壳体相连,另一端由液压伺服油缸的活塞推动,从而产生对制动带的箍紧作用力。

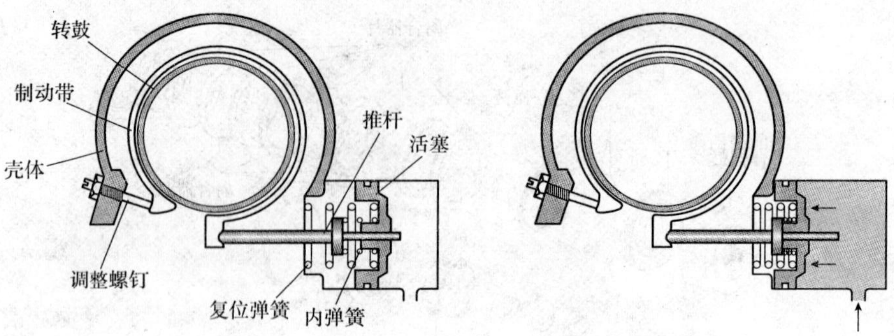

图 2-9-14　带式制动器

当控制油压加在活塞上时，活塞向左移，压缩复位弹簧，推杆推动制动带的一端，由于制动带的另一端固定在变速器壳体上，制动带的直径变小，箍紧在转鼓上，在制动带与转鼓之间产生很大的摩擦力，使之无法转动。

当活塞缸中没有控制油压时，活塞和推杆在回位弹簧的作用下被推回，制动带松开，转鼓解除制动。

（三）液压操纵系统

液压操纵系统包括油泵、滤清器、阀体、电磁阀及液压管路，用来控制自动变速器升降挡。

（四）电子控制系统

电子控制系统主要包括电控单元（ECU）、传感器、执行器及控制电路等，可按照设定的换挡规律实现自动换挡。

三、自动变速器的工作原理

电控液力自动变速器工作过程如图 2-9-15 所示，通过传感器和开关监测汽车和发动机的运行状态，接受驾驶员的换挡指令，并将发动机转速、节气门开度、车速、发动机冷却液温度、自动变速器液压油温度等参数转换成电信号输入到 ECU。ECU 根据这些信号，按照设定的换挡规律，向换挡电磁阀、油压电磁阀等发出控制信号；电磁阀控制液压换挡阀，使其打开或关闭通往换挡执行机构中换挡离合器和制动器的油路，从而控制换挡时刻和挡位的变换，以实现自动变速。

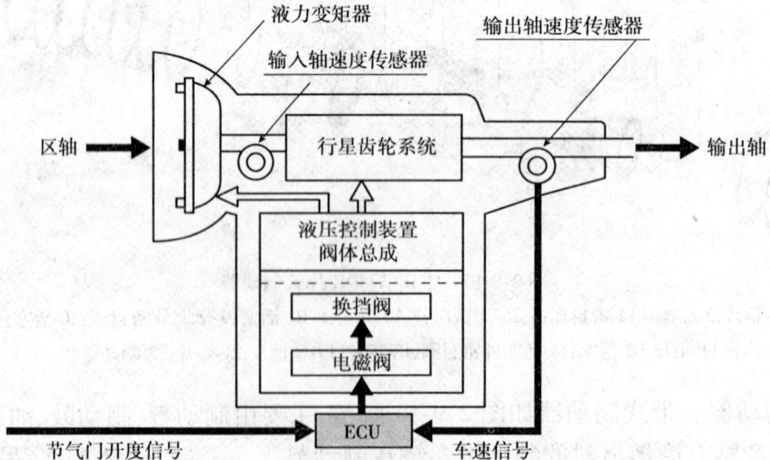

图 2-9-15　电控液力自动变速器工作过程

第十章　万向传动装置

一、万向传动装置的功用及组成

万向传动装置的功用是能在轴间夹角及相互位置经常发生变化的转轴之间传递动力。

1. 组成

万向传动装置主要由万向节和传动轴组成，对传动距离较远的分段式传动轴，为了提高传动轴的刚度，还要加装中间支承，如图 2-10-1 所示。

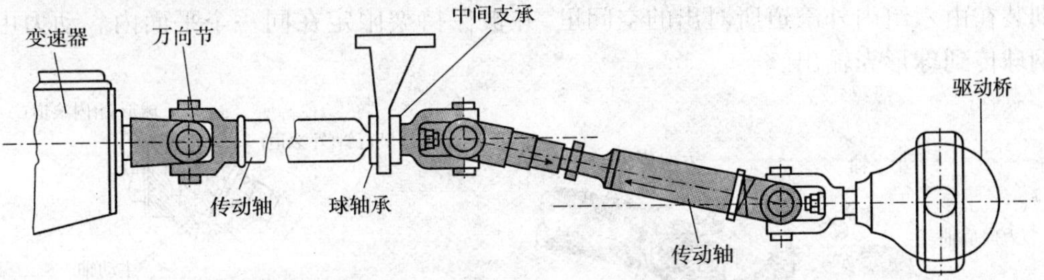

图 2-10-1　变速器与驱动桥之间的万向传动装置

2. 万向传动装置在汽车上的应用

万向传动装置在汽车上的应用主要包括六个方面，如图 2-10-2 所示。

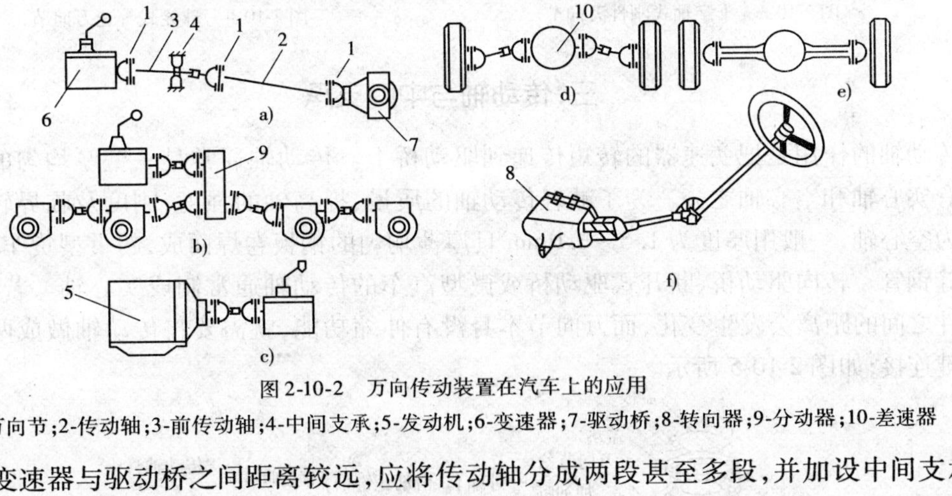

图 2-10-2　万向传动装置在汽车上的应用

1-万向节；2-传动轴；3-前传动轴；4-中间支承；5-发动机；6-变速器；7-驱动桥；8-转向器；9-分动器；10-差速器

(1)变速器与驱动桥之间距离较远，应将传动轴分成两段甚至多段，并加设中间支承，传动轴之间用万向节进行连接，如图 2-10-2a)所示。

(2)多轴驱动汽车的变速器与分动器之间，分动器与驱动桥之间或驱动桥与驱动桥之间均需采用万向传动装置，如图 2-10-2b)所示。

(3)发动机与变速器距离较远，在车辆运动过程中，两者的轴线会发生偏移，不能刚性连接，需要采用万向传动装置进行连接，如图 2-10-2c)所示。

(4)采用独立悬架的汽车,车轮轴线与差速器输出轴之间存在相对运动,需采用万向传动装置进行连接,如图 2-10-2d)所示。

(5)万向传动装置还应用在转向驱动桥的差速器与车轮之间,如图 2-10-2e)所示。

(6)在汽车转向盘转轴和转向器之间亦需采用万向传动装置进行连接,如图 2-10-2f)所示。

二、万 向 节

万向节按其速度特性分为普通万向节、准等速万向节和等速万向节。按其刚度大小,可分为刚性万向节和柔性万向节。

(1)目前,普通万向节(十字轴式刚性万向节)在汽车中应用比较广泛,如图 2-10-3 所示,丰田皇冠轿车变速器与驱动桥之间的万向节即采用十字轴式万向节。

(2)等速万向节的常见结构形式有球笼式和组合式。

(3)球笼式等速万向节的结构如图 2-10-4 所示,星形套以内花键与主动轴相连,其外表面有六条弧形凹槽,形成内滚道。球形壳的内表面有相应的六条弧形凹槽,形成外滚道。六个钢球分别装在由六组内外滚道所对出的空间里,并被保持架限定在同一个平面内。动力由主动轴经钢球传到球形壳输出。

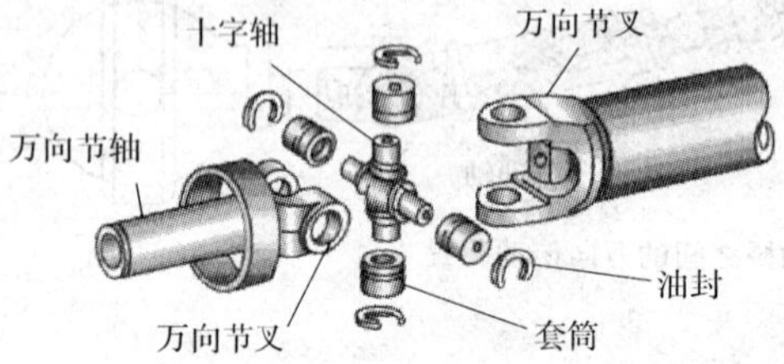

图 2-10-3　十字轴式刚性万向节

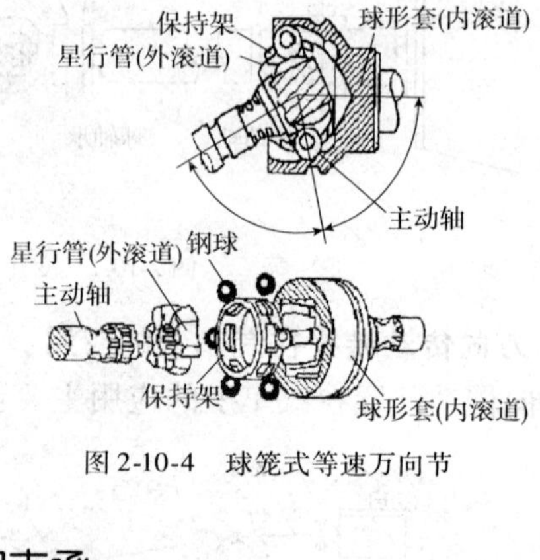

图 2-10-4　球笼式等速万向节

三、传动轴与中间支承

传动轴的作用是把变速器的转矩传递到驱动桥上。传动轴通常是一壁厚均匀的管轴,传动轴有实心轴和空心轴之分。为了减轻传动轴的质量,提高轴的强度、刚度及临界转速,传动轴多为空心轴,一般用厚度为 1.5 ~ 3.0mm 且厚薄均匀的钢板卷焊而成,超重型货车则直接采用无缝钢管。转向驱动桥、断开式驱动桥或微型汽车的传动轴通常制成实心轴。若连接的两个部件之间的距离会发生变化,而万向节本身没有伸缩功能,就需要将传动轴做成两段,用滑动花键连接,如图 2-10-5 所示。

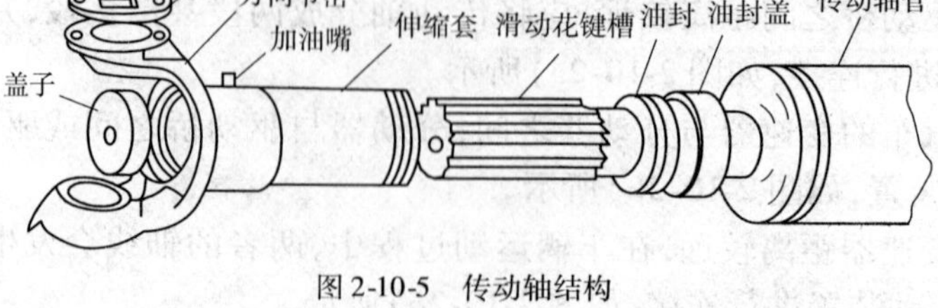

图 2-10-5　传动轴结构

第十一章　驱　动　桥

一、驱动桥的功用及组成

驱动桥的功用是将万向传动装置传来的发动机的动力经过降速增扭改变传动方向后，分配到驱动轮，并允许左、右驱动轮以不同的转速旋转。

驱动桥由主减速器、差速器、半轴和驱动桥壳等组成，如图 2-11-1 所示。

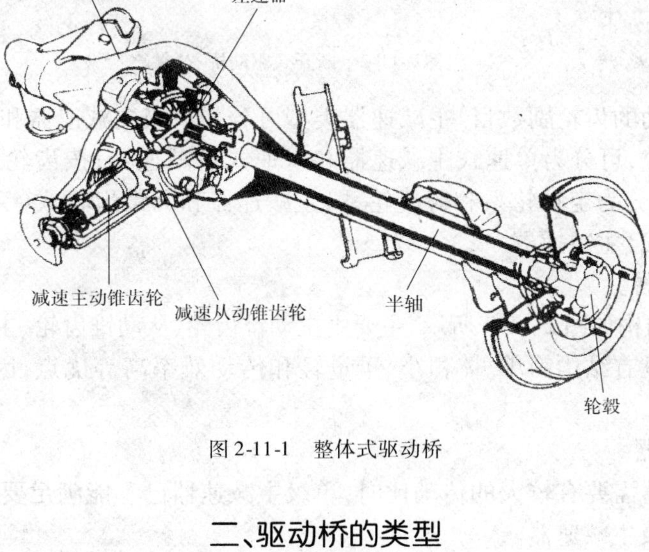

图 2-11-1　整体式驱动桥

二、驱动桥的类型

驱动桥的类型主要有两种：整体式驱动桥和断开式驱动桥。

1. 整体式驱动桥

如图 2-11-1 所示，整体式驱动桥的结构采用非独立悬架，与驱动桥壳为一刚性整体，驱动桥两端通过悬架与车架连接，左右半轴始终在一条直线上，即左右驱动轮不能相互独立跳动。当一侧车轮通过不平路面发生跳动时，整个驱动桥及车身都要随之发生倾斜，车身波动大。

2. 断开式驱动桥

断开式驱动桥（图 2-11-2）采用独立悬架，其主减速器壳固定在车架上，驱动桥壳分段并通过铰链连接，半轴也分段并用万向节连接。两侧的驱动轮分别用弹性元件与车架相连，两轮可以彼此独立地相对于车架上下跳动。

三、主减速器的功用及类型

主减速器的功用是将输入的转矩增大、转速降低，并将动力传递的方向改变后（部分发动机横向布置的除外)传给差速器。

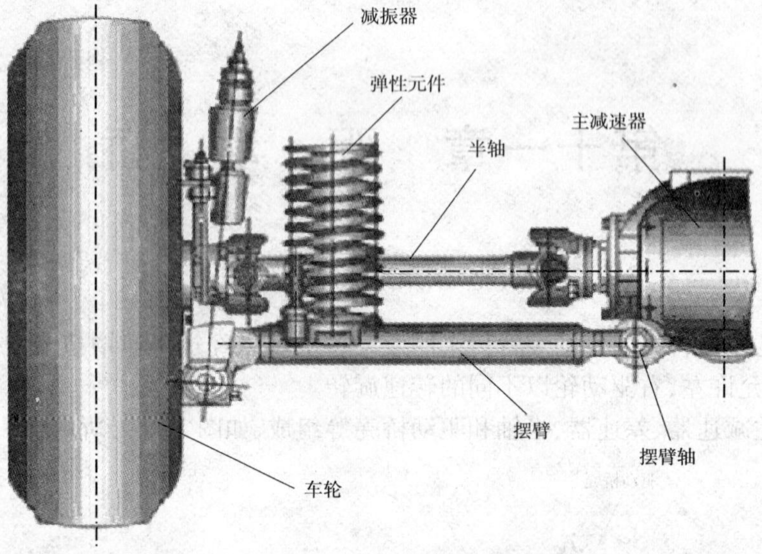

图 2-11-2　断开式驱动桥

按参加减速传动的齿轮副数目,主减速器类型可分为单级主减速器和双级主减速器;按主减速器传动比挡数分,可分为单速式主减速器和双速式主减速器;按齿轮副结构形式分,可分为圆柱齿轮式(又可分为定轴轮系和行星轮系)主减速器和圆锥齿轮式(又可分为螺旋锥齿轮式和双曲面锥齿轮式)主减速器。

1. 单级主减速器

单级主减速器结构如图 2-11-3 所示,主要由主动锥齿轮、从动锥齿轮、主减速器壳等组成。

单级主减速器具有结构简单、体积小、重量轻和传动效率高等优点,因此广泛应用于轿车和一般轻、中型货车。

2. 双级主减速器

当汽车主减速器需要有较大的传动比时,单级主减速器已不能满足要求,这时需要采用由两对齿轮传动的双级主减速器。

双级主减速器的结构如图 2-11-4 所示,第一级为一对螺旋锥齿轮减速,第二级为一对圆柱斜齿轮减速。通过双级减速后,传动比较大,同时又能保证足够的离地间隙。双级主减速器主要应用于一些中型或重型汽车上,如解放 CA1092 型汽车等。

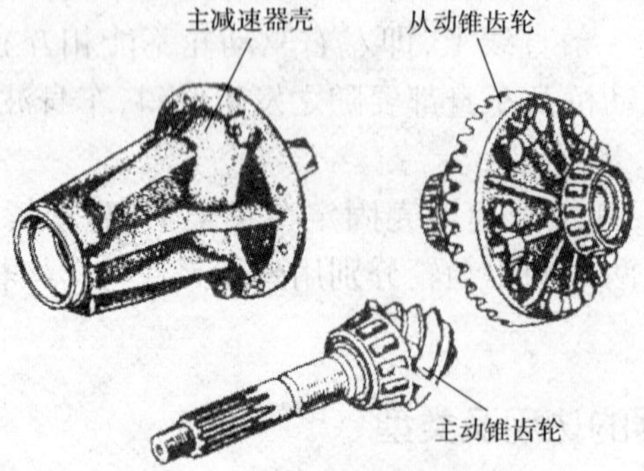

图 2-11-3　单级主减速器

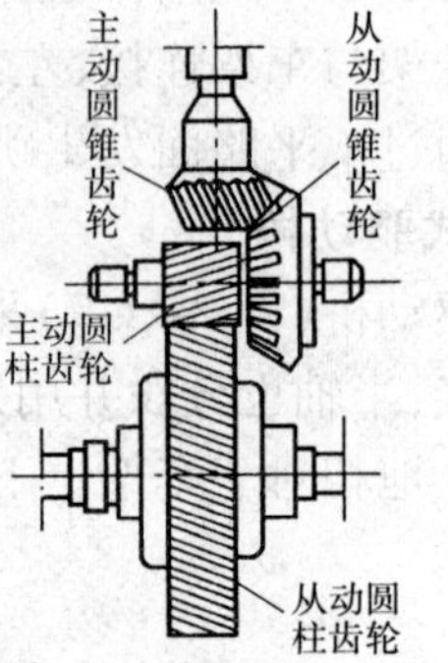

图 2-11-4　双级主减速器

四、差　速　器

1. 差速器的功用及类型

差速器的功用是当汽车转弯或在不平路面行驶时,使左右驱动车轮以不同的转速滚动行驶,以满足两侧驱动轮差速的需要。

差速器的类型按其工作特性可分为普通齿轮式差速器和防滑差速器两大类。

2. 普通齿轮式差速器

普通齿轮式差速器分为锥齿轮式和圆柱齿轮式两种。由于锥齿轮差速器结构简单、紧凑,工作平稳,目前国产轿车及其他类汽车基本都采用了对称式锥齿轮普通差速器,如图 2-11-5 所示。左右差速器壳用螺栓紧固在一起。主减速器的从动齿轮用螺栓或铆钉固定在右差速器壳的凸缘上。十字轴安装在差速器壳结合面处所对出的圆孔内,每个轴颈上套有一个带有滑动轴承(衬套)的直齿圆锥行星齿轮,四个行星齿轮的左右两侧各与一个直齿圆锥半轴齿轮相啮合。半轴齿轮的轴颈支承在差速器壳左右相应的孔中,其内花键与半轴相连。与差速器壳一起转动(公转)的行星齿轮拨动两侧的半轴齿轮转动,当两侧车轮所受阻力不同时,行星齿轮还要绕自身轴线转动—自转,实现对两侧车轮的差速驱动。

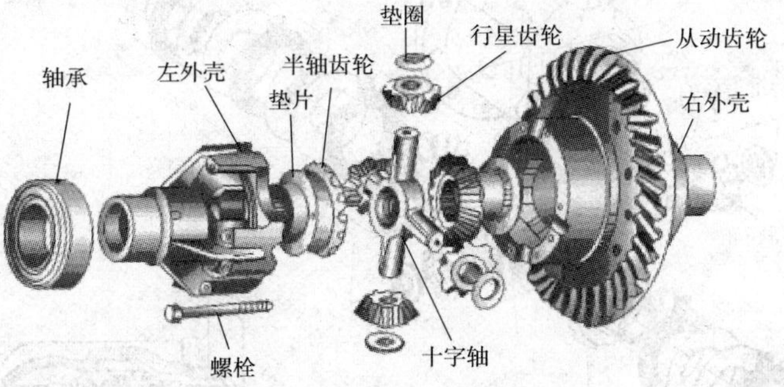

图 2-11-5　对称式锥齿轮差速器构造

差速器的润滑是和主减速器一起进行的。为了使润滑油进入差速器内,往往在差速器壳体上开有窗口。为保证润滑油能顺利到达行星齿轮和行星齿轮轴轴颈之间,在行星齿轮轴轴颈上铣出一平面,并在行星齿轮的齿间钻出径向油孔。

3. 防滑差速器

汽车上常用的防滑差速器有强制锁止式和自锁式两大类。

强制锁止式是指驾驶员操纵差速锁,人为地将差速器锁住,使差速器不起差速作用。自锁式是指在汽车行驶过程中,根据路面情况自动改变驱动轮间的转矩分配。自锁式又有摩擦片式、滑块凸轮式和托森式等多种结构形式。

1)强制锁止式差速器

强制锁止式差速器(图 2-11-6)就是在行星锥齿轮差速器上设置差速锁。可以用电磁阀控制的汽缸操纵一个离合机构,当电磁阀接通时,控制气路打开,推动活塞右移,使外结合

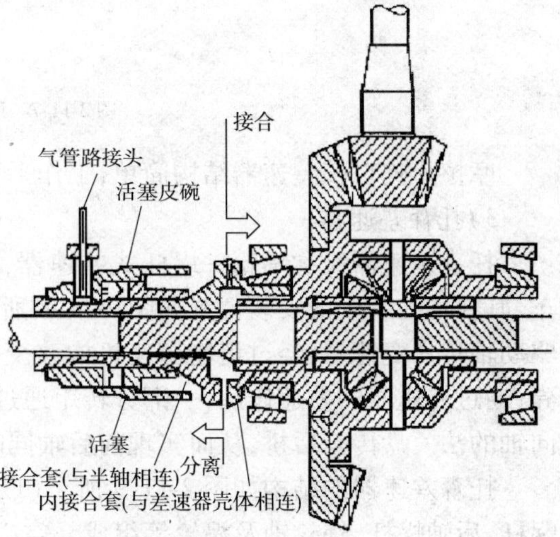

图 2-11-6　强制锁止式差速器

套与内结合套压紧成为刚性连接,左侧半轴与差速器壳相接合,差速器被锁止。这就相当于把左右两半轴锁成一体一同旋转。这样,当一侧驱动轮打滑而牵引力过小时,从主减速器传来的转矩绝大部分分配到右侧驱动轮上,使汽车得以通过这样的路段。

强制锁止式差速器结构简单,易于制造,但操作必须停车时进行,而且接上差速锁时,左右车轮刚性连接,将产生前驱转向困难、轮胎磨损严重等问题。当车辆驶入良好路面时,需及时松开差速锁。

2)摩擦片式自锁差速器

摩擦片式自锁差速器是在普通行星锥齿轮差速器的基础上发展而成,如图 2-11-7 所示。为增加差速器内摩擦力矩,在半轴齿轮与差速器壳之间装有摩擦片。十字轴有两根相互垂直的行星齿轮轴组成,其端部均切出凸 V 形斜面,相应地差速器壳上也有凹 V 形斜面,两根行星齿轮轴的 V 形面是反向安装的,每个半轴齿轮的背面有推力压盘和主、从动摩擦片。推力压盘以内花键与半轴相连,而其轴颈处用外花键与从动摩擦片相连。主动摩擦片则用花键与差速器壳相连。推力压盘与主、从动摩擦片均可做微小的轴向移动。

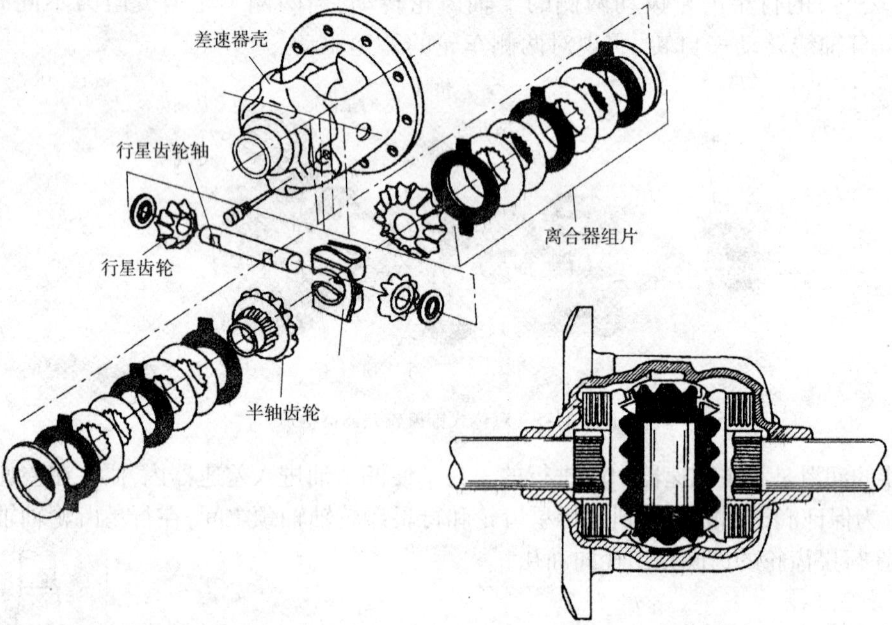

图 2-11-7　摩擦片式自锁差速器

摩擦片式自锁差速器结构简单,工作平稳,多用于轿车或轻型货车。

3)托森差速器

托森差速器又称蜗轮—蜗杆式差速器,是一种中央轴间差速器,广泛用于四轮驱动的轿车,其在传动系中的安装位置如图 2-11-8 所示(以奥迪 A4 轿车为例)。发动机输出的转矩由驱动轴传入变速器,经过齿轮变速机构改变传动比后,由输出轴(空心轴)传至托森差速器外壳,通过差速器的差速作用,一部分转矩通过差速器主动齿轮传至前桥,另一部分转矩通过万向轴的法兰盘传至后桥,从而实现前后轴同时驱动和前后轴转矩的自动调节。

托森差速器的结构如图 2-11-9 所示(以奥迪 A4 轿车为例),由空心轴、差速器外壳、前轴蜗杆、后轴蜗杆、蜗轮轴及涡轮等组成。空心轴和差速器外壳通过花键相连而一同转动,蜗轮通过蜗杆轴支承在差速器外壳上,分别与前后蜗杆相啮合,每个蜗轮上固定有两个正齿轮,每对蜗轮通过正齿轮相啮合。前轴蜗杆和前驱动轴为一体,后轴蜗杆和驱动后桥的万向轴的凸缘为一体。

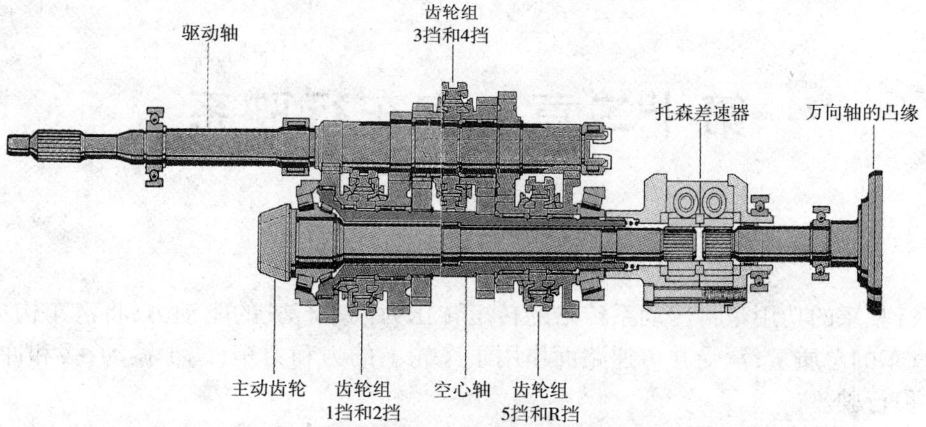

图 2-11-8　奥迪 A4 轿车托森差速器在传动系的安装位置

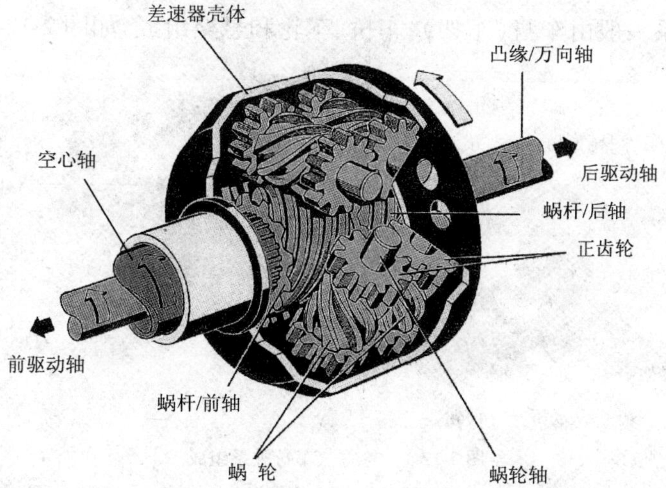

图 2-11-9　奥迪 A4 轿车托森差速器结构

当汽车行驶时,来自发动机的转矩通过空心轴传至差速器外壳,差速器外壳通过蜗轮轴传至蜗轮,再传至蜗杆。前轴蜗杆通过前驱动轴将动力传至前桥,后轴蜗杆通过万向轴的凸缘将动力传至后桥。当汽车转向时,前后桥将出现转速差,通过与蜗轮啮合的正齿轮的相对转动,使一轴转速提高,而另一轴转速降低,实现差速作用。同时差速器可使转速低的轴比转速高的轴分配到更大的转矩,从而提高了汽车通过坏路面的能力。

五、半　　轴

半轴是将差速器传来的动力传给驱动轮。常见的半轴支承形式有全浮式和半浮式两种。

第十二章　汽车行驶系

一、汽车行驶系的功用

汽车行驶系的功用是将传动系传来的转矩转化为汽车行驶的驱动力；将汽车构成一个整体，支承汽车的总质量；承受并传递路面作用于车轮上的力和力矩；减少振动，缓和冲击，保证汽车的平稳行驶。

二、汽车行驶系的组成

轮式汽车行驶系一般由车身（车架）、车桥、车轮和悬架组成，如图 2-12-1 所示。

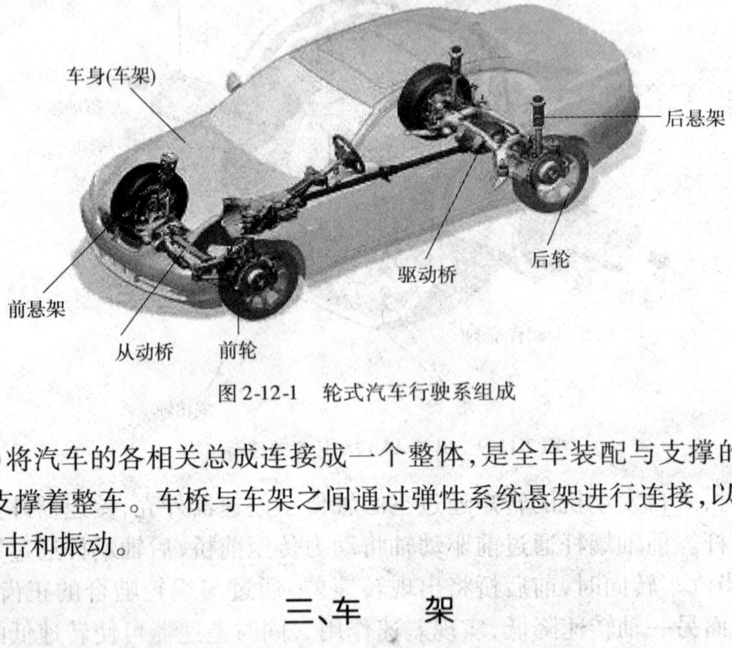

图 2-12-1　轮式汽车行驶系组成

车身（车架）将汽车的各相关总成连接成一个整体，是全车装配与支撑的基础，车轮分别装在前后桥上，支撑着整车。车桥与车架之间通过弹性系统悬架进行连接，以减少汽车在行驶中受到的各种冲击和振动。

三、车　架

车架是跨接在各车桥之间的桥梁式结构，是整个汽车的安装基础。

车架的功用是支承连接发动机、变速器、传动轴、前后桥、车身等各总成和部件。保持各总成相对正确的位置，并承受汽车内外的各种荷载。车架通过悬架装置坐落在车轮上。

车架的类型主要有边梁式车架、中梁式车架（也称脊梁式车架）、综合式车架和承载式车身 4 种，较常用的有边梁式车架和承载式车身，如图 2-12-2 所示。

现代轿车和部分大型客车多数取消车架，而以车身兼代车架，称为无梁式车架，所有零部件都固定在车身上，所有作用力由车身承受，故又称为承载式车身。如上海桑塔纳、一汽奥迪100、捷达/高尔夫等车型均为承载式车身。

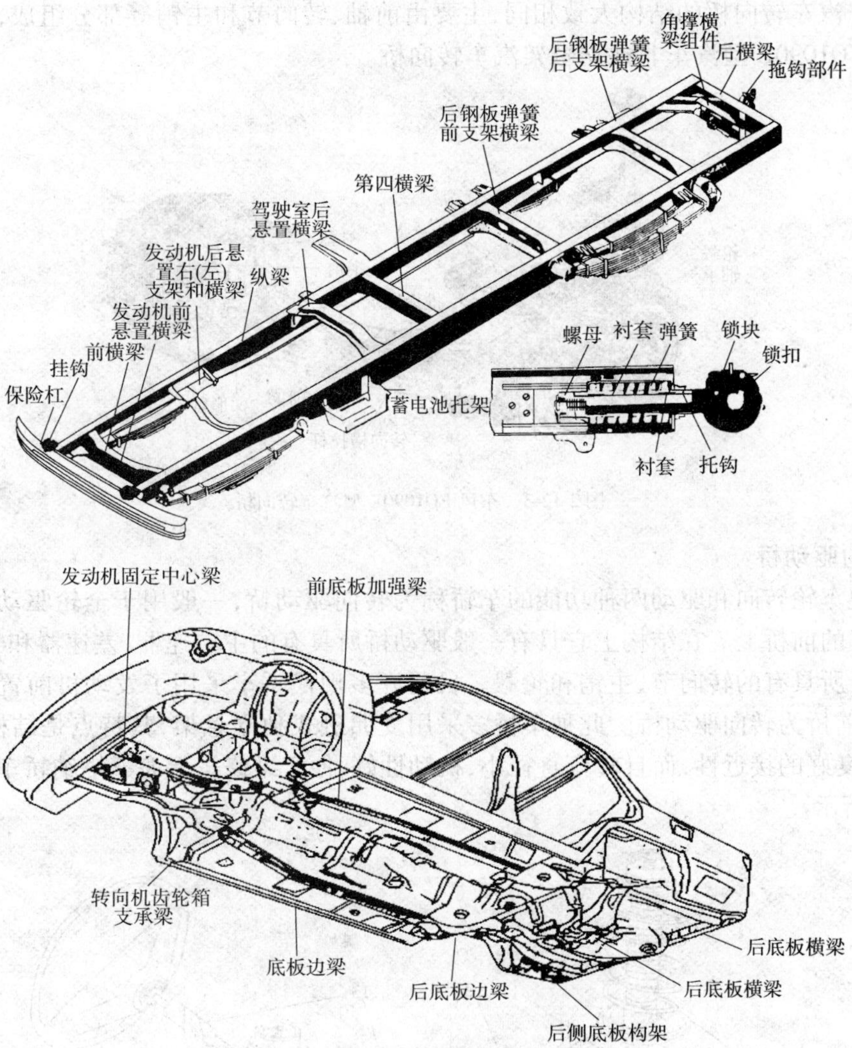

图 2-12-2　东风 EQ1090E 边梁式车架和承载式车身

四、车　　桥

车桥通过悬架与车架(或承载式车身)相连,两端安装车轮。车桥的功用是传递车架(或承载式车身)与车轮之间各方向的作用力及其产生的力矩。

(一)车桥的类型

根据车辆悬架类型以及传动系(前置发动机前轮驱动、前置发动机后轮驱动、四轮驱动等)的不同,车桥可分为整体式和断开式两种。断开式车桥为活动关节式结构,它与独立悬架配合使用;整体式车桥的中部是刚性实心或空心梁。它多配用非独立悬架。

(二)车桥构造

1. 转向桥

汽车前桥一般是转向桥,它是利用车桥中的转向节使车轮可以偏转一定的角度,以实现汽车的转向。汽车转向桥的结构大致相同，主要由前轴、转向节和主销等部分组成，图 2-12-3 所示为东风 EQ1090E 型汽车非独立悬架汽车转向桥。

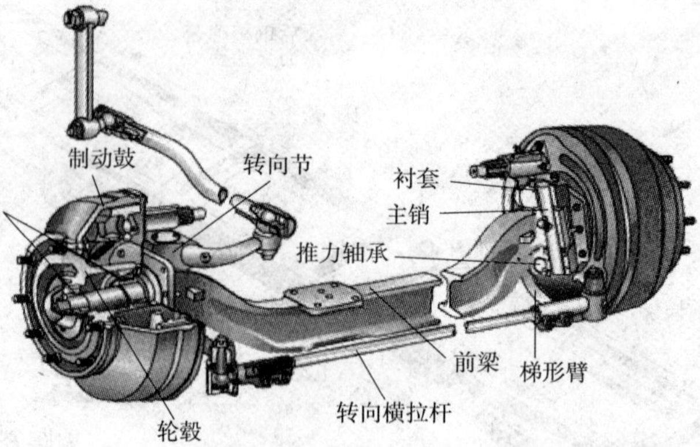

图 2-12-3　东风 EQ1090E 型汽车转向桥

2. 转向驱动桥

能实现车轮转向和驱动两种功能的车轿称为转向驱动桥，一般用于全轮驱动的越野汽车和一些轿车的前桥上。在结构上它具有一般驱动桥所具有的主减速器、差速器和半轴，也具有一般转向桥所具有的转向节、主销和轮毂。目前许多现代轿车采用了发动机前置前驱动的布置形式，其前桥为转向驱动桥。此种车桥多采用麦弗逊式独立悬架，其特点是结构简单，布置紧凑，具有良好的接近性，而且转弯直径小，机动性好，便于维修。上海桑塔纳轿车前桥总成如图 2-12-4 所示。

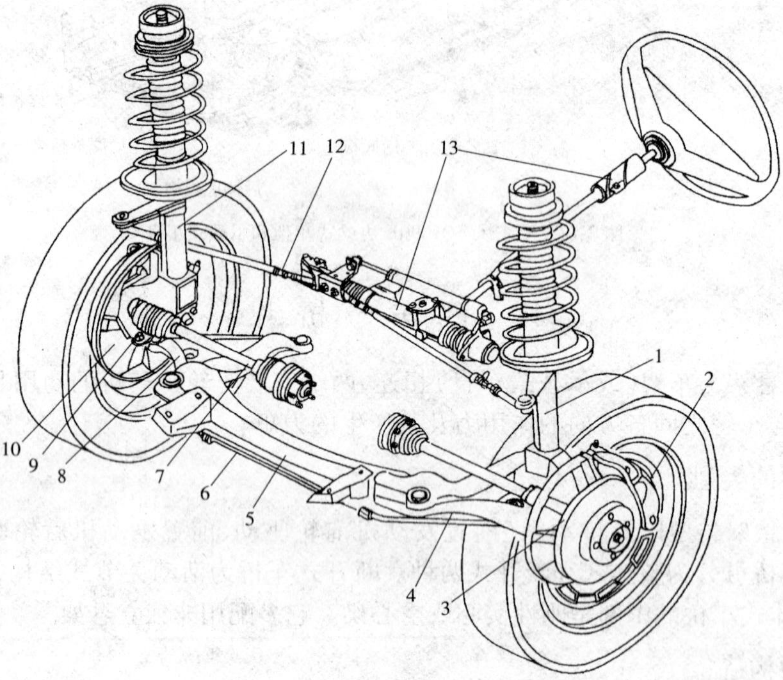

图 2-12-4　上海桑塔纳轿车前桥总成

1、11-悬架；2-前轮制动器总成；3-制动盘；4、8-下摆臂；5-副车架；6-横向稳定器；7-传动半轴总成；9-球形接头；10-车轮轴承壳；12-转向横拉杆；13-转向装置总成

(三)前轮定位

为了保证汽车直线行驶的稳定性和操纵的轻便性,减少轮胎和其他机件的磨损,转向车轮、转向节、前轴三者与车架的安装应保持一定的相对位置关系,这种安装位置称为转向车轮定位,一般汽车多采用前轮转向,故转向轮定位又称为"前轮定位"。它包括主销后倾、主销内倾、前轮外倾、前轮前束。

1. 主销后倾

主销在前轴上安装,其上端略向后倾斜,称为主销后倾。主销轴线与垂线之间的夹角 γ 叫做主销后倾角。

主销后倾角是转向轴线向后倾斜的角度。主销后倾角是从汽车纵向平面观察时,测量转向轴线至垂直线之间的角度而得,用 γ 表示,如图 2-12-5 所示。

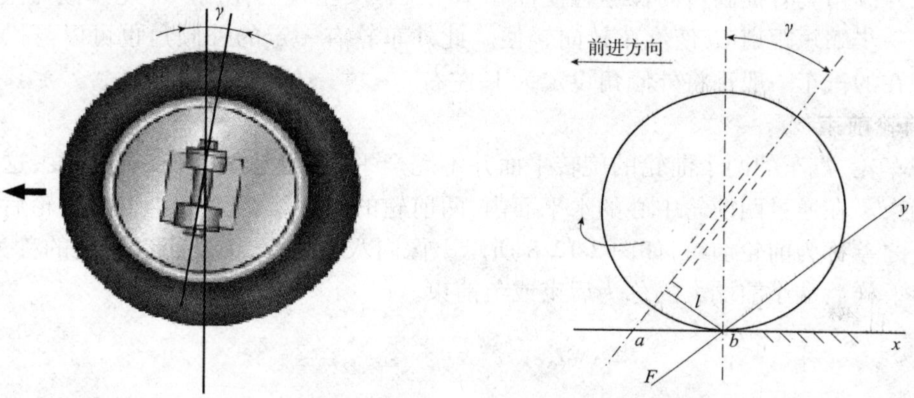

图 2-12-5　主销后倾

主销后倾角 γ 愈大,车速愈高,力矩 M 愈大,转向轮偏转后自动回正的能力也愈强。在转向时为了克服此稳定力矩,驾驶员须在转向盘上施加较大的力(即所谓转向盘沉重)。所以,此力矩不宜过大,一般 γ 角不超过 $2° \sim 3°$。

2. 主销内倾

主销在前轴上安装,其上端略向内倾斜,称为主销内倾。在汽车横向平面内,主销轴线与垂线之间的夹角 β 叫做主销内倾角。

车辆向左或向右转向时,车轮会围绕主销轴线转动,该轴线称为转向轴线。在减振器上支撑轴承和下悬架臂球节之间,画一条假想直线,也是转向轴线,如图 2-12-6a)所示。

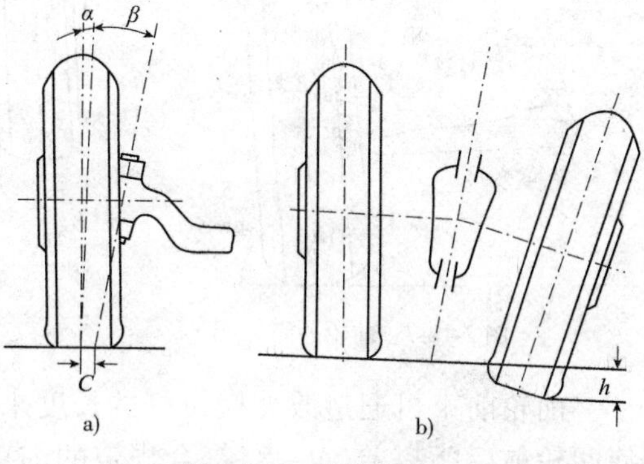

图 2-12-6　主销内倾

主销内倾角有使车轮自动回正的作用,如图 2-12-6b)所示。当转向车轮在外力作用下由中间位置偏离左右一个角度时,车轮的最低点将陷入路面以下 h 处,但实际上车轮边缘不可能陷入路面以下,而是将转向轮连同整个汽车前部向上抬起一个相应的高度 h,这样汽车本身的重力有使转向轮回复到原来中间位置的效应,即能自动回正,主销内倾角越大或转向轮偏转角越大,汽车前部就被抬起得越高,转向轮自动回正的作用就越大。

主销内倾角的另一个作用是使转向轻便，由于主销的内倾使得主销轴线与路面的交点到车轮中心平面与地面交线的距离 C 减小，转向时路面作用在转向轮上的阻力矩减小（因力臂 C 减小），从而可降低转向时驾驶员加在转向盘上的力，使转向操作轻便，同时也可以减小因路面不平而从转向轮传到转向盘上的冲击力。但 C 值也不宜过小，即内倾角不宜过大，否则在转向时，车轮绕主销偏转的过程中，轮胎与路面间将产生较大的滑动，因而增加了轮胎与路面的摩擦阻力，这不仅使转向变得很沉重，而且加速了轮胎的磨损。故一般内倾角大于8°，距离 C 一般为40~60mm。

3. 前轮外倾

前轮安装在车桥上其旋转平面上方相对纵向垂直平面略向外倾斜，称为前轮外倾。在汽车的横向平面内，前轮中心平面向外倾斜一个角度 α 称为前轮外倾角，如图2-12-7所示。

前轮外倾角具有提高转向操纵轻便性和车轮工作安全性的作用。车轮外倾与主销内倾相配合可进一步缩短距离 C，使汽车转向轻便。此外车轮有一定的外倾角也可以与拱形路面相适应。现在的汽车一般都将外倾角设定为1°左右。

4. 前轮前束

俯视车轮，汽车的两个前轮的旋转平面并不完全平行，而是稍微带一些角度，这种现象称为前轮前束。在通过两前轮中心的水平面内，两前轮的前边缘距离 B 小于两前轮后边缘距离 A，A 与 B 之差称为前轮前束，如图2-12-8所示。像内八字一样，前端小后端大的称为前束；而像外八字一样后端小前端大的称为后束或负前束。

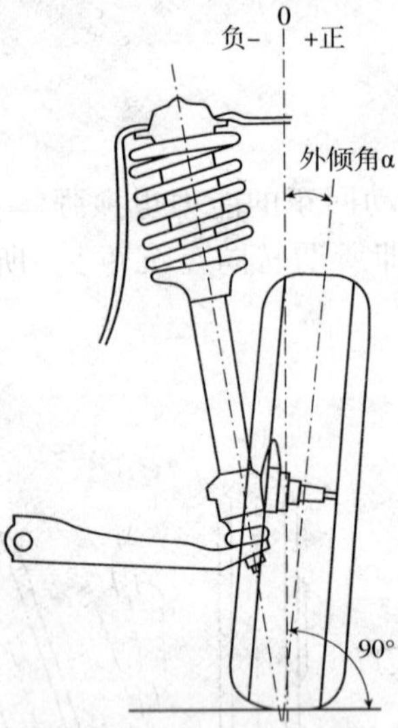

图2-12-7　前轮外倾

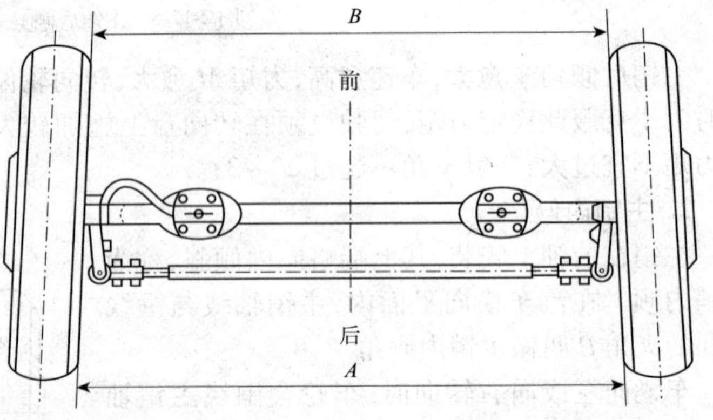

图2-12-8　车轮前束

前轮前束可通过改变横拉杆的长度来调整。调整时，可根据各生产厂所规定的测量位置，使两轮前后距离差（$A-B$）符合规定的前束值。测量位置通常取两轮胎中心平面处的前后差值，也可以选取两车轮刚圈内侧面处的前后差值。一般前束值为0~12mm。

目前许多高速轿车还有后轮定位。

五、车　　轮

车轮是介于轮胎和车轿之间承受负荷的旋转组件，其功用是安装轮胎，承受轮胎与车桥之间的各种作用力和力矩,抵抗侧滑并能产生回正力矩,保证汽车正常的转向及行驶。

车轮一般由轮毂、轮辋及轮辐(轮毂与轮辋的连接部分)等组成,如图 2-12-9 所示。

图 2-12-9　车轮总成

(一)轮辋

轮辋是安装轮胎的基础。常见形式主要有两种:深槽轮辋和平底轮辋,如图 2-12-10 所示。此外,还有对开式轮辋、半深槽轮辋、深槽宽轮辋、平底宽轮辋、全斜底轮辋等。

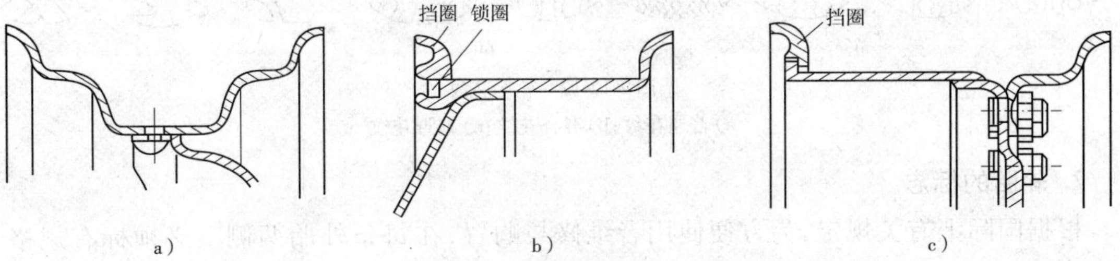

图 2-12-10　轮辋断面

a)深槽轮辋;b)平底轮辋;c)对开式轮辋

由于轮辋是轮胎的装配和固定基础,当轮胎装入不同轮辋时,其变形位置与大小也发生变化。因此,每种规格的轮胎,最好配用规定的标准轮辋,必要时也可配用规格与标准轮胎相近的轮辋(容许轮辋)。如果轮辋使用不当,会造成轮胎早期损坏,特别是使用于过窄的轮辋近几年来,为了适应提高轮胎负荷能力的需要,开始采用宽轮胎。

(二)轮胎

轮胎安装在轮辋上,直接与地面接触。轮胎其作用是:支承汽车的总质量;与汽车悬架共同吸收和缓和汽车行驶时所受到的冲击和振动,以保证汽车具有良好乘坐舒适性和行驶平顺性;保证车轮与路面的良好附着而不致打滑,使汽车行驶平稳。

1. 轮胎的类型

按组成结构不同,充气轮胎可分为有内胎轮胎(重型、载货汽车及大型客车广泛使用)和无内胎轮胎(轿车、轻型汽车广泛使用)两种。

按胎内的工作压力大小,可分为高压胎(0.5 ~ 0.7MPa)、低压胎(0.15 ~ 0.5MPa)和超低压胎(0.15MPa 以下)三种。

按胎体中帘线排列的方向不同,又可以分为普通斜交胎和子午线胎,如图 2-12-11 所示。

按胎面花纹不同,还可以分为普通花纹胎、混合花纹胎和越野花纹胎,如图 2-12-12 所示。

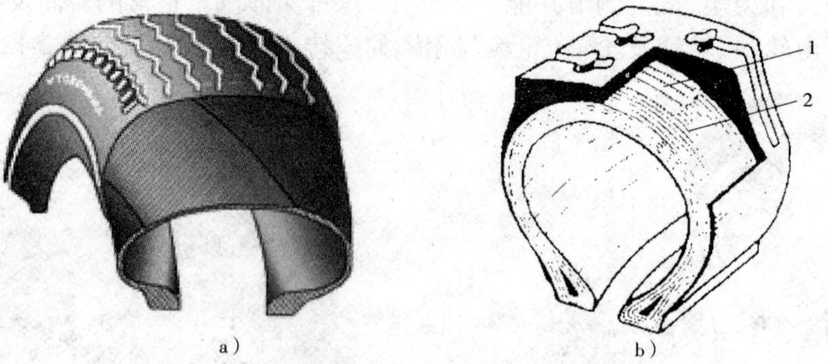

图 2-12-11　轮胎类型
a）斜交轮胎；b）子午线轮胎

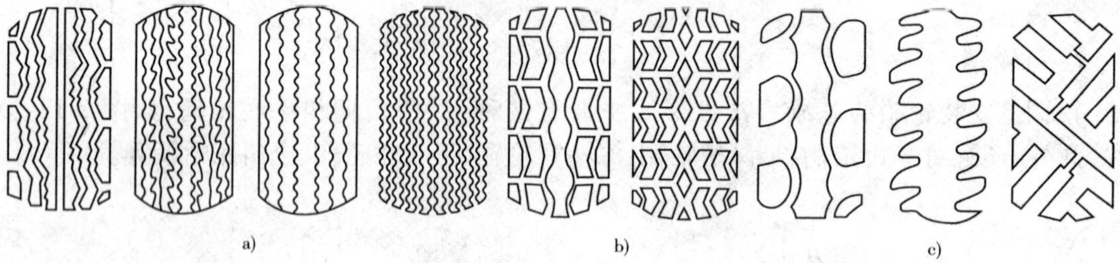

图 2-12-12　轮胎花纹
a）普通花纹；b）混合花纹；c）越野花纹

2. 轮胎的标志

根据国际上有关规定，为方便使用者维修与购置，在每条外胎两侧上必须标有规格、制造厂商和厂名（或地点）、标准轮辋、生产编号、骨架材料及结构代号；轿车轮胎还须标有速度级别代号和胎面磨耗标志位置的符号；载货汽车轮胎还须标有层级；胎面花纹有行驶方向的，还须有行驶方向标志。胎面磨损指示标志或称防滑标记，是稍微高出轮胎花纹沟槽底部的凸台，如图 2-12-13 所示。

图 2-12-13　轮胎胎侧标志

随着轮胎行驶里程增加、轮胎磨损、花纹沟槽变浅。露出凸台说明轮胎花纹即将磨尽，可能造成行驶中轮胎打滑，引发交通事故。

六、悬　　架

（一）悬架的功用

悬架是车架（或承载式车身）与车桥（或车轮）之间的所有传力连接装置的总称。

悬架的功用为：把路面与车轮之间的摩擦所产生的驱动力和制动力，传递到车架（或承载式车身）上；利用弹性元件和减振器吸收各种摇摆和振动，保障乘客和货物的安全；利用悬架的某些传力杆件使车轮按一定轨迹相对于车架或车身跳动，即起导向作用，保证各部件适当的几何位置；利用悬架中的辅助弹性元件横向稳定器，防止车身在转向等行驶情况下发生过大的侧向倾斜。

悬架一般由弹性元件、减振器和横向稳定杆、导向装置等组成,如图 2-12-14 所示。

弹性元件:用来承受和传递垂直荷载,缓冲并抑制不平路面所引起的冲击。

减振器:传递纵向力、侧向力及其力矩,并保证车轮有正确的运动关系;横向稳定杆用以阻止车身在不平路面上行驶或转向时发生过大的横向倾斜。

(二)悬架结构形式

汽车悬架按悬架系统结构不同,可分为非独立悬架和独立悬架两大类,如图 2-12-15 所示。

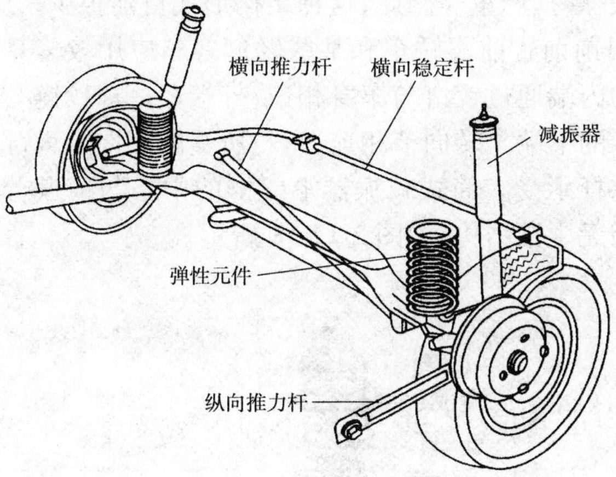

图 2-12-14　悬架组成示意图

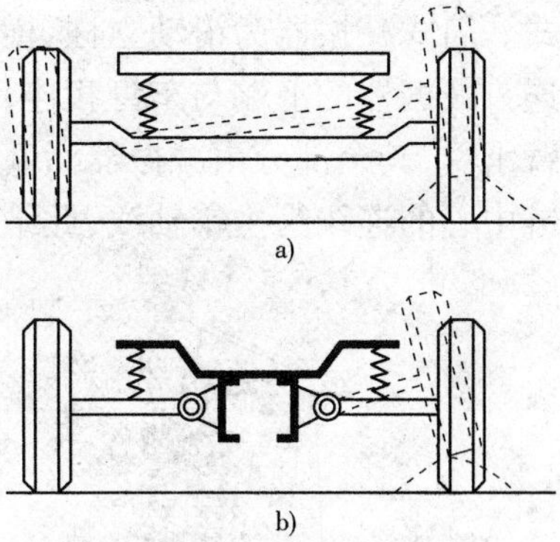

图 2-12-15　非独立悬架与独立悬架

a)非独立悬架;b)独立悬架

1. 非独立悬架

非独立悬架的特点是两侧车轮安装于同一整体式车桥上,车轮与车桥一起通过弹性元件悬挂在车架或车身上,当一侧车轮受到冲击时会直接影响到另一侧车轮,左右两轮都会运动(如图中虚线位置)。它主要适用于承载负荷大的客车和货车。非独立悬架的主要有纵置钢板弹簧式和螺旋弹簧非独立悬架两种。

2. 独立悬架

1)横臂式独立悬架

横臂式独立悬架是车轮在汽车横向平面内摆动的悬架。

(1)单横臂式后独立悬架的构造,如图 2-12-16 所示。单横臂式独立悬架用于转向轮时,会使主销内倾角和车轮外倾角发生较大的变化,对于转向操纵有一定影响,故目前在前悬架中很少采用。

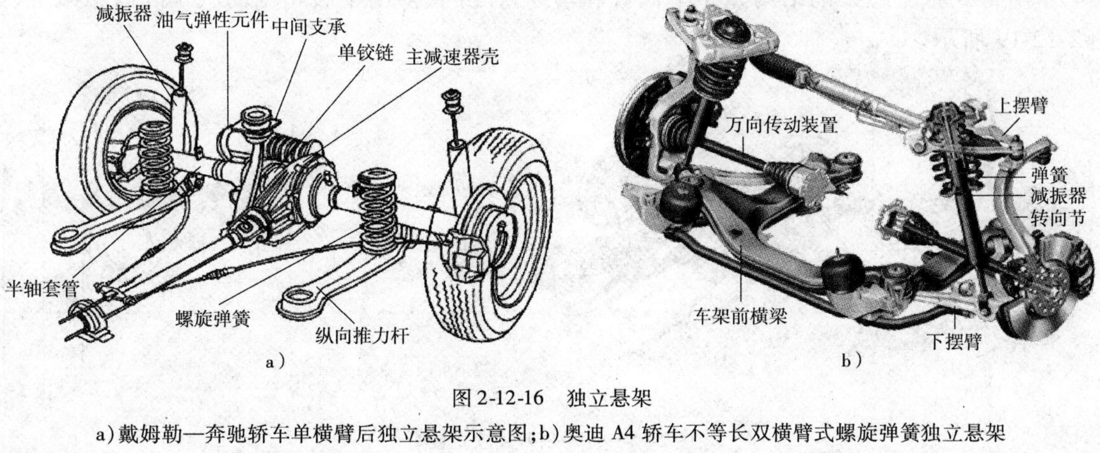

图 2-12-16　独立悬架

a)戴姆勒—奔驰轿车单横臂后独立悬架示意图;b)奥迪 A4 轿车不等长双横臂式螺旋弹簧独立悬架

（2）双横臂式独立悬架。双横臂式独立悬架包括两摆臂等长和两摆臂不等长的悬架。两摆臂不等长的双横臂独立悬架广泛应用于中高级轿车。

2）烛式悬架和麦弗逊式悬架（也称滑柱连杆式悬架）

烛式悬架和麦弗逊式悬架是车轮沿主销移动的悬架。

（1）烛式悬架。烛式悬架的结构如图 2-12-17 所示，烛式悬架变形时，主销的定位角不会发生变化，仅轮距、轴距稍有改变；有利于汽车的转向操纵性和行驶稳定性。缺点是侧向力全部由套筒和主销承受，二者间的摩擦阻力大，磨损严重。因此，这种结构形式目前很少采用。

（2）麦弗逊式悬架。麦弗逊式悬架是目前前置前驱轿车和某些轻型客车应用较多悬架结构形式。筒式减振器为滑动立柱，横摆臂的内端通过铰链与车身相连，外端通过球铰链与转向节相连。减振器的上端与车身相连，减振器的下端与转向节相连，车轮所受的侧向力大部分由横摆臂承受，其余部分由减振器活塞和活塞杆承受。筒式减振器上铰链的中心与横摆臂外端球铰链中心的连线为主销轴线，此结构也为无主销结构，如图 2-12-18 所示。

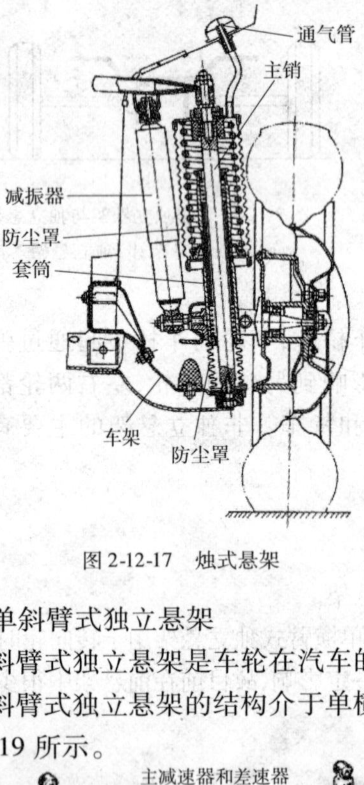

图 2-12-17　烛式悬架

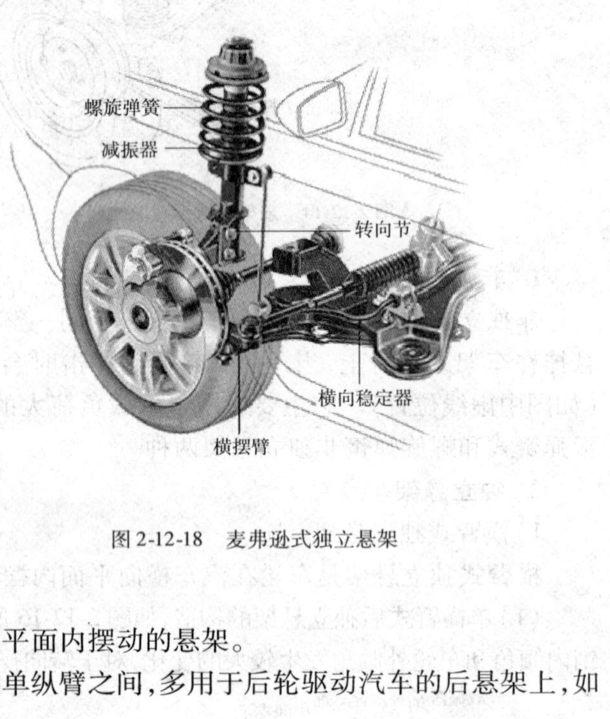

图 2-12-18　麦弗逊式独立悬架

3）单斜臂式独立悬架

单斜臂式独立悬架是车轮在汽车的斜向平面内摆动的悬架。

单斜臂式独立悬架的结构介于单横臂和单纵臂之间，多用于后轮驱动汽车的后悬架上，如图 2-12-19 所示。

图 2-12-19　单斜臂式独立悬架

3. 电子控制悬架

20 世纪 80 年代中期，随着电子技术的发展，可以改变减振刚度和弹簧刚度系数的电子控制悬架系统在汽车上逐渐应用。根据有源和无源，电控悬架分为半主动悬架和全主动悬架。包含动力源的主动悬架系统称为全主动悬架或有源主动悬架；不包含动力源的主动悬架系统称为半主动悬架（无源主动悬架）。根据介质的不同，悬架分为主动油气悬架、主动液力悬架和主动空气悬架三种。

1）电子控制悬架的功能

电控悬架在其电子控制装置的控制下，能根据外界接受的信息或车辆本身状态的变化，进行动态的自适应性调节，即电控悬架没有固定的悬架刚度和阻尼系数，这样可以随着道路条件的变化和行驶需要的不同要求自动的调节，从根本上解决平顺性和操纵稳定性之间的矛盾，提高汽车的使用性能。在水平路面上高速行驶时，使车身变低、弹簧变软，以提高舒适性；在凹凸不平的路面行驶时，车身变高，使悬架变硬，以消除颠簸，提高通过性；防止纵向仰头、栽头及横向倾斜，保持前照灯光轴不变，提高安全性。

2）电子控制悬架的组成与工作原理

电子控制悬架由传感器、电子控制单元（ECU）、执行器等组成，如图 2-12-20 所示。

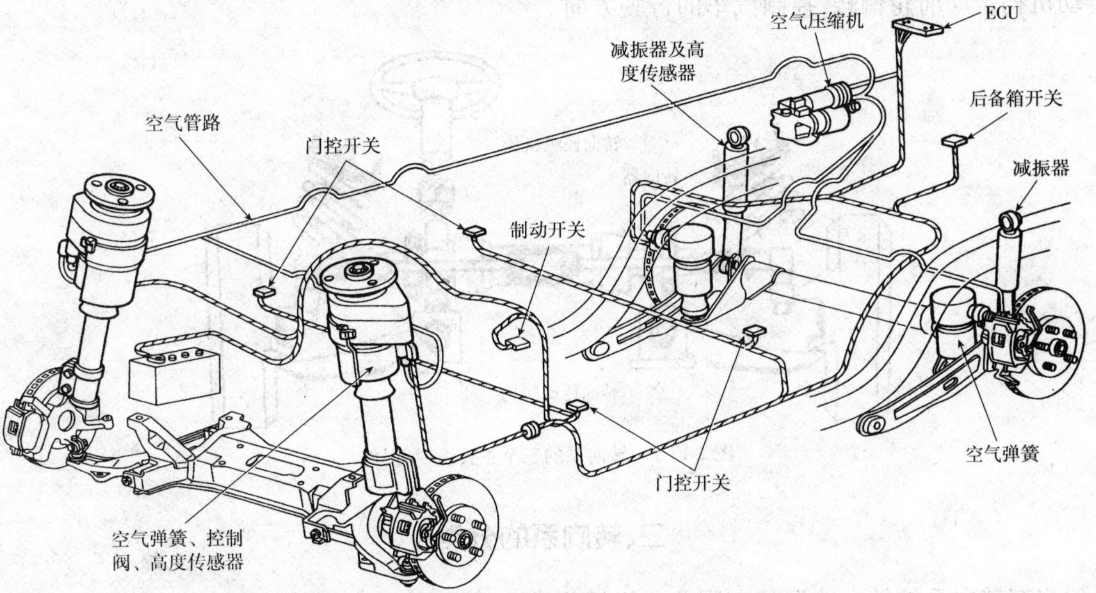

图 2-12-20　悬架电子控制装置的组成和工作原理

在电子控制的主动式空气悬架系统中，ECU 根据传感器送来的信号和驾驶员给予的控制模式经过运算分析后向悬架发出指令，悬架可以根据微机给出的指令改变悬架的刚度和阻尼系数。一般说来，主动式空气悬架的控制内容包括车身高度、减振器衰减力、弹簧弹性系数 3 项。

车高的控制：分标准、升高和只升高后轮 3 种工作状态；

减振器的衰减力控制：分低、中、高 3 挡；

空气弹簧的弹性系数：分软、硬 2 挡。

第十三章　转　向　系

一、转向系的功用、组成和工作原理

汽车转向系的功用是改变和保持汽车的行驶方向。

当汽车需要改变行驶方向时，必须使转向轮绕主销轴线偏转一定角度，直到新的行驶方向符合驾驶员的要求时，再将转向轮恢复到直线行驶位置。这种由驾驶员操纵，转向轮偏转和复位的一整套机构，称为汽车转向系。

转向系主要由转向操纵机构、转向器和转向传动机构组成，如图 2-13-1 所示。当驾驶员转动转向盘时，作用力经转向柱传至转向器，转向器把这个动作传到转向传动机构；然后，转向传动机构带动前轮偏转，控制汽车的行驶方向。

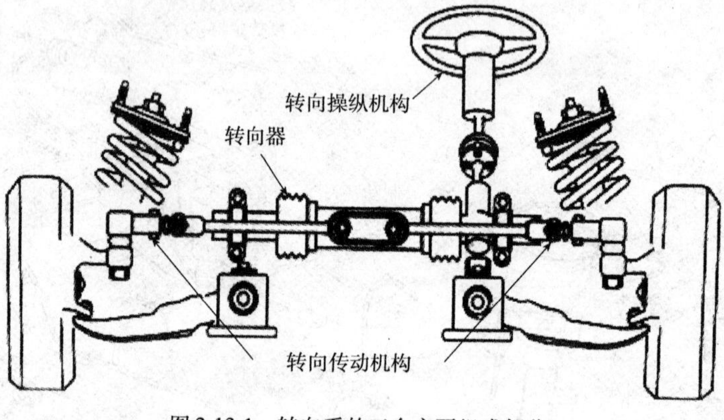

图 2-13-1　转向系的三个主要组成部分

二、转向系的分类

汽车转向系按转向能源的不同分为机械式转向系和动力式转向系两大类。

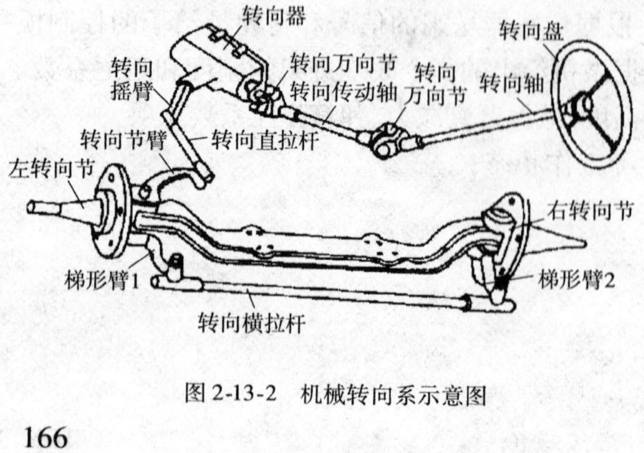

图 2-13-2　机械转向系示意图

1. 机械式转向系

机械式转向系以驾驶员的体力作为转向能源。机械式转向系由转向操纵机构、转向器和转向传动机构三大部分组成，图 2-13-2 为其一般布置情况示意图。

2. 动力式转向系

动力式转向系是兼用驾驶员体力和发动机动力作为转向能源的转向系。动力转向系是在机械式转向系的基础上加设一套转向加力器而构成的。图 2-13-3 为一种液压式动力转向系示意图。其中，转向油罐、转向油泵、转向控制阀和转向动力缸为构成转向加力器的各部件。

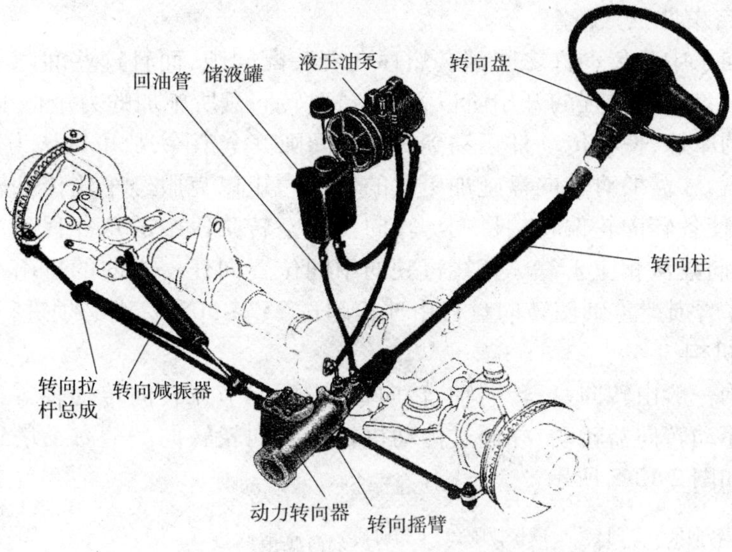

图 2-13-3　动力转向系示意图

采用动力式转向系的汽车，在正常情况下转向时，驾驶员操纵机械式转向系一方面提供转向所需的一小部分能量，另一方面则同时带动转向加力器工作，由发动机通过转向加力器提供转向所需的大部分能量。在转向加力器失效时，一般还能由驾驶员独立承担汽车转向任务。

电动式动力转向系统主要由转向盘、转向柱、转向器、转向力矩传感器、电动机和电子控制单元组成，如图 2-13-4 所示。

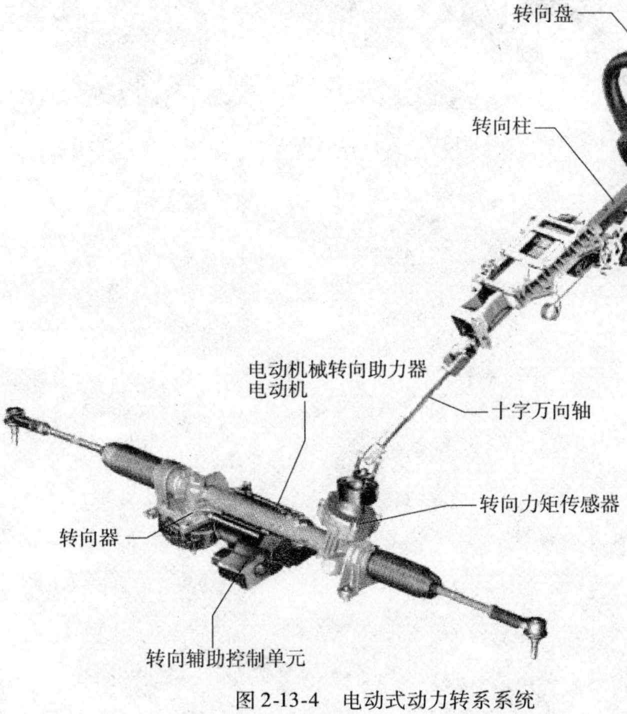

图 2-13-4　电动式动力转系系统

电子控制单元件根据车速传感器与转向力矩传感器的输入信号，控制电动机的回转力和回转方向，电动机通过蜗轮和驱动齿轮作用到齿条上，从而实现转向助力。

3. 转向盘的自由冲程

为在整个转向系中各传动件之间都必然存在着装配间隙，而且这些间隙将随着零件的磨损而增大。在转向盘转动过程的开始阶段，驾驶员对转向盘所施加的力矩很小，因为只是用来克服转向系内部的摩擦，使各传动件运动到其间的间隙完全消除，故可以认为这一阶段是转向盘空转阶段。此后，才需要对转向盘施加更大的转向力矩以克服经车轮传到转向节上的转向阻力矩，从而实现使各转向轮偏转的目的。转向盘在空转阶段中的角冲程称为转向盘自由冲程。一般说来，转向盘从相应于汽车直线行驶的中间位置向任一方向的自由冲程最好不超过10°~15°。当零件磨损严重到使转向盘自由冲程超过25°~30°时，则必须进行调整。

4. 转向操纵机构

转向操纵机构一般由转向盘、转向轴、转向柱管、万向节及转向传动轴等组成。其功用是产生足够的力以驱动转向器转动，并通过传动机构使转向轮转向。上海桑塔纳轿车的转向操纵机构主要组件如图2-13-5所示。

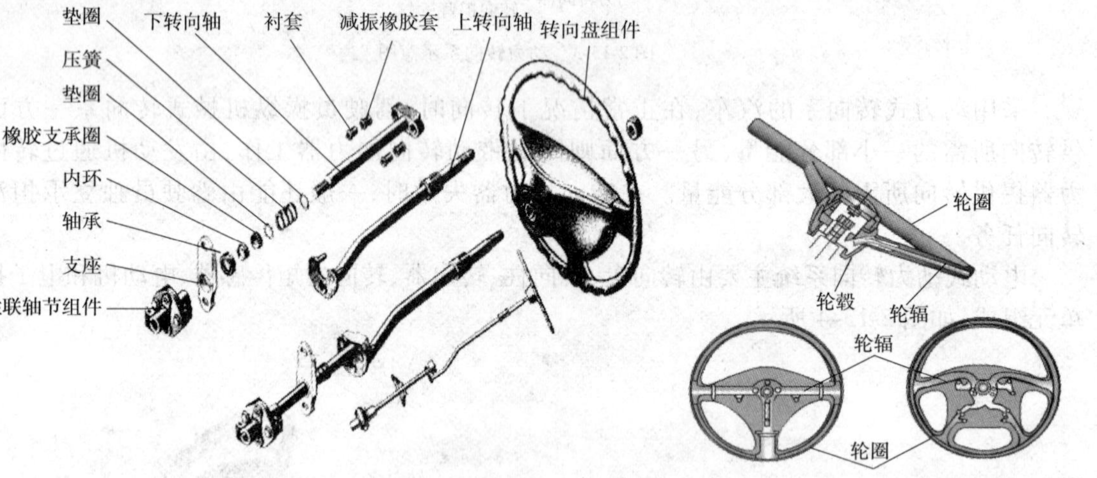

图2-13-5　转向操纵机构

第十四章　制　动　系

第一节　概　　述

一、制动系的功用

(1)使行驶中的汽车强制减速甚至停车。在汽车进入弯道、行驶在不平道路、两车交会或是突遇障碍物、有碰撞行人和其他车辆的危险时,要在尽可能短的时间内将车速降低,甚至停车。

(2)使下坡行驶的汽车速度保持稳定,以保证行车的安全。汽车在下长坡时,在重力产生的下滑力的作用下,汽车车速不断加快,此时应将车速限定在安全值内,并保持车速相对稳定。

(3)使已停驶的汽车在各种道路条件下(包括在坡道上)稳定驻车,以防溜车。

二、制动系的分类

(1)行车制动装置:使行驶中的汽车减低速度甚至停车的一套专门装置,主要由车轮制动器和制动传动机构组成,俗称脚制动。

(2)驻车制动装置:使已停驶的汽车驻留原地不动的一套装置。坡道起步、行车制动效能失效后临时使用或配合行车制动器进行紧急制动,俗称手制动。

(3)第二制动装置:在行车制动系失效的情况下保证汽车仍能实现减速或停车的一套装置。在许多国家的汽车安全法规中规定,第二制动装置是汽车必须具备的。

(4)辅助制动装置:在汽车下长坡时用以稳定车速的一套装置。

三、制动系的组成

制动系由制动器和操纵制动器的制动传动装置组成。

(1)制动传动装置:主要包括产生制动动作和控制制动效果的各种部件和将制动能量传输到制动器的各个部件,如制动踏板、制动阀、制动主缸和制动轮缸等。

(2)制动器:产生制动摩擦力矩的部件,分为鼓式制动器和盘式制动器两大类。

较为完善的制动系还具有制动力调节装置(ABS)、报警装置、压力保护装置等附加装置。轿车常用的前盘后鼓式的液压制动系统如图2-14-1所示。

四、制动器的功用、分类

(一)制动器的功用

在制动系中用以产生阻碍车辆运动或运动趋势的力,即利用固定元件与旋转元件表面之间的摩擦而产生制动力矩。

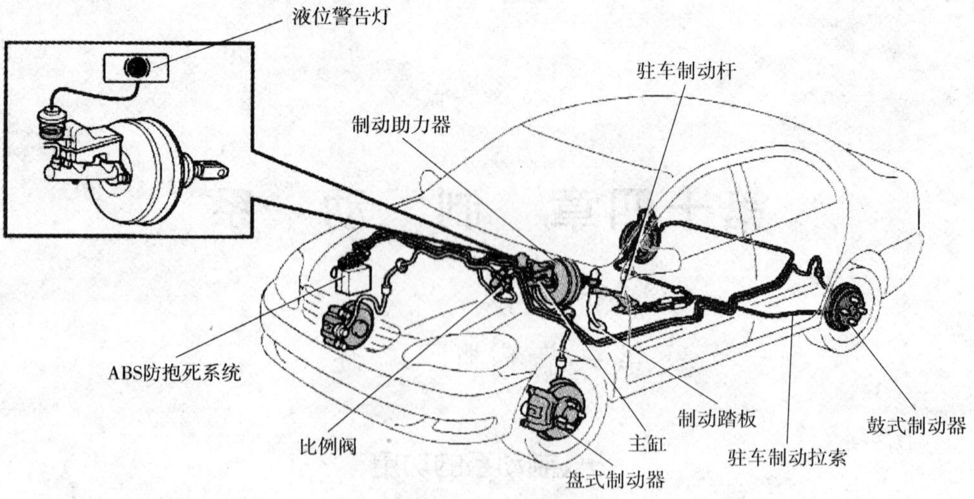

图 2-14-1 制动系的组成

(二)制动器的分类

(1)按车轮制动器结构不同可分为鼓式和盘式两类。

(2)按旋转元件固装位置的不同可分为车轮制动器和中央制动器两类。车轮制动器的旋转元件固装在车轮或半轴上,一般用于行车制动,大部分轿车的后轮制动器兼用于驻车制动。中央制动器的旋转元件固装在传动系的传动轴上,其制动力矩必须经过驱动桥再分配到两侧车轮上,一般只用于驻车制动。

车轮制动器可用于行车制动和驻车制动,中央制动器只用于驻车制动和缓速制动。

(三)鼓式制动器

与其他形式的制动器相比,鼓式制动器产生的制动力更大,常用于中型以上的客、货车和一些轿车的后制动器。

鼓式制动器的旋转元件是制动鼓,固定元件是制动蹄,制动时制动蹄在促动装置作用下向外转动,外表面的摩擦片压靠到制动鼓的内圆柱面上,对制动鼓产生制动摩擦力矩。

凡对制动蹄端加力使蹄转动的装置统称为制动蹄促动装置,如图 2-14-2 所示,以液压制动轮缸作为制动蹄促动装置的制动器称为轮缸张开式制动器,广泛应用于轿车。轮缸张开式鼓式制动器主要由制动鼓、制动蹄、制动轮缸等组成。

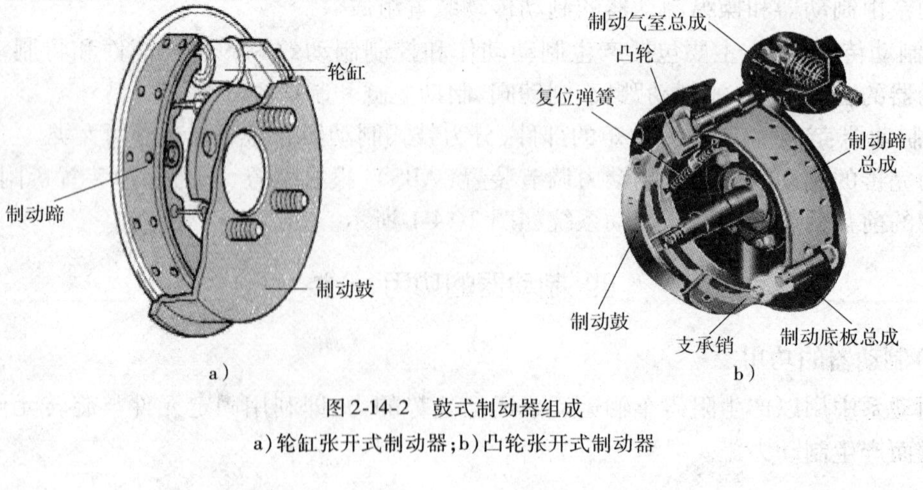

图 2-14-2 鼓式制动器组成

a)轮缸张开式制动器;b)凸轮张开式制动器

以凸轮作为促动装置的制动器称为凸轮张开式制动器，通常利用气压使凸轮转动，用于大型汽车的气压制动系统。

（四）盘式制动器

盘式制动器适用于大部分前轮制动的车辆上，它提供了整车制动力的70%～80%，目前大部分轿车前、后轮均为盘式制动器。盘式制动器主要包括旋转元件和固定元件，旋转元件称为制动盘，是以端面工作的金属圆盘；固定元件有钳盘式和全盘式两种形式。

1. 钳盘式制动器

常见钳盘式制动器如图2-14-3所示，主要由制动钳、制动盘组成。制动衬块及其促动装置都安装在横跨在制动盘两侧的夹钳形支架中，总称为制动钳。钳盘式制动器的制动钳为固定元件，制动盘为旋转元件。

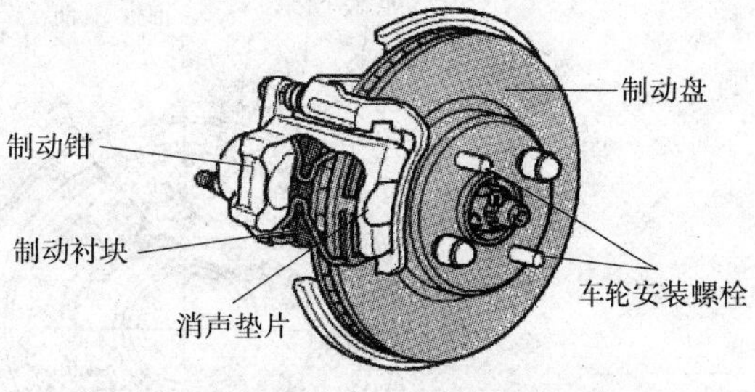

图2-14-3　钳盘式制动器

2. 浮动式制动钳工作原理

制动钳利用液压压力驱动制动衬块夹紧制动盘，产生制动。如图2-14-4所示，制动钳体通过导向销与车桥相连，可以相对于制动盘轴向移动。制动钳体只在制动盘的内侧设置油缸，而外侧的制动块则附装在钳体上。

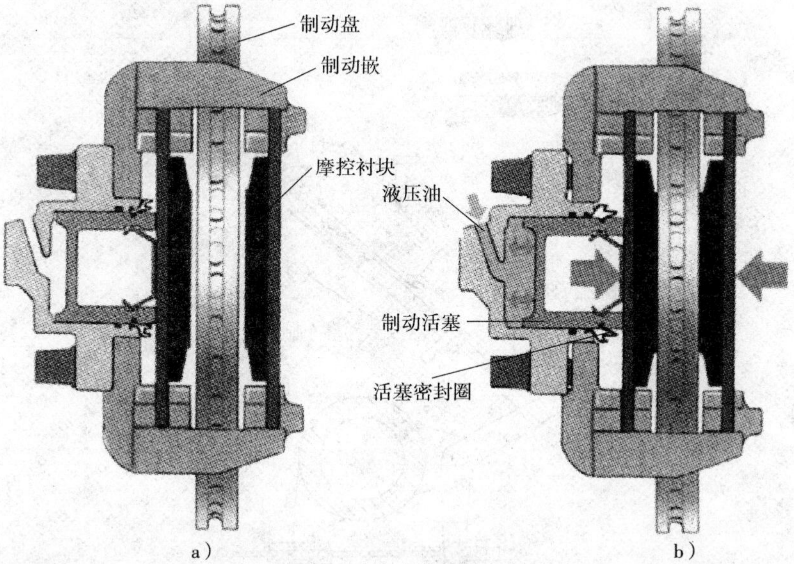

图2-14-4　浮动式制动钳工作原理

a）未作用时；b）作用时

制动时，液压油通过进油口进入制动油缸，推动活塞及其上的制动块向右移动，并压到制动盘上，并使得油缸连同制动钳体整体沿销钉向左移动，直到外侧的制动块也压到制动盘上夹住制动盘并使其制动。

放松时，活塞和制动块依靠密封圈的弹力和弹簧回拉至原位。

五、驻车制动装置

驻车制动分中央驻车制动和车轮驻车制动两类。

（一）中央制动装置

中央制动器多采用蹄鼓式制动器，它可采用高制动效能的自动增力式制动器，安装在变速器或分动器之后,其制动力矩作用在传动轴上,如图 2-14-5 所示。制动器制动鼓与变速器第二轴的凸缘盘连接,随第二轴转动。制动底板通过 4 颗螺栓固定在变速器外壳上。制动时,将手柄拉出,使制动臂以销轴为支点顺时针转动,通过推力板将左蹄压向制动鼓,随后制动臂的上端右移,使右蹄也压向制动鼓,产生制动作用。自动增力过程同前述车轮制动器。当棘齿拉杆在全制动位置时,棘爪即在扭簧的作用下将拉杆锁止。

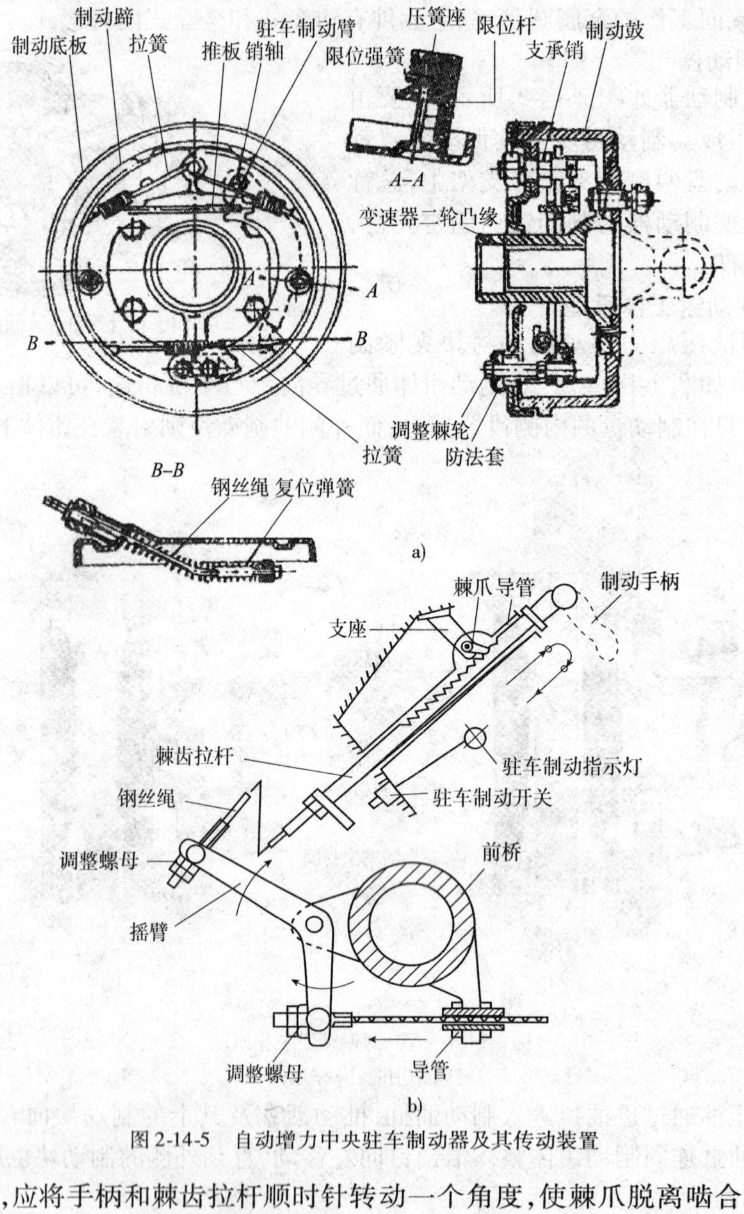

图 2-14-5　自动增力中央驻车制动器及其传动装置

放松制动时,应将手柄和棘齿拉杆顺时针转动一个角度,使棘爪脱离啮合,再将手柄推回到不制动位置,并转回一定角度,以便下次制动。

驻车制动指示灯开关在全制动位置导通指示灯,以提醒驾驶员制动未解除,不能起步。

(二)车轮驻车制动装置

轿车驻车制动一般采用车轮驻车制动装置,它是在后轮制动器中加装必要的机构,使之兼充驻车制动器,结构简单紧凑,为复合式制动器。车轮制动式驻车制动装置根据制动器类型有鼓式和盘式两大类。

驻车制动的操纵机构采用机械式制动，用机械锁止方法可靠地保证汽车在原地停驻，并在任何情况下不会自动滑行。轿车机械锁止驻车制动装置如图 2-14-6 所示。

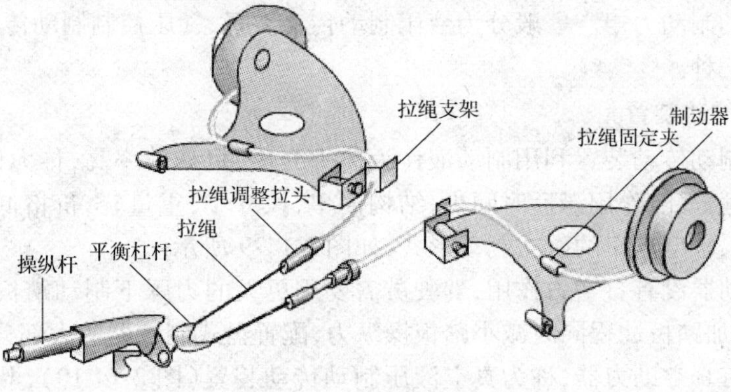

图 2-14-6 驻车制动装置组成

（三）车轮驻车制动器

1. 带驻车制动机构的鼓式制动器

桑塔纳轿车采用后轮鼓式驻车制动装置如图 2-14-7 所示。

驻车制动时，将驻车制动拉杆拉到制动位置，制动钢索将制动杠杆下端向前拉，上端以平头销为支点，先驻车制动杠杆向左移动，将前制动蹄与制动鼓压紧，推杆停止移动，则制动杠杆的中间支撑点为新支点，将驻车制动杠杆向右移动，使后制动蹄也与制动鼓压紧。松开驻车制动杆，在复位弹簧的作用下，制动蹄恢复原位。

2. 带驻车制动机构的钳盘式制动器

钳盘式驻车制动系根据形式不同分为带促动机构的浮式制动钳、盘鼓结合式。

（1）带促动机构的浮式制动钳。后轮制动钳里装有特殊机械机构驱动制动钳活塞，特殊机构由连接到操纵杆的驻车制动器拉索控制，操纵杆从制动钳里面伸出来。促动机构有凸轮促动式、钢球促动式、偏心轴和推杆促动式三种类型。

（2）盘鼓结合式。盘鼓结合型驻车制动装置比较复杂，在制动盘凹进去的毂部内安装一个驻车鼓式制动器。丰田雷克萨斯车用后轮盘鼓结合型制动器（图 2-14-8），将一个作行车制动器的盘式制动器和一个作驻车制动器的鼓式制动器组合在一起。双作用制动盘的外缘盘作盘式制动器的制动盘，中间的鼓部作鼓式制动器的制动鼓。

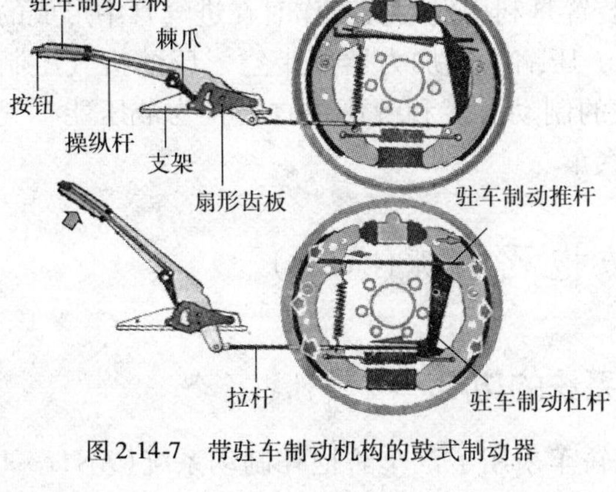

图 2-14-7 带驻车制动机构的鼓式制动器

图 2-14-8 盘鼓结合型驻车制动装置

六、制动传动装置

汽车制动传动装置是将驾驶员或其他动力源的作用力传到制动器,同时控制制动器工作,从而获得所需要的制动力矩。一般分为液压制动传动装置、气压控制制动传动装置、气液综合式制动传动装置三种。

1. 液压控制传动装置

液压控制的制动传动装置利用制动液作为传力介质,机械效率高,传力比大,易于实现各车轮制动力的合理分配,作用滞后时间少,结构简单,尺寸小,重量轻,价格低。但制动能源是人力,只用于微型、轻型汽车的鼓式制动形式,如图 2-14-9 所示。

由于盘式制动器没有自增力作用,驾驶员需要用更大的力踩下制动踏板才能达到希望的制动效果,为了增加踏板冲程同时减小踏板操纵力,配置盘式制动器的大部分车辆在普通液压机构的基础上都有真空助力器,称为真空液压制动传动装置(图 2-14-10),既伺服制动系。助力器不改变液压系统的作用,即使助力器失灵或发动机动力切断时,也能制动。真空液压制动装置目前在中小型车辆中得到广泛应用。

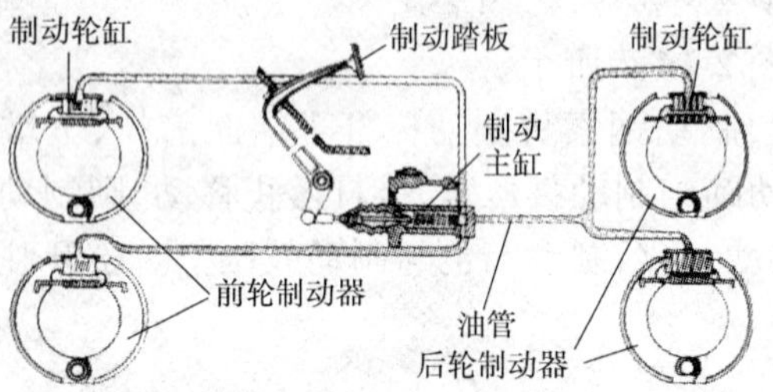

图 2-14-9　液压控制传动装置

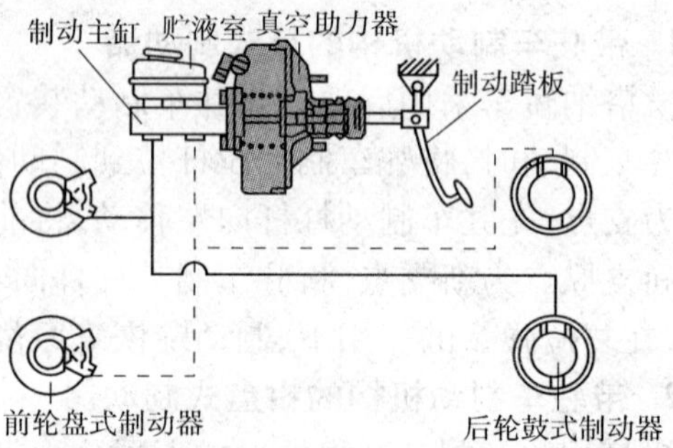

图 2-14-10　真空液压制动传动装置

2. 气压控制的制动传动装置

气压控制的制动传动装置的制动能源是空气压缩机产生的压缩空气。这种类型的传动装置具有操纵轻便省力的优点,但其制动起作用时间长,结构复杂,尺寸、质量大,广泛用于中、重型汽车。

3. 气液综合式制动传动装置

气液综合式制动传动装置是由空气加力器与液压控制传动装置组成。常用的空气加力器有真空加力器和压缩空气加力器。真空加力装置是利用发动机工作时在进气管中形成的真空度(或利用真空泵)为力源的动力制动传动置。压缩空气加力器用带空气压缩机气压制动系统与液压制动系统组合式的,气压可通过串联的制动气室和液压主缸转换为液压能。气液综合式制动滞后时间较小,目前多用于中、重型汽车。

第二节　制动防抱死系统(ABS)

一、ABS 系统的功用

为了得到汽车理想的制动控制过程,现代轿车采用了汽车防抱死制动系统(ANTI – LOCK

BRAKING SYSTEM，缩写为 ABS)，是汽车上的主动安全装置。

ABS 能根据路面状况，自动调节车轮的制动力，控制车轮的滑移率在某一范围内工作。防止车轮制动抱死在路面上产生拖滑，使车轮处于边滚边滑的状态，从而缩短制动距离，提高制动过程中的方向稳定性及转向操纵能力，使汽车制动更为安全有效。

1. 制动过程中车轮的三种运动状态

制动过程中车轮的三种运动状态如图 2-14-11 所示，V 为车速，V_ω为轮速。

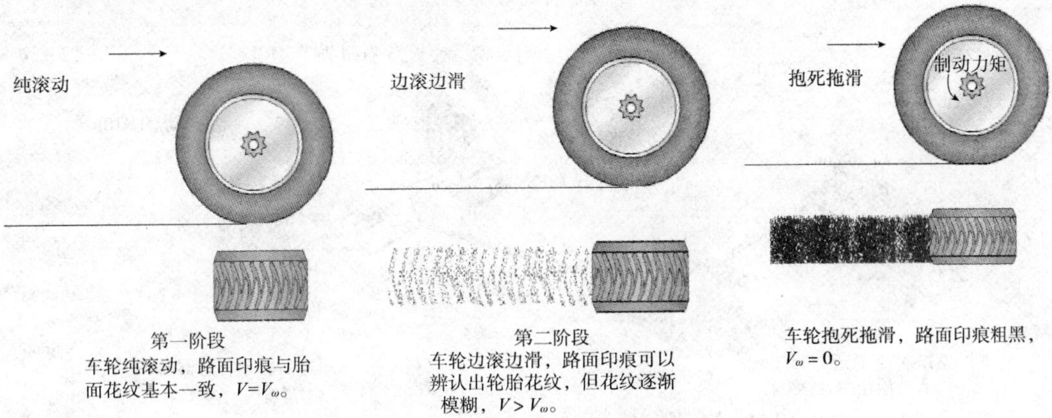

图 2-14-11　制动过程中车轮的三种运动状态

2. 附着系数 ϕ 与滑移率 S 的关系

干燥硬路面附着系数与滑移率之间的关系如图 2-14-12 所示。

车辆正常行驶时，$V=V_\omega$，$S=0$；车轮自由滚动。

车轮完全抱死时，轮速 $V_\omega=0$，$S=100\%$，车轮完全抱死滑移，纵向附着系数下降，制动力下降，汽车制动效能变差。横向附着系数下降至零，此时，车轮在极小的侧向力作用下即产生侧滑。若汽车前轴先抱死，则汽车方向失控；后轴先抱死，则汽车甩尾。

$V>V_\omega$，$0<S<100\%$，车轮既滚动又滑移。滑移率越大，车轮滑移程度越大。

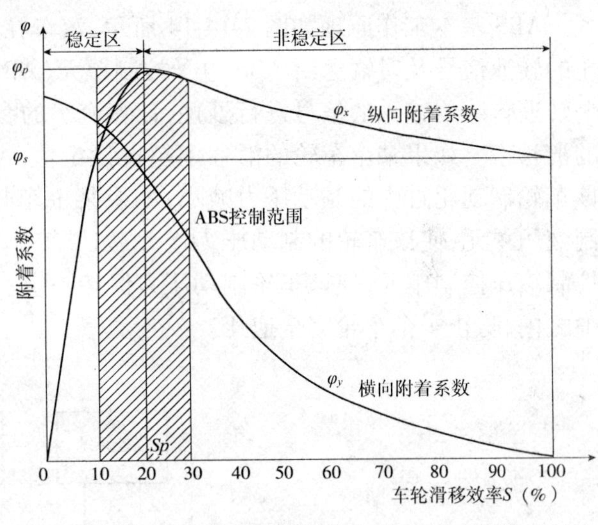

图 2-14-12　干燥硬路面附着系数与滑移率之间的关系

通过以上分析得知，应将制动滑动率控制在稳定区域内。附着系数的大小取决于道路的材料、状况以及轮胎的结构、胎面花纹和车速等因素。车轮滑移率 S 控制在 20% 左右，便可获取最大的纵向附着系数，制动力最大。同时，横向附着系数也保持较大值，使车辆具有良好的抗侧滑能力和制动时转向操纵能力，是最理想的控制效果。

3. 理想的制动控制过程

(1) 制动开始时，让制动压力迅速增大，使滑移率 S 上升至 20% 所需时间最短，以便获取最短的制动距离和方向稳定性。

(2) 制动过程中：

当 S 升至稍大于 20% 时，对制动轮迅速而适当降低制动压力，使 S 迅速下降到 20%；

当 S 降至稍小于 20% 时，对制动轮迅速而适当增大制动压力，使 S 迅速上升到 20%。

二、ABS 系统的类型及组成

ABS 系统是在传统制动系统的基础上，又增设车轮轮速传感器、电子控制单元 ECU、制动压力调节器、ABS 警告灯等元件，如图 2-14-13 所示，有些轿车还增设减速度传感器。

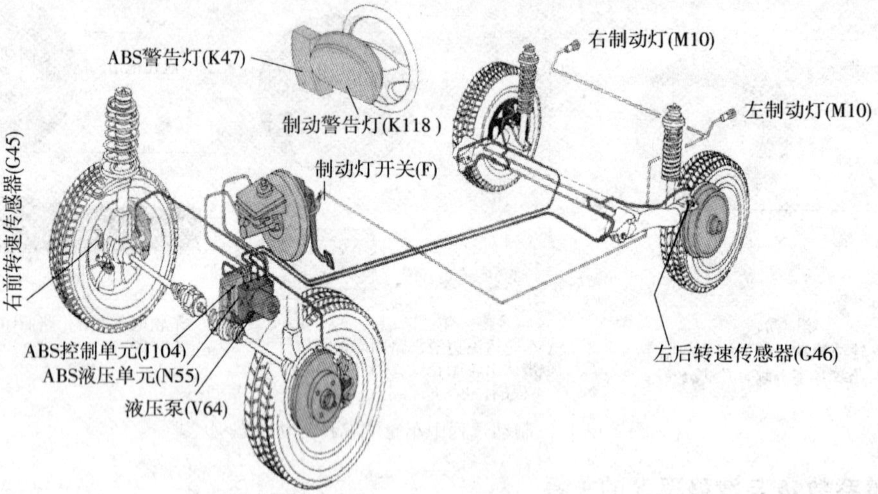

图 2-14-13　ABS 系统的组成

ABS 基本工作原理如图 2-14-14 所示，汽车在制动过程中，车轮转速传感器不断把各个车轮的转速信号及时输送给 ABS 电子控制单元（ABS ECU），ABS ECU 根据设定的控制逻辑对 4 个转速传感器输入的信号进行处理，计算汽车的参考车速、各车轮速度和减速度，确定各车轮的滑移率。如果某个车轮的滑移率超过设定值，ABS ECU 就发出指令控制液压控制单元，使该车轮制动轮缸中的制动压力减小；如果某个车轮的滑移率还没达到设定值，ABS ECU 就控制液压单元，使该车轮的制动压力增大；如果某个车轮的滑移率接近于设定值时，ABS ECU 就控制液压控制单元，使该车轮制动压力保持一定。从而使各个车轮的滑移率保持在理想的范围之内，防止 4 个车轮完全抱死。

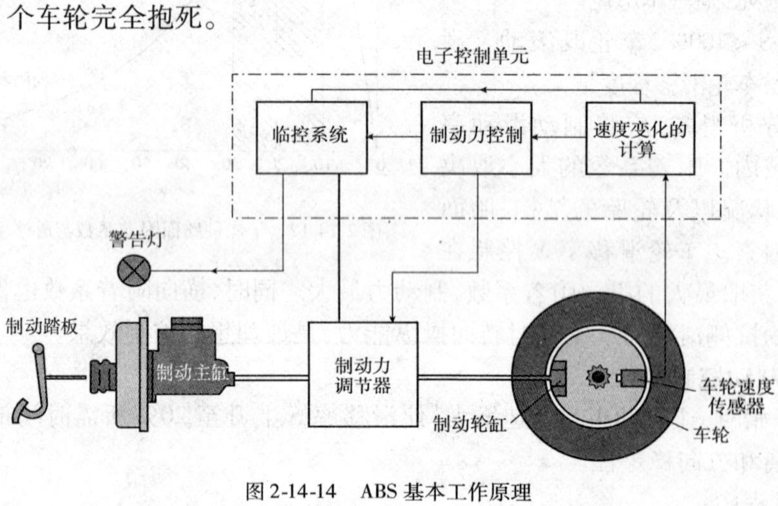

图 2-14-14　ABS 基本工作原理

在制动过程中,如果车轮没有抱死趋势,ABS 系统将不参与制动压力控制,此时制动过程与普通制动系统相同。如果 ABS 系统出现故障,电子控制单元将不再对液压单元进行控制,并将仪表板上的 ABS 故障警告灯点亮,向驾驶员发出警告信号,此时 ABS 不起作用,制动过程与普通制动系统的工作相同。

第三篇

交通运输概论

第一章　综合运输体系

第一节　交通运输业和运输市场

一、交通运输业的性质、分类和特点

(一)交通运输业的性质

运输是人类社会的基本活动之一,它是我们每个人生活中的重要组成部分,同时,也是现代社会经济活动中不可缺少的重要内容。人类社会由散乱走向有序,由落后迈向文明,交通运输发挥了不可估量的重要作用。运输已经渗透到人类社会生活的方方面面,并且成为最受关注的社会经济活动之一。

交通运输业(又称交通运输服务业,简称运输业)是专门从事旅客和货物位移活动的特殊的物质生产部门。

交通运输服务业包含交通、运输、服务三重含义。

交通是指交叉流通的意思,即人或物沿各自不同的方向流动,也就是指人或物的空间位置的移动过程;而为实现人和物的位置移动提供服务所进行的经济活动,称为运输,它是帮助人们达到流动目的而进行的一种经济活动,是人们使用运输工具在一定的交通线路上实现人或物的位置移动;这里说服务,主要是对运输的劳动过程的特殊性而言的,运输生产的劳动过程本身能产生被人们消费的有用效果。因此,通常将向需求者提供服务的过程称为运输服务(运输生产),而将运输服务的结果(劳务),称为运输产品。

运输业是服务行业,但某些运输活动也相应地参与了国民经济的创造,如为生产过程服务的货物运输及旅客运输等,因此它同时是一个特殊的物质生产部门。

根据运输采用的运输工具和线路的不同,运输可分为铁路运输、公路运输、水运(航运)、航空、管道运输五种方式。各种运输方式都有自己的技术经济特征和优缺点。它们相互联系、相互依赖、相互补充,构成了统一的运输网络。

(二)交通运输业的分类

为了更好地对现代交通运输业进行分类研究和管理,使之更好地为社会服务,我们经常对交通运输业进行以下几种分类。

1. 按运输对象分

(1)旅客运输。旅客运输是以旅客为运输对象,简称客运。

(2)货物运输。货物运输是以货物为运输对象,简称货运。

2. 按服务性质分

(1)营业性运输。营业性运输是为社会性需求提供服务,发生各种方式费用结算的运输。

(2)非营业性运输。非营业性运输是为本单位工作、生产、生活服务，不发生费用结算的运输。

在实际运输过程中，货物运输中出现大量的自货自运（如批发来的商品）和为生产过程服务的运输（如自己运输本企业生产需用的原料等），这些运输完全符合非营业性运输的定义。但实际工作中，这种运输是否属于营业性运输一直是运管部门和运输企业矛盾的焦点。如果算作营运，它明显没有营业，属于自货自运，没有发生直接的运费结算；如果不算营运，一是很难区分自货自运中这个“自”字的范围，而且这些货物在运输过程中均得到了增值，属于生产性运输，二是把所运货都说成是为自己运的货，这将为无营运证车辆从事营运提供可乘之机，给运政执法管理带来了麻烦。因此，有些运管人员建议将货车的营运证改为运输证更为合适，但货车本身就是运货的，办运输证又和货车的设计意图相违背，有画蛇添足之嫌。

3. 按运输方式分

(1)铁路运输。铁路运输是以铁路轨道为运输通道，以火车为运输工具进行的运输。

(2)公路运输。公路运输是以城际间公路和城市道路为运输通道，以汽车为主要运输工具进行的运输。

(3)水路运输。水路运输是以水上航道为运输通道，以船舶为主要运输工具进行的运输。

(4)航空运输。航空运输是以航线为运输通道，以飞机为运输工具进行的运输。

(5)管道运输。管道运输是以管道为运输通道进行的运输。

4. 按运输目的分

(1)通勤运输。它是为职工上下班服务的。

(2)通学运输。它是为学生上下学服务的。

(3)公务运输。它是为职工联系公务服务。

(4)旅游运输。它是为观光、游览服务的。

(5)生活运输。它是为购物、就医、探望亲友等服务的。

(6)物资运输。即各种货物运输。

(三)交通运输业的特点

交通运输业是一个特殊的物质生产部门。它的根本任务就是要在不断提高生产技术、劳动生产率和经济效益的基础上，及时满足社会生产和人民生活日益增长的对运输的需求，为社会提供安全、及时、经济、方便、舒适的运输服务。这是由它的特殊性所决定的。

交通运输业和工业、农业等物质生产部门相比，无论是生产力三要素的构成、生产过程还是产品的特性都有自己的特点，了解这些特点及其在经营管理上的特殊要求，对发展交通有现实意义。图3-1-1所示为工业企业生产流程图。

(1)具有独特的生产过程。在运输生产过程中，不改变劳动对象的属性或形态，只改变其位置。这就要求在进行运输生产过程中，要把质量放在首位，全面推行质量管理。客运的运输质量要求是：安全、及时、经济、方便、舒适。而货运对运输的质量要求是：安全、及时，经济、方便。

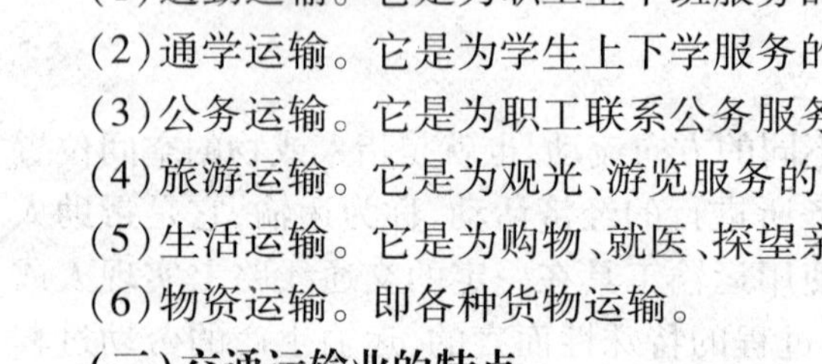

图3-1-1　工业企业生产流程图

(2)它的产品是运输劳务。这是一种特殊的产品，不具实物形态，其生产和消费是同一过程，不能调拨，不能储存。这就要求我们根据实际需要，合理布局运力，适时组织生产，并使运力略大于运量。

(3)对综合经济水平的依赖性。运输对象不因运输而增多,但运输过程中却要消耗大量的人力、物力和财力。这就要求我们及时了解运输需求,科学组织,以最小的运力为社会提供最优质、最全面的服务。同时加快基础设施建设,刺激运输消费,扩大内需,发展经济。

(4)运输业是连接生产领域和消费领域的中介、纽带和桥梁。运输活动的广泛性和深入性,决定了它在社会经济生活中的重要地位,在日常生活中很难找到一件不经过运输的物品,因此要充分认识运输业的先导作用,运输业的发展既依存于其他产业部门的发展,又对整个社会经济活动及其规模的扩大具有决定性的作用。这也正是我国通过大力实施交通基础设施建设来拉动内需的起因。一般来说,交通建设每投入1亿元的建设资金,就可产生3亿元的国内生产总值(GDP),可创造2000个就业机会。

(5)运输部门只掌握了生产力三要素中运输工人、运输手段两个要素。这就要求在生产中积极争取运输对象,有效地研究运输对象的有关信息,包括客货流量、流向、流时及其变化规律,妥善处理好与运输对象的关系,扩大自己对客源、货源的市场拥有量。

(6)运输业建设周期长,投资大,涉及部门和环节多,但其形成的社会综合效益也大。因此在评价运输投资项目时,必须注意其全面性和特殊性。

(7)运输过程中的材料消耗主要是劳动工具的消耗,而不是运输对象的消耗。因此,其资金运作和成本构成不同于其他行业,运输业是一个微利行业。

(8)各种运输方式的替代性强,因此而造成的竞争也较为激烈。由于技术经济特性的不同,在完成同样的运输任务时,其投入和效益会有较大的差别。因此,运输业既要鼓励竞争,又要防止无序竞争;做到扬长避短,分工合作,协调发展,这是一项关系到国家经济利益和人民生命财产安全的大事。中国公路运输管理的核心在于构筑一个统一、开放、竞争、有序的运输市场。

(9)运输业的生产过程是一个流动的、延伸的、多环节、多工种的联合作业过程。其中航空运输是点到点之间的运输,铁路运输是线上的运输,公路运输生产是面上的运输,具有点多、面广、灵活、机动、流动、分散的特点。这就要求在管理体制、生产组织、经营观念,特别是选用人才方面都要适应运输业的生产特性,培养驾乘人员独立作战的能力。生产关系要服从生产力的发展,而不能阻碍生产力的发展。

二、运输市场的含义、特征与结构

市场是随着生产力的发展而产生的,它是社会分工和商品交换的产物,是一种以商品交换为内容的经济联系形式,它属于商品经济范畴。市场是连接生产者与消费者的桥梁和纽带,市场上的基本关系是商品供求关系,其基本活动是商品交换活动。

(一)运输市场的概念

运输市场是市场的一种特定存在形式。运输市场本身是一个多重含义的概念,可以从不同的角度去理解。运输市场概念有狭义和广义之分。

狭义的运输市场是运输产品交换的场所,亦即买卖双方发生联系和作用的地点。这时谈到的运输市场是一个地理概念,通常被看成是一个交易场所。在这里,运输需求方(旅客和货主)、运输供给方(运输企业及运办代理人)相互见面,在条件具备的情况下,发生交换(买卖)行为。

广义的运输市场是运输产品供求关系的总和。从这个角度来认识运输市场,它是由不同的运输产品、劳务、资金、技术、信息等供给和需求所构成,这一市场概念强调的是买方、卖方力量的结合,"买方市场"、"卖方市场"就反映了这一概念下供求力量的对比结果。

平时所说的运输市场,是指在一定时空条件下对运输产品需求(现实需求和潜在需求)的总和。商品的需求总和是消费者群在一定时间和空间条件下表现出来的需求总量。

(二)运输市场构成要素

运输市场是一个多层次、多因素的集合体,它由多项要素所构成。运输市场的参与者包括:需求方、供给方、中介方、政府方。

1. 运输需求方

它是具有现实或潜在需求的单位、组织和个人。运输需求者是构成运输市场的重要因素,运输需求者的总体数量及需求状况决定了运输市场的总体需求规模。运输市场上的需求方构成比较复杂,包括工业、农业、商业、矿产业、建筑业等不同行业及各类部门和个人。

2. 运输供给者

它是提供各种客货运输服务,满足需求者空间位移要求的各类运输者。运输供给者是市场上的卖方,向市场上提供各类运输产品。运输供给者的构成同样比较复杂,它由具有不同经济性质的企业和不同的经营者组成。

3. 运输中介

它是为客货运输需求与供给牵线搭桥,提供各种客货运输服务信息及运输代理业务的企业或经纪人。

4. 政府主管部门

虽然经济的发展应当有足够的自由,政府不应对经济发展和市场运行进行干预,但在交通运输方面,运输市场的特点决定了它在某个时期某些地方可能极端的垄断,而在另一个时期另一些地方又极富竞争性,过度的垄断和竞争对运输市场都是不利的,有时甚至是灾难性的。因此仅仅依靠市场本身调节运输供求,决定运输业的发展是不够的,运输市场不能解决所有问题,政府需在运输市场中发挥必要的作用。政府作为运输市场的组成部分之一,多数情况下并不直接参与企业的具体经营活动,而是通过制定有关法律、法规、政策来规范和影响这一市场。

(三)运输市场基本特征

(1)运输市场是整个社会市场体系中的重要组成部分。运输业是国民经济的基础产业,以运输生产经营活动为主要内容的运输市场是国民经济市场体系中的基础部分。运输是人类社会生产活动的基本形式之一,在很多情况下,运输是商品能够实现交换的基本物质条件之一,作为交换位移这种特殊产品的运输市场就成为很多产品完成交换的前提和基础,运输市场及其机制的健全和完善与否成为影响商品交换的一项重要因素。

(2)运输产品的生产、交换、消费的同步性。运输产品的生产和消费在时间上和空间上处于同一过程,生产和消费同处于市场监督之下。生产和消费在时空上的不可分离性决定了运输产品不能像其他工业产品一样,先生产后销售,即生产过程在生产领域,而销售过程在销售领域,运输生产本身就是在流通领域中进行的,它是物质生产过程在流通领域中的继续。

(3)运输市场上交换的产品是不具有实物形态、不能储存、不能在区域间调拨的运输劳务。运输业不改变劳动对象的性质,只改变其存在形式和空间位置。因此,运输业出售的只是一种劳务,运输产品的供应方式不存在批发、零售等环节,供需直接见面是运输市场十分明显的特征。由于运输产品是无形的,因此它不能储存。又由于每一项位移在空间上有具体的规定性，因此产品不可能在区域间进行调拨。

(4)垄断与竞争是运输市场最重要的特征之一。运输市场在一段时间内可能表现为极端垄断，而在另一段时间内又可能表现为垄断与竞争并存，或极富于竞争性。运输业容易产生垄断现象，因为现代化大生产要求有现代化的运输，运输业为适应社会生产发展的需要，也由于自身行业的特点，一般都具有较大的规模，由于企业规模巨大，容易造成竞争困难，特别是当投资主体与经营主体一体化时，垄断现象的出现就会成为一种必然。运输市场竞争具有多种形式，包括同一运输方式内部不同运输企业之间的竞争与不同运输方式之间的竞争。运输市场上不同运输方式之间的竞争不仅表现在市场空间上的竞争，而且也表现在营销策略上的竞争。

(5)运输市场与资源配置的关系密切。运输市场是实现社会资源达到最优配制这一目标的重要手段。运输业是国民经济发展的基础产业，是决定生产力布局和资源配置的重要因素，运输业是否发达，运输市场是否规范和完善，在很大程度上决定着社会资源配置效率。运输作为一种手段，能够改变和影响社会资源的配置，而运力本身作为一种稀缺资源，其本身的配置同样是市场化作用的结果。

(四)运输市场分类

运输市场按照不同的标准，可以有不同类别。

按运输过程涉及的运输方式，可分为包括两种或两种以上运输方式的不同方式间运输市场和某一种运输方式内的运输市场（如公路运输市场、航空运输市场、水运运输市场等）。

按运输距离的远近，可分为短途、中途和长途运输市场等。也可按运输市场的空间范围，分为地方运输市场、跨区运输市场和国际运输市场等。国际水运市场又包括定期航班市场和包租船市场等。

按运输市场与城乡的关系，可分为市内运输市场、城市间运输市场、农村运输市场和城乡运输市场等。

按运输市场的客体结构，可分为客运市场、货运市场、交通工具租赁市场、车船修理市场等。其中货运市场又可按货物的种类细分为煤炭运输市场、粮食运输市场、钢铁运输市场等。也可以按照运输条件分为一般货物运输市场和特种货物运输市场，如大件运输、零担运输、集装箱运输、违禁货物运输、冷藏运输、散装运输、搬家运输等。客运市场也可以细分，如一般客运市场和特种客运市场，后者如旅游客运市场、包机市场等。

按运输市场的竞争性，可以分为垄断运输市场、竞争运输市场和垄断竞争运输市场等。这种分类是针对特定时间、地点等条件而言的，比如有的运输企业在一些地区是垄断的，在另外一些地区则可能是竞争的。

按时间要求，可分为定期运输市场、不定期运输市场、快捷运输市场等。

对运输市场进行分类有助于更全面地了解运输市场体系，以便对其进行分类研究、制订和实施相应的管理政策及措施。对于运输企业来说，掌握运输市场的分类，有助于企业确定目标市场和制订市场营销策略，减少盲目性；有助于了解竞争对手和尚未满足的市场片，为发掘市场机会提供有利条件，集中有限的人力、物力等资源，提供目标市场需要的运输服务，修订各项市场策略，避免分散使用力量，避免运输能力的过剩与浪费。

(五)运输市场的结构

运输市场是具有多侧面、多重规定性的经济范畴，因此，运输市场的结构也由于思考问题的重点和方法上的不同而应从多方面考虑，这里仅从运输市场的空间结构、规模结构、技术结构和组织结构等方面进行简要的说明。

从空间结构上说,运输业主要是依据运营特点而加以组织的。运输业的组织形式在很大程度上反映了地理以至径路方面的影响,不少运输企业在很大的地域内经营——有些是跨省区的,有些甚至是国际间的,但另一些运输企业只在有限的空间内从事经营活动。全国性的铁路网面对着全国性的运输市场,水运总是以沿海和内河航道为自己的活动范围,公路运输一般以地方性的为多,但也有少部分从事跨地区的长途客货运,日益密集的航空网已覆盖全国范围的上百个大中城市,而管道只能连接有关的油田、港口、炼油厂和石化基地。我们知道,具体的运输市场只是在可以替代的运输产品之间才存在,所以运输市场在空间上的具体分布,就是由几种运输网络中可以相互叠加并可以相互替代的那些线路所组成。

在所有的运输企业中,铁路企业的经营规模一般都很大,例如我国铁路系统的每个铁路局的管辖范围都有数千公里、数十亿甚至上百亿元固定资产、一二十万名职工。这是由铁路自身的经营特点所决定的。铁路分布很广,路网内的各条线路和内部各个部门如机车、车辆、工务、电务和车站,必须组成完整有效的整体才能向社会提供完整的运输产品,车站是铁路对社会提供运输服务的窗口,但车站和其他铁路基层单位一样,每一个单独的部门自身都只能完成一部分职能。铁路集中管理的程度非常高,不少国家包括资本主义国家的铁路都是或曾是国有国营的。在美国,铁路主要是私营的,但基本上是由一些大的铁路公司所垄断,这些大公司在它们服务的区域内,有很大程度的独占性。铁路的独占性还在于它的线路像管道运输一样常常是自有自营的,而除铁路和管道之外的所有其他运输方式都可以利用公共提供的线路。铁路企业既有按区域范围组织的,例如我国铁路局和铁路分局的划分,也有以大的铁路干线为主加以组织的,例如美国和加拿大都有横贯线路的大型铁路公司,日本以几条新干线为主成立的铁路公司等,当然也有混合型的铁路企业。

汽车运输业的组织形式与铁路有很大不同,汽车运输企业包含了各种结构形式,例如国外有能提供全国性服务的特大型长途客运公司,也有大量地方性的客货运输公司,还有数量更多的私人客货运汽车活跃在运输市场上。一些运输企业高度专业化,它们有专用车辆和设备运输特种货物或超大超重货物,比较多的则是通用型的一般货车运输者,还有些使用专门的集装箱拖车。因为可以使用公共线路,购置汽车本身所需资金并不多,驾驶技术和运输过程也相对简单,所以汽车运输业拥有数量最多的经营者,世界各地都有大量私人车主从事客货运营,运输市场竞争活跃。

水运业大体上可分为港口和轮船(航运公司)两部分,轮船公司负责完成客货位移,但它们必须使用对其开放的港口装卸货物或让旅客上下船。世界各国的港口和轮船公司一般都是分开经营的,轮船公司使用港口设施要向港方交纳费用。水运业内部除了轮船公司之间的竞争,相邻港口之间也存在着竞争关系。港口的规模差别很大,有可停靠数十万吨级巨轮、年吞吐能力超过亿吨的特大型海港,其中有些被作为国际中转港,也有很小的港口;轮船公司的规模和业务范围之间也存在很大差别。

从"港航分开"这一点看,民航与水运业有很大相似之处,因为机场(航空港)和航空公司一般也是分开经营的,航空公司要向机场支付设施的使用费。有些特大型机场被作为国际航线和主要国内航线的中转机场,航班数量特别多。飞机和航空设备极其昂贵,其运营和设备的保养也是如此,也许是因为这个原因,航空运输业中形成了一些大型航空公司,在各国的航空运输中起着决定性的作用。在给定的航线市场,一般只有为数不多几家航空公司在竞争,但竞争程度可能相当激烈,小的航空公司一般只能在支线上经营。

管道运输企业也是垄断性的,有时隶属于有关的石油公司,也有些是独立的管道运输公司,但发、收货的货主却总是固定的,这一点是管道运输与其他运输方式不同的地方。

第二节　综合运输体系

一、运输结构的含义与优化

(一)运输结构的概念

综合运输是在社会生产发展到一定历史阶段产生的。18 世纪蒸汽机的发明,使交通领域逐渐出现了列车、机动船、汽车、飞机和管道等新型运输工具。采用新型的运输工具,需要配套的工程技术设备和相应的科学组织管理,从而构成了新型的运输方式。资本主义社会运输业由于发展的盲目性,运输企业间竞争激烈,从而造成极大的重复和浪费。综合运输是涉及国民经济各部门和各种运输方式,涉及技术经济和组织管理问题的应用科学。它涉及运输业与国民经济的关系,各种运输方式的技术经济特点及其组织运用,多种运输方式的联运以及运输技术发展方向等问题。

运输布局是指交通运输业的空间分布和地域组合,包括交通线网的布局和客、货流的布局两个相互有密切联系的部分,是整个生产布局的有机组成部分,其任务是通过合理布局,实现运输合理化,获得最大的经济效益和社会效益。

运输结构是指各种运输方式内外部的各个方面的构成和联系。内部指各种运输方式内环节的构成比例,包括运输工具与运输线路的构成、点与线的协调、投入与产出的比例和运业组织结构等。外部指各种运输方式从适合国民经济整体发展角度出发,对提供的运输能力与必须满足的运输需求的分工和协作,包括各种运输方式的构成、各种运输方式的线网规模与分布、各种运输方式的运力比例和运量(含种类、批量和距离等)比例。

运输体系是国民经济体系的组成部分,其任务是满足社会生产、商品流通和人民出行的运输需要。运输体系内有铁路运输、公路运输、水路运输、航空运输和管道运输等多种运输方式。每种运输方式有不同的技术经济特点,适应着不同的自然地理条件和运输需要。

综合运输体系是指各种运输方式在社会化的运输范围内和统一的运输过程中,按其技术经济特点组成分工协作、有机结合、连续贯通、布局合理的交通运输体系。

首先,综合运输体系是在五种运输方式的基础上建立起来的,随着经济和社会的发展,科学技术的进步,运输过程正从单一方式向多样化发展,运输工具也不断向现代化方向发展。因此,运输生产本身就要求把多种运输方式组合起来,形成统一的运输过程。

其次,综合运输体系是各种运输方式通过运输过程本身的要求联系起来的,即各种运输方式在运输生产过程中存在着协作配合、优势互补的要求。

最后,综合运输体系由三个子系统组成。一是有一定技术装备的综合运输网及其结合部系统,这是综合运输体系的物质基础。二是各种运输方式的联合运输系统。三是综合运输管理、组结和协调系统。上述三个方面构成了综合运输体系的主要因素。这个系统要实现运输高效率、经济高效率、服务高质量,充分体现出综合利用各种运输方式的优越性。

(二)运输结构的优化原则

由于运输结构涉及运输业的宏观控制和运输发展的全局优劣,因此,运输结构的优化即按照运输经济规律和运输科学技术规律的客观要求,来平衡和协调运输业内部各种运输方式。运输业同国民经济之间的各种关系,应在空间上陆、水、空相结合,在时间上长、中、短期相结合,充分发挥各种运输方式的现有和潜在能力,从而形成运输大系统的整体优势。

1. 运输结构的优化要适应产业结构的需求

由于不同的产业结构会导致不同的运输需求,包括不同的运输方式的选择和运输过程中价值目标的指向等。因此,应当根据不同的产业结构来优化运输结构。

2. 运输结构的优化要适应人民生活水平的需求

随着国民经济的发展和人民生活水平的提高,运输需求,特别是客运需求会朝着快速和舒适发展,因此,应当根据人民生活的实际需求,组建专业运输企业,发展舒适型、豪华型和快速型运输工具以及客、货运输线。

3. 运输结构的优化要适应实际的需求

由于各种运输方式都有自己的技术经济特点,有各自的优势和劣势。因此,应当根据地理条件、地区经济特点,因地制宜,扬长避短,使运输结构最大限度地满足实际的需求。

4. 运输结构的优化要适应经济效益和社会效益的需求

运输结构的优化的最终目标就是争取以最少的投入取得最大的效益,这里的效益是一种广义的效益,包括经济效益和社会效益。

(三)运输结构优化的对策

1. 适应社会主义市场经济的要求

要树立适应社会主义市场经济的现代企业制度的改革观念和合理运输结构观念,要健全我国有关合理运输结构的法规和政策,以指导我国运输业朝着正确的方向改革和发展。

2. 注重先进的经济增长方式

要注重将运输业的经济增长方式由粗放型向集约型转变,建立正确合理的投资政策。一要平衡好运输业投资与国民经济总投资的比例关系,强调运输先行,避免运输业投资偏低;二要平衡好运输业内部的投资比例,集中力量加强基础设施的建设,实现生产力要素的合理配置,提高运输业的劳动生产率。

3. 设立科学管理体制

要设立统一、集中的运输业综合管理体制,避免重叠、繁多的运输管理部门自成体系,各行其费。各部门彼此之间应该加强协作和配合,使我国的运输结构做到统一决策、统一规划和统一管理。

4. 要保持合理的运价体系

保持合理的运价体系,运价的制定要适应市场经济的发展需求,应有一个科学合理的测算依据,避免运价运费集中管理,建立合理的运输差价和比价关系,最终形成合理的运价体系。

(四)综合交通运输网

综合交通运输网是由彼此协作、相互补充与紧密配合的各种运输方式的交通线路、港站和枢纽共同组成,并以交通线路为连接线,交通港站与枢纽为连接点,可进行直达运输和联合运输的交通运输网络。具有一定的组合结构与等级层次,是交通运输生产力在地域上组合的具体体现。

其特点是:

(1)为地域生产综合体(全国、大区域地区生产综合体)的一个重要环节,其分布图式大体与其所在区域的对外运输联系及区内各地间运输联系的总格局相近似。

(2)在运输部门结构上具有一定的组合特点,且取决于所在区域的资源开发、经济发展、交通位置和自然条件等方面的特征。

(3)由若干地位、作用与功能不同的交通线路(全国主干线路、开发或先锋线路)所组成。

(4)有一定的地域等级层次,除最高一级的全国综合交通运输网外,尚有大区、省区和地区等其他一些较低等级或层次的综合交通运输网。它们的区别不仅表现在各自所覆盖的地域范围的大小,而且还反映在设施规模、技术装备水平和结构特点等方面的明显差别,并以此来适应不同层次地域经济体系的发展对交通运输所提出的各种不同需要。

二、交通运输的合理化

(一)交通运输合理化的概念

交通运输合理化就是在保证旅客、货物多元目标位移的前提下,使用和消耗资源最为合理,可分为客运和货运分别讨论。由于旅客运输的对象本身带有主动性,货运的对象往往只具有被动性,所以,讨论货运组织合理化更具有代表性。组织货物合理运输,必须根据交通运输条件,合理选择线路和运输工具,保证运输任务的完成。由此,必须加强运输环节的联系,做到环节紧扣,密切协作,使货物合理运输的组织工作得以顺利进行。可见,交通运输合理化,是由各种经济的、技术的和社会的因素相互作用的结果,影响运输合理化的因素很多,起决定作用的有五个方面,称作合理运输的“五要素”。

(1)运输距离。运输过程中,运输时间、运输运费等若干技术经济指标都与运输距离有一定的关系,运距长短是运输是否合理的一个最基本的因素。

(2)运输环节。每增加一个运输环节,势必要增加运输的附属活动,如装卸、包装等,各项技术经济指标也会因此发生变化,因此减少运输环节对提高运输效率有一定的促进作用。

(3)运输工具。各种运输工具都有其优势领域,应根据运输对象的具体特点优选载运工具,按载运工具特点进行装卸运输作业组织工作。对运输工具进行优化选择,最大限度地发挥运输工具的特点和作用,是运输合理化的重要一环。

(4)运输时间。在全部物流时间中运输时间占绝大部分,尤其是远途运输。因此,运输时间的缩短对整个流通时间的缩短具有决定性的作用。此外,运输时间缩短的方法,还有加速运输工具的周转,充分发挥运力效能,提高运输线路通过能力,不同程度地改善不合理。

(5)运输费用。运费在全部物流费用中占很大的比例,运费高低在很大程度上决定了整个物流系统的竞争能力。实际上,运费的相对高低,无论对货主还是对物流企业都是运输合理化的一个重要标志。运费的高低也是各种合理化措施是否行之有效的最终判断依据之一。

上述因素,既相互联系,又相互影响,有的还相互矛盾。运输时间短了,费用却不一定省,这就要求进行综合分析,寻找最佳方案。在一般情况下,运输时间快,运输费用省,是合理运输考虑的关健,因为这两项因素集中体现了物流过程中的经济效益。

(二)不合理运输

不合理运输是在现有条件下可以达到的运输水平而未达到,从而造成了运力浪费、运输时间增加、运费超支等问题的运输形式。

不合理运输的主要运输形式有:返程或启程空驶、对流运输、迂回运输、重复运输、倒流运输、过远运输、运力选择不当、托运方式选择不当。对不合理运输的描述,就形式本身而言,主要是从微观观察得出的结论。在实践中,必须将其放在物流系统中作综合判断,在不作系统分析和综合判断时,很可能出现“效益悖反”现象。单从一种情况来看,避免了不合理,做到了合理，但它的合理却使其他部分出现不合理。

1. 返程或启程空驶

空车无货载行驶，可以说是不合理运输的最严重形式。在实际运输组织中，有时候必须调运空车，从管理上不能将其看成不合理运输。但是，因调运不当，货源计划不周，不采用运输社会化而形成的空驶，是不合理运输的表现。造成空驶的不合理运输主要有以下几种原因。

(1)能利用社会化的运输体系而不利用，却依靠自备车送货提货，这往往出现单程重车，单程空驶的不合理运输。

(2)由于工作失误或计划不周，造成货源不实，车辆空去空回，形成双程空驶。

(3)由于车辆过分专用，无法搭运回程货，只能单程实车，单程回空周转。

2. 对流运输

对流运输亦称"相向运输"、"交错运输"，指同一种货物，或彼此间可以互相代用而又不影响管理、技术及效益的货物，在同一线路上或平行线路上作相对方向的运送，而与对方运程的全部或一部分发生重叠交错的运输称对流运输。已经制订了合理流向图的产品，一般必须按合理流向的方向运输，如果与合理流向图指定的方向相反，也属对流运输。

在判断对流运输时需注意的是，有的对流运输是不很明显的隐蔽对流，例如不同时间的相向运输，从发生运输的那个时间看，并未出现对流，可能作出错误的判断，所以要注意隐蔽的对流运输。

3. 迂回运输

迂回运输是舍近取远的一种运输。即可以选取短距离进行运输，却选择路程较长路线进行运输的一种不合理形式。迂回运输有一定复杂性，不能简单处之，只有当计划不周、地理不熟、组织不当而发生的迂回，才属于不合理运输，如果最短距离有交通阻塞、道路情况不好或有对噪声、排气等特殊限制而不能使用时发生的迂回，不能称为不合理运输。

4. 重复运输

重复运输是指本来可以直接将货物运到目的地，但是在未达目的地之处，或目的地之外的其他场所将货卸下，再重复装运送达目的地，这是重复运输的一种形式。另一种形式是，同品种货物在同一地点一面运进，同时又向外运出。重复运输的最大问题是增加了非必要的中间环节，这就延缓了流通速度，增加了费用，增大了货损。

5. 倒流运输

倒流运输是指货物从销地或中转地向产地或起运地回流的一种运输现象。其不合理程度要甚于对流运输，其原因在于，往返两程的运输都是不必要的，形成了双程的浪费。倒流运输也可以看成是隐蔽对流的一种特殊形式。

6. 过远运输

过远运输是指调运物资舍近求远，近处有资源不调而从远处调，这就造成可采取近程运输而未采取，拉长了货物运距的浪费现象。过远运输占用运力时间长、运输工具周转慢、物资占压资金时间长，因远距离自然条件相差大，又易出现货损，增加了费用支出。

7. 运力选择不当

运力选择不当是指未选择各种运输工具优势而不正确地利用运输工具造成的不合理现象，常见的有以下几种形式。

(1)弃水走陆。在同时可以利用水运及陆运时，不利用成本较低的水运或水陆联运，而选择成本较高的铁路运输或汽车运输，使水运优势不能发挥。

(2)铁路、大型船舶的过近运输。不是铁路及大型船舶的经济运行里程却利用这些运力进行运输的不合理做法。主要不合理之处在于火车及大型船舶起运及到达目的地的准备、装卸时间长,且机动灵活性不足,在过近距离中利用,发挥不了运速快的优势。相反,由于装卸时间长,反而会延长运输时间。另外,和小型运输设备比较,火车及大型船舶装卸难度大、费用也较高。

(3)运输工具承载能力选择不当。不根据承运货物数量及重量选择,而盲目决定运输工具,造成过分超载、损坏车辆及货物不满载、浪费运力的现象。尤其是"大马拉小车"现象发生较多。由于装货量小,单位货物运输成本必然增加。

8. 托运方式选择不当

对于货主而言,托运方式选择不当是指在可以选择最好托运方式而未选择,造成运力浪费及费用支出加大的一种不合理运输。例如,应选择整车未选择,反而采取零担托运,应当直达而选择了中转运输,应当中转运输而选择了直达运输等都属于这一类型的不合理运输。

9. 无效运输

无效运输是指凡装运的物资中无使用价值的杂质(如煤炭中的矸石、原油中的水分、矿石中的泥土和沙石)含量过多或含量超过规定的标准的运输。

(三)运输合理化方法

各种不合理运输形式都是在特定条件下表现出来的,在进行判断时必须注意其不合理的前提条件,否则就容易出现判断的失误。例如,如果同一种产品,商标不同,价格不同,所发生的对流,不能绝对看成不合理,因为其中存在着市场机制引导的竞争。如果强调因为表面的对流而不允许运输,就会起到保护落后、阻碍竞争甚至助长地区封锁的作用。类似的例子,在各种不合理运输形式中都可以举出一些。

运输合理化是一个系统分析过程,常采用定性与定量相结合的方法,对运输的各个环节和总体进行分析研究,研究的主要内容和方法主要有以下几点。

1. 合理选择运输方式

各种运输方式都有其各自的使用范围和不同的技术经济特征,选择时应进行比较和综合分析。首先要考虑运输成本的高低和运行速度的快慢,甚至还要考虑商品的性质,数量的大小,运距的远近,货主需要的缓急及风险程度。

2. 合理选择运输工具

根据不同商品的性质、数量选择不同类型、额定吨位及对温度、湿度等有要求的运输车辆。

3. 正确选择运输线路

运输线路的选择,一般应尽量安排直达、快速运输,尽可能缩短运输时间,也可安排沿路和循环运输,以提高车辆的容积利用率和车辆的里程利用率,从而达到节省运输费用,节约运力的目的。

4. 提高货物包装质量,并改进配送中的包装方法

货物运输线路的长短,装卸次数的多少都会影响到商品的完好与否,所以,应合理地选择包装物料,以提高包装质量。另外,有些商品的运输线路较短,且要采取特殊放置方法(如烫好的衣服应垂挂),则应改变相应的包装。货物包装的改进,对减少货物损失,降低运费支出,降低商品成本有明显的效果。

5. 提高运输工具的实载率

实载率的含义有两个:一是单车实际载重与运距之乘积和标定载重与行驶里程之乘积的

比率,在安排单车、单船运输时它是判断装载合理与否的重要指标;二是车船的统计指标,即在一定时期内实际完成的货物周转量(吨·公里)占载重吨位与行驶公里乘积的百分比。

提高实载率,如进行配载运输等,可以充分利用运输工具的额定能力,减少空驶和不满载行驶的时间,减少浪费,从而求得运输的合理化。

6. 减少劳力投入,增加运输能力

运输的投入主要是能耗和基础设施的建设,因此,在运输设施固定的情况下,应尽量减少能源动力投入,从而大大节约运费,降低单位货物的运输成本,达到合理化的目的。如在铁路运输中,在机车能力允许的情况下,多加挂车皮;在内河运输中,将驳船编成队行,由机运船顶推前进;在公路运输中,实行汽车挂车运输,以增加运输能力等。

7. 发展社会化的运输体系

运输社会化的含义是发展运输的大生产优势,实行专业化分工,打破物流企业自成运输体系的状况。单个物流公司车辆自有,自我服务,不断形成规模,且运量需求有限,难于自我调剂,因而经常容易出现空缺,运力选择不当,不能满载等浪费现象,且配套的接、发货设施和装卸搬运设施也很难有效的运行,所以浪费颇大。实行运输社会化,可以统一安排运输工具,避免迂回、倒流、空驶、运力选择不当等多种不合理形式,不但可以追求组织效益而且可以追求规模效益,所以发展社会化的运输体系是运输合理化的非常重要的措施。

8. 开展中短距离铁路公路分流

在公路运输经济里程范围内,应利用公路运输。这种运输合理化的表现主要有两点:一是对于比较紧张的铁路运输,用公路分流后,可以得到一定程度的缓解,从而加大这一区段的运输通过能力;二是充分利用公路从门到门和在中途运输中速度快且灵活机动的优势,实现铁路运输难以达到的水平。目前在杂货、日用百货及煤炭等货物运输中较为普遍的运用公路运输。一般认为,目前的公路经济里程为 200 ~ 500km,随着高速公路的发展,高速公路网的形成,新型与特殊货车的出现,公路的经济里程有时可达 1000km 以上。

9. 尽量发展直达运输

直达运输,就是在组织货物运输过程中,越过商业、物资仓库环节或交通中转环节,把货物从产地或起运地直接运到销地或用户,以减少中间环节。直达的优势,尤其是在一次运输批量和用户一次需求量达到了一整车时表现最为突出。此外,在生产资料、生活资料运输中,通过直达,建立稳定的产销关系和运输系统,有利于提高运输的计划水平。

近年来,直达运输的比重逐步增加,它为减少物流中间环节创造了条件。特别需要注意的是,如同其他合理化运输一样,直达运输的合理性也是在一定条件下才会有所表现的,如果从用户需求来看,批量大到一定程度,直达是合理的,批量较小时,中转是合理的。

10. 配载运输

配载运输是充分利用运输工具载质量和容积,合理安排装载的货物及方法,以求合理化的一种运输方式。

配载运输往往是轻重商品的合理配载,在以重质货物运输为主的情况下,同时搭载一些轻泡货物,如海运矿石、黄沙等重质货物,在上面捎运木材、毛竹等,在基本不增加运力减少重质货物运输的情况下,解决了轻泡货的搭运,因而效果显著。

11. 提高技术装载量

依靠科技进步是运输合理化的重要途径。它一方面是最大限度地利用运输工具的载重吨位,另一方面是充分使用车船装载容量。其主要做法有如下几种:专用散装及罐车,解决了粉状、液体物运输损耗大和安全性差等问题；袋鼠式车皮、大型拖挂车解决了大型设备整体运输问题；集装箱船比一般船能容纳更多的箱体，集装箱高速直达加快了运输速度等。

12. 进行必要的流通加工

有不少产品由于自身形态及特性问题，很难实现运输的合理化，如果针对货物本身的特性进行适当的加工，就能够有效解决合理运输的问题。例如将造纸材在产地先加工成纸浆，压缩体积后运输。

三、各种运输方式的技术经济特征

（一）铁路运输的技术经济特征

铁路运输是指利用机车、车辆等技术设备沿铺设轨道运行的运输方式。

1. 铁路运输的优点

（1）能力大，适合于大批量商品的长距离运输；

（2）受气候和自然条件影响小，运输的通用性、连续性能好，与其他运输方式相比，其在运输的准时性方面具有较强的优势；

（3）成本较低；

（4）运输速度较快；

（5）可以方便地实现背驮运输、集装箱运输及多式联运。

2. 铁路运输的缺点

（1）铁路按列车组织运行，在运输过程中需要有列车的编组、解体和中转改编等作业环节，占用时间较长，因而增加了货物的运输时间；

（2）铁路运输中的货损率比较高；

（3）铁路运输一般不能实现“门到门”运输，通常依靠其他运输方式配合，才能完成运输过程；

（4）铁路运输的投资较大，固定成本较高，建设周期长，占用土地较多。

（二）公路运输的技术经济特征

1. 公路运输的优点

（1）运输速度快；

（2）灵活、方便；

（3）原始投资少，经济效益高；

（4）驾驶技术容易掌握。

2. 公路运输的缺点

（1）单位运输成本较高，运行的连续性较差；

（2）油耗大，环境污染严重；

（3）客运的舒适性较差，交通事故的发生率较高。

（三）水路运输的技术经济特征

水路运输是指利用船舶在江河、湖泊、人工水道以及海洋上运送旅客和货物的一种运输方式。

1. 水路运输的优点

（1）投资少；

(2)载运量大,航道通过能力强,发展潜力大;
(3)运输成本低,节省能源。

2. 水路运输的缺点

(1)船舶平均航行速度较低;
(2)水运生产过程受自然条件影响较大,呈现较大的波动性和不平衡性;
(3)直达性差,一般需要与其他运输方式配合才能完成运输全过程。

(四)航空运输的技术经济特征

1. 航空运输的优点

(1)速度快;
(2)舒适性好;
(3)安全性高;
(4)时效性强。

2. 航空运输的缺点

(1)成本、运价高;
(2)受气候条件的限制;
(3)可达性差。

(五)管道运输的技术经济特征

管道运输是指主要利用管道,通过一定的压力差别而完成液体或企业货物运输的一种现代运输方式。

1. 管道运输的优点

(1)运量大;
(2)占地少;
(3)建设周期短、费用低;
(4)安全可靠、连续性强;
(5)耗能少、成本低、效益好。

2. 管道运输的缺点

(1)不如其他运输方式灵活;
(2)承担的货物品比较单一;
(3)不容易随便扩展管线。

第三节　多式联运组织

一、集装箱运输

(一)集装箱的概念

集装箱是指具有一定强度和统一规格,在货物运输中专供周转使用的大型容器。集装箱必须满足以下要求:

(1)具有足够强度,可以长期反复使用;
(2)适用于一种或多种运输方式运输,途中转运时箱内货物不需要换装;

(3)具有快速装卸和搬运装置,特别便于从一种运输方式转移到另一种运输方式;

(4)便于货物装满和卸空;

(5)具有 $1m^3$ 以上的容积。

凡具备上述5项条件的运输容器,都可称为集装箱。

以集装箱作为承载器具,用专用汽车运输货物的活动,称为汽车集装箱运输。

(二)集装箱种类

集装箱可按外部尺寸、质量、制造材料、结构和用途进行分类。

1. 按外部尺寸分类

目前我国采用的国际国内不同尺寸的集装箱主要有8种,其外部尺寸、极限偏差和额定质量见表3-1-1。

集装箱外部尺寸、极限偏差和额定质量 表3-1-1

集装箱型号	高度(*H*)		宽度(*W*)		长度(*L*)		额定质量/最大总质量(kg)
	尺寸	偏差	尺寸	偏差	尺寸	偏差	
	mm						
1AA	2591	0~5	2438	0~5	12192	0~10	30480
1A	2438	0~5	2438	0~5	12192	0~10	30480
1AX	<2438		2438	0~5	12192	0~10	30480
1CC	2591	0~5	2438	0~5	6058	0~6	20320
1C	2438	0~5	2438	0~5	6058	0~6	20320
1CX	<2438		2438	0~5	6058	0~6	20320
10D	2438	0~5	2438	0~5	4012	0~5	10000
5D	2438	0~5	2438	0~5	1968	0~5	5000

2. 按质量大小分类

按集装箱质量的大小,可分为大、中、小三种型号。20t及其以上者为大型集装箱;5t及其以下者为小型集装箱;其余为中型集装箱。

3. 按制造材料分类

按集装箱的制造材料分,主要有铝合金、钢、玻璃钢三种。铝合金集装箱因质量轻、防锈而被广泛采用;钢制集装箱强度大、结构牢、焊接性能好、造价低,目前采用的比较多;玻璃钢集装箱防腐隔热性能好,是一种新型材料。

4. 按结构分类

按集装箱结构,可分为折叠式与拆装式、内柱式与外柱式、薄壳式五种。

5. 按用途分类

按集装箱的用途,可分为通用集装箱和专用集装箱两大类。通用集装箱一般以装运杂件为主,用途最为广泛;专用集装箱是专门用来装运某一类别或某一特种货物的集装箱。

(三)集装箱运输管理

集装箱货运是涉及多部门、多环节,综合性很强的运输,做好集装箱运输管理工作的重点在集装箱、货运站、运载工具和适箱货源管理等几个方面。

1. 做好集装箱管理

(1)集装箱箱型标准化、系列化。这是发展多式联运的必要条件,是发挥集装箱运输优势的基本前提。这样才能使集装箱运输与各种运输方式间衔接配套。

(2)实现规范化的集装箱管理。制订、完善有关集装箱管理的规章制度,对集装箱的发放、提运、交接、装载和技术状态等加以全面规范,明确供箱人、管理人、用箱人、运箱人的责任、权利和义务,实现集装箱管理的正规化。

(3)规定集装箱免费使用期限及赔偿标准。对集装箱的超期使用或租用,集装箱及集装箱设备的丢失、损坏应有相应的赔偿规定。

2. 做好运输车辆的管理

集装箱运输的专用车辆及搬运装卸工具的成组配套,是组织集装箱运输的基本条件。同时,还必须有相应的场地、仓库和配套的作业机械,这是提高集装箱运输组织效率的重要基础。

3. 大力组织适箱货源

大力组织适箱货源是提高集装箱运输经济效益,防止空箱运输、造成人力浪费的重要条件。没有适箱货源,集装箱运输就难以得到很好的发展。因此,货运部门应该做好与生产部门和物资部门的协调关系,使适宜集装箱运输线路的适箱货源能纳入集装箱运输的范围。

4. 建立集装箱货运站体系

集装箱货运站是开展集装箱运输的基础,又是集装箱运输的枢纽。这就要求做好集装箱货运站的规划工作,使集装箱货运站的分布和建设具有科学性、合理性和经济性。

集装箱货运站是指专门办理集装箱运输业务,设有集装箱堆场和装卸集装箱的专用机械设备,并具有装箱、拆箱能力的货运站。

一级站:

(1)位于大型海港附近,年箱运量在30000标准箱以上或年堆存量在9000标准箱以上的国际集装箱中转站。

(2)位于大型河港或主要陆运交通枢纽附近,年箱运量在20000标准箱以上或年堆存量在6000标准箱以上的国内集装箱中转站。

二级站:

(1)位于中型海港或主要陆运交通枢纽附近,年箱运量在16000~30000标准箱或年堆存量在6500~9000标准箱的国际集装箱中转站。

(2)位于中型河港或主要陆运交通枢纽附近,年箱运量在10000~20000标准箱或年堆存量在4000~6000标准箱的国内集装箱中转站。

三级站:

(1)位于中型海港或陆运交通枢纽附近,年箱运量在8000~16000标准箱或年堆存量在4000~6500标准箱的国际集装箱中转站。

(2)位于中型河港或陆运交通枢纽附近,年箱运量在5000~10000标准箱或年堆存量在2500~4000标准箱的国内集装箱中转站。

四级站:

(1)位于小型海港或陆运交通枢纽附近,年箱运量在4000~8000标准箱或年堆存量在2500~4000标准箱的国际集装箱中转站。

(2)位于小型河港或陆运交通枢纽附近,年箱运量在2000~5000标准箱或年堆存量在1000~2500标准箱的国内集装箱中转站。

5. 其他要求

为了使集装箱货运站能顺利完成收货、装箱、拆箱、保管、支付等作业,除配备必要的工作人员和搬运、装卸设备外,还应满足如下几个方面的要求。

(1)便于货物进行装箱和拆箱作业;

(2)便于装有非成组货物的车辆进行装箱作业;

(3)为了便于货物的疏运和分类,应具备足够操作面积的工作地;

(4)为暂时保管待发送和交付的货物提供足够的堆存面积;

(5)应设有进行海关查验、检查等事务性机构的办公室以及应有的附属设备;

(6)应设有现代化的通信、消防等设备。

二、国际多式联运

(一)国际多式联运的基本概念和特征

国际多式联运是在集装箱运输的基础上发展起来的一种新型重要的国际集装箱运输方式。国际多式联运一般以集装箱为媒介,把海上运输、铁路运输、公路运输、航空运输和内河运输等传统的单一运输方式有机地结合起来,化为一体加以有效地综合利用,构成一种连贯的过程来完成国际间的运输。

联合国为了适应并促进国际贸易和运输的顺利发展,于1980年5月8日~10日在日内瓦召开的国际多式联运公约会议上,经与会84个贸发会议成员国一致讨论通过,并产生了当今世界上第一个国际多式联运公约,其全称为《联合国国际货物多式联运公约》(以下简称《公约》)。《公约》的总则部分第一条对国际多式联运作了如下的定义,即"国际多式联运是按照多式联运合同,以至少两种不同的运输方式,由多式联运经营人将货物从一国境内接受货物的地点运至另一国境内指定交付货物的地点。"根据这个定义,构成国际多式联运需要具备以下几个条件。

第一,必须要有一个多式联运合同,明确规定多式联运经营人(承运人)和托运人之间的权利、义务、责任、豁免的合同关系和多式联运的性质。多式联运经营人根据合同规定,负责完成或组织完成货物的全程运输,并一次收取全程运费。所以,多式联运合同是确定多式联运性质的根本依据,也是区别多式联运和一般传统联运的主要依据。

第二,必须使用一份全程多式联运单据。全程多式联运单据是指证明多式联运合同以及证明多式联运经营人已接受货物并负责按照合同条款交付货物所签发的单据。它与传统的提单具有相同的作用,也是一种物权证书和有价证券。

第三,必须是至少两种不同运输方式的连贯运输。多式联运不仅需要通过至少两种运输方式而且是至少两种不同运输方式的组合,例如海—海、铁—铁或空—空等,虽经两种运输工具,由于是同一种运输方式,所以不属于多式联运范畴之内,但海—陆、海—空、陆—空或铁—公等,尽管也是简单的组合形态,却都符合多式联运的基本组合形态的要求。所以,确定一票货运是否属于多式联运方式,至少两种不同运输方式的组合是一个重要因素之一。为了履行单一方式运输合同而进行的该合同所规定的货物接送业务,则不应视为多式联运,如航空运输长期以来普遍盛行汽车接送货物运输业务,从形式上看已构成航空—汽组合形态,但这种汽车接送习惯上视同航空业务的一个组成部分,作为航空运输的延伸,故《公约》规定,把这种接送业务排除在多式联运之外。这样,进一步明确了两种不同运输方式组合的内容,以避免多式联运法规同单一方式法规在这个问题上的矛盾。

第四,必须是国际间的货物运输,这是区别于国内运输和是否适合国际法规的限制条件。也就是说,在国际多式联运方式下,货物运输必须是跨越国境的一种国际间运输。

第五，必须由一个多式联营经营人对全程运输负总的责任。这是多式联运的一个重要特征。多式联运经营人也就是与托运人签订多式联运合同的当事人，也是签发联运单据的人，它在联运业务中作为总承运人对货主负有履行合同的责任，并承担自接管货物起至交付货物时止的全程运输责任，以及对货物在运输途中因灭失、损坏或延迟交付所造成的损失负赔偿责任。多式联运经营人为了履行多式联运合同规定的运输责任，可以自己办理全程中的一部分实际运输，把其他部分运输以自己的名义委托给有关区段的运输承运人（俗称分承运人）办理，也可以自己不办理任何部分的实际运输，而把全程各段运输分别委托有关区段分承运人办理，分承运人与原发货人不发生任何关系。分承运人只与多式联运经营人发生联系，它们之间的关系是承托关系。

第六，必须是全程单一运费费率。多式联运经营人在对货主负全程运输责任的基础上，制订一个货物发运地至目的地的全程单一费率，并以包干形式一次向货主收取。这种全程单一费率一般包括运输成本（全程各段运输费用的总和）、经营管理费用（如通信、制单以及劳务手续费等）和合理利润。

（二）国际多式联运的优越性

多式联运是货物运输的一种较高效组织形式，它集中了各种运输方式的特点，扬长避短，融会一体，组成连贯运输，达到简化货运环节、加速货运周转、减少货损货差、降低运输成本、实现合理运输的目的，它比传统单一运输方式具有无可比拟的优越性，主要表现在以下几方面。

1. 责任统一，手续简便

在多式联运方式下，不论全程运输距离多么遥远，也不论需要使用多少种不同运输工具，更不论途中要经过多少次转换，一切运输事宜统一由多式联运经营人负责办理，而货主只要办理一次托运，签订一个合同，支付一笔全程单一运费，取得一份联运单据，就履行了全部责任。由于责任统一，一旦发生问题，也只要找多式联运经营人便可解决问题。与单一运输方式的分段托运、多头负责相比，不仅手续简便，而且责任更加明确。

2. 减少中间环节，缩短货运时间，降低货损货差，提高货运质量

多式联运通常是以集装箱为媒介的直达连贯运输，货物从发货人仓库装箱验关铅封后直接运至收货人仓库交货，中途无需拆箱倒载，减少很多中间环节，即使经多次换装，也都是使用机械装卸，丝毫不触及箱内货物，货损货差和偷窃丢失事故可因此大为减少，从而较好地保证了货物安全和货运质量。此外，由于是连贯运输，各个运输环节和各种运输工具之间，配合密切，衔接紧凑，货物所到之处，中转迅速及时，减少了在途停留时间，故能较好地保证货物安全、迅速、准确、及时地运抵目的地。

3. 降低运输成本，节省运杂费用，有利于贸易开展

多式联运是实现“门到门”运输的有效方法。对货方来说，货物装箱或装上第一程运输工具后就可取得联运单据进行结汇，结汇时间提早，有利于加速货物资金周转，减少利息支出。采用集装箱运输，还可以节省货物包装费用和保险费用。此外，多式联运全程使用的是一份联运单据和单一运费，这就大大简化了制单和结算手续，节省了大量人力物力，尤其便于货方事先核算运输成本，选择合理运输路线，为开展贸易提供了有利条件。

4. 实现“门到门”运输的有效途径

多式联运综合了各种运输方式，扬长避短，组成直达连贯运输，不仅缩短了运输里程，降低了运输成本，而且加速了货运周转，提高了货运质量，是组织合理运输、取得最佳经济效益的有效途径。尤其是采用多式联运，可以把货物从发货人内地仓库直运至收货人内地仓库，为实现

"门到门"的直达连贯运输奠定了有利基础。工业上自动化大生产是通过自动化生产线,那么多式联运可以说是运输大生产的多式联运生产线。

(三)国际多式联运的组织形式

由于国际多式联运具有其他运输组织形式无可比拟的优越性,因而这种国际运输新技术已在世界各主要国家和地区得到广泛的推广和应用。目前,有代表性的国家多式联运主要有远东/欧洲、远东/北美等海陆空联运,其组织形式包括以下几种。

1. 海陆联运

海陆联运是国际多式联运的主要组织形式,也是远东/欧洲多式联运的主要组织形式之一。目前组织和经营远东/欧洲海陆联运业务的主要有班轮公会的三联集团、北荷、冠航和丹麦的马士基等国际航运公司,以及非班轮公会的中国远洋运输公司、台湾长荣航运公司和德国那亚航运公司等。这种组织形式以航运公司为主体,签发联运提单,与航线两端的内陆运输部门开展联运业务,与大陆桥运输展开竞争。

2. 陆桥运输

在国际多式联运中,陆桥运输(Land Bridge Service)起着非常重要的作用。它是远东/欧洲国际多式联运的主要形式。所谓陆桥运输是指采用集装箱专用列车或货车,把横贯大陆的铁路或公路作为中间"桥梁",使大陆两端的集装箱海运航线与专用列车或货车连接起来的一种连贯运输方式。严格地讲,陆桥运输也是一种海陆联运形式,只是因为其在国际多式联运中的独特地位,故在此将其单独作为一种运输组织形式介绍。目前,远东/欧洲的陆桥运输线路有西伯利亚大陆桥和北美大陆桥。

(1)西伯利亚大陆桥(Siberian Landbridge)。西伯利亚大陆桥(SLB)是指使用国际标准集装箱,将货物由远东海运到俄罗斯东部港口,再经跨越欧亚大陆的西伯利亚铁路运至波罗的海沿岸如爱沙尼亚的塔林或拉脱维亚的里加等港口,然后再采用铁路、公路或海运运到欧洲各地的国际多式联运的运输线路。

西伯利亚大陆桥于1971年由前苏联对外贸易运输公司正式确立。现在全年货运量高达10万标准箱(TEU),最多时达15万标准箱。使用这条陆桥运输线的经营者主要是日本、中国和欧洲各国的货运代理公司。其中,日本出口欧洲杂货的1/3、欧洲出口亚洲杂货的1/5是经这条陆桥运输的。由此可见,它在沟通亚欧大陆,促进国际贸易中所处的重要地位。

西伯利亚大陆桥运输包括"海铁铁"、"海铁海"、"海铁公"和"海公空"四种运输方式。由俄罗斯的过境运输总公司担当总经营人,它拥有签发货物过境许可证的权力,并签发统一的全程联运提单,承担全程运输责任。至于参加联运的各运输区段,则采用"互为托、承运"的接力方式完成全程联运任务。可以说,西伯利亚大陆桥是较为典型的一条过境多式联运线路。

西伯利亚大陆桥是目前世界上最长的一条陆桥运输线。它大大缩短了从日本、远东、东南亚及大洋洲到欧洲的运输距离,并因此而节省了运输时间。从远东经俄罗斯太平洋沿岸港口去欧洲的陆桥运输线全长13000km,而相应的全程水路运输距离(经苏伊士运河)约为20000km。从日本横滨到欧洲鹿特丹,采用陆桥运输不仅可使运距缩短1/3,运输时间也可节省1/2。此外,在一般情况下,运输费用还可节省20%~30%,因而对货主有很大的吸引力。

由于西伯利亚大陆桥所具有的优势,因而随着它的声望与日俱增,也吸引了不少远东、东南亚以及大洋洲地区到欧洲的运输,使西伯利亚大陆桥在短短的几年时间内就有了迅速发展。但是,西伯利亚大陆桥运输在经营和管理上也存在问题,如港口装卸能力不足、铁路集装箱车辆不足、箱流的严重不平衡以及严寒气候的影响等在一定程度上阻碍了它的发展。尤其是随着我国兰新铁路与中哈边境的土西铁路的接轨，一条新的“欧亚大陆桥”形成，为远东至欧洲的国际集装箱多式联运提供了又一条便捷路线，使西伯利亚大陆桥面临严峻的竞争形势。

(2)北美大陆桥(North American Landbridge)。北美大陆桥是指利用北美的大铁路从远东到欧洲的“海陆海”联运。该陆桥运输包括美国大陆桥运输和加拿大大陆桥运输。美国大陆桥有两条运输线路：一条是从西部太平洋沿岸至东部大西洋沿岸的铁路和公路运输线；另一条是从西部太平洋沿岸至东南部墨西哥湾沿岸的铁路和公路运输线。美国大陆桥于1971年年底由经营远东/欧洲航线的船公司和铁路承运人联合开办“海陆海”多式联运线，后来美国几家班轮公司也投入营运。目前，主要有四个集团经营远东经美国大陆桥至欧洲的国际多式联运业务。这些集团均以经营人的身份签发多式联运单证，对全程运输负责。加拿大大陆桥与美国大陆桥相似，由船公司把货物海运至温哥华，经铁路运到蒙特利尔或哈利法克斯，再与大西洋海运相接。

北美大陆桥是世界上历史最悠久、影响最大、服务范围最广的陆桥运输线。据统计，从远东到北美东海岸的货物大约有50%以上是采用双层列车进行运输的，因为采用这种陆桥运输方式比采用全程水运方式通常要快1~2周。例如，集装箱货从日本东京到欧洲鹿特丹港，采用全程水运(经巴拿马运河或苏伊士运河)通常需5~6周时间，而采用北美陆桥运输仅需3周左右的时间。

随着美国和加拿大大陆桥运输的成功营运，北美其他地区也开展了大陆桥运输。墨西哥大陆桥(Mexican Land bridge)就是其中之一。该大陆桥横跨特万特佩克地峡(Isthmus Tehuantepec)，连接太平洋沿岸的萨利纳克鲁斯港和墨西哥湾沿岸的夸察夸尔科斯港，陆上距离为337km(182n mile)。墨西哥大陆桥于1982年开始营运，目前其服务范围还很有限，对其他港口和大陆桥运输的影响还很小。

在北美大陆桥强大的竞争面前，巴拿马运河可以说是最大的输家之一。随着北美西海岸陆桥运输服务的开展，众多承运人开始建造不受巴拿马运河尺寸限制的超巴拿马型船(Post-Panamax Ship)，从而放弃使用巴拿马运河。可以预见，随着陆桥运输的效率与经济性的不断提高，巴拿马运河将处于更为不利的地位。

(3)其他陆桥运输形式。北美地区的陆桥运输不仅包括上述大陆桥运输，而且还包括小陆桥运输(Minibridge)和微桥运输(Microbridge)等运输组织形式。

小陆桥运输从运输组织方式上看与大陆桥运输并无大的区别，只是其运送货物的目的地为沿海港口。目前，北美小陆桥运送的主要是日本经北美太平洋沿岸到大西洋沿岸和墨西哥湾地区港口的集装箱货物。当然也承运从欧洲到美西及海湾地区各港的大西洋航线的转运货物。北美小陆桥在缩短运输距离、节省运输时间上效果是显著的。以日本/美东航线为例，从大阪至纽约全程水运(经巴拿马运河)航线距离为17964.4km(9700n mile)，运输时间为21~24天。而采用小陆桥运输，运输距离仅为13704.8(7400n mile)，运输时间为16天，可节省1周左右的时间。

微桥运输与小陆桥运输基本相似，只是其交货地点在内陆地区。北美微桥运输是指经北美东、西海岸及墨西哥湾沿岸港口到美国、加拿大内陆地区的联运服务。随着北美小陆桥运输的发展，出现了新的矛盾，主要反映在：如货物由靠近东海岸的内地城市运往远东地区(或反向)，首先要通过国内运输，以国内提单运至东海岸交船公司，然后由船公司另外签发由东海岸出口的国际货运单证，再通过国内运输运至西海岸港口，然后海运至远东。货主认为这种运输不能从内地直接以国际货运单证运至西海岸港口转运，不仅增加费用，而且耽误运输时间。为解决这一问题，微桥运输应运而生。进出美、加内陆城市的货物采用微桥运输既可节省运输时间，也可避免双重港口收费，从而节省了费用。例如，往来于日本和美东内陆城市匹兹堡的集装箱货,可从日本海运至美国西海岸港口,如奥克兰,然后通过铁路直接联运至匹兹堡,这样可完全避免进入美东的费城港,从而节省了在该港的港口费支出。

3. 海空联运

海空联运又被称为空桥运输(Airbridge Service)。在运输组织方式上,空桥运输与陆桥运输有所不同。陆桥运输在整个货运过程中使用的是同一个集装箱,不用换装,而空桥运输的货物通常要在航空港换入航空集装箱。不过。两者的目标是一致的,即以低费率提供快捷、可靠的运输服务。

海空联运方式始于20世纪60年代,但到80年代才得以较快的发展。采用这种运输方式,运输时间比全程海运少,运输费用比全程空运便宜,20世纪60年代,将远东船运至美国西海岸的货物,再通过航空运至美国内陆地区或美国东海岸,从而出现了海空联运。当然,这种联运组织形式是以海运为主,只是最终交货运输区段由空运承担。1960年年底,前苏联航空公司开辟了经由西伯利亚至欧洲的航空线;1968年,加拿大航空公司参加了国际多式联运;20世纪80年代,出现了经由香港、新加坡、泰国等至欧洲的航空线。目前,国际海空联运线主要有以下几条。

(1)远东—欧洲。目前,远东与欧洲间的航线有以温哥华、西雅图、洛杉矶为中转地,也有以香港、曼谷、海参崴为中转地。此外,还有以旧金山、新加坡为中转地。

(2)远东—中南美。近年来,远东至中南美的海空联运发展较快,因为此处港口和内陆运输不稳定,所以对海空运输的需求很大。该联运线以迈阿密、洛杉矶、温哥华为中转地。

(3)远东—中近东、非洲、大洋洲。这是以香港、曼谷为中转地至中近东、非洲的运输服务。在特殊情况下,还有经马赛至非洲、经曼谷至印度、经香港至大洋洲等联运线,但这些线路货运量较小。

总的来讲,运输距离越远,采用海空联运的优越性就越大,因为同完全采用海运相比,其运输时间更短;同直接采用空运相比,其费率更低。因此,从远东出发将欧洲、中南美以及非洲作为海空联运的主要市场是合适的。

(四)多式联运的分类

根据不同的原则,对多式联运可以有多种分类方式。但就其组织方式和体制来说,基本上可分为协作式多式联运和衔接式多式联运两大类。

1. 协作式多式联运

协作式多式联运是指两种或两种以上运输方式的运输企业,按照统一的规章或商定的协议,共同将货物从接管货物的地点运到指定交付货物的地点的运输。

协作式多式联运是目前国内货物联运的基本形式。在协作式多式联运下,参与联运的承运人均可受理托运人的托运申请,接收货物,签署全程运输单据,并负责自己区段的运输生产;后续承运人除负责自己区段的运输生产外,还需要承担运输衔接工作;而最后承运人则需要承担货物交付以及受理收货人的货损货差的索赔。在这种体制下,参与联运的每个承运人均具有双重身份。对外而言,他们是共同承运人,其中一个承运人(或代表所有承运人的联运机构)与发货人订立的运输合同,对其他承运人均有约束力,即视为每个承运人均与货方存在运输合同关系;对内而言,每个承运人不但有义务完成自己区段的实际运输和有关的货运组织工作,还应根据规章或约定协议,承担风险,分配利益。

目前,根据开展联运依据的不同,协作式多式联运可进一步细分为法定(多式)联运和协议(多式)联运两种。

(1)法定(多式)联运。它是指不同运输方式的运输企业之间根据国家运输主管部门颁布的规章开展的多式联运。目前铁路、水路运输企业之间根据铁道部、交通运输部共同颁布的《铁路和水路货物联运规则》开展的水陆联运即属此种联运。在这种联运形式下，有关运输票据、联运范围、联运受理的条件与程序、运输衔接、货物交付、货物索赔程序以及承运人之间的费用清算等，均应符合国家颁布的有关规章的规定，并实行计划运输。

这种联运形式无疑有利于保护货方的权利和保证联运生产的顺利进行，但缺点是灵活性较差，适用范围较窄，它不仅在联运方式上仅适用铁路与水路两种运输方式之间的联运，而且对联运路线、货物种类、数量及受理地、换装地也作了限制。此外，由于货方托运前需要报批运输计划，给货方带来了一定的不便。法定（多式）联运通常适用于保证指令性计划物资、重点物资和国防、抢险、救灾等急需物资的调拨。

（2）协议（多式）联运。它是指运输企业之间根据商定的协议开展的多式联运。比如，不同运输方式的干线运输企业与支线运输或短途运输企业，根据所签署的联运协议开展的多式联运，即属此种联运。

与法定（多式）联运不同，在这种联运形式下，联运采用的运输方式、运输票据、联运范围、联运受理的条件与程序、运输衔接、货物交付、货物索赔程序，以及承运人之间的利益分配与风险承担等，均按联运协议的规定办理。与法定（多式）联运相比，该联运形式的最大缺点是联运执行缺乏权威性，而且联运协议的条款也可能会损害货方或弱小承运人的利益。

2. 衔接式多式联运

衔接式多式联运是指由一个多式联运企业（以下称多式联运经营人）综合组织两种或两种以上运输方式的运输企业，将货物从接管货物的地点运到指定交付货物的地点的运输。在实践中，多式联运经营人既可能由不拥有任何运输工具的国际货运代理、场站经营人、仓储经营人担任，也可能由从事某一区段的实际承运人担任。但无论如何，他都必须持有国家有关主管部门核准的许可证书，能独立承担责任。

在衔接式多式联运下，运输组织工作与实际运输生产实现了分离，多式联运经营人负责全程运输组织工作，各区段的实际承运人负责实际运输生产。在这种体制下，多式联运经营人也具有双重身份。对于货方而言，他是全程承运人，与货方订立全程运输合同，向货方收取全程运费及其他费用，并承担承运人的义务；对于各区段实际承运人而言，他是托运人，他与各区段实际承运人订立分运合同，向实际承运人支付运费及其他必要的费用。很明显，这种运输组织与运输生产相互分离的形式，符合分工专业化的原则，由多式联运经营人“一手托两家”，不但方便了货主和实际承运人，也有利于运输的衔接工作，因此，它是联运的主要形式。在国内联运中，衔接式多式联运通常称为联合运输，多式联运经营人则称为联运公司。我国在《合同法》颁布之前，仅对包括海上运输方式在内的国际多式联运经营人的权利与义务，在《海商法》和《国际集装箱多式联运管理规则》中作了相应的规定，对于其他形式下国际多式联运经营人和国内多式联运经营人的法律地位与责任，并未作出明确的法律规定。《合同法》颁布后，无论是国内多式联运还是国际多式联运，均应符合该多式联运合同中的规定，这无疑有利于我国多式联运业的发展壮大。

第二章　道路运输基础知识与实务

第一节　道路运输系统

一、道路运输业的优势与不足

（一）道路运输的含义

道路运输是近些年发展较为迅速的一种运输方式，是指人们利用一定的运输工具，如人力车、畜力车、拖拉机、汽车等，沿道路的某个方向进行旅客和货物的位移活动。

对道路运输的定义，在不同的场合可以有不同的理解。首先，从运输方式的分类来看，道路运输是五种运输方式的一种，是有别于其他四种运输方式的一种独立的运输方式，因此，陆地上除了铁路以外的运输都属于道路运输，这就是广义上的道路运输；由于道路运输依靠的运输工具主要是汽车，因此，从狭义上说，道路运输就是汽车运输；但是，在我国，由于城市汽车运输和一些专用道路的汽车运输管理权不属于同一部门，因此，人为地又将汽车运输分为公路运输和城市道路运输，这里的公路是指经公路主管部门验收认定的城际间、城乡间、乡间能行驶汽车的公共道路。

（二）道路运输的特点

道路运输是现代运输中重要的运输形式之一，与其他运输方式相比，其具有一定的优势，也存在着不足。道路运输具有点多、面广、灵活、机动、流动、分散、迅速、直达的特点。这是由它的运输通道和运输工具——公路和汽车的特性决定的。其具体特点如下。

1. 机动灵活，运输方便

道路运输密布全国，覆盖区域广，铁路、水运不能到达的地方，汽车均可到达。汽车既是其他运输方式的接运和集散工具，又可自成运输体系，机动灵活。

首先，道路运输受班次、编组和调度的限制较少，一般不需要中途倒运、转乘等中间环节，对起运、运行和到达可视客、货具体情况而定。因此，在运输时间上，汽车的机动性较大，车辆可以随时调度、装车和移动，从而大大提高了运输速度。而铁路、水运等局限性较大。

其次，汽车的载质量有大有小，对客、货批量的大小有很强的适应性，既可单车运输，也可由若干车辆组成车队同时运输，能满足各种运输的需要。既可承担大批量货物在中、短途的直达运输，也可承担零星杂货的集散运输，特别适合于对较小批量物资及人员的紧急运输，这对救灾、抢险工作和军事行动具有重要意义。

道路运输灵活机动的特性在很大程度上满足了不同层次经济活动对运输的需求，从而使道路运输具有较强的竞争性。其他运输方式由于受到众多客观因素的限制而较难做到这一点。

2. 可实现“门到门”的直达运输

由于我国道路网的密度比铁路网、水路网的密度大10多倍，分布面广，因此决定了道路运输是“面上运输”的代表，而铁路、水路运输则属于“线上运输”，航空运输属于“点的运输”。汽车的渗透性强，几乎可到达任何地域，为客户提供“门—门”的服务。汽车运输可以把旅客从居住地直接运送到目的地，也可以把货物从发货仓库门口直接运送到收货单位门口。因此，汽车除了可以沿公路网运行之外，还可以深入工厂、矿山车站、码头、农村山区、城市街道及居民点。空间活动的区域大，这是其他运输工具所办不到的。

3. 运送速度快

汽车运输可以实现门到门的运输，中间不需中转，因而运送时间短，货损货差少。

4. 原始投资少，资金周转快，经济效益高

汽车运输与其他运输相比，其固定设施及车辆购置等原始投资较低，且资金周转快，原始投资回收期短。我国一些经营比较好的汽车运输企业，一年左右即可收回购车费用。

汽车运输虽然有以上优点，但也有不利的一面，主要体现在能耗高、污染大、安全性差、装运量小、单位运输成本较高、运输持续性和客运的舒适性较差等方面。

这是由以下原因造成的：

首先，道路运输业中单个运输工具——汽车的载运量较小，最高载运量为200t左右，远远低于火车、轮船的载运量，造成公路运输单位成本高，这一点对于低价值、大批量和大宗货物的长途运输来说较为不利，造成了汽车运输在同其他运输方式的竞争中的某些局限性。

其次，汽车几乎全以燃烧燃料作动力，运行中排出大量的有害气体，还带来噪声污染。另外，道路运输安全事故长期以来一直位居各种运输方式之首，给社会财产和人身安全带来较大的损失。

为了更好地增强道路运输在各种运输方式中的竞争力，道路运输应在经营方式上从分散逐步走向联合，并尽可能实行统一管理。而在组织形式上，应积极开展快速直达运输，依靠高速公路，发展汽车快速货运和快速客运组织方式。同时积极采用现代技术，包括全球定位技术、移动通信技术、计算机信息管理技术及道路智能运输系统（ITS），不断满足汽车运输组织所需的各种功能要求，从而改变传统的汽车运输经营观念、方式和运输组织结构，大幅度提高运输效益。

二、道路运输的功能

根据道路运输的经济特性，其主要具有以下功能。

1. 主要担负中、短途运输

道路运输在中、短途运输（800km内）中，经济技术性较好。

2. 衔接其他方式的运输

充分发挥道路运输灵活机动的特点，积极为其他运输方式进行客、货集散。

3. 独立担负小批量长途运输

虽然各种运输方式都有各自合理的经济里程，但由于需要，汽车也经常独立担负小批量的长途运输任务。

第二节　车辆运输效率指标体系

公路运输评价的主要指标分运输产量指标体系、运输效率指标体系、运输消耗指标体系和运输质量指标体系四个部分。

一、运输产量指标体系

公路运输业要最大限度地满足社会各物质生产部门和人民群众日益增长的对运输的需求。公路运输组织的产量指标就是从数量上体现公路运输满足社会需要程度的大小的指标，也是衡量运输业为社会提供运输劳务多少的指标。

1. 客、货运量

运量是统计期内实际运送的客货数量，旅客用人数表示，货物用质量(t)表示。

2. 客、货周转量

周转量是统计期内客、货运量与其(平均)运距的乘积，客运量以人公里为单位，货运量以吨公里为单位。周转量既考虑了运量因素，又考虑了运距因素，因此它综合反映了公路运输部门为社会提供的运输劳务，同时，它也是比较劳动消耗的根据。

客、货运输量统计工作中，不仅分别计算货物运输和旅客运输的劳动成果，还要综合考虑客、货运输生产量的数值。在实际工作中，采用“换算吨公里”来表示。客、货周转量的换算比例为 1 吨公里 = 10 人公里。有了换算比例后，如果同一次运输中有客、货同装的现象时，也可很方便地计算运输量。如某一客运过程中，带有行包，则：

$$客运周转量 = 旅客周转量 + 货物周转量 \times 10(人公里)$$

为了正确地进行客、货运输量统计，需要遵循以下 4 个原则：

(1)按运输工具管理系统统计的原则。即不论在什么地方完成的运输量，均由车辆所属企业进行统计。

(2)按到达量统计的原则。即报告期内运达目的地御完的货物，才统计为该报告期的运输量。一个独立经济核算的汽车运输企内部采用同种运输工具接运的同一批货物，其货运量不得重复计算。

(3)按实际质量和实际人数统计的原则。货物运量应按单据上记载的实际质量统计，而不得按计费质量统计。旅客运量也要按行车路单上记载的实际人数统计，对于按公共汽车售票方式的农村班车，由于旅客上下频繁，无法记录行车路单时，则可将客票收入按基本运价折算为人公里，并乘修正系数求得。

(4)按运输单据记载的距离统计的原则。车站因故改道运行或进行循环运输，均应按运单或客票所记载的发站之间的距离计算周转量。因回站压载或循环运输产生的虚耗工作量不得统计为周转量。

下面举几个例子来说明运输量统计原则的具体运用。

【例 3-2-1】 一号汽车载货 4t，运距 50km，行驶 25km 后，车辆发生故障，当由企业派二号汽车接运，任务完成后，二号车又另拉货物 4t 返回企业。试分别计算一号车、二号车的运输量。

解：一号车由于没有将第一批货物拉到目的地，故不统计运输量，二号车则完成货运量 8t，企业共完成周转量为 4 × 50 + 4 × 50 = 400 吨公里。

【例 3-2-2】 采用公共汽车售票方式的农村班车，某天售出客票500张，收入运费160元，基本运价0.05元/人公里，根据抽样调查得修正系数为0.9，则当天的运输量为多少？

解：当天客运量为500人，旅客周转量为160×0.9/0.05 = 2880人公里。

【例 3-2-3】 假设有甲、乙、丙三个点，各点间的距离如图3-2-1所示，甲点亦为车库所在地。现在甲至乙有货物4t，甲至丙有货物4t，同时丙至甲有待运8t重的一台机器。采用循环调度法运营，试计算运输量。

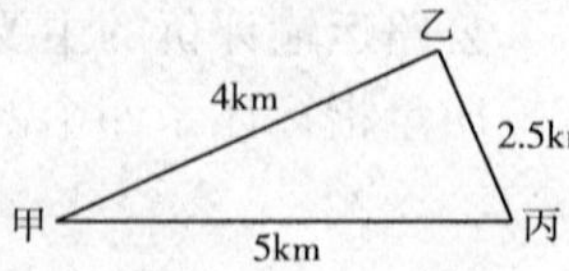

图 3-2-1 循环运输示意图

解：本题可以组织辐射运输，即甲点至乙点派一辆4t的车，去程载运4t，回程空驶。甲点至丙点派一辆8t的车，去程载运4t，返程载运8t。

也可组织循环运输，即派一辆8t的车，同时载运去乙点的4t货物和去丙点的4t货物，从甲点出发到乙点，卸货4t，继续运行，从乙点到达丙点把另外4t货物卸空后，即在丙点装货8t运回甲点。

循环运输效益十分明显：辐射运输，两辆车共行驶18km，其中空车行程4km；循环运输只需一辆车，共行驶11.5km，节约行程6.5km，也没有空驶运行，显然，循环运输组织方式是合理的。

完成运量为 $4 + 4 + 8 = 16(\text{t})$

完成周转量 $4 \times 4 + 4 \times 5 + 8 \times 5 = 76(\text{吨公里})$

二、运输效率指标体系

（一）车辆的时间利用程度

反映车辆时间利用程度的指标有车辆工作率、平均每日出车时间、昼夜时间利用系数，以及出车时间利用系数。

1. 车辆工作率

车辆工作率是指一定时期（年、季、月）内，营运车辆总车日中，工作车日所占的比重。在其他条件不变的情况下，车辆工作率越高，表示车辆的时间利用程度越高。其计算公式为：

$$\text{车辆工作率} = \frac{\text{工作车日}}{\text{总车日}} \times 100\%$$

一辆营运车，不管其技术状况如何，是工作还是停驶，只要在企业保存一天，即计为一个车日。公式中的总车日也称营运车日，是按一定时期（年、季、月）内在用营运车辆的累计。一辆营运车一天（24h）内只要出车工作过，不管其出车工作时间长短、完成运输生产任务多少、是否发生过维护修理、停歇或中途机械故障，均计为一个工作车日。上述公式中的工作车日，按每天参加营运工作的车辆数累计。总车日的构成简示如下：

$$\text{总车日}\begin{cases}\text{完好车日}\begin{cases}\text{工作车日}\\\text{停驶车日}\end{cases}\\\text{非完好车日}\end{cases}$$

完好车日就是车辆处于技术完好状况的车日。全部营运车辆的技术状况，可用车辆完好率指标来衡量。车辆完好率就是完好车日在总车日中所占的比重。计算公式如下：

$$\text{车辆完好率} = \frac{\text{完好车日}}{\text{总车日}} \times 100\%$$

或

$$车辆完好率=\frac{总车日-非完好车日}{总车日}\times 100\%$$

出车工作的营运车辆，必须是技术完好的车辆。车辆技术状况不良，勉强令其出车工作，是导致行车事故和途中抛锚的主要原因之一；同时，对于车辆行驶速度、装载能力的充分利用也有重要影响，还会增加燃料消耗和各种运行材料的耗费，增加驾乘人员的劳动强度。

因此，车辆工作率必然受到车辆完好率的限制。它们之间有如下关系：

$$车辆工作率\leqslant 车辆完好率$$

车辆技术状况良好时，也可能会由于货源不足，轮胎、燃料等供应不及时，以及其他一些原因（非车辆技术状况不良的原因），造成完好车辆停驶待班。停驶车日在总车日中占的比重，称为车辆停驶率。公式表示为：

$$车辆工作率=车辆完好率-车辆停驶率$$

可见，要提高车辆工作率，必须提高车辆完好率，同时降低车辆停驶率。

2. 平均每日出车时间(h)

在车辆工作率一定的情况下，平均每日出车时间（h）越多，表示车辆的时间利用效率越高。

平均每日出车时间可按下列公式计算：

$$平均每日出车时间=\frac{计算期每日出车时间累计}{同期工作车日总数}$$

平均每日出车时间的长短，既与企业规定的工作制度（单班制、双班制等）有关，又在很大程度上决定于运行组织工作水平，并且还受到运输距离和道路通阻及天气等的影响。在实行单班制的工作制度时，理论上的每日出车时间是8h，但实际上由于运行过程中各种客观、主观因素的影响，每日出车时间长短很难准确规定。这在长途货物运输中最为明显。

3. 昼夜时间利用系数

昼夜时间利用系数按下列公式计算：

$$昼夜时间利用系数=\frac{平均每日出车时间(h)}{24(h)}$$

显然，昼夜时间利用系数越高，表示车辆的时间利用越充分。实行多班制或双班制工作制度，是提高昼夜时间利用系数，即提高车辆运用效率的有效措施。实行单班制的情况下，平均每日出车时间一般为8～10h，即昼夜时间利用系数在0.3～0.4。如果为了提高昼夜时间利用系数，过多地延长单班制出车时间，这种方法是不可取的。因为这会增加驾驶员、乘务员的劳动强度，使驾驶员过度疲劳驾驶，可能导致行车事故增加。

4. 出车时间利用系数

营运车辆的出车时间由运行时间和停歇时间两部分构成。其中运行时间是指车辆处于运动行驶状态的时间。它是车辆时间中的有效利用时间。停歇时间则是车辆时间的一种损失。

出车时间利用系数是指运行时间在出车时间中所占的比例。计算公式如下：

$$出车时间利用系数=\frac{运行时间}{出车时间}$$

显然，出车时间利用系数越大，表示车辆时间利用程度越高。提高出车时间利用系数的有效途径（也是唯一途径）就是压缩出车时间中的停歇时间。

上述车辆工作率、平均每日出车时间、昼夜时间利用系数，以及出车时间利用系数四个指标,可从不同角度综合反映车辆时间的利用程度。其中某一项指标的(单独)提高,不一定能保证车辆全部时间的利用程度必然提高。反过来说,每一项指标的降低,都可能表现为车辆时间利用程度的降低,即车辆时间损失的增加,会影响车辆生产率提高。

(二)车辆的速度利用程度

"车辆的速度"是指汽车的设计最高速度,即汽车的速度性能。每辆车制造出厂时都有最高时速可达若干公里的标准。反映车辆的速度利用程度的指标有以下 3 个。

1. 技术速度

技术速度是直接反映汽车设计速度利用程度的指标。技术速度是指营运车辆在运行时间内实际达到的平均行驶速度,即在运行时间内平均每小时运行的公里数。计算单位是"km/h",可按下面的公式计算:

$$技术速度 = \frac{计算期总行程(km)}{同期运行时间(h)}$$

汽车实际运行过程中,其技术速度受多种因素的限制:汽车本身的速度性能,技术状况,新旧程度,道路条件,路政管理,车流密集程度,天气情况,装载情况,拖挂情况,驾驶员操作技术水平高低等。一般情况下,技术速度总会低于设计速度。它们之间的差距大小、技术速度的高低,就表示车辆速度利用的程度。

显然,技术速度越高,车辆的速度利用就越充分。在保证行车安全的前提下,尽量提高技术速度,意味着在相同的运行时间内,可以行驶更多的里程,使旅客或货物移动更远的距离。

但是,也不能片面、盲目地追求高技术速度。过高的技术速度,可能造成行车事故次数的增加,使运输安全性下降,还可能造成燃料消耗的不合理增加,使运输成本提高。

2. 营运速度

营运速度是按出车时间计算的车辆平均时速,即指营运车辆在出车时间内,实际达到的平均行驶速度,也就是从车辆出车开始运行至到达目的地,全程平均每小时行驶的公里数。营运速度的计算公式如下:

$$营运速度 = \frac{计算期总行程(km)}{同期出车时间(h)}$$

营运速度是反映技术速度利用程度的指标。营运速度既受技术速度的限制,又受出车时间利用系数的影响。三者之间的关系如下:

$$营运速度 = 技术速度 \times 出车时间利用系数$$

凡是影响技术速度和出车时间利用系数的因素,同时也是影响营运速度的因素。

营运速度越高,意味着在相同的出车时间内,可以行驶更多的里程,完成更多的运输工作量。对于用户来说,营运速度高具有现实的意义,即可以提高送达速度。送达速度是一个重要的质量指标。它是指运输企业从接受旅客或货物起,至运送旅客或货物到达目的地,并将货物交付给收货人止的速度。对用户来说,送达的速度快,可以节约旅客的旅行时间,减少旅客的旅途疲劳,可以减少货物在途资金占用,加快货物及资金的周转速度和商品流通的速度,具有良好的社会效益。对企业来说,不仅可以提高车辆生产率,而且较高的送达速度有利于提高企业在运输市场中的竞争能力。

3. 平均车日行程

平均车日行程是以"车日"作为时间单位计算综合性速度指标。它是指一定时期内,全部营运车辆平均每个工作车日内行驶的公里数。计量单位为"公里/车日"。平均车日行程可按下述3个公式计算。

$$平均车日行程=\frac{计算机总行程}{同期工作车日}(公里/车日)$$

式中,总行程和工作车日是指计算周期内部营运车辆的总行程和工作车日总数,分别按车按日累计。

$$平均车日行程=平均每日出车时间\times营运速度$$

$$平均车日行程=平均每日出车时间\times出车时间利用系数\times技术速度$$

平均车日行程指标可以综合反映营运车辆在时间和速度两方面的利用程度。

在编制车辆运行计划,确定平均车日行程这一指标的计划值时,应分析计划期内平均每日出车时间、出车时间利用系数、营运速度以及技术速度可能达到的水平,并按上述第2或第3个公式进行测算。

如果以上期平均车日行程到达的实际值为依据,来确定本期平均车日行程的计划值时,必须分析上期平均每日出车时间、技术速度、出车时间利用系数、营运速度这4个指标各自对平均车日行程指标的影响程度,并测算这4个指标在计划期可能发生的变动情况,然后对上期的实际平均车日行程数据,作必要的修正调整。

一般来说,每日出车时间的长短,对平均车日行程的影响较为显著。如果由单班制改为双班制,平均车日行程会成倍提高。

(三)车辆的行程利用程度

营运车辆在一定时期出车工作行驶的公里数,称为总行程,又称总车公里,计量单位为"车公里"。

总行程由载质行程和空驶行程两部分构成。车辆载有旅客或货物行驶的公里数,称为载质行程(亦称重车公里)。载质行程是实现运输生产的有效行程,是总行程的有效利用。车辆完全无载行驶的公里数,称为空驶行程(亦称空车公里)。空驶行程是无效行程,是总行程的浪费和损失。

总行程可按每辆车日行程数累计。也可按下列公式计算:

$$总行程=平均车日行程\times工作车日数$$

还可按下式计算:

$$总行程=平均营运车数\times日历天数\times车辆工作率\times平均车日行程$$

车辆的行程利用,就是指总行程的利用。反映总行程利用程度的指标主要是行程利用率。

行程利用率是指总行程中,载质行程所占的比重。其计算公式如下:

$$行程利用率=\frac{载质行程(重车公里)}{总行程(总车公里)}\times100\%$$

或

$$行程利用率=\frac{总行程-空驶行程}{总行程}\times100\%$$

【例3-2-4】 某市汽车运输公司1999年平均营运车数为100辆,车辆工作率为80%,平均车日行程200km。由此可计算该公司1999年工作车日数为

$$100\times80\%\times365=29.200(车日)$$

$$总行程=200\times29.200=584000(车公里)$$

也可直接按计算总行程的第2个公式算出总行程 $=100\times365\times80\%\times200=584000$(车公

里）。

假定该公司1999年空驶行程为1985600车公里，于是又可算出该公司1999年行程利用率为：

$$\frac{5840000-1985600}{5840000}\times 100\% =66\%$$

行程利用率是一个重要指标。行程利用率的高低直接影响车辆生产率的高低，而且对经济效益有重要影响。

行程利用率受客流量、货流量在时间上和空间上分布不均衡，以及车辆运行调度等多种主、客观因素的影响。

编制运输生产计划时，通常要先确定行程利用率，然后再计算载质行程。载质行程的计算公式为：

$$载质行程=总行程\times 行程利用率$$

确定行程利用率的计划值时，一般以上期实际达到的行程利用率指标值为参考依据，并通过预测分析计划期客流量和货流量在时间和空间上的分布的均衡程度，测算确定。

（四）车辆载质能力的利用程度

营运车辆的载质能力就是指车辆的额定载货质量（吨数）或额定载客量（旅客人数）。表示车辆载质能力的指标是车辆额定吨位或额定座位数。反映车辆载质能力利用程度的最重要的指标是吨（座）位利用率。

1. 吨（座）位利用率

吨（座）位利用率的计算方法有两种。

（1）按一辆营运车的一个运次（班次），来考察其载质能力利用程度，即“静态”的吨（座）位利用率。其计算公式如下：

$$吨（座）位利用率=\frac{实际载质（客）量}{额定载质（客）量}\times 100\%$$

【例3-2-5】 某额定吨位为6t的货车某运次实际装载货物5.4t；某额定座位为45座的客车某班次实际载客43人。则这两辆营运车的载质能力利用程度分别为：

货车 $$吨位利用率=\frac{5.4}{6}\times 100\% =90\%$$

客车 $$座位利用率=\frac{43}{45}\times 100\% =95.6\%$$

即两车分别有10%和4.4%的载质能力未被利用而浪费掉了。

（2）按全部营运车辆一定时期内的全部运次，综合考察其载质能力利用程度，即“动态”的（平均的）吨（座）位利用率，按下述公式计算：

$$吨（座）位利用率=\frac{计算期换算周转量}{同期载质行程载质量}\times 100\%$$

式中，换算周转量是将载客或载货周转量按“10人公里＝1吨公里”的比例，换算成同一的计量单位。例如，在计算营运货车的吨位利用率时，货车附载旅客所完成的旅客周转量应换算为吨公里。在计算客车的座位利用率时，应将客车附载货物所完成的货物周转量换算成人公里。

式中，载质行程载质量，亦称“重车吨位公里”和“重车位公里”。其计算单位是：货车为“吨位公里”，客车为“座位公里”。载质行程载质量［重车吨（座）位公里］，是指一定时期内全部营运车辆的载质行程载质量“总数”，是按每一辆营运车的“载质行程”(重车公里)与其“额定吨(座)位”的乘积累计的“合计数”。其计算公式可表述如下：

$$载质行程载质量 = \sum[载质行程 \times 额定吨(座)位]$$

【例3-2-6】 9月份，A车(额定吨位为5t)总行程为6400km，其中载质行程(重车公里)4460km，共完成货物周转量22160吨公里；B车(额定吨位为5t)，总行程为6000km，其中载质行程(重车公里)4200km，共完成货物周转量18160吨公里；C车(额定吨位为6t)，总行程为6000km，其中载质行程(重车公里)3600km，共完成货物周转量22360吨公里。据此，可求得A、B、C三车9月份的载质行程载质量(重车吨位公里)为：

$$4460 \times 5 + 4200 \times 5 + 3600 \times 6 = 64900(吨位公里)$$

载质行程载质量，表示全部营运车辆载质行驶时的载质能力。其含义是，载质运行的全部车辆在满载时能够完成的运输工作量(吨公里或人公里)。

【例3-2-7】 上述A、B、C三车，9月份重车行程载质量为64900吨位公里。即意味着：如果A、B、C三车，每次载质行驶时都照额定吨位装满货物，就能够完成货物周转量64900吨公里。

然而，实际上A、B、C三车只完成了货物周转量22160 + 18160 + 21360 = 61680吨公里。说明其载质能力没有被充分利用。按前述公式可计算其吨位利用率为：

$$吨位利用率 = \frac{61680}{64900} \times 100\% = 95\%$$

这种按一定时期内的“载质行程载质量”计算的吨位(座位)利用率，又称“载质行程载质量利用率”。考核企业营运车辆载质能力利用程度，一般都是考核全部营运车辆的。因此，本书中所称的吨位(座位)利用率，在没有特殊说明的情况下，均是指这种按“载质行程载质量”计算的吨位(座位)利用率。

2. 实载率

实载率是按全部营运车辆一定时期内的“总行程”计算的载质能力利用程度指标。其计算公式如下：

$$实载率 = \frac{计算期换算周转量}{同期总行程载质量} \times 100\%$$

式中，总行程载质量，亦称“总车吨位公里”和“总车座位公里”。其计量单位：货车为“吨位公里”，客车为“座位公里”。总行程载质量[总车吨(座)位公里]，是指一定时期内全部营运车的总行程载质量“总数”，按各辆营运车的“总行程”与其“额定吨(座)位”乘积累计计算。计算公式为：

$$总行程载质量 = \sum[总行程 \times 额定吨(座)位]$$

【例3-2-8】 上例中A、B、C三车9月份总行程载质量 = 6400 × 5 + 6300 × 5 + 6000 × 6 = 99500(吨位公里)。

总行程载质量[总车吨(座)位公里]，表示全部营运车总行程的载质能力。其含义是，一定时期内全部营运车辆行驶的总里程，在车辆满载的条件下，可能完成的最大运输工作量(吨公里或人公里)。

【例3-2-9】 上例中A、B、C三车9月份总行程载质量为99500吨位公里。也就是说，如果总行程中的每1km，都按各车的额定吨位装满货物运行，能够完成的最大运输工作量为99500吨公里。

实际上，A、B、C 三车 9 月份只完成了货物周转量 61680 吨公里，说明其载质能力没有得到充分的利用。按上述实载率公式计算，其载质能力利用程度是：

$$实载率 = \frac{61680}{99500} \times 100\% = 62\%$$

实载率也称“总行程载质量利用率”。因为总行程载质量的含义是总行程最大可能完成的周转量，所以，实载率的含义就是，总行程实际完成的周转量与总行程最大可能完成的周转量之比值。实载率可以综合反映车辆的行程利用程度和载质能力的利用程度。在汽车运输企业全部营运车辆额定吨位（或座位）都相同的条件下，实载率可按下述公式计算：

$$实载率 = 行程利用率 \times 吨（座）位利用率$$

【例 3-2-10】 上述 A、B、C 三车中，A、B 两车的额定吨位相同，即以 A、B 两车 9 月份数据资料计算，说明如下：

先按总行程载质量计算 A、B 两车 9 月份的实载率：

$$总行程载质量 = 6400 \times 5 + 6300 \times 5 = 63500（吨位公里）$$

$$实际共完成周转量 = 22160 + 18160 = 40320（吨位公里）$$

于是，求得

完成周转量为 40320 吨位公里。

$$A、B 两车实载率 = \frac{完成周转量}{总行程载质量} \times 100\% = \frac{40320}{63500} \times 100\% = 63.5\%$$

再按行程利用率和吨位利用率计算该两车 9 月份的实载率：

$$行程利用率 = \frac{载质行程}{总行程} \times 100\% = \frac{4460 + 4200}{6400 + 6300} \times 100\% = 68.2\%$$

$$吨位利用率 = \frac{完成周转量}{载质行程载质量} \times 100\% = \frac{22160 + 18160}{4460 \times 5 + 4200 \times 5} \times 100\% = 91.3\%$$

于是求得

$$实载率 = 行程利用率 \times 吨位利用率 = 68.2\% \times 93.1\% = 63.5\%$$

可见，两种方法计算的结果一致。

需要强调的是，如果全部营运车的额定吨位不相同时，按行程利用率和吨位利用率计算的实载率，只是近似值，是不准确的。

【例 3-2-11】 上述 A、B、C 三车中，A、B 两车的额定吨位为 5t，C 车额定吨位为 6t。前面已算出准确的实载率为 62%。现计算三车的：

$$换算周转量 = 61680（吨位公里）$$

$$吨位利用率 = \frac{换算周转量}{载质行程载质量} \times 100\% = \frac{61680}{64900} \times 100\% = 95\%$$

$$行程利用率 = \frac{载质行程}{总行程} \times 100\% = \frac{4460 + 4200 + 3600}{6400 + 6300 + 6000} \times 100\% = 65.6\%$$

再按实载率 = 吨位利用率 × 行程利用率计算三车的：

$$实载率 = 95\% \times 65.6\% = 62.32\%$$

可见，该计算值比准确的数据 62% 高 0.32%。

实载率虽然能够综合反映车辆行程和载质能力的利用程度，但不应在组织运输生产过程时以实载率代替行程利用率和吨（座）位利用率。分析车辆生产率诸影响因素的影响程度时，也应对行程利用率代替行程利用率和吨（座）位利用率分别进行分析。这是因为这两个指标所反映的问题和性质不同，对组织运输生产各有不同的要求。以实载率代替行程利用率和（座）位利用率，将使问题的实质反映不出来。

【例 3-2-12】 设有甲、乙、丙、丁 4 个车组，它们各自的实际行程利用率和吨位利用率见表 3-2-1。

表 3-2-1

组　别	行程利用率(%)	吨位利用率(%)	实载率(%)
甲	87.5	96	84
乙	70.0	120	84
丙	52.5	160	84
丁	42.0	200	84

单就实载率而言，4 个车组都是 84%。但从行程利用率和吨位利用率两个指标看，情况就大不相同。假如 4 个车组的货车都是 5 个吨位的，则各组车辆平均每次装载的货物，甲、乙、丙、丁 4 组顺次是 4.8t、6t、8t、10t。据此作出评价：甲组的运输生产组织工作正常；乙组有违章超载现象，但不严重；丙组严重违章超载；丁组则更严重。5t 的车辆经常、长期超载 3t 甚至 5t，无法保障车辆安全运行和车辆机件不遭损伤。另一方面（特别是丁组），车辆运行中，有 58% 的行程是空驶的，浪费了大量的运行费用。如果只看实载率，这些情况就被掩盖了。

（五）车辆拖挂能力的利用程度

一般大中型汽车具有一定的拖挂能力，即汽车自身可以转载客货运行，还能够拖带一辆或多辆挂车装载客货运行。汽车拖带挂车，可以有效地提高车辆生产率，降低运输成本，增加经济效益。

在公路汽车运输中，考虑到旅客乘车的安全性和乘坐舒适性，营运客车一般不拖带挂车。营运货车以一车一挂为宜。

我国规定，汽车拖带挂车，挂车完成的货物周转量并入汽车计算。“车吨产量”只按汽车的额定吨位计算。为此，设置“拖挂率”指标来反映营运车辆的拖挂能力和利用程度。

拖运率是指汽车和拖带的挂车合计完成的货物周转量中，挂车完成的周转量所占的比重。计算公式如下：

$$拖运率 = \frac{挂车周转量}{汽车周转量 + 挂车周转量} \times 100\%$$

【例 3-2-13】 某汽车运输公司 1999 年挂车完成货物周转量为 26450000 吨公里，汽车本身完成货物周转量 42456000 吨公里。据此可计算该公司 1999 年：

$$拖运率 = \frac{26450000}{42456000 + 26450000} \times 100\% = 38.4\%$$

为了保证营运车辆的运行安全，挂车载货量不得超过拖带它的汽车的载货量。因此，拖运率的最高值不可能超过 50%。

由于挂车本身无动力，不能独立运行，其运行依附于汽车。因此编制运输生产计划时，可按下式算出挂车周转量计划值：

$$挂车周转量 = \frac{汽车周转量 \times 拖运率}{1 - 拖运率}$$

【例 3-2-14】 假设已确定拖运率计划值为 34%，汽车周转量计划值为 19961020 吨公里。

则可计算出挂车的周转量计划值为：

$$\frac{19961 \times 34\%}{1-34\%}=10282950(\text{吨公里})$$

（六）车辆生产率与汽车运用效率指标之间的相互关系

车辆的时间利用程度、速度利用程度、行程利用程度、载重能力利用程度，以及拖挂能力利用程度这五个因素对车辆生产率有重大影响，这五个因素之间的关系，以及五个因素与车辆生产率的各种指标之间的关系，见图 3-2-2 和图 3-2-3。

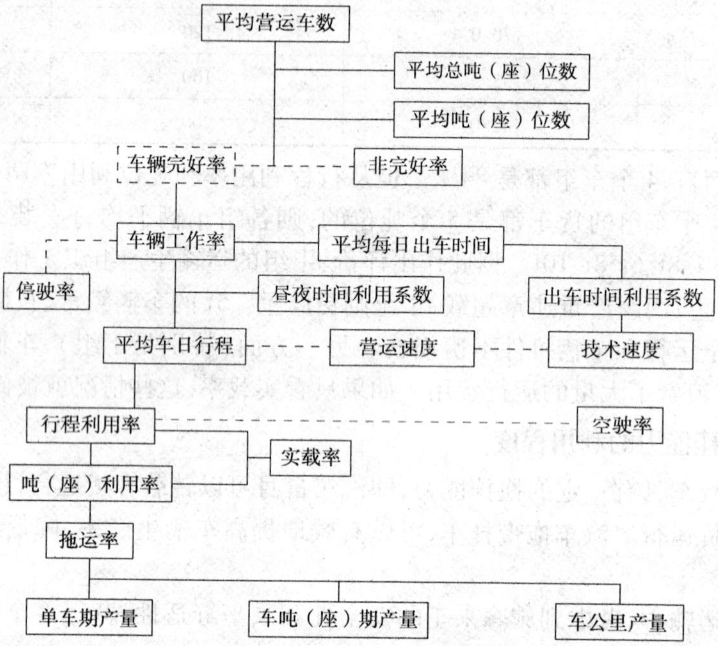

图 3-2-2　五个因素之间的关系

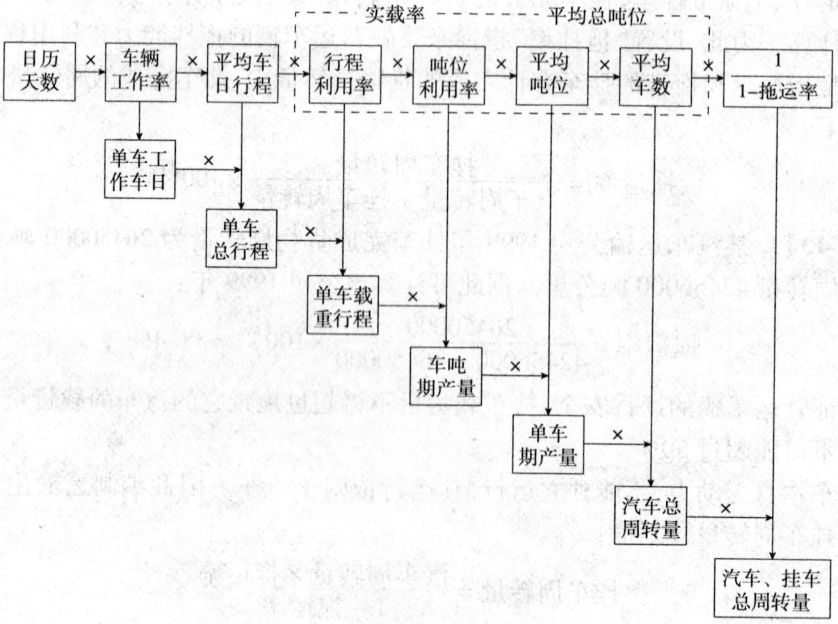

图 3-2-3　五个因素与车辆生产率各种指标间的关系

三、运输消耗指标体系

(1)平均百车公里消耗量(kL/百车公里)=实际消耗量×100/总车公里;

(2)平均百吨公里消耗量(L/百吨公里)=实际消耗量×100/自载和拖带的换算周转量;

(3)节(亏)油量=实际消耗量-按定额计算的燃料应消耗量;

(4)节(亏)油率=节(亏)油量×100/按定额计算的燃料应消耗量。

【例3-2-15】 已知某汽运公司有车辆10辆,该公司燃油定额采用百车公里附加百吨公里的定额方式,定额见表3-2-2。

表3-2-2

项目	百车公里(L)	百吨公里(L)	道路附加系数
东风单车	25	1.5	1.03

该公司10辆车的行车载货情况见表3-2-3。

表3-2-3

车号	行驶车公里(km)	换算周转量(吨公里)	实耗油数(kL)
1	3017	23248	1008
2	3187	20558	1180
3	2680	17049	930
4	1884	12975	1080
5	3455	17866	1226
6	1882	14563	875
7	2626	15521	1165
8	3134	26929	1514
9	3032	15752	1113
10	2092	12034	1165
合计	26989	176495	11256

试计算各车及整个车队的应耗油和节(亏)油数?

解:以1号车为例,该车按百车公里定额考核应耗油=3017×25/100=754.25(kL)

按百吨公里定额考核应耗油=23248×1.5/100=348.72(kL)

综合考核后,应耗油=(754.25+348.72)×1.03=1136.07(kL)

节(亏)油数=实耗油数-应耗油数=1008-1136.07=-128.07(kL)

依此类推,其他各车的应耗油和节(亏)油数分别见表3-2-4。

表3-2-4

车号	行驶车公里(km)	换算周转量(吨公里)	实耗油数(kL)	按百车公里考核的应耗油数(kL)	按百吨公里考核的应耗油数(kL)	应耗量(kL)	节(亏)油数(kL)
1	3017	23248	1008	754.25	348.72	1136.07	-128.07
2	3187	20558	1180	796.75	308.37	1138.28	41.72
3	2680	17049	930	670	255.74	953.50	-23.5

续上表

车号	行驶车公里（km）	换算周转量（吨公里）	实耗油数（kL）	按百车公里考核的应耗油数（kL）	按百吨公里考核的应耗油数（kL）	应耗量（kL）	节（亏）油数（kL）
4	1884	12975	1080	471	194.63	685.59	394.41
5	3455	17866	1226	863.75	267.99	1165.70	60.30
6	1882	14563	875	470.5	218.45	709.61	165.39
7	2626	15521	1165	656.5	232.82	916	249
8	3134	26929	1514	783.5	403.94	1223.06	290.94
9	3032	15752	1113	758	236.28	1024.11	88.89
10	2092	12034	1165	523	180.51	724.62	440.38
合计	26989	176495	11256	6747.25	2647.45	9676.04	1519.46

四、运输质量指标体系

(一)万车公里死亡(伤)人数

万车公里死亡(伤)人数 = 死亡(伤)总人数 × 10000/总车公里

在交通事故统计中,死亡、重伤、轻伤应由相关部门签定,并出具相关证明材料。

死亡是指因交通事故当场死亡或伤后7天内抢救无效死亡的。

重伤是指有下列情况之一者:

(1)经医生诊断成为残废者,或可能成为残废者;

(2)伤势严重,需要进行较大手术才能挽救的;

(3)人身要害部位严重烧伤烫伤,或虽非要害部位,但烧伤烫伤占全身面积1/3以上的;

(4)严重骨折(胸骨、肋骨、脊椎骨、肩胛骨、腕骨、腿骨和脚骨等因受伤引起骨折),严重脑震荡等;

(5)眼部受伤较剧,有失明的可能;

(6)手部受伤:大拇指轧断一节;食指、中指、无名指、小指任何一只轧断两节;任何两只轧断一节;局部肌腱受伤甚剧,引起机能障碍,有不能自由伸屈的残疾可能的;

(7)腿部受伤:脚趾轧断三只以上的;局部肌腱受伤甚剧,引起机能障碍,有不能行走自如的残疾可能的;

(8)内部伤害:内脏损伤、内出血或伤腹膜等。

轻伤是指表皮挫裂、皮下溢血、轻度脑震荡等情况。

(二)事故频率

事故频率 = 事故次数 × 10000/总车公里

根据人身伤亡或者财产损失的程度和数额,交通事故分为轻微事故、一般事故、重大事故和特大事故。

1. 轻微事故

轻微事故是指一次交通事故造成轻伤1~2人;或财产损失:机动车事故损失折款在1000元以下,非机动车事故损失折款在200元以下的。

2. 一般事故

一般事故是指一次交通事故造成重伤 1 ~ 2 人;或轻伤 3 人及 3 人以上;或财产损失在 3 万元以下的。

3. 重大事故

重大事故是指一次交通事故造成死亡 1 ~ 2 人;或重伤 3 ~ 10 人;或财产损失在 3 万元以下不足 6 万元的。

4. 特大事故

特大事故是指一次交通事故造成死亡 3 人以上;或重伤 11 人以上;或死亡 1 人,同时重伤 8 人以上;或死亡 2 人,同时重伤 5 人以上;或财产损失 6 万元以上的。

财产损失是指交通事故造成的车辆、财物直接损失折款,不含现场抢救(险)、人身伤亡善后处理的费用,也不含停工、停产、停业等造成的间接财产损失。

【例 3-2-16】 李某酒后驾车遇情况采取措施不当,致使车辆冲出路外,将一高压电杆撞倒,造成损失如下:李某自身的医疗费 1200 元,车辆维修费 5720 元,电杆及线路维修费 11600 元,工厂停电停产损失 35000 余元。有人据此认为,李某违法肇事,虽然只造成轻伤,但经济损失达 5 万余元,属重大事故,除给予罚款外,还应吊销其机动车驾驶证。经申诉,最后裁定,此次事故的财产损失为 17320 元,属于一般事故,因此,不能吊销而只能吊扣其机动车驾驶证。

(三)货运赔偿率

货运赔偿率 = 货损货差赔偿金额/货运营业总收入

(四)班车正点率

班车正点率 = 正点班次/全部总班次

第三节 公路客运管理

一、公路旅客运输的概念及分类

公路旅客运输是人们借助一定的运输工具,通过公路实现空间位移的有目的的活动。借助运输工具实现位移目的的"人们"被称之为旅客或乘客,是公路客运的服务对象,公路运输工具有汽车、其他机动车和非机动车,但通常是指汽车旅客运输。

公路客运是现代交通运输体系中的一个重要组成部分,与其他运输方式的客运相比,其具有服务网络密度大、道路适应性强、组织方式灵活、旅客出行经济方便、起始投资较少等优点,但在安全性、及时性、舒适性方面以及行业服务环境和行风管理方面还需进一步改进。

为了满足社会对客运质和量的各种不同的需求,公路运输业分工逐步细化,并迅速发展成为满足不同需求,各具特点的多种营运方式。多种营运方式的分工配合与衔接,构成了公路旅客运输网络。科学划分营运方式类别并掌握其特点,是建设公路运输网,进行科学运输组织和科学管理的基础。

公路旅客运输营运方式一般有开行班车、包车运输、旅游客车、旅客联运四种。此外,还有个体客运的大型客车、中型客车、出租车等运输方式作为补充。

公路旅客运输营运车辆即营运载客汽车是指持有本籍营业性道路运输证的载客汽车。

大型客车是指横排(不包括通道)可以装置 4 个及 4 个以上座位,且座位总数为 31 座及以上的客车。

中型客车是指横排(包括通道的可折式座椅)最多只能装置4个座位,座位总数为16~30座的客车。

小型客车是指横排最多只能装置3个座位,座位总数为15座及以下的客车(包括轿车)。

中级客车是指比同类普通客车座位少,舒适性好,备有高靠背和宽、软座椅,寒冷地区有暖气设备的客车。中级大客车座椅横排列形式为"2+2"或"2+2+1(加座)",座位前后间距680~720mm,寒冷地区装有暖气设备,功率大于或等于8kW·h。中级中型和小型客车应具有单空调和音响设备。

高级客车是指舒适性高、密封性好,具有高级座椅,有空调、音响等设备的客车。高级大客车座椅横排排列形式为"2+2",座位前后间距应大于720mm,可调式高级软座椅,装有双空调,高级音响设备,功率大于或等于10kW·h。高级中型和小型客车均具有双空调和音响设备。

班车客运客车是指持有班车客运营运证,用于班车客运经营的汽车。

旅游客车是指持有旅游客运营运证,用于旅游客运经营的汽车。

出租客车是指持有出租客运营运证,用于出租客运经营的汽车。

营运客车的客位是指标记客位。卧铺客车的一个铺位等同于一个普通客车的客位。

二、客运管理要求

为加强道路旅客运输管理,促进道路旅客运输事业发展,满足人民群众的旅行需要,维护道路旅客运输秩序,保护旅客及运输经营者的合法权益,道路运政管理部门必须对道路客运依法进行管理。

县级以上人民政府的交通行政主管部门,管理本行政区域内道路客运事业。县级以上交通行政主管部门应当采取有效措施,做好本行政区域内旅客运输的组织、协调工作,确保旅客运输的安全畅通。公安、城建、工商行政管理、物价等部门,按照职责分工,各司其职,协同交通行政主管部门做好道路客运管理工作。

凡从事营业性道路旅客运输及旅客运输辅助业(以下简称道路客运)的单位或个人,包括城市公共交通车辆超出市郊经营道路范围的长途客运的,应当履行法定义务,按照有关规定,提供优质服务,其合法权益受法律保护。

(一)开业、停业、歇业管理

1. 开业

道路客运经营实行许可证制度。申请从事道路客运的单位或个人,应当符合国家规定的道路客运业户开业技术经济条件,并按照下列规定办理开业手续。

(1)开业申请。开业管理区分长期营业性运输管理和临时(不超过3个月)运输管理。凡申请从事长期营业性公路运输及运输服务的单位,必须持主管单位的证明,个体联户持居住地乡级以上人民政府的证明,向当地县级以上交通主管部门提出开业申请,领取"公路运输业开业申请表",逐项填写后,由交通行政主管部门根据道路运输规划、道路客运市场需要、国家规定的道路客运业户开业技术经济条件,对申请进行审查,经审查符合条件的,发给《道路运输经营许可证》。

(2)工商登记。申请人持运管部门核发的经营许可证,按照审批权限,向相应级别的工商行政管理机关办理工商登记,领取工商营业执照。

(3)税务登记。申请人持经营许可证、工商营业执照,向所在地税务机关办理税务登记,领取税务登记证。

(4)办理保险。除自理风险的企业外,申请人还应向中国人民保险公司投保第三者责任险和旅客意外伤害保险。

(5)办理营运车辆手续。申请人在购买营运客车前要提出购车申请,经批准才能购买。客车要经过运管部门检验,符合营运要求,有车辆管理机关核发的牌证,并办好经营许可证和工商、税务、保险等手续后,持《道路运输经营许可证》、《营业执照》到当地交通行政主管部门注册登记,办理营运手续。由运管部门发给公路运输营运证。

临时营业性公路运输是指从事非营业性运输的单位和个人临时转向营业性运输,有关单位和个人应持当地乡级以上人民政府或主管单位证明向县级以上交通主管部门提出申请,经审查发给临时营运证,即可经营。

(6)变更。从事道路客运经营者需要办理过户、变更经营范围、车辆更新的,必须经交通行政主管部门批准,并办理有关手续。

2. 停业

凡已取得公路运输经营许可证和营业执照的单位和个人需要停止营业性运输时,应当提前30日向当地交通主管部门和工商行政管理部门提出申请,经审查同意,缴销营运证和营业证牌,办理报停手续后,方可停业。

3. 歇业

从事道路客运经营者歇业,应当提前30日向交通行政主管部门提出申请,对不妨碍社会性公共利益的,交通行政主管部门应予批准,并在客运站(场)公告。歇业者应交回经营许可证、营运证牌和经营票据。

4. 年审

交通行政主管部门对从事道路客运经营者的经营资格、经营范围和经营行为实行年度审验。经审验合格的,方可继续经营。

(二)线路和班次管理

按照交通运输部的规定,各省为理顺客运秩序,对客运线路、班次的申报与审批都制订了一些管理办法。凡开辟、新增、延伸、变更、停运客运线路、班次,都必须申报,批准后方可实施。对道路客运线路、班次的管理,应当遵守宏观调控,协调发展,车籍始发,面向农村和山区,方便旅客的原则,保护正当竞争。

1. 道路客运班线、班次相关名词

客运班线条数:指已开通班车客运线路的数量。

客运班线里程:指已开通班车客运的线路里程,按所有班车客运开通线路累计计算。

一类班线:是指营运距离在800km以上的班线,也叫一类班车客运。

二类班线:是指营运距离在400km以上的班线,也叫二类班车客运。

三类班线:是指营运距离在150km以上的班线,也叫三类班车客运。

四类班线:是指营运距离在150km以下的班线,也叫四类班车客运。

日发班次:是指报告期内平均每日发出的班次。

跨省班线:是指起讫点在不同省内或起讫点虽在同一省但穿越其他省的班线。

跨地(市)班线:是指起讫点在不同地(市)内或起讫点虽在同一地(市)内但穿越其他地(市)的班线。

地(市)内班线:是指整条班线均在同一地(市)内的班线。

县内班线:是指始发站和终点站在同一个县(包括县级市)内的营运线路。

2. 线路审批

凡申请经营道路客运班线的业户,取得开业资格后,到车籍所在地交通行政主管部门,申请填报《客运线路和班次审批表》。

(1)县(市)行政区域内线路、班次由县(市)交通行政主管部门批准。

(2)市、地行政区域内跨县(市)线路、班次,经起止点双方县(市)交通行政主管部门协商审核同意后,由市、地交通行政主管部门批准。

(3)本省行政区域内跨市、地线路、班次,经起止点县(市)、地交通行政主管部门协商审核同意后,报省交通行政主管部门批准。

(4)申请从事省际客运的经营者,应向当地县级以上运政管理机关提出书面申请,运政管理机关逐级审核上报至省级运政管理机关。再由省级运政管理机关与终到地所在省的省级运政管理机关以及停靠补充客源省的省级运政管理机关协商审批,并报交通运输部备案。

(三)证牌管理

1. 公路运输经营许可证和营运证

公路运输经营许可证和公路运输营运证,由交通运输部统一制定格式,省、自治区、直辖市公路运政管理部门负责印刷、发放和管理。

公路运输经营许可证是经营公路运输经营者的经营资格凭证。经批准的公路旅客运输经营者,由运管部门发给经营许可证,一个经营者(企业、个体联户)一证,并在经营许可证的经营范围或经营项目栏明确规定具体的范围或项目,如公路班客运、汽车客运站等。

公路运输营运证是经营许可证的副本,是营运车辆合法经营的凭证,又是营运车辆技术考核、费收和奖惩的记录。营运证由车籍所在地运管部门核发,注册营运客车一车一证,随车携带。

2. 客票

客票是旅客乘车、托运行李和享受旅客待遇的凭证。旅客购买了客票就意味着与经营者订立了运输合同,双方依法承担权利和义务。同时,客票也是检查运价执行情况、处理商务事故,计征税费和统计旅客运输量的重要依据。目前全国统一的客票共有五种类型。

(1)固定客票,属常规客票,起止站点固定的班线可以使用。

(2)定额客票,是固定客票的补充票种,在新辟线路、增设新站、车上售票以及固定客票供应不上时使用。

(3)补充客票,也是固定客票的补充票种,按面额大小的特点分为甲、乙两种,可以在新辟线路车上固定客票和定额客票还未准备和不便使用的等情况下使用。

(4)客运包车票,为客运包车专用票。

(5)旅游客票,是为旅客至游览地乘车、食宿时收包干费用的票种。

3. 统一行车路单

统一行车路单是公路运输队的调度命令,是记录车辆运行的原始凭证,也是公路运管部门考核车辆运用情况和进行行业统计的重要依据。凡从事营业性客运的车辆,均应按规定使用统一的客运行车路单。

路单的功能有以下几个方面:一是检查运输车辆执行运输政策和法规的依据;二是检查处理商务的根据;三是运输企业调度车辆运行作业的重要凭证;四是检查考核运输生产、油料消耗和进行运输队统计的原始资料。

4. 班车线路牌

省际及跨市(地)道路营运线路牌,由省交通行政主管部门统一制作、编号和管理;市、地行政区域跨县(市)和县(市)行政区域内营运线路牌由市、地交通行政主管部门按照省交通行政主管部门规定的式样统一制作、编号和管理。

客运线路牌的发放,属于交通专业运输企业的,按照批准的班次发放,其他车辆均按车发放,一车一牌。

交通专业运输企业的营运客车,可在本企业经批准的客运线路、班次范围内,循环运营,其他营运客车只限一车一线,定线经营。

公路旅客运输单证的使用贯穿于客运经营的全过程,是客运稽查和监督检查工作的重点。为了有效地发挥道路旅客运输单证在行业管理中的作用,建立和维护公路客运的良好秩序,端正行业作风,防止发生私印、倒卖及不按规定使用等问题,必须重视和加强客票的管理。交通运输部确定了客运单证印制、使用、管理的基本原则和方法。各地运管机构必须抓住单证的"印、领、用、存"等环节,健全客运票证的管理制度。

客运票证的规格式样及印制实行分级管理。公路运输经营许可证、营运证、客运行车路单、固定客票、定额客票、补充客票、客运包车票、旅游客票、旅游客票、行包票、省际客运线路牌由交通运输部统一制定格式,省级交通主管部门按照交通运输部统一规定的格式负责印制发放和管理;小额客票由省级交通主管部门制定格式并负责印制、发放和管理;出租汽车客票和其他一些客运杂费收据可由省级交通部门制定格式,由省或地市交通主管部门印制发放和管理。规定给哪一级的权限就由哪一级去做,下级主管部门不能越权。经过批准,大中型全民所有制交通运输骨干企业可以按规定格式自印自用的客票。印制单证时不能随意变更客票格式,如需变动,须经原制定机关批准。印制单证要选择内部管理制度健全的印刷厂定点印制按规定套印运管部门的专用章,套印时应有人监印。

根据业务需要,运管部门内部要建立相应机构或设置专人管理单证,建立岗位责任制,做好客运单证的印制、验收、入库、指导和帮助经营者建立客票的领用管理制度,以保证客票能按用途正确使用,减少使用中的漏洞。

在建立客运单证管理制度的同时,还要加强客运单证的稽核,发现问题及时解决。只有不断地完善和严格执行客票管理制度,加强单证制发、使用、管理和监督,才能强化和发挥单证的管理手段作用。

(四)营运管理

1. 悬挂标志

经营者必须随车携带道路运输证和按规定营运线路牌、标志牌,禁止伪造、涂改和转卖、转借。客运班车、旅游客车、客运包车、加班客车,应在前风窗玻璃右侧内装置营运线路牌或标志牌,定线客运班车还应在车内悬挂其经营范围的里程标价表。

2. 运行规则

运行道路客运班车和定点、定期旅游客车应在交通行政主管部门核准的站(场)载客,并按批准的线路、班次及规定的发车时间发车,未经批准,不得变更线路、班次和站点,不得脱班、晚点;客运包车应当凭包车预约书,向车籍所在地交通行政主管部门领取全省统一的包车标志牌;非定点、定期的旅游客运,须经当地县级以上交通行政主管部门批准,并领取全省统一的旅游客运标志牌和旅游客票;旅游客车、客运包车运行途中不得售票或上下旅客。不得以旅游客车、客运包车的名义开行客运班车。

3. 客票管理

道路客运经营者应当依法经营，不得以不正当手段揽客、欺行霸市、干扰他人正常经营；必须执行由省交通行政主管部门和省物价主管部门核定的客运运价，实行明码标价，挂牌经营，不得随意提高运价；必须使用省税务部门和省交通行政主管部门制定或批准的统一客票，禁止涂改、伪造、倒卖和转让客票。

客运车票是道路旅客运输合同成立的凭证，道路客运经营者应当根据旅客支付的票款，即时交付旅客相应的车票，并按客票标明的车次、时间、地点运送旅客，严禁中途甩客、随意更换车辆或将旅客倒转他人运送。

驾乘人员对无票乘车、持无效车票或者超程乘车者，除令其补足票款外，可按照有关规定加收票款。

道路客运经营者由于自身的过错，造成旅客漏乘、误乘的，应及时安排旅客改乘，或向旅客退还全部票款。

4. 安全驾驶

营运客车应保持车辆性能良好，设施齐全，车容整洁，接受车辆综合性能检测，严格执行安全规定。

运营里程在400km以上的班车在行驶途中必须配备两名驾驶员。

营运客车载客数量，必须符合国家交通行政主管部门的有关规定。

因行车事故和其他营运事故，造成旅客人身伤害或托运人行李灭失、损坏、错运的，经营者应当依照有关法律、法规的规定承担赔偿责任。

驾驶员营运时应当遵守下列规定：

(1)经过专门培训，并持有交通行政主管部门核发的培训合格证，持证上岗；

(2)遵守操作规程，做好车辆安全检查；

(3)按批准站点进站经营，服从客运站管理人员的指挥；

(4)遇非常情况或发生事故，应尽快呼救，抢救伤员，保护现场；

(5)文明驾驶，安全行车。

旅客进站乘车，不得携带易燃、易爆、危险品，并接受公安机关、交通行政区主管部门及站(乘)务人员对易燃、易爆、危险品的检查，被查出的须予以没收，由公安机关负责处理。

从事道路客运的驾乘人员，应当维护车内秩序，积极与各种犯罪行为作斗争，保护旅客的人身、财产安全。县级以上交通行政主管部门应当负责监督执行道路旅客运输规则，依法维护客运市场秩序，确保安全运输。

三、客运站管理

(一)客运站的功能与分类

道路客运站是集散旅客、停放车辆、直接为旅客及客运经营者服务的场所，是道路客运网络的节点，在道路客运中起着“门市部”的作用。它具有集散旅客、保障运转、传递信息、后勤补给等基本功能。

客运站有如下几种不同的分类。

(1)按产权隶属关系，可分为公用型车站、自用站、共用站、代办站和招呼站台。

①公用型车站。公用型车站是指向社会开放，自主经营，不隶属于某一个运输企业，本身无从事营运的自备客车，专门为各部门、各种经济成分的客运经营者提供服务的车站。包括新

建的公用型车站、客运服务中心，以及实行“站运分设”后从运输企业分离出来的独立的运输服务经营单位。

②自用站。自用站是指隶属于运输企业，专门为自有和与本企业对开的客车办理客运业务的车站。车站称自办站。

③共用站。共用站有两种形式，一种是运输企业的自用站对外开放，既为本企业服务，又为社会提供站务服务；另一种是运输企业间采取合资、集资等方式兴办的为出资者方客运提供站务服务的车站。

④代办站。代办站是指受公用站、自办站或其他组织的委托办理客运业务的车站。一般设在客运班车途经的村镇，设施较为简陋。

⑤招呼站。招呼站也称停靠站，是供乘短途班车的旅客上下车而在客运线路旁设置的班车停靠点。一般只设站牌和候车亭，供旅客候车休息，无专人办理客运手续和管理。

(2)按经营方式可划分为长途班车客运站、旅游车客运站、出租车客运站。

(3)按车站站务工作量，结合所在地的政治、经济、文化等因素，将车站划分为一、二、三、四级。站务工作量以“人次”为单位，包括日发送旅客和行包两个部分。其计算方法是：长途旅客每发送1人计算1人次，短途旅客每发送2人折算1人次，行包换算量是每件行包换算1人次。

①凡具备下列条件之一者，列为一级站：

站务工作量在7000人次以上的车站；人口稀少及少数民族地区站务工作量在5000人次以上的车站；

省、自治区、直辖市人民政府所在地，如无站务工作量在7000人次以上的车站，可将具有代表性的一个车站列为一级站；

省、自治区、直辖市、自治州(盟)人民政府和地区行政公署所在地如无站务工作量在7000人次以上的车站，可将站务工作量在3000人次以上的一个车站列为一级站。

②凡具备下列条件之一者，列为二级站：

站务工作量在3000人次以上，不足7000人次的车站；

除已列为一级站的省、自治区、直辖市人民政府和地区行政公署所在地的客运车站；

县级人民政府所在地如无站务工作量在3000人次以上的车站，可将站务工作量在1500及1500人次以上的一个车站列为二级站；

国家列为重点旅游区的车站。

③凡具备下列条件之一者，列为三级站：

站务工作量在500人次以上，不足3000人次的车站；

除已列为一、二级车站的县级人民政府所在地客运车站；

一般旅游区车站。

④凡站务工作量不足500人次的乡级人民政府及乡以下行政单位所在地的客运车站，均列为四级站。

(二)客运站业务

汽车客运站是旅客集散、中转、车辆运行组织的基地。车站的业务和服务工作集中体现如何使旅客“走得了”。具体业务有以下3项。

1. 旅客服务

旅客是客运站服务的主要对象，站务工作通过为旅客提供各种便利、舒适的条件和周到热情的服务，使旅客感到进站时“宾至如归”，离站时“满意惜别”。具体服务工作有：迎门服务、问事服务、广播服务、始发服务、中转签证、小件寄存、行包托取中转、候车服务、检票验票、组织上车和其他服务（如商业、饮食、订票、医疗、通信等）。

2. 参营者服务

参营者是指进站参加营运的车主。其既是客运站服务的对象，又是客运站的联营者，共同为旅客提供运输服务。车站工作要为参营者的车辆和驾乘人员提供便利条件和必要的服务。具体工作主要有：驾乘人员服务工作；车辆停放、维护工作；参营合同的签订、执行、终止等管理工作；其他服务工作。

3. 站内业务管理

汽车客运站站务工作除了直接为旅客和参营者服务外，还包括与旅客参营者有关系的和保证车站工作顺利进行的其他业务管理工作，具体内容包括：票据单证管理、营收报解、散客运统计、“三品”查处、车辆运行调度、广告信息、其他业务管理工作等。

（三）客运站作业环节

旅客运输可划分为相互联系的，在不同的地点由不同的人员平行或顺序完成的各个生产环节——售票、行包受理、候车服务、客车准备、检票上车、客车运行、到达下车、验票出站、交付行包及其他服务性工作，如图 3-2-4 所示。这就要求对运输的各个环节进行严密组织和控制，以保证各环节能紧密衔接配合，节约时间，提高工效与工作质量，防止差错、事故的发生。

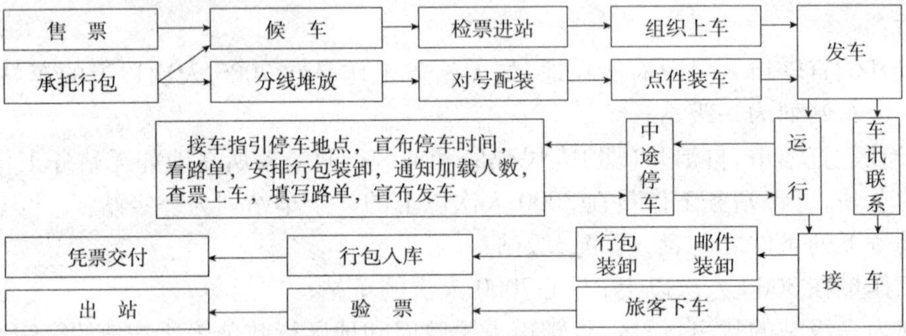

图 3-2-4　客运作业基本流程图

1. 售票工作

售票工作是汽车运输企业有计划地组织旅客的重要环节，该工作必须方便而又正确地将客票发售给旅客，以便旅客提前托运行包和按时乘车。

车票是旅客支付客车运费、乘车的凭证。旅客是否购到所需班车的车票，是能否按期到达旅行目的地的前提。因此，为使旅客方便及时地购到车票，应尽可能减少旅客购票时间，可以采取多种多样的售票形式，如固定窗口售票，候车室内流动售票，随车售票，电话、信函订票，在市内、火车站或港口等设点售票等。

2. 行包托运、受理

行李、包裹简称行包，行包运输是旅客运输的组成部分。旅客在旅行过程中为了生活和工作上的需要，常需携带一些生产或生活用品，这些物品能否安全、及时运送，直接关系到旅客的切身利益，也关系着企业的信誉。因此，确保行包的安全无损和准确及时地运达目的地，是对行包运输工作的基本要求。

（1）行包承运。即行包收托。在行包承运前应做好准备工作，如校准衡器、备齐标签及业务用具等。旅客托运行包，应该持有效客票或填写“行包托运单”，且行包必须包装完整、捆扎牢固、适宜装卸，对装卸有特殊要求的行包，要有醒目的标志。托运行包时，应查看包装、件数、标志，以及行包内有无夹带危险品、违禁品、贵重物品及限运品等，对有疑虑的行包要会同托运人查验。对违反规定的行包，应拒绝收运。对收运的行包要点件、过磅、开票、收费、填写标签，并将标签吊挂在每件行包上。

(2)行包仓储。承运后的行包，应按线路方向、区段或车次，分别堆放在发送货位上。

(3)行包装运。根据行包票随车填好交接清单，对号点件，做到清单、票号、件数、班次四对照。装车时，本车驾乘人员在旁点件监装，并按先远后近，重、大、圆的装在里，轻、小、方的装在外，重不压轻，大不压小，轻装轻卸的原则，然后加盖雨布，上罩绳网，四周绑好，以防运行中脱落。

(4)行包到达与交付。客车到达后，站务员应做好接车工作，查对到站行包件数与质量，与驾驶员、装卸工办好交接手续，在行包交接单上签收，入库堆放，并及时通知托运人前来提取。

旅客凭票提取行包时，应核对提取单和标签，点明件数，交付时收回行包提收单，加盖“行包提收戳记”，收回的行包单分班分日装订成册保存，以备查询。旅客如在卸车现场提取，一定要待行包全部卸完核对无误后，方可办理。

如旅客要在无车站的地方提取行包，驾乘人员须查对无误后，方可将行包交付旅客，并收回行包提取单。

3. 候车服务

候车室是专供旅客休息和等候乘车的场所。其布置要美观、整洁、大方、陈设整齐。

候车室服务工作包括问讯、组织候车、广播宣传、小件寄存、文化生活服务、室内清洁卫生工作等。问讯处一般设在候车室或车站入口的明显位置，应保证对旅客旅行上的事予以正确、迅速、详尽和耐心的解答，使旅客旅途便利。

为使旅客有秩序地候车和上车方便，候车室要实行按线路、车次分区候车。每个候车区都要有客车班次、开车时间、到达站等区域标志。

候车室服务要求遵循全面服务与重点照顾相结合的原则，做好候车室卫生、茶水供应、小件寄存、交通知识宣传工作，坚持文明服务，礼貌待客，重点照顾老、弱、病、残、孕、幼旅客，向旅客提供图书、文娱用品，代售晕车药，在力所能及的情况下，办理旅客委托的事项等。

服务员应注意动员旅客带有未购而需购票的儿童购票，对携带的超重、超限物品办理托运，并做好危险品检查工作。

4. 组织乘车及发车

组织旅客有秩序地乘车是客运工作的一项重要内容。如果该工作富有成效，即可避免车站秩序混乱的现象。

检票前应由站、车人员清理车厢，防止无票或携带超重、危险品等人上车。

检票时，由服务员按售出车票的座位号组织旅客排队，然后顺序检票，缓步引队上车，对号入座。对老、弱、病、残、孕、幼旅客应给予重点照顾，可提前安排其上车。检票时，应认真查看旅客所持车票的日期、车次、到达地点是否与该次班车相符，做到不错检、不漏检，杜绝无票乘车，并做好检票记录。

旅客上车入座后，应由车站工作人员或乘务员向旅客进行安全行车知识等宣传，报清本次班车的终点站、中途停靠站名，途中用餐及住宿地点，预计到达终点时间，对误乘的旅客及时帮助转乘。然后正确填写行车路单中旅客人次记录，以及行包、邮件等物品件数，填完后签章，将路单交给驾驶员，并交代车上人数和特殊旅客要求下车的地点等。而后绕车一周，察看车顶及车四周有无作业人员，确认一切就绪后发出允许开车信号，客车即可驶离车位出站。

5. 客车到达（接车）

班车到站，指挥人员要指挥车辆停放到适当地点，查看路单，交接清单等有关单据。了解本站下车人数，点交本站的行包、物品，检验车票，解答旅客提出的有关问题；准确卸下到达本站的行包，与交接清单核对；点收点交本站的公文物品；在行车路单上填清班车到达时间，根据驾驶员在路单上的有关反映，处理其他临时发生的问题。

如果是过路班车，组织本站旅客上车后继续运行，如已达终点车站，车辆经过清扫和检查后可继续执行下次的行车任务，或调回车队以及调放过夜的地点。

（四）客运站其他要求

客运站的设置，必须符合道路旅客运输网络规划、城市规划和国家、省交通行政主管部门规定的站级标准。营运性客运停车场的设置，必须方便车辆出入。未经交通行政主管部门批准，不得擅自设置客运站和营运性客运停车场。

客运站营运应符合下列要求：

（1）设置醒目的站名标牌；

（2）在售票处和假车室公布班次时刻表、里程票价表和旅客运输规则；

（3）保持站容整洁；

（4）站务人员衣着整洁，佩戴服务证牌，礼貌待客；

（5）严格执行检票进站、验票出站和危险品检查制度。

客运站、营运性客运停车场的建设，应在交通行政主管部门的统一规划下，实行“谁投资、谁受益”。客运站（场）的新建和改建、扩建，由各级交通行政主管部门管理，按规定程序审批，竣工验收合格后，方可申请开业。

交通行政主管部门应当会同有关部门在城市市区内设置客车停靠点，以方便旅客上下车，但不得办理始发班车业务。

客运站必须按交通行政主管部门批准的经营区域、线路、班次经营，实行统一排班、统一售票、统一结算、统一服务，并应接受进站经营者的监督。

客运站应与交通行政主管部门批准进站客运班车的经营者签订协议，站、车双方按协议执行各自的职责。客运站不得擅自接纳未经交通行政主管部门批准的车辆进站经营。

客运站应对进站车辆建立报班及行车路单签发制度，对不进站经营及脱班、晚点的，客运站除按进站协议予以处理外，情节严重的，由交通行政主管部门取消其线路、班次经营权。

站、运双方在经营过程中发生班次纠纷，应当协商解决。协商不成的，由交通行政主管部门协调处理。

客运站应当本着收费与服务相统一的原则，按规定对进站经营者收取服务费，其收费项目和费率按省交通行政主管部门和省物价主管部门的规定执行。严禁客运站对进站经营者和旅客乱收费。

客运站站务人员不得在站外揽车售票。

客运站为经营者发售客票、行包票的营业收入，应按双方协议定期结算，不得拖欠。

客运站必须加强客运服务质量管理，并应执行国家和本省有关客运服务质量标准，为旅客和进站经营者提供优质服务。

客运站必须建立健全安全生产制度，配备必要的安全生产监督员、消防及治安人员，严格执行客车进站检验合格报班制度，维护站内治安秩序，保障旅客生命财产、车站和车辆安全。

四、道路运输价格管理

（一）运价的特点和管理要求

运输价格的形式具有不同于工农业产品的特点。

1. 运价以运价率为计价依据

运输产品以复合指数吨（人）公里为计算单位，一般以每吨（人）公里多少元表示，因而运输距离也就成为运价结构中的一个重要因素。同时，运输对象的每吨（人）公里运价因运距不同而有所差别，其差别用一定的比率表现出来，这种因运距不同而按一定比率规定的差别运价，叫做运价率。运价率随运距延长而不断降低，在近距离降低得快，在远距离降低得慢，超过一定距离可不再降低。

运价虽以运价率作为运价依据，但运价具有与运价率不同的含义。运价是指将一定运输对象送达一定距离时所生产的全部位移产品的价格，它与运输距离的变化是同向的，即运价率随着运输距离的递近递增或递远递减。

2. 运输价格只有销售价一种形式

运输价格无工业品的出厂价和销售价之分，无农产品的收购价与销售价之分，无商业品的批发价与零售价之分。

3. 价格的种类繁多

运价虽然只有价格一种形式，却有繁多的种类，这是因为虽是同样运输，但运输对象不同，就会发生不同的运价；即使是同一类运输对象，若采用的运输方式不同，也会发生不同的运价；如果运输对象和运输方式都相同，但运输距离不同，以不同的运价率计算，还会发生不同的运价。

4. 运价的计划性

汽车运价管理应坚持统一领导、分级管理的原则，凡属运价方针、政策、规则及全国改革调整方案等，由交通运输部会同国家物价局共同提出和制订；运价工作具体费率则由各省、自治区、直辖市自行规定和统一管理。企业对已定运价负责具体实施，而且可以在规定幅度内因地制宜地对个别营运方式和业务情况实行优价，确定调节价格。在某些情况下，允许实行浮动运价。因为运输市场上供求关系的变化，常常会影响到运价的相对稳定，需要适时地进行调整；相反，通过运价的机制作用，也会在一定程度上改变运输市场上的供求关系。这就要求我们在不违背价格政策的前提下，采取一些灵活的方法，实行浮动运价，根据客流和运力等情况变化，可在一定范围或一定时期内使运价上、下浮动。

（二）旅客运价的计算规定

1. 计费里程

里程单位：旅客运输计费里程以千米为单位，尾数不足1km，进为1km。

里程确定：班车客运的计费里程按旅客乘车站至到达站的区间里程计算。在两站之间下车的旅客，到达站按前方站（点）计算。在两站之间上车的旅客，乘车站按后方站（点）计算。计程包车客运的计费里程，包括运输里程和调车里程。运输里程按客车驶抵载客地点起至下客地点止的实际载客里程计算；调车里程按客车由站（库）至载客点加下客点返回至站（库）的空驶里程的50%计算。

2. 行包计费质量

行包计费质量以千克为单位。起码计费质量为10kg;计费质量超过10kg,尾数不足1kg的进整为1kg。轻泡行包按$3m^3$折合1kg计重;计件行包按件折算计重。

3. 运价单位

计程运价:元/(人·km);计时运价:元/(座位·h);行包运价:元/(kg·km)。

4. 计价类别

(1)车辆类别。客车按乘坐方式分为坐席客车和卧铺客车。客车按车身长度分为大型、中型、小型三种。

客车按等级划分:

大型客车分为高三级、高二级、高一级、中级和普通级5个等级。

中型客车分为高二级、高一级、中级和普通级4个等级。

小型客车分为高二级、高一级、中级和普通级4个等级。

(2)公路类别。公路按公路等级分为等级公路和非等级公路。

(3)营运类别。客运车辆按营运形式分为班车客运、包车客运和旅游客运。

(4)全票和半票。成人及身高超过1.4m的儿童购买全票。身高1.10~1.40m的儿童乘车购买儿童票。革命伤残军人乘车凭革命残废军人抚恤证购买优待票。儿童票和优待票按运价的50%计算。

5. 旅客运价价目

(1)坐席基本运价:指大型坐席普通级客车在等级公路上运送旅客的每人千米运价。

(2)卧铺基本运价:指大型卧铺普通级客车在等级公路上运送旅客的每人千米运价。

(3)大型坐席客车运价:大型坐席高三级客车运价在基本运价的基础上加成250%~350%;大型坐席高二级客车运价在坐席基本运价的基础上加成200%~250%;大型坐席高一级客车运价在坐席基本运价的基础上加成100%~200%。

大型坐席中级客车运价在坐席基本运价的基础上加成50%~100%。

大型坐席普通级客车运价,按坐席基本运价执行。

中型坐席高二级客车运价按在坐席基本运价的基础上加成200%~250%;中型坐席高一级客车运价在坐席基本运价的基础上加成100%~200%。

中型坐席中级客车运价在坐席基本运价的基础上加成70%~120%。

中型坐席普通级客车运价在坐席基本运价的基础上加成20%~50%。

小型坐席高二级客车运价在坐席基本运价的基础上加成200%~250%;小型坐席高一级客车运价在坐席基本运价的基础上加成150%~200%。

小型坐席中级客车运价在坐席基本运价的基础上加成100%~150%。

小型坐席普通级车运价在坐席基本运价的基础上加成50%~100%。

卧铺高级客车运价,按高三级、高二级、高一级分别在卧铺基本运价的基础上加成计算。

卧铺中级客车运价在卧铺基本运价的基础上加成30%~50%。

卧铺普通客车运价按卧铺基本运价执行。

非等级公路旅客运价在基本运价的基础上加成10%~20%。

旅游车旅客运价在同类客车运价的基础上加成10%~20%。

夜班车旅客运价在同类客车运价的基础上加成10%~20%。

春节旅客运价可加成计算。

6. 旅客运输其他收费

(1)包车取消损失。包车单位取消包车,在用车前一天取消包车,承运人按一天包车运费的5%向用户核收包车取消损失费;当天取消包车按10%核收包车取消损失费。

承运人未征得用户同意,单方面取消包车,用车前一天通知用户的,由承运人按一天包车费的5%向用户支付包车取消损失费;用车当天取消包车按10%支付包车取消损失费。

(2)包车空驶损失费。因用户原因,造成包车空驶,按往返实际行驶里程、客车核定座位和包用车型运价的50%计收包车空驶损失费。

(3)包车停歇延滞费和供车延误费。计程包车因用户责任造成车辆停歇延滞,承运人可向用户核收车辆停歇延滞费。计程包车日计费里程在180km以上时,每日累计停歇时间不足2h者,免收车辆停歇延滞费;日计费里程在180km及以下时,每日累计停歇时间不足1h者,免收车辆停歇费。超出免费停歇时间部分,以半小时为单位递进计算,不足半小时进整为半小时。

承运人未如期供车,应付给用户供车延误费。延误时间以半小时为单位递进计费。

包车停歇延滞费和供车延误费均按计时包车运价的50%计收。

(4)车辆通行费。客车通过收费公路、渡口、桥梁、隧道所发生的收费,均由旅客承担。其收费由承运人按当地有关部门规定的标准代收代付。

7. 旅客运费计算

(1)计程旅客运费。计程旅客运价按旅客运价价目计算。计程旅客运费计算公式:

计程旅客运费 = 计程旅客运价(含基本运价2%的旅客身体伤害赔偿责任保障金)×旅客乘车里程 + 其他收费

(2)旅客包车运费。旅客包车运价分计程旅客包车运价和计时旅客包车运价,按车辆类别分别确定。旅客包车运费计算公式:

旅客包车运费 = 旅客包车运价 × 包车计算里程(包车计算时间) + 其他收费

旅客票价单位:每张客票起码票价为1元。尾数不足0.5元进整为0.5元,尾数超过0.5元进整为1元。票价超过10元,尾数不足1元时可四舍五入。

(3)行包运费。旅客自行携带的行包,超过规定免费质量的,按行包计费。占用座位时,按实际占用座位数购票。计费行包每100kg·km运价按坐席基本运价的2倍计算。

行包运费以元为单位,每张运单费用合计尾数不足1元时,四舍五入。

(三)汽车客运站收费规则

客运站在向承运人和旅客提供有偿服务时,必须按照规定的收费项目和收费标准,使用交通主管部门按有关规定统一印制、发放的票据,向承运人和旅客计收费用,接受价格主管部门和交通主管部门的监督检查。

1. 车辆站务收费

(1)客运站向承运人提供客运代理、客车发班、行包运输代理、车辆清洗清洁、车辆保温、车辆停放、车辆安全等服务项目时,可收取相应费用。

(2)客运站为承运人代办客源组织、售票、检票、发车、运费结算等客运业务,按客运运费的一定比例,向承运人计收客运代理费。客运代理费费率按不同站场设施、服务内容和吸引旅客能力等具体条件确定,最高不超过以下标准:一级站10%,二级站8%,三级站和三级以下站6%。站级标准执行交通运输部的统一规定。客运代理费也可以按上述费率标准采取定额收费的办法计收。

(3)只为承运人提供统一安排班次、发车车位和候车室,但不代办售票、检票等服务,客运站可收取最高不超过客运运费6%的客车发班费,不再收取客运代理费。

(4)客运站代承运人受理行包托运业务,按行包运输收入的一定比例计收行包运输代理费。

(5)客运站根据承运人的要求,提供车辆外部清洗服务和车厢内清洁服务时,可按每辆次向承运人计收车辆清洗、清洁费。

(6)客运站根据承运人的要求,提供车辆保温服务,可按每辆次向承运人收取车辆保温费。

(7)承运人需在客运站内停放车辆(班车除外),委托客运站负责看管,客运站可根据不同车型按辆次、时间向承运人计收车辆停放费。

(8)客运站根据承运人的要求,为进站车辆提供安全检查和紧固机件等服务,可按每辆次向承运人计收车辆安全服务费。车辆如需修理,客运站按实际发生费用计收车辆修理费。

(9)对承运人未按约定时间提供车辆,延误班车发车或脱班的,客运站可向承运人收取班车延误脱班费;因客运站责任造成延误发车或脱班,客运站应向承运人支付班车延误脱班费。

2. 旅客站务收费

(1)客运站向旅客提供补票、退票、送票、行包变更、行包装卸、行包保管、小件物品寄存、站务等服务项目时,可收取相应费用。

(2)对无票乘车但在出站时主动补票的旅客,客运站除补收自班车始发站至旅客到达站的票价外,应另加收补票手续费。对出站时经检查发现无票或持无效客票乘车的旅客,除需办理上述补票手续外,还应按票面金额的50% ~100%罚款。补票手续费、罚款收入归客运站。

(3)客运站办理退票向旅客收取退票费。由于客运站或承运人的责任造成延误发车或脱班,应允许旅客退票,并免收退票费;开车后不办理退票。退票费按下列标准收取:

当次客运班车开车时间2h前办理退票,按票面金额10%计收,不足0.5元按0.5元计算;

当次客运班车开车前2h以内办理退票,按票面金额的20%计收退票费,不足1元按1元计算;

旅游客车开车24h前办理退票,按票面金额10%计收,不足1元按1元计算;

旅游客车开车前24h以内办理退票,按票面金额50%计收退票费,不足2元按2元计算。

(4)客运站按照旅客要求提供送票服务的,可按每票向旅客计收送票费。

(5)旅客在行包起运前,要求取消或变更托运地点,客运站可按票次核收行包变更手续费。旅客要求中途停运时,不收行包变更手续费,不退行包运费。

(6)客运站为旅客装卸行包,可按每件每装或卸一次计收行包装卸费。单件行包质量超过30kg或行包体积超过0.12m^3的,行包装、卸费各加收50%。

(7)行包到达站从行包提取通知发出或公告发布当日起计算,对超过3天提取行包的旅客可按件按时间核收行包保管费。行包保管费按件按每10kg/天为单位计收,不足10kg的按10kg计算。

(8)客运站对旅客寄存的小件物品,可按件按时间计收小件物品寄存费。

(9)客运站具备站级标准规定的设施、设备,为旅客提供候车、休息、治安保卫、安全检查、信息等基本客运服务,可按每人次在客票内向旅客计收旅客站务费。站务费作为构成票价的一项成本因素,不得在客票外向旅客另行收取。

第四节　公路货运组织与管理

一、货物运输概述

（一）货物、货物运输及货运车辆

凡经由各种运输方式承运的一切商品或物资，统称为货物。

货物在运输线路上有目的地运动，形成货流，通常由货物的类别、数量、方向、时间、距离等若干要素构成。

因货物的种类繁多，其性质、形状、价值各异，运输过程中可能具有不同的要求。为了便于经营管理、组织运输、安全生产、计划统计及各项研究工作，必须将货物根据一定的目的和要求，进行科学的分类。

目前，货物的分类方法有以下几种。

(1)按货物的物理性质，可分为固体货物、液体货物、气体货物三类。

(2)按货物对运输、装卸、保管的要求不同，可分为普通货物和特种货物两类。特种货物又可分为长大笨重货物、危险货物、贵重货物、鲜活易腐货物、禁限运货物等。

(3)按托运货物批量的大小，可分为零担货物和整车货物。整车货物，又可分为小批货物和大宗货物两类。

(4)按国家统计局规定，分为煤炭、石油、金属矿石、钢铁、矿建材料、水泥、木材、非金属矿石、机械及设备、化肥及农药、盐、日用工业品、粮食、其他 14 类。

由于货物种类的不同，也就出现了与之相适应的运输分类。如整车运输、零担运输、长大笨重货物运输、危险货物运输、禁限运货物运输等。

由于货物运输种类不同，载货汽车也就相应不同，如：

营运载货汽车：是指持有营业性道路运输证的载货汽车。

危险品运输车：是指持有危险品运输许可证的营运车辆。

普通货车：是指只有一般构造栏板式及平板式货运汽车，包括自卸车、半挂车等。

重型货车：是指标记吨位 8t 及以上的货车、15t 及以上的公路牵引车。

大型货车：是指标记吨位 4t 及以上的货车。

中型货车：是指标记吨位 2t 以上且不足 4t 的货车。

小型货车：是指标记吨位 2t 及以下的货车。

专用货车：是指具有特殊构造和专门用途的货运汽车，如罐车、集装箱车、厢式零担车、大件运输车、冷藏车。

（二）货物运输商务作业流程

为保护汽车货物运输当事人的合法权益，明确承运人、托运人、收货人以及其他有关方的权利、义务和责任，维护正常的道路货物运输秩序，国家对货物运输制定了相应的规则。从业者在从事营业性汽车货物运输及货物运输服务活动时，包括拖拉机及其他机动车、非机动车辆从事货物运输的都应遵守货物运输规则。并由县级以上人民政府交通主管部门及其所属的道路运政管理机构负责监督处理。

根据有关规定从事的各项运输经营业务活动，称为商务作业。货物运输生产过程中的各项具体经济活动或各项具体作业，称为货物运输商务作业。

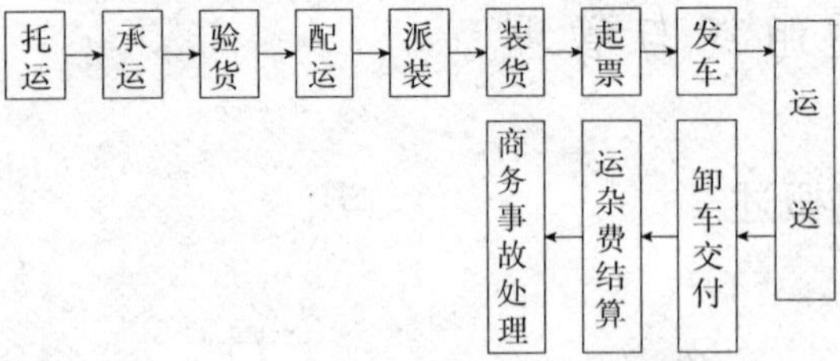

图 3-2-5　货运商务作业流程图

货物运输商务作业的重要内容，包括：托运、承运、验货、装卸、起票、发车、运送、交付、运杂费结算及商务事故处理等。其作业程序如图 3-2-5 所示。

运输期限，是由承托双方共同约定的货物起运、到达目的地的具体时间。未约定运输期限的，从起运日起，按 200km 为 1 日运距，用运输里程除以每日运距，计算运输期限。

承运责任期间，是指承运人自接受货物起至将货物交付收货人（包括按照国家有关规定移交给有关部门）止，货物处于承运人掌管之下的全部时间。但承运人与托运人就货物在装车前和卸车后对承担的责任达成其他协议时，按协议判定。

二、货运商务作业各环节的管理

（一）运输合同

承运人、托运人、货运代办人在签订和履行汽车货物运输合同时，应遵守国家法律和有关的运输法规、行政规章。

承运人，是指使用汽车从事货物运输并与托运人订立货物运输合同的经营者。

托运人，是指与承运人订立货物运输合同的单位和个人。

收货人，是指货物运输合同中托运人指定提取货物的单位和个人。

货物运输代办人，是指以自己的名义承揽货物并分别与托运人、承运人订立货物运输合同的经营者。

汽车货物运输合同采用书面形式、口头形式和其他形式。书面形式合同种类分为定期运输合同、一次性运输合同、道路货物运单（以下简称运单）。汽车货物运输合同由承运人或托运人本着平等、自愿、公平、诚实、信用的原则签订。

汽车货物运输合同应包含下列基本内容：

（1）定期货物运输合同——适用于承运人、托运人、货运代办人之间商定的时期内的批量货物运输。

托运人、收货人和承运人的名称（姓名）、地址（住所）、电话、邮政编码；货物的种类、名称、性质；货物质量、数量或月、季、年度货物批量；起运地、到达地；运输质量；合同期限；装卸责任；货物价值，是否保价、保险；运输费用的结算方式；违约责任；解决争议的方法。

（2）一次性运输合同、运单——适用于每次货物运输。

托运人；收货人和承运人的名称（姓名）、地址（住所）、电话、邮政编码；货物名称、性质、质量、数量、体积；装货地点、卸货地点、运距；货物的包装方式；承运日期和运到期限；运输质量；装卸责任；货物价值，是否保价、保险；运输费用的结算方式；违约责任；解决争议的方法。

承运人、托运人和货运代办人签订定期运输合同、一次性运输合同时，运单视为货物运输合同成立的凭证。在每车次或短途每日多次货物运输中，将运单视为合同。

（二）运单填写

货物托运时，要填写运单，已签订定期运输合同或一次性运输合同的，要在运单托运人签字盖章处填写合同序号。未签订定期运输合同或一次性运输合同的，托运人应按以下要求填写运单。

(1)准确表明托运人和收货人的名称(姓名)和地址(住所)、电话、邮政编码；

(2)准确表明货物的名称、性质、件数、质量、体积以及包装方式；

(3)准确表明运单中的其他有关事项；

(4)一张运单托运的货物，必须是同一托运人、收货人；

(5)危险货物与普通货物以及性质相互抵触的货物不能用一张运单；

(6)托运人要求自行装卸的货物，经承运人确认后，在运单内注明；

(7)应使用钢笔或圆珠笔填写，字迹清楚，内容准确，需要更改时，必须在更改处签字盖章。

托运的货物品种不能在一张运单内逐一填写的，应填写"货物清单"。托运货物的名称、性质、件数、质量、体积、包装方式等，应与运单记载的内容相符。

按照国家有关部门规定需办理准运或审批、检验等手续的货物，托运人托运时应将准运证或审批文件提交承运人，并随货同行。托运人委托承运人向收货人代递有关文件时，应在运单中注明文件名称和份数。

(三)货物托运

托运是发货人委托运输部门将一批货物运到指定的地点并交付给指定的收货人的行为。发货人向运输部门托运货物时，按一定手续填写货物运单，提供其他必要的证明文件。

托运的货物中，不得夹带危险货物、贵重货物、鲜活货物和其他易腐货物、易污染货物、货币、有价证券以及政府禁止或限制运输的货物等。

托运货物的包装，应当按照承托双方约定的方式包装。对包装方式没有约定的，按照通用的方式包装，没有通用方式的，应在足以保证运输、搬运装卸作业安全和货物完好的原则下进行包装。整批货物运输时，散装、无包装和不成件的货物，托运人按质量托运；有包装、成件的货物，托运人能按件点交的，可按件托运，不计件内细数。

依法应当执行特殊包装标准的，按照规定执行。托运人应根据货物性质和运输要求，按照国家规定，正确使用运输标志和包装储运图示标志。

使用旧包装运输货物，托运人应将包装上与本批货物无关的运输标志、包装储运图示标志清除干净，并重新标明制作标志。

托运特种货物，托运人应按以下要求，在运单中注明运输条件和特约事项。运输途中有需要饲养、照料的生物、植物，尖端精密产品、稀有珍贵物品、文物、军械弹药、有价证券、重要票证和货币等，托运人必须派人押运。

大型特型笨重物件、危险货物、贵重和个人搬家物品，是否派人押运，由承托双方根据实际情况约定。除规定的货物外，托运人要求押运时，需经承运人同意。

需派人押运的货物，托运人在办理货物托运手续时，应在运单上注明押运人员姓名及必要的情况。押运人员每车一人，托运人需增派押运人员，在符合安全规定的前提下，征得承运人的同意，可适当增加。押运人员须遵守运输和安全规定。押运人员在运输过程中负责货物的照料、保管和交接；如发现货物出现异常情况，应及时作出处理并告知车辆驾驶员。

(四)货物受理

承运人应根据承运货物的需要，按货物的不同特性，提供技术状况良好、经济适用的车辆，并能满足所运货物质量的要求。使用的车辆、容器应外观整洁,车体、容器内干净无污染物、残留物。承运特种货物的车辆和集装箱运输车辆,需配备符合运输要求的特殊装置或专用设备。

承运人受理凭证运输或需有关审批、检验证明文件的货物后,应当在有关文件上注明托运货物的数量、运输日期,加盖承运章,并随货同行,以备查验。

承运人受理整批或零担货物时,应根据运单记载货物名称、数量、包装方式等,核对无误后方可办理交接手续。发现与运单填写不符或可能危及运输安全的,不得办理交接手续。

承运人应当根据受理货物的情况,合理安排运输车辆,货物装载质量以车辆额定吨位为限,轻泡货物以折算质量装载,不得超过车辆额定吨位和有关长、宽、高的装载规定。

承运人应与托运人约定运输路线。起运前运输路线发生变化时必须通知托运人,并按最后确定的路线运输。承运人未按约定的路线运输增加的运输费用,托运人或收货人可以拒绝支付增加部分的运输费用。

货物运输中,在与承运人非隶属关系的货运站场进行货物仓储、装卸作业,承运人应与站场经营人签订作业合同。

运输期限由承托双方共同约定后应在运单上注明。承运人应在约定的时间内将货物运达。零担货物按批准的班期时限运达,快件货物按规定的期限运达。

整批货物运抵前,承运人应当及时通知收货人做好接货准备;零担货物运达目的地后,应在 24h 内向收货人发出到货通知或按托运人的指示及时将货物交给收货人。

车辆装载有毒、易污染的货物卸载后,承运人应对车辆进行清洗和消毒。因货物自身的性质,应托运人要求,需对车辆进行特殊清洗和消毒的,由托运人负责。

(五)运输合同的变更和解除

在承运人未将货物交付收货人之前,托运人可以要求承运人中止运输、返还货物、变更到达地或者将货物交付给其他收货人,但应当赔偿承运人因此受到的损失。

凡发生下列情况之一者,允许变更和解除合同:

(1)由于不可抗力使运输合同无法履行;

(2)由于合同当事人一方的原因,在合同约定的期限内确实无法履行运输合同;

(3)合同当事人违约,使合同的履行成为不可能或不必要;

(4)经合同当事人双方协商同意解除或变更,但承运人提出解除运输合同的,应退还已收的运费。

货物运输过程中,因不可抗力造成道路阻塞导致运输阻滞,承运人应及时与托运人联系,协商处理,发生货物装卸、接运和保管费用按以下规定处理:

(1)接运时,货物装卸、接运费用由托运人负担,承运人收取已完成运输里程的运费,退回未完成运输里程的运费;

(2)回运时,收取已完成运输里程的运费,回程运费免收;

(3)托运人要求绕道行驶或改变到达地点时,收取实际运输里程的运费;

(4)货物在受阻处存放,保管费用由托运人负担。

(六)货物的接收

货物运达承、托双方约定的地点后,承运人知道收货人的,应及时通知收货人,收货人应凭有效单证及时提(收)货物,无故拒提(收)货物的,应赔偿承运人因此造成的损失。承运人可以提存货物。

货物交付时，承运人与收货人应当做好交接工作，发现货损货差，由承运人与收货人共同编制货运事故记录，交接双方在货运事故记录上签字确认。

货物交接时，承托双方对货物的质量和内容有质疑，均可提出查验与复磅，查验和复磅的费用由责任方负担。

（七）运输责任的划分

承运人未按约定的期限将货物运达，应负违约责任；因承运人责任将货物错送或错交，应将货物无偿运到指定的地点，交给指定的收货人。

承运人未遵守承托双方商定的运输条件或特约事项，由此造成托运人的损失，应负赔偿责任。

货物在承运责任期间和站、场存放期间内，发生毁损或灭失，承运人、站场经营人应负赔偿责任。但有下列情况之一者，承运人、站场经营人举证后可不负赔偿责任。

（1）不可抗力；

（2）货物本身的自然性质变化或者合理损耗；

（3）包装内在缺陷，造成货物受损；

（4）包装体外表面完好而内装货物毁损或灭失；

（5）托运人违反国家有关法令，致使货物被有关部门查扣、弃置或作其他处理；

（6）押运人员责任造成的货物毁损或灭失；

（7）托运人或收货人过错造成的货物毁损或灭失。

托运人未按合同规定的时间和要求备好货物和提供装卸条件，以及货物运达后无人收货或拒绝收货，而造成承运人车辆放空、延滞及其他损失，托运人应负赔偿责任。

因托运人下列过错，造成承运人、站场经营人、搬运装卸经营人的车辆、机具、设备等损坏、污染或人身伤亡以及因此而引起的第三方的损失，由托运人负责赔偿。

（1）在托运的货物中有故意夹带危险货物和其他易腐蚀、易污染货物以及禁、限运货物等行为；

（2）错报、匿报货物的质量、规格、性质；

（3）货物包装不符合标准，包装、容器不良，而从外部无法发现；

（4）错用包装、储运图示标志。

托运人不如实填写运单，错报、误填货物名称或装卸地点，造成承运人的错送、装货落空以及由此引起的其他损失，托运人应负赔偿责任。

货运代办人以承运人身份签署运单时，应承担承运人的责任，以托运人身份托运货物时，应承担托运人的责任。

（八）运输费用

货物运输有货物保险和货物保价运输两种投保方式，采取自愿投保的原则，由托运人自行确定。货物保险由托运人向保险公司投保，也可以委托承运人代办。

货物保价运输是按保价货物办理承托运手续，在发生货物赔偿时，按托运人声明价格及货物损坏程度予以赔偿的货物运输。托运人一张运单托运的货物只能选择保价或不保价。托运人选择货物保价运输时，申报的货物价值不得超过货物本身的实际价值；保价运输为全程保价。

分程运输或多个承运人承担运输，保价费由第一程承运人（货运代办人）与后程承运人协商,并在运输合同中注明。承运人之间没有协议的按无保价运输办理,各自承担责任。办理保价运输的货物,应在运输合同上加盖“保价运输”戳记。保价费按不超过货物保价金额的7‰收取。

汽车货物运输价格按不同运输条件分别计价,包车运输也可由承托各方协议商定运价。货物运输运价有以下规定。

1. 质量

汽车货物运输计费质量单位,整批货物运输以吨为单位,尾数不足100kg时,四舍五入;零担货物运输以千克为单位,起码计费质量为1kg,尾数不足1kg时,四舍五入;轻泡货物每立方米折算质量333kg。

按质量托运的货物一律按实际质量(含货物包装、衬垫及运输需要的附属物品)计算,以过磅为准。由托运人自理装车的,应装足车辆额定吨位,未装足的,按车辆额定吨位收费。统一规格的成包成件的货物,以一标准件质量计算全部货物质量。散装货物无过磅条件的,按体积和各省、自治区、直辖市统一规定质量折算标准计算。接运其他运输方式的货物,无过磅条件的,按前程运输方式运单上记载的质量计算。拼装分卸的货物按最重装载量计算。

2. 计费里程

货物运输计费里程以千米为单位,尾数不足1km的,进为1km。计费里程以省、自治区、直辖市交通行政主管部门核定的营运里程为准,未经核定的里程,由承托双方商定。同一运输区间有两条(含两条)以上营运路线可供行驶时,应按最短的路线计算计费里程或按承托双方商定的路线计算计费里程。拼装分卸按从第一装货地点起至最后一个卸货地点止的载重里程计算计费里程。

3. 其他费用

(1)调车费。应托运人要求,车辆调出所在地而产生的车辆往返空驶,计收调车费。

(2)延滞费。车辆按约定时间到达约定的装货或卸货地点,因托运人或收货人责任造成车辆和装卸延滞,计收延滞费。

(3)装货落空损失费。因托运人要求,车辆行至约定地点而装货落空造成的车辆往返空驶,计收装货落空损失费。

(4)排障费。运输大型特型笨重物件时,需对运输路线的桥涵、道路及其他设施进行必要的加固或改造所发生的费用,由托运人负担。

(5)车辆处置费。因托运人的特殊要求,对车辆改装、拆卸、还原、清洗时,计收车辆处置费。

(6)在运输过程中,国家有关检疫部门对车辆的检验费以及因检验造成的车辆停运损失,由托运人负担。

(7)装卸费。货物装卸费由托运人负担。

(8)通行费。货物运输需支付的过渡、过路、过桥、过隧道等通行费由托运人负担,承运人代收代付。

(9)保管费。货物运达后,明确由收货人自取的,从承运人向收货人发出提货通知书的次日(以邮戳或电话记录为准)起计,第四日开始核收货物保管费;应托运人的要求或托运人的责任造成的,需要保管的货物,计收货物保管费。货物保管费由托运人负担。

货物运杂费在货物托运、起运时一次结清,也可按合同采用预付费用的方式,随运随结或运后结清。托运人或者收货人不支付运费、保管费以及其他运输费用的,承运人对相应的运输货物享有留置权,但当事人另有约定的除外。运费尾数以元为单位,不足1元时四舍五入。

货物在运输过程中因不可抗力灭失,未收取运费的,承运人不得要求托运人支付运费;已收取运费的,托运人可以要求返还。

(九)货运事故和违约处理

货运事故是指货物运输过程中发生货物毁损或灭失。货运事故和违约行为发生后,承托双方及有关方应编制货运事故记录。

货物运输途中,发生交通肇事造成货物损坏或灭失,承运人应先行向托运人赔偿,再由其向肇事的责任方追偿。

货运事故处理过程中,收货人不得扣留车辆,承运人不得扣留货物。由于扣留车、货而造成的损失,由扣留方负责赔偿。

货运事故赔偿数额按以下规定办理:

(1)货运事故赔偿分限额赔偿和实际损失赔偿两种。法律、行政法规对赔偿责任限额有规定的,依照其规定;尚未规定赔偿责任限额的,按货物的实际损失赔偿。

(2)在保价运输中,货物全部灭失,按货物保价声明价格赔偿;货物部分毁损或灭失,按实际损失赔偿;货物实际损失高于声明价格的,按声明价格赔偿;货物能修复的,按修理费加维修取送费赔偿。保险运输按投保人与保险公司商定的协议办理。

(3)未办理保价或保险运输的,且在货物运输合同中未约定赔偿责任的,按规定赔偿。

(4)货物损失赔偿费包括货物价格、运费和其他杂费。货物价格中未包括运杂费、包装费以及已付的税费时,应按承运货物的全部或短少部分的比例加算各项费用。

(5)货物毁损或灭失的赔偿额,当事人有约定的,按照其约定,没有约定或约定不明确的,可以补充协议,不能达成补充协议的,按照交付或应当交付时货物到达地的市场价格计算。

(6)由于承运人责任造成货物灭失或损失,以实物赔偿的,运费和杂费照收;按价赔偿的,退还已收的运费和杂费;被损货物尚能使用的,运费照收。

(7)丢失货物赔偿后,又被查回,应送还原主,收回赔偿金或实物;原主不愿接受失物或无法找到原主的,由承运人自行处理。

(8)承托双方对货物逾期到达,车辆延滞,装货落空都负有责任时,按各自责任所造成的损失相互赔偿。

货运事故发生后,承运人应及时通知收货人或托运人。收货人、托运人知道发生货运事故后,应在约定的时间内,与承运人签注货运事故记录。收货人、托运人在约定的时间内不与承运人签注货运事故记录的,或者无法找到收货人、托运人的,承运人可邀请2名以上无利害关系的人签注货运事故记录。

货物赔偿时效从收货人、托运人得知货运事故信息或签注货运事故记录的次日起计算。

在约定运达时间的30日后未收到货物的,视为灭失,自31日起计算货物赔偿时效。

未按约定的或规定的运输期限内运达交付的货物,为迟延交付。

当事人要求另一方当事人赔偿时,须提出赔偿要求书,并附运单、货运事故记录和货物价格证明等文件。要求退还运费的,还应附运杂费收据。另一方当事人应在收到赔偿要求书的次日起,60日内作出答复。

承运人或托运人发生违约行为,应向对方支付违约金。违约金的数额由承托双方约定。对承运人非故意行为造成货物迟延交付的赔偿金额,不得超过所迟延交付的货物全程运费数额。货物赔偿费一律以人民币支付。

由托运人直接委托站场经营人装卸货物造成货物损坏的，由站场经营人负责赔偿；由承运人委托站场经营人组织装卸的，承运人应先向托运人赔偿，再向站场经营人追偿。

承运人、托运人、收货人及有关方在履行运输合同或处理货运事故时，发生纠纷、争议，应及时协调解决或向县级以上人民政府交通主管部门申请调解；当事人不愿和解、调解或者和解、调解不成的，可依仲裁协议向仲裁机构申请仲裁；当事人没有订立仲裁协议或仲裁协议无效的，可以向人民法院起诉。

三、公路货物运输组织方式与内容

从事公路货物营业性运输的主体为各大、中、小型货运企业及个体经营户，公路货物运输组织方式主要有货运交易市场、公路运输企业自行组货、货运代理三种途径，其特点和内容如下。

(一)公路货运交易市场

公路运输交易市场是公路运输办理客货运输业务及仓储保管、车辆保养修理及为用户提供相关服务的场所，是汽车运输产业的生产与技术基地。其中，将设在多条运输干线交汇处或多种运输方衔接地，能够共同办理多种运输业务，可以为用户提供综合性运输服务的场所称作运输枢纽。较典型的货运交易市场有以下几种。

(1)集市式交易市场。其一般依托较大型的商贸市场或货物集散地而建，可为承托运双方提供直接交易的场所及停车地，个体或小型运输户可在市场中直接受理货物托运，运输企业可在市场中设立托运受理站点进行运输交易。功能较齐全的交易市场建有各种运输服务基础设施，从事包装装卸、代办托运、仓储理货、信息服务、后勤补给等系列服务的业户也可在交易市场中为货物承托运双方提供服务。

(2)货运交易站所。它是为货物承托运双方提供的可进行规范化货运交易活动的中介场所，有较完整的规章、制度和交易程序，可实现区域性或更大范围的信息联网。现代化程度较高的交易站所可采用先进的交易手段，如采用电子屏幕等发布货源和运力提供者的信息，以供公开进行竞价交易。依托原材料产地、大宗货物集散地等而建的交易站所也可建设各种运输服务基础设施，提供网络化、全方位的运输代理服务。这是一种层次较高的市场化交易方式，多进行较大宗货物或长途运输的交易。

(3)公用型货运站。公用型货运站是为货物托运人和运力拥有者提供系列化运输代理服务的企业作为公路运输的基础设施，在我国，一般由公路运输管理部门统一布局规划，多方投资建设、经营，面向社会车辆开放，具有运输组织、中转装卸、理货包装、辅助服务、中介代理等功能，规模较大的货运站还可具仓储服务、通信信息、组织多式联运等功能。

公用型货运站应具有较强的货源组织功能，可在与其签订合同的运输业户范围内调配车辆，并承担零担货物的集运、仓储、理货、配载、装卸、发支、分送、交付等工作。

对于已承运的零担货物，货运站用中、小吨位车去托运人处取货，然后按零担货物的流向或到站进行分类整理，组织各类大吨位零担班车直接到终到站分送给货主或运到各货运中转站进行中转作业。

公用型货运站运输组织方式的关键在于合理进行站点及运输线路的优化布局。在各经济区域内合理布局的货运站、货运中转站，作为零担货物的集散中心，组成了货运站的各级网络系统。各站之间的组织协调、分工协作，运用先进的管理手段和现代化的通信信息系统，组织网络化运输，可以大大提高公路货物运输的组织化程度，减少中转环节，加快零担货物的送达速度，发挥公路货运“门到门”运输的优势，提高运输效率和效益。

（二）公路货运企业自行组织运输服务

大、中型的货物运输企业具有较强的运力及组织货源的能力，可在一定的经营区域内自行组织运输服务。

（1）货运受理及配载网点：由货运企业或货运代理企业设立的或单独、或连锁经营的货运受理机构，可为用户提供上门取货、包装、代办托运手续、运费结算等多种运输劳务服务，也可为返程空车配载。货主可就近托运货物，有较大的选择余地。

（2）合同运输：指运输企业与具有稳定或大宗货源的货主签订运输服务合同，提供较固定的运输服务的一种运输组织方式。合同运输可分为长期合同运输、短期合同运输和临时合同运输。

（3）运输公司自用型货运站系统：大型及特大型运输公司在其营运区域范围内设立若干个分支机构，建设多处中转站，自成网络系统，在各站之间可采用甩挂运输方式提高运输效率。所有的运输业务均由公司所属的各分支机构完成，实现网络化、规模化经营。这样的大型或特大型运输企业常常兼营零担运输、整车运输、集装箱运输等，进行跨地区、甚至跨国经营。可采用多种运输方式的联合运输，如与铁路运输之间的驼背运输与水运滚装运输等。经营快件运输的企业还可拥有自用的小型运输飞机等。

在这种运输组织方式中，运输公司还可拥有先进的管理手段和生产调度、跟踪系统，可以在全网络系统范围内调度车辆、指挥生产，进行货物跟踪监控，随时向货主反馈货物情况等，具有较高的运输效率。

（三）公路货运代理服务工作组织

货运代理是指在流通领域专门为货物运输需求和运力供给者提供各种运输服务业务的总称。它们面向全社会服务，是货主和运力供给者之间的桥梁和纽带。公路货运代理是指主要为公路运输或公路与其他运输方式联运的经营者和货主提供相关运输服务的业务。

1. 公路货运代理的业务范围

货源及货物运输组织指在货运市场中根据货物运输的供求状况，通过有效地组织货源和调度车辆，使其达到合理的匹配，通过优化选择运输路线，实现合理运输，提高货物运输的组织化程度和运输效率。

货运信息服务是指主要从事运输信息的收集、处理、存储、发布，为运输经营者和货主提供车辆及货物运输供求信息的运输服务业务。

（1）货运受理：指为货主代办运输手续，代提、代送货物，为车主组织货源，代办运输业务等货运服务经营活动。

（2）运输辅助服务：指在货物托、承运的全过程中，为承、托双方提供的系列服务，如代办托运，货品包装、分装、中转换装、商检、保险、报关、运费结算等服务业务。

（3）货物仓储、配送：通过合理设置仓储设施，为货主提供货物储存、保管的场所，还可根据货主的需要及时进行货物配送，实现货物的装卸、运输、仓储一体化服务。

（4）组织多式联运：货运代理服务不光为公路货物运输服务，还可以作为中介组织，协调与其他运输方式之间的关系，互通货源信息，组织公路与水路、铁路、航空运输之间的联合运输，实现“一次托运、全程服务”的门到门运输服务。

（5）车辆技术服务：货运代理业还可根据需要提供运输车辆的保养、维修、加油、检测等服务业务。

(6)生活辅助服务：主要指为驾乘人员等提供的食、宿、娱乐等服务业务。

2. 公路货运代理的经营形式

(1)货运配载中心或配载站：是较初级的货运中介代理形式，主要提供单一的车货装载业，其中主要是为回程空车配载，以提高车辆里程利用率和实载率。

(2)货物仓储站：主要提供零担货物的仓储业务及部分理货包装、装卸等业务，有些可代理托运、取货手续等业务。

(3)运输信息服务：专门进行货源、运力等运输信息的收集、处理、存储、发布等业务的运输中介机构，也可为回程车辆配载。一般不设立运输配套设施而依靠与货主和车主建立相对稳定的业务联系来开展运输信息业务经营活动。

(4)货运中介服务站：掌握较稳定的货源，为车货双方互通信息，并可提供取、送货服务，代办托运手续，代结运费，组织配载，进行合同运输及多种运输方式的联合运输的中介服务等。

(5)货运业务服务站场：可以是单独设立的货运站场，也可以是统一管理、多家经营的货运业务市场。建有一定的运输服务配套设施，可提供车货交易场所，提供组货配载、仓储理货、取货配送、包装装卸、中转换装、维修补给、停车食宿及信息服务等服务项目，是规模较大、业务功能较健全的货运站场，还可以调度车辆，具有运输组织、通信信息等功能。此类站场往往在一定的经济区域内可形成开有业务联系的货运站场网络，即公用型的货运场站系统。

(6)货运代理公司：是具有较大规模，能提供全方位货运代理服务的企业组织。这样的货运代理公司可以在一定的地理区域内设立和经营连锁性的业务分支机构和公用型的货运站场网络系统。货运代理公司往往代理多种运输方式的货运业务，直至组织国际多式联运。

第五节　特种货物运输组织形式

道路货物运输，分为普通货物运输与特种货物运输两大类。凡是由于货物本身性质特殊，在运送中需要特殊条件、特殊设备来保证其完整和安全的，都称为特种货物运输。如长大笨重货物运输、鲜活易腐货物运输、危险货物运输等。

一、零担货物运输的管理

托运人一次托运货物计费质量为3t以上或不足3t，但其性质、体积、形状需要一辆汽车运输的，为整批货物运输。托运人一次托运货物计费质量为3t及以下的，为零担货物运输。零担货运经营活动是指零担货物的受理、仓储、运输、中转、装卸、交付等过程。

零担货运按经营区域分为：县(市)内、地(市)内、省内、省际和国际零担货运；按送达速度分为：普通零担货运、快件零担货运、特快专运零担货运。

(一)零担货物运输开业条件

零担货运包括零担货物受理、零担货运站经营、零担线路运输。经营零担货物受理和经营零担货运站场的业户除具备道路运输服务业户开业技术经济条件外，还应满足下列要求：

(1)零担货物受理业户应具备：有固定的营业场所，与业务相适应的货物仓储面积和装卸设施。租赁仓储设施，需有1年以上合法有效的租赁合同；与零担货运站签订有受理经营线路范围内的半年以上有效的运输服务合同；有固定的业务人员，持有运管机关核发的上岗证。

(2)零担货运站应具备：零担货运站是指专门办理零担货物运输业务，进行零担货物装卸、中转换装、仓储保管等业务，并具有车辆进出通道和货物装卸作业条件的场所。

一级站：是指年货物吞吐量在6万t及以上的零担货运站。

二级站：是指年货物吞吐量在2万t及以上，但不足6万t的零担货运站。

三级站：是指年货物吞吐量在2万t以下的零担货运站。

零担货运站开业必须具有$300m^2$以上的停车场和$500m^2$以上的仓储面积，并有相应的安全设施和装卸能力；与零担运输业户签订零担货物线路运输合同；业主和业务人员需经运管机关培训，持有上岗证。

(3)零担线路运输业户。使用封闭式专用货车或封闭式专用设备，车身喷涂"零担货运"标志，车辆技术状况达到二级以上；经营省内零担货运需有5辆(25个吨位)以上零担货运车辆，跨省经营需有10辆(50个吨位)以上零担货运车辆，国际零担货运按国际双边运输协定办理；业主、驾驶员、业务人员须持有运管机关核发的上岗证。驾驶员应有安全行驶2年以上或安全行驶5万km以上的驾驶经历。

(二)零担货运开业审批程序

1. 提交文件

申请经营零担货运的业户须向运管机关提交下列文件：

开业申请报告；单位申办凭乡镇以上政府或上级主管部门的证明，个人申办凭居民身份证和乡镇以上政府证明；申请经营项目的可行性报告；按照开业条件要求，零担受理业户、零担货运站场、零担运输业户相互签订合作意向书；班线接发货站点的证明书。

2. 开业审批程序

(1)申请者持本办法第九条规定的文件，向经营所在地县级以上(含县)运管机关申领、填报《道路货物运输业户开业申请登记表》。

(2)运管机关收到《道路货物运输业户开业申请登记表》后，进行资格审查，并在30天内作出书面答复。经批准后，准予进行筹备。

(3)运管机关认定开业筹备工作合格后，方可核发《道路运输经营许可证》。

(4)申请者持《道路运输经营许可证》，向有关部门办理其他手续。

(5)申办经营零担线路运输业务，还须向运管机关办理零担货运车辆的《道路运输证》和填报《道路零担货运线路审批表》。经批准后，业户向运管机关领取单证、票据、零担货运线路牌，向社会公告，方可开业。

零担货运经营业户办理跨省异地经营零担货运业务，须经所在地运管机关逐级审核后，报省级运管机关同意，经异地省级运管机关同意后，办理异地经营手续，方可营业。申办经营零担货运站业务，在地市范围内经营的，由县级运管机关审核，报地市运管机关审批；跨地市、跨省经营的，由县、地市运管机关审核，报省级运管机关批准。

已开业的业户需扩大经营范围或合并、分立、迁移变更时，应经原批准开业的运管机关同意，按审批权限办理有关手续。

业户歇业、停业须提前30天向原开业审批机关提出申请，经批准后，办理手续，并向社会公布。经营零担线路运输不足6个月的，不得歇业、停业。

(三)零担货运经营规范

零担货运经营方式可采用定线、定点、定班运输形式或定线、定点、不定班运输形式。经营方式经批准后，不得随意变更。

在规定的距离和时间内将货物运达目的地的，为快件货物运输；应托运人要求，采取即托即运的，为特快件货物运输。快件零担货运是指从货物受理的当天 15:00 起算，300km 运距内，24h 以内运达；1000km 运距内，48h 以内运达；2000km 运距内，72h 以内运达。特快专运是指应托运人要求即托即运，在约定时间内运达。

托运人办理零担货物托运需填写运单，如有特殊运输要求，经承托双方同意，在运单中需注明特约事项。凡属法令禁限运货物，受理时应查验有效证明；零担危险货物，不准与普通货物混装。

零担货运汽车通行时需携带《道路运输证》、运单、零担货运线路牌，以备查验。

零担货物受理和零担货运站经营的业户，应在受理场所公布零担货运线路、站点、里程、班期表。

零担货物受理、仓储、装卸、起运、中转、到达、交付等环节，要严格履行交接制度，分清责任。经营零担货运的业户要按要求填报零担货物运输统计报表。

二、危险货物运输的管理

凡具有爆炸、易燃、毒害、腐蚀、放射性等性质，在运输、装卸和储存保管过程中，容易造成人身伤亡和财产损毁而需要特别防护的货物，均属危险货物。危险货物分为 8 类，即爆炸品，压缩液体，易燃液体，易燃固体、自燃物品和遇湿易燃物品，氧化剂和有机过氧化物，毒害品和感染性物品，放射性物品，腐蚀品。

（一）危险货物对运输工作的要求

1. 爆炸品

爆炸品，指在外界作用下（如受热、撞击等），能发生剧烈化学反应，瞬时产生大量的气体和热量，使周围压力急骤上升，发生爆炸，对周围环境造成破坏的物品。它也包括无整体爆炸危险，但有燃烧、抛射及较小爆炸危险，或仅产生热、光、声响或烟雾等一种或几种作用的烟火物品。

爆炸品货物对汽车运输工作的要求主要有如下几点。

（1）慎重选择运输工具。禁止使用以柴油或煤气燃料的机动车运输爆炸品货物，自卸车、三轮车、自行车，以及畜力车同样不能运输爆炸物品。这是因为柴油车容易飞出火星，煤气车容易发火，三轮车和自行车容易翻倒，畜力车牲口有时受惊不易控制，这些对于安全运输爆炸品具有潜在危险性。

（2）装车前应将货厢清扫干净，排除异物，装载量不得超过额定负荷。押运人应负责监装、监卸，数量点收点交清楚，所装货物高度超出部分不得超过货箱高的 1/3；封闭式车厢货物总高度不得超过 1.5m；没有外装的金属桶只能单层摆放，以免压力过大或撞击摩擦引起爆炸；在任何情况下，雷管和炸药都不得同车装运，或者两车在同时同一场所进行装卸。

（3）汽车长途运输爆炸品时，其运输路线应事先报请当地公安部门批准，按公安部门指定的路线行驶，不得擅自改变行驶路线，以利于加强运行安全管理，万一发生事故也可及时采取措施处置。车上押运人员不得单独行驶，押运人员必须熟悉所装货物的性能和作业注意事项等。车上严禁捎无关人员和危及安全的其他物资。

（4）汽车驾驶员必须集中精力，严格遵守交通法令和操作规程。行驶中注意观察，保持行车平稳。多辆车列队运输时，车与车之间应保持 50m 以上的安全距离。一般情况下，不得超车、抢行会车，非特殊情况下不准紧急制动。

(5)运输及装卸工作人员，都必须严格遵守保密规定。对有关弹药储运情况不准向无关人员泄漏，同时必须严格遵守有关库、场的规章制度，听从现场指挥人员或车押运人员的指导。装卸时必须轻拿轻放，严防跌落、摔碰、撞击、拖拉、翻滚等，以免发生着火和爆炸。

2. 压缩、液化、加压溶解气体货物

将常温常压条件下的气体物质，经压缩或降温加压后，储存于耐压容器、特制的高绝热耐压容器或装有特殊溶剂的耐压容器中，称为压缩、液化、加压溶解气体货物。常见的气体货物有氧气、氨气等。

本类货物的危险性主要是：容器有破裂或爆炸的危险；本类气体物质本身化学性质所引起的危险，如引起火灾、爆炸等危险事故。

从事汽车运输工作应注意如下两点：

(1)夏季运输除另有限运规定外，车上还必须有遮阳设施，防止暴晒。

(2)车上禁止烟火，运输可燃、有害气体时，车上应备有相应的灭火器和面具。

3. 易燃液体货物

易燃液体货物，指易燃的液体、液体混合物，或含有固体物质的液体。如乙醇、苯、二硫化碳、油漆类以及含有机溶剂制品等，其主要危险是燃烧和爆炸。对易燃液体货物汽车运输工作的要求，主要有如下几点。

(1)运输易燃液体货物，车上人员不准吸烟，车辆不得接近明火及高温场所。装运易燃液体的罐车行驶时，导除静电装置应接地良好。

(2)装运易燃液体的车辆，严禁搭乘无关人员，途中应经常检查车上货物的装载情况，如捆扎是否松动，包装件有否渗漏。发现异常时，应及时采取有效措施。

(3)夏天高温季节，当天气预报气温在30℃以上时，应根据当地公安消防部门的限运规定按指定时间进行运输，如公安部门无具体品名限制的，对一级易燃液体应安排在早、晚进行运输。如必须运输时，车上应具有有效的遮阳措施，封闭式车厢应保持车厢通风良好。

(4)不溶于水的易燃液体货物原则上不能通过越江隧道，或按当地有关管理部门的规定进行运输。

(5)装卸作业必须严格遵守操作规程，轻装、轻卸，防止货物撞击，尤其是内容器为易碎容器(玻璃瓶)时，严禁摔掼、重压、倒置，货物堆放时应使桶口、箱盖朝上，堆垛整齐、平稳。

4. 易燃固体、自燃物品和遇湿易燃物品货物运输

易燃固体货物，指燃点低，对热、撞击、摩擦敏感，易被外部火源点燃，燃烧迅速，并可能散出有毒烟雾或有毒气体的货物。如赤磷及磷的硫化物、硫磺、萘、硝化纤维塑料等。

自燃物品，指自燃点低，在空气中易于发生氧化反映，放出热量，而自行燃烧的物品。如黄磷和油浸的麻、棉、纸及其制品等。

遇湿易燃物品，指遇水或受潮，发生剧烈化学反应，放出大量易燃气体和热量的物品。其中有些不需明火，即能燃烧或爆炸，如钠、钾等碱金属，以及电石(碳化钙)等。

本类危险货物对汽车运输工作的要求，主要有如下几点。

(1)行车时，要注意防止外来明火飞到货物中，要避开明火高温区域场所。

(2)定时停车检查货物的堆码、捆扎和包装情况，尤其是要注意防止包装渗漏留有隐患。

(3)装卸时要轻装轻卸，不得翻滚。尤其是对含有稳定剂的包装件或内包装是易碎容器的，应防止撞击、摩擦、摔落，致使包装损坏而造成事故。

(4)严禁与氧化剂、强酸、强碱、爆炸性货物同车混装运输。

5. 氧化剂和有机过氧化物货物运输

氧化剂系指处于高氧化态，具有强氧化性，易分解并放出氧和热量的物质。这些物质本身不一定可燃，但能导致可燃物燃烧，与松软的粉末状可燃物能组成爆炸性混合物，对热、振动、摩擦较敏感，如硝酸钾、氯酸钾、过氧化钠、过氧化氢（双氧水）等。

有机过氧化物系指分子组成中含有过氧基的有机物。其本身易爆易燃、极易分解，对热、振动与摩擦极为敏感，如过氧化二苯甲酰及过氧化乙基甲基酮等。

对本类危险货物进行汽车运输，应注意如下几点。

(1)根据所装货物的特性和道路情况，严格控制车速，防止货物剧烈振动、摩擦。

(2)对于控温货物，在运输途中应定时检查制冷设备的运转情况，发现故障应及时排除。

(3)中途停车时，应远离热源、火种场所，临时停靠或途中停靠住宿过夜，车辆应有专人看管，并注意周围环境是否安全。

(4)重载时发生车辆故障维修时应严格控制明火作业，人不准离车，同样要注意周围环境是否安全，发现问题应及时采取措施。

6. 毒害品和感染性物品货物运输

毒害品系指进入肌体后，累积达到一定的量，能与体液和组织发生生物化学作用或发生物理学变化，扰乱或破坏肌体的正常生理功能，引起暂时性或持久性的病理状态，甚至危及生命的物品。如四乙基铅、氢氰酸及其盐、苯胺、硫酸二甲酯、砷及其化合物以及生漆等。

感染性物品系指含有致病的微生物，能引起病态，甚至死亡的物质。对这类物品无法给出衡量参数，也无法用化学试验确定，而需由卫生防疫部门认定。

对本类危险货物进行汽车运输工作的要求，主要有如下几点。

(1)防止本类危险货物丢失，这是行车中要注意的最重要事项。如果丢失不能找回，毒品落到没有毒品知识的群众或犯罪分子手里，就可能酿成重大事故。万一丢失而又无法找回，必须紧急向当地公安部门报案。

(2)要平稳驾车，勤加瞭望，定时停车检查包装件的捆扎情况，谨防捆扎松动、货物丢失。

(3)行车要避开高温、明火场所；防止袋装、箱装毒害品淋雨受潮。

(4)用过的苫布，或被毒害品污染的工具及运输车辆，在未清洗消毒前不能继续使用，特别是装运过毒害品的车辆未清洗前严禁装运食品或活动物。

(5)毒害品装运配载时须注意：氧化剂不得与有机毒害品配装，毒害品中的氧化物不得与酸性腐蚀物品配装，与其他物品也应隔离配载。

7. 放射性物品货物运输

根据国家标准规定，放射性物品系指放射性比活度大于规定的物品。

一些元素和它们的化合物或制品，能够自原子核内部自行放出穿透力很强而人的感觉器官不能察觉的粒子流（射线），具有这种放射性的物质称为放射性物品。放射性物质有如块状固体、粉末、晶粒、液态和气态等各种物理形态，如铀、钍的矿石及其浓缩物，未经辐照的固体天然负铀、贫化铀和天然钍以及表面污染物体（SCO）等。

本类货物对汽车运输及装卸工作的要求，主要有如下两点。

(1)放射性物品的配载。除特殊安排装运的货包外，不同种类的放射性货包（包括可裂变物质货包）可以混合装运、储存，但必须遵守总指数和间隔距离的规定。

放射性物品不能与其他各种危险品配载或混合储存，以防危险货物发生事故，造成对放射性物品包装的破坏，也避免辐射诱发其他危险品发生事故。

不受放射线影响的非危险货物可以与放射性物品混合配载。放射性货物应与未感光的胶片隔离。

(2)放射性货物运输装卸过程中的辐射防护。放射性照射又称辐射。辐射防护的目的是保障辐射工作人员(包括运输人员)和广大居民的健康,以及保护环境不受污染,以使伴有射线和放射性物质的生产科研活动得以顺利进行。

射线对人体的照射有两种:一种是人体处在空间辐射场中所受到的外照射;二是摄入放射性物质对人体或人体的某器官组织所形成的内照射。对两种照射都要进行防护。

8. 腐蚀品货物运输

凡从包装内渗漏出来后,接触人体或其他货物,在短时间内即会在被接触表面发生化学反应或电化学反应,造成明显破坏现象的物品,称为腐蚀品。如硝酸、硫酸、氯磺酸、盐酸、甲酸、溴乙酸、氢氧化钠、肼和水合肼、甲醛等。

对本类危险品进行汽车运输工作的要求,主要有如下几点。

(1)驾驶员要平稳驾驶车辆,特别在载有易碎容器包装的腐蚀品的情况下,当路面条件差、颠簸振动大而不能确保易碎品完好时,不得冒险通过。

(2)每隔一定时间要停车检查车上货物情况,发现包装破漏要及时处理或丢弃,防止漏出物损坏其他包装,酿成重大事故。

(3)腐蚀品的配载,应注意:酸性腐蚀品和碱性腐蚀品不能配载;无机酸性腐蚀品和有机酸性腐蚀品不能配载;无机酸性腐蚀品不得与可燃品配载;有机腐蚀品,不得与氧化剂配载;硫酸不得与氧化剂配载;腐蚀品不得与普通货物配载,以免对普通货物造成损害。具体规定可参见相关部门编制的配载表。

(4)装卸作业时要轻装轻卸,防止撞击、跌落,禁止肩扛、背负、揽抱、钩拖腐蚀品。酸坛外包装要用绳索套底搬动,以防脱底,酸坛摔落,发生事故。

(5)堆装时应注意,桶口、瓶口、箱盖上的指示标记,不准横放倒置,堆码要整齐、靠紧、牢固;没有封盖的外包装不得堆码。

(6)装卸现场应视货物特性,备有清水、苏打水(对酸性物质起中和作用)或稀醋酸(对碱性物质起中和作用),以应急求之需。

(7)需要丢弃时,要注意环境安全。

(二)公路危险货物运输的组织管理

1. 公路危险货物运输资质管理

1)从事汽车危险货物运输的基本条件

必须具备以下条件的运输企业或单位,并经公路运政管理机关批准,方能从事危险货物的运输。

(1)拥有与所从事危险货物运输范围相适应的停车场站、仓储设施等,并符合国家消防条例的规定。

(2)运输危险货物的车辆、装卸机械和工具等,必须符合汽车危险货物运输规则规定的技术条件和要求。

(3)从业人员必须掌握危险货物基础知识,熟悉汽车危险货物运输技术业务和有关安全管理规章,政治思想、技术业务素质符合岗位规范要求,对直接从事危险货物运输、装卸、理货等货物的作业人员,须经过培训、考核并取得道路运政管理机关颁发的有效“操作证”,才能凭证上岗作业。

(4)从事汽车危险货物运输的单位必须有健全的安全生产规程、岗位责任制度、车辆设备维修制度、安全管理制度和监督保障体系,并配备有能适应汽车危险货物运输生产和组织管理需要,懂业务、有技术、会管理的管理人员。

2)汽车危险货物运输的资质凭证

汽车危险货物运输的资质凭证,是证明汽车危险货物运输者、作业者的基本条件符合规定要求,并经过办理申报批准手续,有资格从事汽车危险货物运输、作业的凭证。它包括由公路运政管理部门审批、发放的加盖"危险货物运输"字样的《道路运输经营许可证》、《道路营业运输证》或《道路非营业运输证》、《危险货物作业证》以及汽车危险货物运输车辆标志和消防工作合格文件等。从业者凭《道路运输经营许可证》,向当地工商行政管理部门办理《工商营业执照》。

汽车危险货物运输车辆的《道路营业运输证》,是在办理了《道路运输经营许可证》和《工商营业执照》后办理的。

汽车运输危险货物作业证,是从事危险货物装卸、保管、理货和业务人员上岗作业的凭证。按职业岗位规范的要求,凡汽车危险货物作业人员,必须经过规定内容的技术业务培训,方准上岗作业。

汽车危险货物运输业户的安全工作合格文件,是指公安、消防部门按国家消防法规的规定,对汽车危险货物运输车辆的安全技术状况、运输设施的安全措施、生产安全制度、作业人员素质、消防设施和措施等进行审验合格后,发给的凭证文件。

综合上述,做好资质凭证的颁发工作,正确贯彻执行危险货物运输法律、规章制度,以及必要的管理和监督,是保障汽车危险货物运输行业素质,保证安全运输的基本条件。

2. 办理汽车危险货物运输业务有关规范

危险货物运输,要经过受理托运,仓储保管,货物装卸、运送、交付等环节,这些环节分别由不同岗位的人员操作完成。其中,对受理托运、货物运送及交接保管工作环节尤其应加强管理,其中的规范要点如下。

1)受理托运

营业人员在受理前必须对货物名称、性能、防范方法、形态、包装、单件质量等情况向托运人进行详细了解,再根据物品的危险性能与说明,在承运单上注明。

(1)问清包装、规格和标志是否符合国家规定要求,必要时现场进行了解。

(2)对新产品应检查附的《技术鉴定书》是否有效。

(3)按规定需要的"准运证件"是否齐全。

(4)问清运输前准备工作是否做好,装卸现场、环境是否符合安全运输条件,必要时应赴现场勘察。

(5)到达车站、码头的爆炸品、剧毒品、一级氧化剂、放射性物品(天然铀、钍类除外),在受理前应赴现场检查包装等情况,对不符合安全运输要求的,应请托运人改善后再受理。

2)货物运送

(1)详细审核托运单内容,发现问题要及时与营业部门联系,弄清情况后,再安排运行作业。

(2)必须按照货物性质和托运人的要求安排车班、车次,如无法按要求安排作业时,应及时与托运人联系进行协商处理。

(3)要注意气象预报,掌握雨雪和气温的变化。

(4)遇有大批量烈性易燃、易爆、剧毒和放射性物资时，须作重点安排，必要时召开专业会议，制订运输方案。

(5)安排大批量爆炸物品与剧毒物品跨省市运输时，应安排有关负责人员带队指导装卸和运行，确保安全生产。

(6)遇有特殊注意事项，应在行车单上注明，电话派车也须交代清楚。

3)交接保管

(1)自货物交付起至运达止，承运单位及驾驶、装卸人员应负保管责任。托运人派有押运人员的应明确各自应负的责任。

(2)严格货物交接，危险货物必须点收点交、签证手续完善。

(3)装货时发现包装不良或不符合安全要求的，应拒绝装运，待改善后再运。卸货时发生货损货差，收货人不得拒收，并应及时采取安全措施，以避免扩大损失，同时在运输单证上批注清楚。驾驶员、装卸工返回单位后，应向调度汇报，及时处理。

(4)因故不能及时卸货，在待卸期间行车人员应负责对所运危险货物的看管，同时应及时与托运人取得联系，作出处理决定。

(5)如所装货物危及安全时，承运人应立即报请当地运管部门会同有关部门进行处理。

3. 汽车运输危险货物运输车辆及站场设施管理

1)危险货物运输车辆的技术要求

危险货物具有燃烧、爆炸、毒害、腐蚀及放射等危险性质。这些性质的存在，就决定了运输危险货物车辆的结构、性能和装备必须符合一些相应的特殊要求。

(1)车辆排气管应有隔热罩和火星熄灭装置。

(2)装运大型气瓶，可移动式槽罐的车辆必须装备有效的紧固装置。

(3)车厢底板必须平整完好，周围栏板必须牢固。

(4)在装运易燃易爆危险品时，一般应使用木质底板车厢，如是铁质底板，应采取衬垫防护措施，例如铺垫胶合板等，但不能使用稻草片、麻袋等松软材料。

(5)装有易燃易爆危险品的车辆，不得使用明火修理或采用明火照明，不得用易产生火花的工具敲击。

(6)对装运放射性同位素的专用车辆、设备、搬运工具、防护用具，必须定期进行放射性污染程度的检查，当污染量超过规定允许水平时，不得继续使用。

(7)根据所装危险货物的性质，车辆要配备相应的消防器材和捆扎、防散失、防水等工具和用具。

(8)装运危险品的车辆应具备良好的避震性能的结构和装置。

(9)装运危险货物的车辆必须按国家标准规定设置“危险品”字样的信号装置，即三角形磁吸式“危险品”字样的黄色顶灯和车尾标志牌。

(10)对运输危险货物的车辆的限制：拖拉机不得装运爆炸物品、一级氧化剂、有机过氧化物、一级易燃品(包括固体、液体和气体)；自卸车原则上不得装运各类危险货物，但沥青、粗蒽、萘、散袋硫磺除外；非机动车不得装运爆炸物品、压缩气体和液化气体(民用液化石油气暂予免除限制)；畜力车不能驮运起爆器材、炸药或爆炸物品。

2)汽车危险货物运输设施管理

运输设施是指按一定技术标准建设，具有特定功能，供运输生产作业、经营活动使用的建筑物及场所。汽车危险货物运输设施，主要包括供危险货物运输使用的汽车场、汽车站、停车场、专用仓库等建筑物、场地及其他从事汽车危险货物运输生产作业、经营活动的场所。

(1)汽车危险货物运输设施的建设要求。

汽车危险货物运输设施建设,在选址、布局、结构、功能等方面,既要适应危险货物运输的技术条件、生产安全的要求,又必须符合环境保护、消防安全、劳动保护、交通管理等方面的规定。汽车危险货物运输设施,一般应建设在人口稀少的郊区,远离工厂企业、机关团体、商业网点密集及居民密集地区。建筑设计中,应充分考虑危险货物作业场所对消防措施、安全防护、三废处理、生态环境的特殊要求及万一发生事故的应急措施等问题。

为了使储存危险货物的仓库一旦发生燃烧等危险事故时,能限制灾情的扩大,各个储存危险货物的仓库之间,要保持一定防火安全距离,危险货物仓库之间,一般要保持防火间距20~30m。如果是储存爆炸物品和放射性物品,则必须按国家有关规定办理。

储存危险货物的仓库,在建筑设施上也有一定的要求。如仓库面积不要太大,一般不超过600m^2;仓库区必须与行政管理、生活区分开;每间库房应设有两个或不少于两个的安全出入口,库门应朝外开启。储存危险货物的仓库,还应有通风、防潮、防汛和避雷设施。仓库的电源装置必须采用防爆、隔离、密封式的安全设置。汽车危险货物运输的主管机关及运输企业都应当分别制订和实施各层次的运输设施管理制度,并按照制度的要求,切实加强运输设施的使用监督和技术状况的检查、维护工作,保证运输设施技术状况的完好。

(2)汽车危险货物运输生产现场的安全管理。

运输生产现场的安全管理,主要是指对汽车危险货物运输的重点干线、车站、港口、仓库、工厂及其他有关物资单位相关场所的安全设备、环境条件、车辆进出程序、货物装卸、储存保管货物、生产组织及其他生产作业中的安全管理工作。为切实做好汽车危险货物运输现场的安全管理工作,要制订相应的管理规则、岗位责任制、工作标准、管理工作程序和货物装卸操作规程等规章制度,并严格监督执行。

在运输现场安全管理的组织措施上,汽车危险货物运输企业应建立健全运输现场安全管理网。现场安全管理网,是在企业调度部门统一负责下,由调度、安全、质量机构及现场管理人员共同组成的管理体系。现场管理人员在人事关系上分属调度机构及有关车队领导;在业务工作上,由调度、安全、质量部门负责指导、安排具体工作任务。

各网点现场人员应掌握与危险货物运输有关的政策、法规、制度和操作规程、建立联系制度,做好安全、质量的监督、检查工作,及时处理现场发生的问题。

三、长大笨重货物运输的管理

(一)长大笨重货物运输的概念

因货物的体积、质量的要求,需要大型或专用汽车运输的货物,为大型特型笨重物件运输(俗称长大笨重货物运输)。

1. 长大笨重货物

长大笨重货物是指单件(含因货物性质或托运人要求不能分割、拆散的组合件和捆扎件,下同)长度在14m以上或宽度在3.5m以上、高度在3m以上的货物;或质量在20t以上的单体货物或不可解体的成组(捆)货物。

长大笨重货物按其外形尺寸和质量(含包装和支承架)分成四级:

一级大型物件是指达到下列标准之一者:长度大于14m(含14m)小于20m;宽度大于3.5m(含3.5m)小于4.5m;高度大于3m(含3m)小于3.8m;质量大于20t(含20t)小于100t。

二级大型物件是指达到下列标准之一者：长度大于20m（含20m）小于30m；宽度大于4.5m（含4.5m）小于5.5m；高度大于3.8m（含3.8m）小于4.4m；质量大于100t（含100t）小于200t。

三级大型物件是指达到下列标准之一者：长度大于30m（含30m）小于40m；宽度大于5.5m（含5.5m）小于6m；高度大于4.4m（含4.4m）小于5m；质量大于200t（含200t）小于300t。

四级大型物件是指达到下列标准之一者：长度在40m及以上；宽度在6m及以上；高度在5m及以上；质量在300t及以上。

2. 超限货物运输

超限运输是指达到下列条件之一者：

（1）车货总高度从地面算起4m以上；

（2）车货总长18m以上；

（3）车货总宽度2.5m以上；

（4）单车、半挂列车、全挂列车车货总质量在40000kg以上；集装箱半挂列车车货总质量在46000kg以上；

（5）车辆轴载质量在下列规定值以上：单轴（每侧单轮胎）载质量6000kg；单轴（每侧双轮胎）载质量10000kg；双联轴（每侧单轮胎）载质量10000kg；双联轴（每侧各一单轮胎、双轮胎）载质量14000kg；双联轴（每侧双轮胎）载质量18000kg；三联轴（每侧单轮胎）载质量12000kg；三联轴（每侧双轮胎）载质量22000kg。

（二）长大笨重货物运输的要求

依据公路长大笨重货物运输的特殊性，其组织工作环节主要包括办理托运、理货、验道、制订运输方案、签订运输合同、线路运输工作组织。

1. 办理托运

大型物件托运人（单位）必须向已取得大型物件运输经营资格的运输业户或其代理人办理托运。营业性道路大型物件运输业户，按其设备、人员等条件，分为四类：

（1）一类：能承运一级大型物件；

（2）二类：能承运一、二级大型物件；

（3）三类：能承运一、二、三级大型物件；

（4）四类：能承运一、二、三、四级大型物件。

托运人必须提供货物性质、质量、外廓尺寸及对运输要求的说明书并在（托）运单上如实填写大型物件的名称、规格、件数、件重、起运日期、收发货人详细地址及运输过程中的注意事项。凡未按上述要求办理托运或运单填写不明确，由此发生运输事故的，由托运人承担全部责任。承运前，承托双方应先查看货物和运输现场条件，需排障时由托运人负责或委托承运人办理；运输方案商定后办理运输手续。

2. 承运

大型物件承运人在受理托运时，必须根据托运人填写的运单和提供的有关资料，予以查对核实；承运大型物件的级别必须与批准经营的类别相符，不准受理经营类别范围以外的大型物件。凡未按以上规定受理大型物件托运，由此发生运输事故的，由承运人承担全部责任。

3. 理货

理货是大件运输企业对货物的几何形状、质量和重心位置事先进行了解，取得可靠数据和图纸资料的工作过程。通过理货工作分析,可为确定超限货物级别及运输形式、查验道路以及制订运输方案提供依据。

理货工作的主要内容包括:调查大型物件的几何形状和质量、调查大型物件的重心位置和质量分布情况、查明货物承载位置及装卸方式、查看特殊大型物件的有关技术经济资料,以及完成书面形式的理货报告。

4. 验道

验道工作的主要内容包括:查验运输沿线全部道路的路面、路基、纵向坡度、横向坡度及弯道超高处的横坡坡度、道路的竖曲线半径、通道宽度及弯道半径,查验沿线桥梁涵洞、高空障碍,查看装卸货现场、倒载转运现场,了解沿线地理环境及气候情况。根据上述查验结果预测作业时间、编制运行路线图,完成验道报告。

5. 制订运输方案

在充分研究、分析理货报告及验道报告的基础上,制订安全可靠、可行的运输方案。其主要内容包括:配备牵引车、挂车组及附件,配备动力机组及压载块,确定限定最高车速,制订运行技术措施,配备辅助车辆,制订货物装卸与捆扎加固方案,制订和验算运输技术方案,完成运输方案书面文件。涉及其他部门的应事先向有关部门申报并征得同意,方可起运。

6. 签订运输合同

根据托运方填写的委托运输文件及承运方进行理货分析、验道、制订运输方案的结果,承托双方签订书面形式的运输合同,其主要内容包括:明确合同生效时间、承托双方就负责任、有关法律手续及运费结算方式、付款方式等。

7. 装卸

大型物件运输的装卸作业,由承运人负责的,应根据托运人的要求、货物的特点和装卸操作规程进行作业。由托运人负责的,承运人应按约定的时间将车开到装卸地点,并监装、监卸。

在货物的装卸过程中,由于操作不当或违反操作规程,造成车货损失或第三者损失的,由承担装卸的一方负责赔偿。

8. 线路运输工作组织

线路运输工作组织包括:成立临时性的大件运输工作领导小组,负责实施运输方案,执行运输合同和相应对外联系。领导小组下设行车、机务、安全、后勤生活、材料供应等工作小组及工作岗位,并组织相关工作岗位责任制,组织大型物件运输工作所需牵引车驾驶员、挂车操作员、修理工、装卸工、工具材料员、技术人员及安全员等依照运输工作岗位责任及整体要求认真操作、协调工作,保证大件运输工作全面、准确完成。

9. 费收规定

大型物件运输费用按交通主管部门和物价管理部门的有关规定,由承、托双方协商确定。

因运输大型物件发生的道路改造、桥涵加固、清障、护送、装卸等费用,由托运人负担。

(三)标志旗和标志灯

运输大型物件,应按有关部门核定的路线行车。白天行车时,悬挂标志旗;夜间行车和停车休息时装设标志灯。

1. 标志旗

(1)标志旗的规格。标志旗采用布料等腰三角形旗帜。三角形底长 150mm,腰长 300mm,旗帜中间印有“大件”字样。标志旗的底色和中间字体的颜色,应与运输大型物件自身颜色有明显区别。

(2)标志旗的使用。在运输过程中,标志旗分别竖于牵引车辆前方两侧和挂车装载物件上的最宽处。如果挂车装载物件的长度超过挂车尾部,需在物件末端的最高点装设标帜旗。

(3)标志旗的管理。标志旗由运输经营业户自行制作和安装。

2. 标志灯

(1)标志灯的规格。标志灯采用运输车辆自身电源和与电源功率相匹配的红色灯泡连接而成。

(2)标志灯的使用。标志灯在挂车装载物件的最宽处和超过挂车尾部的最长处装设。

(3)标志灯的管理。标志灯由运输经营业户自行制作和安装。

(四)超限货物运输的管理

我国超限运输车辆行驶公路的管理工作实行"统一管理、分级负责、方便运输、保障畅通"的原则。国务院交通主管部门主管全国超限运输车辆行驶公路的管理工作。县级以上地方人民政府交通主管部门主管本行政区域内超限运输车辆行驶公路的管理工作。超限运输车辆行驶公路的具体行政管理工作,由县级以上地方人民政府交通主管部门设置的公路管理机构负责。

在公路上行驶的车辆的轴载质量应当符合《公路工程技术标准》(JTG B01—2003)的要求。但对有限定荷载要求的公路和桥梁,超限运输车辆不得行驶。

1. 申请

超限运输车辆行驶公路前,其承运人应按下列规定向公路管理机构提出书面申请。

(1)跨省(自治区、直辖市)行政区域进行超限运输的,由途经公路沿线省级公路管理机构分别负责审批,必要时可转报国务院交通主管部门统一进行协调。

(2)跨地(市)行政区域进行超限运输的,由省级公路管理机构负责审批。

(3)在本地(市)行政区域内进行超限运输的,由地(市)级公路管理机构负责审批。

承运人向公路管理机构申请超限运输车辆行驶公路时,除提交书面申请外,还应提供下列资料和证件:

货物名称、质量、外廓尺寸及必要的总体轮廓图;

运输车辆的厂牌型号、自载质量、轴载质量、轴距、轮数、轮胎单位压力、载货时总的外廓尺寸等有关资料;

货物运输的起讫点、拟经过的路线和运输时间;

车辆行驶证。

超限运输车辆行驶公路前,其承运人应根据具体情况分别依照下列规定的期限提出申请:

对于车货总质量在40000kg以下,但其车货总高度、长度及宽度超过规定的超限运输,承运人应在起运前15日提出书面申请;

对于车货总质量在40000kg以上(不含40000kg),集装箱车货总质量在46000kg以上(含46000kg)、100000kg以下的超限运输,承运人应在起运前1个月提出书面申请;

对于车货总质量在100000kg(不含100000kg)以上的超限运输,承运人应在起运前3个月提出书面申请。

2. 审批

公路管理机构在接到承运人的书面申请后,应在15日内进行审查并提出书面答复意见。公路管理机构在审批超限运输时,应查阅超限运输所经公路路段的技术等级,桥梁(涵洞)负重参数,隧道高、宽尺寸等。根据实际情况,对需经路线进行勘测,选定运输路线,计算公路、桥梁承载能力，制订通行与加固方案，与承（托）运方共同研究运输过程的道路保障以及需要改路、加宽路基、加固桥涵负重能力等方面的资金补偿等有关问题后，并与承运人签订有关协议。

公路管理机构应根据制订的通行与加固方案以及签订的有关协议，对运输路线、桥涵等进行加固和改建，保障超限运输车辆安全行驶公路。

公路管理机构进行的勘测、方案论证、加固、改造、护送等措施及修复损坏部分所需的费用，由承运人承担。

公路管理机构对批准超限运输车辆行驶公路的，应签发《超限运输车辆通行证》（以下简称《通行证》）。《通行证》式样由国务院交通主管部门统一制定，省级公路管理机构负责统一印制和管理。

3. 通行管理

承运人必须持有效《通行证》，并悬挂明显标志，按公路管理机构核定的时间、路线和时速行驶公路。超限运输车辆未经公路管理机构批准，不得在公路上行驶。承运人不得涂改、伪造、租借、转让《通行证》。超限运输车辆的型号及运载的物品必须与签发的《通行证》所要求的规格保持一致。

超限运输车辆通过桥梁时，时速不得超过5km，且应匀速居中行驶，严禁在桥上制动或变速。

四级公路、等外公路和技术状况低于三类的桥梁，不得进行超限运输。

公路管理机构应在公路桥梁、隧道及渡口设置限载、限宽、限高标志。

公路管理机构可根据需要在公路上设置运输车辆轴载质量及车货总质量的检测装置，对超限运输车辆进行检测。对超过限值标准且未办理超限运输手续的超限运输车辆，应责令承运人自行卸去超限的部分物品，并补办有关手续。

公路管理机构应加强对超限运输车辆行驶公路的现场管理，并可根据实际情况派员护送。在公路上进行超限运输的承运人，应当接受公路管理人员依法实施的监督检查，并为其提供方便。

4. 法律责任

在公路上擅自超限运输的，县级以上交通主管部门或其授权委托的公路管理机构应当责令承运人停止违法行为，接受调查、处理，并可处规定金额的罚款。对公路造成损害的，还应按公路赔（补）偿标准给予赔（补）偿。

承运人拒绝、阻碍公路管理人员依法执行职务未使用暴力、威胁方法的，依照治安管理规定处罚；构成犯罪的，依法追究刑事责任。

交通主管部门或公路管理机构的工作人员玩忽职守、徇私舞弊、滥用职权，构成犯罪的，依法追究刑事责任；尚不构成犯罪的，由所在单位或上级主管部门依法给予行政处分。

四、鲜活货物运输的管理

（一）鲜活货物的概念

鲜活货物运输是指在运输过程中，需要采用保鲜措施，并需在限定运输期限内运抵的货物。在鲜活货物运输过程中需要采取一定的措施，以确保这类货物在运输过程中不发生死亡和腐烂变质，公路汽车运输的鲜活易腐货物主要有鲜鱼、瓜果、蔬菜、家禽、牲畜、鲜蛋等。鲜活易腐货物死亡腐烂的主要原因有以下几种：一是微生物的繁殖，二是呼吸作用，三是途中照顾不当等。

（二）鲜活易腐货物运输特点

1. 季节性强，运量变化较大

水果上市季节，运量突然增大，而且随着自然条件和气候影响的变化，产量会有波动。南方的冬早蔬菜，亚热带气候地区的西瓜、芒果、香蕉、菠萝等瓜果，运量逐年增大，还远销东北、华北各省及香港、日本等地。

2. 沿途都需要特殊照料

运输牲畜、家禽、鱼苗、蜜蜂、花木、秧苗（树种）等鲜活货物，如不针对其各自的特殊需要加以照料，会出现大批死亡的严重后果。

3. 运送时间要求紧迫，应优先运输

鲜活易腐货物在运输时间上比普通货物要求及时、迅速，南方省份的冬早蔬菜运往北京、东北或出口，往往靠短途汽车运往机场，然后用飞机运出，如果短途运输耽误了时间，飞机再快，蔬菜也就不新鲜了，失去了应有的价值。所以，鲜活物资运输应做到及时、迅速，才能保证货主和运输企业同时取得好的经济效益。要能做到这一点，就要求有相应的设备并加强对货主及其他运输方式的协调和组织管理工作。

（三）鲜活货物的承、托运

鲜活货物运输的主要要求是明确责任、及时运输。

在办理鲜活货物托运时应符合有关的规定要求，提供最长运输期限及途中管理、照料事宜的说明书。货物允许的最长运输期限应大于汽车运输能够达到的期限。

承运单位必须有保持鲜活货物不变质所必需的运输工具、设备及保管措施，如控温集装箱、冷藏仓库等。承运人受理承运后，应按要求及时起运，双班作业，直达运输，保证按时运达。途中需要管理、照料时，应按规定为货主提供方便，满足其需要，不得阻止、刁难，否则应负责货物损害赔偿。

五、贵重货物运输的管理

贵重货物是指价值昂贵，在运输过程中承运人须承担经济责任的货物。如贵重金属、精密仪器、高档电器、珍贵艺术品等。

贵重货物运输管理，最重要的是做到安全运输，保证货物价值完好无损。为保证运输安全，托运人在办理托运时，应提供货物规格、性质及对运输要求的说明书，必要时承托双方应先查看货物和运输现场条件，商定运输方案后方可办理运输手续。

贵重货物应实行自愿保价运输。办理保价运输的货物，托运人必须在货物运单价格栏内，准确地填写货物的声明价格，必要时承运人可进行核实；对不具备同品名、同规格、同包装的计件货物，还应向承运人提交货物单件价格的物品清单；办理保价运输的货物，应在运单上加盖"保价运输"戳记，承运人按货物保价金额核收一定比例的保价费。不实行保价运输的贵重货物，发生货损货差时，按一般货物赔偿；办理保价运输的货物，按声明价格赔偿，实际损失低于声明价格时，按实际损失赔偿。

六、禁限运货物运输的管理

1. 禁限运货物的概念

禁运货物，指根据国家法律和有关规定，须经指定主管机关批准，并出具准运证明方可运输的货物。如弹药、武器、剧毒药品、毒品、珍稀动植物、贵重金属、历史文物等。

限运货物,指限定数量或区域内运输的货物。限运货物一般是属于紧缺的重要物资,为了保持供需平衡,以满足物质生产和生活消费的基本需求,由省、自治区、直辖市以上人民政府确定限制运输时间、数量和流通区域的物资。这是一种权宜性的经济措施。限运有长期、短期与临时之分。

2. 禁运限运货物的管理

实行货物禁限运制度是国家对国民经济正常运行、国家和社会的稳定、人民生活的需要所采取的法律的行政手段和措施。为了执行国家的法律和政令,禁限运货物运输必须做到:

(1)坚持凭证制度。托运禁限运货物必须持省级以上人民政府或有其授权的主管部门出具有效的准运证明按照批准运输的品名、规定、数量、线路、起讫站填写托运单进行托运。

(2)按经营范围受理运输。运输禁运限运货物的运输企业必须按照运政机关核定的经营范围、营运线路受理托运,按照禁限运货物运输规定,审验准运证明,核实货物品名、规格、数量、线路、起讫站等,确认无误后,方可受理。

第三章　物流管理

第一节　物流系统与运输系统

一、物流系统

(一)物流系统的概念

物流是广泛采用计算机信息技术和现代物流技术,实现物品从供应地向接收地的实体流动过程。根据实际需要,运用系统的观念,将运输、存储、包装、装卸、搬运、配送、流通加工、信息处理、客户服务等基本功能实施有机结合,就构成了物流系统。

单一的运输或单一的包装等不能成为物流,只有基本的功能要素组合在一起才能称之为物流和物流系统。

(二)物流系统的三要素

物流系统由输入、处理、输出三要素组成。外部环境向系统的输入经过系统以自身所具有的特定功能,将输入的内容进行必要的转化和处理,使之成为有用的产成品,最后,将经过处理后的内容向外部输出供外部环境使用,从而完成输入、处理、输出的基本功能要素。这是一个全循环过程。

作为物流系统的输入是输送、存储、搬运、装卸、包装、物流情报、流通加工等环节所消耗的劳务、设备、材料等资源,经过处理转化,变成全系统的输出,即物流服务。整体优化的目的就是要使输入最少,即物流成本最低,消耗的资源最少,而使作为输出的物流服务效果最佳。

(三)物流系统的基本功能

从系统的角度,物流系统具有以下几种基本功能:

(1)运输。运输,即运用运输工具(铁路、公路、水运、航空和管道等)将货物按客户要求运送到指定地点。

(2)存储。存储又分为仓储管理与库存控制。

(3)装卸。装卸包括装上、卸下和搬运。

(4)包装。包装包括工业包装、销售包装及物流包装。

(5)配送。配送是在一定的经济合理区域范围内,根据客户要求对物品进行分拣、加工、包装、分割、组配等作业,并按时送达指定地点的物流活动。

配送是物流系统中一种特殊的、综合的活动形式,是商流与物流的紧密结合,包含了物流中若干功能要素的一种物流活动。从系统的角度来说,配送几乎包括了所有的物流功能要素,是物流的一个缩影或在较小范围内物流全部活动的体现。

配送既是基本的物流系统功能要素,也是能够产生增值的物流功能要素。

(6)流通加工。流通加工包括生产型加工、促销型加工和物流型加工。其中，物流型加工的主要业务是预冷、冷冻、冷藏、理货、拆解、贴物流标签、添加防虫防腐剂，这些工作有利于物流，达到保护商品的目的。

(7)物流信息。物流信息包括要素信息、管理信息、运作信息和外部信息。

要素信息包括流体、载体、流向、流量、流程五个要素，涉及物流全局。管理信息包括物流企业或企业物流部门人、财、物等信息，涉及物流组织内部的各种信息。运作信息包括功能、资源、网络、市场、客户、供应信息，涉及物流过程与市场的信息。外部信息包括政策、法律、技术等，涉及物流环境的信息。

除以上基本功能外，物流系统还具有增值服务功能。

(四)物流系统的模式

物流系统化问题，即把物流的各个环节(子系统)联系起来看成一个物流大系统进行整体设计和管理，以最佳的结构、最好的配合，充分发挥其系统功能、效率，实现整体物流合理化。

1. 物流系统化的目标(5S)

(1)服务性(Service)。在为用户服务方面要求做到无缺货、无货物损伤和丢失等现象，且费用便宜。

(2)快捷性(Speed)。要求把货物按照用户指定的地点和时间迅速送到。为此可以把物流设施建在供给地区附近，或者利用有效的运输工具和合理的配送计划等手段。

(3)有效地利用面积和空间(Space saving)。应逐步发展立体化设施和有关物流机械，求得空间的有效利用。

(4)规模适当化(Scale optimization)。应该考虑物流设施集中与分散的问题是否适当，对机械化与自动化如何合理利用，情报系统的集中化所要求的电子计算机等设备的利用等。

(5)库存控制(Stock control)。库存过多则需要更多的保管场所，而且会产生库存资金积压，造成浪费。因此，必须按照生产与物流的需求变化对库存进行控制。

上述物流系统化的目标简称“5S”。要发挥以上物流系统化的效果，就要把从生产到消费过程的货物量作为一贯流动的物流量看待，依靠缩短物流路线，使物流作业合理化、现代化，从而降低其总成本。

2. 物流系统设计的六个基本元素(数据)

在进行物流系统设计中，需要以下几个方面的基本数据。

(1)所研究商品(Products)的种类、品目等。

(2)商品的数量(Quantity)多少，年度目标的规模、价格。

(3)商品的流向(Route)，生产厂配送中心、消费者等。

(4)服务(Service)水平，速达性、商品质量的保持等。

(5)时间(Time)，即不同的季度、月、周、日、时业务量的波动、特点。

(6)物流成本(Cost)。

以上P、Q、R、S、T、C称为物流系统设计有关基本数据的六个要素，这些数据是物流系统设计中必须具备的。

二、运输系统

运输是人类社会的基本活动之一，它是我们每个人生活中的重要组成部分，是现代社会经济活动中不可缺少的重要内容。同时，运输还是物流体系中最重要的功能要素之一，运输的合理化在很大程度上促进了物流的合理化。

（一）运输的概念

运输是人和物的载运及输送（这里专指“物”的载运及运输）。它是在不同地域范围间（如国家之间、城市之间、工厂之间，或一个大企业内相距较远的两个车间之间），以改变“物”的空间位置为目的的活动，对“物”进行空间位移。

（二）运输方式及选择

按运输设备及运输工具的不同分类，运输方式主要有公路运输、铁路运输、水路运输、航空运输和管道运输。选择哪种运输方式，主要考虑两个基本因素，一是速度，二是费用。速度快，往往费用高。因此，具体进行选择时应从运输需要的不同角度进行综合评价。

1. 公路运输

公路运输指使用机动车辆在公路上运送货物。公路运输主要承担近距离、小批量货运，承担铁路及水运难以到达地区的长途、大批量货运，以及铁路、水运优势难以发挥的短途运输，是铁路、水路运输方式不可缺少的接驳工具。其特点是灵活性强、便于实现门到门的运送，但单位运输成本相对比较高。

2. 铁路运输

铁路运输指使用铁路列车运送货物。铁路运输主要承担中长距离、大批量的货物运输，在干线运输中起主要作用。其特点是运送速度快、载运量大、受自然条件影响小。但建设投入大，只能在固定线路上行驶；灵活性差、需要其他运输方式配合与衔接；长距离运输分摊到单位运输成本的费用较低，短距离运输成本很高。

3. 水路运输

水路运输指使用船舶在内河或海洋运送货物。它与铁路运输相似，主要承担中远距离、大批量的货物运输，在干线运输中起主要运力作用。其特点是能进行低成本、远距离、大批量的运输，但运输速度慢，且受自然条件影响较大，如水域、港口、水位、气候等，有时甚至要中断运输。

4. 航空运输

航空运输指使用飞机等航空器进行运输。航空运输主要承担价值高或紧急需要的货物运输。其特点是速度快，但单位运输成本高，且受货物的质量限制。

5. 管道运输

管道运输指使用管道运送气体、液体和粉状固体货物，其运输形式是靠压力推动物体在管道内移动。管道运输与其他运输的最大区别在于，管道设备是静止不动的。该运输方式的特点是封闭运输，可避免货损货差，连续性强，运量大，机械化程度高，运输费用低；但灵活性较差，对运输货物有特定要求和限制。

6. 综合运输

综合运输指综合利用多种运输方式，互相协调、均衡衔接的现代化运输系统。

（三）运输系统

1. 运输系统的概念

系统是具有特定功能的、相互间具有有机联系的许多要素构成的一个整体。对运输系统而言，其特定功能就是实现人或物的空间位移，其要素包括实现整个运输功能所需的运输线路、运输节点、运输工具、工作人员、运输技术等内容。

2. 现代运输系统的组成

1)运输线路

运输线路是供运输工具定向移动的通道,是运输工具赖以运行的物质基础。由陆上运输线路(包括铁路和公路)、水运航线、民航航线、管道等组成。

运输线路是运输的基础设施,是构成运输系统最重要的要素。

2)运输节点

所谓运输节点,指以连接不同运输方式为主要职能、处于运输线路上的、承担货物的集散、运输业务的办理、运输工具的保养和维修的基地与场所。运输节点是物流节点中的一种类型,属于转运型节点,如不同运输方式之间的转运站、终点站都属于运输节点范畴。

3)运输工具

运输工具是指在运输线路上,用于载重货物并使其发生位移的各种设备装置,是运输能够进行的基础设施。包括铁路机车、公路机动车、船舶、飞机等。

4)物主与运输参与者

运输是物流活动,必须由物主和运输参与者共同参与才能进行。

(1)物主。即货物的所有者,包括托运人(或称委托人)和收货人。

(2)承运人。即运输活动的承担者。

(3)政府。政府总是期望有一种稳定而有效的运输环境,以使经济能持续增长。政府通常采用多种方式来干预和影响运输市场。

(4)货运代理人。货运代理人是根据用户的指示,并为用户的利益而揽取货物运输的人,其本人不是承运人。

(5)运输经纪人。运输经纪人是替托运人、收货人和承运人协调运输安排的中间商。协调的内容包括装运装载、费率谈判、结账和跟踪管理等。经纪人也属于非作业中间商。在一定程度上,运输经纪人和货运代理人的功能和作用是相同的。

(6)公众。作为直接参与者的公众关注运输的可达性、费用和效果,而没有直接参与的公众也关心环境和安全问题。随着公众环保意识的增强,消费者不仅要求最大限度地降低成本,而且密切关注与环境和安全标准有关的交易代价,因为这些都和消费者的切身利益相关。

显然,各方的参与使运输关系变得很复杂,运输决策也很复杂。这种复杂性要求运输管理者需要考虑多方面的因素,顾及各方面的利益。

第二节　物流企业的分类标准

近年来,我国市场对物流的需求越来越大,但物流行业仍是国民经济发展的薄弱环节。相对于发达国家而言,我国物流成本高、时间消耗多、增值及物流信息服务收益少,物流标准化滞后是制约我国现代物流发展的瓶颈。另外,我国物流市场竞争秩序很不规范,特别是第三方物流企业中存在着不少"鱼目混珠"者。为了推动物流业加快发展,规范物流市场竞争秩序,引导物流企业健康发展,在国家发改委、商务部等有关部门支持下,国家标准化管理委员会于2003 年成立了全国物流标准化技术委员会和全国物流信息管理标准化技术委员会,由这两个技术委员会统一制(修)订有关物流的国家标准。2005 年 5 月 1 日,国家质量监督检验检疫总局和国家标准化管理委员会联合发布的《物流企业分类与评估指标》(GB/T 19680—2005)国家标准正式实施,该标准适用于我国各类物流企业的界定、物流市场对物流企业的评估与选择，同时也是对物流企业进行规范与管理的依据。这个标准的出台是国家推动现代物流发展的一个重要举措，在认定物流企业服务能力与服务品质方面迈出了宝贵的一步，对全国所有的物流企业来说更是一件关系其切身利益的大事。

一、物流企业的定义

根据标准，我们把从事运输（含运输代理、货物快递）或仓储一种经营业务，并能够按照客户物流需求对运输、存储、装卸、包装、流通加工、配送等基本功能进行组织和管理，具有与自身业务相适应的信息管理系统，实行独立核算、独立承担民事责任的经济组织，称为物流企业。

把物流企业通过对运输、存储、装卸、搬运、包装、流通加工、配送和信息管理等基本功能的组织与管理来满足客户物流需求的行为称为物流服务。如果一个物流企业能够为客户制订整体性的物流方案，并对物流活动要素进行规划、组织、实施和系统化运作，则该物流企业为客户提供的就是综合物流服务。物流信息管理，是应用现代信息技术和手段完成物流过程中的信息采集、处理、存储、传输和交换，实现物流信息电子化、数字化、网络化。

二、物流企业分类标准内容

根据物流企业以某项服务功能为主要特征，并向物流服务其他功能延伸的不同状况，物流企业可分为运输型、仓储型、综合服务型三种类型。

1. 运输型物流企业

运输型物流企业应同时符合以下要求：

（1）以从事货物运输业务为主，包括货物快递服务或运输代理服务，具备一定规模；

（2）可以提供门到门运输、门到站运输、站到门运输、站到站运输服务和其他物流服务；

（3）企业自有一定数量的运输设备；

（4）具备网络化信息服务功能，应用信息系统可对运输货场进行状态查询、监控。

2. 仓储型物流企业

仓储型物流企业应同时符合以下要求：

（1）以从事仓储业务为主，为客户提供货物储存、保管、中转等仓储服务，具备一定规模；

（2）企业能为客户提供配送服务以及商品经销、流通加工等其他服务；

（3）企业自有一定规模的仓储设施、设备，自有或租用必要的货运车辆；

（4）具备网络化信息服务功能，应用信息系统可对货物进行状态查询、监控。

3. 综合服务型物流企业

综合服务型物流企业应同时符合以下要求：

（1）从事多种物流服务业务，可以为客户提供运输、货运代理、仓储、配送等多种物流服务，具备一定规模；

（2）根据客户的需求，为客户制订整合物流资源的运作方案，为客户提供契约性的综合物流服务；

（3）按照业务要求，企业自有或租用必要的运输设备、仓储设施及设备；

（4）企业具有一定运营范围的货物集散、分拨网络；

（5）企业配置专门的机构和人员，建立完备的客户服务体系，能及时有效地提供客户服务；

（6）具备网络化信息服务功能，应用信息系统可对物流服务全过程进行状态查询和监控。

值得注意的是,“物流企业”与“企业物流”并不是同一个概念。企业物流是指企业内部的物品实体流动,是从企业角度研究与之有关的物流活动,是具体的、微观的物流活动的典型领域。

三、物流企业分类标准的意义

物流企业分类标准的意义主要表现在以下几个方面。

1. 可以统一国内物流概念

我国的物流发展借鉴了很多国外的经验,但是由于各国在物流的认识上有着众多的学派,造成了国内相关人士对物流的理解存在偏差。

2. 可以规范物流企业

目前我国市场上出现了越来越多的物流企业,其中不乏新生企业和从相关行业转行的企业,层出不穷的物流企业也使物流队伍良莠不齐。

3. 可以提高物流效率

物流业是一个综合性的行业,它涉及运输、包装、仓储、装卸搬运、流通加工、配送和信息等各个方面。

4. 可以使国内物流与国际接轨

全球经济一体化的浪潮,使世界各国的跨国公司开始把发展的目光集中到我国。特别是我国加入 WTO 后,物流业将受到来自国外物流公司的冲击。所以,我国的物流业必须全面与国际接轨,接纳最先进的思想,运用最科学的运作和管理方法,改造和武装我们的物流企业,以提高竞争力。从我国目前的情况看,物流企业的分类标准建设将是引导我国物流企业与国际物流接轨的最佳途径。

第三节　传统道路货运企业向现代物流业转型的途径

目前,我国传统道路货运企业在发展过程中存在一系列的问题,如资金不足,技术水平低等,在新一轮的竞争中面临着巨大的风险。现代物流业的兴起,对货物运输业,特别是道路货物运输业影响十分巨大,迫使传统道路运输业必须进行一系列的变革,同时亦是走出困境、大力发展的绝好机会。

那么,在当前的社会和市场环境下,传统道路货运企业如何依托自身优势,积极快速地实现向现代物流的真正转型,以满足现代物流产业快捷、高效、低成本的要求,从而适应正在到来的外资物流企业的竞争的问题,就摆在了我们的面前。

一、传统道路货运企业向现代物流业转型的战略选择

1. 传统道路货运企业的战略选择

(1)首先要转变传统的经营理念,运用现代物流的系统、服务、创新、动态、整合的经营管理理念,做好经营管理工作。观念的转变是根本的转变,以“创造价值”的观念来取代“利益的获得”;以主动服务取代被动服务,即不只是客户提什么,我们服务什么,而是要主动地提出服务项目,制订量体裁衣方式的服务项目和个性化服务方案,为顾客创造增值服务,使客户有利可图,最终实现“双赢”的目的。

(2)传统道路运输业转型的战略目标定位——建立现代化的第三方物流企业。

传统道路运输企业的最佳选择是向第三方物流方向转变。因其本身所从事的已是物流全过程中的某个业务层面,比较容易转向第三方物流型企业。传统道路货运企业转型后,所建立的第三方物流企业主要目标应是:减少成本、改进服务等方面。

(3)通过转变传统服务流程,将单一的、各自分散的、断开脱节的传统运输业务整合为全程优化的、各环节之间无缝链接的完整供应链系统。应用计算机网络和信息技术来支持物流全过程的优化和整合程度。这样就大大降低了物流费用,缩短了物流时间。这就是现代物流与传统物流的根本区别所在,也是物流产业迅速发展的主要原因。

2. 传统道路运输业向第三方物流企业转型的策略

(1)立足现有资源,延伸、提升传统业务,积极变革转型。

传统道路货运业务,服务范围比较单一,运输只管运输,仓储只做货物储存、装卸等,这是传统货运企业的通病。传统道路货运业要通过规范操作、科学管理,充分利用物流网络功能,拓展延伸业务,逐步实现转型变革。比如南昌华顺运输有限公司投资兴建的物流仓储配送中心,就是旨在逐步发展为为客户仓储、运输服务的同时,拓展进货、流通加工、送料、配送产品、物流信息等服务内容,从而形成从原料到生产厂家,再从生产厂家到销售点乃至消费者的一条龙服务企业。

(2)整合物流资源,建立物流联盟,寻找市场切入点。

在整合传统业务流程中必然会遇到整合物流资源的问题,在充分利用与调整已有资源的基础上,可考虑寻找物流联盟。

(3)建立自身的信息管理与网络管理系统。

信息与网络技术是现代物流的核心,第三方物流企业能否提供一条龙服务,关键取决于其信息处理能力的强弱。传统运输业若要转型为第三方物流企业,必须及时逐步建立一套基于Intranet/Internet的物流信息管理系统和物流企业资源计划(ERP)等管理系统。建立以信息交换为中心的全方位、多角度的监控和管理系统。能对业务流程进行全程动态实时跟踪,让客户随时掌握每票承运的业务运作的动态结果,并能方便地进行查询,自动生成报表,准确进行数据分析与交换。

二、道路货运企业向现代物流业转型后的业务策略

(一)业务开展总体规划

依据物流市场供求关系,转型后的道路运输企业应以物流经营业务的设计、物流营销网络的形成、营销组织的建立和物流技术的推广等方面为突破口,逐步拓展物流市场。具体阐述如下:

1. 按照物流运作规律,探讨现代物流运作理念

转型后,道路运输企业必须改变传统的运输经营观念、开发全新的运输服务方式,这也是进行技术创新、组织创新、管理创新和制度创新的过程。因而必须树立以下几个经营理念:

(1)树立系统的观念,不要把物流各环节分割开来,要整体通盘考虑;

(2)以优质服务水准满足社会物流需求的理念;

(3)从物流全过程考察物流费用的观念;

(4)以“用户成功之日就是物流经营者成功之时”的思想,参与用户物流管理过程的观念;

(5)以致力于创新作为竞争手段的观点。

2. 物流经营项目的设计

对货运企业而言,物流服务项目可以分为两大类:物流服务一体化、物流服务专门化。实践表明,应重点发展前者。刚起步的物流企业则可以根据自身条件,以物流服务专门化切入现代物流领域,逐步向物流服务一体化方向发展。

3. 物流经营组织

为了适应现代市场竞争的需要,建立在企业战略管理基础上的组织结构必然要取代大而全、小而全经营方式的组织结构。建立现代企业制度,强化企业战略活动标准,并以此来规范各战略经营单位的经营行为和相关利益划分,形成良好的物流企业运作机制,是进行物流系统组织设计的重要内容。

4. 物流业务的营销手段

物流业务开展不是传统意义上产品的推销,推销物流业务,其实质是推销一套物流运作方案,是客户和物流服务提供者都能接受的双赢方案,这就要求业务员具有较高的综合素质。作为物流企业,在市场开拓中,还要特别注重在客户中建立良好的信用关系,树立良好的企业形象,与客户建立起相互信赖、长期合作的良好伙伴关系。

(二)建立物流营销网络

国外成功物流企业的经验告诉我们,要做好物流经营,必须建立营销网络,形成规模化经营。根据我国目前货运企业的经营状况和分布情况,要实现网络货运经营,有以下三条途径:一是以资产为纽带组建新的运输集团公司,在现有站点的基础上形成网络,实行集约化经营;二是以利益为纽带,联合各地区物流公司,形成松散型网络系统,相互组货、配载、配送,提供互利条件;三是根据本企业经营势力和经营优势,自己投资形成区域营销网络。

(三)运用物流新技术

物流技术水平的高低直接关系着物流活动的各项功能的完善和能否有效的实现。因此,要实现物流的合理化,首先要实现物流技术的现代化、系统化。正如物流系统的发展是从各子系统独立发展的无序状态逐渐走向整个系统协调发展一样,今后物流技术的革新也主要是对原有技术的改良,特别是依靠技术的综合、复合化来形成最优系统技术。因此,我们要以系统的观点来发展、完善物流技术,使物流各环节中的技术保持有机联系,形成最佳的物流技术系统,从而使物流各环节均衡发展,实现物流合理化,以达到提高物流效率、降低物流费用的综合效果。

(四)建立和完善物流中心

物流系统既是一种思想,却又实实在在地体现在实物形态上,它要求我们在观念上将物资流通看作是一个系统,是由运输、仓储、搬运、装卸、包装、配送等环节组成的一个整体,以此来指导物流组织工作。同时,还必须具备从事物流组织工作的物质条件,即场站仓储设施、搬运装卸设备、运输技术装备、信息通信装备以及营销网络所需要的物质条件等,并通过有效地组织让其发挥综合效益,保证物流组织的高效率、高质量和高水平。

根据以上分析,我国道路货运企业的发展,必须适应社会的发展变化,以及人们思想观念的转变和生活水平的提高,除了继续做好道路网、场站网等基础设施的建设外,更应该重视道路货运企业的经营创新、技术创新、制度创新,积极寻求适应社会需求、促使企业发展的新路子,不断提高运输组织工作的技术水平、服务水平和效益水平,向现代物流业转型,拓展物流业务,提供高效、低耗、合理、优质的物流服务,这也是社会经济发展对运输业的必然要求。

第四节　物流信息技术概论

一、物流信息的概念及特点

（一）物流信息的概念

1. 信息

信息是指经过加工的数据，其对接收者存在着直接或潜在的价值。数据是描述事物的符号和记录。数据的表现和存在形式多种多样，像“多媒体数据”，它可以有数字、文字、图形、图像和声音等不同的表现形式。信息和数据息息相关，数据是信息的载体，信息是对数据的解释。信息具有可识别性、可存储性、可压缩性、可传递性、可转换性，以及特定范围有效性等特征。

2. 物流信息

物流信息是指在物流活动（运输、库存、包装、搬运、流通加工等）进行中产生及使用的必要信息，是能够反映物流活动的知识、资料、情报、图像、数据、文件、语言等。它是物流活动内容、形式、过程以及发展变化的反映。物流信息与物流活动中的运输、仓储、装卸等各个环节都有密切关系，在物流活动中起着神经系统的作用。

（二）物流信息的特点

（1）量大。物流信息随着物流活动以及商品交易活动的展开而大量发生。

（2）及时。物流信息必须及时提供快速的管理信息反馈。

（3）精确。物流信息必须精确地反映当前物流状况和定期活动。

（4）灵活。物流信息必须有能力提供能迎合特定顾客需要的数据。

（5）广泛。物流信息不仅包括企业内部的物流信息，而且包括企业间物流信息和与物流有关的基础设施信息。

（6）多类。不仅本系统内部各环节有不同种类的信息，而且由于物流系统与其他系统，如生产系统、销售系统、消费系统等密切相关，因而还必须收集这些相关系统的信息，这就使物流信息的分类、研究、筛选等难度变得更高。

（三）对物流信息处理的要求

物流信息是随着企业的物流活动而发生的，是实现物流功能必不可少的条件。物流系统化管理对信息的质量有很高的要求，主要表现在信息充足、信息准确和通信顺畅三个方面。

（四）物流与信息流的关系

物流和信息流之间的关系是密不可分的。它们之间的关系主要有以下三个方面。

（1）物流活动的内容包括订货管理、订货处理、配送作业、运输、采购等，通过信息流的反馈作用，使其每一项物流作业按照物流要求得以实现。

（2）物流是一项系统性较强的活动，需要制订周密的物流计划。这些计划的制订，需要有大量的、及时的信息支持。

（3）现代信息技术和网络技术的发展和应用，使得跨地区的即时信息交流和传递成为可能，加之网上支付正在成为现实，使物流在较大范围运作，构建跨地区的物流网络成为可能。

二、物流信息的种类

1. 按物流信息的来源分类

(1)内部信息。内部消息指来自物流企业内部的信息,是企业的业务人员、管理决策人员进行业务处理、管理控制、决策等行为时产生的信息。

(2)外部信息。外部信息是来自物流企业外部环境的信息。企业的外部信息很多,这里指与物流企业有关的,能对物流的运动产生影响的和有可能进入物流企业的信息。

2. 按物流信息的稳定程度分类

(1)固定信息。固定信息(或称静态信息)是指基本保持不变的信息,如客户、船舶、国家的名称。可对这些信息编上代码进行管理,以减少输入操作。

(2)流动信息。流动信息(或称动态信息)是指随着物流的不断变化而变化的信息,是物流状态在某一时间和地点的反映,如货物的即时动态。

(3)周期性信息。周期性信息是指信息在一段周期内保持基本稳定不变或随着物流的流动而有规律地变化,并被用户使用,周期结束后就不再使用或很少使用。

3. 按管理层次分类

从管理层次上分类,可分为管理层信息、控制层信息、作业层信息。

三、物流信息的功能

物流信息主要有市场交易活动功能、业务控制功能、工作协调功能,以及支持决策和战略功能等。现代物流系统国际化和远程化的一个重要支撑因素,就是物流信息。新型的物流系统,无论是第三方物流、供应链物流、准时制物流、零库存系统等,物流信息都起着主导作用。通过有效的物流管理,灵活应用物流信息,再加上一个强有力的物流硬件系统,就是造就今天物流奇迹的原因。

四、物流信息管理

物流信息管理就是对物流信息的收集、整理、存储、传播和利用的过程,也就是物流信息从分散到集中,从无序到有序,从产生、传播到利用的过程。同时,对涉及物流信息活动的各种要素,包括人员、技术、工具等进行管理,实现资源的合理配置。

信息的有效管理就是强调信息的准确性、有效性、及时性、集成性、共享性。所以,在收集、整理中要避免信息的缺损、失真和失效,要强化物流信息活动过程的组织和控制,建立有效的管理机制。

物流信息管理可以实现物流作业的自动化,通过条形码、数控工具、GPS 等现代管理工具与方法,可以极大地提高劳动的生产效率。同时可以实现"三流"的统一,使资金流、物流与信息流可以即时集成反映到工作人员的眼前,使其做到心中有数,办事有力。

五、物流信息系统的概念、地位和作用

物流信息系统是以物流为特定的对象范畴,把物流和物流信息结合成一个有机的系统,使其采用多种方式选择输入物流计划、业务、统计和作业控制的各种有关数据,按特定要求和目的,通过计算机加以处理,将结果信息进行传输和输出,用于管理决策和作业控制的信息系统。

物流信息系统的地位和作用主要有以下几点。

(1)提高管理效率,降低成本。物流信息系统的主要特点是提高信息处理的效率,及时提供各类经营管理所需的信息,从而提高经营效率,降低成本。例如,库存管理系统的应用,可以减少库存积压,加快资金流转速度。

(2)加强与外部环境之间的联系。物流信息系统可以加强企业与外部环境之间的信息交流,帮助企业及时了解政策法规,研究竞争对手,加强与客户和供应商间的联系,随时根据环境的变化调整策略,从而获得竞争优势。

(3)开发新产品和新服务,创造更高效益。信息系统不仅在市场调查和市场预测方面可以大显身手,还可以直接获取客户需求,以便满足每一个客户的特殊需求。物流信息系统使企业在降低仓储和运营成本,提高其工作效率和管理水平,对客户提供优质服务,保证供应链畅通等方面具有竞争优势,是企业实现物流价值的关键。

六、信息技术在我国物流中的应用

随着物流业的发展和科学技术的进步,越来越多的先进技术在物流领域得到运用,使物流业的技术含量不断提升,同时提高了物流业的服务水平和经济效益。

1. 条形码技术(条码技术)

条码(条形码)是利用光电扫描阅读设备识读并实现数据输入计算机的一种特殊代码。它是由一组粗细不同、黑白或彩色相间的条、空及其相应的字符、数字、字母组成的标记,用以表示一定的信息。条形码技术是20世纪在计算机应用中产生和发展起来的一种自动识别技术,是集条码理论、光电技术、计算机技术、通信技术、条码印刷技术于一体的综合性技术。条码技术是物流自动跟踪的最有力工具,被广泛应用。它能起到准确识别物品信息和快速跟踪物品历程的重要作用,是整个物流信息管理工作的基础。条码技术在物流的数据采集、快速响应、运输上的应用极大地促进了物流业的发展。

2. 多媒体技术

多媒体技术主要涉及图像处理、声音处理、超文本处理、多媒体数据库、多媒体通信等,它使物流信息的处理更加灵活,交互能力更强。

3. 地理信息系统(GIS)

GIS是Geographic Information System的英文缩写,中文意思是地理信息系统,是用于输入、存储、查询、分析和显示地理数据的计算机系统。GIS的根本目标是使现实世界中具有地理属性的信息实现数据地图化、数据可视化和思维可视化,从而为决策、分析提供支持。

地理信息系统是人类在生产实践活动中,为描述和处理相关地理信息而逐渐产生的软件系统。它的诞生改变了传统的数据处理方式,使信息处理由数值领域步入空间领域。

4. 全球定位系统(GPS)

GPS是Global Positioning System的英文缩写,即"全球定位系统"的简称。GPS是全方位的卫星导航与定位系统。GPS可在任何时间、任何地点提供全球范围内三维位置、三维速度和时间信息服务。利用GPS可以对物流及车辆运行情况进行实时监控,可以实现物流调度的即时接单和即时排单,以及车辆动态实时调度管理。同时,客户经授权后也可以通过互联网随时监控运送自己货物车辆的具体位置。如果货物运输需要临时变化路线,也可以随时指挥调动,大大降低了货物的空载率,做到了资源的最佳配置。

5. 电子数据交换(EDI)

EDI(Electronic Data Interchange的英文缩写)的中文意思是"电子数据交换",它是按照协议的标准结构格式，将标准的经济信息，通过电子数据通信网络，在商业伙伴的电子计算机系统之间进行交换和自动处理。近年来，EDI 在物流中被广泛应用，被称为物流 EDI。

6. 数据库管理技术

数据库是数据管理的最新技术，是计算机的重要分支。数据库管理系统（Database Management System，DBMS）能科学地组织和存储数据，也能高效地获取和维护数据。DBMS 是维护和管理数据库的软件，可方便用户快速地建立、维护、查询、存取和处理数据库中的数据。

现代物流信息量大而复杂，如果没有某一数据库技术的有效支持，物流信息系统将根本无法运作，更不用说为企业提供信息分析和决策帮助。

7. 射频识别技术（RFID）

射频识别（Radio Frequency Identification，RFID）技术是 20 世纪 90 年代开始兴起的一种自动识别技术。

射频识别技术利用无线射频方式在阅读器和射频卡之间进行非接触双向数据传输，以达到目标识别和数据交换的目的。与传统的条形码、磁卡及 IC 卡相比，射频卡具有非接触、阅读速度快、无磨损、不受环境影响、寿命长、便于使用的特点，并具有防冲突功能，能同时处理多张卡片。目前，射频识别技术已被广泛应用于工业自动化、商业自动化、物流自动化、交通运输控制管理等众多领域。

8. Web 技术

Web 技术是网络社会中具有突破性变革的技术。其采用超文本、超媒体的方式进行信息的存储与传递，能把各种信息资源有机地结合起来，具有图文并茂的信息集成能力及超文本链接能力的信息检索服务程序。

第四章　道路运政管理

第一节　道路运政管理概论

一、道路运政管理概念

1. 道路运输

道路运输，是对在公共道路上使用的汽车或其他车辆从事道路旅客或货物运输及其相关业务活动的总称，具体包括道路旅客运输、道路货物运输、机动车维修与综合性检测、道路搬运装卸和道路运输辅助服务等。道路运政管理机构负责对广义上的道路运输实施行政管理，这既是历史形成的，也是实施道路运输行政管理的内在需要。

2. 道路运政管理

道路运政管理是道路运输行政管理的简称，是指各级道路运政管理机构代表各级交通主管部门行使道路运输行政管理职能的活动。具体可以这样理解：

(1)道路运政管理的主体是各级交通主管部门，各级道路运政管理机构是执行机构。

(2)道路运政管理的对象是道路运输市场领域中的各种经济活动，按道路运输行业的不同可划分为道路客运、道路货运、道路装卸搬运、机动车维修和道路运输辅助服务。

(3)道路运政管理是国家行政管理在道路运输领域的延伸，具有国家行政管理的基本属性。

(4)道路运政管理的目的是：保证国家主管部门制定的关于道路运输行业发展的方针、政策、规划正确实施；保障道路运输经营者与消费者的合法权益，保护合法经营，维护道路运输市场秩序；通过适度调控实现运力供给与需求基本平衡，实现货畅其流，人便于行。

(5)道路运政管理方式是依法行政管理。在管理手段上，应以经济、法律管理手段为主，并辅以行政管理手段。

二、道路运政管理的范围及任务

1. 道路运政管理的范围

道路运政管理的范围取决于道路运输的范围，即道路旅客运输、道路货物运输、道路搬运装卸、车辆维修、运输辅助服务五个方面。具体可以从以下几个方面理解：

(1)道路运输是一个独立的、完整的行业，道路运政管理范围应该是除铁路运输、水路运输、航空运输和管道运输外的整个运输经济活动。

(2)从系统的观点来看，道路运输包括道路运输基本生产系统和道路运输生产保障系统。前者是道路运输的主体，后者是道路运输基本生产的辅助过程。

(3)道路运输业按其性质可分为经营性与非经营性两种。经营性运输指为社会提供劳务、发生各种方式费用结算的道路运输；非经营性运输指为本单位或个人生产、生活服务的自用道路运输。目前，经营性运输是道路运政管理的重点。

2. 道路运政管理的任务

道路运政管理的任务是由道路运输行政管理的基本目标和职能决定的。道路运政管理机构是政府专业经济管理部门，其基本任务是对道路运输的发展、经济关系、经营活动进行规划、组织、指导、协调和监督，发挥政府管行业、管市场的行政功能。

道路运政管理的任务具体包括以下几点。

(1)根据国家经济发展的总方针、总任务，研究制订发展道路运输的方针和政策，并组织贯彻实施。

(2)制订市场游戏规则，维护道路运输市场秩序。重点通过严把道路运输市场主体准入、规范竞争行为与交易行为、市场监督管理、实施市场退出，逐步建立统一开放、公平竞争、规范有序的道路运输市场。

(3)依据国民经济发展战略目标和建设规划，处理好道路运输的合理布局、发展规模、发展速度和发展重点，制订道路运输发展战略目标及中长远发展规划。

(4)通过建立健全道路运输行业统计、经济分析及信息系统，发布市场信息，引导道路运输市场协调发展。

(5)搞活汽车运输企业。

(6)加强监督服务工作。

3. 道路运政管理的特点

(1)微观放开，宏观调控。对微观经济行为的管理要放开，而对宏观经济要通过经济的、法律的、行政的手段有机结合实施调控，充分发挥市场对道路运输资源的配置功能。

(2)统一领导，分级管理。道路运政管理按部、省(市、区)、市(地)、县(市区)、乡(镇)五级实行统一领导，分级管理，在全国形成从上到下的道路运政管理体系。

(3)统一规范，依法治运。法制化管理不仅是现代化国家行政管理的核心内容，也是道路运政管理的客观要求。道路运政管理机构的管理程序、手段应减少随意性，形成规范化的管理，真正做到有法可依，违法必究。

(4)关系复杂，协同管理。道路运政管理具有广泛性、复杂性。在综合运输体系中与其他运输方式之间有着广泛的联系。在横向管理关系方面，它既是一个独立的专业经济行政管理体系，又同工商、财政、税务、物价、统计等综合经济管理和监督部门的管理职能密切相关，横向管理关系相当复杂。因此，需要在宏观上加以协调，各有关部门和单位之间密切配合，互相支持，协同工作。

4. 道路运政管理的基本方法

(1)经济手段。即采用价格、财政、税收、利润等与价值范畴相联系的经济杠杆来管理道路运输事务的方法。

(2)法律手段。即依据国家颁布的法律、法规和规章，通过法律监督和法律诉讼来调控道路运输经营者之间的经济关系，处理经济矛盾，解决经济纠纷，维护运输生产和经营秩序，保障道路运输经济正常运行的一种方法。

(3)行政手段。即道路运政管理机构及其工作人员，采取行政许可、行政认定、行政监督检查的管理办法，依法对管理对象所作的行政决定具有强制力。

经济手段、法律手段和行政手段是根据道路运输行业特点，在道路运政管理实际工作中形成的专业性管理方法。道路运政管理既要综合运用这三种手段，又要注意努力实现源头管理、过程管理与目标管理相结合。

三、道路运政管理的规范化

1. 规范化管理的含义与基本特征

规范化管理的含义就是在道路运政管理的内容上、方法上、程序上都有一套比较成熟的管理规定和标准。其基本特征有以下几点。

(1)程序化。规范化管理有它的客观规律。为使规范化管理科学化，必须制定一套“规范化管理的工艺规程”。要根据道路运政管理活动的特点和管理要求，编制各项规范化管理的程序流程图，如行政许可、办证办牌照流程图等，通过程序化管理使规范化管理条理化、具体化和形象化，由此提高管理效率。

(2)标准化。即把管理活动中重复出现的管理工作，按照现代化管理对管理的客观要求和管理人员长期积累的实践经验，规定成标准的工作程序和工作方法，用制度形式把它固定下来，成为行动的准则。道路运政管理人员的岗位职责制、行政审批、行政处罚责任制应该成为规范化管理工作标准化的具体表现。

(3)统一化。道路运输管理规范，除了由国家明文规定的有制定权限的部分外，可以由各级交通主管部门和道路运政管理机构自行制定，但制定规范的依据和原则都是一致的。道路运输管理规范必须以国家的有关法令和政府交通主管部门的有关规定为基础。

(4)定量化。即道路运输市场的管理活动和经营活动各方面应遵守并达到的数量、质量和时间的标准。使规范化管理具有明确性、具体性、客观性，如运输价格浮动幅度的量化，审批申报从事旅客运输经营资格的最长审批时间的规定，行政处罚中的最高额度等。定量化是规范化管理有效实施的手段。

2. 规范化管理的内容

(1)经营资格规范。其主要是指进入道路运输市场的经营者必须具备的经营资质条件，即经营资格的要求。如道路运输经营者进入道路运输市场必须具有与其从事经营活动有关的设备、设施、人员、资金以及合法的身份证明等。

(2)市场行为规范。主要是端正其经营行为，遵守市场规划，进行合法经营。同时还要根据道路运输经营者资质等级、生产规模、生产能力划分经营范围，统一质量标准和服务标准，明确其相应的责任和义务。对消费者，主要是维护其合法权益。这是规范化管理的主要内容之一。

(3)经营服务质量规范。对客货运输、搬运装卸、车辆维修、运输辅助服务及驾驶员培训都要制订相应的质量标准和要求。对各种产品的检测、计量设施、器具仪表的种类、性能、标准要作出相应的规定；对质量管理方法、检验手段、组织形式、检查周期也应有相应的管理规范。

(4)运输价格规范。道路运输经营者必须执行政府运价，对政府指导价可在浮动范围内调制，对市场调节价须向政府管理部门报备并向社会公布。所有的运输价格必须在运输经营场所和各车辆内公布。

(5)运输证、照、牌、单规范。根据国家和交通主管部门对运输资格的证、照、牌和经营的票据及道路货物运单等的有关规定，制定出统一的证、照、牌、单的印制、保管、颁发、使用的管理规范。

(6)商务活动规范。道路运输市场的商务活动主要是指道路运输经营者与消费者之间发生的运输合同的签订与公正,合同违约的调解,运输纠纷、商务事故、质量事故的处理等。各级道路运政管理机构要按照国家法律和交通主管部门的相关法规,对上述各项活动进行规范。

(7)监督处理规范。即对发生违反市场规则的行为进行监督与处理的标准、方法、程序、时效、执行等规范。其主要依据是中华人民共和国交通运输部颁布的《道路运输行政处罚规定》、《交通行政处罚程序规定》规章以及其他的相应法规、规章。

3. 规范化管理的基础工作

(1)标准化工作。它指对业务技术标准和管理标准的制订、执行和管理。业务技术标准是业务技术应该达到的统一尺度和必须共同遵守的规定。管理标准是对各项管理工作职责程序等所作的规定。

(2)信息化工作。它指道路运输生产、技术、经济活动以及道路运政管理所需资料数据的搜集、处理、储存等管理工作。

(3)规章制度。它是通过文字形式对道路运政管理机构的行政工作、管理工作、业务工作以及其他工作的办事规则、程序和要求所作的具体规定,是道路运政管理人员共同遵守的规范和准则。其中最主要的是岗位责任制度。道路运政管理机构要强化这些制度的建立和完善。

(4)监督检查。对进入市场从事运输经营活动的企业、单位和个人的经营行为进行监督和检查,即检查与考评道路运输市场各种经营活动是否符合政策法规的规定及市场管理目标,具体标准制订和执行情况以及存在的问题等。

第二节　道路运政管理基础工作

道路运政管理的基础工作,实质上就是对运输行业基本情况、动态趋向、变化发展的资料掌握和分析的基础性工作。加强和规范道路运政管理基础工作,是开展道路运政管理,实现道路运政管理工作现代化、科学化、规范化的基础条件和关键环节。

一、原始记录

(一)原始记录的作用

原始记录是道路运政管理的基础工作之一,是按照规定的要求以一定的形式对道路运政管理所作的记载,是反映运政管理工作情况的第一手资料,是道路运政管理机构进行计划、统计工作和进行管理活动的重要依据。做好原始记录可对全面、系统、客观地反映道路运输行业基本情况,指导和规范道路运政管理工作发挥基础性作用。

(二)道路运输管理原始记录的种类

1. 道路运输经营业户开业管理记录

道路运输经营业户基本情况记录分为客运、货运、搬运装卸、车辆维修、运输辅助服务五种,由各自分管和专管的职能部门分类造册登记。在办理道路运输开业审批过程中,所填制的《道路运输业开户立项申请表》、《道路运输企业经营资质等级申请表》等都是道路运政管理工作的第一手原始记录,并具有法律效力,应妥善保管。

2. 营运线路审批记录

营运线路审批记录,是道路运政管理机构对运输经营者所申报的线路,按照营运线路的管理范围和审批权限,提出审批意见的原始记录凭证;也是经营者从事本线路经营的合法依据。

线路审批记录包括《道路客运线路审批表》、《道路汽车零担运输线路审批表》两种。这些原始记录有利于加强线路管理,实行统筹安排,合理布局;有利于克服乱开班、秩序混乱状况,保护合法经营,维护市场秩序;有利于掌握线路班次动态,制止盲目发展,提高经济效益。营运线路审批记录应装入经营者档案保管。

3. 道路运输车辆管理记录

道路运输车辆管理记录是道路运输经营者在办理载客汽车、载货汽车、拖拉机及其他机动车的运输手续时,填制的《道路运输购车申请表》、《车辆技术档案登记卡》等。道路运输车辆记录资料,应装入车辆档案存档管理。

4. 从业人员资格管理记录

从业人员资格管理记录是道路运输各类从业人员取得从业人员资格而申请登记、培训内容、考核结果的原始记录凭证。一般有《从业人员资格申请表》、《从业人员资格考核表》等。建立该管理记录,有利于加强从业人员的管理,了解从业人员的资格情况,便于道路运政管理机构做好从业人员资格的培训管理工作。从业人员资格记录应装入从业人员档案保管。

5. 道路运输年度审验记录

道路运输年度审验记录,是道路运政管理机构依据有关法律、法规、规章对运输经营者的经营条件、经营资质以及经营行为等进行审查和检验之后作出的记载。它是维护道路运输市场秩序、保护合法经营、查处违章行为、取缔非法运输的重要依据。道路运输年度审验记录分为:道路运输经营户年度审验记录、道路运输车辆年度审验记录和道路运输从业人员年度审验记录等。

6. 监督检查记录

监督检查记录,是道路运政管理机构为保证国家政策和法规、规章的贯彻执行,对道路运输活动进行检查监督,纠正违章行为时所进行的登记和记载。建立该记录,有利于掌握运输经营者的经营行为,为实施行政管理提供依据;有利于克服管理工作中的薄弱环节,加强和改进管理工作;同时还可提取违章的第一手资料,为实施违章处罚提供证据。对路检路查登记表和各种交通执法文书等监督检查原始记录都应定期整理,存档备案。

7. 商务纠纷调处记录

商务纠纷调处记录是道路运政管理机构为解决客运、货运、维修等方面的商务纠纷,所进行协商、调解和处理工作时作出的调解协议、裁决书、商务事故处理等原始资料。建立该记录,有利于协调商务纠纷,划清责任,保护承托运双方的合法权益和加强运输服务质量管理。

二、档案管理

(一)档案的定义和作用

1. 档案的定义

档案是机关、组织和个人在社会活动中形成的,作为原始记录保存起来以备查考的文字、图表、声音及其他各种方式和载体的文件材料。其基础含义有:

(1)档案是来源于形成者特定的实践活动。国家机关、社会组织和个人,在其实践活动中,为了相互交往、上传下达和记录事件,必须产生和使用许多文件,日后经过整理保存起来,就成为档案。

(2)档案是由文件材料有条件地转化而来的。作为档案要符合以下条件：一是办理完毕的文件才能作为档案保存，正在承办中的文件不是档案；二是对日后实际工作和科学研究活动有一定查考价值的文件，才有必要作为档案保存；三是按照一定规律集中保存起来，才能最后成为档案。

(3)档案的形成是多种多样的。从表达方式上，可归纳为文字、图像、声音。从档案的范围上，既包括党政机关的公务文件，也包括技术图纸、影片、照片、录影带、录像带等。

(4)档案是人们社会生活的原始记录，原始记录性是其最本质的属性。档案是形成者在自身的职能活动中形成的各种文件材料转化来的，不是事后另编写和随意收集的间接材料，是历史的真迹和凭证，有着重要的查考使用价值。

2. 档案的作用

档案是党和国家宝贵的文化财富。档案具有工作查考、经验总结、科学研究、法律凭证、宣传教育等各方面的作用，它是历史的真实记录，是最可靠的第一手材料。档案的作用主要表现在以下几个方面。

(1)档案是机关工作必须查考的材料。我们进行任何工作都要加强调查研究，充分占有材料。如果有档案可查，可大大提高工作效率。

(2)档案可作为管理决策的依据和参考。

(3)档案可作为科学研究的必要条件。

3. 道路运政管理业务档案的功能

道路运政管理业务档案是在日常业务管理工作实践中逐步建立健全和不断完善的，其主要功能有以下几个方面。

(1)管理功能。办理了各种运输证件注册登记的车辆，属纳入管理的车辆，表明这些车辆具有正式的户籍，已具有运行的合法性。

(2)服务功能。档案资料可为社会提供各类运输经营咨询，提供行业发展的各种统计资料，为行业管理决策提供服务。

(3)指导和研究功能。档案资料可运用于指导和研究当前运输产业结构的调整，指导道路运政管理工作开展，促进道路运输行业向结构优化、市场有序方向发展。

(二)运政业务档案管理规则

(1)档案管理员应具备高中以上文化程度，具有一定专业知识，符合机要人员的条件，思想好、事业心强、身体健康的同志担任。

(2)档案管理员职责：

①热爱本职工作，熟悉档案专业知识，了解本机关主管的各种业务。

②熟悉档案工作的方针政策和各项规章制度，并认真贯彻执行。

③指导帮助文书立卷人员，做好文书立卷工作，提高案卷的整理质量。

④做好档案的收集、整理、鉴定和登记、统计等基础工作，熟悉保管的档案情况。

⑤保护档案的安全，不允许档案材料有霉烂、损坏、虫蛀、丢失等情况发生。

⑥严格遵守保密制度，不得利用职权擅自扩大档案的利用范围，不得泄露档案的机密内容。

(3)各级道路运政管理机构业务档案由本级业务主办科室立卷，县级以上道路运政管理机构设立档案室，乡(镇)运管站配备档案专柜，设专人负责档案管理。

(4)档案立卷要求资料齐全、完整、清晰、规范、简明、扼要，档案材料应去掉金属物。

(5)某项道路运政管理业务终结后，业务主办科室应按照业务流程于3日内将立卷档案和变更补充档案资料移交档案室归档管理。

(三)道路运政管理业务档案种类

道路运政业务档案包括运输经营业户档案、道路运输车辆档案、运输从业人员档案和道路运输违章处罚档案几种。其中，运输经营业户档案又包括货物运输经营业户档案、汽车维修经营业户档案、搬运装卸经营业户档案、运输辅助服务经营业户档案几种。道路运输车辆档案又包括客货汽车档案、教练车档案、拖拉机及其他机动车车辆档案几种。

(四)档案管理

(1)档案室要经常保持整洁有序，并采取防潮、防火、防晒、防虫蛀鼠咬等安全防范措施，确保档案安全。

(2)档案管理要遵守档案法规定，做到：不丢失、不泄密、不私存、不随便销毁。

(3)档案管理员对当日受理的档案资料应按规定在次日下班前处理完毕，确保档案资料处理及时，存放有序。

(4)查阅档案应填写"档案查阅单"，经主管档案室的负责人批准后查阅。查阅档案原则上在档案室进行，确需将档案携带出档案室借阅和复制档案内存资料的应经主管领导批准。档案查阅人不得更改档案资料内容，更不得将档案资料丢失，档案查阅完毕应及时将档案归还档案室。

(5)档案室每年应定期清理档案，对按规定应销毁的档案资料，档案管理员应填写"档案资料销毁清单"，报经主管领导批准后，在有关科室派员监销的情况下进行销毁。

(五)账、图、表

1. 账、图、表的作用

账、图、表是道路运政管理基础工作的重要内容。账是指各种基础台账。图是指各种有关运输管理的示意图。表是指反映有关统计工作和计划进度以及费收的表式。其作用有：

(1)及时登记原始记录和管理中的变异记录，以便及时掌握行业基本情况。

(2)便于掌握行业底数，把握全局情况，为开展市场调查、做好市场预测和作出管理决策提供有价值的依据。

(3)全面、系统、具体地反映各种数据和资料，辅助做好运输管理工作，提高工作效率。

2. 账、图、表的种类

(1)基础台账。基础台账是为辅助道路运政管理工作，按照各种统计报表及管理工作要求，而专门设置的记录册。其用途是系统具体地登记、汇总和积累管理情况和数据。它包括经营业户台账、运力台账、运输量台账、线路班次台账和票证台账几种。

(2)图。它是根据道路运政管理机构的工作需要，对本辖区运输行业管理基础情况、工作程序、工作动态和数据变化制作的，反映工作范围、工作深度、动态变化、工作标准的图形。主要有交通示意图、行业管理分布图、客运与零担线路图几种。

(3)表。这里的表主要指行业统计表、客货运价表和收费费率标准表等。

以上图表在制作时，要力求规格大小统一、标准规范、样式美观大方，悬挂在业务场所，方便工作、美化环境。

第三节　道路客运管理

一、道路客运管理概述

1. 道路客运的概念及特点

道路客运是指运用道路载客工具(主要指汽车)在道路(公路、城市道路)上使旅客进行位置移动的活动。按其组织方式的不同,可分为城间客运、城乡客运、城市公交客运、旅游客运;按其运输范围的不同,可分为长途客运、短途客运、国内客运、国际客运等。

衡量道路客运的社会劳动量大小的尺度是旅客运输量,旅客运输量由两个指标组成:一是客运量,计量单位是“人次”;二是旅客周转量,计量单位是“人公里”。

道路客运与其他客运方式相比,具有以下特点:

(1)它是沟通城市与乡村,连接内地和边疆,分布最广阔,在各种客运方式中网络最为密集的运输方式。

(2)以汽车为主要运输工具,对道路条件适应性强,能够运达山区、林区、牧区等不易到达的地方。

(3)具有机动、灵活、方便等特点。

(4)道路客运线路纵横交错、干支相连,线路和站点形成网络,并易于根据情况调整,便利旅客乘车,能较好地满足旅客出行的需要。

(5)投资少,资金回收快,车辆更新容易。

2. 道路客运分类及基本要求

道路客运一般分为道路班车客运、道路旅游客运、道路包车客运、道路出租车客运。

道路客运的运送对象是人,因而运输服务质量特别重要,其质量要求可用“安全、迅速、及时、方便、舒适”十个字概括。道路运政管理机构必须坚持把安全放在第一位,教育和监督客运经营者及从业人员,尤其是驾乘人员,牢固树立“安全第一”的思想意识,并为旅客提供周到的服务。

此外,运行的经济性也是旅客的旅行需求之一,尤其是对消费性旅游更为重要。道路运输经营者应当有效地降低客运成本,调整道路客运价格,从而提高道路客运在综合运输体系中的竞争能力。

3. 道路客运管理的基本内容

道路客运管理的基本内容主要有以下几方面。

(1)对道路客运运力、运量、流向进行调查、分析、预测,制订道路客运发展规划和客运站布局规划,并组织实施。

(2)进行道路客运企业的开业资质审批,核发《道路客运经营许可证》、车辆《道路运输证》。

(3)负责审批客运线路、站点,核发经营线路标志牌。

(4)负责经营业户的经营资质等级评定;负责经营业户经营资质、经营行为的年度审验。

(5)负责经营业户的经营行为、安全质量、价格执行、票证使用等情况的监督检查。

(6)负责突发事件(战备、抢险救灾)中道路客运运力调配的组织工作。

二、道路客运企业经营资质管理

1. 进行道路客运企业经营资质管理的必要性

(1)实行经营资质管理是加快道路客运行业结构调整,改善行业形象,提高行业素质,促进行业发展的需要。

我们的道路客运业还存在诸多问题,主要表现为:一是经营主体过多过散,大中型企业太少而且不强;二是车辆结构和布局不合理;三是经营方式落后。这些问题给道路客运市场带来诸多弊端,如线路配置未按企业资质和能力进行合理配置,致使有实力、有能力的企业和个体挂靠纠缠在一起,无法体现企业的品牌和能力。有的企业已成为靠倒卖线路、招揽挂靠车辆的"空壳"公司,应由有实力的企业经营的班线都成了个体经营等,在经营上"坑、蒙、宰、骗、倒、甩"旅客形象屡禁不止,事故不断,安全隐患多。对于这些问题和弊端,靠单纯的市场整治,能起到一时、一事好转的作用,但不能取得有效的长治久安。要想取得根本上的治理效果,通过企业经营资质等级的管理、客运线路的明确分类和合理分工,才是一条有效的途径。

(2)实行经营资质管理是国民经济发展、人民生活水平提高和我国加入 WTO 应对国际国内运输市场竞争、提高企业竞争能力的需要。

我国加入 WTO 后,道路客运企业面临国际国内运输市场各种运输方式之间的激烈竞争,更要求通过提高集约化、规模化、组织化程度,提高运输效率,形成一批具有强劲竞争力的企业,主导整个行业的发展方向,并建立起以安全、迅速、及时、方便、舒适为特征的营运组织系统,才能开展与国内其他运输方式以及参与国际运输市场的竞争。只有这样,才能充分满足国民经济发展和人民生活水平提高的需求。

(3)实行经营资质管理是改进道路运政管理工作,转变工作方式,加强廉政建设,提高行业管理水平的需要。

道路客运企业全部按企业经营资质等级实行经营分工后,道路运政管理机构在营运线路资源分配上,无论是采用行政审批,还是采用线路服务质量招投标的方式都必须以企业资质等级作为依据,工作透明度高。同时,在线路审判工作中可以防止开后门、送人情等暗箱操作的现象,促进道路运政管理机构的廉政建设。从行业来看,以经营资质为依据,各尽所能,合理分工,也可以推进各经营企业互相监督,行业自律,促进道路客运服务质量和安全生产水平的不断提高。

2. 道路客运企业经营资质等级划分和标准

道路客运企业经营资质等级分为一、二、三、四、五级。一级至五级企业资质等级主要根据企业资历、人员素质、资产规模、车辆和设施、管理水平和经营效益等方面所具备的条件进行划分。对个体经营户,不评定经营资质等级。

一级企业:企业经营高速客运或一类班线客运 5 年以上;企业在近 5 年内均完成客运量 1200 万人次或旅客周转量 120000 万人公里以上;企业经理有从事本行业经营(或管理)工作 5 年以上或经济管理工作 10 年以上的经历;企业管理人员中有专业技术职称的人员不少于 40%;企业营运客车驾驶员中,安全行车 30 万公里以上的不少于 40%;企业净资产 5 亿元以上,其中客运净资产 3 亿元以上;企业自有营运客车 800 辆以上、客位 24000 个以上且高级客车 150 辆以上、客位 4500 个以上,或拥有高级营运客车 300 辆以上、客位 9000 个以上;车辆平均新度系数在 0.7 以上;至少有一个自有的一类汽车维修厂;至少自有建立长期合同关系的一个一级或两个二级汽车客运站;企业有健全的经营、财务、统计、安全、技术、劳动等管理机构和与之相适应的管理制度；企业年完成总营收 5 亿元，其中客运收入 3 亿元以上；资产负债率不高于 60%。

二级企业：企业经营高速客运或一类班线客运 5 年以上；企业在近 5 年内年均完成客运量 230 万人次或旅客周转量 23000 万人公里以上；企业经理有从事本行业经营（或管理）工作 5 年以上或经济管理工作 10 年以上的经历；企业管理人员中有专业技术职称的人员不少于 40%；企业营运客车驾驶员中，安全行车 30 万公里以上的不少于 40%；企业净资产 5000 万元以上，其中客运净资产 3000 万元以上；企业自有营运客车 150 辆以上、客位 4500 个以上且高级客车 50 辆以上、客位 1500 个以上，或拥有高级营运客车 60 辆以上、客位 1800 个以上；车辆平均新度系数在 0.7 以上；至少自有一个二类汽车维修厂；至少自有或建立长期合同关系的一个一级或两个二级汽车客运站；企业有健全的经营、财务、统计、安全、技术、劳动等管理机构和与之相适应的管理制度；企业年完成总营收 5000 万元，其中客运收入 3000 万元以上；资产负债率不高于 60%。

三级企业：企业经营三类班线客运 3 年以上；企业在近 3 年内年均完成客运量 90 万人次或旅客周转量 8000 万人公里以上；企业经理有从事本行业经营（或管理）工作 4 年以上或经济管理工作 8 年以上的经历；企业管理人员中有专业技术职称的人员不少于 30%；企业营运客车驾驶员中，安全行车 30 万公里以上的不少于 30%；企业净资产 1500 万元以上，其中客运净资产 1000 万元以上；企业自有营运客车 50 辆以上、客位 1500 个以上且高级客车 15 辆以上、客位 750 个以上；车辆平均新度系数在 0.65 以上；至少有一个自有或建立长期合同关系的二类以上汽车维修厂；至少有一个自有或建立长期合同关系的二级汽车客运站；企业有较健全的经营、财务、统计、安全、技术、劳动等管理机构和与之相适应的管理制度；企业年完成总营收 1500 万元，其中客运收入 1000 万元以上；资产负债率不高于 60%。

四级企业：企业经营四类班线客运 2 年以上；企业在近 2 年内年均完成客运量 40 万人次或旅客周转量 2500 万人公里以上；企业经理有从事本行业经营（或管理）工作 3 年以上或经济管理工作 6 年以上的经历；企业管理人员中有专业技术职称的人员不少于 30%；企业营运客车驾驶员中，安全行车 30 万公里以上的不少于 30%；企业净资产 500 万元以上，其中客运净资产 300 万元以上；企业自有营运客车 20 辆以上、客位 600 个以上且高级客车 5 辆以上、客位 150 个以上；车辆平均新度系数在 0.6 以上；至少有一个建立长期合同关系的二类以上汽车维修厂；企业有经营、财务、统计、安全、技术、劳动等管理机构和与之相适应的管理制度；企业年完成总营收 500 万元，其中客运收入 300 万元以上；资产负债率不高于 60%。

五级企业：凡办理了企业法人登记，但未达到四级经营资质等级条件的道路客运企业，为五级企业。

3. 客运线路的经营分工

一级企业：可经营所有线路，线路长度不限，并可直接向交通运输部申请在全国范围内设立子公司或分公司。

二级企业：可经营所有线路，线路长度不限。

三级企业：可经营除甲种一类、乙种一类以外的其他线路，但每条线路的长度均不得超过 800km。

四级企业：可经营除甲种一类和二类、乙种一类和二类，以及丙种一类线路以外的其他线路，但每条线路的长度均不得超过 400km。

五级企业：可经营甲种四类、乙种四类、丙种三类和丁种线路，但每条线路长度均不得超过150km。

单条线路长度超过规定里程的，可由高一等级的企业经营。

三、道路班车客运管理

（一）道路班车客运管理的必要性

道路班车客运是指城市之间、城镇之间、乡镇之间定期开行的客运方式。具有固定线路（定线）、固定班次（定班）、固定客运站和停靠站（定点）的特点。

对道路班车客运进行管理的必要性有以下几个方面。

（1）线路、站点、班次合理布局的需要。通过对道路班车客运的管理，要求班车客运的线路、站点、班次、时间的安排能够较好的满足干支相连，网点结合，“肥”、“瘦”兼顾，昼夜运行等需要；充分考虑客运高峰与低峰期、平时与节假日、旺季与淡季期的不同特点。

（2）方便旅客出行的需要。通过对班车客运的管理，使班车客运的安排有利于方便旅客购票，就近乘车；满足旅客对乘车线路班次和时间不同的要求；方便中转旅客的换乘；从地域经济发展程度、人口密度和出行的概率考虑旅客的需要。

（3）维护客运秩序的需要。通过对班车客运的管理，防止客运市场混乱，禁止乱开乱停班次、擅自变更线和变更时间。

（4）加强宏观调控，提高经济效益的需要。通过对班车客运的管理，加强对客运线路和运力投放的宏观管理，防止运力投放的盲目性和不平衡性，防止重复开班，缓解运力不足，防止实载率过低或因超载过高的不良现象，提高经济效益。

（5）安全生产、优质服务的需要。通过对班车客运的管理，可以防止争抢客源、停大站不停小站、拉远客不拉近客、中途甩客、随意涨价等不正当竞争行为的发生，保障旅客生命财产安全，提高客运服务质量。

（二）道路班车客运的管理

1. 班车客运的线路管理

1）班车客运线路确定的原则

班车客运线路的确定，应与主要客流流向相符；线路的长短、发布应尽可能考虑旅客的乘车方便、费用省和时间快；线路的设置应充分考虑经营的实载率和社会效益；线路走向应尽可能沿人口分布密集的区域布置，方便与铁路、水路、航空客运的分流及衔接；尽量连通城市、市县、县城与乡镇以及重要的生产基地、旅游和农村集散点等。

2）班车客运线路经营权确定的原则

（1）按资质分工的原则。该原则是首要原则。

（2）择优确定的原则。在相同的经营资质等级企业同时申请开行同一线路时，应根据企业经营状况和服务质量择优选定。

2. 班车客运班次管理

1）客运班次的安排

客运班次的安排是指对在同一条客运线路上不同发车时间的发车次序所作的规定，这是班车客运的一项基础工作。班次、车型、发车时间、途经站、到达站等均应向旅客公布。

2）客运班次管理应注意的几个问题

（1）客运班次的编制应按客流的方向确定起点、途经点和终点；按客流量确定需安排的班次数；按旅客流时，确定各个班次的发车时间。

（2）应进行客流调查，掌握客流规律，根据旅客的流向、流量、流时，对各个线路和各发车站（点）的运行班次进行科学合理的安排。

（3）应根据客流流时的规律，按照运行距离、旅客进出的时间习惯，客流的高峰期与低峰期，客流的旺季与淡季，客流与火车、轮船的衔接，旅客的中转要求等，科学地确定班次时刻。

（4）应注意同一线路的各班次之间，不同站点的同线路的班次之间的时间间隔和重合的关系，做到均衡安排。

（5）应注意安排的班次的车型与客流量、道路条件相适应，并尽量安排不同档次的车辆，以满足不同消费层次旅客的需要。

（6）应注意保持各线路上的各个班次相对稳定，除节假日和高峰期、旅游旺季时进行调整外，一般不要轻易变动，流量突增时，可以用加班的形式解决。

3. 班车客运站点管理

客运站点是指分布在客运线路两端和沿途，供旅客集散及停放车辆的场所。具有集散旅客，组织客源；集散车辆，开展后勤服务；收集、传输客运信息等多种功能。客运站点的管理具有以下内容。

（1）客运站应符合相应级别的建设要求和开业经济技术条件，经向县级以上道路运政管理机构提出申请，经道路运政管理机构审查批准，发给《道路运输经营许可证》，办妥工商、税务登记方可经营。

（2）道路运政管理机构应对客运站的线路、班次、车辆牌证、客运价格、服务质量、清洁卫生以及组织临时加班等进行监督检查，接受旅客投诉，调解客运纠纷，维护旅客权益。

（3）客运站无论是自用站还是公用站，都应公平、公正地为进站客车做好服务。

（4）客运站只能接纳经道路运政管理机构批准的客车进站发班。严禁客运站擅自接纳未经道路运政管理机构批准的车辆进站经营。

（5）客运站必须按规定的收费标准，向参营车辆收取代办费用，不得随意增加收费项目和费率，并做好营收的财务清算工作，及时解缴，确保客运经营者的权益。

（6）客运站点必须按照规定的收费项目、收费标准向旅客收费。禁止客运站点乱收费。

4. 班车客运经营行为监督管理

道路运政管理机构应从旅客购票起，对经营者的经营行为实行全过程的监督管理，具体管理内容有如下几点。

（1）禁止客运经营者在客运站外私自售票和拉客。

（2）客运站在旅客进站候车时，应对旅客携带的行李进行危险品的安全检查。

（3）禁止在营运客车站外上客下客。

（4）禁止营运客车在营运途中甩客，或将旅客移交他人运送。

（5）禁止营运客车串站串线，擅自改变发车或停靠站点。

（三）道路客运质量管理

道路客运质量是指安全质量和服务质量，实际上就是旅客的满意程度。主要体现在客运质量特性的五个方面，即安全性、及时性、方便性、舒适性和经济性。

道路客运质量，是关系到国家、人民和行业利益的头等大事，因此必须加强道路客运精神文明建设；加强道路客运制度建设；加强道路客运基础设施建设；加强客运车辆技术改造；加强客运组织管理和监督检查等。做到道路客运“三优”、“三化”。

1. 道路客运“三优”

道路客运“三优”是指通过精神文明、基础设施建设和经营管理等工作，实现道路客运的优质服务、优美环境和优良秩序。

优质服务是指道路客运各项服务工作主动热情、和蔼周到、安全快捷、经济便利，使旅客感到温暖、愉快、诚信、满意。

优美环境是指汽车客运设施布局合理、整洁卫生、气氛和谐，为旅客创造一个安全、舒适、明快、祥和的旅行环境。

优良秩序是指汽车客运的客流、行包流、车流、信息流通畅合理、井然有序、准确高效，保证旅客旅行的畅通、快速、准时、方便。

道路客运的根本宗旨是全心全意为旅客服务，客运工作人员必须用优良的工作质量和服务质量，最大限度地满足旅客安全、方便、及时、舒适的旅行要求。

2. 道路客运“三化”

道路客运“三化”是指为达到“三优”的基本要求，通过制定道路客运各项服务工作质量标准，实现服务过程程序化、服务管理规范化和服务质量标准化。它是对服务过程、服务管理、服务质量的具体内容所作的统一规定，是客运企业、汽车客运站提高服务质量的重要手段和实行科学管理的重要内容。

服务管理规范化包括五个方面的内容，一是建立健全汽车客运站的组织机构；二是以旅客运输市场的需求和客运作业程序为依据，以最大限度满足旅客旅行的需要为原则，进行岗位设置；三是加强汽车客运站岗位培训；四是车站必须建立健全各种原始记录；五是车站应建立完善的规章制度。

服务过程程序化就是任何一个岗位，其在客运服务全过程中所有工作必须按交通运输部规定的程序进行，并对每一程序都设置质量要求。

服务质量标准化就是对各种质量要求作出统一规定，并及时修订和贯彻执行。根据道路客运服务工作的特点，汽车客运站应建立以服务设施为主要内容的设施标准体系，以服务环境为主要内容的环境标准体系，以服务工作为主要内容的服务标准体系，形成客运服务质量保证体系。

第四节　道路货运管理

一、道路货运管理概述

（一）道路货运的概念和分类

1. 道路货运的概念

道路货运是指用道路载货工具（主要指汽车）在道路上（公路和城市道路）使货物发生有目的的位置移动的活动。道路货运生产指标的衡量尺度是货物运输量。货物运输量通过两个指标来反映：一个是货运量，它的计量单位是“吨”；另一个是货物周转量，它的计量单位是“吨公里”。

2. 道路货运的分类

1）货物的分类

道路货运所运送的货物，根据它在运输、装卸、保管过程中是否有特殊的要求、是否需要采取特殊的措施，分为三类。

（1）普通货物。这类货物在运输、装卸、保管过程中无特殊要求。普通货物又分为三等：

一等普通货物主要是砂、石、渣、土等;二等普通货物主要是日用百货等;三等普通货物主要是蔬菜、农产品、水产品等。

(2)特种货物。这类货物在运输、装卸、保管过程中需要采取特殊的措施。特种货物又分为四类:一是大型特型笨重货物,其单件长度超过6m,或高度超过2.7m,或宽度超过2.5m,或质量超过4t;二是危险货物,危险货物又分为一级危险货物和二级危险货物;三是贵重货物,这类货物价格昂贵,运输责任重大,如货币、珍贵艺术品等;四是鲜活货物,这类货物价值高,运输时间性强,责任重大,如活的野生动物等。

(3)轻泡货物。这类货物的体积较大,但质量较轻,每立方米的质量不足333kg。

2)道路货物运输的分类

(1)按营运性质分类,可分为营业性道路货运和非营业性道路货运。

(2)按货物性质分类,可分为普通货物运输和特种货物运输。特种货物运输又分为危险货物汽车运输和特型笨重物件运输。

(3)按营运方式分类,可分为整批货物运输、零担货物运输和集装箱运输。

(4)按营运的组织方式和使用的运输工具分类,可分为快件货物运输、出租汽车货运、搬家运输、联合运输、甩挂运输、驼背货物运输等。

(二)道路货运管理的概念和内容

1. 道路货运管理的概念

道路货运管理是指道路运政管理机构对货物运输全过程及其有关的运输经济活动进行规划、组织、指导、协调和监督。其目的是引导货运经营者正确贯彻执行党和国家有关方针、政策,坚持社会主义方向,形成一个统一、开放、竞争、公平的道路货运市场,实现货畅其流,最大限度地满足日益增长的国民经济发展和人民生活水平提高所需的货运要求。

2. 道路货运管理的内容

道路货运管理的核心内容是道路货运市场管理,其主要内容有如下几点。

(1)进行货物运量、运力平衡情况的调查;进行道路货运市场预测;制订道路货运市场的发展规划。

(2)负责道路货运经营者的开业资格审批,核发《道路运输经营许可证》、《道路运输证》。

(3)监督经营业户贯彻执行道路货运的有关法律、法规和规章,规范市场经营行为,创造公平竞争的环境。

(4)定期发布货运信息,组织合理运输。

(5)实施对货运经营者、货运有形市场、信息配载市场、货运服务市场的开业停业以及各种证、牌、照的管理。

(6)提高道路货运的服务质量,调节货运过程中发生的商务纠纷。

二、道路货运企业经营资质管理

(一)实施道路货运企业经营资质管理的必要性

(1)道路货运企业经营资质管理是加快道路货运行业结构调整,改善行业形象、提高行业素质、促进行业发展的需要。

道路货运业为国民经济和社会发展作出了重要贡献,但其中也存在着不少结构性矛盾和问题,主要表现在以下几方面。

①经营主体过多、过散，市场集中度低，大中型企业为数不多，运输能力不强，小企业和个体运输户数量很大。

②车辆结构不合理

③运输经营方式落后。

这些问题靠一般性的治理整顿运输市场，可能一时一事会有所好转，但只能治标不治本。要想真正达到治理整顿好道路货运市场秩序的目的，通过对运输企业进行经营资质评定，并且按照其资质进行合理分工，加强企业管理，实行公司化经营，才是一条比较有效的途径。

(2)道路货运企业经营资质管理是适应我国加入世贸组织，应对国际国内运输市场各种运输方式之间的竞争，提高道路货运行业竞争能力的需要。

(3)道路货运企业经营资质管理是改进道路运政管理，加强运输企业管理，提高行业和企业管理水平的需要。

(二)道路货运企业经营资质等级的划分

1. 按企业净资产划分

净资产5亿元以上，其中货运净资产3亿元以上的为一级；净资产1亿元以上，其中货运净资产6000万元以上的为二级；净资产2000万元以上，其中货运净资产1200万元以上的为三级；净资产400万元以上，其中货运净资产240万元以上的为四级。同时，要求一至四级企业的资产负债率不得高于60%。

2. 按车辆与设施划分

车辆总载质量不少于7000t，其中载质量为8t及以上的重型载货车辆的载质量不少于3500t，或专用货车不少于车辆数40%的为一级；车辆总载质量不少于1400t，其中载质量为8t及以上的重型载货车辆的载质量不少于700t，或专用货车不少于车辆数35%的为二级；车辆总载质量不少于650t，其中载质量为8t及以上的重型载货车辆的载质量不少于260t，或专用货车不少于车辆数30%的为三级；车辆总载质量不少于300t，其中载质量为8t及以上的重型载货车辆的载质量不少于90t，或专用货车不少于车辆数20%的为四级。

对车辆新度系数的要求是：一至四级企业要分别达到0.60、0.55、0.50、0.45。

对企业具备货运站的要求是：一级企业至少有一个一级货运站、两个二级货运站，或投资参股货运站场建设规模相当于一个一级货运站、两个二级货运站年换算货物吞吐量的仓储设施；二级企业有两个以上二级货运站，或投资参股货运站场建设规模相当于两个二级货运站年换算货物吞吐量的仓储设施；三级企业有两个三级货运站，或投资参股货运站场建设规模相当于两个三级货运站年换算货物吞吐量的仓储设施；四级企业有一个四级货运站，或投资参股货运站场建设规模相当于一个四级货运站年换算吞吐量的仓储设施。

对企业维修能力的要求是：一级企业至少有一个自有(或签有长期维修合同的)一类汽车维修企业；二级企业至少有一个自有(或签有长期维修合同的)二类以上汽车维修企业；三级企业至少有一个自有(或签有长期维修合同的)二类汽车维修企业；四级企业至少有一个长期合同关系的二类汽车维修企业。

对企业装卸机械和配套设施的要求是：一至四级企业都要具备与经营业务相适应的能力。

3. 按经营资历划分

申请经营资质等级评定的企业均应是独立法人或者是大中型企业内部的独立核算单位，并对从事道路货运的年资有要求：一级企业9年以上，二级企业6年以上，三级企业3年以上，四级企业无年资要求。

4. 按人员素质划分

一、二级企业经理从事本行业经营(管理)工作年资5年以上,或从事经济管理工作年资10年以上;三、四级企业经理从事经济管理工作年资5年以上。企业管理人员具有初级技术职称以上的人员占管理人员总数的比例要求:一级企业达到60以上,二级企业达到55%以上,三级企业达到50%以上,四级企业达到40%以上。安全行车30万公里的驾驶人数不少于驾驶员总数的比例,要求一、二级企业为40%,三、四级企业为35%。

5. 按企业管理水平划分

一至四级企业均要求有健全的经营、财务、统计、安全、技术等管理机构和与之相适应的管理制度。一、二级企业要求通过ISO9002质量认证,三级企业要在经营资质等级评定后的5年内,通过ISO9002质量认证,四级企业对这方面未提要求。

6. 按经营网络情况划分

一级企业应自有全国经营网络,在省内外设有分支机构,其中省外分支机构不少于5个;二级企业应有省内经营网络,在省内外设有分支机构,其中省外分支机构不少于2个;三级企业要求有省内分支机构;四级企业不作具体要求。

7. 按营业收入划分

一至四级企业年度总营业收入要求分别达到5亿元、1亿元、2000万元、400万元以上;其中货运营业收入要求分别达到3亿元、6000万元、1200万元、240万元以上。

对未达到四级企业条件,但具有道路货运经营资格的独立法人或大中型企业内部的独立核算单位,且有健全的经营、财务、统计、安全、技术等管理机构和相应管理制度的评为五级企业。

(三)道路货运企业的经营分工

一级企业除了可从事普通货运、物流、特种货物、集装箱、快件货物、零担货物运输和其他货运服务外,还可以在全国范围内登记设立分支机构并从事经营活动。

二级企业的经营范围与一级企业基本相同,但从事特种货运必须经过审批。

三级企业可以从事普通货物、集装箱、零担货物运输,经审批方可从事与物流相关的服务、限定种类的特种货物运输、快件货物运输和其他货运服务,并只能在企业注册地的省辖区域内登记设立分支机构,经审批同意方可在省外设立分支机构并从事经营活动。

四级企业可从事普通货物、集装箱运输,经审批可从事零担货物、限定种类的特种货物运输和与其业务相关的货运服务,经审批同意可在注册地的省辖区域范围内设立分支机构并从事经营活动。

五级企业可从事普通货运和与其相关的货运服务,经审批可从事限定种类的道路危险货物运输。

个体货运经营业户只能从事普通货物运输。

(四)道路货运企业的质量信誉考核

货运企业经过申请、评定后所取得的经营资质等级不是终身不变的,将随着企业经营资质条件的变化和每年对企业进行质量信誉考核的结果而发生相应的变化。

1. 质量信誉考核的组织

一、二级企业质量信誉考核由省级运政机构负责组织并作出考核结论,经省级交通主管部门审核后,报交通运输部备案;三、四、五级企业的质量信誉考核分别由省级、地级、县级运政管理机构负责组织考核,考核结论报同级交通主管部门审核备案。

2. 质量信誉考核的分等

质量信誉考核的等级分为合格、不合格两种。全部下列条件的为合格,只要有其中一条不符合的就是不合格:

(1)无特大行车责任事故。

(2)行车事故频率不高于2次/百万公里,事故责任死亡率不高于0.4人/百万公里,事故伤人率不高于1.6人/百万公里,直接经济损失率不高于2万元/百万公里。

(3)无重大违法违规行为(一次性行政处罚金额为2万元及以上的)。

(4)无重大运输服务质量事件(在地级以上新闻媒体上曝光或由当事人投诉、举报并经查属实且情节十分恶劣的服务质量问题);货运质量事故频率不高于1次/百万吨公里;货运质量事故赔偿率不高于0.7‰。

(5)符合所核定等级的经营资质条件。

(五)经营资质等级的变更

1. 晋升

货运企业经营资质条件已达到上一个经营资质等级标准,并且连续两年质量信誉年度考核为合格的,可申请晋升上一个经营资质等级,经批准后可以晋升。

2. 合格

货运企业年度质量信誉考核合格,按原评定的经营资质等级和经营分工继续经营。

3. 整改

货运企业年度质量信誉考核不合格,给1年时间的整改期。在整改期内,暂停新增货运业务和运力的审批。整改期满,达到整改要求的,保留原经营资质等级和经营范围。

4. 降级

货运企业年度质量信誉考核不合格的,且整改后仍达不到要求的,降低经营资质等级,并调整经营范围。

(六)监督检查与处罚

(1)货运企业在申请经营资质等级和质量信誉考核中,采取弄虚作假和其他不正当手段,虚报经营资质条件或有关资料的,责成其在3~6个月内进行整改,并暂停新增货运业务和运力的审批;情节严重的还应暂停资质等级评定或推迟一年晋升上一个经营资质等级。交通主管部门审核发现质量信誉考核结论不实的,要责成同级运政管理机构重新进行考核。

(2)货运企业经营资质等级评定后,超范围经营或违反有关行业管理法规的,要按照交通部2001年第5号令《关于修改<道路运输行政处罚规定>的决定》的有关条款进行处罚。

第五节　道路运输相关业务管理

一、对几个业务的概述

1. 客运站专项服务

随着旅客流量的大幅度增加,为了方便旅客,解决客运站不能涉及的点,便出现了客运代办业务,即专门从事售票、行包托运代理、小件寄存等专项业务。特别是随着科学技术的进步、计算机及其网络技术的发展,汽车客运站已广泛实行计算机售票,一些有实力的客运代办机构与汽车客运站进行计算机联网，随时向旅客提供客运信息，真正做到了方便旅客，为旅客服务。

2. 货运代理

为货主代办运输手续，以及提供代提、代发、代运货物服务的业务。这种代办业的出现，对于进一步放开搞活运输市场，方便货主，起着积极的推动作用，它是道路运输辅助服务业的组成部分。

3. 行业配载

目前，各类货运配载信息服务业正在全国兴起，并逐步形成了全国性、区域性的货运配载信息服务网络。这就使公路货运信息配载服务具有沟通承托信息，在更大范围内迅速组织合理运输的功能，这是促进运输市场发展、减少空驶浪费、提高车辆运行效率的有效途径。

公路货运配载信息、配载服务的实质是信息代理，它自身不从事货运业务，属公路运输辅助服务业，可以多层次、多渠道、多方式、多家经营，但必须纳入道路运输行业管理。

4. 仓储理货

货运仓储、理货是货运业的重要组成部分，是承运方与托运方的中间环节，对执行运输合同、保证货运质量和货物完好无损都有着重要作用。货运仓储、理货业的出现，对于活跃运输市场，方便运输企业和货主都有着重要意义。

5. 车辆存放

车辆存放是指为各种运输车辆提供停放场地，并进行保管等业务。它是道路运输辅助服务业的重要组成部分。

6. 车辆清洁装饰

车辆清洁装饰是专门从事车辆清洗、美化的业务。这个行业的出现，不但方便了车主，而且适应了城市卫生和清洁城市环境的需要。

二、管理的方法及内容

(1)道路运政管理机构应按照运输辅助服务业的管理办法进行管理。对于符合条件者，发给经营许可证，经营者办理工商、税务登记后方可开业。

(2)对从事有关服务项目的经营者进行法制教育，对主要人员进行有关政策、法规的教育，使其知法、守法，合法经营。

(3)加强监督检查，保障经营者和消费者的合法权益。对违章的经营者按交通运输部有关规定进行处罚。

(4)道路运政管理机构要对客货代办业务加强管理，合理规划和布局，形成区域性的服务业网点，促进道路运输业的发展。

(5)要合理确定收费费目和费率。费目、费率的确定，由省级交通主管部门与物价部门商定后下达执行。

(6)为推动道路运输辅助服务业的发展，应积极推动计算机网络在服务业务中的开发和应用。

(7)开展行业评比活动，对经营好、用户反映好、社会经济效益好的企业进行表彰。

(8)加强质量管理。对于从事道路运输辅助服务业的业户，道路运政管理部门要加强管理，制定质量标准，开展质量评比活动。特别是要结合精神文明建设，抓好服务质量的管理。对于影响城市环境和秩序的一些项目，如车辆清洗、车辆存放等，要与有关部门密切配合，严禁占道经营、强拉强洗、强拉强存的现象发生。

第五章 城市交通运营管理

第一节 城市交通概论

一、城市公共交通的定义

城市公共交通是城市社会经济正常运转的基础保障,是城市综合环境的基本组成部分,是实现城市功能的重要元素,也是衡量一个城市综合竞争力的重要标志,更与每个市民的日常生活息息相关。

1. 城市交通的定义

城市交通是实现人流、物流、车流和部分信息载体的空间位移,并到达一定目的地的基本手段,是整个城市生活从静态到动态,完成城市生存发展所必需的多种活动的主要保证,是重要的城市基础设施。

2. 城市公共交通的定义

城市公共交通是指在城市及其在近郊范围,为方便居民和公众出行,使用各种客运工具的旅客运输体系。

3. 城市交通运输系统和城市基础设施的区别

城市交通系统的功能,是为城市居民的各种出行活动提供必要的条件。城市交通设施把城市居民的各种出行活动有机地联结在一起。城市交通系统的性质,在很大程度上决定了城市的生活方式。

城市交通不同于其他服务设施的两个特点:一是城市交通不只是为城市服务,同时也是城市的一部分。在发达国家,交通设施往往占市中心区地面面积的30% ~40%,约占郊区面积的20%,大城市的居民平均每天约有1h时间花在路途交通上,城市主要是由建筑物与交通设施组成的。二是交通是为人们各种活动服务的。但交通与建筑物和建筑内的活动是相互依存的,城市交通设施把组成城市生活的各种活动联结起来,这些活动必须依靠交通设施才能得以实现。城市的结构,城市的大小及其扩展,城市生活的方式及特点等,往往都是由城市交通系统的性质和服务质量决定的。

因此,城市交通部门与供水、供电等部门不同,它所面临的交通系统的选择直接影响城市的性质。交通与城市性质之间的相互影响,又使确定交通功能这一任务变得复杂。在确定交通的功能时,人们要反问应该要什么样的城市,多大规模,为哪个阶层的人们服务。

二、城市交通运输系统的特点

1. 交通方式综合性

城市交通运输系统不同于铁路、公路、水运、航空及管道五大运输系统。尽管城市交通运输系统在整个运输网络中只是一个节点,但它往往是一个枢纽,五大运输方式在这里进行交汇、转换。因此,城市交通运输系统的交通特点非常复杂,它以道路交通为主,但同时涉及铁路(含对外铁路及市内地铁)、水运、航空等运输方式的转换与协调。

2. 研究对象复杂性

在前述的五大运输方式中,主要的研究对象是运载工具及为运载工具服务的交通基础设施(公路、航线、航道)。在城市交通系统中,除了比其他运输系统中同样要考虑的运载工具及交通基础设施更为复杂外,它要考虑更多的是交通系统的参与者,不管参与者采用的交通方式是步行、自行车、公交,还是摩托车、小汽车,其活动都将对交通产生影响。

3. 研究目标多样性

城市交通系统是交通工程学的重点研究领域,对城市交通系统的研究,往往从五个方面展开:

(1)工程(Engineering)。研究能满足交通需求的交通基础设施,包括这些交通设施的规划与设计。

(2)法规(Enforcement)。由于城市交通系统的复杂性及综合性,完善的交通法规是保障城市交通系统正常运转的必要条件。

(3)教育(Education)。由于所有城市居民都是城市交通系统的直接参与者,对于广大居民(特别是少年儿童)的交通意识教育是非常必要的。

(4)能源(Energy)。交通工具是能源消耗大户,低能耗交通工具的研究一直是发达国家的研究热点。

(5)环境(Environment)。在发达国家城市,80%的噪声污染及废气污染都是由汽车交通造成的,通过交通组织、交通结构优化及道路环境保护设计,保障城市系统可持续发展,是一项重要措施。由于工程、教育、法规、能源、环境的英文字开头都是“E”,因此人们常称,研究城市交通问题需综合运用“5E”科学。

三、中国城市交通运输的发展趋势

我国城市居民的出行结构是多元化的,但由于不同的出行方式有不同的道路利用效率,并产生不同的交通影响。因此,各种交通方式并不是可以无限制发展的,而是通过交通发展政策的合理引导,使交通结构朝着有利于充分利用道路交通设施运输能力的方向发展。城市交通发展政策的制定,必须充分考虑我国国情(人口大国)、居民的承受力、交通设施发展规模、土地利用及土地资源的约束等因素,并使城市交通的发展符合可持续发展战略。

1. 优先发展公共交通

城市公共交通是人均道路利用效率最高、消耗资源最少、环境污染程度最轻的大众交通方式。在城市交通系统中,公共交通应该得到优先发展。

公共交通的优先发展,必须有保障体系,一是从政策上给予保障,二是从技术上给予保障,如开辟公交专用线、专用道、交叉路口专用相位等,并通过优化公交网络、优化站点布设及优化车辆调度等措施,方便居民乘车,提高公交吸引力。

2. 适当控制自行车发展

我国是自行车王国,自行车是我国城市居民出行的重要交通工具,并且我国在以后几十年内仍将保留自行车这一特色交通方式。

但我国的有些城市自行车发展有些失控,自行车出行占总出行的50%以上,而公共交通萎缩,造成了交通紧张局面。因此,适当控制自行车发展规模,引导自行车出行量向公共交通转移,能大大减轻城市道路交通压力。

3. 协调发展私人小汽车

随着我国经济的快速发展越来越多的私人小汽车进入百姓家庭,但我国是个人口大国,不能像发达国家那样一人一辆或一户一辆大规模地发展。我国的私人小汽车发展必须遵循协调发展原则。具体要做好以下几个方面的协调:①与道路交通基础设施建设水平相协调。根据各城市的道路交通设施水平,确定城市的机动车发展规模,避免道路交通拥挤及停车拥挤问题。②与环境保护相协调。③与能源开发相协调。④与我国居民素质水平的提高相协调。

4. 有计划发展轨道交通

轻轨、地铁(通称大运量轨道交通)是城市公共交通的组成部分。当城市地面公交难以承受客流时,应开辟大运量的轨道交通。

轨道交通线路一般都建在地下,能大大节省土地资源,并且不产生环境污染,符合可持续发展战略。但轨道交通造价很高,一般城市很难在短期内完成轨道交通网的建设工作。在我国,特大城市、大城市,可考虑修建轨道交通系统,但必须作长远的建设规划。

第二节　城市公交管理

一、政府对城市公共交通的主要工作任务

政府和城市公交企业的关系,主要体现在政府对城市公交企业实施的管理。虽然政府不应当直接干涉企业的生产经营,但是由于公共交通企业的社会公益性特点,决定了政府应对城市公交通过政策法规进行宏观管理和调控,其目的是为了促使公交企业改善服务,提高效率。

政府对城市公共交通的主要工作任务包括四个方面:

(1)建立公交服务系统,并对基础设施进行管理;提供公交工具并保证其正常的维护和保养,实现为乘客服务的目的,保障乘客安全。

(2)对公交的运营管理和实施的情况进行检查,并督导运营组织的安全保卫工作以及公交运营系统的信息开发工作。

(3)为实现运营服务任务和目标,注重发展科学研究工作和原始统计工作。

(4)加强对公交的运营组织工作,由各级政府和公用事业机关依法承担或参与公交运营的国营或私营企业组织实施工作。

二、政府对城市公交企业的管理

(1)保护城市公交企业的适度竞争。城市公交企业的规模如果过于分散,不利于规模经营,造成社会资源的浪费和无序竞争。由于市场机制的自发作用,不足以实现一般均衡状态,造成市场失灵,交通资源难以有效配置。如果各种交通方式由极少数企业或单独企业经营,也必然会造成价格垄断和服务质量下降,造成市场竞争性的削弱。这些市场功能的先天缺陷,难以由市场或者公交企业本身来弥补,这就要求政府使用宏观调控手段,协调发展城市公交内部各种交通方式,发挥城市客运交通的最大效率,破除垄断,保护企业之间的适度竞争。

(2)使用微观经济手段优化资源配置。首先可以使用税收和补贴的方式,对那些污染严重、经营服务水平难以达到要求,采用低价格手段恶性竞争的公交企业,征收适度的税,使得企

业的私人成本高于社会成本，使得市场对企业产出的有效需求得到抑制，收缩企业的生产。这样做的目的，最终是要引导资源转移到其他效率高的企业中去。对符合要求的公交企业，可以实施连续性的税收优惠政策。

(3)采取非市场化手段扶持公交企业。城市公交是一种典型的公共物品，每个消费者都会不自觉地在尽量少支付或者不支付费用的情况下，享用公共物品提供的便利，这使得城市交通企业的盈利和公益性之间的矛盾更为突出。因此，政府有必要采取非市场化的手段，比如建立城市公交发展基金、提供价格补贴等，加强政府对公交发展的调控力度。公交企业执行政府规定的票价和服务标准，应当得到政府合理的财政补贴，以维持公交企业运营经费收支的平衡。

(4)必要的公共管制手段限制垄断。由于垄断会导致资源配置缺乏效率，因此产生了对垄断进行公共管制的必要性。这种方式的具体实现手段可以多种多样。首先，有效地控制市场结构，避免垄断的市场结构产生。例如，在某城市的某一交通方式市场已经成为一家或极少数交通企业垄断，或已经具有垄断趋势时，对垄断企业进行分拆就是一种很好的措施。同时，过度分散的经营模式，也不符合城市公交公益性的属性。政府应当鼓励优势公交企业兼并重组，形成规模经营。此外，政府还可以对垄断企业服务价格和服务质量进行管制，以提高资源的配置效率。

(5)发挥价格杠杆作用，形成科学调价体系。政府对公交企业运营的定价和消费政策，是引导交通需求的重要管理工具，也是公交赢利的主要保证。在体现公益性的前提下，努力维护交通企业的投资收益和正常运营效益。政府应当完善公交价格的形成机制，建立以适应成本变动为基础、兼顾社会承受力和公交企业合理收益为约束的价格形成模式，在社会公众公交消费支出和企业赢利、运营成本之间，确定平衡点，形成科学的调价机制；完善公交和其他客运方式之间的比价关系，发挥价格在促进公交行业协调发展、引导城市客流合理分流中的杠杆作用。

三、政府对城市公交运营的管理

(1)城市公交运营是一个独立完整的运输子系统。城市公交相对于其他运输系统，是一个复杂的、相对独立、完整的运输子系统。随着城市轨道交通、小汽车交通的发展，以及智能交通的发展，国家和地方政府在这方面的投资将会更大。城市公交系统，除了具有国家交通运输体系中其他运输方式所具有的运输特点外，同时还具有自身的特点和内在的规律，如：面向低收入阶层和高薪阶层，公共运输的低价格运输行为，个人交通选择行为对城市社会产生的交通聚集效果，有限设施和无限交通需求的动态的平衡系统，对政策敏感度极强等。

(2)政府采用多种综合手段进行管理。城市公交系统是一种特殊的城市基础设施，同时又是国家"能源交通"的重要组成部分。政府应对其发展建设管理采取符合它的规律、促进其发展的方式。即通过国家和地方行政、法律、经济、技术、教育和体制的改革，来实现其良性发展的目标。而其中最直接的手段，主要是公共交通规划、交通基础设施的改善、促进公共交通服务、对道路使用的管理等四个方面。

四、城市公交企业运营管理概述

城市公交企业的运营管理，除市场调查与预测、财务管理、人力资源管理、市场营销外，还包括客运管理、运营质量管理、安全管理等。从城市公交企业的特点出发，下面主要从后三个方面来分析。

(1)城市交通企业客运。为乘客提供安全、高效、可靠的服务，是城市公交的首要职责。当然，公共汽(电)车客运、轨道交通客运、出租车客运都有各自的特征，从城市大客运体系，探讨三种运输方式共性的特点。那就是：要以安全第一，优质服务为指导思想，建立精简、高效的管理机构，按照城市交通的客观规律和公共交通的特点，组织车辆的运行和客运服务，以满足居民安全、快捷、舒适、准时的出行需求。

(2)城市公交企业客运应适当达到以下标准：

①在运输组织上，实行集中调度、统一指挥、按图行车。

②在安全保证方面，主要依靠合理的行车组织规则和可靠的设备运行，来保证行车间隔和正确的行车线路。

③在功能实现上，车辆、车务、机电、通信、工务等部门紧密配合，确保隧道、线路、能源供应、车辆设备、通信设备、机电设备及消防系统状态良好，运行正常。

第三节 城市出租车运营管理

一、出租车的定义与特点

(一)出租车的定义

出租车是指充分满足乘客和用户意愿而被雇用的营业汽车。出租车分为按照乘客和用户意愿提供客运服务、车辆租赁服务两大类。客运服务是为乘客提供运送服务，并且按照里程和时间收费的出租汽车经营活动。车辆租赁服务是指向用户出租不配备驾驶员的客运车辆，并且按照时间收费的出租汽车经营活动。

(二)出租车的特点

出租车有各种不同的车型和类别，可以根据客流在时间和空间的不同分布，提供灵活、及时、便捷的客运服务。它主要具有以下几个特点：

1. 流动性

出租车的运营线路、起讫点运距都由乘客确定，其乘客时空分布的随机性，决定了出租车经营处于流动状态。

2. 独立性

出租车的驾驶、核收票款和提供的其他有关服务均由一人承担，而且根据乘客的需要非定点定线运行，具有“独立服务、独立运行”的特点，能够满足大众对私人空间的需求。

3. 分散性

旅客出行的方向、距离的多样性，决定了出租车经营在时间和空间上的分散。

4. 便捷性

与公共汽(电)车不同的是，出租车是一种不定线路、不定车站、以计程或计时方式营业、为乘用者提供门到门服务，所以出租车具有灵活多变、针对性强、快捷方便等优点。

5. 经济性

乘坐出租车比养一辆私人小汽车更经济。

二、出租车的经营管理

（一）对出租车驾驶员的要求

出租车是城市公共交通的组成部分，是现代化国际大都市必须具备的基础设施，是城市精神文明的一个窗口。基于行业特点，对出租车驾驶员提出较高要求。

1. 热爱本职

热爱本职就是要做一行、爱一行，这是对出租车驾驶员提出的基本要求，也是做好服务工作的内在动力。

2. 钻研业务

（1）学习文化专业知识。除了有关的专业知识外，出租车驾驶员还要学习以下四个方面的知识：一要知晓一些国内外时事政治，懂得党的方针政策，使自己有比较清醒的政治头脑；二要学习本地和各地的风俗习惯、地理人情，使自己有比较丰富的文化涵养；三要学习一些当今科技的基本常识，使自己对行业在用的 LPG、GPS 等设备以及 ISO9002 等现代化的管理方法有所了解；四要学习英语、日语等常用业务用语，甚至包括哑语，满足外宾和特殊人群的需要。总之，只有掌握丰富的知识，才能在服务中做到得心应手，使乘客有亲切感。

（2）钻研服务技巧。出租车驾驶员要练就一套能在短短旅途中，通过乘客的言谈举止体察其心理活动的本领，提供针对乘客个性特点的服务。这就需要出租车驾驶员潜心钻研，学习一点心理学，探索研究乘客心理活动的规律，掌握和摸索一套使乘客心情舒畅的服务技巧，用巧妙的服务用语和热情得体的举止，感染乘客，达到乘客满意和自己满意的双重目的。

（3）掌握驾驶和维护技能。目前，汽车工业发展很快，驾驶员应适应发展变化的形势，更新、储备各项专业知识。只有这样，才能既掌握精湛的驾驶操作技能，严格按各项操作规程办事，练就"平稳、轻快、安全、舒适"的驾驶本领，又能熟悉车辆的技术性能，了解判断规章和排除故障的方法。

3. 仪表整洁

仪表端庄，车容整洁是文明服务和职业道德水平的外在表现，反映了行业、企业的经营服务水平，也反映了现代大都市公共交通的管理水准。仪表整洁包括人与车的两个"整洁"。

人的整洁指驾驶员在当班营运时，应服装整洁、举止大方、精神饱满、统一服饰。车的整洁是指应保持车辆处于良好状态，达到"六净"、"四全"、"三无"的标准。"六净"是指车身净、车厢净、轮胎净、车牌净、玻璃净；"四全"是指顶灯标志全、计价设备及价目表全、营运证件及标牌全、防劫装置及空调音响设施全；"三无"是指仪表台和后座搁板及行李舱无杂物、车厢及行车舱内无积水、车厢内无异味。

4. 安全行车

文明驾驶、安全行车是行业优质服务最基本的保证，因此出租车驾驶员应牢固树立"安全第一，预防为主"的思想。

5. 按章收费

驾驶员应该严格遵守物价政策，正确使用计价器，合理收费，不能利用乘客急需租车的心理和不熟悉路线、计价器操作等，损害消费者的利益，做到以下两点：

（1）按计价器显示金额收费；

（2）不降低服务标准，变相多收费。

6. 诚实可信

诚实可信体现了出租车驾驶员的高尚品质和美好心灵，是维护职业尊严和人格信誉的具体行动。它主要表现在一视同仁对待乘客、严肃认真对待馈赠、慎重对待乘客失物等几个方面。

7. 遵纪守法

出租车驾驶员不仅要遵守行业、企业的各项规章制度和营运规范，而且还要遵守各项相关的法规，如交通法规、治安法规和市容卫生管理条例等，应比其他行业的职工有更强的遵纪守法的自觉性和法纪观念。

(1)有较强的法制观念。出租车驾驶员接触面广、单车作业、流动分散，因此，必须增强法制观念，严守职业道德，自觉抵制不良思想的侵蚀，积极维护社会主义法纪。

(2)较强的守规观念。出租车驾驶员必须遵守行规行纪，就是要认真执行行业法规和交通法规。

(3)较强的护法观念。出租车驾驶员的护法观念，具体体现在维护正常的社会秩序、服从管理，听从指挥、与盗窃犯罪分子作坚决斗争等方面。

(二)安全行车管理

1. 安全行车概述

(1)概念。凡是驾驶员在行车过程中，由于遵守交通规则得当，避免了与人畜、车辆和其他物体发生碰撞、辗轧、倾覆，从而未造成任何意外损失的交通行为，称为安全行车。

(2)安全行车的重要性。一是乘客对驾驶员最基本的要求，也是乘客租车时考虑的首要因素；二是维护城乡交通秩序的基础。

(3)安全行车的必要性。①吸引乘客的需要。②确保营运的需要。③提高效益的需要。④行业声誉的需要。

总之，驾驶员在行车中，应树立良好的理念，自觉遵守交通规则和行业有关规定，努力做到“一树、二严、三勤、四慢、五知、六不、七禁、八防”。

一树：树立安全第一，预防为主的思想。

二严：严格遵守交通规则，严格遵守操作规程。

三勤：勤清洁车辆，勤检查车辆，勤保养车辆。

四慢：情况不明慢，视线不良慢，起步会车慢，通过交叉路口、危险及繁华地段慢。

五知：知车辆技术状况，知道路情况，知气候变化特点，知行人、车辆动态特点，知事故处理规定。

六不：不开英雄车，不开霸道车，不开赌气车，不开带病车，不开急躁车，不开麻痹车。

七禁：禁止酒后开车，禁止吸烟开车，禁止开车饮食，禁止开车谈笑，禁止开车使用手机，禁止争道抢行，禁止超速行驶。

八防：让车防里档，会车防车尾，跟车防紧急制动，超车防车前，路口防突然加速，车站防横窜，新村弄口防小孩，下雨防侧滑。

2. 安全行车的影响因素

行车事故的发生，与车辆技术状况、道路条件、行车环境、交通管理以及驾驶员的思想情绪、操作技能、应变能力等一系列因素有关，但归结起来有客观因素和主观因素两方面。

(1)客观因素。客观因素是指外界非人为的因素。如气候、道路、行人、车辆等。客观因素发生行车事故的比例为30%左右，由于客观因素的突变，往往能直接作用、激发、刺激和影响驾驶员行车安全操作，导致事故的发生。

(2)主观因素。主观因素是指驾驶员本身内在的因素。它是直接导致行车事故的主要因素，主要包括法制观念、安全意识、生理特性、疲劳驾驶、开情绪车等几个方面。

驾驶员应该认识到，既要强调主观因素是安全行车中最主要的因素，又要重视考虑客观因素的影响和制约作用，从而在行车中，最大限度地减少主观和客观因素的冲击，避免行车隐患和险情，确保安全行车。

(三)事故处理

在行人、车辆、道路构成的复杂环境中，常会因主、客观因素发生行车事故。一旦发生事故，驾驶员要沉着冷静、稳妥处理，将行车事故造成的损失降到最低限度。

1. 事故的类别、性质与责任认定

(1)事故可分为行车、客伤两类。

①行车事故。凡机动车在行驶或转移过程中发生碰撞、碾轧、挤压、颠覆及机件失灵造成的人员伤亡、车辆损坏的，均称为行车事故。

②客伤事故。凡车辆内部由于开关不当，造成夹、摔伤乘客，或因车内设施损坏造成轧伤、挤伤、刺伤乘客的，均称为客伤事故。

(2)事故性质。根据事故性质，可分为轻微事故、一般事故、大事故、重大事故、特大事故。根据事故发生范围可分为两类：一类是有道路名称的交通事故，由城市交通民警管理；另一类是厂区内、学校内、里弄、街道、居民小区、农村机耕道内等非交通道路发生的事故，由警署或派出所民警管理。

(3)责任认定。事故责任原则上由公安交通管理部门认定。可分为五种：全部责任、主要责任、各半责任、次要责任、非责任。

2. 事故处理

发生交通事故后，驾驶员应努力减少损失，主要有以下四个方面：

(1)立即停车，抢救伤者。行车事故发生后，驾驶员应迅速停车，及时抢救受伤人员。如果抢救不及时，往往会加重伤者的伤势，产生更加严重的后果。

(2)保护现场，设立标记。为了能给公安交通部门勘察现场提供确切的资料，分析事故原因，驾驶员在不妨碍抢救受伤人员的情况下，尽力保留肇事现场。驾驶员一定要沉着冷静，在条件允许的情况下，迅速用粉笔、砖、石块将伤者倒卧的位置和姿势记下来。

(3)搜集旁证，及时报告。在发生事故抢救伤员的同时，如有乘客在车内，应请乘客帮助自己寻找事故的目击者；问清目击者的姓名、单位、地址和联系电话；收集证据，并及时向当地交通管理部门报告；配合交通民警及有关部门勘察、提供旁证、报告事故有关情况。

(4)如实反映，听候处理。驾驶员在报告事故时，应如实讲清发生事故的时间、地点、接触对象、人身伤势和车辆损坏程度等简要情况，并听候交通管理部门的处理，不得伪造肇事现场和肇事逃逸。

3. 经验教训

行车事故发生后，驾驶员应积极主动配合交通管理部门和企业主要负责人，妥善处理善后工作，如实反映事故发生的真相，由公安交通管理部门根据现场勘察情况及目击者证词，迅速对行车事故原因进行分析，明确事故责任。

(1)分析事故，查清原因。

(2)明确责任，吸取教训。

(3)提高认识,制订措施。

(4)现身说法,教育群众。

对于破坏、伪造现场,谎报、瞒报及逃逸的肇事者,后果严重而又触犯法律者,由公安部门追究刑事责任。

第四节 城市轨道交通运行管理

一、运输组织

(一)运输计划

运输计划是轨道交通系统运营组织的基础工作,它包括:客流计划、列车运行组织方式、行车计划、车辆配备计划、人员安排计划及列车交路计划等。为了充分发挥轨道交通运量大和服务有规律的特点,轨道交通的运输组织必须以客流计划为基础,根据客流的特点,合理编制运输计划,合理调度列车运行,实现计划运输。

1. 客流计划

客流计划的主要内容包括:站间到发客流量、各站双向上下车人数、全日高峰小时和低谷小时的断面客流量、全日分时最大断面客流量等。它是行车计划、车辆配备计划、人员安排计划、列车交路计划等编制的基础。

2. 列车运行组织方式

城市轨道交通列车运行组织方式,应根据各条线路的不同特点、不同的实施阶段,选择合适的运营组织方式。一般分为全线独立运营方式和分段延伸运营方式。

(1)全线独立运营方式。轨道交通各线原则上应采用独立的运营方式,根据线路长短和客流分布情况采用分区运行。

(2)分段延伸运营方式。这是一种临时性、过渡性的运营方式。根据路网实施规划采用分期施工、分期运营时,可采用建成一段,运营一段,逐渐延伸的方法。

3. 行车计划

行车计划是指营业时间各个小时开行的列车对数计划,它是编制列车运行图、计算运营工作和确定车辆配备数量的基础,行车计划是根据营业时间内各个小时的最大断面客流量、列车定员人数和车辆满载率,以及希望达到的服务水平加以编制的。

4. 车辆配备计划

车辆配备计划的目的,是为了推算完成全日行车计划而制订的车辆保有数安排计划,包括运用车辆数、在修车辆数和备用车辆数。

(1)运用车辆数是指为完成日常运输任务而需配备的技术状态良好的车辆数,它与高峰小时开行的列车对数、列车的运行速度及在折返段的停留时间等因素有关。

(2)在修车辆数是指处于定期检修状态的那部分车辆。

(3)备用车辆主要是作为车辆临时发生故障时的替代物而储备的。根据国内外资料,备用车辆数一般控制在运用车辆数的10%左右。

5. 人员配备计划

轨道交通公司主要包括运营部门、设备部门以及辅助部门。其中运营部门人员配备主要是乘务员和站务工作人员;设备部门人员配备主要是车辆设备检修工作人员和变电站、触网、轨道等维护人员;辅助部门人员配备主要是从事信息、数据及研究工作的人员。

6. 列车交路计划

在轨道交通线路的各个区段流量不均匀的情况下,采用合理列车交路安排,是运输计划的一个重要组成部分。列车交路计划规定了列车的运行区段,折返车站和按不同列车交路运行的列车对数。

列车交路可以分成长交路、短交路和长短交路三种。长交路主要适用于各区段客流量比较均匀的情况,其行车组织简单。短交路主要适用于各区段客流量相当不均匀的情况,其运营比较经济。长短交路适用于各区段客流量不均匀,或在高峰期间各区段客流量比较均匀,而在低谷期间各区段客流量相差悬殊时,其特点是既能满足运输要求,又能提高运营效益。

合理的列车交路,既能提高列车的运用效率,降低运营成本,又能为乘客提供方便。

7. 列车折返方式

列车折返方式根据折返线的布置,分站前折返和站后折返两种方式。

站前折返方式是列车经由站前渡线折返。其优点是列车空车走行少,折返时间短,乘客能同时上、下车,缩短停站时间;缺点是出发、到达列车存在着进路交叉,影响行车安全和站台秩序。

站后折返方式分为站后环形线折返、站后尽端折返线折返和站后渡线折返,其优点是列车出站速度高,有利于提高运行速度。

(二)列车运行图

列车运行图是轨道交通行车组织工作的综合性计划,是地铁和轻轨行车组织工作的基础。它规定了各次列车占用区间的顺序和时间、列车在各个车站的到发及通过时刻、区间运行时分、停站时分、折返站列车折返作业时分、列车出入车辆段时分、设备保养维修时间和驾驶员作息时间等。列车运行图不仅把沿线各车站、线路、供电、车辆、通信信号等技术设备的运用,联合成一个统一的整体,而且把所有与行车有关的部门和单位都组织起来,严格按照一定程序有条不紊地进行工作,从而保证列车安全、正点运行。

1. 列车运行图的编制步骤

(1)按照有关指示及规定的编制原则,确定编图注意事项。

(2)按运行图的组成要素,搜集资料并计算、查定各要素的数值。

(3)根据客流资料及列车编组定额载客量,分时段确定列车运行间隔时分。

(4)确定全日行车计划。

(5)计算所需的运用列车数量。

(6)征求有关部门意见。

(7)修改运行方案。

(8)根据方案,绘制详细的列车运行图。

(9)编写运行图说明书。

目前,绝大多数地铁采用了 ATC 设备,大大简化了运行图的编制。

2. 编制列车运行图应考虑的问题

(1)合理地使用车辆。应根据客流量的变化安排车辆的编组计划;当车辆不足或在客流量增长较快的情况下,充分挖掘潜力,加速车辆周转。

(2)方便乘客。编制运行图时要考虑为乘客提供方便,这是衡量服务水平的重要标志之一。具体表现为乘客时间的节约,它包括乘客候车和换乘等几个环节的时间。因此在考虑列车运行方案时,要认真排定头班车和末班车的到发时刻。在清晨和夜间不能只追求列车满载率而使列车间隔太长。另外,还应规范停站站名,合理规定停站时间,以便提高运行速度,减少旅客在车厢内乘车时间。同时在可能的情况下,应对连接几个线路方向的换乘站,衔接好到发时刻以及与地面交通的配合。

(三)运输能力及调整

运输能力是通过能力和输送能力的总称。随着城市经济的不断发展,市民出行需求的不断增加,客流往往呈现逐年增长的态势,线路能力不足的问题随之出现。因此,一方面要有计划、有步骤地采取有效措施,加强运输能力,不断适应客流增长的需要。另一方面,通过采用新的技术设备或加强现有的技术设备,引用先进的管理办法,以降低运输成本、提高劳动生产率、改善劳动条件,有利于真正实现"以人为本"的服务宗旨。

1. 通过能力

(1)定义。线路的通过能力是指在采用一定的车辆类型、信号设备和行车组织方法的条件下,轨道交通系统线路的各项固定设备在单位时间内(通常是高峰小时)所能通过的列车数。

(2)加强线路通过能力的措施。线路通过能力是由追踪列车间隔时间的大小决定的。可以通过缩短列车的运行时间、加减速附加时间和停站时间等措施,来最终达到缩短追踪列车间隔时间,加强线路通过能力的目的。具体方式可分为对线路、车辆、车站、通信和信号等方面的改造。

2. 输送能力

(1)定义。输送能力是指在一定的车辆类型、信号设备、固定设备和行车组织方法的条件下,按照现有活动设备和乘务人员的数量,轨道交通系统在单位时间内(通常是高峰小时、一昼夜、一年)所能运送的乘客人数。通过能力反映的是线路所能开行的列车数,它是输送能力的基础。输送能力是运输能力的最终实现,它反映了在开行列车数一定的前提下,线路所能运送的乘客人数。在通过能力一定的条件下,线路的最终输送能力还与车站设备的设计容量存在密切关系。

(2)加强输送能力的措施。在通过能力一定的条件下,决定输送能力的因素是列车编组数和车辆载客人数。因此,加强输送能力的措施主要有以下几种:

①增加列车编组车辆数。但是编组数受到站台长度的限制,因此一般均在设计、施工的过程中预留。

②采用大型车辆。对于新建的客流量较大的线路,采用大型车辆是解决交通拥挤的最好方式。

③优化车辆内部布置。即在车辆尺寸一定的条件下,通过增加或减少座位数量或横纵向布置达到增加列车定员的目的。

二、行车调度管理

(一)行车调度概述

行车调度是轨道交通系统日常运输工作的指挥中枢,它的好坏直接影响轨道交通运输工作的完成情况。为保证轨道交通能安全、均衡、有节奏地完成运送乘客的任务,凡与之有关的各部门、各工种,都必须在行车调度的统一指挥下,进行日常生产活动。

运输调度的基本任务是:科学地组织客流,经济合理地使用车辆及运输设备,挖掘运输潜力,提高运输效率和经济效益;组织与运输有关的各部门密切配合,协同动作,确保实现列车运行图,努力完成运输生产任务,为城市经济建设和人民生活服务。

(二)轨道交通系统控制中心

轨道交通系统控制中心(简称OCC),在日常运输组织工作中,实行高度民主集中,统一指挥,以确保各个环节紧密配合,协同动作。控制中心实行分工管理,将运输生产活动划分成若干部分,设置不同的调度工种。如在控制中心设有行车调度、电力调度和环控调度等工种。

值班调度主任(调度长)是调度班组工作的组织者和领导者。其主要工作职责是:传达、贯彻和执行上级有关文件、命令及指示,负责完成本班组各项运输指标,主持接班会,布置有关注意事项,检查安全生产情况,掌握列车运行图执行情况,负责施工和救援工作的把关,主持事故分析会等。

(三)列车运行调整方法

组织列车正点始发,是保证列车正点运行和实现列车运行图的基础。对始发列车,行车调度员应具体掌握和组织列车出库、列车折返交路和客流情况等,以保证正点发车,列车在始发站发车早点不应超过1min。

列车运行晚点时,行车调度员应根据列车运行的实际情况,按规定的列车等级顺序进行调整。对同一等级的列车,可根据列车的车次和乘客多少等情况进行调整。在抢险救灾的情况下,优先放行救援列车。列车运行调整时,应注意列车运行安全,做到恢复正点运行和行车安全兼顾,尽可能在最短时间内使列车恢复按图运行。

列车运行调整的主要方法有:①始发提前或推迟发出列车;②根据车辆的技术性能、驾驶员操作水平和线路允许速度,组织列车加速运行,恢复正点;③组织车站快速作业,压缩停站时间;④组织列车通过某些车站;⑤变更列车运行交路,组织列车在具备条件的中间站折返;⑥组织列车反方向运行;⑦扣车;⑧调整列车运行时间间隔;⑨在环形线情况下,当一条线路运行秩序混乱时,要尽力维持另一条线路的列车正常运行,并通知各站组织乘客乘坐畅通线路方向的列车;⑩停运列车。

行车调度员对列车运行调整方法的选择,取决于列车运行的具体情况,而在实际工作中往往又可将几种调整方法结合使用。调度员在组织、指挥日常运输工作中,有权发布与运输组织有关的调度命令,站段以及与行车有关人员必须坚决执行。

三、调车管理

(一)调车定义

在轨道交通系统的日常运输生产活动中,除列车运行以外,为了列车运转、解体或编组以及取送车辆等需要,列车或车辆在线路上的调动,都属于调车。

轨道交通系统的调车作业通常是在折返站和车辆段范围内进行。在折返站主要是利用站内正线、折返线等线路进行调车作业,在车辆段是利用牵出线和车库线等线路进行调车作业。调车按目的的不同,主要有转线调车、取送调车、解体调车和编组调车四种。

(二)工作要求

调车工作是轨道交通系统运输生产过程的组成部分,也是折返站和车辆段行车工作的一项重要内容。列车能否按运行图到发、运行,线路通过能力能否充分利用,很大程度上也取决于调车工作的组织和调车作业效率。为此，调车工作应达到以下要求：

(1)及时完成调车任务，保证按列车运行图规定的时刻发车，不影响接车。

(2)充分运用各种调车设备，采用先进的工作方法，提高调车作业效率。

(3)保证调车作业安全。

为了实现上述要求，调车必须遵守相关《技术管理规程》、《行车工作细则》中有关调车工作的规定，建立和健全各项必要的工作制度。

(三)调车的方法

1. 调车钩和调车程

任何一种调车作业都是由若干调车钩或若干调车程组成的，因此，调车钩和调车程是构成调车作业过程的两个基本要素。

调车钩是指连挂或摘解车辆加减速一次的移动。调车程是分析调车作业时间的最小单位。由于轨道交通系统通常是短距离调车，调车作业主要采用以下三种调车程：

(1)加速—制动型，即车辆被加速到一定速度后立即制动。

(2)加速—惰行型，即车辆被加速到一定速度后以惰力运行。

(3)加速—惰行—制动型，即车辆被加速到一定速度后，以惰力运行一段距离后制动停车。

2. 牵出线调车作业方法

牵出线调车常用的作业方法有退送法和溜送法两种。

将车辆由一股道调移到另一股道，在调动过程中不摘车的调车方法，称为退送调车法。退送车辆达到一定速度后摘钩制动，使摘钩的车组获得的动能溜放到指定地点的调车方法，称为溜送调车法。

由于轨道交通系统禁止使用溜送调车法，因此，列车和车辆的调移主要使用退送调车法。与溜放调车法比较，退送调车法需要的时间较长，但是一种比较安全的调车方法。

(四)调车指挥

调车工作是一项多工种联合行动的复杂工作。为了安全、准确、迅速、协调地进行工作，及时完成调车作业任务，必须实行统一领导和单一指挥的原则。

轨道交通系统的调车工作，由车站行车值班员和车辆段运转值班员负责领导。所有与调车有关的作业人员，必须认真执行命令、指示和作业计划，按调车领导人编制的调车作业计划进行调车作业。调车指挥人在调车作业前，应将调车作业计划和注意事项向调车驾驶员以及有关作业人员传达清楚，亲自督促和带领调车人员，共同做好准备工作。

在调车作业中，根据作业中所处的位置和所具备的瞭望条件，规定在牵引车辆运行时，前方进路的确认由调车驾驶员负责；在推进车辆运行时，前方进路的确认由调车指挥人负责。如调车指挥人所处位置确认前方进路有困难时，可指派参加调车工作的其他人员确认。

(五)调车计划

调车计划是调车的行动依据，由调车领导人编制，以书面形式下达。调车计划包括作业车组号、作业路线、作业钩数及作业方法等内容。原则上，调车计划应有调车领导人亲自向调车指挥人传达，以确保调车安全，提高调车效率。

由于调车涉及的因素较多，作业中会发生需要变更计划的情况。但变更调车计划，常常会因为未传达清楚，使参加调车的人员之间不协调而产生差错，甚至造成事故。因此，在调车中要变更计划时应停止调车作业，由调车指挥人将变更后的计划向调车驾驶员及有关人员传达清楚后，方可继续进行调车。如果计划仅作局部变更，也可在保证安全的前提下，允许调车指挥人用口头方式进行计划变更的传达。

（六）调车信号

调车作业必须按照调车信号或调车手信号的显示要求进行。没有信号，调车驾驶员不准进行调车作业；在作业中，调车驾驶员要时刻密切注意确认信号，不间断地进行瞭望，认真执行呼唤应答制度，按信号显示要求进行作业；如遇信号显示不清，调车驾驶员应立即停止调车，严禁臆测作业。

在进行车辆连挂时，调车指挥人应根据停留车位置的距离，显示三、二、一车距离信号；调车驾驶员应注意确认，并鸣笛回示，然后按信号显示要求进行挂车作业。没有三、二、一车距离信号，调车驾驶员不准挂车；调车驾驶员没有鸣笛回示，调车指挥人应立即显示停车信号。当由于天气不良、照明不足或地形地物的影响，调车指挥人确认停车位置有困难时，应派人在停留车的连挂一端显示停留车位置信号。车辆连挂前要一度停车；车辆连挂后应先试拉，确认连挂妥当后，方可启动。

第五节　城市轨道交通客运组织

城市轨道交通系统的客流量，随时间不同具有明显的高峰与低谷，且这种不均衡性亦与城市的产业布局、居民出行习惯有关。因此，有计划地进行客流组织与疏导比较困难。为实行优质高效的客运组织，必须依靠科学管理。

一、客运组织的特点

（1）服务对象是市内交通乘客。

（2）按时间分段，客流量不均衡，有明显的高峰与低谷。

（3）有计划地进行客流组织及疏导比较困难。

二、客运组织机构

为完成轨道交通客运任务，不断提高服务质量及客运管理水平，协调全线的行车组织和运营管理，必须设立统一的领导和组织机构，并做到人员精干，分工明确，各负其责。

组织机构也是确定轨道交通系统管理定员和生活辅助设施规模的依据。根据生产岗位的需要，轨道交通客运组织机构一般分为公司、客运段、车站三个层面。公司的主要任务是：根据国家的有关方针政策，在上级部门的领导下，参与与客运管理有关方面的规章制度的制定，组织客流调查，编制年度客运计划等。客运段的主要任务是：贯彻执行公司下达有关规章、命令，根据公司的年度客运计划，编制和下达季度计划和月度计划，制定车站客运管理办法，督促各车站严格执行运行图，实施客流调查工作。车站的主要任务是：贯彻执行公司、客运段下达的规章、命令和指示，完成客运任务，制订本车站客运管理措施，做好售检票工作。

车站一般设立下列工作岗位：站长、副站长、行车调度员、售票员、站台服务员、安全保卫人员、勤杂人员和机动人员等，各岗位的人员配备数量视各车站的规模大小分别确定。

三、客运管理的基本要求

客运管理直接面对乘客,能否安全、便利、舒适、文明地为乘客服务,是反映轨道交通运营管理水平的标志之一。对车站客运管理的基本要求如下。

1. 站容整洁

车站内外门窗齐全、明净。各种设备和设施摆放整洁、有序。站厅、通道及出入口的墙壁光洁,地面无痰迹和废物,厕所清洁卫生。

2. 完善的向导标志

车站出入口应有站名标记,车站内应有到达出入口、检票口、站台、售票处和小商店等的处指路标牌。此外,还应有指引乘客换乘其他轨道交通线路或地面公交线路的换乘向导示意图。

3. 服务质量第一

客运作业人员应遵守职业道德,文明礼貌、主动热情地为乘客服务,耐心、正确地回答乘客提出的询问,帮助乘客解决疑难问题,经常征求乘客的意见,及时改进工作,提高客运服务质量。

4. 严格按章办事

客运作业人员应严格执行作业规章制度,服从命令、听从指挥。执行职务时,客运人员要仪表整洁,按规定着装,并佩戴标志。

5. 掌握客流变化

车站客运部门要经常进行客流调查与分析,积累客流资料,掌握不同时期、季节、时间和性质的客流变化规律。

6. 搞好联防协作

客运作业人员随时与行车值班员、列车驾驶员、公安人员等有关工种人员加强联系,密切配合,协同工作,确保列车与乘客安全。

四、车站分类

轨道交通车站是提供乘客上下车及换乘和运行管理的地方,按功能可分为以下五种。

1. 中间站

中间站仅供乘客乘降用,是轨道交通线路中常见的一种车站,尤其在轨道交通路网建设初期,线路交叉点数目不多的时候,该类车站数量最多。如上海地铁 1 号线新闸路、汉口路等。

2. 折返站

如在中间站设置折返线路设备,就称为折返站。设置折返站是为了在客流量大的区段能多开列车以满足乘客需求,节省运营车辆的投入及其他开支。当两折返站间距较大时,宜在间隔 3 ~5 个站的站端设置渡线或停车线,以备运行列车发生事故、故障时就近待避让,后续列车能正常运行。

3. 换乘站

换乘站是既用于乘客乘降,又为乘客提供换乘的车站。它除了配备乘客上下车的站台、楼梯或电梯外,还要配备由一线站台至另一线站台的设施,如上海地铁 1、2 号线的人民广场站、中山公园站等。

4. 终点站

终点站指地铁线路两端的车站,除了供乘客上下车或换乘外,通常设置若干条尽端线提供给列车停留、折返、临修及检修使用,如上海地铁1号线的上海火车站站。

5. 车辆段和停车场

轨道交通车辆段分为检修车辆段(简称车辆段)和停放车辆段(简称停车场)。在车辆段配备了必要的停车线及检修设备,列车可以在这里进行试运转、段内编组、调车、停放、日常检查、一般故障处理和清扫洗刷,还可以进行车辆的技术检查、月修、定修、架修和临修等作业。停车场是一种简易的车辆段,与车辆段的差别是:线路数目较少,检修设备也较少,因而不能进行定修、架修和临修等技术专业。

五、车站设施

1. 站台

站台主要供列车停靠和乘客候车、上下车使用。站台按类型的不同,有岛式站台、侧式站台和混合式站台等。

(1)岛式站台。它位于上、下行线路之间,可供上、下行线路同时使用,站台宽度一般为10~15m,国内外现有的地下车站绝大多数都采用这种类型,如莫斯科地铁、北京地铁1、2号线,上海地铁。

(2)侧式站台。它位于线路两侧,线路用最小间距通过两站台之间。侧式站台一般为4~6m,目前地面或高架车站大多数采用这种形式。

(3)混合式站台。它既有岛式站台又有侧式站台。这种车站停站时间很有限,且造价较高,占地面积大,很少采用。

2. 站厅、通道和升降设备

站厅是乘客进出车站时的咽喉,其规模大小应与集散客流量匹配,其位置选择应方便乘客进出站。站厅一般还应有售检票、车站管理及小卖部等用房。通道把站台、站厅和出入口连接起来,通道一般有斜坡式和阶梯式两种。站厅、通道和升降设备的通过能力,应根据远期高峰客流量的需要,适当留有余地的原则配备。

3. 售检票设备

售检票已从过去的单一人工售检票方式,发展为人工售检票和计算机集中控制的自动售检票两种方式。自动售检票方式具有能缓解进出站拥挤情况,推行吸引客流的计程、计时票价,以及统计客流信息,加强财务管理和杜绝无票乘车等优点。

4. 作业或设备用房

车站作业或设备用房,主要分为行车、客运作业用房,车站管理用房和各种设备用房三种。行车、客运作业用房包括行车值班室、售票处、广播室、问讯处和站台休息室等。车站管理用房包括车站控制室、站长室和仓库等。各种设备用房包括牵引、变电、配电、环控和防灾报警等设备用房。

六、站台客运管理

站台客运管理与列车正常秩序的维持、线路通过能力的充分利用,以及客运安全等都有密切地联系。其主要内容是接送列车与站台管理。

1. 接送列车

对站台候车乘客做好宣传疏导工作,提醒乘客在安全线内候车,确保乘客人身安全。列车到达前,说明列车去向,组织乘客尽可能在站台上均匀分布候车,以缩短列车停站时间。列车到达后，提醒乘客先下后上，对下车乘客迅速疏导出站。对通过的特殊用途列车，应根据行车调度的通知及时广播，做好候车乘客的组织工作。列车到达终点站后，要及时做好清车工作，严禁列车带客进入折返线或车辆段。

接送列车工作人员要精神饱满、思想集中，站在指定位置面向列车，目送目迎，注意列车运行状态，发现异常情况及时采取相应措施并向行车值班员报告。

2. 站台管理

工作中要加强站台巡视，严防乘客跳下站台和进入隧道，防止乘客和闲杂人员在站台上长时间停留。注意乘客乘车动态，发现有可疑情况，以及发现有携带各种危险品的情况，及时与有关人员取得联系，进行处理。

经常保持站台的清洁卫生。

七、客运管理质量指标

为提高客运服务质量，车站应加强客运服务质量考核的基础工作，此项工作应有专人负责，原始数据的记录和统计必须真实、准确、可靠等。评价车站客运服务质量状况的指标主要有如下几项。

1. 客运量

报告期内车站实际运送的乘客人数，计量单位为万人次。

2. 人均服务量

报告期内平均每位客运作业人员服务的乘客数，计量单位为千人次。

3. 乘客意见表扬率

报告期内乘客表扬件(条)数与乘客意见总数或客运作业人员总数之比。

4. 乘客意见处理率

报告期内对乘客意见已经处理的数量与乘客意见总量之比。

5. 自动扶梯停用率

报告期内自动扶梯停止使用时间与营业时间总和之比。

第六节　城市轨道交通票务管理

票务收入是轨道交通运营最主要和最稳定的收入来源。票价则是轨道交通运营政策中最重要的因素。理论上讲，理想的票价结构及其水平，可以弥补营运成本及年度资本费用，并可以获得合理的盈余。但实际上，从世界范围看，能够真正实现盈利的公司目前也只有香港地铁一家。要制定一个科学、准确、合理的票价，必须考虑以下问题。

一、票价与成本的关系

轨道交通的成本是影响票价制定的主要因素，但是轨道交通具有投入巨大、服务社会的特点，如果仅仅依据成本的高低来确定票价不太可行。在处理票价与成本的关系上，应走出唯成本论和无成本论两个极端。

(1)唯成本论从理论上出发，理想地认为轨道交通票价必须反映运营成本，并可获得合理的利润，从而忽视了轨道交通的社会效益，违背了建设轨道交通的宗旨。

(2)无成本论认为轨道交通只是一种公共交通工具，票价应与现行公交体系看齐。它带来的后果是轨道交通一旦经营必然巨额亏损，政府长期补贴，最终导致轨道交通变成财政的一大包袱，当然也就无力继续网络化规划发展。不形成网络就不会有客流量的增长，也就不会有效益可言，使轨道交通建设陷入恶性循环怪圈。

因此，在把握轨道交通票价与成本的关系上，确定一个长远的损益计划目标是问题的关键。这离不开政府的支持，涉及包括固定资产的折旧原则，线物业开发权限，政府在运营初期、近期和远期对地铁的补贴形式与额度等重大事宜。

二、票价与客流的关系

客流与票价水平是相互影响的。从运营方面来说，按供求关系分析，客流越大，则票价有提升的空间；从乘客角度来说，票价越高，客流也会相应减少。

通过对城市居民收入状况和消费结构的统计分析，可以推算出所在城市居民交通支出的承受能力，从而为制定合理的票价提供了上限值。任何超出居民承受能力的票价，都会极大地削弱轨道交通的吸引力。另外，乘客能够支付和愿意支付是两回事，即便乘客能够负担起较高水平的票价，也不足以说明这个票价是合理的。

票价与客流之间必定存在一个平衡点，这个平衡点即轨道交通社会效益与可持续发展经济效益的统一点。从香港、北京、上海和广州地铁票价水平看，实施的票价均在这个平衡点之下，说明政府利用政策手段引导客流、发挥地铁作为城市交通主动脉作用的良苦用心。世界地铁发展的经验证明，在地铁运营的初期和近期，运营策划都是围绕着提高客流这个工作开展的。客流上去了，票价的文章就好做了。所以，在制定轨道交通票价时，归根结底是解决一个客流问题，吸引乘客是立足点，充分考虑公众承受能力是着眼点。

三、票价与客流的调节关系

研究表明，乘客对票价的反应灵敏度有三类：一是上下班的客流量受票价提高的影响最小；二是非高峰期尤其是晚上及周末的客流量受票价影响最大；三是行程越远，受票价影响越小。研究还同时揭示，票价每提高10%，客流量减少3%，但对超过8km行程的乘客来说，提高10%的票价，客流量仅仅减少1%。当然，这个灵敏度有一定的弹性范围。如果票价超出其他交通形式太多，客流变化的规律则又不同。需要指出的是，灵敏度值因城市而异，在借鉴和引用其他城市在这方面的研究成果的同时，需要对当地客流情况进行调查和分析。

四、票价与常规公共交通票价的关系

虽然城市轨道交通有诸多优点，但它也是为城市客运交通服务，因而免不了与多种公交形成正面竞争。轨道交通运营发展中的机遇与危机并存。所以，必须与常规交通票价作横向比较，做到知己知彼，才能制定合理的票价。

制定合理票价的关键，是对轨道交通服务给予正确的定位。由于轨道交通所具有的方便、快捷、舒适、安全、可靠和环保等优势是明显的，并且随着科学技术在轨道交通服务中的应用，轨道交通的优势将更加凸显。所以，轨道交通票价应在公共汽车的水平之上，国内一般参照4∶1这一比例。

有竞争性的票价是适应市场的积极反应，是服务市民的宗旨体现。如上海地铁2号线开通浦东段初期加收过江票价，客流量极少；后为吸引客流量而调整为基本不加收过江费用，前后的社会效益与经济效益对比就说明了这一点。但是在激烈的市场竞争下，尤其是在轨道交通未形成网络的初期，价格下浮很容易被当作争夺有限客源的手段，导致疏于管理和运营策略跟不上，如果缺乏深入的研究、管理不善、配套不到位，降低票价难免流于削价竞争。

五、公众选择与政府统筹之间的关系

在城市交通体系立体化发展的今天，公众对交通服务设施选择具有多样性，理所当然应该受到尊重。不仅如此，政府部门还应该提供并引导公众去选择事实上最佳的出行组合方式，以达到高效和物尽其用的目的。充分考虑公众选择与政府对公交体系的统筹协调是不矛盾的，是互相促进的。

另外，在通过统筹协调创造一个完整有效的公交系统方面，政府部门还有很多工作要做，如票务管理、公交导向等。有了这些基础，便为制定和实施地铁票价打造了一个撬动价格的支点。

六、票价结构和票价优惠

票价结构主要有单一票价制、分区票价制和计程票价制等几种。

(1)单一票价制具有票价单一、操作简单、所需要的人工及设备少等优点，因而至今仍被某些系统使用。如公共汽车的无人售票模式、上海地铁1号线的初期收费模式。其缺点是过高的单一票价，对短途乘客缺乏吸引力；过低的单一票价，对长途乘客的收费又低于其相应的成本，带来的收益损失已足以超过所节省的设备费用及管理费用。

(2)分区票价制是将交通线或网络分成若干个区，在同一区中出行，只需支付该区的票价，而一旦越区，则需额外支付。分区票价较单一票价制已“精确一步”，但仍有较大的粗糙性，表现在越区乘车的短途乘客所支付的车费可能会两倍于同一区内的同乘距乘客的车费。

(3)计程票价制是按乘距的长短计算票价，其票价等于票价率与里程之积。

随着交通系统规模的扩展和科技的进步，各大城市都有发展“一卡通”的趋势，所以按里程精确计费的计程票价制应是地铁票价结构的首选。它同时为乘客通行和制订灵活的票价优惠提供了方便。如广州地铁推出了30元储值票、50元储值票、100元储值票和中小学生储值票四种优惠计程储值票。

储值票是在单程票价的基础上对持有不同票种者实施优惠，反映了地铁运营经营者对乘客购持票种的倾向。鼓励使用储值票，符合成本计算原理。无论哪一种储值票形式，都需要研究每种票价对于单程票价的优惠率。这是一个与城市结构和市民平均出行距离等因素有关的课题，要进行取样、调查和分析。

综上所述，影响轨道交通票价的因素是多方面的，具体研究票价的方案，需要从政府的经济调控政策、当地城市和轨道交通自身的特点等多角度入手。只有将众多的因素进行全面的综合策划，充分顾及到交通公益性及其独立经济实体的需要，才能确定一个较为科学合理的票价。

第六章　水上运输管理

第一节　水上运输概述

一、水上运输特点、地位

(一)水上运输系统的组成

水上运输是货物运输中一个重要组成部分。水上运输可分为内河运输和海洋运输两大类,海洋运输又可分为沿海运输和远洋运输。水上运输系统由船舶与港口、各种基础设施及服务机构等组成。

1. 船舶与港口

船舶是水上运输的主要运输工具。各类船舶根据运输对象的不同,在船舶结构和性能方面各具特色。随着船舶技术的提高和水上运输业的发展,船舶正向大型化、自动化、高速化、专业化的方向发展。港口是水路运输的重要环节,第一代、第二代港口业务主要是以调配和集散货物为主,自20世纪80年代后,第三代港口已成为国际资源的配置中心。

2. 主要基础设施

(1)港口水工建筑。港口的水工建筑和港口水域及陆域设施,是水上运输不可缺少的基础设施。港口水工建筑主要有防护建筑物、码头建筑物和护岸建筑物三类。海港的防护建筑物,主要是为了防止波浪对港口的冲击而建造的。它通常建于港口水域外围的深海中,在港口工程中被称为外海防护建筑物。码头是港口的主要水工建筑物的第二个组成部分,它是由码头主体结构和附属设备两部分组成。最常见的护岸建筑物有护坡和护墙两种。

(2)港口水域和陆域。港口水域主要包括航道和锚地。根据港口水域的划分,航道和锚地可分为:港外航道、锚地和港内航道、锚地。港口陆域基础设施主要有码头泊位、仓库和堆场、港内铁路与道路、装卸机械及其他给排水系统、输配电系统、燃料供应等辅助生产设施。

3. 船舶营运者和各种代理业

船舶经营者是指以自有或租用的船舶从事客货运输的公司、单位或个人。对于对外贸易货物的国际航运业务来说,还需要货运代理、船舶代理等各种运输服务机构。

4. 航运交易所

航运交易所是提供水运交易的场所。我国目前仅有的国家级水运交易市场——上海航运交易所成立于1996年,其主要功能是以"公开、公平、公正"的原则规范航运市场交易行为,调节航运市场价格,沟通和发布航运市场信息,为包括船公司、货主、代理方等航运市场主体提供全方面的服务。

(二)水上运输的特点

水上运输具有点多、面广、线长的特点。通过内河运输和海洋运输,将内陆经济腹地与世界连通，使处于运输交汇口的港口城市产生了内陆经济腹地和国际港口城市两个极为宽阔的辐射面。联江通海的水上运输线路长，沿线站点多，是水上运输为腹地的经济建设提供运输服务的有利条件，从而体现了水上运输对国民经济发展的重要作用。

水上运输可充分利用江、河、湖、海的天然水资源。与其他运输方式相比，它又具有对环境污染小、运输量大、价格低廉、对运输货物适应性强的优点。因此，在各种货物运输方式中，特别是国际货物运输中，水上运输是一种重要的运输方式。

随着国际经济贸易的发展和物流技术水平的提高，港口为了适应现代物流服务的需求，已从传统货物转运场所到物流、商流、资金流、技术流、信息流全面大流通的汇集点转变；从车船换装点到以公、铁、水、空综合运输为特征的现代运输方式的转变；成为在整个物流供应链中，实现社会经济资源高效率、低成本流通的物流服务中心。港口在提供物流服务中，以其独特的地域、设备、装卸、仓储、信息和运输的优势，为各种用户提供方便的运输、商务、保险、金融和信息服务，从而成为区域乃至国际性的商务和物流综合服务中心。

二、水上运输在国际经济发展中的地位与作用

1. 水上运输在国民经济中的地位

水上运输与国民经济中的其他产业不同，其本身具有的基础设施并不生产有形的产品，而是为产品在商业的流通中提供运输服务。这个特殊性使水上运输业不仅是服务部门，而且是国民经济的基础产业，如水上运输中的航道，水中建筑物如堤坝、港池、锚地及港口设施等，都表明了水上运输是国民经济的基础产业部门。这个基础产业具有资本密集、技术密集、劳动密集和信息密集的特征。

经济要发展，交通必先行，国际贸易要发展，水上运输必先行。无数的历史实例都证明了水上运输在国民经济发展中的先行地位。这是因为国民经济贸易发展必然需要大量的原材料、产品和半成品。根据国际实例分析，水上运输能力的拓展与发展的先行期一般为3~5年。

2. 水上运输在国民经济发展中的作用

（1）水上运输对国民经济发展的促进作用。水上运输在运作过程中，不仅与造船业、建筑业、制造业及其他产业部门密切相关，更与金融业、保险业密切相连，它的发展为经济贸易起服务保障作用，促进了国民经济的发展；同时也为国民经济创造了就业机会，为国民经济积累作出重要贡献。

水上运输通过国际航运，对发展国家外向型经济发挥了基础性作用。水上运输系统中，良好的港口基础设施和航运服务质量，是吸引国际资本的重要条件，对国际经济的发展具有重要的门户作用。

（2）港口和航运业提供现代物流服务成为港口城市经济发展的新的增长点。国际上，物流产业被认为是国民经济或地区经济发展的动脉和基础产业，是促进经济发展的“加速器”。因此，港口和航运提供的现代物流服务，对新建港口城市经济发展的新的增长点，具有十分重要的意义。

第二节　航运生产组织管理

一、船舶运输组织管理

（一）船舶运输组织的基本要求

船舶运输组织，是指航运企业根据已揽取到或即将揽取到的运输对象和航运企业控制的

运力情况,综合考虑船舶生产过程中各个环节及与其他运输方式的协调配合,对船舶生产活动所作出的全面计划与安排。做好这项工作的基本要求是强调运输的经济性、及时性和安全性。

船舶运输组织是以实现运输对象的流向、流量、时间和质量要求为目的,以船舶运行环境为客观约束条件。船舶运行的主要环境参数如下:

(1)航线总距离和港口间各区段的距离(单位:海上运输用海里,内河运输用千米);

(2)各港平均装卸定额,反映航线上各港口的平均装卸效率和组织管理水平;

(3)航线沿途水文气象条件及适航性,如风浪参数、海况、航道尺度等。

这些航线参数对船舶运行组织有着直接的影响。在制订船舶运行计划前,应充分分析研究,在船舶运行中也要密切关注其变化,适时作出必要的调整。

(二)船舶运输组织的特点

(1)随着单船装载能力的提高,船舶运行组织的重要性更加突出。大型船舶不仅其本身投资巨大,船时成本高,而且因其装载量大,每耽误一天就意味着有大量的资金晚一天兑现。因此,要求对其用科学、精确的方法组织运输。

(2)物流概念的提出,使运输组织优化的着眼点从运输工具转到运输对象。也就是说,站在更高的层次、在更大的范围内,以运输对象运输全过程的优化为目标组织安排各个运输工具。这就使水运环节的船舶运输组织更加复杂化,要适应现代物流系统发展的需要,要求组织者有系统分析的能力。

(三)班轮运输组织管理

1. 班轮运输的特点

班轮运输又称定期船运输,它是指固定船舶按照公布的船期表在固定航线和固定港口间运行的运输组织形式。从事班轮运输的船舶称之为班轮。

班轮对所有托运人提高货运空间。不论船舶是否被装满,都应按计划日期起航。保证班期是班轮运输组织的核心工作。

班轮主要承运杂货。在班轮航线上营运的船舶包括:传统的杂货船、多用途船、集装箱船和滚装船等。

2. 班轮航线的设置

国际上班轮航线有许多种布局形式,但最基本、最常见的有:传统多港口挂靠航线、干线配支线船航线、多角航线、单向环球航线、小陆桥航线及大陆桥航线等。

影响班轮公司航线选择的最主要因素是货源,或准确地讲是航线经济效益;其次是港口的自然条件和社会、政治因素。为了选定合适的航线,必须做到货源调查及港口调查。货源调查一般分为两种,即短期货源调查与长期货源调查。前者是指对待选航线目前货物流向与流量的调查,后者是指对航线沿途上有关国家的经济与贸易发展总趋势进行调查与预测。一般来说,选定的航线要有足够的货源,并且从长远角度看有很好的发展前景。

(四)不定期船运输组织

1. 不定期船运特点

船东随时根据货主的需求在时间、地点和内容上发生的变化,组织船舶运输的一种营运方式,称为不定期船运输。不定期船的主要运输对象,是货物本身价格较低的大宗散货,如煤炭、矿石、粮食、铝矾土、石油、石油产品及其他农、林产品和少部分干杂货。这些货物难于负担很高的运输费用,但对运输速度和运输规模和运输规则性方面要求不高。不定期船运输正好能以较低的营运成本满足它们对低廉运价的要求。不定期船市场上成交的租船合同形式主要有:光船租船合同、期租合同、程租合同、连续航次租船合同、包运合同等。

2. 航次租船

航次租船的主要依据是航次经济性。可根据货源情况和装卸港、航线情况,进行航次估算。所谓航次估算,是指船舶经营者根据各待选航次的货运量、运费率、挂靠港口、船舶特性及航线参数等有关资料,估算各航次的航次收入、航次成本和航次每天净收益,从而预知某个航次是否盈利。

航次经济性的优劣通常用每天净收益指标来衡量。一般来说,每天净收益大的航次自然对船东具有较大的吸引力,但单纯的盈利数字高低并不是唯一决定性的因素,有时还要考虑到下一航次易于获得货载的港口位置等其他因素。

3. 船舶期租

在期租过程中,通常船舶出租人负有保证船舶适航性的义务,并基于此收取一定的租金。因此,期租保本费率就是每一载重吨、每一个月分摊的船舶出租人为提供适航船舶和船员所发生的全年所有费用,也叫船舶期租租金基价,简称 H/B(Hire Base)。

显然,租价超过租金基价越多,盈利就越大。反过来说,租金基价越低的船舶,在市场上的竞争能力就越强。

4. 船舶闲置

在航运市场上,需求随着世界经济的发展和贸易量的变化经常发生变化,而作为供给的船舶吨位一旦形成,一般是比较稳定的。因此,在运输需求与实有压力之间,常会出现不平衡的现象,导致运价上下波动。当货少船多,运价下跌时,船舶盈利逐渐减少,保本、甚至出现亏损,企业被迫就要考虑封存(闲置)一部分运力,以减少亏损,调整供需关系,使运价回升。但不能一亏损就草率地将船舶封存起来,因为虽然亏损,还会有一部分收入以抵偿营运成本的支出。而船舶封存起来以后,仍需要发生一定的维持费用,如资本费(折旧费)、看守费用、保险费、维护保养费等,称其为封存成本或闲置成本。虽然船舶的闲置成本比其营运成本数额大为减少,但这些成本却是得不到任何来自船舶自身的补偿。权衡这两种状态的经济得失,可以得出船舶封存的经济条件:

当船舶营运亏损额 < 船舶封存成本,应继续营运;

当船舶营运亏损额 = 船舶封存成本,视其他情况而定(称为封存点或封存界限);

当船舶营运亏损额 > 船舶封存成本,应停航封存。

(五)轮驳船队运输组织管理

1. 轮驳船队运输的主要特点

在内河及沿海运输中,人们很早就学会了采用机动拖轮拖带非机动驳船的运输方式。即用缆绳将一艘或多艘驳船系在拖轮后边,由拖轮带着前进。这种运输方式的优点在于驳船上不设动力装置,其造价低廉、日常维护费用低、装货量大;拖轮上的动力装置可以得到充分的运用;适应于货运量大、航道或港口水深较小以及发货港或到货港分散在某一区域的运输航线。拖带运输的主要缺点在于拖轮走在驳船前边,整个船队受到的水阻力增加,船队速度降低。如果在拖轮与驳船之间采用长的拖索,又会降低船队的操纵性能。为了解决这个问题,就产生了顶推运输方式。但顶推运输方式也有弱点,如顶推运输对驳船的船体强度要求较高;船队的系结、编队不如拖带运输简单方便,尽管如此,顶推船队在沿海和江海直达运输中都有着广泛的应用。

2. 轮驳船队的运输组织

按货物是否在中途港倒载、换驳运输来区分，不在中途港换驳，直接由起运港装船运达目的港卸船的运输组织形式叫直达航线；需要在中途港由一个驳船倒载到另一个驳船上继续运输，才能到达货物的目的港的运输组织形式，叫做非直达航线。

按推（拖）轮的运行组织方法划分，轮驳船队从航线的始发港至航线的终点港，在中途不更换推（拖）轮者称为直通航线；如在中途更换推（拖）轮，实行分段牵引，则称为区段牵引航线。在沿途装货港或卸货港比较分散的一些航线上，驳船队中的部分驳船在航线沿途港加入船队或从船队中分离出去，送达途经港口的运输组织形式，称为中途集解航线。

按轮驳配合方式划分，一艘推（拖）轮每个航次将驳船从起运港送达目的港后，马上去运送其他驳船，称为单航次配合。这种方式充分体现了轮驳船队的动力部分与载货部分既可分离，又可组合的特点，提高推（拖）轮与驳船的使用效率。一艘推（拖）轮在运送驳船时，只在装货港或卸货港更换一次驳船，每个往返航次轮、驳重新组合一次，这称为往返航次配合。一艘推（拖）轮与一组驳船长期固定组合运行，称为固定配合。

二、港航管理现代化

（一）港航管理信息系统（MIS）

管理信息系统是以计算机为基础，以系统思想为主导，为管理业务和管理决策服务的信息系统。它包括：数据、信息、计算机软硬件、数学模型的产生、整理、加工、存储、分析、传输、分发和使用。

港航企业的管理信息通常划分为三个层次：①作业性系统。该系统随时将港航生产营运活动中的原始数据输入系统，结合数据库中原有的资料作出各种生产营运分析表格和辅助决策的信息。②管理性系统。根据计划、统计与控制的要求，该系统能利用数据库中的数据，作出各种综合分析报告和专题报告，对某方面的发展趋势作出预测，并能提供查询服务。这一系统主要供中级管理人员使用。③战略决策性系统。该系统具有对企业发展战略问题作出辅助决策的功能。

管理信息系统是由管理、计算机和通信三种功能相异的体系组成的系统，具有四个特点：①有一个集中管理的中央基本数据库，具有资料共享的功能。②通过建立相应的数学模型，为模型参数提供可靠的数据，对各层次及各种管理问题进行处理，满足各层次决策的要求。③具有即时作业处理功能和查询功能，以满足管理控制的要求。④对航运企业的管理信息系统，还应具有相对独立的船舶管理子系统以及有效的船舶信息传输系统。

港航企业管理信息系统由调度管理系统、经营管理系统、计划与统计分析系统、财会管理系统、人事工资管理系统、技术管理系统、物资管理系统、外部信息交换系统所构成。目前，多数港口开发了不同层次的管理信息系统（MIS）。从发展趋势看，MIS 系统正向智能型方向发展。

（二）电子数据交换（EDI）

电子数据交换是利用计算机与通信的结合，自动实现与贸易伙伴计算机应用系统之间按照标准格式进行数据的互相交换，并对之进行自动处理。其具有处理速度快、准确程度高、功能多样等多种优势。

由于海上运输业具有国际性，港航信息网络化无疑是提高运输服务效率的重要手段。尤其是港口企业，通过 EDI 系统，可使港口的计算机系统直接同用户、货主、海关、商检、理货等有关机构的计算机系统进行联网。全球最成功的 EDI 系统是新加坡在 1989 年建立的贸易网络，这是世界上第一个国家范围的 EDI 网络。一宗贸易或海关申报通过该网络送达政府有关部门，从送出到批复只需 15 ~ 20min，货物即可发运，货物到港即可交付收货人。另外，集装箱船舶配载计划的制订，也已开始利用信息技术。

我国在港口和航运领域引入 EDI 系统后，已取得喜人的成绩：办公效率提高约 20 倍，错误率和文件核对工作量减少了 6 倍，办公成本减少了 60%，船舶在港时间节省 1h 以上。

(三)电子商务

电子商务是网络技术应用的全新发展方向，具有因特网本身所具有的开放性、全球性、低成本、高效率等优点，不仅能改变企业本身的生产、经营、管理活动，而且将影响到整个社会的经济运行与结构。

目前，世界第一大港鹿特丹港的 EDI 服务系统推广了电子商务网络。该网络的用户除港口外，还有制造商、装卸公司、铁路、服务代理、货运代理等超过 180 家公司。该系统用于报关、运输指令、国际铁路运单、装货通知、装货清单、货物进出口等信息，日处理量达 2000 余条。目前已开发船舶进出港和港内的活动动态登记。该计划实施后，将给予港口、船公司和用户以极大的方便，可在很大程度上提高以该港为节点的国际多式联运的效率。

第三节　水上交通安全管理

一、水上交通事故特点

1. 水上交通事故最重要的形式是碰撞和搁浅

水上交通事故的形式多种多样，碰撞、触礁、搁浅、火灾、沉没等，发生最多的是碰撞和搁浅。

2. 港内事故多

在港内水域中，船舶进出港频繁，通航密度大，使港内碰撞的概率加大。

3. 水上交通事故多发生在沿海岸、河岸及交通密集的水域

由于船舶一般频繁活动于港口和近岸水上交通要道，这些区域船流密度大，并且随着运输业的不断发展，船舶的发展趋向大型化、高速化和专业化，这样，发生海事的概率也随之增大。

4. 在水上交通事故中，火灾事故比较突出，且多发生在油轮上

除碰撞、搁浅外，火灾事故是导致海难的重要原因之一。在各类火灾事故中，油轮火灾占很大的比例。而在油轮火灾中，爆炸起火又是主要原因之一。

二、水上交通事故原因

水上交通事故发生的原因是多种多样的，对各种原因进行分析，找出其中的规律性，有利于事故调查，进而对水上交通事故采取相应措施。

1. 船员条件

船员条件包括船员的知识、技能、经验、素质、生理及心理状况等。绝大多数碰撞事故是人为疏忽造成的，船员在水上交通事故中是一个十分重要的因素。另外，船长或驾驶人员的操作与技术能力、情绪、身体及心理状况，均与水上交通事故有很大的关系。

2. 自然条件

自然条件对船舶航行有很大的影响，雾、雨、雪及恶劣的气象环境，以及热带飓风、台风、寒潮带来的强风巨浪，均给船舶在海上航行造成不可抗拒的自然灾害。

3. 航道条件

航道的水文，如潮汐、潮流、波浪、水深等，以及航道宽度、弯曲程度、交叉航线、水下障碍物、禁航区等，这些都对航行有所影响，特别是在狭窄航道和交通密集的水域。

4. 船舶条件

操舵及螺旋桨遥控装置、导航设备、通信设备等仪器设备是否处于良好的技术状态以及船舶的性能等，均与水上交通安全有很大关系。

5. 交通条件

交通条件是指水域内船舶交通的密集程度和交通量的大小。船舶密度是指某一瞬时单位面积水域内的船舶数，它反映水域中船舶的密度条件，同时还可以不同程度地反映水域中船舶交通的繁忙程度和危险程度。交通量是交通流量或船舶流量的简称，它是表现水域内交通实况的最基本的量，其大小直接表现一个水域船舶交通的规模和繁忙程度，并在一定程度上反映该水域船舶交通的拥挤和危险程度。一般的港、河口以及海口等处，交通密集，船舶密度和交通流量均很大，这些地方极易发生交通事故，特别是碰撞事故。

6. 管理条件

随着交通运输业的发展，船舶密度和交通流量均在不断增加。同时，交通阻塞也经常发生，交通事故频率骤增，因此必须加强交通管理，如建立健全港航监督和安全管理机构；建立健全交通规则；完善交通法规；增设交通信号、交通标志；经常整修航道；整顿航道秩序；加强船港之间的联络协调；采用先进的自动化管理系统等。

三、船舶引航管理

船舶引航即引导船舶安全航行，它是保障船舶航行安全的重要手段。因为世界各国港口众多，港口水域及码头设施、岸上目标有时会发生变化，所以要求船长随时熟悉和掌握各港的情况，同时有熟悉本港水文、气象、潮流、航道和其他特点的引航员对来往船舶进行引领，以利于保障港口、船舶和生命财产的安全。

引航工作分强制性和服务性的两种。强制引航是指不管船舶是否同意或是否主动提出申请，均对船舶实施强制性的引航。引航权属国家主权，为维护我国海港的主权，加强对外国籍船舶进出和港内移泊的安全，交通部于 1976 年颁布了《海港引航工作规定》，规定凡进出中华人民共和国港口和港内航行、移泊的外国籍船舶一律实施强制引航。1984 年 1 月 1 日施行的《中华人民共和国海上交通安全法》，也作出对外国籍船舶实行强制引航的规定。服务性引航是根据船方申请进行的，主要是对国轮提供服务。

进港的外轮应当到规定的锚地显示我国港口规定的“请派引航员”信号，与引航站取得联系，等候引航员上船。引航员在到达或离开被引船的时候，被引船的船长应当采取安全措施，保证引航员能够安全迅速地登船或离船。被引航船的船长应正确向引航员说明船舶性能。在引航过程中，被引船的船长并不解除管理和驾驶船舶的责任。由于引航员的过失所发生的海损事故，引航员应当受到相应的处分，但不负经济赔偿责任。

引航员必须具有高度的政治责任心，熟练的船舶操纵技能，丰富的航海领港经验，以及一定的航海理论知识，熟悉航道情况和有关章则、法令，具有一定的英语水平。在能见度低、气象条件恶劣的情况下，不得冒险引航。

四、港口安全管理

1. 港口水域秩序维护

港口水域交通像陆上城市交通一样繁忙，水域秩序是通过港务监督的监督员、监督站、信号台、观望台、巡逻船、通信设施、港口交通管理系统等手段来加以维护，保障船舶航行安全。

监督员、巡逻船巡逻的任务：监督船舶执行《海上交通安全法》及有关规定；检查港内一切航行标导的位置是否正确；禁止码头、岸边或船舶上所设置的强光灯灯光射向河道；检查各种船舶是否按照规定在指定水域停泊或在规定限度并排停靠；注意航道、码头的水深变化及监督水域清洁卫生；监督船舶在港内航行时应使用规定的信号；监督船舶灯号、声号和旗号的正确使用；监督船舶在港内按规定速度航行；禁止船舶在航道中闲荡，设置固定渔具，任意抛锚停泊，阻碍船舶航行；禁止船舶强行横过或抢越正在行驶的船舶船头；监督船舶系带浮筒时所用缆绳的规格和数量，不得过紧或过松；监督维护港内水上、水下施工的安全区；监督一切在港船舶滞留船员不得少于规定人数；监督船舶在强风、台风警报期间正确执行监督长的指示及采取必要措施；监督装载危险货物的船舶悬挂规定的信号及遵守有关的规定；对港区内发生的海损事故应立即报告所属监督站，并采取紧急措施。

2. 港口信号规定

为加强港口安全秩序管理，统一信号，便于船舶与港口联系，保障船舶航行安全，我国于1977年6月1日零时起，所有沿海港口统一使用交通部规定的《沿海港口信号规定》。各港口因特殊情况需要制定临时性信号时，不应与上述信号规定发生矛盾。

3. 港口交通管理系统

随着水运事业的发展，交通流量与交通安全的矛盾日渐突出，水上船舶交通管理系统是解决这一矛盾的有效措施之一。在船舶交通繁忙、拥挤的港口，在交通事故频发区域，是设置船舶管理系统的重点。该系统包含法律和技术两个方面的内容，是由先进的通信导航、计算机与工程学、交通管理学相结合的新技术领域的综合系统工程，承担着搜集交通信息、处理交通信息、提供交通信息这三项船舶交通管理或服务的基本任务。

五、船舶安全检验

船舶检验是对船舶技术条件进行鉴定的过程，船舶技术证书是证明船舶技术状况的文件。船舶检验是国家授权或国际上所承认的船舶检验机构或个人，按照国际公约、船舶规范或规则的要求，对船舶所进行的审核、测试、检查和鉴定。其目的是通过检验确定船舶及其设备是否适合预定的用途，是否具备在一定航区内安全航行及营运的能力和条件。

我国船舶检验工作由中华人民共和国船舶检验局（简称船检局）执行。总局设在北京，归交通运输部领导。在大连、秦皇岛、天津、青岛、连云港、上海、广州、湛江、汉口、南京等港口设有分支机构。船检局采用"ZC"标志，在国际上有着良好的声誉，已与12家外国验船机构签订互相代理机构协议。

船舶检验按其性质分为船舶入级检验和法定检验。入级检验通常是由船级社进行的，是查核船舶的船体设备、轮机、电气设备、货物冷藏等装置是否处于良好有效的技术状态。国际航行船舶为了投保、索赔、处理海上纠纷的便利，需要办理船舶入级。入级检验是船舶所有人为商业目的自愿申请进行的。法定检验是国家主管机关或其授权的组织和个人进行的，是政府为了保障船舶的安全而强制实施的，是对船舶安全管理的一个控制手段。

六、船舶和港口设施安全体制

2002年2月9日，多国海事组织在伦敦制定了《国际船舶和港口设施安全规则》，其目的是提供标准的、一致的评估风险的框架，使得政府能针对船舶和港口设施的脆弱性采取相应的安全措施。

为达到这一目的，每个缔约国必须进行港口设施安全评估。安全评估有三个重要的层次：第一，必须评估重要的财产和对港口畅通至关重要的基础设施和场所。第二，为了采取安全措施，评估必须能识别出对这些重要财产和基础设施造成的实际威胁。第三，通过评估识别出港口在实体安全、结构安全、保护体制、程序政策、通信系统、运输基础设施、功用设施方面的脆弱性，并提出应对措施。

该规则通过对船舶和港口设施的最小程度的安全要求，体现了风险管理的概念。船舶必须服从调查、核实、证明和控制体系，以保证安全措施得到有效实施。该规则同时要求港口设施方须向缔约国政府汇报有关安全信息，缔约国随后向国际海事组织递交一份已批准的港口设施安全计划及联系地址与方法。

七、海难的有效预防措施

(1)加强对引航机构的监督管理。

引航机构内部管理的好坏直接影响到大量被引领船舶的航行安全，也影响到我国在国际上的形象。主管部门要加强对引航机构的监督检查，对引航机构实行年度审查，参照《国内安全管理规则》(NSM规则)对引航机构进行管理。

(2)合理增加引航员数量，杜绝引航员疲劳驾驶。

(3)加强对引航员的培训，提高引航员的业务水平。

(4)加强对引航员的管理。

从引航员考试发证入手，定时对引航员的实际操作水平进行考核，并加强日常监督检查。不合格的引航员不得从事船舶引航工作。

(5)提高引航员的安全责任意识。

引航员必须牢固树立安全第一的思想，严格遵守各项规章制度。在实施引航前，要制订详细的引航计划和各项安全措施。

对引航员的管理纳入海事执法日常监督范围，而引航机构应向海事管理机构报备引航调度计划，海事管理机构在办理船舶进出口岸手续或进出港签证手续时，加强对引航员证书、人数、适任等级的核查，以加强对引航过程的有效监管。

(6)认真吸取事故教训。

海事管理机构应定期召开事故分析会，查找事故原因，督促各引航机构吸取事故教训，采取应对措施，做好引航事故的预防预控工作。

八、全球海上遇险与安全系统

全球海上遇险与安全系统(GMDSS)是一个符合《1979年海上国际搜救公约》规定的全球性通信网络。它能满足遇险船舶的可靠报警，对遇险船舶的识别、定位，救助单位之间的协调通信，救助现场的通信，可靠、及时的预防措施以及日常通信等各项要求。

1. 报警

船对岸报警，即遇险船舶向某一岸上救助协调中心（RCC）报警；船对船报警，即遇险船舶向附近船舶的报警；岸对船报警，即岸台向遇险船舶附近的船舶报警。报警信息应包括遇险船舶的识别码、遇险位置和性质以及其他有助于搜救的信息。

2. 通信

救助协调中心通过岸台或岸台与遇险船舶、参与救助的船舶、飞机及其他搜救单位之间的双向通信。

3. 寻位

遇险船舶或救生艇通过应急示位标（EPIRB）或其他设备发出一种无线电信号，便于救助船舶和飞机寻找。

4. 播发海上安全信息

全球海上遇险与安全系统能提供航行警告、气象预报和其他各种紧急信息，以保证航行安全。

第四篇

交通运输法律法规选编

第一章 案例解析

案例一:某施工公路上有一养护作业车辆,设置了作业标志,沿公路反方向进行公路内侧护栏养护。路上有一过往A车辆由于没有注意到反向行驶的养护作业车辆,致使交通事故发生。车主起诉,要求赔偿事故损失。

请问:(1)公路养护车辆及A车辆是否违反《道路交通安全法》?(2)法律对养护车辆在公路上养护作业有什么要求?

答:(1)养护车辆没有违反《中华人民共和国道路交通安全法》(以下简称《道路交通安全法》),《中华人民共和国公路法》(以下简称《公路法》)规定公路养护车辆进行作业时,在不影响过往车辆通行的前提下,其行驶路线和方向不受公路标志、标线限制,过往车辆对公路养护车辆和人员应当注意避让;A车辆没有履行注意避让义务违反《道路交通安全法》。(2)要求公路养护作业车辆上设置明显的作业标志。

案例二:某公路由于拓宽公路需要,施工单位将公路用地的树木砍伐。事后被起诉违法,但是公路施工单位不服,认为因改建公路需要砍伐行道树不能算违法。

请问:(1)该行为是否合法?(2)如何办理审批手续?

答:(1)未经批准擅自砍伐公路行道树的行为都是违法的。(2)依据《公路法》规定,砍伐公路用地上的树木不仅要经交通主管部门同意,而且还应依照《中华人民共和国森林法》的规定到相关主管部门办理审批手续。

案例三:在××公路上××货车超车时因处置不当,撞上中间隔离护栏,造成两块护栏和一根立柱损坏。该车驾驶员下车后发现并未影响其正常驾驶,便自行驶离。后经途经此处的驾驶人员举报,执法人员在前方截获。

请问:该车违反了什么规定?应如何处理?

答:(1)该车违反了《公路法》第五十三条、第八十五条规定,在因交通事故致使公路附属设施损坏时,驾驶人员应当立即停车,保护现场,及时向公路管理机构报告,接受公路管理机构的调查处理后方得驶离。(2)依据《公路法》第七十八条和第八十五条第一款的规定,造成公路损坏未及时报告的,由交通部门处以一千元以下的罚款;对公路造成损坏的,应当依法承担赔偿责任。

案例四:某县电信公司经上级主管部门同意,在某省道一侧实施定向钻施工,穿越公路埋设光缆。

请问:该公司行为是否合法?应该如何处理?

答:(1)该公司行为违反了《公路法》第四十五条的规定。在事先未取得交通主管部门许可的情况下擅自施工,属于违法行为,依法应当受到查处。(2)交通主管部门应当依法进行处理:第一,依据《公路法》第七十九条规定,责令停止违法行为,视情节轻重可以处三万元以下罚款。第二,该公司需要穿越公路埋设光缆,应该按照《公路法》第四十五条的要求,到交通主管部门申请办理许可手续。如果符合许可条件,依法准予许可。如不符合许可条件,交通主管部门不予许可并告知理由。

案例五:2006 年 2 月 15 日,河南省某村村委会在离高速公路的边沟 25.8 米处(该村委会办公楼楼顶),设置了一块广告牌,某高速公路路政管理机构认为该广告牌建在"红线控制区"范围,属违章建筑,应当依法拆除。该村委会不服,就某高速公路路政支队拆除广告牌的具体行政行为,向省政府申请行政复议。

案例分析:根据《公路法》第五十四条规定,"任何单位和个人未经县级以上地方人民政府交通主管部门批准,不得在公路的用地范围内设置公路标志标牌以外的其他标志"。依据该法第三十四条规定,"公路的用地范围"是指公路两侧边沟外缘算起不少于 1 米。很显然,该广告牌不在公路用地范围内。此外,《公路法》第五十六条规定,"除公路防护、养护需要的以外,禁止在公路两侧的建筑控制区内修建建筑物和地面构筑物"。那么该广告牌是否在建筑控制区范围内呢,根据《中华人民共和国公路管理条例》和河南省《公路路政管理条例》规定,建筑控制区范围国道不少于 20 米,省道不少于 15 米,县道不少于 10 米,乡道不少于 5 米。如果按国道 20 米的规定,这个广告牌也不在禁止的范围以内。最后,根据《高等级公路管理条例》第十七条规定:"从高等级公路两侧边沟外沿起,向外延伸的 50 米范围内,任何单位和个人不得擅自修建建筑物。因特殊原因确需修建临时建筑物的,必须事先征得管理机构同意,并按规定办理手续"。该条规定只是禁止了 50 米范围内不得修建建筑物,没有禁止地面构筑物,更没有说到广告牌。

案例六:2007 年 11 月 20 日凌晨,王某驾驶摩托车途经南通市 204 国道某路段时摔倒受伤,摩托车损坏。交警部门勘察现场后,发现路中有一大石块。次日,王某父亲要求公安交通管理部门停止对事故调查取证。交警部门未对事故原因作出认定。事发后,王某所在单位一次性给付王某工伤待遇 53000 元。2009 年 4 月王某诉至法院,称自己被途经车辆掉落路面的石块绊倒,要求对该路段负有管理和维护职责的南通市市政设施管理处赔偿其损失 114602 元。法院判决驳回原告诉讼请求。

案例分析:这是一起涉及道路管养职责的案件。与一般因道路维修、养护瑕疵而导致损害的案件不同,本案涉及的是道路清障问题。不属于道路本身的石块致人损害,能否因此追究道路管理部门的责任。一审法院审理后认为,被告市政设施管理处对原告的损害不负侵权责任,主要理由是:

(1)从现有证据看,不能确定王某摔倒受伤系被石块绊倒。原告仅提供了道路交通事故现场图、交警部门关于发生事故的事实证明,以及其本人的陈述。由于原告方书面要求公安交通管理部门停止对事故进行调查取证,导致相关部门未能出具权威的事故责任认定书,这样就不能排除其他事故原因,也不能对掉落石块的车辆进行排查,因而不能确定事故原因和最终责任方。由于直接证据的缺乏,并不能得出原告确系因碰撞该掉落石块所致的结论。

(2)原告对事故发生负有责任。由于事发原因不明,原告在事故中所负的责任难以作出明确的界定。但可以肯定的是,事发时间虽然是半夜,但该路段有路灯照明,原告作为机动车驾驶员应认真观察路面,即便原告是被该石块绊倒,其自身也负有疏于观察的责任。

(3)路政管理部门并没有明确的道路清障责任。我国对公路管理部门的道路管理和养护职责是有相关规定的,如我国《公路法》第三十五条规定:公路管理机构应当按照国务院交通主管部门规定的技术规范和操作规程对公路进行养护,保证公路经常处于良好的技术状态。国务院《公路管理条例》第十六条规定:公路主管部门应当加强公路养护工作,保持公路完好、平整、畅通,提高公路的耐久性和抗灾能力。对于如何理解道路管理和养护职责,《公路法》和

《公路管理条例》中都予以明确了，立法的首要目的在于"加强公路的建设和管理"。特别是在交通运输部《公路路政管理规定》也提到："路政管理，……是为了维护公路管理者、经营者、使用者的合法权益，……实施保护公路、公路用地及其公路附属设施的行政管理。"可见，道路管理部门对道路的管理养护是着眼于保护路产路权，通俗地说也就是道路"本身"。目前，城市道路的管理主要由有关路政管理部门和公安交通管理部门负责。法律依据主要包括《公路法》、《公路管理条例》、《道路交通安全法》。这些法规中对道路障碍都有所涉及。比如《公路法》第四十六条规定：任何单位和个人不得在公路上及公路用地范围内……倾倒垃圾、设置障碍……或者进行其他损坏、污染公路和影响公路畅通的活动。第四十七条规定：造成公路路面损坏、污染或者影响公路畅通的，由交通主管部门责令停止违法行为……。《道路交通安全法》第一百零四条规定：未经批准，……或者从事其他影响道路交通安全活动的，由道路主管部门责令停止违法行为，并恢复原状……。有前款行为，影响道路交通安全活动的，公安机关交通管理部门可以责令停止违法行为，迅速恢复交通。可以看出，这些规定仅仅是赋予道路管理和交通管理部门对于违法设置道路障碍行为的行政处罚权，同时赋予公安交通管理部门对该行为的即时强制执行权，并且这些执法权之间也存在交叉。但是，从法律规定上看，对于清除道路障碍的职责归属并没有明确。

对于《公路法》中规定的公路管理机构要确保公路保持良好的"技术状态"，这一点也应基于上述"道路本身"来理解。结合 2008 年实施的交通部《公路技术状况评定标准》，对于保持公路的良好技术状态，设定了平整度、路面损坏、车辙深度、抗滑性能等分项指标，用以衡量公路技术状况。从这些指标的设定来看，保证公路的安全、平整、通畅，也都是从道路本身的状况而言。

(4)本案中的被告市政设施管理处不负有道路清障职责。根据国务院《城市道路管理条例》，县级以上城市人民政府市政工程行政主管部门对其组织建设和管理的城市道路，负有养护和维修职责。本案中被告南通市市政设施管理处属于南通市建设局下属的事业单位，受建设局委托负责市区主次干道、桥梁、雨污水管网、泵站等市政设施的管养工作。2007 年，南通市机构编制委员会在《关于南通市市政设施管理处宗旨与业务范围内设机构和人员编制的批复》中，明确被告的业务范围为市政设施管理、维修、养护、施工，沥青料加工、供应；排入城市排水设施量和水质量监测。该路段有路灯照明。因此，被告对事发路段是具有管理、维修、养护职责的。至于其是否具有道路清障职责，首先其是受南通市建设局委托从事公共事务管理的事业单位，职责范围只能在建设局委托范围内。审理中，南通市建设局也出具证明，说明委托范围内并没有明确的道路清障职责。其次，由于我国立法并没有明确地规定道路管理部门有道路清障职责，那么显然也不能将这一职责强加于受委托从事道路管养服务的市政设施管理处。因此，我们认为，市政设施管理处在此没有道路清障职责。

综上，由于本案事故原因未能查明，因此侵权行为与损害结果之间的因果关系不能确定；被告市政设施管理处对道路清障不负有职责，对未清除石块也没有过错；原告的损害后果已经通过其他途径得到救济。因此，对原告的诉讼请求应予以驳回。

案例七：2009 年 7 月，河南郑州市民刘先生驾驶轿车沿连霍高速公路行驶时与超车道内的石头碰撞，车辆失控后与护栏相撞，造成刘先生车辆和道路设施受损的交通事故。刘先生把高速公路经营管理者——河南高速公路发展有限责任公司告上法庭，要求其赔偿他的各项损失，包括拆检费、配件及修理费、高速施救费、鉴定费、过路费，共计 8 万余元。

案例分析：国务院《收费公路管理条例》第二十六条规定，收费公路经营管理者应当按照国家规定的标准和规范，对收费公路及沿线设施进行日常检查、维护，保证收费公路处于良好的技术状态，为通行车辆及人员提供优质服务。原告驾车进入连霍高速，进入被告经营管理区域，被告应为原告提供正常的行驶路况。原告与超车道内的石头碰撞，说明高速公路客观上存在障碍物，被告虽然履行了自己的巡查义务，但没有及时清除路障，属服务合同违约。原告进入高速公路，应依法遵章在高速公路上正常行驶。原告在超车道内与石头相撞，后与护栏相撞，说明原告在高速公路超车行驶过程中，未尽到机动车驾驶人的高度注意的义务，在发现前方有障碍物时未能及时减速停车。且高速车道并非单一车道，原告亦可以选择避让但未避让。综上，被告服务合同违约并不必然导致该交通事故发生，原告未能及时发现和躲避高速公路路面上的石头，是导致该交通事故发生的主要原因，故原告对该事故所造成的损失应承担主要责任。

第二章 交通运输法律法规选编

第一节 中华人民共和国公路法

（中华人民共和国主席令[2004]19号）

（2004年8月28日第十届全国人民代表大会常务委员会第十一次会议通过）

第十届全国人民代表大会常务委员会第十一次会议决定对《中华人民共和国公路法》作如下修改：

第五十条第一款修改为："超过公路、公路桥梁、公路隧道或者汽车渡船的限载、限高、限宽、限长标准的车辆，不得在有限定标准的公路、公路桥梁上或者公路隧道内行驶，不得使用汽车渡船。超过公路或者公路桥梁限载标准确需行驶的，必须经县级以上地方人民政府交通主管部门批准，并按要求采取有效的防护措施；运载不可解体的超限物品的，应当按照指定的时间、路线、时速行驶，并悬挂明显标志。"

本决定自公布之日起施行。

《中华人民共和国公路法》根据本决定作修改后，重新公布。

一、总 则

第一条 为了加强公路的建设和管理，促进公路事业的发展，适应社会主义现代化建设和人民生活的需要，制定本法。

第二条 在中华人民共和国境内从事公路的规划、建设、养护、经营、使用和管理，适用本法。

本法所称公路，包括公路桥梁、公路隧道和公路渡口。

第三条 公路的发展应当遵循全面规划、合理布局、确保质量、保障畅通、保护环境、建设改造与养护并重的原则。

第四条 各级人民政府应当采取有力措施，扶持、促进公路建设。公路建设应当纳入国民经济和社会发展计划。

国家鼓励、引导国内外经济组织依法投资建设、经营公路。

第五条 国家帮助和扶持少数民族地区、边远地区和贫困地区发展公路建设。

第六条 公路按其在公路路网中的地位分为国道、省道、县道和乡道，并按技术等级分为高速公路、一级公路、二级公路、三级公路和四级公路。具体划分标准由国务院交通主管部门规定。

新建公路应当符合技术等级的要求。原有不符合最低技术等级要求的等外公路，应当采取措施，逐步改造为符合技术等级要求的公路。

第七条　公路受国家保护，任何单位和个人不得破坏、损坏或者非法占用公路、公路用地及公路附属设施。

任何单位和个人都有爱护公路、公路用地及公路附属设施的义务，有权检举和控告破坏、损坏公路、公路用地、公路附属设施和影响公路安全的行为。

第八条　国务院交通主管部门主管全国公路工作。

县级以上地方人民政府交通主管部门主管本行政区域内的公路工作；但是，县级以上地方人民政府交通主管部门对国道、省道的管理、监督职责，由省、自治区、直辖市人民政府确定。

乡、民族乡、镇人民政府负责本行政区域内的乡道的建设和养护工作。

县级以上地方人民政府交通主管部门可以决定由公路管理机构依照本法规定行使公路行政管理职责。

第九条　禁止任何单位和个人在公路上非法设卡、收费、罚款和拦截车辆。

第十条　国家鼓励公路工作方面的科学技术研究，对在公路科学技术研究和应用方面作出显著成绩的单位和个人给予奖励。

第十一条　本法对专用公路有规定的，适用于专用公路。

专用公路是指由企业或者其他单位建设、养护、管理，专为或者主要为本企业或者本单位提供运输服务的道路。

二、公路规划

第十二条　公路规划应当根据国民经济和社会发展以及国防建设的需要编制，与城市建设发展规划和其他方式的交通运输发展规划相协调。

第十三条　公路建设用地规划应当符合土地利用总体规划，当年建设用地应当纳入年度建设用地计划。

第十四条　国道规划由国务院交通主管部门会同国务院有关部门并商国道沿线省、自治区、直辖市人民政府编制，报国务院批准。

省道规划由省、自治区、直辖市人民政府交通主管部门会同同级有关部门并商省道沿线下一级人民政府编制，报省、自治区、直辖市人民政府批准，并报国务院交通主管部门备案。

县道规划由县级人民政府交通主管部门会同同级有关部门编制，经本级人民政府审定后，报上一级人民政府批准。

乡道规划由县级人民政府交通主管部门协助乡、民族乡、镇人民政府编制，报县级人民政府批准。

依照第三款、第四款规定批准的县道、乡道规划，应当报批准机关的上一级人民政府交通主管部门备案。

省道规划应当与国道规划相协调。县道规划应当与省道规划相协调。乡道规划应当与县道规划相协调。

第十五条　专用公路规划由专用公路的主管单位编制，经其上级主管部门审定后，报县级以上人民政府交通主管部门审核。

专用公路规划应当与公路规划相协调。县级以上人民政府交通主管部门发现专用公路规划与国道、省道、县道、乡道规划有不协调的地方，应当提出修改意见，专用公路主管部门和单位应当作出相应的修改。

第十六条　国道规划的局部调整由原编制机关决定。国道规划需要作重大修改的，由原编制机关提出修改方案，报国务院批准。

经批准的省道、县道、乡道公路规划需要修改的，由原编制机关提出修改方案，报原批准机关批准。

第十七条　国道的命名和编号，由国务院交通主管部门确定；省道、县道、乡道的命名和编号，由省、自治区、直辖市人民政府交通主管部门按照国务院交通主管部门的有关规定确定。

第十八条　规划和新建村镇、开发区，应当与公路保持规定的距离并避免在公路两侧对应进行，防止造成公路街道化，影响公路的运行安全与畅通。

第十九条　国家鼓励专用公路用于社会公共运输。专用公路主要用于社会公共运输时，由专用公路的主管单位申请，或者由有关方面申请，专用公路的主管单位同意，并经省、自治区、直辖市人民政府交通主管部门批准，可以改划为省、县道或者乡道。

三、公路建设

第二十条　县级以上人民政府交通主管部门应当依据职责维护公路建设秩序，加强对公路建设的监督管理。

第二十一条　筹集公路建设资金，除各级人民政府的财政拨款，包括依法征税筹集的公路建设专项资金转为的财政拨款外，可以依法向国内外金融机构或者外国政府贷款。

国家鼓励国内外经济组织对公路建设进行投资。开发、经营公路的公司可以依照法律、行政法规的规定发行股票、公司债券筹集资金。

依照本法规定出让公路收费权的收入必须用于公路建设。

向企业和个人集资建设公路，必须根据需要与可能，坚持自愿原则，不得强行摊派，并符合国务院的有关规定。

公路建设资金还可以采取符合法律或者国务院规定的其他方式筹集。

第二十二条　公路建设应当按照国家规定的基本建设程序和有关规定进行。

第二十三条　公路建设项目应当按照国家有关规定实行法人负责制度、招标投标制度和工程监理制度。

第二十四条　公路建设单位应当根据公路建设工程的特点和技术要求，选择具有相应资格的勘查设计单位、施工单位和工程监理单位，并依照有关法律、法规、规章的规定和公路工程技术标准的要求，分别签订合同，明确双方的权利义务。

承担公路建设项目的可行性研究单位、勘查设计单位、施工单位和工程监理单位，必须持有国家规定的资质证书。

第二十五条　公路建设项目的施工，须按国务院交通主管部门的规定报请县级以上地方人民政府交通主管部门批准。

第二十六条　公路建设必须符合公路工程技术标准。

承担公路建设项目的设计单位、施工单位和工程监理单位，应当按照国家有关规定建立健全质量保证体系，落实岗位责任制，并依照有关法律、法规、规章以及公路工程技术标准的要求和合同约定进行设计、施工和监理，保证公路工程质量。

第二十七条　公路建设使用土地依照有关法律、行政法规的规定办理。

公路建设应当贯彻切实保护耕地、节约用地的原则。

第二十八条　公路建设需要使用国有荒山、荒地或者需要在国有荒山、荒地、河滩、滩涂上挖砂、采石、取土的，依照有关法律、行政法规的规定办理后，任何单位和个人不得阻挠或者非法收取费用。

第二十九条　地方各级人民政府对公路建设依法使用土地和搬迁居民，应当给予支持和协助。

第三十条　公路建设项目的设计和施工，应当符合依法保护环境、保护文物古迹和防止水土流失的要求。

公路规划中贯彻国防要求的公路建设项目，应当严格按照规划进行建设，以保证国防交通的需要。

第三十一条　因建设公路影响铁路、水利、电力、邮电设施和其他设施正常使用时，公路建设单位应当事先征得有关部门的同意；因公路建设对有关设施造成损坏的，公路建设单位应当按照不低于该设施原有的技术标准予以修复，或者给予相应的经济补偿。

第三十二条　改建公路时，施工单位应当在施工路段两端设置明显的施工标志、安全标志。需要车辆绕行的，应当在绕行路口设置标志；不能绕行的，必须修建临时道路，保证车辆和行人通行。

第三十三条　公路建设项目和公路修复项目竣工后，应当按照国家有关规定进行验收；未经验收或者验收不合格的，不得交付使用。

建成的公路，应当按照国务院交通主管部门的规定设置明显的标志、标线。

第三十四条　县级以上地方人民政府应当确定公路两侧边沟（截水沟、坡脚护坡道，下同）外缘起不少于一米的公路用地。

四、公路养护

第三十五条　公路管理机构应当按照国务院交通主管部门规定的技术规范和操作规程对公路进行养护，保证公路经常处于良好的技术状态。

第三十六条　国家采用依法征税的办法筹集公路养护资金，具体实施办法和步骤由国务院规定。

依法征税筹集的公路养护资金，必须专项用于公路的养护和改建。

第三十七条　县、乡级人民政府对公路养护需要的挖砂、采石、取土以及取水，应当给予支持和协助。

第三十八条　县、乡级人民政府应当在农村义务工的范围内，按照国家有关规定组织公路两侧的农村居民履行为公路建设和养护提供劳务的义务。

第三十九条　为保障公路养护人员的人身安全，公路养护人员进行养护作业时，应当穿着统一的安全标志服；利用车辆进行养护作业时，应当在公路作业车辆上设置明显的作业标志。

公路养护车辆进行作业时，在不影响过往车辆通行的前提下，其行驶路线和方向不受公路标志、标线限制；过往车辆对公路养护车辆和人员应当注意避让。

公路养护工程施工影响车辆、行人通行时，施工单位应当依照本法第三十二条的规定办理。

第四十条　因严重自然灾害致使国道、省道交通中断，公路管理机构应当及时修复；公路管理机构难以及时修复时，县级以上地方人民政府应当及时组织当地机关、团体、企业事业单位、城乡居民进行抢修，并可以请求当地驻军支援，尽快恢复交通。

第四十一条　公路用地范围内的山坡、荒地，由公路管理机构负责水土保持。

第四十二条　公路绿化工作，由公路管理机构按照公路工程技术标准组织实施。

公路用地上的树木，不得任意砍伐；需要更新砍伐的，应当经县级以上地方人民政府交通主管部门同意后，依照《中华人民共和国森林法》的规定办理审批手续，并完成更新补种任务。

五、路政管理

第四十三条　各级地方人民政府应当采取措施，加强对公路的保护。

县级以上地方人民政府交通主管部门应当认真履行职责，依法做好公路保护工作，并努力采用科学的管理方法和先进的技术手段，提高公路管理水平，逐步完善公路服务设施，保障公路的完好、安全和畅通。

第四十四条　任何单位和个人不得擅自占用、挖掘公路。

因修建铁路、机场、电站、通信设施、水利工程和进行其他建设工程需要占用、挖掘公路或者使公路改线的，建设单位应当事先征得有关交通主管部门的同意；影响交通安全的，还须征得有关公安机关的同意。占用、挖掘公路或者使公路改线的，建设单位应当按照不低于该段公路原有的技术标准予以修复、改建或者给予相应的经济补偿。

第四十五条　跨越、穿越公路修建桥梁、渡槽或者架设、埋设管线等设施的，以及在公路用地范围内架设、埋设管线、电缆等设施的，应当事先经有关交通主管部门同意，影响交通安全的，还须征得有关公安机关的同意；所修建、架设或者埋设的设施应当符合公路工程技术标准的要求。对公路造成损坏的，应当按照损坏程度给予补偿。

第四十六条　任何单位和个人不得在公路上及公路用地范围内摆摊设点、堆放物品、倾倒垃圾、设置障碍、挖沟引水、利用公路边沟排放污物或者进行其他损坏、污染公路和影响公路畅通的活动。

第四十七条　在大中型公路桥梁和渡口周围二百米、公路隧道上方和洞口外一百米范围内，以及在公路两侧一定距离内，不得挖砂、采石、取土、倾倒废弃物，不得进行爆破作业及其他危及公路、公路桥梁、公路隧道、公路渡口安全的活动。

在前款范围内因抢险、防汛需要修筑堤坝、压缩或者拓宽河床的，应当事先报经省、自治区、直辖市人民政府交通主管部门会同水行政主管部门批准，并采取有效的保护有关的公路、公路桥梁、公路隧道、公路渡口安全的措施。

第四十八条　除农业机械因当地田间作业需要在公路上短距离行驶外，铁轮车、履带车和其他可能损害公路路面的机具，不得在公路上行驶。确需行驶的，必须经县级以上地方人民政府交通主管部门同意，采取有效的防护措施，并按照公安机关指定的时间、路线行驶。对公路造成损坏的，应当按照损坏程度给予补偿。

第四十九条　在公路上行驶的车辆的轴载质量应当符合公路工程技术标准要求。

第五十条　超过公路、公路桥梁、公路隧道或者汽车渡船的限载、限高、限宽、限长标准的车辆，不得在有限定标准的公路、公路桥梁上或者公路隧道内行驶，不得使用汽车渡船。超过公路或者公路桥梁限载标准确需行驶的，必须经县级以上地方人民政府交通主管部门批准，并按要求采取有效的防护措施；运载不可解体的超限物品的，应当按照指定的时间、路线、时速行驶，并悬挂明显标志。

运输单位不能按照前款规定采取防护措施的，由交通主管部门帮助其采取防护措施，所需费用由运输单位承担。

第五十一条　机动车制造厂和其他单位不得将公路作为检验机动车制动性能的试车场地。

第五十二条　任何单位和个人不得损坏、擅自移动、涂改公路附属设施。

前款公路附属设施，是指为保护、养护公路和保障公路安全畅通所设置的公路防护、排水、养护、管理、服务、交通安全、渡运、监控、通信、收费等设施、设备以及专用建筑物、构筑物等。

第五十三条　造成公路损坏的，责任者应当及时报告公路管理机构，并接受公路管理机构的现场调查。

第五十四条　任何单位和个人未经县级以上地方人民政府交通主管部门批准，不得在公路用地范围内设置公路标志以外的其他标志。

第五十五条　在公路上增设平面交叉道口，必须按照国家有关规定经过批准，并按照国家规定的技术标准建设。

第五十六条　除公路防护、养护需要的以外，禁止在公路两侧的建筑控制区内修建建筑物和地面构筑物；需要在建筑控制区内埋设管线、电缆等设施的，应当事先经县级以上地方人民政府交通主管部门批准。

前款规定的建筑控制区的范围，由县级以上地方人民政府按照保障公路运行安全和节约用地的原则，依照国务院的规定划定。

建筑控制区范围经县级以上地方人民政府依照前款规定划定后，由县级以上地方人民政府交通主管部门设置标桩、界桩。任何单位和个人不得损坏、擅自挪动该标桩、界桩。

第五十七条　除本法第四十七条第二款的规定外，本章规定由交通主管部门行使的路政管理职责，可以依照本法第八条第四款的规定，由公路管理机构行使。

六、收费公路

第五十八条　国家允许依法设立收费公路，同时对收费公路的数量进行控制。

除本法第五十九条规定可以收取车辆通行费的公路外，禁止任何公路收取车辆通行费。

第五十九条　符合国务院交通主管部门规定的技术等级和规模的下列公路，可以依法收取车辆通行费：

（一）由县级以上地方人民政府交通主管部门利用贷款或者向企业、个人集资建成的公路；

（二）由国内外经济组织依法受让前项收费公路收费权的公路；

（三）由国内外经济组织依法投资建成的公路。

第六十条　县级以上地方人民政府交通主管部门利用贷款或者集资建成的收费公路的收费期限，按照收费偿还贷款、集资款的原则，由省、自治区、直辖市人民政府依照国务院交通主管部门的规定确定。

有偿转让公路收费权的公路，收费权转让后，由受让方收费经营。收费权的转让期限由出让、受让双方约定并报转让收费权的审批机关审查批准，但最长不得超过国务院规定的年限。

国内外经济组织投资建设公路，必须按照国家有关规定办理审批手续；公路建成后，由投资者收费经营。收费经营期限按照收回投资并有合理回报的原则，由有关交通主管部门与投资者约定并按照国家有关规定办理审批手续，但最长不得超过国务院规定的年限。

第六十一条　本法第五十九条第一款第一项规定的公路中的国道收费权的转让，必须经国务院交通主管部门批准；国道以外的其他公路收费权的转让，必须经省、自治区、直辖市人民政府批准，并报国务院交通主管部门备案。

前款规定的公路收费权出让的最低成交价，以国有资产评估机构评估的价值为依据确定。

第六十二条　受让公路收费权和投资建设公路的国内外经济组织应当依法成立开发、经营公路的企业(以下简称公路经营企业)。

第六十三条　收费公路车辆通行费的收费标准,由公路收费单位提出方案,报省、自治区、直辖市人民政府交通主管部门会同同级物价行政主管部门审查批准。

第六十四条　收费公路设置车辆通行费的收费站,应当报经省、自治区、直辖市人民政府审查批准。跨省、自治区、直辖市的收费公路设置车辆通行费的收费站,由有关省、自治区、直辖市人民政府协商确定;协商不成的,由国务院交通主管部门决定。同一收费公路由不同的交通主管部门组织建设或者由不同的公路经营企业经营的,应当按照"统一收费、按比例分成"的原则,统筹规划,合理设置收费站。

两个收费站之间的距离,不得小于国务院交通主管部门规定的标准。

第六十五条　有偿转让公路收费权的公路,转让收费权合同约定的期限届满,收费权由出让方收回。

由国内外经济组织依照本法规定投资建成并经营的收费公路,约定的经营期限届满,该公路由国家无偿收回,由有关交通主管部门管理。

第六十六条　依照本法第五十九条规定受让收费权或者由国内外经济组织投资建成经营的公路的养护工作,由各该公路经营企业负责。各该公路经营企业在经营期间应当按照国务院交通主管部门规定的技术规范和操作规程做好对公路的养护工作。在受让收费权的期限届满,或者经营期限届满时,公路应当处于良好的技术状态。

前款规定的公路的绿化和公路用地范围内的水土保持工作,由各该公路经营企业负责。

第一款规定的公路的路政管理,适用本法五的规定。该公路路政管理的职责由县级以上地方人民政府交通主管部门或者公路管理机构的派出机构、人员行使。

第六十七条　在收费公路上从事本法第四十四条第二款、第四十五条、第四十八条、第五十条所列活动的,除依照各该条的规定办理外,给公路经营企业造成损失的,应当给予相应的补偿。

第六十八条　收费公路的具体管理办法,由国务院依照本法制定。

七、监督检查

第六十九条　交通主管部门、公路管理机构依法对有关公路的法律、法规执行情况进行监督检查。

第七十条　交通主管部门、公路管理机构负有管理和保护公路的责任,有权检查、制止各种侵占、损坏公路、公路用地、公路附属设施及其他违反本法规定的行为。

第七十一条　公路监督检查人员依法在公路、建筑控制区、车辆停放场所、车辆所属单位等进行监督检查时,任何单位和个人不得阻挠。

公路经营者、使用者和其他有关单位、个人,应当接受公路监督检查人员依法实施的监督检查,并为其提供方便。

公路监督检查人员执行公务,应当佩戴标志,持证上岗。

第七十二条　交通主管部门、公路管理机构应当加强对所属公路监督检查人员的管理和教育,要求公路监督检查人员熟悉国家有关法律和规定,公正廉洁,热情服务,秉公执法,对公路监督检查人员的执法行为应当加强监督检查,对其违法行为应当及时纠正,依法处理。

第七十三条　用于公路监督检查的专用车辆,应当设置统一的标志和示警灯。

八、法律责任

第七十四条 违反法律或者国务院有关规定，擅自在公路上设卡、收费的，由交通主管部门责令停止违法行为，没收违法所得，可以处违法所得三倍以下的罚款，没有违法所得的，可以处二万元以下的罚款；对负有直接责任的主管人员和其他直接责任人员，依法给予行政处分。

第七十五条 违反本法第二十五条规定，未经有关交通主管部门批准擅自施工的，交通主管部门可以责令停止施工，并可以处五万元以下的罚款。

第七十六条 有下列违法行为之一的，由交通主管部门责令停止违法行为，可以处三万元以下的罚款：

（一）违反本法第四十四条第一款规定，擅自占用、挖掘公路的；

（二）违反本法第四十五条规定，未经同意或者未按照公路工程技术标准的要求修建桥梁、渡槽或者架设、埋设管线、电缆等设施的；

（三）违反本法第四十七条规定，从事危及公路安全的作业的；

（四）违反本法第四十八条规定，铁轮车、履带车和其他可能损害路面的机具擅自在公路上行驶的；

（五）违反本法第五十条规定，车辆超限使用汽车渡船或者在公路上擅自超限行驶的；

（六）违反本法第五十二条、第五十六条规定，损坏、移动、涂改公路附属设施或者损坏、挪动建筑控制区的标桩、界桩，可能危及公路安全的。

第七十七条 违反本法第四十六条的规定，造成公路路面损坏、污染或者影响公路畅通的，或者违反本法第五十一条规定，将公路作为试车场地的，由交通主管部门责令停止违法行为，可以处五千元以下的罚款。

第七十八条 违反本法第五十三条规定，造成公路损坏，未报告的，由交通主管部门处一千元以下的罚款。

第七十九条 违反本法第五十四条规定，在公路用地范围内设置公路标志以外的其他标志的，由交通主管部门责令限期拆除，可以处二万元以下的罚款；逾期不拆除的，由交通主管部门拆除，有关费用由设置者负担。

第八十条 违反本法第五十五条规定，未经批准在公路上增设平面交叉道口的，由交通主管部门责令恢复原状，处五万元以下的罚款。

第八十一条 违反本法第五十六条规定，在公路建筑控制区内修建建筑物、地面构筑物或者擅自埋设管线、电缆等设施的，由交通主管部门责令限期拆除，并可以处五万元以下的罚款。逾期不拆除的，由交通主管部门拆除，有关费用由建筑者、构筑者承担。

第八十二条 除本法第七十四条、第七十五条的规定外，本部分规定由交通主管部门行使的行政处罚权和行政措施，可以依照本法第八条第四款的规定由公路管理机构行使。

第八十三条 阻碍公路建设或者公路抢修，致使公路建设或者抢修不能正常进行，尚未造成严重损失的，依照治安管理处罚条例第十九条的规定处罚。

损毁公路或者擅自移动公路标志，可能影响交通安全，尚不够刑事处罚的，依照治安管理处罚条例第二十条的规定处罚。

拒绝、阻碍公路监督检查人员依法执行职务未使用暴力、威胁方法的，依照治安管理处罚条例第十九条的规定处罚。

第八十四条　违反本法有关规定，构成犯罪的，依法追究刑事责任。

第八十五条　违反本法有关规定，对公路造成损害的，应当依法承担民事责任。

对公路造成较大损害的车辆，必须立即停车，保护现场，报告公路管理机构，接受公路管理机构的调查、处理后方得驶离。

第八十六条　交通主管部门、公路管理机构的工作人员玩忽职守、徇私舞弊、滥用职权，构成犯罪的，依法追究刑事责任；尚不构成犯罪的，依法给予行政处分。

九、附　　则

第八十七条　本法自1998年1月1日起施行。

第二节　中华人民共和国公路管理条例

（1987年10月13日国务院发布　根据2008年12月27日《国务院关于修改〈中华人民共和国公路管理条例〉的决定》修订）

一、总　　则

第一条　为加强公路的建设和管理，发挥公路在国民经济、国防和人民生活中的作用，适应社会主义现代化建设的需要，特制定本条例。

第二条　本条例适用于中华人民共和国境内的国家干线公路（以下简称国道），省、自治区、直辖市干线公路（以下简称省道），县公路（以下简称县道），乡公路（以下简称乡道）。

本条例对专用公路有规定的，适用于专用公路。

第三条　中华人民共和国交通部主管全国公路事业。

第四条　公路管理工作实行统一领导、分级管理的原则。国道、省道由省、自治区、直辖市公路主管部门负责修建、养护和管理。

国道中跨省、自治区、直辖市的高速公路，由交通部批准的专门机构负责修建、养护和管理。

县道由县（市）公路主管部门负责修建、养护和管理。

乡道由乡（镇）人民政府负责修建、养护和管理。

专用公路由专用单位负责修建、养护和管理。

第五条　公路、公路用地和公路设施受国家法律保护，任何单位和个人均不得侵占和破坏。

二、公路建设

第六条　公路发展规划应当以国民经济、国防建设和人民生活的需要为依据，并与铁路、水路、航空、管道运输的发展规划相协调，与城市建设发展规划相配合。

第七条　国道发展规划由交通部编制，报国务院审批。

省道发展规划由省、自治区、直辖市公路主管部门编制，报省、自治区、直辖市人民政府审批，并报交通部备案。

县道发展规划由地级市（或相当于地级市的机构）的公路主管部门编制，报省、自治区、直辖市人民政府或其派出机构审批。

乡道发展规划由县公路主管部门编制，报县人民政府审批。

专用公路的建设计划，由专用单位编制，报上级主管部门审批，并报当地公路主管部门备案。

第八条　国家鼓励专用公路用于社会运输。专用公路主要用于社会运输时，经省、自治区、直辖市公路主管部门批准，可以改划为省道或者县道。

第九条　公路建设资金可以采取以下方式筹集：国家和地方投资、专用单位投资、中外合资、社会集资、贷款和车辆购置税。

公路建设还可以采取民工建勤、民办公助和以工代赈的办法。

第十条　公路主管部门对利用集资、贷款修建的高速公路、一级公路、二级公路和大型的公路桥梁、隧道、轮渡码头，可以向过往车辆收取通行费，用于偿还集资和贷款。

通行费的征收办法由交通部会同财政部和国家物价局制定。

第十一条　公路建设用地，按照《中华人民共和国土地管理法》的规定办理。

第十二条　根据公路发展规划，确定新建公路或者扩宽原有公路路基、增建其他公路设施需要的土地，由当地人民政府纳入其土地利用总体规划。

第十三条　修建公路影响铁路、管道、水利、电力、邮电等设施正常使用时，建设单位应当事先征得有关部门的同意。

第十四条　公路主管部门负责对公路建设工程的质量进行监督和检验。未按国家有关规定验收合格的公路，不得交付使用。

第十五条　修建公路，应当同时修建公路的防护、养护、环境保护等配套设施。

公路建成后，应当按规定设置各种交通标志。

三、公路养护

第十六条　公路主管部门应当加强公路养护工作，保持公路完好、平整、畅通，提高公路的耐久性和抗灾能力。

进行公路维修应当规定修复期限。施工期间，应当采取措施，保证车辆通行。临时不能通行的，应当通过公安交通管理机关事先发布通告。

第十七条　公路养护实行专业养护与民工建勤养护相结合的制度。

民工建勤的用工、用车数额不得超过国家规定的标准。

第十八条　公路交通遇严重灾害受阻时，当地县级以上人民政府应当立即动员和组织附近驻军、机关、团体、学校、企业事业单位、城乡居民协助公路主管部门限期修复。

第十九条　因公路修建、养护需要，在空地、荒山、河流、滩涂取土采石，应当征得县(市)人民政府同意。

在上述地点取土采石不得影响附近建筑物和水利、电力、通讯设施以及农田水土保持。

在县(市)人民政府核准的公路料场取土采石，任何单位和个人不得借故阻挠或者索取价款。

第二十条　公路绿化工作，由公路主管部门统筹规划并组织实施。

公路绿化必须按照公路技术标准进行。

公路两侧林木不得任意砍伐，需要更新砍伐的，必须经公路主管部门批准。

四、路政管理

第二十一条　公路主管部门负责管理和保护公路、公路用地及公路设施，有权依法检查、制止、处理各种侵占、破坏公路、公路用地及公路设施的行为。

第二十二条　禁止在公路及公路用地上构筑设施、种植作物。禁止任意利用公路边沟进行灌溉或者排放污水。

第二十三条　在公路两侧开山、伐木、施工作业，不得危及公路及公路设施的安全。

第二十四条　不得在大型公路桥梁和公路渡口的上、下游各200米范围内采挖沙石、修筑堤坝、倾倒垃圾、压缩或者扩宽河床、进行爆破作业。不得在公路隧道上方和洞口外100米范围内任意取土、采石、伐木。

第二十五条　通过公路渡口的车辆和人员，必须遵守渡口管理规章。

第二十六条　未经公路主管部门批准，履带车和铁轮车不得在铺有路面的公路上行驶，超过桥梁限载标准的车辆、物件不得过桥。在特殊情况下，必须通过公路、桥梁时，应当采取有效的技术保护措施。

第二十七条　兴建铁路、机场、电站、水库、水渠，铺设管线或者进行其他建设工程，需要挖掘公路，挖掘、占用、利用公路用地及公路设施时，建设单位必须事先取得公路主管部门同意，影响车辆通行的，还须征得公安交通管理机关同意。工程完成后，建设单位应当按照原有技术标准，或者经协商按照规划标准修复或者改建公路。

第二十八条　修建跨越公路的桥梁、渡槽、架设管线等，应当考虑公路的远景发展，符合公路的技术标准，并事先征得当地公路主管部门和公安交通管理机关同意。

第二十九条　在公路两侧修建永久性工程设施，其建筑物边缘与公路边沟外缘的间距为：国道不少于20米，省道不少于15米，县道不少于10米，乡道不少于5米。

第三十条　在公路上设置交叉道口，必须经公路主管部门和公安交通管理机关批准。

设计、修建交叉道口，必须符合国家规定的技术标准。

第三十一条　经省、自治区、直辖市人民政府批准，公路主管部门可以在必要的公路路口、桥头、渡口、隧道口设立收取车辆通行费的站卡。

五、法律责任

第三十二条　对违反本条例规定的单位和个人，公路主管部门可以分别情况，责令其返还原物、恢复原状、赔偿损失、没收非法所得并处以罚款。

第三十三条　当事人对公路主管部门给予的处罚不服的，可以向上级公路主管部门提出申诉；对上级公路主管部门的处理决定不服的，可以在接到处理决定书之日起15日内向人民法院起诉；期满不起诉又不履行的，公路主管部门可以申请人民法院强制执行。

第三十四条　公路管理人员违反本条例的，由公路主管部门给予行政处分或经济处罚。

第三十五条　违反本条例应当受治安管理处罚的，由公安机关处理；构成犯罪的，由司法机关依法追究刑事责任。

六、附　　则

第三十六条　本条例下列用语的含义是：

“公路”是指经公路主管部门验收认定的城间、城乡间、乡间能行驶汽车的公共道路。公路包括公路的路基、路面、桥梁、涵洞、隧道。

“公路用地”是指公路两侧边沟（或者截水沟）及边沟（或者截水沟）以外不少于1米范围的土地。公路用地的具体范围由县级以上人民政府确定。

“公路设施”是指公路的排水设备、防护构造物、交叉道口、界碑、测桩、安全设施、通讯设施、检测及监控设施、养护设施、服务设施、渡口码头、花草林木、专用房屋等。

第三十七条　本条例由交通部负责解释，交通部可以根据本条例制定实施细则。

第三十八条　本条例自1988年1月1日起施行。

第三节　中华人民共和国公路管理实施细则

（1988年6月28日交通部发布　根据2009年6月13日交通运输部《关于修改〈中华人民共和国公路管理条例实施细则〉的决定》修正）

一、总　　则

第一条　根据《中华人民共和国公路管理条例》（以下简称《条例》）第三十七条的规定，制定本实施细则（以下简称《细则》）。

第二条　本《细则》所称“公路”是指在中华人民共和国境内，按照国家规定的公路工程技术标准修建，并经公路主管部门验收认定的城间、城乡间、乡间可供汽车行驶的公共道路。

第三条　公路分为国家干线公路（以下简称国道），省、自治区、直辖市干线公路（以下简称省道），县公路（以下简称县道），乡公路（以下简称乡道）和专用公路五个行政等级。

国道是指具有全国性政治、经济意义的主要干线公路，包括重要的国际公路，国防公路，联结首都与各省、自治区首府和直辖市的公路，联结各大经济中心、港站枢纽、商品生产基地和战略要地的公路。

省道是指具有全省（自治区、直辖市）政治、经济意义，联结省内中心城市和主要经济区的公路，以及不属于国道的省际间的重要公路。

县道是指具有全县（旗、县级市）政治、经济意义，联结县城和县内主要乡（镇）、主要商品生产和集散地的公路，以及不属于国道、省道的县际间的公路。

乡道是指主要为乡（镇）内部经济、文化、行政服务的公路，以及不属于县道以上公路的乡与乡之间及乡与外部联络的公路。

专用公路是指专供或者主要供厂矿、林区、油田、农场、旅游区、军事要地等与外部联络的公路。

第四条　公路与城市道路的划分，应当以是否形成街道或者近期城市发展规划区域为界限，由省级公路主管部门与当地城建部门共同商定，并随城市建设区域的发展变化进行合理调整。

第五条　当专用公路的专用性质改变时，经专用单位申请，省级公路主管部门批准，可改划为省道或者县道。

公路如因改线等情况变化，个别路线（段）失去原有作用，经上一级公路主管部门核准并办理有关手续，可改作其他用途。

第六条　各级人民政府有责任加强对公路建设、养护和管理工作的领导；要把公路的建设和发展纳入本地国民经济发展计划,统筹安排并认真组织实施;对一切违章利用、侵占和破坏公路、公路用地和公路设施的行为,要及时采取措施加以制止,确保公路完好畅通。

第七条 公民有遵守公路法规,爱护公路、公路用地和公路设施的义务;有权检举、揭发违章利用、侵占、破坏公路、公路用地和公路设施的行为。有车单位和个人,有按国家规定缴纳各项公路规费的义务。公路沿线有劳动能力的农民和车船等运输工具,有按国家规定履行公路建勤的义务。

二、机构与职责

第八条 中华人民共和国交通运输部主管全国公路事业,地方各级人民政府的公路主管部门主管本地区的公路事业。

第九条 各级公路主管部门可根据实际情况设置公路管理机构。公路管理机构依据公路主管部门的授权,负责公路管理工作。

第十条 各级公路主管部门和其授权的公路管理机构应当认真履行下列各项管理职责:

(一)贯彻执行国家关于公路建设、养护、管理工作的方针、政策、法规,负责《中华人民共和国公路管理条例》及本《细则》的实施。

(二)编制公路建设、养护计划并组织实施;协调解决计划执行中发生的问题;负责公路建设、养护工作的检查和奖惩,采取措施提高路况,保证畅通。

(三)负责路政管理,处理违章,保护路产,维护公路养护施工的正常秩序。

(四)组织公路现代化养护、现代化管理技术的开发,负责交通情况调查和路况登记,培训公路专业人员,改善技术装备,交流先进经验,提高公路管理水平。

(五)调查研究和统计上报公路情况。

(六)负责通行费、过渡费等规费的征收和使用管理等。

三、公 路 建 设

第十一条 公路发展规划必须遵循远近期结合、新建与改建结合、平时建设与战时需要结合、需要与可能结合的原则,全面规划,统筹安排,从整体上提高公路网络的使用效果。

第十二条 各个行政等级的公路发展规划,按《条例》规定的原则和管理权限分别制定和审批。年度计划应当与规划相衔接。凡经批准的规划有改变时,必须经原审批单位同意。

第十三条 新建公路、改建原有公路,由各级公路主管部门在各级人民政府的统一领导下组织实施。

公路新建、改建工程,应当符合国家规定的公路工程技术标准、规范、规程的要求。

第十四条 公路建设资金,根据《条例》第九条的规定筹集。

国道和重要省道的新建、改建,由国家和地方共同投资或者用车辆购置税和国务院成品油价格和税费改革后形成的交通资金收入给予补助。

县道建设主要依靠地方投资与民工建勤的办法实施,可用国务院成品油价格和税费改革后形成的交通资金收入给予补助。

乡道的建设主要由乡(镇)自办,或者以乡(镇)为主,由地方财政给予补助。

边远、贫困地区的县道、乡道建设,可实行以工代赈的办法。

边防、国防公路建设资金,另由国家专项投资解决。

第十五条 凡属新建的公路基本建设项目和改建的大中型项目,均应当按国家《公路工程基本建设管理办法》中规定的基本建设程序办理。

在符合审批制度的前提下，各项程序可根据具体情况进行合理的交叉；小型项目和乡道也可适当裁并一些程序。

第十六条　公路勘察设计任务必须由持有公路勘察设计证书的单位和法人承担。

重大公路建设项目的设计，采取招标办法，鼓励竞争，提高设计质量。

第十七条　大中型公路建设项目的施工实行招标制。

凡纳入国家或者地方财政投资的公路建设项目，实行国内公开招标。

凡利用外资和国际间贷款的公路建设项目，可实行国际招标，但必须履行规定的批准手续。

特殊公路建设工程或者不具备招标条件的公路建设项目，可采取议标、邀标或者投资包干方式组织施工。

第十八条　公路主管部门应当加强公路建筑市场管理、定额管理和工程质量监理。

承担公路工程施工任务的建筑单位必须取得经公路主管部门考核合格发给的施工证书，以及工商行政管理部门核发的施工营业执照。

第十九条　公路新建、改建工程按批准的设计文件修建完成后，应当及时按国家《公路工程竣工验收办法》的规定组织验收，办理交接手续。不符合设计要求以及公路产权资料不完备的公路工程，不得交付使用，建设单位和施工单位应当采取补救措施或者重新返工。

第二十条　现有国道、省道穿过县级市和县城的路段改建时，可按“靠城不进城”的原则，避开城区另辟新线。新线工程由当地政府负责做好协调工作，公路主管部门负责组织实施。

凡根据县级市和县城建设规划进行公路扩建的，由公路主管部门承担与现有公路技术标准相吻合部分所需的建设费用。提高公路技术标准和扩大工程规模而增加的费用，由提出或者确定提高标准和扩大规模的部门承担。

第二十一条　地级市及其以上的大中城市出入口道路与干线公路连接处，已划为城市规划范围，但尚未形成街道的路段，其建设规划、计划及其实施以当地城建主管部门为主，公路主管部门配合协助。

第二十二条　公路建设用地，应当本着节省土地、少占良田的原则，做到“全面规划，充分利用，合理安排”。

新建、改建国道、省道、县道需要征用、拨用土地的，按照《中华人民共和国土地管理法》的规定办理，具体征用、拨用标准按“社会公益设施”的实际情况，由各省、自治区、直辖市人民政府规定。

新建、改建乡道需用的土地，由乡（镇）人民政府规划、审核，报县级人民政府批准划拨。

第二十三条　根据公路发展规划，新建公路或者拓宽原有公路、增建公路设施等需要预留土地的，由公路主管部门根据《条例》规定精神提出申请，经当地人民政府批准后纳入土地利用总体规划，并造册登记，立案存档。

第二十四条　公路设计、施工应当尽量适应地形变化，并采取必要措施，减少对自然地貌的破坏，防止水土流失和环境污染。

通过名胜古迹和自然保护区的公路，应当注意与周围环境、天然景观的协调。严禁损坏历史文物。

修建公路如可能影响铁路、管道、水利、电力、邮电、军事等设施的正常使用，以及公路与铁路立交所涉及的建设原则、建设规模、建设标准、投资来源、组织实施、交接管理等事项，按国家有关规定办理。

第二十五条　新建、改建公路应当按照国务院确定的分工，同时修建公路防护、排水、养护、绿化、交通工程、环境保护等设施，高速公路还应当同时修建监控、营运、服务、救护等设施。

四、公路养护

第二十六条　公路养护以预防为主，防治结合，经常保持公路完好、平整、畅通、整洁、美观，及时修复损坏部分，周期性地进行大中修，逐步改善技术状况，提高公路的使用质量和抗灾能力。

第二十七条　公路养护采取下列组织形式：

国道、省道主要由固定（合同制）专业工人养护，适当利用民工建勤采备砂石材料。

县道以建勤轮换工养护为主，但每个养护道班应当至少配一名固定（合同制）养路专业工人。

乡道由乡（镇）人民政府组织群众养护。

公路养护道班一般按每十至十五公里设立一个，也可根据养路机械化程度、路面等级和养护难易程度的变化，设置大道班（或者养护工区）延长其管养里程。人烟稀少和边远地区的公路，也可实行机械化养护队定期巡回养护。

第二十八条　各级公路管理机构应当加强对公路路基、路面、桥涵等构造物、排水设备、防护设施、绿化带，以及有关交通工程设施的日常巡视和检查。实施综合治理和全面养护，防止公路环境污染，美化路容路貌，减少水毁损失。

公路、公路桥梁及其他构造物发生损坏、承载力不足或者出现险情时，公路管理机构除及时通知当地公安交通管理机关采取减速行驶、单向行驶、限载行驶或者封闭绕行的交通措施外，应当尽快落实维修、加固、修复的工程措施。

第二十九条　进行公路养护或者施工作业，应当采取措施维持交通；当影响车辆正常通行时，应当在作业处或者施工路段两端设置明显的施工标志；影响行车安全的，夜间还需设置红灯警视信号。

在交通流量大的公路上进行大中修养护或者改建施工，可能造成交通堵塞时，公路管理机构应当函告当地公安交通管理部门，共同疏导交通；需中断交通的，应当与当地公安交通管理机关事先共同发布通告。

在高等级公路或者交通流量大的公路上从事养护作业的人员，应当着统一的安全标志服。

第三十条　各级公路主管部门应当本着珍惜民力的原则，做好民工建勤工作。公路沿线农村成年劳动力每年每人不得超过三个建勤工日，车船运输工具每年每台件不得超过两个建勤工日。

第三十一条　公路遇有大量雪阻、塌方、水毁、泥石流、沙埋、地震等自然灾害致使交通受阻时，公路主管部门可及时报请当地政府动员附近驻军、机关、学校、企事业单位和城乡居民进行紧急抢救，尽快恢复通车。

当国道中断交通两天以上时，应当将阻、通情况及时报告交通运输部和省、直辖市、自治区人民政府。省道、县道、乡道中断交通的报告程序由省级公路主管部门规定。

第三十二条　在公路沿线设置公路养护专用砂石料场和施工取土场地，应当事先征得当地县（市）人民政府土地管理部门同意，并按社会公益事业需要办理长期或者临时拨用手续。

在县（市）人民政府核准、土地管理部门划拨的公路料场取土（砂）采石，任何单位和个人均不得借故阻挠或者索取价款。

公路养护工程取土采石不得影响附近建筑物和水利、电力、管道、通讯、军事等设施的安全以及农田水土保持。

第三十三条　公路管理机构应当充分利用公路用地、边坡、分隔带，本着因路制宜、稳固路基、防护边坡、保障安全、美化路容、改善环境的原则实施公路绿化。

对公路花草树木，只许作抚育和更新性质的修饰或者采伐。需要更新砍伐公路树木的，国道、省道须经省级公路主管部门批准；县道须经地（州、市）公路主管部门批准；乡道须经县（旗、市）公路主管部门批准。

五、路政管理

第三十四条　公路主管部门和其授权的公路管理机构负责管理和保护公路、公路用地和公路设施（以下简称路产），依法查处各种违章利用、侵占、污染、毁坏路产的行为，控制公路两侧建筑红线，审理跨越公路的其他设施建筑事宜，核批公路的特殊利用、占用和超限运输，维持公路渡口和公路养护施工作业的正常秩序，保护公路管理机构及其工作人员的合法权益等。

第三十五条　公路路政管理人员在执行公务时，按国家规定着装、佩戴〔中国公路路政〕胸徽，并持有"中华人民共和国路政管理证"及指挥旗（灯）。路政巡查车辆须装有"路政管理"标牌和标志灯饰。

第三十六条　在公路、公路用地范围内禁止：

（一）设置电杆、变压器、地下管线及其他类似设施。

（二）设置棚屋、摊点、维修场及其他类似临时设施。

（三）堆放垃圾、建筑材料及其他类似堆积物。

（四）挖掘、采矿、取土、引水灌溉、排放污水、种植作物、烧窑、制坯、沤肥及其他类似作业。

（五）任何违章利用、侵占、损坏路产的行为。

第三十七条　在公路大中型桥梁和渡口上下游各二百米、公路隧道上方和洞口外一百米范围内不得：

（一）采挖砂石、淘金开矿、修筑堤坝、压缩或者扩宽河床、烧荒、刷坡、爆破、取土、伐木或者进行其他类似作业。

（二）倾倒垃圾、污物，堆放或者倒运货物，停泊船只、排筏或者进行其他类似活动。

（三）有任何妨碍公路桥梁、渡口、隧道安全和畅通的行为。

第三十八条　在公路两侧从事开山、采矿、伐木和施工作业，不得危及公路、公路设施的安全；如有危及的可能时，从事作业的单位或者个人应当在作业前报告当地公路管理机构，同时采取必要的防护措施；已发生危及路产安全的，须立即停止作业，听候处理。

第三十九条　超过公路和公路桥梁、隧道、渡船限载、限高、限宽、限长标准的车辆不得任意通行；必须通行的，须经公路管理机构批准，妨碍交通的，还需经公安交通管理机关批准，并由超限运输单位承担公路管理机构为此采取技术保护措施和修复损坏部分所发生的费用。

履带车、铁轮车，以及类似可能损害路面的其他运输机具，不得在铺有路面的公路上行驶；必须通行的，按本条上款规定办理。

机动车辆制造、修理厂家不得擅自在公路上试车；必须试车的，应当事先征得当地公路管理机构的同意、签订协议，悬挂公安交通管理机关核发的试车号牌，指定路段，设置试车标志，并明确由厂方向路方缴纳公路损坏补偿费。

第四十条　兴建铁路、机场、电站、水库、水渠、地下管线或者其他建设工程，需要挖掘公路或者占用、利用公路、公路用地和公路设施时，建设单位和个人必须事先征得公路主管部门同意，签订协议，并承担按原公路技术标准修复或者商定按规划标准改建公路的费用；影响交通的，还须征得公安交通管理部门的同意。

第四十一条　修建跨越公路的各种桥梁、渡槽、管线等设施，必须考虑公路的远景发展规划、满足公路工程技术标准规定的各项几何尺寸及净空的要求；因施工造成公路及公路设施损坏的，按本《细则》第三十九条规定的原则办理。

第四十二条　在公路两侧修建永久性构造物或者设施，其建筑设施边缘与公路边沟（坡脚护坡道、坡顶截水沟）外缘的最小间距必须符合《条例》的以下规定：

国道不少于二十米、省道不少于十五米、县道不少于十米、乡道不少于五米。公路弯道内侧及平交道口附近还须满足公路长远发展规划标准的行车视距或者改作立体交叉的要求。

第四十三条　在公路上增设交叉道口，需经公路主管部门和公安交通管理机关审核批准，并按公路工程技术标准的要求设计、修建。

第四十四条　通过公路渡口的一切车辆和人员，必须服从渡口和路政管理人员的调度及指挥，遵守渡口管理规章。

第四十五条　对违反《条例》及本细则，侵犯公路合法权益、造成路产损坏或者严重危及路产安全的单位、个人或者车辆，公路路政管理人员有权对当事者和案发现场进行拍照取证和查处，并按《条例》规定，责令赔偿损失；对驾车逃逸者可通知公安交通管理人员或者赶赴交通检查站会同检查人员共同拦截，查处其违章行为。

六、公路规费征收和使用管理

第四十六条　各级公路主管部门应当加强对通行费、过渡费，以及其他规费征收和使用管理工作的领导。任何单位和个人不得以任何名义平调、挪用、滥用、截留、挤占公路规费。

第四十七条　各项公路规费征收标准和管理办法，由交通运输部会同国务院有关部门制定；各省（自治区、直辖市）公路主管部门可制定实施细则，报省级人民政府批准后施行。

第四十八条　凡利用贷款和需要偿还的集资修建的高等级公路和大型公路桥梁、隧道，以及经省级人民政府批准收费的公路渡口，所有车辆通过时都要按规定缴纳通行费和过渡费（属国家规定免征的除外）。

第四十九条　省级公路主管部门和其授权的公路管理机构按“收管用一体，统收统支，收支两条线，严格核查”的原则，负责通行费、过渡费的征收和使用管理工作。

第五十条　根据《条例》第三十一条规定，经省级人民政府批准，公路主管部门和其授权的公路管理机构，可以在必要的公路路口、桥头、渡口、隧道口设立收取车辆通行费的站卡，任何部门、单位和个人不得干预阻挠其征费工作。

第五十一条　各种公路规费征收票证和处罚单据，由省级公路主管部门统一印制核发。

第五十二条　收取的车辆通行费，除用于收费公路或者桥梁、隧道的养护及收费人员、设施等正常开支外，只能用于偿还贷款和需要偿还的集资。

对收取的过渡费的使用，除以渡养渡的必要支出外，主要用作改渡为桥的建设资金。

七、法律责任

第五十三条　公路主管部门和其授权的公路管理机构有权对违反《条例》和本《细则》规定的单位和个人，分别情况，责令其归还原物，恢复原状，赔偿损失，没收非法所得并处以罚款。

第五十四条　对违反《条例》第二十二条及本《细则》第三十六条规定的单位和个人，应当分别情况给予处罚：

（一）对尚未造成路产损失的，责令限期移出，同时恢复原状并处以罚款。

（二）对造成路产损失的，应当责令限期拆除、修复路产、赔偿损失并处以罚款。

第五十五条　对违反《条例》第二十三条、第二十四条及本《细则》第三十七条、第三十八条规定的单位和个人，按本条以下规定给予处罚：

（一）警告，责令暂停施工，待完善防护措施后复工；限期迁出规定范围。

（二）罚款。

（三）对已造成公路及公路设施损失的，责令停止施工作业，赔偿公路损失；情节严重的，另处以不超过公路损失赔偿费20%的罚款。

第五十六条　对违反《条例》第二十五条、第二十六条及本《细则》第三十九条、第四十四条规定或者对公路路产造成损坏的当事者和其单位，应当分别情况给予处罚：

（一）对违反规定利用公路试车、行驶履带车、铁轮车或者进行超限运输的，责令立即停驶，补办有关手续并酌情处以罚款。

（二）对违反规定行车，造成公路及其设施损坏的，限期缴纳路产损失赔偿费，并处以不超过路产损失赔偿费100%的罚款。

（三）对违反公路渡口管理规章的，按该规章规定处理。

第五十七条　对违反《条例》第二十七条、第二十八条、第二十九条及本《细则》第四十条、第四十一条、第四十二条规定的单位和个人，按以下规定处罚：

（一）对擅自动工的，责令停工，补办手续，并酌情处以罚款。

（二）对已造成公路路产损失的，责令赔偿损失并处以罚款。

（三）对违反《条例》第二十九条及本《细则》第四十二条规定的，立即责令停工，限期拆除。

第五十八条　对违反《条例》第三十条及本《细则》第四十三条规定的单位参照本《细则》第五十七条的规定予以处罚。

第五十九条　对违反《条例》第二十条及本《细则》第三十三条规定，乱砍滥伐或者毁坏公路花草林木的单位和个人，按照《中华人民共和国森林法实施细则》第二十二条、第二十三条、第二十五条、第二十六条的有关规定处理。

第六十条　对违反本《细则》第四十八条、第四十九条规定的单位和个人，根据以下规定处罚：

（一）对逃缴公路规费的，责令限期补缴；对情节严重的，还应当处以相当所欠费款一至五倍的罚款。

（二）对非公路主管部门或者其授权的公路管理机构的任何其他部门、单位和个人擅自征收通行费、过渡费的，应当没收全部非法所得，并处以不超过全部非法所得两倍的罚款，同时对当事者及其单位主要负责人处以相当其本人三个月工资的罚款。

第六十一条　违反《条例》和本《细则》规定的当事者对公路主管部门或者其授权的公路管理机构给予的处罚不服的，在接到处罚通知单之日起七日内向上一级公路主管部门或者其授权的公路管理机构提出申诉；对上一级公路主管部门或者其授权的公路管理机构的处理决定还不服的，可在接到处理决定书之日起十五日内向人民法院起诉；期满不起诉又不履行处理决定的，公路主管部门或者其授权的公路管理机构可以报请人民法院强制执行。

第六十二条　对违反本《细则》第四十六条规定，属于公路征费人员的，由公路主管部门或者其授权的公路管理机构负责查处；属于公路主管部门或者其授权的公路管理机构的，由上一级公路主管部门或者有关主管部门查处。

对超出国家规定使用范围，挪用公路规费于其他建设和开支的，银行有权拒付，审计、财政部门有权追查、索赔，并按国家有关规定给予处罚。

第六十三条　各级公路管理人员违反《条例》及本《细则》规定的，由各级公路主管部门或者其授权的公路管理机构给予行政处分或者经济处罚。

公路管理人员受本单位或者上级单位负责人指使、纵容而违反《条例》和本《细则》规定的，除追究其本人责任外，并应当追究有关单位及其负责人的责任。

第六十四条　违反《条例》及本《细则》规定应当受治安管理处罚的，由公安机关处理；构成犯罪的，由司法机关依法追究刑事责任。

八、附　　则

第六十五条　本《细则》的解释权属交通运输部。各省、自治区、直辖市公路主管部门可根据《条例》及本《细则》规定制定具体实施办法。

第六十六条　本《细则》自1988年8月1日起施行。

第四节　收费公路管理条例

（国务院令[2004]第417号）

一、总　　则

第一条　为了加强对收费公路的管理，规范公路收费行为，维护收费公路的经营管理者和使用者的合法权益，促进公路事业的发展，根据《中华人民共和国公路法》（以下简称公路法），制定本条例。

第二条　本条例所称收费公路，是指符合公路法和本条例规定，经批准依法收取车辆通行费的公路（含桥梁和隧道）。

第三条　各级人民政府应当采取积极措施，支持、促进公路事业的发展。公路发展应当坚持非收费公路为主，适当发展收费公路。

第四条　全部由政府投资或者社会组织、个人捐资建设的公路，不得收取车辆通行费。

第五条　任何单位或者个人不得违反公路法和本条例的规定，在公路上设站（卡）收取车辆通行费。

第六条　对在公路上非法设立收费站（卡）收取车辆通行费的，任何单位和个人都有权拒绝交纳。

任何单位或者个人对在公路上非法设立收费站（卡）、非法收取或者使用车辆通行费、非法转让收费公路权益或者非法延长收费期限等行为，都有权向交通、价格、财政等部门举报。收到举报的部门应当按照职责分工依法及时查处；无权查处的，应当及时移送有权查处的部门。受理的部门必须自收到举报或者移送材料之日起10日内进行查处。

第七条　收费公路的经营管理者，经依法批准有权向通行收费公路的车辆收取车辆通行费。

军队车辆、武警部队车辆,公安机关在辖区内收费公路上处理交通事故、执行正常巡逻任务和处置突发事件的统一标志的制式警车,以及经国务院交通主管部门或者省、自治区、直辖市人民政府批准执行抢险救灾任务的车辆,免交车辆通行费。

进行跨区作业的联合收割机、运输联合收割机(包括插秧机)的车辆,免交车辆通行费。联合收割机不得在高速公路上通行。

第八条　任何单位或者个人不得以任何形式非法干预收费公路的经营管理,挤占、挪用收费公路经营管理者依法收取的车辆通行费。

二、收费公路建设和收费站的设置

第九条　建设收费公路,应当符合国家和省、自治区、直辖市公路发展规划,符合本条例规定的收费公路的技术等级和规模。

第十条　县级以上地方人民政府交通主管部门利用贷款或者向企业、个人有偿集资建设的公路(以下简称政府还贷公路),国内外经济组织投资建设或者依照公路法的规定受让政府还贷公路收费权的公路(以下简称经营性公路),经依法批准后,方可收取车辆通行费。

第十一条　建设和管理政府还贷公路,应当按照政事分开的原则,依法设立专门的不以营利为目的的法人组织。

省、自治区、直辖市人民政府交通主管部门对本行政区域内的政府还贷公路,可以实行统一管理、统一贷款、统一还款。

经营性公路建设项目应当向社会公布,采用招标投标方式选择投资者。

经营性公路由依法成立的公路企业法人建设、经营和管理。

第十二条　收费公路收费站的设置,由省、自治区、直辖市人民政府按照下列规定审查批准:

(一)高速公路以及其他封闭式的收费公路,除两端出入口外,不得在主线上设置收费站。但是,省、自治区、直辖市之间确需设置收费站的除外。

(二)非封闭式的收费公路的同一主线上,相邻收费站的间距不得少于50公里。

第十三条　高速公路以及其他封闭式的收费公路,应当实行计算机联网收费,减少收费站点,提高通行效率。联网收费的具体办法由国务院交通主管部门会同国务院有关部门制定。

第十四条　收费公路的收费期限,由省、自治区、直辖市人民政府按照下列标准审查批准:

(一)政府还贷公路的收费期限,按照用收费偿还贷款、偿还有偿集资款的原则确定,最长不得超过15年。国家确定的中西部省、自治区、直辖市的政府还贷公路收费期限,最长不得超过20年。

(二)经营性公路的收费期限,按照收回投资并有合理回报的原则确定,最长不得超过25年。国家确定的中西部省、自治区、直辖市的经营性公路收费期限,最长不得超过30年。

第十五条　车辆通行费的收费标准,应当依照价格法律、行政法规的规定进行听证,并按照下列程序审查批准:

(一)政府还贷公路的收费标准,由省、自治区、直辖市人民政府交通主管部门会同同级价格主管部门、财政部门审核后,报本级人民政府审查批准。

(二)经营性公路的收费标准,由省、自治区、直辖市人民政府交通主管部门会同同级价格主管部门审核后,报本级人民政府审查批准。

第十六条　车辆通行费的收费标准,应当根据公路的技术等级、投资总额、当地物价指数、偿还贷款或者有偿集资款的期限和收回投资的期限以及交通量等因素计算确定。对在国家规定的绿色通道上运输鲜活农产品的车辆,可以适当降低车辆通行费的收费标准或者免交车辆通行费。

修建与收费公路经营管理无关的设施、超标准修建的收费公路经营管理设施和服务设施,其费用不得作为确定收费标准的因素。

车辆通行费的收费标准需要调整的,应当依照本条例第十五条规定的程序办理。

第十七条　依照本条例规定的程序审查批准的收费公路收费站、收费期限、车辆通行费收费标准或者收费标准的调整方案,审批机关应当自审查批准之日起10日内将有关文件向国务院交通主管部门和国务院价格主管部门备案;其中属于政府还贷公路的,还应当自审查批准之日起10日内向国务院财政部门备案。

第十八条　建设收费公路,应当符合下列技术等级和规模:

(一)高速公路连续里程30公里以上。但是,城市市区至本地机场的高速公路除外。

(二)一级公路连续里程50公里以上。

(三)二车道的独立桥梁、隧道,长度800米以上;四车道的独立桥梁、隧道,长度500米以上。

技术等级为二级以下(含二级)的公路不得收费。但是,在国家确定的中西部省、自治区、直辖市建设的二级公路,其连续里程60公里以上的,经依法批准,可以收取车辆通行费。

三、收费公路权益的转让

第十九条　依照本条例的规定转让收费公路权益的,应当向社会公布,采用招标投标的方式,公平、公正、公开地选择经营管理者,并依法订立转让协议。

第二十条　收费公路的权益,包括收费权、广告经营权、服务设施经营权。

转让收费公路权益的,应当依法保护投资者的合法利益。

第二十一条　转让政府还贷公路权益中的收费权,可以申请延长收费期限,但延长的期限不得超过5年。

转让经营性公路权益中的收费权,不得延长收费期限。

第二十二条　有下列情形之一的,收费公路权益中的收费权不得转让:

(一)长度小于1000米的二车道独立桥梁和隧道;

(二)二级公路;

(三)收费时间已超过批准收费期限2/3。

第二十三条　转让政府还贷公路权益的收入,必须缴入国库,除用于偿还贷款和有偿集资款外,必须用于公路建设。

第二十四条　收费公路权益转让的具体办法,由国务院交通主管部门会同国务院发展改革部门和财政部门制定。

四、收费公路的经营管理

第二十五条　收费公路建成后,应当按照国家有关规定进行验收;验收合格的,方可收取车辆通行费。

收费公路不得边建设边收费。

第二十六条　收费公路经营管理者应当按照国家规定的标准和规范,对收费公路及沿线设施进行日常检查、维护，保证收费公路处于良好的技术状态，为通行车辆及人员提供优质服务。

收费公路的养护应当严格按照工期施工、竣工，不得拖延工期，不得影响车辆安全通行。

第二十七条　收费公路经营管理者应当在收费站的显著位置，设置载有收费站名称、审批机关、收费单位、收费标准、收费起止年限和监督电话等内容的公告牌，接受社会监督。

第二十八条　收费公路经营管理者应当按照国家规定的标准，结合公路交通状况、沿线设施等情况，设置交通标志、标线。

交通标志、标线必须清晰、准确、易于识别。重要的通行信息应当重复提示。

第二十九条　收费道口的设置，应当符合车辆行驶安全的要求；收费道口的数量，应当符合车辆快速通过的需要，不得造成车辆堵塞。

第三十条　收费站工作人员的配备，应当与收费道口的数量、车流量相适应，不得随意增加人员。

收费公路经营管理者应当加强对收费站工作人员的业务培训和职业道德教育，收费人员应当做到文明礼貌，规范服务。

第三十一条　遇有公路损坏、施工或者发生交通事故等影响车辆正常安全行驶的情形时，收费公路经营管理者应当在现场设置安全防护设施，并在收费公路出入口进行限速、警示提示，或者利用收费公路沿线可变信息板等设施予以公告；造成交通堵塞时，应当及时报告有关部门并协助疏导交通。

遇有公路严重损毁、恶劣气象条件或者重大交通事故等严重影响车辆安全通行的情形时，公安机关应当根据情况，依法采取限速通行、关闭公路等交通管制措施。收费公路经营管理者应当积极配合公安机关，及时将有关交通管制的信息向通行车辆进行提示。

第三十二条　收费公路经营管理者收取车辆通行费，必须向收费公路使用者开具收费票据。政府还贷公路的收费票据，由省、自治区、直辖市人民政府财政部门统一印（监）制。经营性公路的收费票据，由省、自治区、直辖市人民政府税务部门统一印（监）制。

第三十三条　收费公路经营管理者对依法应当交纳而拒交、逃交、少交车辆通行费的车辆，有权拒绝其通行，并要求其补交应交纳的车辆通行费。

任何人不得为拒交、逃交、少交车辆通行费而故意堵塞收费道口、强行冲卡、殴打收费公路管理人员、破坏收费设施或者从事其他扰乱收费公路经营管理秩序的活动。

发生前款规定的扰乱收费公路经营管理秩序行为时，收费公路经营管理者应当及时报告公安机关，由公安机关依法予以处理。

第三十四条　在收费公路上行驶的车辆不得超载。

发现车辆超载时，收费公路经营管理者应当及时报告公安机关，由公安机关依法予以处理。

第三十五条　收费公路经营管理者不得有下列行为：

（一）擅自提高车辆通行费收费标准；

（二）在车辆通行费收费标准之外加收或者代收任何其他费用；

（三）强行收取或者以其他不正当手段按车辆收取某一期间的车辆通行费；

（四）不开具收费票据，开具未经省、自治区、直辖市人民政府财政、税务部门统一印（监）制的收费票据或者开具已经过期失效的收费票据。

有前款所列行为之一的，通行车辆有权拒绝交纳车辆通行费。

第三十六条　政府还贷公路的管理者收取的车辆通行费收入，应当全部存入财政专户，严格实行收支两条线管理。

政府还贷公路的车辆通行费，除必要的管理、养护费用从财政部门批准的车辆通行费预算中列支外，必须全部用于偿还贷款和有偿集资款，不得挪作他用。

第三十七条　收费公路的收费期限届满，必须终止收费。

政府还贷公路在批准的收费期限届满前已经还清贷款、还清有偿集资款的，必须终止收费。

依照本条前两款的规定，收费公路终止收费的，有关省、自治区、直辖市人民政府应当向社会公告，明确规定终止收费的日期，接受社会监督。

第三十八条　收费公路终止收费前6个月，省、自治区、直辖市人民政府交通主管部门应当对收费公路进行鉴定和验收。经鉴定和验收，公路符合取得收费公路权益时核定的技术等级和标准的，收费公路经营管理者方可按照国家有关规定向交通主管部门办理公路移交手续；不符合取得收费公路权益时核定的技术等级和标准的，收费公路经营管理者应当在交通主管部门确定的期限内进行养护，达到要求后，方可按照规定办理公路移交手续。

第三十九条　收费公路终止收费后，收费公路经营管理者应当自终止收费之日起15日内拆除收费设施。

第四十条　任何单位或者个人不得通过封堵非收费公路或者在非收费公路上设卡收费等方式，强迫车辆通行收费公路。

第四十一条　收费公路经营管理者应当按照国务院交通主管部门和省、自治区、直辖市人民政府交通主管部门的要求，及时提供统计资料和有关情况。

第四十二条　收费公路的养护、绿化和公路用地范围内的水土保持及路政管理，依照公路法的有关规定执行。

第四十三条　国务院交通主管部门和省、自治区、直辖市人民政府交通主管部门应当对收费公路实施监督检查，督促收费公路经营管理者依法履行公路养护、绿化和公路用地范围内的水土保持义务。

第四十四条　审计机关应当依法加强收费公路的审计监督，对违法行为依法进行查处。

第四十五条　行政执法机关依法对收费公路实施监督检查时，不得向收费公路经营管理者收取任何费用。

第四十六条　省、自治区、直辖市人民政府应当将本行政区域内收费公路及收费站名称、收费单位、收费标准、收费期限等信息向社会公布，接受社会监督。

五、法律责任

第四十七条　违反本条例的规定，擅自批准收费公路建设、收费站、收费期限、车辆通行费收费标准或者收费公路权益转让的，由省、自治区、直辖市人民政府责令改正；对负有责任的主管人员和其他直接责任人员依法给予记大过直至开除的行政处分；构成犯罪的，依法追究刑事责任。

第四十八条　违反本条例的规定，地方人民政府或者有关部门及其工作人员非法干预收费公路经营管理，或者挤占、挪用收费公路经营管理者收取的车辆通行费的，由上级人民政府或者有关部门责令停止非法干预，退回挤占、挪用的车辆通行费；对负有责任的主管人员和其他直接责任人员依法给予记大过直至开除的行政处分；构成犯罪的，依法追究刑事责任。

第四十九条　违反本条例的规定，擅自在公路上设立收费站(卡)收取车辆通行费或者应当终止收费而不终止的，由国务院交通主管部门或者省、自治区、直辖市人民政府交通主管部门依据职权，责令改正，强制拆除收费设施；有违法所得的，没收违法所得，并处违法所得2倍以上5倍以下的罚款；没有违法所得的，处1万元以上5万元以下的罚款；负有责任的主管人员和其他直接责任人员属于国家工作人员的，依法给予记大过直至开除的行政处分。

第五十条　违反本条例的规定，有下列情形之一的，由国务院交通主管部门或者省、自治区、直辖市人民政府交通主管部门依据职权，责令改正，并根据情节轻重，处5万元以上20万元以下的罚款：

(一)收费站的设置不符合标准或者擅自变更收费站位置的；

(二)未按照国家规定的标准和规范对收费公路及沿线设施进行日常检查、维护的；

(三)未按照国家有关规定合理设置交通标志、标线的；

(四)道口设置不符合车辆行驶安全要求或者道口数量不符合车辆快速通过需要的；

(五)遇有公路损坏、施工或者发生交通事故等影响车辆正常安全行驶的情形，未按照规定设置安全防护设施或者未进行提示、公告，或者遇有交通堵塞不及时疏导交通的；

(六)应当公布有关限速通行或者关闭收费公路的信息而未及时公布的。

第五十一条　违反本条例的规定，收费公路经营管理者收费时不开具票据，开具未经省、自治区、直辖市人民政府财政、税务部门统一印(监)制的票据，或者开具已经过期失效的票据的，由财政部门或者税务部门责令改正，并根据情节轻重，处10万元以上50万元以下的罚款；负有责任的主管人员和其他直接责任人员属于国家工作人员的，依法给予记大过直至开除的行政处分；构成犯罪的，依法追究刑事责任。

第五十二条　违反本条例的规定，政府还贷公路的管理者未将车辆通行费足额存入财政专户或者未将转让政府还贷公路权益的收入全额缴入国库的，由财政部门予以追缴、补齐；对负有责任的主管人员和其他直接责任人员，依法给予记过直至开除的行政处分。

违反本条例的规定，财政部门未将政府还贷公路的车辆通行费或者转让政府还贷公路权益的收入用于偿还贷款、偿还有偿集资款，或者将车辆通行费、转让政府还贷公路权益的收入挪作他用的，由本级人民政府责令偿还贷款、偿还有偿集资款，或者责令退还挪用的车辆通行费和转让政府还贷公路权益的收入；对负有责任的主管人员和其他直接责任人员，依法给予记过直至开除的行政处分；构成犯罪的，依法追究刑事责任。

第五十三条　违反本条例的规定，收费公路终止收费后，收费公路经营管理者不及时拆除收费设施的，由省、自治区、直辖市人民政府交通主管部门责令限期拆除；逾期不拆除的，强制拆除，拆除费用由原收费公路经营管理者承担。

第五十四条　违反本条例的规定，收费公路经营管理者未按照国务院交通主管部门规定的技术规范和操作规程进行收费公路养护的，由省、自治区、直辖市人民政府交通主管部门责令改正；拒不改正的，责令停止收费。责令停止收费后30日内仍未履行公路养护义务的，由省、自治区、直辖市人民政府交通主管部门指定其他单位进行养护，养护费用由原收费公路经营管理者承担。拒不承担的，由省、自治区、直辖市人民政府交通主管部门申请人民法院强制执行。

第五十五条　违反本条例的规定，收费公路经营管理者未履行公路绿化和水土保持义务的，由省、自治区、直辖市人民政府交通主管部门责令改正，并可以对原收费公路经营管理者处履行绿化、水土保持义务所需费用1倍至2倍的罚款。

第五十六条　国务院价格主管部门或者县级以上地方人民政府价格主管部门对违反本条例的价格违法行为，应当依据价格管理的法律、法规和规章的规定予以处罚。

第五十七条　违反本条例的规定，为拒交、逃交、少交车辆通行费而故意堵塞收费道口、强行冲卡、殴打收费公路管理人员、破坏收费设施或者从事其他扰乱收费公路经营管理秩序活动，构成违反治安管理行为的，由公安机关依法予以处罚；构成犯罪的，依法追究刑事责任；给收费公路经营管理者造成损失或者造成人身损害的，依法承担民事赔偿责任。

第五十八条　违反本条例的规定，假冒军队车辆、武警部队车辆、公安机关统一标志的制式警车和抢险救灾车辆逃交车辆通行费的，由有关机关依法予以处理。

六、附　　则

第五十九条　本条例施行前在建的和已投入运行的收费公路，由国务院交通主管部门会同国务院发展改革部门和财政部门依照本条例规定的原则进行规范。具体办法由国务院交通主管部门制定。

第六十条　本条例自2004年11月1日起施行。

第五节　超限运输车辆行驶公路管理规定

（《超限运输车辆行驶公路管理规定》已于2000年1月14日经第12次部长办公会议通过，自2000年4月1日起施行）

一、总　　则

第一条　为加强对超限运输车辆行驶公路的管理，维护公路完好，保障公路安全畅通，根据《中华人民共和国公路法》及有关法规，制定本规定。

第二条　在中华人民共和国境内公路上进行超限运输的单位和个人（以下简称“承运人”），均应遵守本规定。

第三条　本规定所称超限运输车辆是指在公路上行驶的、有下列情形之一的运输车辆：

（一）车货总高度从地面算起4米以上（集装箱车货总高度从地面算起4.2米以上）；

（二）车货总长18米以上；

（三）车货总宽度2.5米以上；

（四）单车、半挂列车、全挂列车车货总质量40000千克以上；集装箱半挂列车车货总质量46000千克以上；

（五）车辆轴载质量在下列规定值以上：

单轴（每侧单轮胎）载质量6000千克；

单轴（每侧双轮胎）载质量10000千克；

双联轴（每侧单轮胎）载质量10000千克；

双联轴（每侧各一单轮胎、双轮胎）载质量14000千克；

双联轴（每侧双轮胎）载质量18000千克；

三联轴（每侧单轮胎）载质量12000千克；

三联轴(每侧双轮胎)载质量22000千克;

第四条　超限运输车辆行驶公路的管理工作实行“统一管理、分级负责、方便运输、保障畅通”的原则。

国务院交通主管部门主管全国超限运输车辆行驶公路的管理工作。

县级以上地方人民政府交通主管部门主管本行政区域内超限运输车辆行驶公路的管理工作。

超限运输车辆行驶公路的具体行政管理工作,由县级以上地方人民政府交通主管部门设置的公路管理机构负责。

第五条　在公路上行驶的车辆的轴载质量应当符合《公路工程技术标准》的要求。但对有限定荷载要求的公路和桥梁,超限运输车辆不得行驶。

二、申请与审批

第六条　超限运输车辆行驶公路前,其承运人应按下列规定向公路管理机构提出书面申请:

(一)跨省(自治区、直辖市)行政区域进行超限运输的,由途经公路沿线省级公路管理机构分别负责审批,必要时可转报国务院交通主管部门统一进行协调。

(二)跨地(市)行政区域进行超限运输的,由省级公路管理机构负责审批。

(三)在本地(市)行政区域内进行超限运输的,由地(市)级公路管理机构负责审批。

第七条　承运人向公路管理机构申请超限运输车辆行驶公路时,除提交书面申请外,还应提供下列资料和证件:

(一)货物名称、重量、外廓尺寸及必要的总体轮廓图;

(二)运输车辆的厂牌型号、自载质量、轴载质量、轴距、轮数、轮胎单位压力、载货时总的外廓尺寸等有关资料;

(三)货物运输的起讫点、拟经过的路线和运输时间;

(四)车辆行驶证。

第八条　超限运输车辆行驶公路前,其承运人应根据具体情况分别依照下列规定的期限提出申请:

(一)对于车货总质量在40000千克以下,但其车货总高度、长度及宽度超过第三条(一)、(二)、(三)项规定的超限运输,承运人应在起运前15日提出书面申请;

(二)对于车货总质量在40000千克以上(不含40000千克)、集装箱车货总质量在46000千克以上(含46000千克),100000千克以下的超限运输,承运人应在起运前1个月提出书面申请;

(三)对于车货总重在100000千克(不含100000千克)以上的超限运输,承运人应在起运前3个月提出书面申请。

第九条　公路管理机构在接到承运人的书面申请后,应在15日内进行审查并提出书面答复意见。

公路管理机构在审批超限运输时,应根据实际情况,对需经路线进行勘测,选定运输路线,计算公路、桥梁承载能力,制定通行与加固方案,并与承运人签订有关协议。

第十条　公路管理机构应根据制定的通行与加固方案以及签订的有关协议,对运输路线、桥涵等进行加固和改建,保障超载运输车辆安全行驶公路。

第十一条　公路管理机构进行的勘测、方案论证、加固、改造、护送等措施及修复损坏部分所需的费用，由承运人承担。

第十二条　公路管理机构对批准超限运输车辆行驶公路的，应签发《超限运输车辆通行证》（以下简称《通行证》）。

《通行证》式样由国务院交通主管部门统一制定，省级公路管理机构负责统一印制和管理。

三、通行管理

第十三条　超限运输车辆未经公路管理机构批准，不得在公路上行驶。

第十四条　承运人必须持有效《通行证》，并悬挂明显标志，按公路管理机构核定的时间、路线和时速行驶公路。

第十五条　承运人不得涂改、伪造、租借、转让《通行证》。

第十六条　超限运输车辆的型号及运载的物品必须与签发的《通行证》所要求的规格保持一致。

第十七条　超限运输车辆通过桥梁时，时速不得超过 5 公里，且应匀速居中行驶，严禁在桥上制动或变速。

第十八条　四级公路、等外公路和技术状况低于三类的桥梁，不得进行超限运输。

第十九条　公路管理机构应在公路桥梁、隧道及渡口设置限载、限宽、限高标志。

第二十条　公路管理机构可根据需要在公路上设置运输车辆轴载质量及车货总质量的检测装置，对超限运输车辆进行检测。对超过本规定第三条第（四）、（五）项限值标准且未办理超限运输手续的超限运输车辆，应责令承运人自行卸去超限的部分物品，并补办有关手续。

第二十一条　公路管理机构应加强对超限运输车辆行驶公路的现场管理，并可根据实际情况派员护送。

第二十二条　在公路上进行超限运输的承运人，应当接受公路管理人员依法实施的监督检查，并为其提供方便。

四、法律责任

第二十三条　违反本规定第十三条、第十四条规定，在公路上擅自超限运输的，县级以上交通主管部门或其授权委托的公路管理机构应当责令承运人停止违法行为，接受调查、处理，并可处以 30000 元以下的罚款。

对公路造成损害的，还应按公路赔（补）偿标准给予赔（补）偿。

第二十四条　违反本规定第十五条、第十六条规定的，按擅自超限行驶公路论，县级以上交通主管部门或其授权委托的公路管理机构应当责令承运人停止违法行为，并可处以 5000 元以下的罚款。

第二十五条　承运人拒绝、阻碍公路管理人员依法执行职务未使用暴力、威胁方法的，依照治安管理处罚条例十九条的规定处罚；构成犯罪的，依法追究刑事责任。

第二十六条　交通主管部门或公路管理机构的工作人员玩忽职守、徇私舞弊、滥用职权，构成犯罪的，依法追究刑事责任；尚不构成犯罪的，由所在单位或上级主管部门依法给予行政处分。

五、附　　则

第二十七条　各省(自治区、直辖市)交通主管部门可根据本规定制定实施办法,并报国务院交通主管部门备案。

第二十八条　超限运输车辆行驶公路赔(补)偿费标准由各省(自治区、直辖市)人民政府交通主管部门会同同级财政、物价主管部门制定。

第二十九条　本规定第三条第(五)项中,经国家批准生产的单轴轴载质量大于10000千克、小于13000千克(含13000千克)的车辆,暂以国家核定的轴载质量视同轴载限值标准。

第三十条　本规定由交通部负责解释。

第三十一条　本规定自2000年4月1日起施行。

第六节　交通行政复议规定

(交通部令[2004]第5号)

第一条　为防止和纠正违法或者不当的具体行政行为,保护公民、法人和其他组织的合法权益,保障和监督交通行政机关依法行使职权,根据《中华人民共和国行政复议法》(以下简称《行政复议法》),制定本规定。

第二条　公民、法人或者其他组织认为具体行政行为侵犯其合法权益,向交通行政机关申请交通行政复议,交通行政机关受理交通行政复议申请、作出交通行政复议决定,适用《行政复议法》和本规定。

第三条　依照《行政复议法》和本规定履行交通行政复议职责的交通行政机关是交通行政复议机关,交通行政复议机关设置的法制工作机构,具体办理交通行政复议事项,履行《行政复议法》第三条规定的职责。

第四条　对县级以上地方人民政府交通主管部门的具体行政行为不服的,可以向本级人民政府申请行政复议,也可以向其上一级人民政府交通主管部门申请行政复议。

第五条　对县级以上地方人民政府交通主管部门依法设立的交通管理派出机构依照法律、法规或者规章规定,以自己的名义作出的具体行政行为不服的,向设立该派出机构的交通主管部门或者该交通主管部门的本级地方人民政府申请行政复议。

第六条　对县级以上地方人民政府交通主管部门依法设立的交通管理机构,依照法律、法规授权,以自己的名义作出的具体行政行为不服的,向设立该管理机构的交通主管部门申请行政复议。

第七条　对下列具体行政行为不服的,可以向交通部申请行政复议:

(一)省级人民政府交通主管部门的具体行政行为;

(二)交通部直属海事管理机构的具体行政行为;

(三)长江航务管理局、珠江航务管理局的具体行政行为;

(四)交通部的具体行政行为。

第八条　公民、法人或者其他组织向交通行政复议机关申请交通行政复议,应当自知道该具体行政行为之日起六十日内提出行政复议申请,但是法律规定的申请期限超过六十日的除外。

因不可抗力或者其他正当理由耽误法定申请期限的，申请人应当在交通行政复议申请书中注明，或者向交通行政复议机关说明，并由交通行政复议机关记录在《交通行政复议申请笔录》中，经交通行政复议机关依法确认的，申请期限自障碍消除之日起继续计算。

第九条　申请人申请交通行政复议，可以书面申请，也可以口头申请。

申请人口头申请的，交通行政复议机关应当当场记录申请人、被申请人的基本情况，行政复议请求，主要事实、理由和时间；申请人应当在行政复议申请笔录上签名或者署印。

第十条　公民、法人或者其他组织向人民法院提起行政诉讼或者向本级人民政府申请行政复议，人民法院或者人民政府已经受理的，不得再向交通行政复议机关申请行政复议。

第十一条　交通行政复议机关收到交通行政复议申请后，应当在五日内进行审查。对符合《行政复议法》规定的行政复议申请，应当决定予以受理，并制作《交通行政复议申请受理通知书》送达申请人、被申请人；对不符合《行政复议法》规定的行政复议申请，决定不予受理，并制作《交通行政复议申请不予受理决定书》送达申请人；对符合《行政复议法》规定，但是不属于本机关受理的行政复议申请，应当告知申请人向有关行政复议机关提出。

除前款规定外，交通行政复议申请自交通行政复议机关设置的法制工作机构收到之日起即为受理。

第十二条　公民、法人或者其他组织依法提出交通行政复议申请，交通行政复议机关无正当理由不予受理的，上级交通行政机关应当制作《责令受理通知书》责令其受理；必要时，上级交通行政机关可以直接受理。

第十三条　交通行政复议原则上采取书面审查的办法，但是申请人提出要求或者交通行政复议机关设置的法制工作机构认为有必要时，可以向有关组织和个人调查情况，听取申请人、被申请人和第三人的意见。

复议人员调查情况、听取意见，应当制作《交通行政复议调查笔录》。

第十四条　交通行政复议机关设置的法制工作机构应当自行政复议申请受理之日起七日内，将交通行政复议申请书副本或者《交通行政复议申请笔录》复印件及《交通行政复议申请受理通知书》送达被申请人。

被申请人应当自收到前款通知之日起十日内向交通行政复议机关提交《交通行政复议答复意见书》，并提交作出具体行政行为的证据、依据和其他有关材料。

第十五条　交通行政复议决定作出前，申请人要求撤回行政复议申请的，经说明理由并由复议机关记录在案，可以撤回。申请人撤回行政复议申请，应当提交撤回交通行政复议的书面申请书或者在《撤回交通行政复议申请笔录》上签名或者署印。

撤回行政复议申请的，交通行政复议终止，交通行政复议机关应当制作《交通行政复议终止通知书》送达申请人、被申请人、第三人。

第十六条　申请人在申请交通行政复议时，对《行政复议法》第七条所列有关规定提出审查申请的，交通行政复议机关对该规定有权处理的，应当在三十日内依法处理；无权处理的，应当在七日内制作《规范性文件转送处理函》，按照法定程序转送有权处理的行政机关依法处理。

交通行政复议机关对有关规定进行处理或者转送处理期间，中止对具体行政行为的审查。中止对具体行政行为审查的，应当制作《交通行政复议中止审查通知书》及时送达申请人、被申请人、第三人。

第十七条　交通行政复议机关在对被申请人作出的具体行政行为审查时，认为其依据不合法，本机关有权处理的，应当在三十日内依法处理；无权处理的，应当在七日内按照法定程序转送有权处理的国家机关依法处理。处理期间，中止对具体行政行为的审查。

交通行政复议机关中止对具体行政行为审查的，应当制作《交通行政复议中止审查通知书》送达申请人、被申请人、第三人。

第十八条　交通行政复议机关设置的法制工作机构应当对被申请人作出的具体行政行为进行审查，提出意见，经交通行政复议机关的负责人同意或者集体讨论通过后，按照下列规定作出交通行政复议决定：

（一）具体行政行为认定事实清楚，证据确凿，适用依据正确，程序合法，内容适当的，决定维持；

（二）被申请人不履行法定职责的，责令其在一定期限内履行；

（三）具体行政行为有下列情形之一的，决定撤销、变更或者确认该具体行政行为违法；决定撤销或者确认该具体行政行为违法的，可以责令被申请人在一定期限内重新作出具体行政行为：

（1）主要事实不清、证据不足的；

（2）适用依据错误的；

（3）违反法定程序的；

（4）超越或者滥用职权的；

（5）具体行政行为明显不当的。

（四）被申请人不按照《行政复议法》第二十三条的规定提出书面答复、提交当初作出具体行政行为的证据、依据和其他有关材料的，视为该具体行政行为没有证据、依据，决定撤销该具体行政行为。

交通行政复议机关责令被申请人重新作出具体行政行为的，被申请人不得以同一的事实和理由作出与原具体行政行为相同或者基本相同的具体行政行为。

第十九条　交通行政复议机关作出交通行政复议决定，应当制作《交通行政复议决定书》，加盖交通行政复议机关印章，分别送达申请人、被申请人和第三人；交通行政复议决定书一经送达即发生法律效力。

交通行政复议机关向当事人送达《交通行政复议决定书》及其他交通行政复议文书（除邮寄、公告送达外）应当使用《送达回证》，受送达人应当在送达回证上注明收到日期，并签名或者署印。

第二十条　交通行政复议机关应当自受理交通行政复议申请之日起六十日内作出交通行政复议决定；但是法律规定的行政复议期限少于六十日的除外。情况复杂，不能在规定期限内作出交通行政复议决定的，经交通行政复议机关的负责人批准，可以适当延长，并告知申请人、被申请人、第三人，但是延长期限最多不超过三十日。

交通行政复议机关延长复议期限的，应当制作《延长交通行政复议期限通知书》送达申请人、被申请人、第三人。

第二十一条　被申请人不履行或者无正当理由拖延履行交通行政复议决定的，交通行政复议机关或者有关上级交通行政机关应当责令其限期履行。

第二十二条　交通行政复议机关设置的法制工作机构发现有《行政复议法》第三十八条

规定的违法行为的，应当制作《交通行政复议违法行为处理建议书》向有关行政机关提出建议，有关行政机关应当依照《行政复议法》和有关法律、行政法规的规定作出处理。

第二十三条　交通行政复议机关受理交通行政复议申请，不得向申请人收取任何费用。

交通行政复议活动所需经费应当在本机关的行政经费中单独列支，不得挪作他用。

第二十四条　本规定由交通部负责解释。

第二十五条　本规定自发布之日起施行，1992 年交通部第 39 号令发布的《交通行政复议管理规定》同时废止。

第七节　交通行政许可实施程序规定

（交通部令[2004]第 10 号）

第一条　为保证交通行政许可依法实施，维护交通行政许可各方当事人的合法权益，保障和规范交通行政机关依法实施行政管理，根据《中华人民共和国行政许可法》（以下简称《行政许可法》），制定本规定。

第二条　实施交通行政许可，应当遵守《行政许可法》和有关法律、法规及本规定规定的程序。

本规定所称交通行政许可，是指依据法律、法规、国务院决定、省级地方人民政府规章的设定，由本规定第三条规定的实施机关实施的行政许可。

第三条　交通行政许可由下列机关实施：

（一）交通部、地方人民政府交通主管部门、地方人民政府港口行政管理部门依据法定职权实施交通行政许可；

（二）海事管理机构、航标管理机关、县级以上道路运输管理机构在法律、法规授权范围内实施交通行政许可；

（三）交通部、地方人民政府交通主管部门、地方人民政府港口行政管理部门在其法定职权范围内，可以依据本规定，委托其他行政机关实施行政许可。

第四条　实施交通行政许可，应当遵循公开、公平、公正、便民、高效的原则。

第五条　实施交通行政许可，实施机关应当按照《行政许可法》的有关规定，将下列内容予以公示：

（一）交通行政许可的事项；

（二）交通行政许可的依据；

（三）交通行政许可的实施主体；

（四）受委托行政机关和受委托实施行政许可的内容；

（五）交通行政许可统一受理的机构；

（六）交通行政许可的条件；

（七）交通行政许可的数量；

（八）交通行政许可的程序和实施期限；

（九）依法需要举行听证的交通行政许可事项；

（十）需要申请人提交材料的目录；

（十一）申请书文本式样；

（十二）作出的准予交通行政许可的决定；

（十三）实施交通行政许可依法应当收费的法定项目和收费标准；

（十四）交通行政许可的监督部门和投诉渠道；

（十五）依法需要公示的其他事项。

已实行电子政务的实施机关应当公布网站地址。

第六条　交通行政许可的公示，可以采取下列方式：

（一）在实施机关的办公场所设置公示栏、电子显示屏或者将公示信息资料集中在实施机关的专门场所供公众查阅；

（二）在联合办理、集中办理行政许可的场所公示；

（三）在实施机关的网站上公示；

（四）法律、法规和规章规定的其他方式。

第七条　公民、法人或者其他组织，依法申请交通行政许可的，应当依法向交通行政许可实施机关提出。

申请人申请交通行政许可，应当如实向实施机关提交有关材料和反映真实情况，并对其申请材料实质内容的真实性负责。

第八条　申请人以书面方式提出交通行政许可申请的，应当填写本规定所规定的《交通行政许可申请书》。但是，法律、法规、规章对申请书格式文本已有规定的，从其规定。

依法使用申请书格式文本的，交通行政机关应当免费提供。

申请人可以通过信函、电报、电传、传真、电子数据交换和电子邮件等方式提交交通行政许可申请。

申请人以书面方式提出交通行政许可申请确有困难的，可以口头方式提出申请，交通行政机关应当记录申请人申请事项，并经申请人确认。

第九条　申请人可以委托代理人代为提出交通行政许可申请，但依法应当由申请人到实施机关办公场所提出行政许可申请的除外。

代理人代为提出申请的，应当出具载明委托事项和代理人权限的授权委托书，并出示能证明其身份的证件。

第十条　实施机关收到交通行政许可申请材料后，应当根据下列情况分别作出处理：

（一）申请事项依法不需要取得交通行政许可的，应当即时告知申请人不受理；

（二）申请事项依法不属于本实施机关职权范围的，应当即时作出不予受理的决定，并向申请人出具《交通行政许可申请不予受理决定书》，同时告知申请人应当向有关行政机关提出申请；

（三）申请材料可以当场补全或者更正错误的，应当允许申请人当场补全或者更正错误；

（四）申请材料不齐全或者不符合法定形式，申请人当场不能补全或者更正的，应当当场或者在5日内向申请人出具《交通行政许可申请补正通知书》，一次性告知申请人需要补正的全部内容；逾期不告知的，自收到申请材料之日起即为受理；

（五）申请事项属于本实施机关职权范围，申请材料齐全，符合法定形式，或者申请人已提交全部补正申请材料的，应当在收到完备的申请材料后受理交通行政许可申请，除当场作出交通行政许可决定的外，应当出具《交通行政许可申请受理通知书》。

《交通行政许可申请不予受理决定书》、《交通行政许可申请补正通知书》、《交通行政许可申请受理通知书》，应当加盖实施机关行政许可专用印章，注明日期。

第十一条　交通行政许可需要实施机关内设的多个机构办理的，该实施机关应当确定一个机构统一受理行政许可申请，并统一送达交通行政许可决定。

实施机关未确定统一受理内设机构的，由最先受理的内设机构作为统一受理内设机构。

第十二条　实施交通行政许可，应当实行责任制度。实施机关应当明确每一项交通行政许可申请的直接负责主管人员和其他直接责任人员。

第十三条　实施机关受理交通行政许可申请后，应当对申请人提交的申请材料进行审查。

申请人提交的申请材料齐全、符合法定形式，实施机关能够当场作出决定的，应当当场作出交通行政许可决定，并向申请人出具《交通行政许可（当场）决定书》。

依照法律、法规和规章的规定，需要对申请材料的实质内容进行核实的，应当审查申请材料反映的情况是否与法定的行政许可条件相一致。

实施实质审查，应当指派两名以上工作人员进行。可以采用以下方式：

（一）当面询问申请人及申请材料内容有关的相关人员；

（二）根据申请人提交的材料之间的内容相互进行印证；

（三）根据行政机关掌握的有关信息与申请材料进行印证；

（四）请求其他行政机关协助审查申请材料的真实性；

（五）调取查阅有关材料，核实申请材料的真实性；

（六）对有关设备、设施、工具、场地进行实地核查。

（七）依法进行检验、勘验、监测；

（八）听取利害关系人意见；

（九）举行听证；

（十）召开专家评审会议审查申请材料的真实性。

依照法律、行政法规规定，实施交通行政许可应当通过招标、拍卖等公平竞争的方式作出决定的，从其规定。

第十四条　实施机关对交通行政许可申请进行审查时，发现行政许可事项直接关系他人重大利益的，应当告知利害关系人，向该利害关系人送达《交通行政许可征求意见通知书》及相关材料（不包括涉及申请人商业秘密的材料）。

利害关系人有权在接到上述通知之日起 5 日内提出意见，逾期未提出意见的视为放弃上述权利。

实施机关应当将利害关系人的意见及时反馈给申请人，申请人有权进行陈述和申辩。

实施机关作出行政许可决定应当听取申请人、利害关系人的意见。

第十五条　除当场作出交通行政许可决定外，实施机关应当自受理申请之日起 20 日内作出交通行政许可决定。20 日内不能作出决定的，经实施机关负责人批准，可以延长 10 日，并应当向申请人送达《延长交通行政许可期限通知书》，将延长期限的理由告知申请人。但是，法律、法规另有规定的，从其规定。

实施机关作出行政许可决定，依照法律、法规和规章的规定需要听证、招标、拍卖、检验、检测、检疫、鉴定和专家评审的，所需时间不计算在本条规定的期限内。实施机关应当向申请人送达《交通行政许可法定除外时间通知书》，将所需时间书面告知申请人。

第十六条　申请人的申请符合法定条件、标准的，实施机关应当依法作出准予行政许可的决定，并出具《交通行政许可决定书》。

依照法律、法规规定实施交通行政许可，应当根据考试成绩、考核结果、检验、检测、检疫结果作出行政许可决定的，从其规定。

第十七条　实施机关依法做出不予行政许可的决定的，应当出具《不予交通行政许可决定书》，说明理由，并告知申请人享有依法申请行政复议或者提起行政诉讼的权利。

第十八条　实施机关在作出准予或者不予许可决定后，应当在10日内向申请人送达《交通行政许可决定书》或者《不予交通行政许可决定书》。

《交通行政许可(当场)决定书》、《交通行政许可决定书》、《不予交通行政许可决定书》，应当加盖实施机关印章，注明日期。

第十九条　实施机关作出准予交通行政许可决定的，应当在作出决定之日起10日内，向申请人颁发加盖实施机关印章的下列行政许可证件：

(一)交通行政许可批准文件或者证明文件；

(二)许可证、执照或者其他许可证书；

(三)资格证、资质证或者其他合格证书；

(四)法律、法规、规章规定的其他行政许可证件。

第二十条　法律、法规、规章规定实施交通行政许可应当听证的事项，或者交通行政许可实施机关认为需要听证的其他涉及公共利益的行政许可事项，实施机关应当在作出交通行政许可决定之前，向社会发布《交通行政许可听证公告》，公告期限不少于10日。

第二十一条　交通行政许可直接涉及申请人与他人之间重大利益冲突的，实施机关在作出交通行政许可决定前，应当告知申请人、利害关系人享有要求听证的权利，并出具《交通行政许可告知听证权利书》。

申请人、利害关系人在被告知听证权利之是起5日内提出听证申请的，实施机关应当在20日内组织听证。

第二十二条　听证按照《行政许可法》第四十八条规定的程序进行。

听证应当制作听证笔录。听证笔录应当包括下列事项：

(一)事由；

(二)举行听证的时间、地点和方式；

(三)听证主持人、记录人等；

(四)申请人姓名或者名称、法定代理人及其委托代理人；

(五)利害关系人姓名或者名称、法定代理人及其委托代理人；

(六)审查该行政许可申请的工作人员；

(七)审查该行政许可申请的工作人员的审查意见及证据、依据、理由；

(八)申请人、利害关系人的陈述、申辩、质证的内容及提出的证据；

(九)其他需要载明的事项。

听证笔录应当由听证参加人确认无误后签字或者盖章。

第二十三条　交通行政许可实施机关及其工作人员违反本规定的，按照《行政许可法》和《交通行政许可监督检查及责任追究规定》查处。

第二十四条　实施机关应当建立健全交通行政许可档案制度，及时归档，妥善保管交通行政许可档案材料。

第二十五条　实施交通行政许可对交通行政许可文书格式有特殊要求的，其文书格式由交通部另行规定。

第二十六条　本规定自2005年1月1日起施行。

第八节　交通行政处罚程序规定

（交通部令[1996]第7号）

一、总　　则

第一条　为规范交通行政处罚程序，根据《中华人民共和国行政处罚法》（以下简称行政处罚法）的规定，结合交通实际，制定本规定。

第二条　公民、法人或者其他组织违反交通行政管理秩序，应当给予行政处罚的，由交通管理部门依照行政处罚法和有关法律、法规及本规定的程序实施。

第三条　本规定中交通管理部门是指具有行政处罚权的下列部门或者机构：

（一）县级以上人民政府的交通主管部门；

（二）法律、法规授权的交通管理机构；

（三）县级以上人民政府的交通主管部门依法委托的交通管理机构。

第四条　县级以上人民政府的交通主管部门可以委托依法设置的符合行政处罚法第十九条规定的运输、航道、港口、公路、规费、通信等交通管理机构实施行政处罚。

二、行政处罚的管辖

第五条　各级交通管理部门依法可以作出警告、罚款、没收违法所得、没收非法财物、暂扣证照的行政处罚。

县级以上人民政府交通主管部门、交通部直接设置的管理机构、省级人民政府交通主管部门直接设置的管理机构依法可以作出吊销证照、责令停产停业的行政处罚。

省级人民政府交通主管部门直接设置的管理机构的下设机构，根据省级人民政府交通主管部门的决定，依法可以作出吊销证照、责令停产停业的行政处罚。

港务（航）监督机构行政处罚案件的管辖另行规定。

对涉外、涉台、涉港澳当事人作出行政处罚的权限，法律、法规、规章另有规定的，从其规定。

第六条　对违法行为需要给予的行政处罚超出本级交通管理部门的权限时，应将案件及时报送有处罚权的上级交通管理部门调查处理。

第七条　上级交通管理部门可以办理下一级交通管理部门管辖的行政处罚条件；下级交通管理部门对其管辖的交通行政处罚案件，认为需要由上级交通管理部门办理时，可以报请上一级交通管理部门决定。

三、行政处罚决定

第八条　交通行政执法人员在实施行政处罚时，应当主动向当事人和案件其他有关人员出示执法身份证件。

第九条　交通行政处罚程序分为简易程序和一般程序。

（一）简易程序

第十条　违法事实确凿并有法定依据，对公民处以五十元以下、对法人或者其他组织处以

1000 元以下罚款或者警告的行政处罚的，可以当作作出行政处罚决定。

第十一条　执法人员当场作出行政处罚决定前，应当将认定的违法事实、处罚的理由和依据告知当事人。

当事人有权进行陈述和申辩。

执法人员必须充分听取当事人的意见，对当事人提出的事实、理由和证据应当进行复核；当事人提出的事实、理由和证据成立的，应当采纳。

第十二条　执法人员作出当场处罚决定，必须填写统一编号的《交通行政（当场）处罚决定书》，当场交付当事人，并应当告知当事人不服行政处罚决定可以依法申请行政复议或者提起行政诉讼。

第十三条　执法人员作出当场处罚决定之日起 5 日内，应当将《交通行政（当场）处罚决定书》副本向所属交通管理部门备案。

（二）一般程序

第十四条　实施交通行政处罚，除适用简易程序的外，应当适用一般程序。

第十五条　交通管理部门必须对案件情况进行全面、客观、公正地调查，收集证据；必要时，依照法律、法规的规定，可以进行检查。

证据包括书证、物证、视听材料、证人证言、当事人陈述、鉴定结论、勘验笔录和现场笔录。

第十六条　案件调查人员调查、收集证据，应当遵守下列规定：

（一）不得少于两人；

（二）询问证人和当事人，应当个别进行并告知其作伪证的法律责任；制作《询问笔录》须经被询问人阅核后，由询问人和被询问人签名或者盖章，被询问人拒绝签名或者盖章，由询问人在询问笔录上注明情况；

（三）对与案件有关的物品或者现场进行勘验检查的，应当通知当事人到场，制作《勘验检查笔录》，当事人拒不到场的，可以请在场的其他人员见证；

（四）对需要采取抽样调查的，应当制作《抽样取证凭证》，需要妥善保管的应当妥善保管，需要退回的应当退回；

（五）对涉及专门性问题的，应当指派或者聘请有专业知识和技术能力的部门和人员进行鉴定，并制作《鉴定意见书》；

（六）证据可能灭失或者以后难以取得的情况下，经交通管理部门负责人批准，可以先行登记保存，制作《证据登记保存清单》，并应当在 7 日内作出处理决定。

第十七条　案件调查人员有下列情况之一的，应当回避，当事人也有权向交通管理部门申请要求回避；

（一）是本案的当事人或者其近亲属；

（二）本人或者其近亲属与本案有利害关系；

（三）与当事人有其他关系，可能影响案件的公正处理的。

第十八条　案件调查人员的回避，由交通管理部门负责人决定。

回避决定作出之前，案件调查人员不得擅自停止对案件的调查处理。

第十九条　案件调查人员在初步调查结束后，认为案件事实基本清楚，主要证据齐全，应当制作《交通违法行为调查报告》，提出处理意见，报送交通管理部门负责人审查。

第二十条　交通管理部门负责人对《交通违法行为调查报告》审核后，认为应当给予行政处罚的，交通管理部门应当制作《交通违法行为通知书》，送达当事人，告知拟给予的行政处罚内容及其事实、理由和依据，并告知当事人可以在收到该通知书之日起3日内进行陈述和申辩，符合听证条件的可以要求组织听证。

当事人逾期未提出陈述、申辩或者要求组织听证的，视为放弃上述权利。

第二十一条　当事人进行陈述和申辩的，交通管理部门应当审核当事人的意见并应当将当事人提出的事实、理由或者证据制成笔录。上述事实、理由或者证据成立的，交通管理部门应当采纳。

当事人要求组织听证的，交通管理部门应当按照本章中（三）组织听证。

第二十二条　案件调查完毕后，交通管理部门负责人应当及时审查有关案件调查材料、当事人陈述和申辩材料、听证会笔录和听证会报告书，根据不同情况分别作出如下处理决定：

（一）违法事实清楚，证据确凿充分，依照本规定不需要经过听证程序的案件，根据情节轻重，作出处罚决定；

（二）应当经过听证程序处理的案件，适用本章（三）中听证程序后作出处理决定；

（三）案件还需要作进一步调查处理的，责令案件调查人员补充调查；

（四）违法行为轻微，依法可以不予行政处罚的，不予行政处罚；

（五）违法事实不能成立的，不得给予行政处罚；

（六）违法行为已构成犯罪的，应当将案件有关材料移送有管辖权的司法机关处理。

案情复杂或者有重大违法行为需要给予较重行政处罚的，应当集体讨论。

第二十三条　交通管理部门作出行政处罚决定必须制作《交通行政处罚决定书》。

第二十四条　《交通行政处罚决定书》应当在宣告后当场交付当事人；当事人不在场的，交通管理部门应当在7日内送达当事人，由受送达人在《交通行政处罚文书送达回证》上注明收到日期、签名或者盖章，受送达人在《交通行政处罚文书送达回证》上的签收日期为送达日期。

（一）当事人不在场的，交其同住的成年家属签收，并且在备注栏内写明与当事人的关系；

（二）受送达人已指定代收人，交代收人签收；

（三）受送达人拒绝接收的，送达人应当邀请有关基层组织的代表或者其他人员到场，说明情况，在《交通行政处罚文书送达回证》上写明拒收事由和日期，由送达人、见证人签名或者盖章，把交通行政处罚文书留在受送达人的住处，即视为送达；

（四）直接送达交通行政处罚文书困难的，可以委托其他交通管理部门代为送达，或者以邮寄、公告的方式送达。

邮寄送达，挂号回执上注明的收件日期为送达日期；公告送达，自发出公告之日起经过60天，即视为送达。

（三）听证程序

第二十五条　交通管理部门在做出责令停产停业、吊销证照、较大数额罚款的行政处罚决定之前，当事人要求听证的，案件调查人员应当记录在案。交通管理部门应当组织听证。

本条前款所指的较大数额，地方交通管理部门按省级人大常委会或者人民政府规定或其授权部门规定的标准执行；交通部直属的交通管理机构按5000元以上执行，港务（航）监督机构按10000元以上执行。

第二十六条　交通管理部门应当在举行听证会的7日前向当事人送达《听证会通知书》，告知当事人组织听证的时间、地点、听证会主持人名单及是否申请其回避和可以委托代理人的权利。

第二十七条　除涉及国家秘密、商业秘密或者个人隐私外，听证会公开举行。

第二十八条　听证会由主持人、案件调查人员、当事人或者其委托代理人、证人、书记员参加。

听证会主持人由交通管理部门负责人指定的法制机构工作人员或者其他相应人员担任。

委托代理人出席听证会的，应当提交当事人的委托书。

第二十九条　听证会按以下程序进行：

（一）听证会主持人宣布听证会开始，宣布案由和听证会纪律，宣布和核对听证参加人员名单；

（二）案件调查人员介绍案件的违法事实和调查过程，宣读或者出示案件的证据，说明拟作出的行政处罚的内容及依据；

（三）当事人或者其委托代理人对案件的事实、证据、适用的法律依据及拟作出的行政处罚内容进行质证和申辩；

（四）听证会主持人就案件的有关问题向当事人、案件调查人员、证人询问；

（五）当事人或者其委托代理人作最后陈述；

（六）当事人或者其委托代理人阅读、修改《交通行政处罚案件听证会笔录》，并签字或者盖章。

第三十条　当事人或者其委托代理人无正当理由不按时出席听证会或者中途擅自退出听证会的，视为当事人放弃要求听证的权利。

第三十一条　听证主持人应当在听证会结束后将听证情况和处理意见制作成《交通行政处罚案件听证会报告书》。

四、行政处罚的执行

第三十二条　交通行政处罚决定依法作出后，当事人对行政处罚决定不服申请行政复议或者提起行政诉讼的，除法律另有规定外，行政处罚不停止执行。

第三十三条　作出罚款决定的交通管理部门应当与收缴罚款的机构分离。

除依照本规定第三十四条、第三十五条的规定当场收缴的罚款外，作出行政处罚的交通管理部门及其执法人员不得自行收缴罚款。

第三十四条　依照本规定第十条的规定当场作出行政处罚决定，有下列情形之一的，执法人员可以当场收缴罚款：

（一）依法给予20元以下的罚款；

（二）不当场收缴事后难以执行的。

第三十五条　在边远、水上、交通不便地区，交通管理部门及其执法人员依照本规定第十条、第二十二条的规定作出罚款决定后，当事人向指定的银行缴纳罚款确有困难，经当事人书面提出，交通管理部门及其执法人员可以当场收缴罚款。

第三十六条　交通管理部门及其执法人员当场收缴罚款的，必须向当事人出具省级财政部门统一制发的罚款收据。

行政执法人员当场收缴的罚款，应当自收缴罚款之日起2日内，交至执法人员所属交通管理部门；在水上当场收缴的罚款，应当自抵岸之日起2日内交至所属交通管理部门；交通管理部门应当在2日内将罚款缴付指定的银行。

罚款决定与罚款收缴分离制度的执行，按照国务院制定的具体办法实施。

第三十七条　对需继续行驶的船舶、车辆实施暂扣证照或者吊销证照的行政处罚，交通管理部门在实施行政处罚的同时,应当发给当事人相应的证明,允许船舶、车辆驶往预定或者指定的地点。

第三十八条　对已经生效的处罚决定,当事人拒不履行的,由作出处罚决定的交通管理部门依法强制执行或者申请人民法院强制执行。

第三十九条　下列适用一般程序的交通行政处罚案件结案后,案件调查人员应当填写《交通行政处罚结案报告》:

(一)当事人在规定的期限内履行交通管理部门处理决定完毕的;

(二)申请人民法院或者由交通管理部门依法强制执行的案件,已经执行完毕的;

(三)对违法行为依法不予处罚的。

五、附　　则

第四十条　本规定颁布之前交通部制定的规章与本规定不一致的,按本规定执行。

第四十一条　交通管理部门和执法人员违反本规定的,按照行政处罚法和《交通行政执法监督规定》的有关规定依法追究法律责任。

第四十二条　交通行政处罚文书由省级交通主管部门和交通部设置的管理机构组织印制;港务(航)监督机构使用的文书,中华人民共和国港务监督局可以参照本规定所附文书样式另行制定。

第四十三条　本规定自1996年10月1日起施行。

第九节　河南省公路管理条例

(1995年9月6日河南省第八届人民代表大会常务委员会第十五次会议通过
1995年11月1日起施行)

一、总　　则

第一条　为了加强公路建设、养护和管理,发展公路事业,促进社会主义现代化建设,根据国家有关规定,结合本省实际情况,制定本条例。

第二条　在本省行政区域内进行的公路建设、公路养护和管理,适用本条例。

第三条　公路分为国家干线公路(以下简称县道),省级干线公路(以下简称省道),县公路(以下简称县道),乡(镇)公路(以下简称乡道)。

第四条　公路、公路用地和公路设施受法律保护,任何单位和个人不得侵占或破坏。

任何单位和个人都有依法使用公路的权利,有爱护公路、公路用地、公路设施的义务。

第五条　各级人民政府应加强对公路事业的领导,把公路事业纳入国民经济和社会发展计划,并采取扶持政策,鼓励和支持发展公路事业。

第六条　公路管理工作实行统一领导,分级管理。县级以上交通行政主管部门主管本行政区域内的公路事业。

县级以上交通行政主管部门的公路管理机构,具体负责本行政区域内的公路建设、养护和管理工作。

第七条　公安、城建、农机、土地、工商等部门应当按照各自职责,配合交通行政主管部门做好公路管理工作。

二、公路建设

第八条　公路规划应当根据国民经济发展、人民生活和国防建设的需要编制，并与其他有关行业的发展规划相协调，与城市规划相衔接。

编制公路规划应当符合国家和省环境保护、文物保护等法律、法规的规定。

第九条　省道规划由省交通行政主管部门会同有关部门和沿线市人民政府（地区行政公署）编制，报省人民政府批准，并向国务院交通行政主管部门备案。

县道规划由市（地）交通行政主管部门会同有关部门和沿线县（市）人民政府编制，报市人民政府（地区行政公署）批准，并向省交通行政主管部门备案。

乡道规划由县（市）交通行政主管部门会同有关部门和乡（镇）人民政府编制，报县（市）人民政府批准，并向市（地）交通行政主管部门备案。

编制省道、县道、乡道规划，应当与上一级的公路规划相衔接。

第十条　公路建设应当根据规划的等级和线路，按照国家规定的技术标准和基本建设程序修建。

第十一条　国道建设，按国家有关规定筹集资金。省道建设，由省人民政府和沿线各级人民政府共同组织筹集资金。

县道建设，由市人民政府（地区行政公署）和县（市）人民政府共同组织筹集资金。

乡道建设，由县（市）人民政府和多（镇）人民政府共同组织筹集资金。

专用公路，由专用部门和单位筹集资金。

第十二条　公路建设资金可采取下列方式筹集：

（一）各级人民政府财政拨款；

（二）公路养路费和车辆购置附加费；

（三）国内外金融机构或外国政府的贷款、赠款；

（四）国内外企业或其他组织、个人的投资、捐款；

（五）国家和省人民政府批准的其他筹集资金的方式。

第十三条　公路建设的征地、拆迁、安置工作，由公路沿线各级人民政府组织实施。

公路建设使用国有荒山、荒地，按规定程序经批准后划拨；使用其他单位使用的国有土地，原使用单位受到损失的，建设单位应给予补偿。

第十四条　公路建设项目应当实行招标投标制度和工程监理制度。未经发包方同意，中标承包方不得将公路建设工程转包给其他单位。不得通过转包从中渔利。

承担公路建设项目的设计、施工、监理单位必须持有国家规定的资格证书。

第十五条　公路建设项目应当按照法律、法规以及公路工程技术标准和合同的规定进行设计、施工和监理。

第十六条　交通行政主管部门应加强公路建设的监督管理；建设单位对公路建设质量全面负责；施工单位必须按设计要求保证公路施土质量；监理单位对工程建设质量、投资、工期进行全面监督。

公路建设项目竣工后，由交通行政主管部门或建设单位依照有关规定进行验收。验收不合格的，施工单位应无偿返工。

公路建设项目实行质量包修制度，施工单位应按规定的期限或合同约定的期限承担质量包修责任。

第十七条　省、市(地)交通行政主管部门应当统筹安排公路改建,保持正常通行。

公路改建、维修应当边修路、边通行,不得中断交通。公路改建确需中断交通时,国道、省道由省交通行政主管部门会同省公安交通管理部门批准,并事先在省级主要报纸上发布通告;县道、乡道由市(地)交通行政主管部门会同市(地)公安交通管理部门批准,并事先在市(地)级报纸上发布通告;施工单位均应在改建路段两端设置绕行路线标志。

第十八条　县、乡公路建设可使用民工建勤,从农民每年法定义务工中统筹安排。

三、公路养护

第十九条　交通行政主管部门应接公路养护技术规范,加强对公路养护的监督管理,保证公路畅通。

公路养护应当坚持以防为主,防治结合,保持路面平整,路拱适度,路肩整洁,边坡稳定,水沟畅通,桥涵构造物维护完好,标号志完善鲜明,符合绿化要求。

第二十条　国道、省道和重要县道由公路管理机构负责养护。县道养护可使用民工建勤。

乡道由乡(镇)人民政府组织养护。

专用公路由专用部门和单位养护。

第二十一条　公路因积雪、塌方、水毁、地震等自然灾害致使交通受阻时,交通行政主管部门应及时组织抢修;当地人民政府应动员和组织附近驻军、沿线人民群众支援抢修,尽快通车。

任何单位和个人不得以任何借口阻挠、破坏公路抢修。

第二十二条　公路养护车辆进行养护作业时应当统一标志,在保证交通安全的情况下,不受行驶路线、行驶方向和禁令标志的限制。

公路养护人员进行养护作业时,应着安全标志服,并在作业路段两端设置明显的施工标志。

任何单位和个人不得干扰养护作业。

第二十三条　公路沿线县级人民政府应当按照国家有关法律、法规规定为公路养护划定料场和取水处。

在县级人民政府划定的料场和取水处挖砂、采石、取土、取水时,任何单位和个人不得借故阻挠和非法收费。

第二十四条　公路宜林路段应当进行绿化。公路绿化由交通行政主管部门统筹规划并组织实施。实行国造国有、村造村有,合造共有、收益分成。

公路行道树属于防护林,任何单位和个人不得乱砍滥伐。需要更新路林的,由交通行政主管部门按照林业行政主管部门确定的采伐限额审核发放采伐许可证。采伐后要及时整修路基,按要求栽植新树。

四、路政管理

第二十五条　交通行政主管部门负责管理和保护公路、公路用地和公路设施,有权依法检查、制止、处理各种侵占、破坏公路、公路用地及公路设施的行为。

第二十六条　在公路、公路用地范围内禁止下列行为:

(一)设置电杆、变压器及其他类似设施;

(二)擅自设置棚屋、摆摊设点、搭建临时设施;

(三)堆放垃圾、建筑材料、堆积物料及其他物品;

（四）打场、晒粮、焚烧物品；

（五）采矿、取土、制坯、积肥、任意引水灌溉、排放污水；

（六）违章利用、侵占、损坏公路、公路用地及公路设施的其他行为。

在公路、公路用地范围内埋设管线，应经县级以上交通行政主管部门批准。

第二十七条　大中型桥梁上下游各200米范围内，不得采挖砂石、筑堤拦水、压缩河床、炸鱼、烧荒、倾倒垃圾；隧道顶上及洞口两侧各100米内不准挖土，200米内不准开山采石；不得利用桥涵加设闸门、渡槽、管道。

第二十八条　不得移动、涂改和损坏公路标志、测桩、界碑、护栏及其他设施；不得损坏公路上的树林花草。

第二十九条　各种履带车和铁轮车不得在铺有路面的公路上行驶。因特殊情况必须行驶时，须经县级以上交通行政主管部门同意，并应采取保护措施，按县级以上公安交通管理部门批准的时间和线路行驶。造成公路损失的，由使用车辆单位或个人负责修复或赔偿。

第三十条　通行公路车辆的轴载质量限定为：单轴（每侧双轮胎）轴重限10吨，双联轴（每侧双轮胎）轴重限18吨。

超过上述限度和公路及公路桥梁的限载标准的车辆，禁止通行。运输不可解体的物资、设备确需在公路、公路桥梁上行驶的，应当事先报经交通行政主管部门批准并采取安全技术保护措施。采取安全技术保护措施的费用，由承运单位或个人承担。

第三十一条　运输易遗漏抛撒物资的车辆，应采取防护措施，不得污染公路。污染公路的，应负责清除或承担清理费用。

第三十二条　禁止在公路及公路用地范围内进行集市贸易。已有集市贸易的，当地人民政府当应组织限期迁移，并采取措施，保护公路畅通。

第三十三条　因修建铁路、机场、电站、水利等工程设施必须临时占用、利用公路及公路用地时，建设单位应当事先经交通行政主管部门批准。施工期间，建设单位必须保证公路畅通。施工完成后，建设单位应当按照不低于原有的技术标准立即修复。修建跨越公路的铁路、渡槽、管线和其他设施，其建筑高度和宽度，应符合国家公路工程技术标准的规定。

第三十四条　公路两侧建筑控制线范围为公路边沟或者坡脚护坡道、坡顶截水沟外缘向外延伸，国道不少于20米，省道不少于15米，县道不少于10米，乡道不少于5米。公路弯道内侧以及平交道口附近的公路两侧建筑控制线范围，除按前款的规定确定外，还应当符合公路发展规划标准对行车视距和立体交叉的要求。

在公路两侧建筑控制线范围内，禁止建设永久性建筑物、构筑物和设施。1988年1月1日《中华人民共和国公路管理条例》施行以前已经建成的合法建筑物、构筑物需要拆迁的，应依法给予补偿。

需要在公路两侧建筑控制线范围内修建临时性建筑设施的，应当事先征得县级以上交通行政主管部门同意。

第三十五条　在公路上设置交叉道口，必须经交通行政主管部门和公安交通管理部门批准。设计修建交叉道口，必须符合国家规定的技术标准。

第三十六条　公路标号志由交通行政主管部门按照规定设置和管理；公路安全标志由公安交通管理部门按照规定设置和管理。

在公路及公路用地范围内设置广告牌（架）、宣传牌（架）及其他非公路标号志和公路安全标志的，应当事先报经当地交通行政主管部门同意。对擅自设置的，应在5日内拆除。

第三十七条　发生公路交通事故时，公安机关应在接到报案后，立即派员赶赴现场，按国家规定采取措施，迅速恢复交通。交通行政主管部门应积极予以协助。

发生公路交通事故并给公路造成损失的，公安机关应当及时通知县级以上交通行政主管部门查验损失。公安机关处理给公路路产造成损失的交通事故时，应当通知当地交通行政主管部门，由交通行政主管部门追索路产损失。

第三十八条　公路路政管理人员应当依法行政。公路路政管理人员依法执行职务，任何单位和个人不得阻挠。

公路路政管理人员执行职务时，应持国务院交通行政主管部门或省人民政府制发的执法证件。不依法出示证件的，被检查者有权拒绝接受检查。

五、公路养路费

第三十九条　公路养路费是交通行政主管部门按照国家规定向有车单位和个人征收的用于公路养护、修建、技术改造、改善和管理的专项事业费。其他任何单位和个人不得征收。有车单位或个人应按规定及时、足额缴纳养路费，不得拖欠、拒缴。

第四十条　公路养路费的征收、管理和使用按国家和省人民政府规定执行。

六、公路收费管理

第四十一条　利用贷款或国家许可的其他筹集资金方式，新建、改建的二级以上公路、大型公路桥梁和隧道，符合国家规定的标准和要求，经省人民政府批准，可对过往车辆收取通行费。

第四十二条　对公路收费应从严控制，加强管理。拟收取通行费的公路建设项目按基本建设程序实施管理。建设项目的立项，须经省交通行政主管部门审核同意，报省人民政府批准。

收费站的设置，由省人民政府实行总量控制，省交通行政主管部门合理布局，按照国家和省规定的条件和程序严格审批。未经省人民政府批准，任何单位和个人不得在公路上设置收费站（点）。

第四十三条　鼓励省内外、境内外经济组织、企业及其他组织或个人，采用独资、合资、合作和股份制形式投资建设拟收取通行费的公路。

第四十四条　拟收取通行费的公路应在竣工验收合格后，经省交通行政主管部门审核同意，报省人民政府批准，方可设站收费。禁止先收费后修路或边修路边收费。收费站应在批准的站址设置。收费站的设施与该路的交通量相适应，为车辆运行创造良好的条件，保证公路畅通。车辆通行费的收费标准和收费期限，由省交通行政主管部门会同省物价、财政主管部门制定。

第四十五条　收费站应设置固定公告牌，公布其收费标准、期限、对象、区间等，接受社会监督。收费站应在收费期限届满之日起终止收费，其设施应在二个月内拆除。

第四十六条　收取通行费的公路不得中止通行。收费单位应当负责对公路的养护、管理，确保公路在收费期间和收费届满时处于良好技术状态。

第四十七条　交通行政主管部门应加强对公路收费站的监督、检查，依法查处公路收费中的违法行为。收费单位应当接受交通行政主管部门的管理和物价、财政部门的监督。

第四十八条　境内外企业、经济组织、其他组织和个人投资的收取通行费的公路经营期满时，应当将公路、公路用地和公路设施无偿移交给当地县级以上交通行政主管部门。

第四十九条　除国家和省人民政府另有规定外，通过收取通告费的公路的机动车辆必须缴纳车辆通行费。

七、法律责任

第五十条　违反本条例路政管理规定，有下列行为之一的，由交通行政主管部门按照下列规定处罚：

（一）违反本条例第二十六条、第二十七条、第二十八条规定的，责令限期改正，恢复原状，没收非法所得，可并处以 50 元以上 500 元以下的罚款；

（二）违反本条例第二十九条、第三十条规定的，责令立即停驻、改正，补办有关手续，并处以 200 元以上 1000 元以下的罚款；

（三）违反本条例第三十四条规定的，责令限期拆除，恢复原状，可并处以 200 元以上 1000 元以下的罚款；

（四）违反本条例第三十六条第二款规定不在限期内拆除的，可并处以 500 元以上 2000 元以下的罚款。

违反前款规定，造成公路路产损失的，应承担赔偿责任。

第五十一条　施工单位在改建、维修公路时未在施工路段设置明显的施工标志和安全标志，致使有关单位和个人受到财产损失和个人人身伤害的，应当依法赔偿。

第五十二条　公路建设工程质量不合格的，对责任单位负责人和有关责任人员，由监察机关、主管机关给予记大过以上行政处分；构成犯罪的，依法追究刑事责任。

因监理单位失职和其他过错造成公路建设质量不合格的，由主管机关给予警告、降低资质等级、责令停业整顿、吊销监理资格证书的处罚；监理单位还应向建设单位退还监理费用或依照合同约定赔偿损失。

第五十三条　违反公路养路费征收管理规定的，按照省人民政府的规定给予处罚。

不按规定缴纳或逃缴、拒缴公路养路费的，交通行政主管部门可以暂扣车辆，待其接受处理后，立即放行车辆。

第五十四条　违反本条例第四十四条规定，擅自设立公路收费站的，由省交通行政主管部门、省物价、财政部门或县级以上人民政府予以取缔，没收非法所得和收费设施，处以非法所得 5 倍的罚款，并在 10 日内撤除；对主要负责人和直接责任人员，由监察机关、主管机关给予行政处分。

第五十五条　违反本条例第四十五条规定，收费期限届满不终止收费的，由省交通行政主管部门、省物价、财政部门或市人民政府（地区行政公署）责令立即停止收费，没收非法所得，处以非法所得 5 倍的罚款，拆除收费设施；对主要负责人和直接责任人员，由监察机关、主管机关给予行政处分。

第五十六条　收取通行费的单位擅自中止通行的，由交通行政主管部门责令立即恢复通行，处以 20000 元以上 50000 元以下的罚款。构成犯罪的，依法追究刑事责任。

第五十七条　违反本条例第四十九条规定，拒不缴纳车辆通行费的，收费单位可以加收应缴通行费 5 倍的费用。

第五十八条　违反本条例的行为，同时又违反其他法律、法规的，有关主管部门还应当按照有关法律、法规的规定处罚。但不得重复罚款和没收非法所得。罚没收入一律缴同级财政。

第五十九条　拒绝、阻碍交通行政主管部门的工作人员依法执行职务的，由公安机关依照《治安管理处罚条例》的规定处罚；构成犯罪的，依法追究刑事责任。

第六十条　交通行政主管部门的工作人员玩忽职守、滥用职权、敲诈勒索、徇私舞弊的，由监察部门、主管机关给予行政处分；给当事人造成损失的，应依法进行赔偿；构成犯罪的，依法追究刑事责任。

第六十一条　当事人对交通行政主管部门作出的具体行政行为不服的，可以依照《行政复议条例》的规定申请复议，也可以依照《中华人民共和国行政诉讼法》的规定向人民法院提起行政诉讼。

八、附　　则

第六十二条　高速公路的管理办法，另行规定。

第六十三条　本条例的具体应用问题，由省交通行政主管部门负责解释。

第六十四条　本条例自1995年11月1日起施行。1984年4月3日河南省第六届人民代表大会常务委员会第六次会议通过的《河南省公路管理条例（试行）》同时废止。

第十节　河南省高速公路条例

（2004年11月28日河南省第十届人民代表大会常务委员会第十二次会议通过
2005年3月1日起施行）

一、总　　则

第一条　为了加强高速公路建设和管理，保障高速公路的质量、安全、畅通和正常运营，根据《中华人民共和国公路法》、《中华人民共和国道路交通安全法》和国家有关法律、法规，结合本省实际，制定本条例。

第二条　本条例所称高速公路，是指依照公路工程技术标准建设的专供汽车分向分车道高速行驶并全部控制出入的公路。

第三条　高速公路的发展应当遵循科学规划、质量第一、节约用地、保护环境、保障安全畅通、建设改造与养护并重的原则。

第四条　本省行政区域内高速公路的规划、建设、养护、经营、使用和管理，适用本条例。

第五条　省交通主管部门主管全省高速公路工作，省辖市交通主管部门负责相关的高速公路工作。省、省辖市交通主管部门可以委托其所属的高速公路路政管理机构依照本条例规定行使高速公路路政管理职责。

省公安机关主管全省高速公路的交通安全管理工作。公安机关的高速公路交通管理部门依照规定的职责具体负责高速公路的交通秩序管理、交通事故处理和治安管理等工作。

交通、公安部门应当密切配合，共同做好高速公路管理工作。

省人民政府有关部门和高速公路沿线各级人民政府应当采取措施，在投资主体进入、招标投标、征地拆迁和施工等方面创造良好的环境，支持、促进高速公路建设。

第六条　高速公路建设的投资形式包括政府投资、社会投资和社会捐资。

省、省辖市交通主管部门可以利用贷款建设高速公路。

鼓励、引导国内外经济组织以特许经营的方式,采取独资、合资、合作、联营等形式,依法投资、建设、经营高速公路。高速公路经营权的取得和经营期限,按照国家、省有关规定和合同约定执行。

政府还贷高速公路管理单位和高速公路经营企业(以下统称高速公路经营管理单位)的合法权益受法律保护。

第七条　任何单位和个人不得破坏、损坏或者非法占用高速公路、高速公路用地及高速公路附属设施。

任何单位和个人都有权制止、检举和控告破坏、损坏高速公路、高速公路用地、高速公路附属设施和影响高速公路安全、畅通的行为。

第八条　任何单位和个人不得非法在高速公路及其附属道路上设卡、收费、罚款和拦截检查车辆。

二、规划与建设

第九条　高速公路建设应当科学规划,协调发展。

高速公路规划应当依据国家路网规划,按照本省国民经济和社会发展以及国防建设的需要编制,并与城市总体规划和其他交通运输发展规划相协调。

第十条　国家重点高速公路规划的编制,按照国家规定执行。其他高速公路规划,由省交通主管部门会同同级计划、土地等有关部门并商沿线省辖市人民政府编制,报省人民政府批准。

第十一条　高速公路建设用地规划应当符合土地利用总体规划,当年的建设用地应当纳入年度建设用地计划。

第十二条　高速公路建设项目实行项目法人责任制。项目法人的选择和确定,按照国家和省人民政府的有关规定执行。项目法人应当严格履行国家规定的基本建设程序,对建设项目的质量、投资和工期负责。

第十三条　高速公路建设项目必须按照国家有关规定实行项目资本金制度、招标投标制度、合同管理制度、工程监理制度和工程质量责任追究制度。

第十四条　投资建设经营性高速公路的项目法人投入项目的资本金不得低于国家规定的数额。

投资建设经营性高速公路的项目法人应当在约定的期限内开工建设和建成投入运营,非因不可抗力不能如期开工的,批准机关可以收回高速公路的建设经营权;不能如期完工的,依照合同处理。

第十五条　高速公路建设项目应当在批准建设前依法进行环境影响评价。

高速公路建设单位和施工单位应当采取措施,保护环境,防止水土流失,保护文物古迹。高速公路项目建设确需压覆矿产资源的,按照《中华人民共和国矿产资源法》有关规定执行。

第十六条　勘察、设计、施工、监理单位必须具有承揽高速公路建设项目的资质,并在其资质等级许可的范围内承揽工程,不得将所承包的工程转包或者违法分包。

勘察、设计、施工、监理单位必须严格履行工程合同,承担合同中明确的质量责任和义务,接受公路工程质量监督机构的监督检查。

高速公路建设项目的勘察、设计、施工、监理以及与建设项目有关的重要设备、材料,应当按照《中华人民共和国招标投标法》和有关法规、规章实行招标。招标应当坚持公开、公平、公正和诚实信用的原则。

第十七条　项目法人和勘察、设计、施工、监理单位必须严格执行《中华人民共和国建筑法》、国务院《建设工程质量管理条例》、《建设工程勘察设计管理条例》等法律、法规规定，建立健全质量保证体系、质量管理制度和质量责任制度，保证高速公路建设工程的质量。

第十八条　高速公路勘察设计、施工工期的合同约定应当符合国务院交通主管部门的规定，合同约定的工期不得随意变更。

第十九条　高速公路的设计和建设单位应当按照规定设计、安装报警电话、可变信息板等交通安全设施。

交通行政执法和交通安全执法所必需的场所、设施应当与高速公路同时设计建设。

第二十条　设计单位在设计高速公路时，应当踏勘现场，听取当地水利等有关部门和村民委员会的意见，按照保持水流通畅，便利生产、生活的原则，依照有关规定设计桥涵、排水、隔音墙等设施。

施工单位应当严格依照前款规定的设计施工。

已经建成通车的高速公路，供村（居）民穿越高速公路的通道因积水等原因无法通行的，高速公路经营管理单位应当采取补救措施，保证正常通行。

第二十一条　高速公路沿线各级人民政府对高速公路建设依法征收、征用土地和迁移居民，应当给予支持和帮助。

建设高速公路征收、征用农民集体所有的土地，应当支付土地补偿费、安置补助费、青苗补偿费、地上附着物补偿费，支付标准依照《中华人民共和国土地管理法》和《河南省实施〈土地管理法〉办法》的有关规定执行。具体补偿标准由征地所在地县级人民政府向农民公示。

依照前款规定应当支付给农民的费用，项目法人应当在土地丈量后及时缴纳给当地县级人民政府，当地县级人民政府应当在高速公路开始施工前支付给农民。安置补助费的支付和使用，依照国务院《土地管理法实施条例》第二十六条的规定执行。任何部门、单位和个人不得截留、挪用、拖欠。

省人民政府规定的地上附着物补偿费标准应当根据情况变化及时修订。

第二十二条　高速公路建设损坏乡村道路的，施工单位应当在撤离前予以修复或者给予相应的经济补偿。

建设高速公路取土，应当利用荒丘、荒坡、荒废地和高岗薄地，并与土地开发、整理、复垦相结合。确需在耕地上取土的，建设单位或者施工单位应当依法承担复垦责任。

第二十三条　省、省辖市交通主管部门应当依据职责维护高速公路建设秩序，加强对高速公路建设的监督管理。

第二十四条　高速公路建设项目建成后，应当按照国家有关规定进行验收；未经验收或者验收不合格的，不得交付使用。

三、路政管理

第二十五条　省、省辖市交通主管部门应当认真履行职责，依法做好高速公路路政管理工作，督促高速公路经营管理单位完善高速公路服务设施，保障高速公路完好、畅通。

省、省辖市交通主管部门及其所属的高速公路路政管理机构检查、制止各种侵占、损坏高速公路、高速公路用地、高速公路附属设施的行为时，任何单位和个人不得非法阻挠。高速公路监督检查人员在执行职务时，应当公正廉洁、热情服务、秉公执法。

第二十六条　修建铁路、机场、电站、通讯设施、水利工程及其他建设工程等，确需占用高速公路用地、挖掘高速公路的,跨越、穿越高速公路修建桥梁、架(埋)设管线及修建地下构筑物,以及在高速公路用地范围内埋设管线、电缆及修建地下构筑物等设施的,建设单位应当商高速公路经营管理单位,报经有管辖权的交通主管部门同意;影响交通安全的,须征得公安机关高速公路交通管理部门同意,并采取安全防范措施。

占用、挖掘高速公路的,建设单位应当按照原公路的工程技术标准予以修复或者给予经济补偿。所修建、架(埋)设的设施,应当符合公路工程技术标准要求;造成高速公路损坏的,应当修复或者给予相应的经济补偿。

第二十七条　任何单位和个人不得在高速公路、高速公路用地、高速公路出入口通道、立交桥、匝道、连接线、服务区停车场内及通道上摆摊设点、堆放物品、设置障碍、挖沟引水、倾倒垃圾、排放污物或者进行其他损坏、污染高速公路和影响高速公路畅通的活动。

第二十八条　国家重点高速公路用地两侧外各五十米、其他高速公路用地两侧外各三十米、高速公路立交桥、匝道、收费站外侧各一百米范围内为高速公路建筑控制区。除公路防护、养护需要的以外,禁止在高速公路建筑控制区内新建、扩建建筑物或者地面构筑物。控制区内原有的合法建筑物、构筑物需要拆迁的,高速公路经营管理单位应当依法给予补偿。

第二十九条　高速公路特大型桥梁周围三百米,大中型桥梁周围二百米,隧道洞口上方或者洞口外一百米范围内,不得挖沙、采石、取土、倾倒废弃物、进行爆破、地下开采作业及其他危及高速公路安全的活动。

在前款规定的范围内因抢险、防汛需要修筑堤坝、压缩或者拓宽河床的,应当事先报经省交通主管部门会同省水利行政主管部门批准,并采取有效措施保护高速公路。

第三十条　在高速公路上行驶的车辆的外廓尺寸及轴载质量必须符合公路工程技术标准。

省交通主管部门可以在高速公路入口处设立超载运输监控室或者监控装置,实施超载运输检查。超载的车辆必须卸载后方可通行,卸载所需费用由运输人支付。

运载不可解体超限物品的车辆确需行驶高速公路的,应当经省、省辖市交通主管部门批准;影响交通安全的,还应当按照公安机关高速公路交通管理部门指定的时间、路线、车道、速度行驶,并采取有效的保护措施。运输人不能按规定采取措施的,由高速公路经营管理单位采取防护措施,所需费用由运输人承担。

第三十一条　高速公路经营管理单位应当按照国家有关规定和技术规范的要求在高速公路上设置明显的标志、标线。

任何单位和个人不得损坏、擅自移动、涂改高速公路标志、标线、标桩、界桩以及其他附属设施;不得填充高速公路边沟、开设平面交叉道口。

第三十二条　除高速公路收费站区、立交区、服务区和过路天桥区外,禁止在高速公路、高速公路用地范围内、高速公路建筑控制区内设置广告设施。

在高速公路收费站区、立交区、服务区和过路天桥区设置广告设施的,应当经省、省辖市交通主管部门依法批准。

第三十三条　对高速公路及其附属设施造成损坏的,相关责任人应当立即报告高速公路路政管理机构,接受调查处理,并承担赔偿责任。

因交通事故造成高速公路及其附属设施损坏的,相关责任人应当保护现场,报告公安机关高速公路交通管理部门和高速公路路政管理机构。公安机关高速公路交通管理部门和高速公路路政管理机构在处理案件时,应当及时通知高速公路经营管理单位,相关责任人应当向高速公路经营管理单位承担赔偿责任。

四、经营管理

第三十四条　高速公路经营管理单位应当保证高速公路、高速公路附属设施处于良好的技术状态,完善通讯、监控、收费、路政、交通安全等设施。

第三十五条　高速公路经营管理单位应当在收费站入口处及高速公路上设置电子信息牌及时发布交通管制信息和交通运行信息。

第三十六条　进入高速公路的车辆应当缴纳车辆通行费。车辆通行费的收费标准和年限依照国务院《收费公路管理条例》的规定确定。收费标准和年限应当向社会公布。

高速公路应当实行计算机联网收费。高速公路经营管理单位应当加强收费管理,提高工作效率,减少车辆缴费滞留等待时间;其收费设施、开启的车辆通道和上岗收费人员的配备应当满足车辆快速安全通过的需要,不得造成车辆堵塞。

按照国务院《收费公路管理条例》的规定免收通行费的车辆进入高速公路时,驾驶员应当主动向收费人员出示有效证件。

第三十七条　高速公路经营管理单位应当加强服务区规范化管理,为司乘人员餐饮、休息、住宿、加油、修理等提供符合卫生和有关质量技术标准的服务。收费服务应当做到质价相当。

第三十八条　高速公路经营管理单位依法享有收费权、广告经营权和服务设施经营权。

第三十九条　高速公路经营管理单位对拒交、逃交高速公路通行费的车辆有权采取必要措施限制其通行,要求其补交应交纳的通行费,并可以依照省人民政府的规定加收费款。拒不补交的,由高速公路路政管理机构责令车辆停放在指定地点接受处理。由此造成的损失和产生的费用,由责任人承担。

第四十条　高速公路收费权益的转让依照国务院《收费公路管理条例》的规定执行。

由国内外经济组织投资建成并经营的高速公路,约定的经营期限届满的,依法办理移交手续。

五、交通安全管理

第四十一条　公安机关高速公路交通管理部门应当严格履行法定职责,建立并执行严格的巡查制度和快速反应制度,保障高速公路的安全畅通。

第四十二条　进入高速公路的车辆应当配备故障车辆警告标志牌和灭火器。

第四十三条　行人、非机动车、拖拉机、轮式专用机械车、履带车、铰接式客车、全挂拖斗车、摩托车、三轮机动车、悬挂试车号牌和教练车号牌的车辆以及其他设计最高时速低于七十公里的机动车,不得进入高速公路。

第四十四条　禁止在高速公路上停车上下乘客或者装卸货物。装载容易散落、飞扬、泄漏的物品,必须封盖严密。

安装安全带的车辆,其驾驶员和乘车人必须系好安全带。

第四十五条　车辆在高速公路上行驶时,不准倒车、逆行,不准穿越中央隔离带掉头或者转弯。

同方向只有两条车道的,左侧第一条车道为超车道。不超车时严禁占用超车道。占用超车道后,应当及时驶回原车道。

同方向有三条或者三条以上车道的,车辆应当按照规定的各车道的最低车速要求行驶。

第四十六条　车辆因遇障碍、发生故障、事故等停车后,驾驶员应当立即开启危险报警闪光灯,并在行驶方向后方的一百五十米以外设置故障车警告标志牌;夜间、雨、雪、雾天还应当同时开启示宽灯、尾灯和后雾灯。

第四十七条　在高速公路上行驶的车辆因前方发生事故、堵塞等情况必须停车时,应当依次停在行车道内,除事故救援车辆外,禁止占用应急车道停车、行车。

第四十八条　载运爆炸物品、易燃易爆化学物品以及剧毒、放射性等危险物品的车辆,不得进入高速公路。确需进入高速公路行驶的,必须经公安机关批准,按照指定的时间、路线、车道、速度行驶,悬挂明显的标志,并采取必要的安全措施。

第四十九条　因雨、雪、雾、路面结冰、道路施工作业、交通事故、突发事件以及其他情况,影响车辆正常行驶的,公安机关高速公路交通管理部门可以采取限制车速、调换车道等交通管制措施。当出现能见度低于五十米或者路面大面积结冰等情况,采取其他交通管制措施仍难以保证交通安全,确需关闭高速公路时,由公安机关高速公路交通管理部门商高速公路路政管理机构发布公告实施,并通过媒体、收费站入口及沿线信息板等发布信息。

关闭高速公路的情况消除后应当及时开通高速公路,并发布开通信息。

第五十条　公安机关高速公路交通管理部门发现高速公路养护维修作业施工存在交通安全隐患的,应当责令其改正;拒不改正的,高速公路路政管理机构和公安机关高速公路交通管理部门应当采取补救措施,所需费用由施工单位承担。

六、养护管理

第五十一条　省、省辖市交通主管部门应当加强对高速公路养护的监督管理。

高速公路经营管理单位或者高速公路养护企业应当按照国务院交通主管部门规定的技术规范和操作规程对高速公路进行养护和维修,使其经常处于良好的技术状态。

第五十二条　高速公路大修、中修和专项工程养护业务应当采用招标方式选定养护企业。

对高速公路进行大修、中修和实施专项工程改造,应当科学安排、周密计划,充分考虑工程实施对交通的影响。确需封闭一侧车道时,应当采取措施,避免发生阻塞,保证安全通行。

对高速公路的日常养护作业,应当避开车流高峰时段。

第五十三条　高速公路养护人员实施养护作业,应当着统一的安全标志服,养护作业的车辆、机械必须设置明显的标志和示警灯。

高速公路养护、维修施工时,施工单位应当按照规定设置规范的施工标志、安全标志和安全防范设施。通过施工现场的车辆,必须减速并按设置标志行驶,服从现场指挥人员的指挥。

高速公路养护专用车辆和专用机械进行作业时,在不影响过往车辆通行的前提下,其行驶路线和方向不受高速公路标志、标线限制;过往车辆和高速公路养护车辆应当注意相互避让。

第五十四条　因塌方、山体滑坡、水毁等严重自然灾害或者其他紧急情况,致使高速公路交通局部中断时,高速公路路政管理机构可以临时变更车道,设置明显的标志,并迅速报告省交通主管部门和公安机关高速公路交通管理部门。高速公路经营管理单位应当立即组织力量抢修,难以及时修复的,沿线人民政府应当组织协助抢修。

第五十五条　高速公路绿化和高速公路用地范围内的水土保持工作,由高速公路经营管理单位组织实施。

高速公路用地范围内的树木不得任意砍伐;需要更新砍伐的,应当按照有关规定办理审批手续,完成更新补种任务。

七、法律责任

第五十六条　违反公路法、道路交通安全法以及其他法律、行政法规和本条例规定的行为,法律、行政法规有处罚规定的,从其规定。

第五十七条　高速公路项目法人、勘察、设计、施工、监理单位有违反国务院《建设工程质量管理条例》规定的行为,发生严重工程质量问题的,由省、省辖市交通主管部门按照国务院《建设工程质量管理条例》规定的处罚标准从重处罚,并对其直接负责的主管人员和其他直接责任人员处单位罚款数额百分之十的罚款。

高速公路项目法人、勘察、设计、施工、监理单位违反国家规定和本条例,降低工程质量标准,造成工程质量责任事故,构成犯罪的,对直接责任人员依法追究刑事责任;尚不构成犯罪的,除按照国家法律、法规给予行政处罚外,在设计使用年限内承担赔偿责任。

第五十八条　勘察、设计、施工、监理单位将承包的工程转包或者违法分包的,由省、省辖市交通主管部门责令改正,没收违法所得,对勘察、设计单位处合同约定的勘察费、设计费百分之二十五以上百分之五十以下罚款;对施工单位处工程合同价款百分之零点五以上百分之一以下罚款;对监理单位处合同约定的监理酬金百分之二十五以上百分之五十以下罚款。情节严重的,除分别给予上述处罚外,并限制其进入河南省公路建设市场,由此造成工程质量责任事故的,依照本条例第五十七条第二款的规定承担相应的责任。

第五十九条　在高速公路上停车上下乘客、装卸货物的,由公安机关高速公路交通管理部门对驾驶员处以五百元以上二千元以下罚款;情节严重的,可以并处暂扣三个月以下驾驶证,并由运输管理机构吊销其营运证。

第六十条　高速公路出现严重质量问题,或者高速公路经营管理单位未履行管理、养护义务,致使车辆不能正常行驶的,省交通主管部门应当责令其限期修复,严重影响车辆正常通行的,省交通主管部门应当责令其暂停收取车辆通行费,并向社会公告。

第六十一条　围堵收费站、服务区,聚众闹事,拒不交费,闯卡通行,打骂、侮辱收费、服务人员,妨碍正常工作、经营秩序,依法应当受到治安处罚的,由公安机关依法处理;构成犯罪的,依法追究刑事责任。

第六十二条　侵占、挪用、拖欠被征地单位和个人的征地补偿费用的,由上一级人民政府或者有关主管部门责令限期退还或者支付。对主管人员和直接责任人员,给予行政处分;构成犯罪的,依法追究刑事责任。

第六十三条　交通主管部门、高速公路路政管理机构及其工作人员有下列行为之一的,依法给予行政处分;构成犯罪的,依法追究刑事责任:

(一)干涉高速公路建设项目招标投标活动;

(二)违反规定在高速公路上拦截车辆;

(三)收缴的罚款不按照规定上缴国库;

(四)违法扣留车辆及其他有效证件;

(五)非法收取他人财物;

(六)不履行法定职责。

第六十四条　公安机关高速公路交通管理部门的工作人员滥用职权或者不履行法定职责,造成高速公路交通责任事故的,依法给予行政处分;构成犯罪的,依法追究刑事责任。

八、附　　则

第六十五条　本条例所称高速公路附属设施，是指为保护、养护高速公路和保障高速公路安全畅通所设置的公路防护、排水、养护、管理、交通安全、通讯、收费、监控、服务等设施、设备，以及专用建筑物、构筑物等。

第六十六条　本条例自 2005 年 3 月 1 日起施行。

参考文献

[1] 中华人民共和国行业标准. 公路工程技术标准(JTG B01—2003)[S]. 北京:人民交通出版社,2004.

[2] 李建才. 道路概论[M]. 北京:人民交通出版社,2007.

[3] 张雨化. 道路勘测设计[M]. 北京:人民交通出版社,1997.

[4] 李绪梅. 公路几何设计[M]. 北京:人民交通出版社,2004.

[5] 中华人民共和国行业标准. 公路工程质量检验评定标准(JTG F80/1—2004)[S]. 北京:人民交通出版社,2005.

[6] 中华人民共和国行业标准. 公路路基设计规范(JTG D30—2004)[S]. 北京:人民交通出版社,2004.

[7] 中华人民共和国行业标准. 公路水泥混凝土路面设计规范(JTG D40—2002)[S]. 北京:人民交通出版社,2002.

[8] 中华人民共和国行业标准. 公路沥青路面设计规范(JTG D50—2006)[S]. 北京:人民交通出版社,2006.

[9] 周林福. 汽车底盘构造与维修[M]. 北京:人民交通出版社,2005.

[10] 解福泉. 柴油车构造与维修(下)[M]. 北京:高等教育出版社,2007.

[11] 陆刚,肖永清. 汽车底盘养护与维修实例[M]. 北京:电子工业出版社,2006.

[12] 陈家瑞. 汽车构造[M]. 北京:人民交通出版社,2005.

[13] 纪常伟,冯能莲. 汽车构造(底盘篇)[M]. 北京:机械工业出版社,2007.

[14] 孙毅,王建旭,卢晓虎. 当代轿车维修实用技能手册(底盘)[M]. 江苏:江苏科学技术出版社,2004.

[15] 屠卫星. 汽车底盘构造与维修[M]. 北京:人民交通出版社,2004.

[16] 赵新民. 汽车构造[M]. 北京:人民交通出版社,2002.

[17] 霍尔德曼,等. 汽车制动系统[M]. 第3版. 北京:中国劳动社会保障出版社,2006.

[18] 姜勇,高寒. 汽车发动机构造与维修[M]. 北京:中国劳动社会保障出版社,2009.

[19] 徐琪. 供应链管理理论与实验[M]. 上海:上海人民出版社,2008.

[20] 陈贻龙,邵振一. 运输经济学[M]. 北京:人民交通出版社,2004.

[21] 骆温平. 第三方物流[M]. 北京:高等教育出版社,2007.

[22] 王润琪. 道路交通行政管理学[M]. 北京:人民交通出版社,2009.

[23] 全国经济专业技术资格考试用书编写委员会. 运输经济(公路)专业知识与实务(中级)[M]. 北京:中国人事出版社,2002.

[24] 董千里. 交通运输组织学[M]. 北京:人民交通出版社,2008.